国家出版基金项目
国家重大出版工程项目
"十二五"国家重点图书

中国古建筑丛书

重庆古建筑

◎陈蔚 胡斌 等编著

中国建筑工业出版社

审图号：GS（2015）2780号

图书在版编目（CIP）数据

重庆古建筑/陈蔚等编著．—北京：中国建筑工业出版社，2015.12

（中国古建筑丛书）

ISBN 978-7-112-18823-9

Ⅰ.①重… Ⅱ.①陈… Ⅲ.①古建筑－介绍－重庆市 Ⅳ.①K928.71

中国版本图书馆CIP数据核字（2015）第297688号

责任编辑：李东禧　唐　旭　吴　绫　杨　晓
书籍设计：康　羽
责任校对：李欣慰　刘　钰

中国古建筑丛书

重庆古建筑

陈蔚　胡斌　等编著

＊

中国建筑工业出版社出版、发行（北京西郊百万庄）
各地新华书店、建筑书店经销
北京锋尚制版有限公司制版
北京顺诚彩色印刷有限公司印刷

＊

开本：880×1230毫米　1/16　印张：26　字数：683千字
2015年12月第一版　2015年12月第一次印刷
定价：398.00元
ISBN 978-7-112-18823-9
（25824）

版权所有　翻印必究

如有印装质量问题，可寄本社退换

（邮政编码100037）

《中国古建筑丛书》总编委会

总顾问委员会：

罗哲文　张锦秋　傅熹年　单霁翔　郑时龄

总编辑委员会：

主　　任：吴良镛　周干峙
副 主 任：沈元勤　陆元鼎
总 主 编：陆　琦　戴志坚
委　　员（按姓氏笔画排序）：

丁　垚	王　军	王　南	王金平	王海松	左满常	朱永春
刘　甦	李　群	李东禧	李晓峰	李乾朗	杨大禹	杨新平
吴　昊	张玉坤	张兴国	张鹏举	陆　琦	陈　琦	陈　颖
陈　蔚	陈伯超	陈顺祥	范霄鹏	罗德启	柳　肃	胡永旭
姚　赯	徐　强	徐宗威	翁　萌	高宜生	唐　旭	黄　浩
谢小英	雍振华	蔡　晴	谭刚毅	燕宁娜	戴志坚

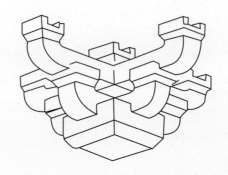

《重庆古建筑》

陈 蔚 胡 斌 等编著

编　　委：刘国伟　陈全慧　侯博慧　杨　玲　邱小玲　刘　鑫　张　曦
　　　　　张潇尹　段婷婷　罗连杰　范占勇　冯子木　萧依山　王轶楠
　　　　　刘　美　周　辉　李文泽　李翔宇　秦富强　任　欢
审 稿 人：吴　涛

总　序

中国历史悠久，地大物博，人口众多，是一个多民族的国家，文化遗产极为丰富。中国古建筑是世界建筑史上的四大体系之一，五千年来，光辉灿烂，独特发展，一脉相传，自成体系。在建筑历史发展过程中，从来都没有中断过，因而，积累了大量的极为丰富的优秀建筑文化遗产。中国古代建筑的实践经验、创作理论、工艺技术和艺术精华值得总结、传承和发扬。

中国古代建筑具有强大的生命力，首先是独特的地理环境。中国位于亚洲东方，北部有长白山、乌苏里江高山河流阻挡，西有天山、喀喇昆仑山脉和沙漠横贯，西南有喜马拉雅山脉，东南则沿海，形成封闭与外界隔绝的地域，加上地处热带、温带和寒带，宽阔的地理和悬殊的气候，促进建筑与环境的巧妙和谐结合。

其次，独特的民族性格。中国是以汉族为主的多民族所组成。以中原文化为主的汉族人民团结、凝聚着居住和生活在各地的少数民族。由于各民族的历史、文化、宗教信仰、生活习俗与审美爱好的不同，以及他们所处地区的自然条件和地理环境的差异，长期的劳动实践，形成了各民族独特的性格和绚丽灿烂的建筑风貌。

其三，文化的独特体系。中国文化是以黄河流域中原文化为中心，周围有燕赵文化、晋文化、齐鲁文化、吴越文化、楚文化、秦文化和巴蜀文化所烘托，具有历史渊源长久、人类智慧集中、思想资源丰富的特点。中国传统文化思想的集中表现是以儒学、道学为代表，其后，佛教的传入与中国传统文化的结合，形成以儒学为主的儒、道、释三者合一的中国传统文化思想。归纳起来，就是天人合一的宇宙观念，以人为本、和为贵的人文思想，整体直觉的思维方式，真善美相结合的美学观念。

封闭而独特的地理环境，团结凝聚而又富于创造的民族性格，以儒学为主的文化独特体系，创造了中华民族的雄伟壮丽的建筑工程。长期的经验积累，独树一帜，虽经战争的炮火，民族之间的斗争与融合，外来文化之传入及本土化，但中华民族建筑始终一脉相传，傲然生存下来，顽强发展，独树一帜而不倒，在世界建筑史发展中是罕见的、独有的。

中国古代建筑发展经历了原始社会、奴隶社会和封建社会三个历史阶段。

旧石器时代，原始人群利用天然崖洞作为居住场所。南方湿热多雨，虫害兽多，出现巢居。1973年，在浙江余姚河姆渡村发现大约建于6000～7000多年前的、长约23米、进深约8米的木构架建筑遗址，推测是一座长方形、体量相当大的干阑式建筑，这是我国最早采用榫卯技术构筑房屋的一个实例。

原始社会晚期，黄河流域有广阔而丰厚的黄土层，土质均匀，含有石灰质。黄河中游的氏族部落，在利用黄土层作为壁体的土穴上，用木架和草泥建造简单的穴居，逐步发展到浅穴居，再到地面上的房屋，形成聚落。

奴隶社会，夯土技术逐步成熟，宫室建于高大的夯土台上，木构建筑逐步成为中国古代建筑的主要结构方式。等级制度出现。工程管理有了专职的"司空"，以后各朝代沿袭发展成为中国特有的工官制度。

封建社会初期，高台建筑盛行，修建了长城、驰道和水利工程。东汉时代，建筑中已大量使用成组的斗栱，木构楼阁增多，城市和建筑类型扩充，中国古代独特的木构建筑体系基本形成。

两晋南北朝是我国历史上充满着民族斗争和民族融合的时期，佛教的传入，宗教建筑大量兴建，高大的寺庙、壮丽的塔幢，石窟中精美的雕塑和壁画，这是我国古建筑吸收外来文化使之本土化的创造时期。

隋、唐统一全国，开凿贯通南北的大运河，促进了我国南北物资和文化的交流和发展。唐代的长安、洛阳成为世界上最大的城市。木构建筑的宫殿、楼阁和石窟、塔、桥，无论布局或造型都具有较高艺术和技术水平，唐代建筑已发展到成熟的阶段。

宋、辽、金时期，南方在经济和文化方面居于先进地位。由于手工业分工更加细致，国内商业和国际贸易活跃，城市逐渐开放，改变了汉以来历代都城采用的封闭式里坊制度，形成沿街设店的方式。建筑的设计和施工达到一定程度的规格化、制度化，公元12世纪初在总结经验的基础上编写了《营造法式》这一部重要文献。

元代大都建立，喇嘛教和伊斯兰教建筑影响到各地。明、清时期官式建筑已经达到完全程式化、定型化阶段。明代后期出现资本主义萌芽，清代在城市规划上、建筑群体布局和建筑艺术形象上有所发展，例如北京城、故宫、天坛等。民居、园林和民族建筑遍布各地，呈现一片繁荣景象。

中国古建筑有明显的特征。在城市规划上，严谨规整、对称宏伟，表现出庄重威武的中华民族性格。单体建筑中，雄伟的飞檐屋宇、大红的排列柱廊、高大的汉白玉台基，呈现出崇高壮丽又稳定的形象。黄河流域盛产的木材资源，形成了中国古建筑木构架体系的特色。室外装饰的富丽堂皇、金碧辉煌，室内陈设装修的华丽多样、细腻雕饰，体现了中国古建筑绚丽多彩的民族风格。

聚居建筑方面，包含民居、祠堂、家庙、书院等遍布全国各地，它们与人民生活息息相关。各地各族人民根据自己的生活习俗、生产需要、经济能力、民族爱好和审美观念，结合本地的自然条件和材料，因地制宜、因材致用地进行设计与营造。他们既是设计者，又是营建者、使用者，可以说设计、施工、使用三位一体，因而，这种建造方式所形成的民宅民间建筑，既实用简朴，又经久美观，并富有民族风格和地方特色。

中国古园林的特征。以自然山水即中国山水画为蓝本，并以景区、景物和建筑、山水、花木为构件，由景生情，产生意境联想，达到艺术感受。皇家园林因其规模大、范围广，其园林布局自秦、汉时期的一池三岛，到唐、宋以山水画为蓝本，明、清仍沿袭池中置岛古制，但采用人工造山置水的方法。

明、清私家园林因属民间，士大夫文人常在宅后设园休闲宴客，吟诗享乐，其特点是以最小的场所造成无限的景色为目的。因其规模小，常以叠石或池水为主，峰峦洞壑、峭壁危径或曲径通幽取胜。在情景中则采用巧于因借、精在体宜的手法。

我国是一个人口众多的多民族国家。相传秦汉以前，中华大地上主要生存着华夏、东夷、苗蛮三大文化集团，经过连年不断的战争，最终华夏集团取得了胜利，上古三大文化集团基本融为一体，历史上称为华夏族。春秋、战国时期，东南地区古老的部族称为"越"，逐渐为华夏族所兼并而融入华夏族之中。秦统一各国后，到汉代都用汉人、汉民这个称呼，直到隋、唐，汉族这个名称才固定下来。

由于各民族的历史文化、宗教信仰、生活生产、习俗性格的不同，又由于各族人民所处地区的自然条件和环境的不同，导致他们各自产生了富有特色的建筑和民宅，如宏伟壮丽的藏族布达拉宫，遍布各族聚居地的寺院庙宇、寨堡围村、楼阁宅居，反映了绮丽多彩的民族风貌。

中国传统文化渗透了中国古建筑，中国古建筑深刻地体现了中国文化。

新中国成立后，作为全国性有领导有组织地编写中国古代建筑史，第一次是1959年，由原建筑科学研究院组织"编写三史"开始。当时集中了全国高等院校、科研部门分工编写，1962年由中国工业出版社出版《中国建筑简史》第一册（古代部分）。随后，又组织有关院校、文化、历史、考古等单位对古代建筑史有研究的人员，经多次修改，由刘敦桢教授执笔主编的《中国古代建筑史》，于1966年完成。由于"文化大革命"，未能出版，1980年才由中国建筑工业出版社正式出版。作为高等院校的中国建筑史教材则由全国高校教师编写，参考了上述专著，由中国建筑工业出版社1982年出版。

作为系统的、全面的、编写中国古建筑丛书是从1984年开始，当时作为《中国美术全集》中的一个门类——建筑艺术，称为《中国美术全集·建筑艺术编》，共6辑，包含宫殿、坛庙、陵墓、宗教建筑、民居、园林，1988年完成出版。

第二次编写从1992年开始，编写的原因是《中国美术全集·建筑艺术编》6辑出版后，各界反映良好，但感到篇幅不够，它与我国极为丰富的建筑文化遗产大国不相适应。于是，再次组织编写《中国建筑艺术全集》丛书30辑，其中古建筑24辑，近现代建筑6辑。古建筑部分仍按类型编写。该丛书中的24辑于1999年5月出版。

由于这两次丛书都是全国性编写，按类型写，又着重在艺术，因此，一些地方特色和民族特色的、中型的优秀古建筑就难于入选。为了弘扬和传承优秀传统建筑文化体系，总结经验和规律，保护我国优秀传统建筑文化遗产，因此，全面地、系统地、按省（区）来编写古建筑丛书是非常必要的、合时宜的。

本丛书编写的主要特点是：其一，强调本省（区）古建筑的民族特色和地方特色；其二，编写不限于建筑艺术，而是对本省（区）古建筑的全面叙述，着重在成就、价值、特色、技术和经验、规律等各个方面，这是我国民族和地区的资料比较全面和丰富的传统建筑文化丛书。

陆元鼎

2015年1月10日

前　言

　　重庆，简称渝，是中国四个中央直辖市之一，也是国家历史文化名城。重庆所在的长江上游地区自古以来就是一个相对独立的历史自然地理与历史人文地理单元。204万年前的旧石器时代早期，在今重庆巫山已经出现了中国最早的人类——"巫山人"。巫山人的发现，不仅证明了重庆地区是我国最早的人类栖息地之一，而且也为人类起源于亚洲提供了新证据。春秋至战国时期，源自巫巴山地古老巴人的一支——自湖北清江流域溯长江西进的白虎巴人部族陆续在长江中上游地区建都筑城，其鼎盛时期建立的强大巴国，国境"东至鱼复（今奉节），西至僰道（今宜宾），北接汉中（今陕西南部），南接黔涪（今彭水、黔江一带至贵州东北和湘西北等地）"[1]，控制了以嘉陵江、长江、汉水、乌江流域为腹心，包括今重庆、川东、陕南、鄂西、湘西北和黔北等地的广大地区，雄踞一方。[2] 公元前316年，秦灭巴，两年后置巴郡，为三十六郡之一，治所在江州城（今重庆城）。自此以后，历代中央政府均在重庆地区设立郡县。

　　悠久的文明发展史，使本地区古代城镇与建筑的面貌呈现出多样的形态和地方特色。早在秦汉以前，为了克服"四塞之国"的封闭性，打开本地与周边地区的通道，先民创制栈道、索道，克服天堑。至今重庆各地还留存着几百座各类古桥，被誉为"中国桥都"。

　　为适应山重水复的自然环境，重庆先民运用智慧，以顺应自然、因地制宜为营建理念，以"变"为恒道，以不拘礼法、飘逸自由、质朴率真为建筑个性，形成了独具地域特点的山水城镇—建筑—景观美学形态，凝练出了一套与自然环境依存性很强的山地建筑营建方法，并最终形成了地区独特的建筑文化性格和文化情怀。沿江的城镇，依山临水而建的民居，早在晋穆帝永和四年（公元348年），常璩撰写的《华阳国志》中就被视为江州城镇聚落独特之面貌，后经历代衍生发展，演化为环境适应性很强的山地吊脚楼建筑，无论岗、谷、脊、坎、壁，都能因势利导，或单个临崖悬空，或成组地架水而建，以简单实用的技术措施和就地取材的建造方式，创造出层叠错落、别具一格的山地建筑形象和丰富的山水城镇空间层次。

　　重庆历史上屡经战乱和灾害。在民国之前，已经前后经历过五次大移民。第一次是春秋战国巴人

---

[1] （晋）常璩.华阳国志.刘琳校注.成都：巴蜀书社，1984.
[2] 周勇.重庆通史（第一卷古代史）.重庆：重庆出版社，2002：15.

沿峡江入川东——"巴子都江洲";第二次是秦举万家入巴蜀;第三次是两宋全国性北民南移;第四次是元末明初楚民大入川;第五次是清初"湖广填四川"。特别是明末清初的长期战乱和灾荒,使本地人口锐减。清王朝招两湖、江西、福建、广东等诸省人入川。各地移民不仅带来了重庆地区城镇发展的历史机遇,也使南北建筑文化在此交流融汇,交杂于此的各地区原生建筑文化与技艺进行了适合本土环境与人文生态的全面整合,形成了独具地方特色的新体系。

除了自然环境和历史的影响,本地区宗教习俗也催生了独特的建筑类型与形态。古代巴渝地区多民族共居,故而存在着不同的葬俗和墓葬遗迹。从战国至西汉时期巴族武士实行的船棺土葬,到巴人、僚人等少数族群广为流行的悬棺葬、崖棺葬,还有本地俗称"蛮子洞"的崖墓,都体现出墓葬选址、墓室形制与装饰等方面的地方文化特点。这些建筑非佛非道,却与自然山水以及寺观祠庙等共同构成了地方特色人文景观。我国摩崖石刻的开凿和石窟寺的建设也在南宋时期的重庆地区达到最后一次规模和艺术的高峰。以大足石刻为代表的摩崖石刻群是中国石窟艺术本土化、世俗化并走向成熟、自成体系的重要阶段,最终形成"三教合一"之文化大景观,是世界文化遗产的重要代表。

重庆自古战略地位十分重要,再加上地方经济不够发达,不同族群间争斗颇多,各地凭借天险修筑的城镇、城寨等数量很多。目前留存下来的古寨堡、古碉楼不下300处。而在渝东南少数民族聚居区,还有不少彭、白、田、冉土司时期留存至今的城寨遗迹。因为重要资源的生产和贸易而出现的传统聚落与各类建筑也颇具地方特点。以重庆历史上最重要的井盐产区忠县、云阳为中心的瞿塘峡以东长江宽谷地带,巫溪宁厂盐泉为中心的大宁河流域以及彭水郁山盐泉为中心的川鄂湘交界地带为核心,"川盐古道"在巴渝大地上延伸,沿途的盐井遗址、盐业聚落及民居会馆等共同构成了一道厚重的文化景观。

时至今日,虽然历经战乱灾祸的浩劫和损毁,重庆各地仍留存下来大批价值突出的文化遗产,有16座中国历史文化名镇、11座市级历史文化名镇和5个历史文化传统街区,有全国重点文物保护单位55个,市级文物保护单位281个,区县级文物保护单位1727个,大足石刻还被列入世界文化遗产名录,它们都是我国古代建筑文化大观中熠熠生辉、独具异彩的重要组成部分。

陈蔚
2015年11月10日

目 录

总 序

前 言

第一章 总 论
第一节 重庆古代城镇与建筑发展概况 / 〇〇二
一、先秦时期 / 〇〇二
二、秦汉时期 / 〇〇七
三、蜀汉两晋南北朝时期 / 〇一三
四、隋唐五代时期 / 〇一六
五、宋元时期 / 〇二三
六、大夏、明、清时期 / 〇三一
第二节 影响重庆古代城镇与建筑发展的主要因素 / 〇四〇
一、自然环境因素 / 〇四〇
二、地区历史与社会因素 / 〇四一
三、地域文化因素 / 〇四二
第三节 重庆古建筑的地域特色和文化意蕴 / 〇四三
一、"卜居、定向"中的朴素环境生态意识和文化意识 / 〇四三
二、"环境—形态"一体化的山地建筑营造法 / 〇四五
三、"兼收并蓄，多源融合"①的建筑文化意蕴 / 〇五一

第二章 古城、古场镇与古寨堡
第一节 重庆地区古代城镇分布的地理演变与空间形态特征 / 〇五九
第二节 重庆古城 / 〇六〇
一、重庆城 / 〇六〇
二、钓鱼城 / 〇六九
三、白帝城 / 〇七一
第三节 重庆古场镇 / 〇七三
一、古场镇类型 / 〇七五
二、古场镇布局平面形态 / 〇七六
三、古场镇街巷空间特色 / 〇八〇
第四节 重庆古寨堡 / 〇八七
一、寨堡类型 / 〇八八
二、寨堡的防御特征 / 〇九〇
第五节 古场镇、古寨堡典例 / 〇九〇
一、沙坪坝磁器口古镇 / 〇九〇

---
① 李先逵. 巴蜀建筑文化品格与地域特色. 首届中国民族聚居区建筑文化遗产国际研讨会

二、合川涞滩古镇 / ○九一
三、铜梁安居古镇 / ○九三
四、石柱西沱古镇 / ○九四
五、酉阳龚滩古镇 / ○九五
六、巫溪宁厂古镇 / ○九七
七、江津中山古镇 / ○九七
八、永川松溉古镇 / 一○○
九、抗元古寨堡群 / 一○二
十、忠县石宝寨 / 一○五
十一、渝北贺家寨 / 一○七
第六节　古城门城墙 / 一○九
一、重庆府城门城墙 / 一○九
二、江北城古城门城墙 / 一一○
三、江津古城门城墙 / 一一一
四、璧山古城门城墙 / 一一一
五、铜梁古城门城墙 / 一一一
六、长寿古城门城墙 / 一一一
七、荣昌古城门城墙 / 一一二
八、南川古城门城墙 / 一一二
九、合川古城门城墙 / 一一二

十、涪陵古城门城墙 / 一一二
十一、丰都古城门城墙 / 一一二
十二、奉节古城门城墙 / 一一三
十三、万州古城门城墙 / 一一三
十四、巫山古城门城墙 / 一一四
十五、忠州古城墙 / 一一四

第三章　寺庙、道观建筑
第一节　寺观建筑的选址 / 一一九
第二节　寺观建筑的布局与空间组织 / 一二三
一、佛寺 / 一二三
二、道观 / 一二五
第三节　寺观建筑单体形制及地域特色 / 一二八
一、寺观建筑单体类型 / 一二八
二、单体建筑的地域特色 / 一三○
第四节　典例分析 / 一三二
一、佛教寺院 / 一三二
二、道教宫观 / 一五八
三、摩崖造像 / 一六○

第四章 会馆、祠庙、书院和观演建筑

第一节 会馆、祠庙建筑 / 一七三
一、重庆地区传统会馆文化与建筑 / 一七三
二、重庆地区传统祠庙文化与建筑 / 一七四
三、会馆、祠庙建筑的选址 / 一七六
四、山地会馆、祠庙建筑特征及空间特色 / 一七九

第二节 书院建筑 / 一八六
一、重庆地区书院发展历史概况 / 一八六
二、书院建筑的选址 / 一八七
三、书院建筑布局 / 一八八
四、书院祭祀文化 / 一八八

第三节 会馆、祠庙观演建筑 / 一八九
一、观演空间的基本特征 / 一八九
二、会馆、祠庙观演空间构成要素 / 一九〇
三、会馆观演方式与形态 / 一九一
四、川剧戏台功能划分与平面形制 / 一九一

第四节 会馆、祠庙、书院建筑典例 / 一九三
一、渝中湖广会馆 / 一九三
二、綦江东溪镇万天宫和南华宫 / 二〇〇
三、江津石蟆镇清源宫 / 二〇四
四、渝北龙兴镇禹王宫 / 二〇四
五、酉阳龚滩镇西秦会馆 / 二〇八
六、云阳张飞庙 / 二〇八
七、云阳彭氏宗祠 / 二一〇
八、忠县秦家上祠堂 / 二一三
九、璧山林氏宗祠 / 二一三
十、长寿张飞庙 / 二一九
十一、江公享堂 / 二二〇
十二、重庆文庙 / 二二〇
十三、重庆武庙 / 二二二
十四、江津聚奎书院 / 二二四
十五、海鹤书院 / 二二五
十六、白岩书院 / 二二五

第五章 民居建筑

第一节 民居类型 / 二三一
第二节 合院式民居 / 二三一
一、基本平面形制 / 二三一

二、衍生与发展 / 二三六
三、大门处理 / 二四〇
第三节　城镇店（坊）宅 / 二四一
第四节　庄园大院与碉楼民居 / 二四三
一、庄园大院民居 / 二四三
二、碉楼民居 / 二四五
第五节　干阑式、吊脚楼式民居 / 二四九
一、沿江城镇吊脚楼民居 / 二五〇
二、渝东南土家族的"座子屋和吊脚楼
　　民居" / 二五一
第六节　重庆民居中外来文化的影响 / 二五六
第七节　民居典例 / 二五七
一、潼南双江镇杨氏宅院 / 二五七
二、江津会龙庄 / 二五八
三、涪陵陈万宝庄园 / 二六〇
四、云阳桑坪镇邓家老屋 / 二六二
五、涪陵双十坝瞿氏客家土楼 / 二六七
六、涪陵黄笃生庄园 / 二六八
七、南川刘瑞廷宅 / 二六九

八、沙坪坝项家大院 / 二七〇
九、丰都杜宜清庄园 / 二七〇
十、南泉彭瑞川庄园 / 二七三
十一、大昌温家大院 / 二七六
十二、渝北龙兴镇刘家大院 / 二七八

第六章　汉阙、牌坊、塔及墓葬建筑

第一节　汉阙 / 二八三
一、忠县乌杨阙 / 二八四
二、忠县丁房阙 / 二八四
三、忠县无铭阙 / 二八六
四、盘溪无铭阙 / 二八六
五、万州武陵阙 / 二八八
第二节　牌坊 / 二八八
一、璧山朝元寺牌坊 / 二九六
二、璧山何氏百岁坊 / 二九七
三、北碚滩口节孝牌坊 / 二九八
四、荣昌罗汉寺牌坊 / 二九八
五、丰都名山天子殿牌坊 / 二九九

第三节　塔 / 二九九
一、荣昌河包报恩寺塔 / 三〇四
二、北碚塔坪寺石塔 / 三〇五
三、大足多宝塔 / 三〇六
四、南岸觉林寺报恩塔 / 三〇六
五、北碚塔坪寺铁塔 / 三〇七
六、梁平文峰塔 / 三〇八
七、渝中区菩提金刚塔 / 三〇八
八、荣昌经堂村斜塔 / 三〇九
九、万州洄澜塔 / 三一〇
十、大足宝顶山大佛湾第6号、第20号浮雕舍利宝塔 / 三一〇
第四节　墓葬 / 三一一
一、崖葬：悬棺葬、崖穴葬、崖洞葬 / 三一一
二、崖墓 / 三一三

第七章　古桥、古栈道及古代产业性建筑
第一节　古桥、古栈道 / 三一九
一、古桥 / 三一九
二、古栈道 / 三二六
三、古桥和古栈道典例 / 三二八
第二节　古代产业建筑 / 三三〇
一、古盐业生产遗址 / 三三〇
二、古冶炼业生产遗址 / 三三一
三、古制陶遗址 / 三三二
第三节　水下题刻 / 三三二
一、涪陵白鹤梁 / 三三三
二、渝中区灵石题刻 / 三三三
三、云阳龙脊石 / 三三四
四、丰都龙床石 / 三三五
五、巴南迎春石 / 三三五
六、江津莲花石 / 三三六

第八章　营建技术与建房习俗
第一节　山地建筑接地技术 / 三四〇
一、台、挑、吊 / 三四〇
二、坡、拖、梭 / 三四三
三、转、跨、架 / 三四三
四、靠、跌、爬 / 三四五
五、退、让、钻 / 三四五

六、错、分、联 / 三四五
第二节　大木构架地方技术 / 三四六
一、抬梁式 / 三四六
二、穿斗式 / 三四八
第三节　屋顶组合方式与屋面做法 / 三四九
一、屋顶组合方式 / 三四九
二、屋面坡度地方取法 / 三五一
三、屋面做法 / 三五四
第四节　歇山地方做法 / 三五六
一、悬山加侧披檐的做法 / 三五六
二、利用山里一间屋架的做法 / 三五七
三、利用顺梁和递角梁的做法 / 三五七
四、歇山翼角做法 / 三五八
第五节　檐部做法 / 三五九
一、挑檐 / 三五九
二、披檐 / 三六〇
三、轩廊和轩棚 / 三六一
第六节　墙的做法 / 三六二
一、竹编夹壁墙 / 三六二
二、木镶板墙 / 三六二

三、封火墙 / 三六二
四、夯土版筑墙和土坯砖墙 / 三六四
五、石墙 / 三六七
六、墙基 / 三六七
第七节　传统建房习俗 / 三六九
一、"丈八八制度" / 三六九
二、上梁习俗 / 三七〇

第九章　建筑装饰

重庆古建筑地点及年代索引 / 三八一

参考文献 / 三九三

后记 / 三九五

作者简介 / 三九六

重庆古建筑

第一章 总论

第一节　重庆古代城镇与建筑发展概况

一、先秦时期

"巫山人"的发现表明，距今约200~20万年，已经有原始人类在重庆三峡地区聚居生活，由巫山县庙宇镇龙坪村龙骨坡早期人类化石的考古现场可知，这一时期原始先民的聚居方式以居天然洞穴为主。恰如文献《春秋命历年》记载："合雒纪世，民始穴居，衣皮毛。""古之民，未知为宫室时，就陵阜而居，穴而处……"旧石器时期，除了少量山地先民仍然保持穴居形态（重庆奉节兴隆洞遗址，距今15~12万年），更多的原始人类已开始离开高山和森林迁徙到河流小溪沿岸的缓坡和平坝地带生活。他们的迁徙轨迹通过目前大量的考古遗址和研究基本得以证实，"长江三峡地区活动的旧石器文化游群，从历时性看，其分布具有从高到低的特点，时代越早，居住的地理位置越高，一般是随时代的推移从江边第四级阶地逐步下移，时代越往后，越靠近江岸。"①由于这一时期定居点附近没有山岗和山洞，再加上这一时期的长江上游地区气候比现在更加湿热，森林更加茂盛（考古实证有重庆马王场、九龙坡、铜梁西廓水库和丰都的烟墩堡遗址等），这些原始人类为了躲避野兽虫蛇的侵害，也为了防潮和应对雨季的水患，开始在树上搭盖居所和窝棚。后来，随着森林树木的逐渐减少，聚居人口的增加以及先民抵抗野兽能力的逐渐增强，开始出现在地面上搭盖起一些较简陋的窝棚为栖身之所的做法。②这种形式延续到新石器时代早期的一些居住遗址中（图1-1-1、图1-1-2）。

进入新石器时代晚期，重庆地区日趋繁荣，呈现出一派欣欣向荣的景象。无论是长江干流两岸，还是嘉陵江、乌江等各大小支流地区，都有人类生存繁衍。据考古资料显示，重庆地区的新石器时代文化有两个独立的发展体系。其一是"大溪文化"，主要分布在瞿塘峡以东的巫山地区，发现的遗址包括巫山大溪遗址、巫山欧家老屋、巫山县城遗址等以及酉水流域大溪文化，主要受到源自湖北西部地区江汉平原一带，时代约为距今6000多年至5000年的"大溪文化"的影响，呈现出这一系列文化的特质。而重庆本土大部分地区，随着近年来三峡地区文物考古成果的推出，文化变化的先后更迭也渐趋明朗，基本属于"玉溪下层遗存—玉溪上层遗存—哨棚嘴—玉溪坪文化"序列。③它们在建造活动方面有各具特点的表现（图1-1-3）。

在三峡中下游地区的大溪文化遗存中，房屋建筑遗迹已经比较普遍，并存着多种住居和房屋形式，产生了聚落功能分区概念。④这一时期，除山洞穴居继续存在，如巫山错开峡西南大平村大脚洞大溪古人类遗址，遗址中发现更多的是地面台式建筑、干阑式（吊脚楼）建筑以及半地穴式建筑并存杂处的信息。根据杨华先生的相关研究，"长方形或方形的干阑及半干阑式建筑遗迹主要分布在临江

图1-1-1　丰都冉家路口旧石器时代遗址发掘现场（图片来源：《三峡考古历史突集》）

图1-1-2　奉节鱼腹浦旧石器时代遗址（图片来源：《三峡考古历史图集》）

边斜坡地段的基岩上。建房时，人们多是在基岩上凿出成排的柱子洞，然后将木柱插入柱子洞中。房屋的一半建在人工开凿出的较平整的岩石面上，另一半则是由里向外（偏低的一端）延伸出去，由栽立于岩石平面上的数根柱子支撑。在开凿出的岩石平面上还刻意凿出吊脚楼（干阑）底部的横木木槽，使之整个房架连接一起，牢固地与房基结合成一体。"⑤到大溪文化晚期，这种干阑式建筑在长江三峡地区已经十分流行。究其原因，峡江地区发达的水系，两岸山地相对艰难的耕种条件，促使渔猎采集成为主要生产方式。为生产、生活的便利，更多的人口选择临水而居。

虽然到目前为止，重庆地区还没有这一时期干阑式建筑遗存实物的发现，无法明确木榫卯工艺技术的水平，但是可以推断，在本地采集和加工更为方便的竹材已被大量使用。其一，在大量三峡地区新石器时代考古发掘中，发现了大量从建筑墙面上脱落下来的红烧土的遗迹，并在其中积聚了很多当地的竹竿和植物茎秆的遗迹，这说明这一时期先民已经认识到其对支撑和稳固建筑所产生的重要作用，并能够适当应用⑥；其二，作为房屋支撑柱的竹子使利用藤条和皮绳的捆绑结构及技术得到发展。这一点在"哨棚嘴—玉溪坪文化"系列遗址中有所发现，比如万州苏和坪遗址里发现的两座新石器时代的地面房屋建造遗存，其中一座单间式地面建筑，平面呈椭圆形，有红烧土居住面、柱洞、门道和墙体残迹。

柱洞直径较小，考古学者推断，应该是柱洞内以竹材作为房顶的支撑柱。从各处建筑遗迹分布所展示的状况来看，这一时期重庆地区已经开始有小型家庭结构，多处房屋毗邻而建。生产方式以渔猎为主，但已有原始的锄耕农业和以制陶业为主的手工业。

夏、商、周至春秋战国时期，又被称为青铜时代。重庆地区这一时期的考古发掘非常丰富，先后计280余处（图1-1-4）。其中夏、商至春秋早期青铜文化经历了三个发展阶段。在商代中期文化中出现了三星堆文化与新石器峡江地区土著文化传统的融合；商代中期至西周早期，丰都石地坝文化影响广泛，以三峡中部地区为核心，影响力达重庆大部分地区。文化特征，初期与商代成都十二桥文化接近，后期本土文化特征加强，各自独立。西周中期至春秋时期，以巫山双堰塘遗址和忠县瓦渣地遗址为代表反映出瞿塘峡以东地区和以西地区不同的文化特征，其中渝东地区更多受到逐渐强盛的楚文化的影响，渝西地区仍然保持石地坝文化脉络。而以上差异以及西蜀、秦地、荆楚文化与本地土著文化多种因素融合并存的状况，客观反映出这一时期重庆地区古代族群不断迁徙，文化交流十分频繁的走廊文化特征。⑦

巫山魏家梁子遗址中发现的相当于中原夏文化时期的房屋建筑基址遗迹表明，房屋残存硬土居住面更加平整，便于人们活动。周围的3个柱洞皆立于硬土居住面上，柱洞直径为0.16～0.20米，其中

图1-1-3 忠县哨棚嘴新石器时代陶窑遗址（图片来源：《三峡考古历史图集》）

图1-1-4 忠县邓家沱西周遗址（图片来源：《三峡考古历史图集》）

一柱洞内置有一扁圆形砾石作为柱础石。室内留存3个灶坑，形状为椭圆形，底部垫满小石块。房屋墙壁坍塌下来的遗迹表明，当时房屋墙体延续新石器时代的做法，采用了拌泥抹墙壁然后再用火烘烤形成的红烧土墙壁，这些土块中还有残留的树木枝干混合物。[8]巫山双堰塘出土的西周时期房屋遗迹不仅有居所，还出现了陶窑、墓葬等。居室有"双间双连式"平面，长方形，面阔5米，进深8米多，以河卵石作墙基，墙基宽0.3~0.5米，泥墙经过火烤，尚存红烧土残墙。遗址内发现有5座陶窑，陶窑平面为椭圆形，分别由窑室、火道、火塘、火门和操作间等组成。窑的长度在1.8米左右，宽度约1.2米。窑室中部是窑床，火道绕窑室一周。[9]云阳李家坝发掘的商周房址表明，沿河居住建筑的平面形式已经发展出方形和圆角正方形两种[10]（图1-1-5），另外，由这个遗址还可见当时居民所居住的房屋中已经有平地式和干阑式两种形式。[11]万州麻柳沱遗址中的东周房屋遗迹，也出现了"双间式房屋和单间式房屋"，几乎所有柱洞底部都以扁平砾石或者陶片垫底为柱础，还出现了在柱础四周以陶片加固的做法。门道斜坡外用较大型的陶片铺地作为肢解或者切割猎物、家畜的场所。房屋室内居住面的做法更加细致：先铺垫一层浅黄色沙土，经打实后再铺一层较为纯净的黄褐色土，打实并用火燎，最后再铺涂白灰面。[12]另外，三峡博物馆藏丰都玉溪坪出土的商代陶房，高10厘米，是国内现存最早且唯一的商代陶制建筑模型。方形柱梁（或木或石），抬梁结构，罕见的连排两面坡硬山顶。器物虽小，意义却十分重大（图1-1-6）。

目前，三峡地区考古中数量最多、分布最密集的48处忠县中坝东周时期建筑遗迹，明确了三峡地区在东周时期已经有房屋相距很近的组团形式出现，这种互为支持、互为协助的空间形式的出现，反映出重庆三峡地区已经形成了一定规模的聚落。[13]这些建筑都为地面式建筑，平面形状有长方形和方形，以长方形者居多。长方形的房屋面阔基本是三开间，在明间与梢间之间有隔墙，隔墙留有门道，使明间、梢间相通。房屋的方向多是东北、西南向排列而建，门朝东南。房屋内部地面多经过加工处理，有的用硬土铺垫，也有的无硬面。在房屋与房屋之间也发现有用碎陶片加工处理的室外活动面。房屋墙体似为经夯实过的泥墙，泥墙宽为0.2~0.3米，在有的房屋墙体内发现有排列规整的小柱洞，为木骨夹泥墙做法遗存。

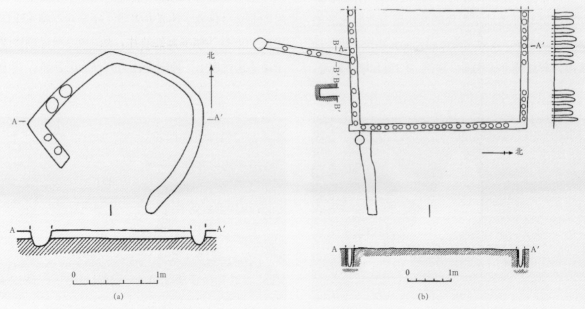

图1-1-5 云阳李家坝房屋平面
(a) 圆角形（图片来源：《云阳明月坝：大唐遗风在佛光映千年》）；(b) 正方形（图片来源：《云阳明月坝：大唐遗风在佛光映千年》）

另外，在这一时期长江中游地区大溪文化遗址中发现的墙基及墙体下半部均采用石块砌筑的做法，在重庆地区目前的考古中还没有被明确证实，不过这种就地取材，适合山地潮湿环境的墙体做法在今天的重庆三峡、鄂西、湘西地区还十分普遍，估计在当时的重庆三峡地区也已经开始出现。在屋顶的处理上，这一时期还处于"茅茨土阶"的阶段。忠县中坝遗址（商周）、忠县李园遗址（西周）、巫山大昌双堰塘遗址（西周）、巫山刘家坝遗址（春秋）考古发现，除了明确经夯打的红烧土居住面和当时营建房屋的柱洞，未见任何瓦的遗物。这种状况一直到东周－春秋时期的文化遗存中才开始改变，陆续发现有板瓦、筒瓦遗物，证明直到春秋时期，重庆地区的房屋才开始使用板瓦和筒瓦。与中原地区建筑使用板瓦、筒瓦覆盖屋顶始于西周时期相比，稍显滞后。

综合各处考古成果，进一步推测出这一时期地面式房屋建造水平得到了进一步发展，房屋布局形式更加多样，营建技术有了明显的提高和改进。其建造程序和方法大致为：首先，修整房基和地面，修整好后即铺垫一层红烧土，有的甚至铺有几层，以保持房基的硬度和室内地平面。然后四周挖塘基沟槽，墙内栽木柱，并用泥料掺和一些红烧土块将墙基填实，再然后，又在墙基上建立编竹夹泥墙。夹泥墙多是用竹片、竹竿、木杆、木条等进行编扎而形成墙壁，在扎成的（植物）墙壁里外再抹上泥，用火进行烘烤，使得墙体坚硬、牢固、防水、防潮。最后是在室内设计灶坑的位置及栽木柱的柱洞，多数柱洞底部垫有扁圆形础石，无础石者皆是直接在基岩上凿洞穴或是在基岩上挖出墙体基槽，使整个房屋框架结实、牢固后，再在架好的房梁上覆盖屋顶即成。⑭

与此同时，作为上溯黔东北、湘西北的一条重要交通要道和文化交流走廊，乌江流域上的酉阳清泉也发现了规模惊人、遗迹丰厚的新石器时代晚期到商周时期的人类早期聚落遗址。被命名为清源遗址和邹家坝遗址的这一片新石器时代的文化遗迹，与峡江地区新石器偏晚阶段文化有着很强的相似性，属于同一文化体系，即"五溪坪—哨棚嘴文化"体系。发现的房屋建筑形态多样，有新石器时代的长方形房屋及商周时期的长方形、近梯形、"凹"字形、圆形等。从房屋建筑材料上看，用料具有多样性，木、土、石、竹等材料都纳入了建筑用料范畴。在商周时期，房屋建筑材料主要为木材，以泥土为墙。有的墙体为竹骨泥墙，即将竹片纵向排列好后横向加固竹片，最后在其上以泥土加固，筑成墙体。以地坪式与干阑式建筑为主。房屋坐落具有一定的朝向，房屋周边有用于排水或者防野兽侵袭的沟。⑮

越来越多的证据表明，春秋战国时期，起源于汉江上游地区的姬姓巴族以及巴文化逐渐成为重庆地区统治势力和文化的核心。根据历史文献考证⑯，巴人至迟在夏商时期已经开始在三峡东段地区活动，西周中期以后，随着楚人逐渐扩大其在长江中游地区的管辖权，巴人一支从夷水（湖北清江）进入郁水流域，在湖北恩施一带建城称王，战国初期，他们建立的巴国先后在平都（今重庆丰都）、枳（今重庆涪陵）、江州（今重庆渝中）、垫江（今

图1-1-6　重庆出土商代陶屋（图片来源：http://bbs.artron.net/thread-3371639-1-2.html）

重庆合川）和阆中（今四川阆中）驻扎或建城，直至为秦所灭。[17]考古方面，自1954年冬笋坝船棺巴人葬墓群被发掘，几十年来重庆地区出土的带有明确巴文化信息的遗物和遗迹非常丰富，比如开县余家坝大型巴人墓葬群、云阳李家坝遗址春秋末期至西汉早期墓葬中典型的巴文化兵器、忠县中坝遗址和万州大坪遗址春秋末至战国墓葬群中出土的圜底罐、釜、豆、柳叶剑、巴属图语印章等都属于巴文化遗迹。这些都佐证了在这段历史时期，巴人以及巴国、巴文化的强大影响。

由于巴国建城与巴族西迁的进程以及巴楚、巴蜀之间战争局势的变化都有密切关联，这一时期，重庆地区主要城邑聚落的发育和分布呈现出明显的沿峡江线性分布，溯水而上发展的状况。它们主要集中在沿江的一些平坝、岛、山前台地、缓坡地带，为后来下川江地区城邑的发展奠定了基础。据百余年间巴国五易其都的情况分析，这些城镇的规模和建设不可能十分完备。据推测，"五都应均无土筑城垣，只是利用其天然沟壑和城周一定范围树立樊篱以为防御"[18]，这与"春秋楚平王以前楚都的情况恰巧一致"[19]。在城市功能方面，"巴以国都为中心所形成的城市，政治军事性质最为突出，而尤具军事重镇的特征"[20]，与川西平原三星堆古城和金沙古城相比，巴国城市的宗教文化功能尚未得到充分证实。

巴国的强盛与先秦时期本地区特色资源和产业的开发也有明显的关系。其中最重要的就是井盐、丹砂等资源的开发与贩卖。忠县中坝遗址发现的敞口深腹花边口尖底缸盐业遗存证明，早在新石器时代，三峡富盐区的制盐活动就已经开始。春秋战国时期，巴人已经拥有"盐水神女"的盐阳、巫溪宝源山盐泉和彭水郁山伏牛山岩泉，后来又先后在云阳朐忍、忠县及鱼复东岩碛坝发现盐泉。虽然这一时期井盐生产总体处于发轫阶段，但是也促进了这些地区早期生产性聚落的形成。目前，在这些古盐泉地发现了大量盐业、冶金、窑业作坊遗址，证明了至迟在东周至战国时期，这些地区已经形成了颇具规模的生产性聚落。[21]（图1-1-7）。

巴人逐水而居，以船为家，这由巴人盛行的船棺葬俗可窥一斑。随着巴人的西迁和巴国的建立，重庆沿长江两岸的居住建筑形式受到巴族临水而居生活生产方式以及长江中游荆楚建筑文化与形态的深刻影响，"重屋累居和结舫水居"是巴人建筑的生动写照。其中"重屋累居"主要指沿江河陡峭之地发展出来的密集居民点上，巴人采用的干阑式住居；"结舫水居"即在船上居住，形成水上居住邑落，有学者认为是土著蜑人的生活方式。[22]这种居住习俗和建造方式在后来多部史料中被描述，证明重庆地区在很长时间内保存了旧俗。比如《华阳国志·巴志》就记述了东汉永兴二年（公元145年）巴郡太守但望上疏所见江州城的建筑面貌："郡治江州，地势侧险，皆重屋累居，数有火害，又不相容，结舫水居，五百余家，承二江之会，夏水涨盛，坏散颠溺，死者无数。"[23]这一时期巴地干阑式建筑的形象在重庆博物馆曾珍藏的一件巴人青铜錞于上清晰可见，这件已经被认定为战国时期的铜錞于上铸有三组铭文图像（即象形文字），在其中的一组象形文字的中央，有两木之间夹一悬空的房屋的形象。徐中舒先生对这一象形文字进行研究后指出："象依树构屋以居之形"，释为"干阑"的象形字。[24]巴人所居干阑为竹木结构，分上下两层，下层为底架，人居

图1-1-7 忠县中坝遗址出土的商周时期治盐陶尖底器（图片来源：《三峡考古历史图集》）

住在上层，故称重屋。另外，在2006年发掘的涪陵陈家嘴村小田溪巴国贵族墓群守陵人居住地遗址中也反映出这个时期的巴人已经采用木、竹搭建自己的干阑住宅，对于喜爱临水而居的巴人，贵族的房屋应该比平民所住区域更靠近江边。

另一方面，先秦时期本地区的经济和生产力水平还是处于十分不发达的阶段，原始穴居仍然十分普遍，先民们多在邻水的山中挖出洞穴居住。这种巴人洞穴居在已经发掘的涪陵御泉河风堡寨、槽沟洞战国巴人穴居遗址中可以看到，前者可见洞穴空间被划分出卧室、客厅、厨房等功能区，后者出土的罐、釜、鍪、豆等陶器遗物反映出了巴文化与楚文化相互融合以及三峡地区山地居民与滨江居民的文化交流现象。

在墓葬方面，这一时期的考古遗存既有反映巴国武士葬俗的冬笋坝船棺巴人葬墓群，也有反映楚国移民西迁曾与巴人共同占据这片土地的大量楚墓分布，这种现象一直持续到战国末期，随后秦人和秦文化的影响逐渐占据上风，这由出土的重庆主城战国秦墓可见。除此之外，在三峡地区，反映原始族群濮、賨、獽、夷、蜑等族葬俗的各类崖葬遗存也十分丰富。

二、秦汉时期

秦汉是中国历史上第一个大一统时期，也是中国统一多民族国家的形成时期。自秦开始，历代王朝即致力于中央集权制度的建立与巩固，从政治、经济、文化、军事以及交通等各个层面采取措施。公元前216年，秦灭巴国，重庆地区大部分纳入中央王朝的统治之下。从政治制度上，秦对于当时仍然具备较强地方军事实力的巴人实行了以"优宠"㉕为基本倾向的民族政策，在原巴地建立巴郡，下辖11个县，部分县下不再设乡、里，仍保留部落，氏族组织，并减免赋税，地区经济得到恢复与发展。汉代延续秦制，东汉后期通过逐步分化郡县，在少数民族地区设置属国的方式，进一步加强了对本地区的管理。与此同时，自秦代始，中央王朝政府不断迁徙北方关中、中原地区人口进入巴蜀，所谓"移秦民万家以实之"㉖，这种趋势，在两汉以后，随着中央王朝对西南夷地区掌控力度的加大，进入巴蜀交通的改善，更加频繁。汉族民众陆续移居巴渝，逐渐成为本地主体民族，土著居民也逐渐汉化。

社会的相对稳定和人口的增长，促进了区域开发和经济繁荣。传统以渔猎为主的山地经济逐渐向渔猎、农耕并重型经济转变。地方产业以井盐闻名全国，画像砖中矗立的盐井架形象已经成为本地因盐而兴的城镇的重要景观。铁器的应用为城镇的发展提供了生产力基础和技术条件。民族的融合也加快了中原文化和土著文化的结合，中原礼制文化和本土原生巫鬼神灵文化的结合催生了独具地方特色的祭祀习俗和宗教形态。张道陵在东汉时期于巴蜀地区创立以"道"为最高信仰的五斗米道教，影响广泛。汉武帝逐渐推行的"罢黜百家，独尊儒术"的思想促进了西南地区文化教育的普及，表现为汉代巴蜀地区官学、私学和游学的兴盛，巴蜀地区一跃成为"其学比于齐鲁"的全国性文化中心。㉗但是与蜀地相比，重庆地区在经济和文化水平上还存在较大差距。

随着中央政府对地区管理控制的加强，它所推行的城市管理政策以及移民带来的中原建筑文化开始深刻影响本地区的城镇与建筑发展，"中原先进的经济文化在短时期内就在这里生根发芽"㉘，它们与本地土著文化相结合，逐渐形成了独具特色的地区建筑文化雏形。

（一）城邑的建设

秦汉时期推行的郡县制，使"国都—郡治—县治"三级城镇体系在全国逐步建立，汉高祖六年冬十月，"令天下县邑城"㉙，继西周分封筑城后又一次掀起全国性的建城高潮。"一县一城"成为汉代城镇的主体。㉚这一时期也是重庆地区城镇发展的第一次高峰。郡县治所在地的城邑建设逐步展开，模式主要是沿用战国时期城市旧址进行改造与扩建。

秦代重庆地区最重要的城邑建设当推张仪"筑江州城"为巴郡之治所。至今，秦江州城原址虽无考，但文献记载十分明确。除江州城外，秦汉巴郡下属11个县治所在地都已经发展成为规模颇大的城邑，功能齐备，选址规划布局充分结合了地形环境。以汉晋时期云阳朐忍故城为例，选址在长江北岸临江的一个狭长高地上，长江从遗址西南至东北环流而去。故城布局顺应山势，呈不规则形状，城镇结构比较松散，衙署区、冶铸区、制陶区、埋葬区及生活区相对独立，缺乏整齐的街路。这与中原州县那种方城深地、四面吊桥、十字街路的常见模式相异，与同时期张仪筑城成都，令其"按照中原、关中传统城形，大小之规进行设计"[31]的做法也颇为不同，充分体现了《管子·乘马篇》所提倡的"因天材，就地利"的规划思想。除巴郡外，今属重庆市辖区的还有南郡巫县（今巫山县）和黔中郡（今黔江地区大部），其中汉代巫县治所——巫山古城已经得到发掘，"其面积27万余平方米，古城依周围地势而建，城墙并不规则，筑有四个城门。"这与《水经注》中"江水"条所记载"江水又东迳巫县故城南。县，故楚之巫郡也。秦省郡立县，以隶南郡。……城缘山为墉，周十二里一百一十步，东西北三面皆带傍深谷，南临大江"的描述十分吻合。另据城外方圆十几公里的上万处汉代至六朝的墓葬可以推断，汉代的巫山已经是三峡地区经济发达和人口聚集的重要城镇。东汉后期，中央政府进一步加强了对巴郡的管理，在巴地少数民族聚居区彭水、黔江设置巴东属国（郡县级），再加上水陆路交通的改善，大量的汉地移民南迁，开始深入渝东南地区，与在汉代被称作"黔中蛮"、"武陵蛮"、"五溪蛮"及"酉溪蛮"的土著部落结合，发展贸易，促进了渝东南地区的发展。

较之秦代，两汉时期全国城市数量增加迅速，至西汉平帝时，"凡郡国百五，县、道、邑、侯国千五百八十七"。[32]各地经贸发展带来的城镇繁荣与建设是重要因素之一，东汉王符《潜夫论·浮侈》中的"天下百郡千县，市邑万数"[33]即描绘了这样的景象。两汉时期，重庆三峡地区也出现了一批因盐而兴的资源型和商贸型城镇，比如巫溪宁厂镇、北井镇、万县长滩镇、羊渠镇、忠县干井镇、涂井镇、开县温泉镇（古温汤井）、彭水郁山镇等。[34]除了政治、经济发展带来的开发建设，军事上的战略价值也促进了一些城镇的发展，比如三峡地区以其在军事上扼关转枢的地位，历来为兵家据险而守的必争之地。西汉以后，中原地区持续的战争和地方割据势力的发展使三峡地区的战略地位再次被重视，占据天险的位置陆续建设寨堡、关隘，位于长江三峡西首的奉节白帝城为其中的佼佼者。白帝城为西汉末年公孙述的成汉割据政权所建，在于满足其东依三峡，北靠巴山，据险自守的军事部署，后来成为历代政府在战时扼守的重要军事重镇。

公元前10～前9世纪，中国气候出现了一次重大变化，原来住在甘肃南部天水一带的氐族大举南迁。其中一支经汉水流域而下与巴族结盟，后随巴人西迁。氐羌部落中被称为"鬼族"的两支，以丰都为鬼帝土伯的居所幽都。后来张道陵的五斗米教又封丰都为"游治"之一。汉以后，随着我国各地固定"鬼域"观念渐趋成熟，丰都即为鬼国之幽都的说法渐趋固定，影响至今。贸易的繁荣也改变着江州城的面貌。《华阳国志》记载，"巴旧立市于江上，今新市里是也。"说明故都江州在很长时间内没有固定集市，来往贸易于舟楫之中，战国后期始建"新市里"（据考证，其地在今铜罐驿，长江猫儿峡下的小南海）。秦汉时期，江州城外集市贸易日益活跃，赶集活动趋于定期定点（图1-1-8）。

（二）房屋的建设

随着中央政权统治地位的全面确立，再加上北方移民的迁入，中原的建筑文化和技术在巴蜀地区的影响力逐步增强。刘致平先生在《四川住宅建筑》中就曾谈道："张仪经营西蜀，于是城郭宫室渐多中原制度。"[35]近年来，大量本地出土的汉代建筑明器、陶房、画像砖石、墓阙等实物形象也进一步证明，本地主流建筑制度与中原已无大差异，并

图1-1-8 四川广汉出土汉画像砖《东市》（图片来源：四川省博物馆）

且类型与形态日趋丰富，技术与工艺水平得到迅速发展。

1. 建筑类型的丰富

重庆地区的巫山双堰塘东汉墓群、忠县涂井汉墓群、丰都赤溪墓群及丰都槽房沟汉墓群、丰都冉家路口墓群等地所出土的多处建筑明器陶房明确显示，至迟到汉代中后期，重庆地区的建筑类型已经十分丰富多样，出现了"官署、民居、庄园、高台楼阁、阙、井亭、祠堂、戏楼、说书场、牢房，乃至乡土生活气息浓郁的碓房、禽栏等多种建筑类型"㊱，充分说明这一时期本地区已经有了比较发达的经济和社会生活（图1-1-9）。

相对完整的中原合院建筑形态开始出现在重庆地区。2002年云阳李家坝朐忍古城发掘的一处汉代台基建筑遗址中，面阔三间的主体建筑东西两侧有完整的厢房，为规模较大的夯土台基式三合院地面建筑。主体建筑总长13.5米，宽7米，并有前外廊。东西两侧厢房均面阔三间，进深7.5~9米。其围合院落空间百余平方米，是目前已知的一处规模较大、完整的汉代峡江地区院落式房屋遗存。㊲

随着秦统一全国，政府颁布了统一的祭祀级别和祭礼，本地区的庙祀迅速普及。当时主要的祭祀对象包括自然神祇、远古帝王圣人、官员及孝子节妇等。早期见诸于文献，至今遗迹尚存的有江州城南涂山纪念治水大禹的"禹王祠"、"涂后祠"等。秦代居住在长寿的丹砂巨贾巴寡妇清及其家族曾闻名全国，秦始皇专为她筑纪念性高台，史载曰"怀清台"。在现存遗迹中，在重庆各地发现的六处汉代石阙价值尤其突出，据此可推知，至汉代，本地立阙之风已盛行，尤以墓阙数量多。墓葬中神道、墓阙形制完整，而且墓主人的身份并未达到"官阶至二千石以上者，墓前方可立阙"的要求，可见边地豪族对礼法的漠视（图1-1-10）。

从重庆万州槽房沟墓群发现的长江流域最早的汉代纪年佛像以及巴蜀地区的画像砖、摇钱树佛像等都说明，至迟在东汉晚期，佛教在巴蜀各地已经普及。佛教在巴蜀地区的传播途径应该是"自乐山、彭山、蒲江、成都、绵阳、茂汶等西蜀一线传入蜀中"㊳，这一点已经被川西地区考古发现所证实。重庆地处四川盆地东部，佛教在蜀中发展后东渐入渝。至于汉代是否有佛教寺院的兴建，目前还没有得到证实，不过四川什邡出土的东汉画像砖中已经有佛塔图案，"画面呈中央有一佛塔，两边为菩提树，再往两边又各有一佛塔的布局；佛塔本身已具有塔基、塔额、塔刹等主体部分。覆钵已被当作塔刹，放在塔的顶上，成为中国式塔的塔刹。虽然较北魏云冈石窟第七窟浮雕佛塔形象较为原始，但已经具备中国楼阁式佛塔的造型。"㊴这是我国迄今为止发现的最早的佛塔实物形象，其以佛塔为中心的形象说明塔在当时的佛教活动中仍占有十分重要的地位。此外，重庆地方志文献对当时修造佛寺的情况也有记载。如《江津县志·宗教》载："板桥妙胜寺建于汉代，其时佛教传入江津"；《蜀中名胜记·忠州》引《志》云："东北三十里，大成寺，汉初年（公元190~193年）建"；《忠县志·佛教》载："佛教在东汉开始传入忠县，永平年间（公元58~75年）忠县修有佛教寺庙龙兴寺"；根据《方舆汇编·重庆府祠庙考》载，重庆汉代所建佛寺有南川县普泽寺、开县大觉寺，忠州大成寺、龙兴寺，江津妙胜寺等。但是由于未见实证，一般认为巴蜀地区早期佛寺的出现当在蜀汉晚期。

由于受到中原文化影响，汉代墓葬形式和制度

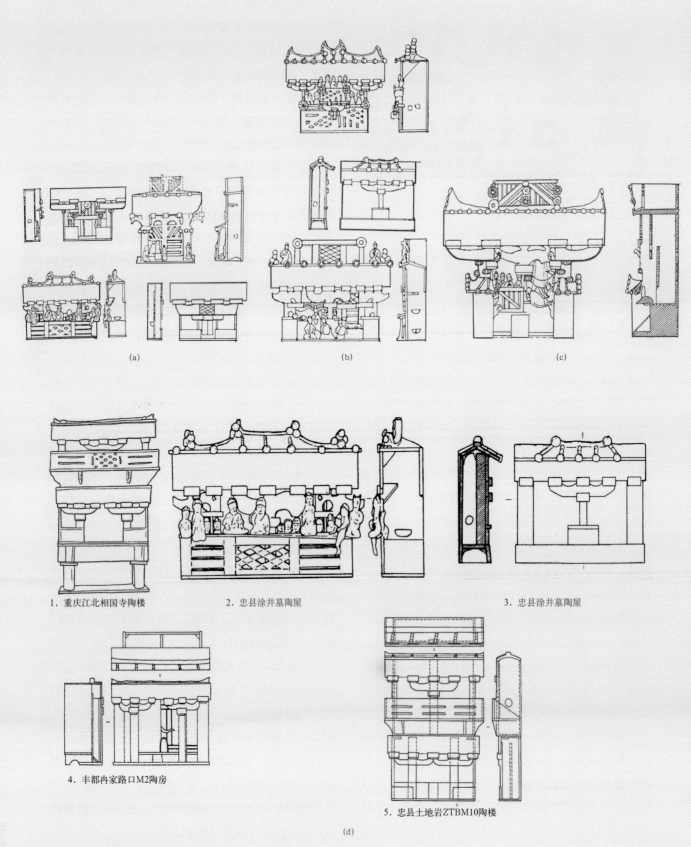

图1-1-9 重庆地区出土汉代陶屋（图片来源：《峡江地区汉晋墓葬出土陶屋模型探析》）

发展很快，在木椁墓的基础上，以雕刻精美的画像砖装饰的砖（石）室墓在汉代中后期逐渐在巴蜀地区盛行。砖（石）室墓是以砖或石为建筑材料而建成的墓，它是由汉代中期以前盛行的木椁墓发展而来的。在三峡地区，石室墓流行于两汉时期，而砖室墓大约始行于西汉中晚期，起初在中原及关中地区流行，到了东汉时，砖室墓迅速从北方扩展到长江流域。重庆地区相关考古成果有涪陵三堆子东汉墓、巫山麦沱汉墓群等。近期在重庆九龙坡区发现的汉墓中出土了一批画像砖，真实地反映出了汉代重庆住民们的生活场景。本地砖（石）室墓普遍用横穴式的洞穴作墓圹，用砖或石材建筑墓室，其特点在于模仿现实生活中的房屋建筑，平面形状呈刀把形、"凸"字形、长方形等，装饰繁缛，与东汉厚葬的社会习俗吻合（图1-1-11）。⑩此外，一种中原葬俗与土著文化相结合的墓葬形式——"崖墓葬"成为汉代本地区颇具地方特色的墓葬形式之一。这种墓葬形式是本地巴人、濮人的悬棺、船棺墓葬习俗与中原土坑、砖石等墓葬形式相结合，演变而成的一种岩椁墓葬形式。六朝时期重庆崖墓葬进入鼎盛期，一直延续至南宋以后。目前，重庆全境被发现的崖墓遗存有上万处。

秦至三国时期，铁工具广泛应用，对改造西南地区道路状况起到了重要作用。过去城邑中的桥梁，主要是竹索编的"笮桥"，桥上不宜通行车辆，城邑中主要以马车、舟船、竹筏等作为运载工具。铁工具普及后，木板桥、石桥等逐渐取代了笮桥，也为高速度打凿大批栈孔，伐料、改料等创造了条件。于是，栈道在瞿塘峡、大宁河一带迅速发展。依据《舆地纪胜·图经》记载，大宁河峡谷中因盐而兴的人行栈道和引盐泉之栈道的修凿时间应该在东汉永平年间，全长约四百里，足见当时往来交通和贸易的繁忙。生产的发展也催生了产业性建筑的兴建，除了盐产地由盐井、盐灶等形成了规模颇大的盐场建筑外，在汉晋朐忍城遗址、涪陵区八角亭渡口遗址等地均发现了多处汉代冶铸作坊遗址、烧制陶器的窑炉遗迹等。

2. 单体建筑形制和营建技术的发展

移民带来的中原先进技术，尤其是铁器的普及和砖瓦技术的应用促进了地区建筑技术水平的提高，先秦时期稍显落后于中原地区的状况得到了很大改善。

城镇木构建筑结构体系出现了抬梁式与穿斗式两种。大型建筑有大的厅堂，厅堂外普遍附加宽敞的前廊。从画像砖上反映出的建筑形象看，这一时期开始采用在外围柱子中部加一条横枋，使全部外围柱子连接为一个框架整体，这极大地加强了整栋房子的稳定性。⑪建筑开间数为奇数、偶数混用，从出土的明器实物比例来看，早期偶数开间者多，后期逐渐增加了奇数开间。普通民居一般为一开间，也有三柱二间和四柱三间的做法。建筑平面基本为横长方形。

地面建筑的三段式形制基本普及，出土明器都有夯土基座，台基做法常见以不规则石块对夯土台基垒砌包边，台基高矮不等，屋前有斜坡踏道，汉

图1-1-10　藏于三峡博物馆的重庆东汉画像砖上的阙形象（图片来源：萧依山摄）

图1-1-11　万州焦巴石王莽墓（图片来源：《三峡考古历史图集》）

阙下部亦有阶基承托。从崖墓等资料中可见柱的形式有方形、八角形，均肥短而收杀急。柱之高者，其高仅及柱下径之3.36倍，短者仅1.4倍。柱下有长方形柱础，柱身有收杀做法。

屋顶形式上出现了单檐四阿顶、重檐四阿顶、四角攒尖顶及悬山顶。少量屋顶中央开天窗，应该是为适应湿热气候的地方做法。屋顶两坡相交之缝，均用脊覆盖，基本为平脊、正脊和戗脊，端部多有不同程度的翘起，脊端以瓦当相叠为饰，或翘起，或伸出，正式鸱尾则未见。屋面稍呈凹曲状（丰都冉家路墓群、忠县涂井蜀墓群），由于未见屋架，还无法证明屋架已经有举折做法。重要建筑的屋面普遍使用陶制筒瓦或板瓦，建筑开始摆脱"茅茨土阶"的状况。筒瓦屋顶檐口已经有瓦当，面上刻有文字及卷云、鸟禽、动物等图案；尚无滴水做法。这也说明屋架结构得到了进一步完善与牢固，能够承托屋顶更大的荷载。另外，从出土的石阙中可以看到，屋面由角梁及椽承托；椽之排列与瓦垄，有翼角展开者，椽之前端已有卷杀，如后世所常见。

汉代楼阁建筑逐渐盛行，重庆地区出土陶房中也有不少陶楼。基本为2~3层，上下尺寸稍有缩减，每层之间有平坐。平坐之上均有栏杆围绕；平坐之下，或用斗栱承托，或直接与腰檐承接。可见后世楼阁所通用之平坐制度，在汉代已形成。另有巫山麦沱汉墓（东汉早期）出土陶谯楼一座，底层为城门，上层为谯楼，楼上有栏杆、窗棂及三个瞭望亭。

与此同时，另一些适应本地潮热气候环境的技术也开始趋于丰富。民居建筑多出檐宽大，有的还施腰檐，屋前和两侧筑墙，上有雨搭，都是为防雨和遮阳而采取的措施。本地画像砖未见擎檐柱做法，不知实物中有无。

从明器、石阙等资料中可见，本地区出土的汉代陶房普遍采用斗栱承檐下横梁做法。斗栱形态有一斗三升（一斗三升带小斗）、一斗两升、无斗三升（丰都赤溪墓群）和单跳华栱。在石阙中，还出现了以男女形象代替立柱及斗栱的做法。斗栱已经有横栱、华栱之分，横栱有一斗三升、一斗二升等简单形制，未见鸳鸯交手栱及重栱做法。华栱只见出一跳，为房屋出檐深远提供了技术基础。另外，未见柱间斗栱或者形态成熟的转角斗栱，说明斗栱的结构当较后世简单。在转角处，两面斗栱如何交接，尚未获圆满之解决法。至于后世以栱身之大小定建筑物全身比例之标准，则遗物之中尚无痕迹可寻。两开间建筑立面（丰都汇南陶房），中间一根单柱上施一斗三升斗栱，两侧各一根边柱，上承横长方形房檐板。斗、柱与檐部结合部贴饰五块长方形小板。一般中柱上施一斗三升，两角柱或无斗，或者施一斗承檐。三开间，中两柱施一斗三升。角柱上无斗栱，只有斗的刻饰。柱头斗栱硕大，近乎柱高一半，凸显出早期斗栱的结构功能，也从一个侧面说明斗栱是重要的建筑构件以及建筑外立面的重要形象。

汉代窗之形状多见于明器，形式以长方形为多，间亦有三角形、圆形或其他形状。窗棂以斜方格为最普通。忠县涂井蜀崖墓陶房中所见栏板由寻杖、蜀柱、直棂、卧棂和方格组成，形式多样，说明它们已经定型并流行于社会。

发掘的城墙和地面建筑遗迹表明，这一时期建筑墙体主要还是采用木、竹及夯筑技术。东汉时期，一些重要城邑开始采用泥土夯筑、砖砌外层的城墙建造方法。这一阶段，砖这种材料，除了用于墓葬，还开始用于城市输水设施，如水井井台、井壁等。砖石墓中砖墓壁砌法，或以卧、立层相间，或立砖一层，卧砖二三层，而各层之间，丁砖与顺砖又相间砌筑。墓室顶部穹窿之结构主要有平砌之砖逐层叠涩和发券两种。在彭水出土的汉墓中，发券技术已经十分成熟。这一时期还盛行使用表面镌刻图案的画像砖，其尺寸相当于今天的四块砖大小。

从春秋时期开始，重要建筑盛行以"泥涂垩壁"进行装饰，木构实行雕梁画栋，还饰以各种与等级相应的图案。由于没有实物验证，不确定本地区建筑是否使用色彩，不过根据出土明器可分辨出这些模型建筑基本都施以彩绘,色彩艳丽。主要集中在房屋的前檐各部分,重点是门窗、檐柱等。装饰题材则可分为人物、动植物、文字、几何纹及云纹等。人物或用作结构部分之装饰,如石阙之角神,也有石室壁面浮雕人物像。动物形象,以苍龙、白虎、朱雀、玄武四神为最常见,还有鱼、兔、羊等。植物有垂瓜、大花,如忠县涂井蜀崖墓民居中栱下和栏板上沿两角饰垂瓜、大花及小鸟,栏板上彩绘垂幢和方格。巫山双堰塘东汉墓群廊房明器中出现四根浮雕兔形动物空心立柱,柱与上下板、檐板之间均采用榫卯联系。植物纹有藻纹、莲花、葡萄、卷草、蕨纹和树木等,或画之壁,或印之瓦当。瓦当上印有"半两"、"大吉"等文字。当时的宫室、官府等高级建筑,还使用了地砖。房基多用条石,墙体下半部多用大砖,砖边印有各种美丽的花边,有的在墙体中部还嵌有画像砖。

3. 本土干阑式建筑形态与技术的发展

在中原秦陇民居形态和技术的影响下,本地区传统的干阑式建筑也有发展和变化。总体来讲,随着社会汉化程度的加强,使用干阑式居住建筑的逐渐减少。对于中原移民,他们的建筑以地面台基式为主,干阑式主要用于储存粮食的仓房。重庆九龙坡发掘的汉代画像砖"祈求"中清晰地阴刻出庑殿式粮仓一座,仓底用柱支撑,丰都槽房沟墓群等地出土的明器仓房也属于典型干阑式做法。反之,一般建筑带干阑做法的比例已经很少,比较同一时期广东等南方地区出土明器建筑仍然以干阑式为主的情况,这种差别尤其明显。此外,干阑式与其他建筑类型和形态有所结合。重庆江北相国寺出土陶屋下有四根圆柱支撑底层,为干阑式,二、三层则为中原地区流行的楼阁式建筑风格。忠县涂井崖墓中明器建筑虽然仍旧需要底部通风防潮,但是建筑立面已经不显露立柱和架空层,只在山墙底部有长方形、半圆形大孔,应是通风和供人出入的架空层。㊷对于汉化程度较低的偏远地区和巴人、濮人等族群聚居区,干阑式建筑仍然是其主要建筑形式,但是已经开始呈现不同形态。结构比较复杂的干阑式建筑,上层的前部有宽廊及晒台,后面是堂屋与卧室,堂屋内设火塘或祭神台。有的大屋宽可达五间,高三层,楼梯可置于室外也可以置于室内。在山地和沿江河的城邑,干阑建筑为争取土地,开始向吊脚楼发展,并形成了聚落中干阑式民居与地面式民居混杂并存的状况。

三、蜀汉两晋南北朝时期

东汉以后,重庆地区历经了成汉、东晋、前秦、南北朝等七个政权的统治,约四百年战火纷飞的分裂割据,直至隋朝统一全国。由于政权更替频繁,长期战乱,地区人口锐减,社会经济更为凋敝,导致生产力水平下降。《华阳国志》的《序志》描述为:"嗟乎三州,近为荒裔,桑梓之域,旷为长野。"㊸至公元6世纪中叶,区域发展综合水平仍未超过两汉时期的高度。㊹同时,这一时期也是西南历史上南北方人口大迁徙和融合的又一个重要时期。东汉末至三国南北朝时期,巴蜀成为移民投足之地。南阳、三辅流民西迁巴蜀,刘备入蜀建蜀汉政权,集各籍高官、学者入蜀,后西晋陈寿著《三国志》,奠定了流传至今的"三国文化"的基础。西晋"陇西六郡流民入蜀"、成汉"巴蜀大姓流徙荆湘",再次促成了陕西、两湖地区与巴蜀文化的融合。随战争的发展,中原人民进一步向西南少数民族地区迁徙,存在着汉族融入少数民族的"蛮化"现象。同时,南方土著也出现了西迁、北迁,其中成汉后期和东晋时期的"十万僚人入蜀",使梁、益二州僚人在最多时高达300万人以上,超过了原来的汉族居民。今天的大足、永川、江津、铜梁、璧山等地多为僚居,僚人独特的文化习俗和居住方式的影响至南宋仍存。渝东北地区在南朝为原居住在湘西武陵山一带的"武溪蛮"占据,至北周时期才重归汉人控制。自战国末年即开始在藻渡河流域生活的被称为"南平僚"、"南川僚"的古老僚人分支族群也控制着万盛、南川、綦江、桐梓等地。在整个三国两晋南北朝时期,南平僚很少与外部有经济文化往来,处于封闭的原始社会状态。它与晋代北上的僚人具有一些类似的生活习俗，也带有明显的夜郎民族特征。这些人口迁徙活动和复杂的民族构成，不仅丰富了唐宋时期巴蜀地区汉族的族源，也进一步加剧了各种类型文化在本地区的交流和融合。

另一方面，西汉末年和东汉初年传入西南内地的佛教，依附于社会上盛行的黄老神仙方术，并与先秦的巫术相结合，在魏晋南北朝时期得到迅速发展。这一时期巴蜀地区出土的佛教造像、器物不断增多，佛教建筑、石刻开始兴建，并开始展现出独特的地区性佛教文化面貌。"汉魏时期巴蜀地区出土的佛教遗物在形制、类型上均早于或者直接影响了长江中、下游地区的事实"⑤，也说明长江上游地区是佛教本土化发展和向长江中下游地区传播的重要通道。曹魏时期，本土所兴道教北传中原，也将巴蜀文化的某些特质向中原地区传播。

（一）城镇的建设

这一时期，城镇的发展和区域的开发受地区行政建制变化的影响较大。

我国古代，县作为行政区划的基本单位，从秦至清，历代设县的标准差别并不大，对人口和赋税有着基本的要求。设县的开始就表明该地区已经具有了一定的人口规模和经济水平。县治是区域内的政治经济聚合点，是区域内的重要城镇，县治的分布直接影响了城镇的分布。秦汉时期，重庆地区县治城镇主要分布在沿长江、嘉陵江干道上，至东汉后期，已有江州、垫江、枳、临江、平都、朐忍、鱼复、巫山等城，乌江腹地只有涪陵一城。蜀汉到北周时期，今重庆地区先后设郡县，多时三十余个，少时十余个，较东汉时期有明显分化和增多的趋势。⑥从地理环境上看，这些城镇分布在长江干流沿线上的比较多，另外，一些较大的支流如乌江、嘉陵江一带也有分布，主要选址在沿江、河的低矮缓坡地带。

为何在整个战争频发、社会衰退时期，本地区会出现县级城镇迅速发展的情况。除了政治、军事因素，也与这一时期本地区特色经济产业的发展以及当时统治者的相关管理策略相关。这一时期重庆地区郡县的新设主要在渝东北地区，东汉末，川东三郡的形成，即有本地区地方大姓采盐而富、权力分化因素的影响。东汉建安十五年刘备主荆州之际，即将盐泉之地——巫溪从巫县分出，设置北井县；建安二十一年，刘备又分朐忍新置羊渠县、汉丰县。连续分设新县是由于战争的需要和外来移民增多，三峡地区井盐生产得到了进一步开发，从而促进了区域城镇的发展。当时，统治者为了加强对富裕地区的控制，避免地方豪族割据自重，实现对盐业生产与运销的强化管理，就采取了缩小县级单位行政区划范围的策略。⑦这些因盐而兴的城镇在动荡的时代呈现出了逆势上扬的发展态势。从考古推测为西晋泰始五年（公元269年）设置的泰昌县古城遗址中可见大量铜器、陶器、铁器及琉璃随葬品，并有规模较大的十余座家族砖石室墓群，可见当时城镇状况。朐忍县治也由跨其山坡、南临大江的朐忍古城（云阳旧县坪）搬迁至涌泉之地的云安镇，而在郦道元所著《水经注·江水》中，两晋时期，它已是"翼带盐井一百所，巴川资以自给"之地。这些城镇的发展，在一定程度上奠定了今日渝东北行政区划和城镇的基本格局。

由于本地区一直处于多股军事势力角力的范围内，战争的需要使军事壁垒性质的城镇也得到了发展。最著名的当属三国时期"刘备托孤"的白帝城。它与鱼复县治永安镇相距4公里，与永安镇地势平旷，便于日常生活不同的是，白帝城附近地势雄伟，扼夔门之险，因此，"这一险一益，使夔州治所曾数次在永安镇台地和白帝城之间迁徙"⑧。《水经注》卷三十三记载："巴东郡，治白帝山。城周回二百八十步，北缘马岭，接赤甲山。其间平处南北相去八十五丈，东西七十丈。"最近的考古发掘中，这一古城遗存堆积层自公孙述时期始延绵不绝，城内主要功能为战事需要而设。另外，在渝东南以及滇、黔少数民族地区，历代王朝出于征伐平叛、固守边防等需要，实行了"郡军"制度。这种做法在先秦时期已有，到魏晋时显出了初步成效，促进了屯军屯田移民聚落的逐渐形成，它们分布于郡县治地及交通沿线附近，虽然数量还不多，但已经成为中原王朝在边境实施统治的核心和基础力量。⁴⁹

三国时期，重庆最重要的筑城事件当推都护李严"筑江州大城"之举。在李严的经营下，"城周回十六里"，已形成完整的重庆主城区下半城的格局。⁵⁰城镇形态上，在相对和平的年代和相对安定的区域中，商品经济有了一定的发展。魏晋南北朝时期，县级城镇中出现了定期集会的集市形式。在广大乡村逐渐出现以耕作土地、农居为中心的小型聚落，这些村落一般都远离县城，有的位于长江干流或支流的两岸，各个居民点相对集中，有的仅仅由一两个居民点构成，具有明显分散的特点。

(二) 房屋的建设

蜀汉时期，佛教渐与本地土著巫术及其灵魂观念相结合，逐渐为社会中上阶层接受，发展迅速。虽然南北朝时期因战乱的影响，道路的阻隔，本土宗教巫术等的干扰，佛教发展有相对迟缓之势，但巴蜀各地亦开始兴建佛寺。东晋至南北朝时期见诸史记的有南朝刘宋景平元年（公元423年）建大足西禅寺，并先后在缙云山建了北碚"相思（后缙云）、白云、大隐、石华、复兴、转龙、绍龙、温泉"八寺，今存缙云、温泉二寺。南朝时丰都平都山共建27座佛寺，潼南明禅院亦建于南朝梁，此外还有忠州宝珠寺、夔州府报恩寺、光孝寺及涪陵相思寺等。除佛寺外，北魏晚期，在繁盛的北方中原石窟造像的影响下，四川东北部的广元最先开始开窟造像，随后石刻造像风气在川西平原至岷江上游地区和川北广元、巴中地区白龙江流域广布，逐渐发展出独具地区特色的摩崖石刻造像艺术和摩崖木构建筑。《高僧传》卷八中所载的高僧玄畅造像活动："刘宋末，至成都，居大石寺。寺有阿育王塔。中藏大石钵。钵量可容数十斛，上建五层木浮图以覆。"佛塔的修建也随佛寺兴盛，《后高僧传》记载："……僧释明达创修堂宇，架塔九层。"另外，从邻近地区三国东吴墓葬中出土的明器"魂瓶"上可看到多层楼阁佛塔造像，它们从孙吴至西晋时期，年代越晚，楼阁堆塑越高，层数越多，塔的造型越明显。这从一个侧面反映出这一时期是长江地区高台楼阁与佛塔进一步结合形成中国楼阁式佛塔的重要阶段。

南北朝时期，巴蜀地区作为道教天师道的根据地，信仰者众，《北史·泉企传》云："巴俗事道，尤重老子之术。"道教信仰的兴盛带来了道观数量的增多。重庆地区早期著名道观有云阳栖霞宫等。另外，还有佛寺、道观并存一处者。《水经注·江水》曾记载："平都县，为巴郡之隶邑矣。县有天师治，兼建佛寺，甚清灵。"

三国争霸时期在重庆地区留存下来许多史迹和建筑遗迹，一直从汉末延续至今。仅奉节一地，就有"刘备托孤"的白帝城、诸葛亮练兵遗迹"八阵图"以及遇黄阁（传说黄承彦居处）、卧龙岗（诸葛亮屯兵）、八卦城、观星亭等。三国遗迹随着我国古代忠义文化的发展，逐渐在巴蜀地区成为一派生生不息的独特文化现象，相关祠祀景观与建筑也成为巴蜀地区独特的三国历史文化景观。

在墓葬形式上，蜀汉以后，原来的船棺葬、石坑墓形式等逐渐被砖石室墓、崖墓、陶瓦棺等所取代。据重庆万州晒网坝发掘的一处比较有代表性的晋代砖石室墓葬可知，至迟到晋代，"本地砖室墓形制已经比较完整，由封门砖石、甬道和墓室三部分组成。墓内有条砖和子母口券砖两种，其中甬道、墓室券顶均用子母口券砖垒砌而成。券砖两端有子母状榫卯，有的在砖的宽面有台阶状卡扣，砖体较厚，砖上都饰有砖纹，主要有连体菱形纹、车轮纹、富贵纹及骑马出行图像等。"⁵¹大量的汉晋时期崖墓群遗存表明，直至魏晋南北朝时期，崖墓葬仍然是重庆地区最重要的葬俗之一。比较重庆与四川乐山、中江等地的崖墓形制，少见后面这些地区普遍采用的双室、多室墓葬，而以单室墓为主。这也从一个侧面说明了本地的经济实力和厚葬习俗均不及富庶的成都平原地区。崖墓中普遍存在的二次葬和多具骨骸共存的情况还展示了汉晋时期本地区家族合葬的形式。[52]与此同时，偏远地区的巴人、僚人的葬俗仍然以崖棺葬、悬棺葬为主。自东汉至隋唐的600多年间，南平僚在万盛一带留下了大量依山傍水的崖棺群，而唐代以前獽、蜑人首领的墓葬遗址也已经探明分布在以秀山石堤为中心的北河和梅江河交汇处河道两岸。

由于长期战乱，蜀汉至南北朝时期重庆地区的建筑不及两汉期间有那样多生动的创造和革新，但是总体还是呈现发展演变的趋势，中国古代单体建筑的诸多基本特征已经充分地体现在建筑中。东汉以后，本地高台建筑逐渐没落，东晋南朝以后，坐式家具增多，防潮问题解决，地面建筑中的高台基也渐变为低台。汉晋时期应该还是奇偶数开间过渡时期，奇偶数开间建筑并存，并开始出现后者代替前者的趋势。直至唐以后，面阔以奇数开间为主。斗栱的形式在南北朝时期也有发展，三国两晋尚有一斗二升斗栱，自南北朝起，一斗二升完全被一斗三升所替代，在出土明器中一斗三升斗栱明显多于一斗二升斗栱的情况正说明这一时期是斗栱变化的尾声。这一时期，重庆忠县涂井遗址还出土了一朵纵横方向组合的斗栱："……中柱纵向插出插栱，插栱头上放置一斗三升斗栱。"它是迄今为止发现的最早的纵横方向组合的斗栱实例。汉晋朐忍城遗址、万州武陵镇之圈山汉代山城遗址发现的大量残砖、板瓦、筒瓦残片以及种类数量颇多的瓦当残件表明这一时期，不仅城镇建筑规模已经很大，建筑构件的使用也已经非常普遍。

两晋南北朝时期，影响重庆居住建筑发展的另一个重要因素是大批僚人迁入原来已经汉化的地区，主要包括今天的荣昌、永川、大足、綦江、南川、巴南、江北、江津、璧山等地。僚人的居住习俗——干阑再次加深了对本地区民居建筑面貌的影响。这一时期，人们对干阑建筑的认知与僚人的存在建立了直接的联系。《魏书·僚传》记载："僚者，盖南蛮之别种……散居山谷，依树积木，以居其上，名曰干阑。干阑大小，随其家口之数。"

四、隋唐五代时期

隋唐三百余年，西南地区社会相对稳定，尤其是唐"安史之乱"后，北方大部分地区陷入战乱，而巴蜀地区偏安一隅，社会经济文化继承盛唐成就继续发展。长江、嘉陵江的山区腹地被畲田开垦，梯田在唐代已经出现，粮食作物的品种较之以前丰富了许多。唐代的渝州、南州、溱州、昌州均产布和贡布，昌州的筒布和各州的斑布已成为著名的纺织物，销往巴蜀以外各地。原来作为渝东地区重要经济支柱的井盐生产继续发展，与成都平原井盐生产一起成为唐代全国井盐最重要的产区。据《新唐书》卷五十四《食货志四》记载："唐代全国有盐井六百四十，十之八九即在巴蜀地区。"物资的贩运带动了东西往来商贸的发展，人民竞相经商牟利，长江之上，舟楫往来不绝，峡路成为转输川米、蜀布、马网、蜀麻、吴盐的重要交通线。杜甫在唐大历六年夏所作《夔州歌十绝句》之七中就描述了此时盛景："蜀麻吴盐自古通，万斛之舟行如风。长年三老长歌里，白昼滩前高浪中。"中唐以后，因战乱入蜀的中原移民再次增多。尤其是唐玄宗、唐僖宗两位皇帝先后入川避难，更使大量官宦世族、文人骚客往来与寓居于此，带来了中原发达的经济、文化和建筑技艺，使唐代成为巴蜀地区社会发展的重要时期，尤其是以成都为核心的川西平原为唐代重要的经济和文化中心，有"扬一益二"之称。相比四川，隋唐时期的渝州政治地位较低，文化发展相对滞后。

（一）城镇的建设

随着交通状况的改善，区域开发进入了新阶段。最重要的体现就是县的广泛设置和集镇的发展。较之前朝，由于自然资源和耕种条件更为优越，渝西丘陵地区的开发受到唐代统治者的大力扶持。农业崛起，人口猛增，带来了这一地区县的增置，常设31个县，遍及渝涪各地，深入丘陵地带，基本已经不存在未开发地区。31县的设置已经占到历代所置35县的78%，也打破了秦汉以来主要郡县沿长江干流"线状分布"的特点，深入三江支流及广大腹地。隋以前的"僚夷"主要聚居地的大足、永川、荣昌等地区在唐代也逐渐与周围移入此地的无地农民融合，朝廷为"镇押夷僚"采取设置州县之举，不久这些地区即成为"有桑麻粳徐之饶"的东川要郡。比如大足虽然在唐宋还存在"僚母城"[53]，但已是"有夏风，有獠风"，僚人与汉族渐渐融合，和睦相处。对于更南部的少数族群聚居区，政府采取羁縻政策，逐步实现了全境的稳定与发展。[54]

唐以前，巴蜀地区广大乡村中的商品交换主要通过草市来进行。唐中宗景龙元年（公元707年）十一月敕还明确："诸非州县之所，不得置市。"但是唐中期以后，因战乱等原因，官府对社会的控制日益减弱；与此同时，随着商业贸易的发展，各种形式的商品交换市场开始形成，到唐晚期至五代，只许州县设市的规定有了调整，"旧来交易繁者，也可以设市"。全国各地逐步出现了都市商业勃兴和乡村市场兴起。集镇这种沟通城市和广大农村的更为成熟的市场形势得到发展，并为宋代重庆地区集镇数目的大幅增加奠定了基础。[55]最终集镇演变成为介于市集与城邑之间的一级管理机构，官府甚至在镇设置征税或监管机构。

集镇的分布主要受到自然和社会因素的影响。四川盆地中部丘陵地区成为生产型（粮食生产）集镇和资源型集镇密集分布区。[56]据史料研究统计，唐后期（公元820年后）渝西地区已有独立于都城、州治、县治所在地之外的处于县与乡之间的独立商业集镇5处。在唐宋时期，随着中国经济重心的东移南迁，三峡地区的经济地位得以上升，"廊道效应"开始凸显，以东西贸易为基础的三峡城镇群遂发展起来，渐成峡江地区集镇沿江河两岸和在交通要道密集分布之格局。近年来，三峡考古取得重大突破，在云阳发现了多处颇具规模的唐代集镇与聚落遗址，主要包括"云阳明月坝唐宋集镇、明堂坝、李家坝、云阳丝粟包遗址、云阳乔家院子遗址、云阳晒经遗址和云安场镇遗址等"。[57]它们表现出"大集中、小分散"的特点，大遗址的数量比较多，居民多集中在大遗址中或周围，初步形成了峡江近代城镇分布雏形。[58]

与平原地区城镇的形态比较来看，由于受到地理条件的限制，峡江地区的城镇不少是据险自守，不设城垣；有城垣的城镇，墙体充分地利用自然地理形势，在遗址边缘地形不规整、坡度较缓的地方夯筑墙体，而在一些陡峭处则利用陡坎和夯筑的墙体连成一体，共同形成城址的保护圈，独具山城特色。[59]长期的安定甚至使一些新兴城镇放弃了城垣的防卫，成为无城垣之城。以目前最完整的唐宋集镇遗址——云阳明月坝为例，由其清晰可查的道路网和80余处唐宋建筑遗存可以看出，这一因盐而兴之商贸集镇，选址于三面环水之台地，最大程度地发挥水上交通的便捷性。总面积达26000平方米的集镇总体布局顺澎溪河流向呈线性发展，在临江台地上依次建有寺庙、衙署、民居。其中公共建筑占据着台地最佳位置和朝向，居高临下，易于监控河道上的往来运输。最终构成的"Ⅲ形"集镇街巷空间格局证明它已经发展成为区域性经济文化和交通集散中心。[60]

唐代的巴蜀地区还地处"西抚吐蕃、南抚獠蛮"的前沿，为了加强对西南地区少数民族政权的军事防御和进攻，在巴蜀地区设立军镇，以代替过去的屯兵镇戍制度。由于重庆所处川东一带开发和汉化的时间比较早，少数民族地方势力不足以对唐朝的统治构成威胁，因此军镇的设置比较少，只在夔州永安郡设夔州防御使领奉节、云安、巫山、大昌四县。另外，境内黔中黔安郡设黔州都督府，领彭水、黔江等六县；昌州昌化郡设"静南军使，以镇蛮獠"，领大足、昌元（今荣昌西北九龙镇昌州村）、静南（今大足县东南龙水镇）和永川（今永昌）四县。[61]军镇的广泛设置巩固了边防，但同时加剧了地方割据。唐中期以前军镇筑城不多，唐代后期各地纷纷开始大规模筑城。《旧唐书》卷一九上云："（咸通六年）四月，西川节度使牛丛奏于蛮界筑新城、安城……"[62]到唐末混战中，重庆各地土豪纷纷组织乡兵,"凭高立寨,得以自专"⑥³的做法使城镇发展受到战事和割据政权的影响,出现了一批依托山形地势,防御性强,生产、生活可以自给自足的军府"镇寨"。比如唐昭宗景福元年(公元892年),韦君靖在昌州治静南县旁边的大足县西北龙岗山建永昌寨,"筑城堡二十间,建敌楼二十余所",后取代静南县成为州治所在地。这些土豪武装的大量出现,到唐末表现为州县的镇寨化已经十分明显,据"韦君靖碑"记载,题名的昌普渝合四州镇寨就达20多个。⑥⁴据史料记载,这些镇寨中的一部分到宋代转化成为草市集镇,部分在抗蒙战争中继续发挥作用。

虽然如此,自唐初始,中央王朝对川渝地区州县治所城市兴筑并不重视,多沿用旧城。直至"安史之乱"爆发后,尤其是"因有东西川分治和小规模叛乱,故而从肃宗开始,川渝地区州县城池有逐渐兴修的趋势。到中唐以后,大量州城已修筑了罗城。至唐末五代十国时期,更多城池形成子、罗城的双城形态。"⑥⁵

(二)佛教建筑

隋唐时期,远离战乱的巴蜀不仅是世俗者避难的场所,也是外来僧人借道和驻足的地方,佛教更兴。重庆地区开始追随川西、川北之势,佛教建筑的建造活动日益繁荣。据碑文字记载,奉节存有隋文帝所赐"信州舍利塔",这是已知重庆地区最早的官寺。唐初佛学界大事件莫过于玄奘法师从长安入蜀,并受戒于成都空慧寺。唐玄宗和僖宗二帝入蜀,建大慈寺"凡九十六院,八千五百区",规模庞大。至晚唐,重庆地区约有佛寺40余座,主要集中在长江沿线一带,且尚未达到一县一寺的程度。⑥⁶今存沙区宝轮寺、南岸慈云寺(初名观音寺)、铜梁巴岳寺、波伦寺、潼南独柏寺、江津大圣寺、合川二佛寺、涪陵洪恩寺、彭水开元寺等。其中,忠州在唐代有官寺两处,一处是治平寺(龙兴寺),一处是开元寺。

中唐以后,中原地区的佛教石窟建筑及摩崖造像等已经衰微,这种技艺和风俗开始南渐影响川北、川西地区,各县兴建石刻大佛和石窟寺,如乐山大佛、广元千佛崖、夹江千佛崖等。在题材上,密宗造像十分兴盛。究其原因,与唐玄宗、僖宗两度入川及密宗的传入紧密相关。受川北一带造像之风的影响,晚唐时期,重庆石刻造像开始繁荣,大足、潼南、合川、铜梁等地为石刻造像集中区域。这一时期开始的重要摩崖造像活动有合州名僧石头和尚在合川钓鱼山创建了护国寺和悬空卧佛、千佛石窟等,合川县涞滩二佛寺也始建于唐,据史料记载,唐僖宗避难巴蜀也曾派使者前来祈福,足见二佛寺在晚唐已有盛名,潼南大佛造像始凿于唐咸通年间,是"蜀中四大佛之一",还有潼南崇龛镇中唐开始的摩崖造像活动,特别是由唐昌州刺史韦君靖于唐景福元年(公元892年)继承大足尖山子摩崖造像(初唐永徽元年,公元650年)和圣水寺摩崖造像之传统,在大足县城边龙岗山开始的北山石刻,开创了大足石刻400年的开窟造像史。

在巴蜀地区唐代摩崖石刻中,有几处是以楼阁建筑为背景的"西方净土变相图",反映出当时的佛寺建筑形式,成为研究本地区唐代建筑的重要资料。⑥⁷其中晚唐时期(乾宁三年左右)所凿"大足北山第245龛净土变相图"中反映的建筑图像是重庆地区已知最早的唐代佛寺平面及楼阁建筑形象(图1-1-12、图1-1-13)。⑥⁸总体来看,从这些建筑上可以明显见到与中原的关系,基本属于北方中原佛教寺院系统。寺院平面布置以"墙垣式"为主,中轴线上设置山门及主要殿阁,中间主殿主要采用高大楼阁建筑,此做法一直延续至宋代,主殿两旁并列两殿,体量稍小,在殿阁前面一般另建塔阁或者配殿,类似长安大明宫含元殿做法,建筑四周绕以围廊。建筑的正面常在四阿顶基础上施以"并厦两头造龟头屋(类似抱厦做法)",使立面造型不单调。它不仅用于中央殿阁,也用于两侧殿阁。其次是每层楼阁均施以平坐勾栏(斗栱),继承了汉晋以来的建筑传统,增加了立面造型的华丽感觉。再次是各殿阁间连以弧形飞廊阁道,使其连成整体,形成雄伟壮丽格局。⑥⁹

图1-1-12 大足北山第245龛净土经变建筑总平面图（图片来源：杨嵩林）

图1-1-13 大足北山第245龛净土经变图（图片来源：杨嵩林）

云阳明月坝唐代集镇佛寺考古遗存的发掘使唐代重庆山地集镇中小型寺院建筑的情况也被逐渐认识。据考古研究，明月坝遗址佛寺选址在临澎溪河的一级台地上，由山门、佛殿、僧房组成的单院落和木栅栏围墙等构成。寺庙坐西向东，位于集镇最西端，背靠山岭，河水自西向东流经寺庙北侧。佛寺前面有一片开阔区域为举行各种商业文化活动提供空间，直接与一条东西长200米，宽1~2米的道路相连，寺庙以东的道路两侧分布有衙署建筑和大量民居建筑。山门位于佛殿正前方，台基南北长约6米，东西宽约5米，高约0.15米。四周用石板围砌，根据台面上磉墩的分布情况，可知山门为面阔一间，进深两间，有上下踏道的建筑。佛殿基址保存完好，台基高约0.5米，南北长17.4米，东西宽10.4米，台面上分布有15个方形柱础石，柱础平面呈正方形，边长0.6米，厚0.24~0.26米，表面凸出直径约0.3米的柱痕。柱子和础石之间还保存有宽约0.15~0.2米的墙基石或砖。正殿北侧是副阶建筑，南北宽4.8米，东西长11.4米，低于正殿台面约0.4米，保存有四个方形柱础石，两个磉墩。根据柱础石、磉墩的分布规律，该建筑为面阔三间，进深三间，设左右踏道，带副阶的移柱造殿堂。明月坝佛寺的平面布局以及单体建筑的结构、用材都具有十分明显的山区特点，虽然山门、佛殿依轴线分布，但僧房等建筑都布局于临江的一侧，不拘泥于寺庙对称严谨的布局观念，根据地形变化布置，既考虑到寺庙的功能和等级，又做到了与自然和谐，体现了峡江地区山林寺庙自由灵巧的风格（图1-1-14）。[70]

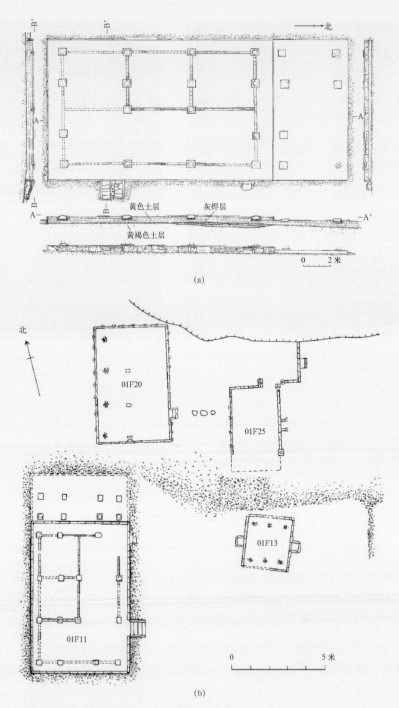

图1-1-14 明月坝唐宋寺庙基址平面图（图片来源：《云阳明月坝：大唐遗风在佛光映千年》）

（三）重庆山水景观文化与居游园林

唐宋时期是巴蜀地区山水景观文化、造园思想和园林类型发展的重要时期。

其一，随着唐代经济的繁荣，政治的开明，地区间往来交流的频繁，再加上唐代文人官宦群体的推动，在继承魏晋遁迹山林之游风的基础上，以官宦、文人、僧侣等为主体的"壮游、云游、隐游与宦游之风"在唐代盛行。他们推动的居游文化对巴蜀地区唐代景观文化和景观地的兴起具有重要作用。长江三峡从单纯的自然地理概念和重要的交通枢纽在唐代逐渐演化为中国最具自然地貌特点和文化内涵底蕴的景观地。据研究数据统计，唐代文学作品中涉及三峡的达465首，位居各地景观点作品之首。李白、杜甫、陈子昂、刘禹锡等文学巨匠都在三峡留下了壮美诗篇，其中杜甫在三峡两年九个月就创作了480首诗歌，占其诗集1400余首的近三分之一。至今在夔州（今奉节）还留有诗圣在夔州居住一年零十个月的草堂残碑。[71]这些作品或者描绘三峡的壮美河山、奇异风土，或者借景抒怀，或者关心民间疾苦，将山、水、人、文化与自然景观交融于一体，行旅生涯为独特的自然景观渲染出厚重的历史文化气息，从而创造了无出其右的"三峡"山水景观文化，也奠定了重庆山地园林景观文化和景观营造技艺的文化底蕴，为宋以后城镇"八景文化"的出现奠定了基础。

其二，自唐高宗、武周始，随着均田制被破坏，占有大量田业的地主庄园兴起。再加上自中原南迁的名士、诗人、世家族的影响，巴蜀地区的官宦大户热衷于营造大规模居住环境。与东汉时期庄园经济所形成的集生活、生产、防御于一体的廊院式民居不同，唐代的巴蜀宅园更加注重建筑群与园林环境的结合。以唐代著名宰相李德裕任四川新繁县令时开凿的私家宅园"东湖"为例，虽然经历自唐至明清几百年的不断扩建修葺，但是保留至今的唐代建筑格局，仍然可见这一时期已经形成了私人园林主要表现手法。重庆地区文献记载的忠州东坡花园应该是当时名人园林的代表之作。白居易在元和十四年（公元819年）改任忠州刺史，在任三年，通过其所建东坡花园，在"巴蜀小变化"的民俗中，给忠州人留下了花卉园林胜景。[72]在后来的历史发展中，这些私人宅园逐步演变为具有公共游览性质的名人纪念性园林。

除私人兴造园之风，寺庙祠观园林、官署园林也逐渐兴盛。与城镇密集地区依靠人工打造的园林景观不同，本地区园林偏重于借助自然景观为构景素材，除了在风景名胜地打造寺观丛林，也利用区域整体开发力度有限、植被茂盛（甚至"林间麋鹿遥相望，綦江、桐梓一带唐代仍有大象出没"[73]）等条件，形成了大大小小的寺观林盘，寺观建筑周围都有数十亩以至上百亩的林园围护。比如宋代名将余玠曾诗称重庆府的觉林寺"木鱼敲罢起钟声，透出丛林万户惊"。[74]类似的林木茂盛的著名寺院、祠庙在这一时期还有忠州禹庙、奉节蜀先主庙、白帝祠、巫山神女庙等。

其三，逐步形成了与本地生态环境、生产方式和小家庭结构相适应的乡村自然聚落和农居方式——"林盘"。据学者研究，"自先秦至秦汉，百姓居住场所经历了由集中在封闭有围墙的聚落（城居）到逐渐以城居与生活在无围墙聚落（散居）并存的变化。"[75]在土地和居住关系密切的各地乡村，这种散居的自然聚落演化出不同形态，在川西平原地区，因富饶的环境和百姓"儿大分家"的小家庭结构模式，催生出了"林盘"这种集生态、生产和生活于一体的复合散居型农村聚落形式。[76]形成的美好乡村景观在晋人左思《蜀都赋》中所描述的"家有盐泉之井，户有橘柚之园"中已有充分体现。唐代以后，随着渝西大片丘陵地区农业开发的加快，水利灌溉设施的建设，地区农村经济产能、人口的数量逐渐超过渝东山地地区，川西地区的林盘文化开始延伸到这一带。

（四）民居建筑形态与技术

在已探明的云阳明月坝唐代集镇民居遗存中，合院建筑数量约占一半，这从一个侧面说明，到唐代中后期，合院型民居已经成为重庆地区城镇居住建筑最主要的形式之一。此外，随着集镇的发展，集镇店宅型民居形式出现，其平面与现存古场镇沿街店宅基本无异。干阑式建筑分布虽然很广，但从文化的角度，它逐渐被边缘化，再次被看作重庆周边边远山地区蛮族及僚人的主要居住习俗。这由唐宋时期大量历史文献对它颇带贬义的记载可窥一斑，比如：唐樊绰著《蛮书·南诏裸形蛮》："其男女遍满山野，亦无君长，作'葛栏'舍屋。"《新唐书·南平僚》记载："南平蛮，北与涪州接，人并楼居，登梯而上，号为干阑。"后来还有初宋乐史撰《太平寰宇记》记渝州风俗条："大凡蜀人风俗一同，然边蛮界，乡村有僚户，即异也。俗构屋高树，谓之阁阑……今渝之山谷中有狼俚，乡俗构屋高树，谓之阁楼……昌州（大足县）风俗，无夏风，有僚风，悉住丛箐，悬虚构屋，号阁栏"等。

重庆地区唐代房屋建造技术已经十分成熟，设计讲究，结构布局呈现出十分明显的规划性，不仅体现出唐代建筑技术的时代性特点，也出现了一些地方性变通做法。从年代上看，唐代初年所建普通民居在技术上延续了北魏时期的特征，比如由万州初唐驸马刺史冉仁才墓中出土的一件唐代明器青瓷房屋可见，普通民居为悬山两坡水屋顶，单开间，平面近似方形，低矮台基，地栿、门上横梁、门框刻画明显。[77]墙体为木骨泥墙式红烧土，立柱的柱洞内填炭屑、红烧土颗粒、瓦片、卵石，柱外侧，以卵石铺成散水，宽0.55~1.2米。到唐中后期，有高矮不等台基的四合院建筑和多进合院建筑明显增多，建筑台基普遍采用加工规整、规格相近的石条、石板围砌，房基内填黄褐色黏土。普通房屋开间为三至五开间不等，大中型公共建筑，如衙署、佛寺的主要殿阁有面阔七间，并且建筑面积和开间尺寸都有所扩大；平面柱网布置规整，还频繁出现"金厢斗底槽、减柱造、移柱造"做法；柱础石以正方形为主，后期出现唐代典型的莲花覆盆状柱础石，直径达1米。墙体有木骨泥墙和木板墙两种。台基踏道位置设计讲究，主要单体建筑大多设主次两个踏道（由踏跺石、象眼石构成，踏跺石下用鹅卵石铺垫）。地面部分无实物留存，不过从摩崖石刻建筑形象可见，单体殿阁立面有层层内收，估计已经有比较成熟的多层木楼阁建筑技术。单体建筑立面有明显侧脚及角柱升起，砖石墙壁收分也非常明显，表明这一时期已经善于解决建筑稳定性问题了。

唐代，斗栱在重庆地区出现了正规传统做法和地方简化革新做法并存的状况，表现出因人力物力所限产生的变通。补间铺作在中唐以前不占主要地位，继承了南北朝使用人字栱及直斗等简单斗栱的做法，起到装饰陪衬作用。中唐以后逐渐采用正式的与柱头铺作相同的补间铺作。斗栱形状在南北朝末期以后逐渐呈现出一种风格，斗栱卷杀部分大体上为45°圆弧形。柱首间的阑额都小于柱径，只有阑额一道的较多，或下加由额。阑额角柱多不出头，有叶作垂直割截。阑额上基本无普拍枋，斗栱直接放在柱头和阑额上。[78]

另外，在各处唐代考古遗址现场发现大量石条、石板、砖、板瓦、筒瓦、瓦当、脊兽、鸱尾等建筑材料和构件，还首次出现"滴水"，表明唐代建筑材料和建造技术都达到了更强的丰富性。图案装饰方面，有人面纹砖、兽面纹砖和刻字砖。鸱尾残片显示为典型唐代鸱尾造型，吻内侧弧形，外脊有凸棱。瓦当图案有宝相莲花纹、普通莲花纹、佛像莲花纹、乳钉莲花纹、兽面莲花纹、兽面纹六种形制。屋顶出际上端已使用悬鱼，悬鱼形状为如意头或者如意头加舌尖，状如燕尾。唐代集镇排水系统已经比较完善，唐代白帝山、永川朱沱镇汉东城考古现场的陶管、排水沟印证了这一点。白帝山出土的唐代建筑排水管道为圆柱形红陶管，直径60多厘米，一头大一头小，壁厚4厘米左右，大小头相套接而成一个整体。永川出土的排水陶管从屋内延伸到屋外江边，说明唐宋时当地人已经学会使用陶制排水管在长江涨水后巧妙排洪；遗址内其他房屋基址也有用石头砌成的排水沟，横纵延伸，贯穿房基（图1-1-15）。

图1-1-15 永川朱沱镇考古（图片来源：http://www.hxw.mobi/news/view.php?fid=132&id=2784\）

五、宋元时期

两宋时期是我国封建社会经济高度发展的重要时期。除去南宋后期战争的影响，随着全国政治经济重心的南移，以长江流域为重心的南方经济取得长足进步，重庆地区经济实力逐渐增强。宋代本地区农业经济发展的重要标志是梯田的大量修造和农作物种类的增多，早稻、中稻、小麦和大麦等均已普遍种植。由于农业的发展，地区的人口增加迅速，到1162年的南宋时期，已有人口110余万。在农业发展的基础上，手工业较前代有了进一步发展，逐渐成为四川的制造中心，当时最重要的工业纺织、瓷器和造船业都已经占重要地位。宋代的渝州是瓷器的重要产地，坐落在今南岸区黄桷垭一带的涂山窑，前后绵延上十里，是当时黑釉瓷的最重要产区。合州是造船中心，南宋时四川打造的运送马匹的马船，大部分都是合州制造的。北宋以后，重庆地区已经有夔州奉节县、涪州涪陵县、涪州武龙县、万州南浦县、开州清水县、忠州临江县等十余处井盐产地。其中仅昌州盐井已有130余口，年产盐已达130余万斤。随着农业、手工业产品的增多，商业交换迅速发展繁荣起来。当时渝州城外长江、嘉陵江上商船舟楫往来交错，"商贾之往来，货泉之流行，沿溯而上下者，又不知几"。⑦东西交通的需要，使重庆城的战略地位进一步显现出来，重庆城发展成为川东地区重要的交通枢纽和商贸中心。另一重大变化是，这一时期重庆地区的文化和理学获得了迅速的发展。涪陵是宋代理学研究的中心，形成了对朱熹等中国后世理学家有重要影响的"涪陵学派"。为适应都市经济的兴起和市民阶层的需求，各地游赏之风盛行，瓦肆、勾栏开始兴起。宋代三峡地区仍然是文人骚客热衷的自然文化景观，这一时期有李商隐、欧阳修、王安石、苏轼、黄庭坚、陆游等来往三峡，留下诗作2300余首。其中李商隐之"君问归期未有期，巴山夜雨涨秋池"为千古名句。在已知最早的反映三峡地区的地图《蜀川胜概图》中描绘了从岷山到巫山山脉川江沿岸的自然人文景观，重庆境内三峡地区成为描绘重点。三峡夔门、白帝城等一览无余。

南宋后期，蒙古与南宋的战争从利州路打响，延续了近半个世纪，巴蜀地区遭到疯狂掠夺，"蜀人受祸惨甚，死伤殆尽，千百不存一"，重庆独撑宋朝西线抗蒙战争逾半个世纪之久，"钓鱼城之战"不仅延续了南宋的统治并且改写了世界历史的进程。重庆在南宋后期因其战略防御中"可以上接利、阆，下应归峡"⑧⑩的潜在价值，再加上渝州因宋光宗先封恭王，后即帝位，自诩"双重喜庆"，升恭州为重庆府，重庆渐成川东最重要的政治和军事中心。巴蜀文化在战争期间遭到空前毁灭，却在江南各地广泛传播，出川的文人把中原正统文化的精髓带到东南地区，"元兵略蜀，蜀士南迁于浙，浙人得此则成文献之府库，江南文风大盛，蜀反如鄙人矣"。⑧①

1271年，元世祖忽必烈建立元朝。元朝实行省、路、府、县四级制，在全国设十中书行省，四川为其一。四川中书行省领九路，重庆路为其一，治巴县。同时重庆又作为四川南道宣慰司的驻地，宣慰司管辖重庆路、夔州路、绍庆府和怀德府，据《元史·地理志》记载，元朝重庆路已是上路⑧②，这充分说明，元朝时期重庆已成为四川的重要区域军政中心和第二大城市。虽然如此，由于元朝长江的经济往来不畅，在元朝统治的不到百年间，重庆地区社会经济一直未能得到明显恢复，城市与建筑的发展出现了一定的停滞甚至倒退，这也使得一些在我国其他地区被逐渐放弃的建筑技术和做法得以保留。一些带有北方游牧民族色彩的装饰和建筑样式也影响到本地区。

（一）城镇的建设

两宋时期，是重庆地区城镇结构体系、城镇分布、城镇性质及城镇空间形态均发生重大变化的时期。

1. 商贸活动对城镇、场镇的发展影响很大，城镇形态趋于开放，里坊制度被打破。

第一，草市大量场镇化。随着集市贸易的发展，农村传统的几日一会，定期"赶场"的草市逐渐成为定点的场镇。多数场镇只是一条主要的街道，两侧商业店铺有商贾进驻，基本上每天营业，成为城市和乡村之间更稳定的商品交易中介。据《元丰九域志》等史籍的不完全记载，宋代巴渝地区场镇达188处。其中位于渝涪地区的有147个，夔州地区仅31个。场镇分布出现了明显的"北多南少，西密东疏，场镇的多寡与区域的海拔高度成反比"的特点。[83]据统计，所有这些场镇中以市、店或场命名的达30个，占全部场镇的1/6，说明有相当部分场镇是直接从贸易集市和路边店发展起来的，还有一些场镇名中带有川、溪、津、江等字，说明水运与场镇的关系；另一些是随着井盐的开采发展起来的，它们都已拥有不同的人口规模、面积大小和产业特点。

第二，军镇职能转变。场镇化趋势也影响到了宋代军镇的职能，当时重庆地区内的南平军、梁山军和云安军都出现了经济意义日渐增加的状况。比如夔州路的梁山军在北宋元丰年间尚无一市，但至南宋已有"永安军市、桂溪市、峡石市和扬市四个市镇"。[84]宋代对夔州路周边少数民族地区的民族政策，也由"羁縻远人"，调整为积极与少数民族地区开展互市贸易。《宋史》卷四百九十三《西南溪洞诸蛮》记载："咸平五年批准与苗族聚居地实行'以盐易粟'；熙宁六年在黔州设市场，称为'博易场'；熙宁十年，彭水县城、盐井镇、郁山镇和信宁镇等已经设立固定收税点。"整个宋代，黔州地区已有11个市镇。这些场镇自宋延续至明清，虽后来经历战乱损毁严重，但是其中仍然有不少在明清时期再次兴盛。

第三，原来的政治、军事城邑进一步向地区性经济中心发展，转变为多功能的综合城市。随着宋以后中国政治经济中心的"南移东渐"，重庆地区城镇规模和密度都比以往有了更快的增加。在唐代还比较落后的渝州城，一因"藩封之喜"得名重庆，获得了发展契机，二因两江交汇的地理优势促进了商贸，宋时已是"二江之商贩，舟楫旁午"，城区再次被扩大。筑城策略除了考虑军事防御上的需要，城区外扩也将原来城外自然发展的新街市纳入城墙以内，进行管理。

宋时，三峡区域聚落由早期的沿江点状分布，逐步发展成为网状分布。这种网状结构由于受地理条件的限制，由多个相对分散的沿长江及其支流沿岸分布的聚落群聚结而成，呈现出依水靠山型城镇形态发展的特征。郭印《夔州》中就写道："夔子巴峡冲，风物异蜀境。城居版作屋，江汲地无井，四郊乏平原，冢墓缘山岭。"

这一时期的城镇，更多地实现了街和市的有机结合。城内大道两旁，第一次成为百业汇聚之区。在城外官道两旁也开始有居民居住并开设店铺。宋朝廷也明文鼓励这种做法："……凡居民去官道而远者，说令徙家驿旁，具膳饮以利行者，且自利官司。"[85]

另外，宋元至明是重庆交通和驿站发展的重要时期，在恢复唐末、五代支离破碎的驿站制度的基础上，"宋代十、二十、二十五里置一邮铺，并将驿传分成步递、马递和急脚递三种。后来，为了抵御蒙古军，川陕各古道邮铺改为九里一置，以便传递军情。宋末吴玠宣抚川陕，置军期递，警报十八天便可到达临安朝廷。丘崇之制置成都，创立摆谱递，奏请三十五天可达都城。"[86]这与《宋代驿站制度》所记载的"宋，二十里马驿，六十里驿，驿有食宿"稍有不同。宋代起，峡江正式设置水驿。据史家考证，这一时期较为有名的水驿有夔州瞿塘驿、巫山云阳驿、巴东万年驿、峡州覆盆驿、夷陵水馆、松滋江亭、江陵临沙驿、江陵驿等。元代水驿的起点在成都，在三峡地区，从重庆朝天门起至宜昌峡江所经过的各州县均设置水驿站（陆站48个，水站84处）。这些水陆驿站、驿亭也成为了道路沿线引人注目的景观和旅人投靠住宿之所。

2. 两宋期间，尤其北宋时期，"砦堡"军事聚落的建设与分布曾十分普遍。

两宋期间，为了应对复杂的民族、经济、政治及军事环境,"无论是战略防御还是战略进攻阶段,政府都采用了沿边修城筑寨的措施。大凡险隘关口、道路通行、蕃族聚居处都筑有城寨,其修筑城寨数量之多,远超于其他各朝。"[87]不仅北方地区如此,这种存在于基层的军事聚落"砦堡"在宋代夔州路也有广泛的分布。"除开、达两州暂不确定有无砦堡外,其余府州军监均有记载,数量共计122处。从统计数据来看,宋代夔州路砦堡数量在川陕四路中最多,且较为集中在某些直接控扼西南夷的州军辖区。"[88]当时砦堡的规制比较简单,一般平面方正,四周城墙围绕。比如《蜀记》卷二十三又引《纪胜》关于梁山军所建赤牛堡的记载:"周三百六十步,敌楼百四十三座……四隅有门,戍守处。"这一时期,长江三峡地区因其重要的战略地位,砦堡分布也比较多。以夔州(今奉节)为例,《武经总要》之《梓夔路》记载:"夔州置五砦守其要,茹田砦、黄连砦、土场砦、石门隘砦、支陇呼石磊砦,俱在蜀江(长江)南岸。"由此可知,宋代在长江南岸已有五座寨堡守卫要道。另外,重要战略资源产地,进出要道,地区边界险要把扼之处,也会设置砦堡,比如大宁监分水寨和芙蓉隘;或依附军监,守卫呈掎角之势,比如云安军附郭的云安县就有"思间、捍技、平南三砦",《武经总要》前集卷十九有"云安军有盐井之利,蛮夷杂居,本朝始建为军,置三砦守之"等。南宋中后期,这些砦堡有些演变为商贸型集镇,如万州南浦县平云砦;有些成为南宋抗蒙城镇防御体系的重要军事战略要地,如合川怀远寨、梁山赤牛寨;还有一些被废弃退化,湮没于历史,如巴县朝阳寨、平康寨等(图1-1-16)。

3.南宋中后期,巴蜀抗蒙战争的需要使以重庆为中心的山城军事防御城镇体系建设进入高潮,成就了中国古代军事城镇建设史的重要篇章。

北宋初至南宋中期,除徽宗时较重视西南边城池的修筑外,其余时间均对城墙的修补采取消极态度,直到理宗以后才有所改观。[89]为了抵御蒙古军队的进攻,南宋淳祐二年(1242年),宋理宗任命余玠为四川安抚制置使兼知重庆府,入蜀措置防务,在潼川府路和夔州路兴修大量山城,开始构建山城城镇防御体系。前后共加固、增筑与新建二十余座山城,主要分布在川东、川东北及川南山丘地带。计有"川东九城:重庆城,钓鱼城,多功城,白帝城,瞿塘城,赤牛城,大良及小良城,三台城,天生城。川东北七城:大获城,苦竹隘,运山城,小宁城,青居城,得汉城,平梁城。川南四城:登高城,神臂城,紫云城,嘉定城。川西一城:云顶城。"[90]其中,"新筑城寨,如大获城(今苍溪县东南)、合江榕山城、三江碛城、合江安乐山城、江津钓鱼城等;挈家筑寨,如端平、嘉熙年间,有铜梁人李十九郎挈家在县南泡水湾的福安寨避难自保;隆州井研人邓若水在县境'筑山砦,以兵捍卫乡井',举家居住其上;搬迁府州治所于新城,如1236年遂宁府迁治所于蓬溪山砦,隆庆府徙治于小剑山苦竹隘,1242年夔州移治于白帝山城等;加固增筑旧城,1237年泸州安抚使黎伯登重建府军治所,1240年四川安抚制置副使彭大雅筑重庆城,不仅扩大城域,并且开始石构城墙等。"这些形式的筑城活动,为四川山城防御体系的最终形成奠定了坚实的基础(图1-1-17)。[91]

其所形成的山城防御体系战略布置如下:①在前沿阵地,有得汉、小宁、平梁、大获、苦竹等城,主要作用为警戒,阻滞,延缓蒙军进攻,为主力军赢得准备时间。②主要防御地带,以合州的钓鱼城为支柱,有赤牛、运山、青居、蓬溪、铁峰、云顶等城,其中以号称"巴蜀要津"的钓鱼城作为防御要点,以控制渠江、嘉陵江、涪江而屏障重庆。③在后方阵地,以指挥中枢和预备队控制地域的重庆为中心,东起夔门,西至嘉定,横贯长江沿线的有瞿塘、白帝、天生、多功、神臂、紫云等城。其中,"重庆为保蜀之根本,夔门为蔽吴之根本,嘉定为镇西之根本。"这三条防线上的山寨城堡互相联系,前后支援。防线之间,有由岷江、沱江、涪江、嘉陵江、渠江与长江组成的交通网络,连接各要点与指挥中枢重庆,从而形成一个完整的点、线、面结合的山城防御体系。

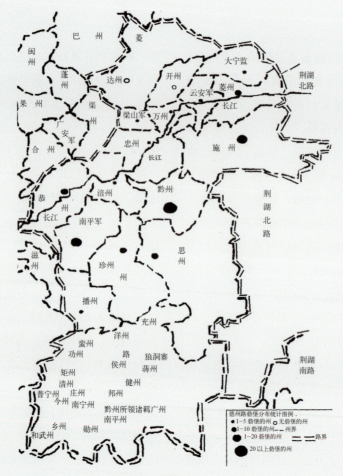

图1-1-16 宋代夔州路砦堡分布统计表（图片来源：《宋代夔州路砦堡地理考》）

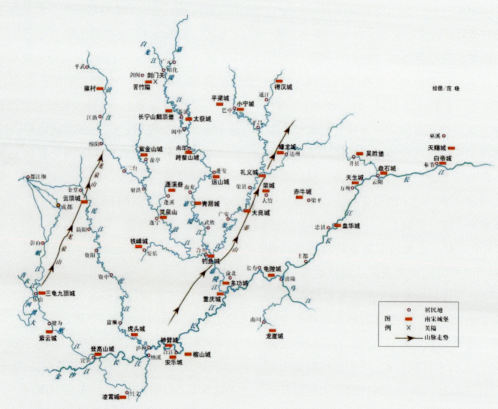

图1-1-17 四川盆地南宋主要城堡分布图（图片来源：《中国国家地理》）

这些因战争需要而修筑的城镇，在选址、形态和功能上都基本具备以下几个重要特点："城寨都坐落在地险势胜的山顶上，环山相围而有峭壁悬崖，有一夫当关，万夫莫敌之势；城寨所在山顶宽平，有田土可耕、林木可用、泉水可饮，有利屯兵积粮长期居住；并且各山大多依凭江河，或居江河交汇处，或以水陆舟车可与大江相联，便于发挥宋军舟楫之利；各城寨附近设有子城寨，相互成犄角之势。"[92]比如处于渝黔咽喉的重庆南川龙岩镇，因其"紧扼川黔咽喉，悬岩绝壁，山高路险"，"地通黔省，邑中第一要隘"[93]的重要地势，成为南宋抗蒙军事南移至重庆后的第一屏障。南宋覆灭以后，这些城镇有些因城破被毁，有些演变为当地人文自然景观，如梁山赤牛城为"梁山八景之赤牛卧月"等。

（二）佛教建筑与石刻造像

宋代，因政府的大力扶持使佛教十分发达，成为势力最大的宗教，僧尼众多、寺院经济雄厚。重庆佛教已自成一家，进入地区佛教发展的第一个高潮期。"两宋重庆地区佛寺约130座，平均一县约3到4座。"[94]今重庆重要寺庙多数可追溯至此，如合川净果寺、渝中罗汉寺、江津崇佛寺、北碚塔坪寺、南岸觉林寺、报恩寺、潼南大佛寺和大足圣寿寺等。不仅寺院林立，宋代也是摩崖造像在南方地区走向辉煌的最重要阶段，既出现了集中性、大规模、大面积，"打破了窟龛的界限，形成连续的叙事型或组合型的造像特点的摩崖石窟及佛教道场"[95]，如大足、合川等地，也出现了不少沿崖壁开凿的大型坐佛及摩崖佛寺，如潼南大佛寺及江津石门大佛寺等。

其中以大足宝顶山密宗造像和涞滩二佛寺禅宗造像为典型代表，使中国石窟艺术本土化、世俗化走向成熟并自成体系。从公元9世纪末至13世纪中叶建成的以"五山"摩崖造像为代表的大足石刻，形成了中国石窟艺术史上的最后一次造像高峰。其中宝顶山摩崖造像是大足石刻中规模最大、内涵最丰富的一处，建于南宋淳熙至淳祐年间（约为1179～1249年）。它是出生于大足县米粮里的南宋高僧赵智凤，以毕生精力主持营建的一座大型密宗道场，由纵横五里十三处石刻造像，加上四十八重殿宇、塔楼构成，当年民间盛传"上朝峨嵋，下朝宝顶"。宝顶山摩崖造像以大、小佛湾为主体。大佛湾选址于距离大足县城十五里余的一处谷口向西的幽静"U"字形山湾，于东、南、北三面石崖上造像，其题材内容庞杂，"几乎将一代大教搜罗必尽，凡释典所载无不备列"[96]，除佛传、经变、观世音等形象外，还有祖师像和藏传佛教形象。在继承四川安岳北宋石窟造像题材和技法的基础之上，把佛教有关世界观、人生观、认识论、修持方法的根本教义与儒家的伦理、理学的心性融为一体，最终形成"三教合一"之文化大景观。除了大足石刻在南宋时期基本形成了造像70多处，总计10万多躯的庞大规模外，至今尚有合川濮岩石刻、龙多山石刻、涪州白鹤梁石刻、渝中区罗汉寺古佛崖摩崖造像、佛图关摩崖造像、永川陈食佛摩崖造像、潼南千佛寺摩崖石刻、江津石佛寺摩崖造像等多处宋代遗迹留存，可见宋代重庆地区摩崖造像风气之盛在（图1-1-18）。

通过比较与其他地区石窟寺在洞窟形制上的差异，宋代巴蜀地区石窟寺属于在继承了北方石窟寺发展成就的基础上，独具地方特色的南方体系。以大足石刻为例，摩崖造像明显多于洞窟，形制多属"佛殿窟"，少数为"塔庙窟、佛坛窟。"[97]在北方地区9～10世纪开始流行的窟前接建木构堂阁的做法，在10～12世纪的重庆地区也开始盛行。究其原因，既有宿白先生在《中国石窟寺研究》中提出的：它

图1-1-18　大足石刻（图片来源：刘泽绘摄）

表明了这一时期"石窟形制模拟地上佛殿的情况日益显著",同时,巴蜀地区以易于风化的红砂岩造像,造像外加盖木构建筑应该也是防雨防风化的有力措施。以建于盛唐的四川乐山大佛、晚唐的四川南部县禹迹山大佛等为始,宋以后巴蜀地区在大佛外依附崖壁应势而成多层木楼阁式建筑以保护大佛造像和供人们开展佛事活动的摩崖佛寺日益兴起,至明清发展出"因(先)窟建(后)寺"[98]的摩崖佛寺,构成了巴蜀佛教建筑文化独特的地域性。

位于重庆合川县涞滩镇的摩崖佛寺二佛寺始建于唐,兴盛于宋,至南宋绍兴二十六年(1158年),已有"殿楼九十有九,宿僧九佰九",是当时全国最大的禅宗道场。重庆境内现存唐宋时期开始造大佛,延续至明清修建木构摩崖建筑的重要遗迹还有潼南大佛寺和江津石门大佛寺等。这种将大佛组合到木构佛殿建筑内的做法与北方地区在宋辽以后渐兴的一种以供奉高大佛像的高阁为佛寺中心的布局方法颇为相似。北方宋辽时期的佛寺建筑群,居中的高阁与周围的楼、阁、殿、亭等构成变化丰富的空间组合,形成了层次分明、规整有度的建筑组群关系,达到了中国建筑组群营造艺术的新高度。在西南山地,依山临水所凿大佛和木构楼阁、殿宇也随地形地势,上下发展而成群体。这种独特的山地建筑营建手法和技巧在明清摩崖造像活动逐渐衰微后,于本地其他建造活动中继续发扬。

除了"先窟后寺"的摩崖佛寺,巴蜀佛教寺院建筑、园林环境的营造与摩崖造像活动往往相伴而生。造像区域与寺庙相邻存在,两者形成整体的选址与环境景观的关系。依照建造时间先后,又分为"先寺后窟"、"寺窟同建"两种情形。其中寺窟同建者比较普遍,而宋代"先寺后窟"有明确文献记载的只有大足宝顶圣寿寺。据"重修宝顶山圣寿寺碑"记载:"宋高宗绍兴二十九年(1159年)七月有四日,有曰赵智凤者,命工首建圣寿本尊殿,因名其山曰'宝顶'……山之前岩后洞,琢诸佛像,建无量功德。"由此可见,宝顶佛湾的开凿是以圣寿寺为始,为中心,以大佛湾造像为主体,小佛湾造像次之,分布在寺庙之东、南、北三面,以寺前圣迹池作为连接寺院与卧佛的暗线,形成和谐的群体。

北宋时期,也曾有过一段摩崖造像的停滞期。在公元965~1077年的百余年间(北宋乾德至熙宁年间),寺庙内盛行大量供养石刻圆雕造像,佛寺建设进入一个小高潮。据史料记载,北宋大足县东有大钟寺,县西有石壁寺,县北有延恩寺等多处。仅大钟寺一处,就出土佛教圆雕纪年造像百多件。寺内大量供奉由个人捐资"敬造"的佛像,巴蜀地区已知最早见于成都西郊万佛寺,1953年寺庙旧址出土百余件自南朝刘宋元嘉二年(公元427年)、梁到唐的石刻造像。可见这种传统巴蜀地区早已有之。南宋后期,这种做法为赵智凤开凿大小佛湾的盛举所打破,大足摩崖石刻进入鼎盛。

宋代重庆佛寺建筑中楼阁形态者颇多。清咸丰《南川县志》卷一《古迹》记载:"县北普泽寺内,有宋建飞云阁、万卷、衍庆、凝香四楼。"它们与殿、塔、经幢等建筑单体有机结合,建筑组群营造手法日趋成熟。还有一类特殊的楼阁建筑在南宋巴蜀两地也颇为流行,就是"转轮经藏"。根据辜其一先生的研究,四川南宋时期建有转轮经藏的就有江油窦团山云岩寺、简阳白塔寺、洪雅月珠寺、重庆合川净果寺及蓬溪金仙寺五处,其中仅云岩寺的宋代原物保存至今。"其建筑形制,不仅与宋《营造法式》所载转轮经藏图大体相同,其规模似较法式更为宏丽"[99],较之河北正定隆兴寺的转轮经藏,前者的形态也更胜一筹,反映出了这一时期巴蜀地区经济和文化实力在全国的领先水平。随着宋人游憩之风日盛,各地由官员主持,于风光绮丽之地为观赏景致而修建高楼的记载也很多。在唐杜甫《夔州》诗第四首中就有"赤甲白盐俱刺天,闾阎缭绕接山巅。枫林橘树丹青合,复道重楼锦绣悬"的诗句。另据宋代诗人范成大、目录学家晁公武等人的文章诗作,合川在唐宋时期已经有名楼会江楼、清华楼、荔枝阁和飞鸟楼四座,除会江楼为合川城楼外,其余专为观景修建。

元代,因为统治者信仰的关系,佛教得以继续发展。朝廷赐予寺院土地、金银，寺院经济发达。据史料记载，这一时期的重要寺庙主要包括巴县佛来寺、江津永福寺、綦江胜果寺、涪州崇兴寺、铜梁铁佛寺等近20座。[20]

（三）书院、祠庙及产业建筑

教育的发展催生了各地官学和私学的共同发展。南宋时期，见于史载的官立学堂就有重庆府儒学、巴县儒学、江津县儒学。合州教育更为发达，除州学外，赤水、汉初二县也建有县学。私人讲学之风渐盛，书院建筑在宋代开始蓬勃发展。这一时期，比较著名的书院有北宋大中祥符年间（1008～1016年），江津县知县冯忠创办的五举书院、合州清湘书院、涪州北岩书院、江津五峰书院、铜梁度子书院、巴岳精舍等。其中位于涪陵北山坪半山腰上的"点易园"，是北宋理学家程颐讲授理学的场所，黄庭坚、朱熹等著名历史人物在此留下了丰富的墨宝。宋代建祠祭祀之风也颇为盛行。除"夔州路崇尚鬼灵信仰尤甚"，各地公共纪念性祠庙的修建亦多有记载。宋代夔州所建纪念"诗圣"杜甫的场所就有北宋庆历年间的岁寒堂、治平年间的北园、建中靖国元年的漕司、南宋乾道初年的诗史堂、南宋开禧年间重建的漕司高斋、南宋庆元年间的东屯高斋等，还有纪念学者的祠堂，如合州周程张祠堂、涪州伊川祠堂等。

手工业的发达，使宋代重庆遗留下来的各类手工作坊遗址也很多。现今已发掘出的制瓷业遗址就有海棠溪的白鹤嘴窑址、巴县姜家窑址、涂山窑址等；在井盐产区也发现了忠县中坝唐代盐灶、云阳县云安盐场遗址等。随着长江流域航运业的发展，宋代对于长江水运的研究和关注也取得了诸多成果，一批科学价值颇高的关于三峡航运的著述被推出，提高了水运的安全性。此外，在川江沿岸或江中的岩石上，古人常用凿刻文字的方式，记录当地水情变化，为后人留下了珍贵的水文资料和题刻诗文。据统计，川江重庆至宜昌河段历代有枯水石刻11处，其中的江津"莲花石"、重庆朝天门"灵石"、涪陵"白鹤梁"、云阳"龙脊石"最为著名，与奉节"记水碑"、丰都"龙床石"、巴县"迎春石"称为"川江七大枯水石刻"。

（四）地方民居

宋代经济贸易的发展带来了南北文化和民族融合，使得重庆民居的形式更加丰富。南宋范成大《夔州竹枝歌九首》中"百衲畲山青间红，粟茎成穗豆成丛……新城果园连滚西，枇杷压枝杏子肥"的诗句反映出了宋代夔州地区畲田的成就以及林盘村落住居良好的环境。商贸活动的放开使城镇沿街联排"店宅式"居住建筑开始出现，它在传统合院民居的基础上，适应了沿街商业发展的需求，有"上店下宅"、"前店后宅"之分。重庆城在彭大雅筑城之时，在通远门一带已经有大量这样的住宅。城镇里的合院民居平面受到地方气候和地形条件影响，开始向合院与天井相结合的形态发展，不仅有不对称的布局形态，建筑朝向也不多限制。

南宋后期军事防御的需要不仅使防御性城寨得到修建与扩建，具备防卫功能的居住形式也有所发展。它们有些依据山险，利用天然崖壁洞穴作为战时临时居所；有些地区则修建寨堡抵抗战乱和匪患。近年，考古学家在宋白帝城西门外宝塔坪附近发现一处寨堡遗址，其形态虽不完整，但是高大砖石墙的防御性非常明确。在建筑形态上，此类建筑既有对汉代庄园民居形态的继承，配置碉楼、高大围墙以及封闭合院是其主要特色，也可以看出结合重庆丘陵山地地形环境特点的适应性发展。明清以后，此类寨堡民居成为宗族聚居，抵抗战乱和匪患的重要居住方式。

宋元之际的战争，造成了大量北方移民进入巴蜀地区，元代末年红巾军起义，大量湖广籍移民"避乱入蜀"，后来明玉珍率部入川建立大夏政权，进入的也是以湖广籍移民为主。元代，由于中原统治者实行"汉不入峒，蛮不出境"的政策，居住在武陵民族走廊的土家、苗、瑶、侗等各民族相对稳定下来，民族的形成和分化基本完成。重庆地区土家族主要聚居在渝东南的石柱、秀山、酉阳及渝东北地区的巫山、巫溪等地。原来由僚人占据的南平军驻地南川、綦江一带，基本汉化。史载："南平自唐宾服，开拓为郡，今衣冠宫室，一皆中国。四民迭居，冠婚相袭，耕桑被野，化为中华。"地处山区，依山临水而建的土家族村寨民居，逐渐形成了院落与干阑式建筑相结合的民居建筑特色。

（五）木建筑技术的发展

建筑技术方面，宋代是建筑造型风格与技艺全面转变与发展的一个时期。目前考察巴蜀地区宋代木构做法的实物参照仅存四川江油窦团山云岩寺飞天藏宋代木构一处。通过勘查发现："基本建筑形制与宋代《营造法式》相同，表明宋代统一全国建筑制度的做法已经推广至四川；若干手法还保留较早时期的特点，比如'斜栱'保留有金代手法；有些技术似乎有领先潮流之处，如斗栱中大量使用明清时期才盛行的金钱斗栱和如意斗栱做法，富于绮丽的装饰效果。"⑩可见，这一时期木构建筑技术正处于承上启下、快速变化的阶段。这种既保留前朝技术，又不断吸收新技术，对于新技术并非全盘接受，而是本着"取己所需"的原则选择性吸收的做法，从一个侧面反映出本地工匠兼收并蓄、自由发挥、不拘礼法的特点，也逐渐形成了本地区建筑营建技术的自身特点。在建造用材和技艺上，虽然整体建筑尺度在唐代基础上有所缩减，但是宋代建筑工艺精细而考究，艺术风格秀丽而富于变化。唐代见于佛殿正立面的龟头屋开始出现在各个面上，河北正定隆兴寺宋代摩尼殿"四出抱厦"的做法，在云岩寺飞天藏中也可以见到。斗栱除左右出斜栱已经比较普遍外，补间铺作密集，斗栱装饰性增强，如意斗栱做法也得到了应用。

宋蒙战争爆发后，受长期战争的影响，大型建筑营建活动几乎停止。元朝建立后实施安民政策，但地区经济已一落千丈，终元之世未能恢复。这一时期重要的建筑营造法基本保留了宋代特征，后期主要受到北方工匠的影响，建筑结构趋于大胆粗放，风格庄重朴实。目前重庆仅存元代木构建筑一处，为潼南上和镇独柏寺正殿（图1-1-19）。

除了大木作技术非常精湛，宋元时期的小木作

图1-1-19　潼南元代遗构独柏寺正殿（图片来源：胡斌摄）

技术也日益精巧。由宋元墓葬内的雕刻和壁画中反映的建筑形象可知，这一时期木门除板门外，装饰性强、透气性好的格子门出现，中做腰华板，平素无华，格眼有方格纹、菱格纹、毯纹、龟纹等。重要建筑的外檐柱喜施缠龙柱。另外，由重庆各地出土宋墓内壁上的仿木门窗及梁枋构件可以看出，有些建筑中普拍枋未被使用，栌斗直接置于柱顶，阑额和下面的由额比较清晰，但是中间省略垫板。在由额两端浅浮雕出装饰性很强的雀替的形象。在装饰方面，宋人喜欢在柱、梁、枋上面装饰各种图案，雕刻精美。装饰题材有各种祥瑞图案、动植物（朱雀、玄武、白虎、青龙、猴、鹿、牡丹、莲花以及极少见的大象）、人物以及几何纹样和文字等。墓顶已经出现藻井做法，说明建筑内部使用天花藻井做法已经普及。在建筑用材方面，集镇建筑基本采用砖瓦，而在乡野的农宅仍多是茅茨草屋的形式。陆游《入蜀记》曾记载："（巴东县城）井邑极于萧条，邑中才百余户，自令廊而下，皆茅茨，了无片瓦。"

（六）砖石建筑技术的发展

宋代开始，重庆地区在砖石的生产加工技术以及应用领域方面获得了迅速发展。宋代砖的产量和质量均有较大幅度的提高，因而当时的不少城镇开始使用砖砌城墙代替夯土墙，城镇主要道路也开始用砖铺砌。在重庆渝中区南宋衙署遗址中，出土了多方南宋淳祐五年（1245年）的城砖，砖上铭文"淳祐乙巳西窑城砖"证实了宋末重庆

府城的建筑材料中有砖，不过这一时期还无法做到完全砖砌城墙，砖仅用于城门、城楼等重要建筑或者城墙的重要地段上。类似做法在同时期合川钓鱼城、江北多功城及奉节永安镇遗址中也多有发现，而且由于经过战争的检验，可知这一时期砖石砌筑城寨城墙的修建与扩建工程质量非常好，在军事防御中取得了良好的绩效。据考证，南宋白帝城城墙基宽可达40米，一般也在基宽18米左右。由墙体和内、外护坡三部分组成。墙体为石块包砌夯土做法，砌墙石就地取材，大小在30~60厘米左右，用石灰粘结；内空以一层残砖、断瓦、碎石和一层泥土相间，夯筑墙心；内外墙夯筑约30°倾角的护坡。还可依山就势，越过山脊，垒石填土为墙，形成上大下小、外有高坎、内与山脊齐平的石皮泥墙；或沿山脊两面砌石为墙，中间以一层夯土一层卵石相间填实。另外，一些山城还发明了一种建在城外，阻止敌人骑兵侵袭的小规模砖石长城，因形如一字，俗称"一字墙"，如著名的钓鱼城"一字墙"、重庆"一字墙"和白帝城"一字墙"等。

此外，砖石建筑技术还广泛应用于佛塔、墓葬及桥梁建设。重庆地区早期佛塔记载为唐涪陵阿育王塔。唐代南山律宗大师释道宣所撰《律相感通传》中记载，涪州相思寺有佛迹和阿育王塔。至宋代，重庆造塔之风渐盛。现存古塔中最早的均为南宋绍兴年间所建，比如荣昌河包报恩塔、北碚塔坪寺石塔、大足多宝塔等。重庆现存宋塔的形态有石质仿木结构楼阁塔、砖石混合结构密檐塔，平面有四边形、八边形，呈现出中国早期佛塔的特点。塔身雕刻佛像、力士、龙凤等图案，极具宋代艺术风韵，腰檐平坐斗栱浮雕采用"一斗三升"式样，简洁有力。重庆现存最早的石桥——合川岩溪桥也建于南宋庆元乙卯孟春（1195年），这座石质单拱桥，桥长已达21.5米，技术上充分利用河床原生石壁，拱券纵联砌置，拱石之间无榫卯，显示了较强的拱券修造技艺。在摩崖石窟寺的建造中也展现出了宋元时期石作技术与艺术性的紧密融合，主要体现在地形选择、石窟排水、龛窟结构设计以及光学的应用等方面。

近年来，随着大量宋元墓葬建筑的发掘可以看出，这一时期砖石室墓已经普及，为最主要的墓葬形式。砖石室墓的室内一般有壁画或者浮雕图案，模仿墓主人生前的生活情景，体现"视死如生"的思想。在已经发现的为数不多的重庆元墓中不仅可以看到反映少数民族宗教文化的"火焰状"浮雕，而且在长江以南地区首次发现的元代壁画墓"巫山庙宇镇元墓"中，墓内墙上用红、黑两种颜料绘制出各式图案，同时画面描述了墓主人或弹琴下棋，或读书赏花的生活场景，反映出汉人的传统丧葬习俗得以保持。

六、大夏、明、清时期

元末，农民起义领袖明玉珍于1363年在重庆建都称帝，国号大夏。大夏国疆域东至湖北宜昌，西至四川成都和乐山，南至贵州遵义和桐梓，北至陕西汉中和甘肃武都，并一度占领云南昆明。1373年，大夏国被明朝灭亡，重庆遂归明朝统治。在历史长河中，明玉珍的大夏国虽似似流星一闪，但却在山城的史册上留下了不可磨灭的印记。大夏政权建立后，废除元代的苛捐和徭役，使重庆地区得到安定，对社会生产的发展起到了一定的促进作用。明玉珍一路率数万湖广农民、军队入川，是重庆地区家喻户晓的第一次"湖广填四川"的重要时期，对人口迁徙和分布产生了重要的影响。明朝时期，在今重庆市辖区内先后置重庆府、夔州府、重庆卫、瞿塘卫，隶属于四川行省（四川承宣布政使司），辖3州、17县，重庆府治巴县。明末清初，张献忠农民起义军控制四川，建立大西政权，曾多次在重庆与清军作战。清顺治末年，清廷控制了四川大部分地区。康熙二年（1663年），清总督李国英在重庆补筑通远门城墙，加强城防，才巩固了在重庆的统治。清代，在今重庆市辖区内先后置重庆府、夔州府、忠州直隶州、黔彭直隶州和石柱直隶厅。重庆府成为"川湖总督"驻地。

明清时期，重庆经济得到进一步发展，逐渐成为四川最重要的粮食产区之一，重庆府产量即占全省粮食总产量的1/3，重庆府的耕地和人口也分别占到1/3左右，为经济的发展奠定了重要基础。明代，永宁河的整修开通，沟通了巴蜀与滇北，重庆地区的长江、嘉陵江的水运在长江上游地区与中下游乃至沿海地区的经济交流中的核心作用逐渐显示出来。清代，随着川江的进一步修通，长江上游得到进一步发展，重庆成为区域性经济中心。手工业和商贸得到进一步发展。纺纱织布已成为重庆农村的家庭手工业，合州一带的丝织业发达，成为以顺庆府（今南充）为中心的嘉陵江流域丝织地带的一部分；陶瓷业因大量技术工匠进入重庆而得到进一步的发展，巴县的磁器口窑成为川东民瓷的重要供应窑场；綦江一带的铁、煤已经大量开采，产品销往附近州县。陆路的成渝大道、重庆至绥定府（达县）的川东大道、重庆至贵州的綦桐干道上客商不断。水上运输尤为繁忙，重庆"九门舟集如蚁"，往来于重庆的各类船只不下50种。

元末至清初的多次战争，造成四川人口锐减。因此，明清两代都曾有过大规模的移民活动。元代末年红巾军起义，一些湖广籍移民便"避乱入蜀"；后来明玉珍更率大批湖广籍军队入川，建立大夏政权；明末清初，连续40年的大规模战乱及其他灾害，导致四川人口留存十不足一。从清顺治开始即由政府利用行政手段和减免田赋、鼓励垦荒、准予入籍等诸多优惠政策，推动外地移民入川，形成了规模空前的"湖广填四川"移民潮。这次移民运动前后持续近一个多世纪，移民来源包括两湖、两广、福建、江西及山陕、云贵等十几个省份及地区，移民人口规模几近百万。经过一段时间的繁衍发展，不仅乡村垦田农业人口增加，大量荒地得以复耕，许多过去的未开发地区得以发展，更有大量手工业和商业移民向城镇汇集。重庆凭借优越的地理条件、长期形成的吸引和辐射能力以及巨大的发展潜力，已逐步形成长江上游和西南地区最集中的物资集散地。

明清时期是武陵民族走廊、民族格局的最后形成时期。元明时期，因为军事政治上的原因，蒙古、白、维吾尔等族相继迁入本地区，民族分布格局更为复杂。元明王朝加强了对渝东南土家族地区的统治，设立酉阳、石砫两个宣抚司，后又都升格为宣慰司。在土司制度的管理下，土家族社会生产进一步发展。农业、纺织业发展较快，技术水平与附近汉族相当。明清政府的"赶苗拓业"和"改土归流"政策，一是区域内苗、土家等民族迁徙流动，有的世居民族被强制性外迁，二是外来移民大量迁入，民族格局再次发生变化。其中从北方南迁的汉族，自湖广地区西迁的土家族、侗族人口迁渝，从清顺治开始，至康乾时期达到高峰，于嘉道年间逐年递减，但直至新中国成立前仍有侗民来渝定居。渝东南地区少数民族聚居的格局逐步凸显出来，成为今日重庆民族分布的基本状况。明清时期，随着重庆地区经济水平和交通环境的提升与改善，少数民族地区的经济与文化得到快速发展，比如彭水，到清末已是舟楫往来，商贸辐辏，百货云集，盐、茶、油、漆、苎麻诸物转运各地，使"彭水财富，甲于酉属"。

（一）城镇的建设

"元代巴蜀残破，明夏休养生息，重庆城市未见土木之兴。"直到明代，随着全国性建城活动的展开，重庆地区城镇建设陆续进行。不过与当时四川其他地区相比较，本地区受重视的程度明显不足。在清《嘉庆一统志》中所记载的，明代洪武年间四川新修和在旧址新筑的17座城镇中重庆地区只有重庆府城和黔江城2座。直至明后期，随着经济的发展和区域地位的提升，重庆城镇建设进入快速发展期。城镇规模扩大，内部功能逐步完善，进一步发展了宋以来临街设店、按行成街的布局模式，不少州县治城开始将原来的土城砌以砖或石，为清代的发展打下了坚实的基础。重庆城的第四次筑城即发生在明洪武六年（1373年），其城垣范围已成今日重庆老城的格局。与此同时，随着地方经济的逐步恢复，出现了许多新兴手工业、商业场镇。

明末的持续战争和社会的动荡不仅带来了人口

的骤减和经济的萧条，也带来了城镇的极大破坏。清代初期，巴蜀各地普遍"城荒人散，萧瑟若丘墟"。以重庆忠州为例，"乾隆初年，城市萧疏，仅如村落，其十子街一带均属人民住房，南门外河街，米粮而外，唯有布店三间。"清初随着统治者对川省行政区域的划分和统治结构的建立，各级道、府、厅、州、县治作为最重要的一批城镇均开始修城垣、盖住宅、建店铺、造家庙、兴会馆，各条街道、各种津桥和文化名胜逐渐得以全面恢复和重建。与前朝相比，清中期以后，重庆地区城镇发展速度整体高于原来比较发达的川西、川北地区。这些城镇兴起、发展与湖广移民的迁入聚合和长江"黄金水道"的进一步开通、长江上游与中下游地区愈来愈频繁的经贸往来都有着密切的关系，那种完全出于政治和军事目的的城镇日益减少。如位于四川东端的夔州府（奉节），随着中国经济重心的东移南迁，川江水路的日益重要，清嘉庆时夔关征榷的银两占了全四川的80%以上；又如重庆巴县在清代乾隆年间便有了"三江总汇，水陆冲衢，商贾云集，百货萃聚"之称。不仅原有城镇获得恢复，城镇发展还呈现出新的结构性变化。主要包括：中心城市复兴、以经济与商贸区域划分为基础的"城镇集群"初步形成、地方市镇（场镇）迅速发育以及乡村社会逐步衰落。

结合主要贸易路线沿途兴起的比较重要的城镇包括江津、涪州（陵）、綦江、万县等。其中位于水陆交通枢纽位置的城镇发展尤其迅速，比如涪陵境内有长江、乌江航运，乌江中下游的桐油、木油、猪鬃、肠衣、牛羊皮、生漆、五倍子等在涪州城汇集外运。清光绪年间，该地已有"小重庆"之称。《巫山县志》就记载："商贾半多客籍，道光初年，多两湖人来巫坐贾，均获厚利。又盐务畅行，山、陕富商俱在巫邑就埠售盐，财源不竭。"因资源开发及特色产业而兴的重庆城镇，最有代表性的莫过于井盐产地城镇，主要有大足、合川、铜梁以及三峡地区的郁山镇、云安镇、宁厂镇等。这些城镇格局与盐卤资源的分布和开采有直接关系。

更小规模的基层场镇在清代的发展也达到极盛。场镇数量之多，分布之广，商品交换之活跃，都是前所未有的。据研究统计，到清代末期，四川场镇总数达到近3000个。某些中心场镇，其经济地位和镇域规模甚至不输于传统的作为地方行政中心的县城，一些州、县治就设在场镇上。此外，由于地区内局部战乱不断，移民社会内部矛盾较多，再加上地方匪患一直不绝，各地沿袭唐宋历史上凭借山险广筑寨堡的做法，由政府组织或者宗族自发修造的避乱抗匪的寨堡式聚落数量众多，形式各样，分布极广。以万州为例，清同治《万县志》载境内有名称的寨堡就达278个，"交错盘踞，远近相望，不可胜计"。在重点城镇的周边，以城市安全防御为目标的大小寨堡协同防御体系基本建立，尤以重庆为甚。在渝东南少数民族地区，大部分少数民族村寨分布在高山和荒僻边远地带，村寨分布呈现出"同迁共居、邻合成寨、发展后散居各异"的特点。

（二）建筑类型与体系的完善

大夏国建国时间较短，重庆现存这一时期的建筑遗存主要是位于重庆南岸长江江畔的大佛寺。大佛寺建于明玉珍称帝后（1363年），据《巴县志》记载，"江水过鹞鸰石（又名夫归石）、弹子石至观音碚，南岸有大石佛，明夏都察院邹兴所凿也。"大佛寺原有大雄宝殿、观音殿、玉皇殿、毗卢阁、五佛殿、望江亭、念佛堂等，占地约30余亩。现仅存大佛造像和五佛殿。江畔大佛摩崖造像高7.5米，肩宽2.4米，底部宽3.2米，为元代石刻之代表作。大佛面临长江，背靠石壁，前有石阶可达江岸，每当春夏江水上涨，佛脚浸入水中，俗称"大佛洗脚"，以前来往的船只通过该石刻来判断长江的水位。因此，大佛石刻又是长江上一个重要的水文标志，曾具有重要的水文观测价值。从大佛右侧的石梯拾级而上，为清道光二十四年（1844年）重修之五佛殿。大殿依山靠崖而建，面阔五间，三重檐歇山顶，小青瓦，通高约20余米，翼角高翘，为典型本地做法。殿中凿于石壁的五座佛像，为明代遗构。另一处大夏国建筑遗址为1982年发现于江北区上横街的大夏帝明玉珍陵墓（睿陵）。由于造陵时间短，此墓规模不大，为长方形穴石坑墓，墓内一棺一椁，未见墓道。墓内出土文物中以立于椁前的石质"玄宫之碑"最具史料价值。睿陵也是重庆市建立农民政权的农民起义领袖的唯一陵墓（图1-1-20）。

明清时期是重庆地区建筑类型与体系发展成熟的重要阶段。随着封建社会政治统治的进一步加强，国家综合管理能力和强度的提高，城镇各项基础设施逐步完备。随着城镇人口数量的增加和人口流动性以及商贸活动的加强，城镇性质与功能日趋丰富与完善，建筑类型更加齐全。除传统由政府修建的行政、礼制祭祀建筑，城镇中新建了大量店坊、客栈（栈房）、饭馆、茶馆、戏场等世俗性、娱乐性建筑。城镇住宅类型也更加丰富，商住结合的店宅、坊宅等密集排列在街道两侧，城镇公共与开放空间越来越多，商业街区在城市整体空间布局中也占有越来越重要的位置。伴随着移民人口而出现的各省移民会馆、行业会馆以及类型庞杂的民间祠庙寺观进一步体现出明清以后重庆地区城镇社会与文化形态的变化，也改变了城镇的空间结构，丰富了城镇的形象。

各个府、州、县治城镇，强化了以行政机构为核心的城镇空间格局，府衙、县衙建筑成为城镇的中心，并结合地形环境条件而变通。考古成果已经证实，明清两朝的重庆府衙及巴县县衙都是在南宋衙署的基础上建造的，彼此呈现出明显的层叠关系。清代衙署围墙建筑直接叠压于明代围墙之上，明代衙署的范围应与清代大致吻合，唯中轴线较清代偏西。据此推断，"明代衙署应至少包括两组南北向、东西向并列的多进院落。"[18]根据已发掘区域分析，各组院落在布局结构上存在一定的主次或依附关系，应与衙署的功能分区有关。清代的巴县县衙，根据清朝张云轩绘制的《重庆府治全图》显示，主体包括位于中轴线上依次排布的"大堂、二堂、三堂"，衙门前有照壁、大门及一道仪门，用来增加官府的威严，发布告示。其中大堂、二堂均面阔三间，前后以廊连接，形成"工"字殿形制；三堂以两列厢房和二堂相连，构成四合院。在三堂东西两侧，还有多组附属院落，包括衙神祠。

由官方所建各级礼制祭祀场所完备，由官方主持的祭祀活动也很频繁。社稷坛、风云雷雨山川坛、先农坛、邑厉坛、文庙、武庙、城隍庙及重要名宦、乡贤祠等均为历代官方出资兴建。官府所建神祠一般由官方举行祭祀，且有固定的日期和特定的仪式。知县亲自担任主祭官，县丞或教官为陪祭官，所有的官员都要参加。坛庙选址也基本依照全国定制。如《重庆府志·祠庙考》就明确记载，綦江县"社稷坛在县西南隅，风云雷雨山川坛在城北，城隍庙在治西"，这与其他地区是一致的。

此外，文庙、武庙也非常普遍，各县均建。其中武庙又称关帝庙、关岳庙。重庆现存有铜梁武

图1-1-20　南岸大佛寺旧影（图片来源：重庆图书馆）

庙、九龙坡走马镇的关武庙等。文庙，是中国历代封建王朝祭孔、尊孔以及办学的庙堂。自汉武帝尊崇儒学，下诏兴修文庙，至明清两代，重庆各府各县兴修文庙与祭祀孔子已成定制，表现出对儒家文化的尊崇。一些大的文庙还附设学宫，俗称"庙学或儒学"，设有专门的学官，负责管理、教授学业，也是掌管学业的行政长官教谕的衙门。重庆城中有巴县文庙也有重庆府文庙，前者在太平门内，后者在临江门内。根据历史地图资料，重庆府文庙，以大成殿及东西两庑围合成的中心祭祀空间为核心，中轴线上前有棂星门、泮池（夫子池），东南侧有三楼一底魁星阁，后有尊经堂，东侧还有学署等建筑。明清时期的文庙还是政府开科取士的主要场所，府试即在重庆府文庙举行，而乡试则在巴县文庙举行。现存明清文庙有璧山文庙、涪陵蔺市文庙以及江津文庙奎星阁等。璧山文庙原来规模较大，目前仅存山门、东西厢房及大成殿，呈院落式布局。大成殿面阔五间，重檐歇山顶，檐下施如意斗栱。蔺市文庙规模较小，占地约600平方米，为"庙学合一"的形制。江津文庙仅存二楼一底奎星阁（图1-1-21、图1-1-22）。

明代，朝廷确立了"治国以教化为先，教化以学校为本"的文教政策，重庆书院得到发展，据统计，明代重庆共建书院20所。⑩最为著名的有沿袭宋代程朱理学道统的涪陵的北岩书院等。清前期，由于朝廷的压制，一度书院凋敝。清中期以后，随着政府对各地自发兴起的书院兴建潮的首肯以及文教政策的再次转变，书院再次成为清政府"赖以造士"的主要场所，书院在统治者的倡导和支持下又得以迅速发展。从乾隆至光绪时期，重庆共有书院173所。⑩这些书院后来多数成为近代重庆中小学的校舍，现存明清书院主要有江津聚奎书院等。明清以来，提倡文教，文昌信仰在巴蜀一带十分盛行，城镇中纷纷修造文昌宫、魁星阁及文峰塔等兴文运的建筑，此外，城镇中也渐兴建造钟鼓楼、望江楼及字库塔等习俗。至清末，各州各县，各式楼阁、塔幢及牌坊往往成为城镇边界、周围山川或者城镇

图1-1-21　铜梁武庙（图片来源：周兵摄）

图1-1-22　江津文庙魁星阁（图片来源：丁伯仪摄）

街道上的重要景观与标志。

明清中后期，各地宗族社会逐渐泛化，以族缘、血缘、乡缘、业缘为依托的民间基层社会快速发育，祠庙及会馆建设之风盛行。民间信仰体系日趋繁杂，受到祭祀的对象也具有更加强烈的地方文

化特征。"川主信仰"就是五代以来巴蜀民间信仰的一大地方特色，主要祭祀对象为李冰（有些地方或有不同，有供奉杜宇者），川主庙也曾遍布许多城镇，重庆地区现存川主庙主要有江津石蟆清源宫、江津塘河清源宫、酉阳龚滩川主庙、江津聚奎川主庙等。蜀汉三国文化与人物的影响也以祠庙祭祀的方式流传下来，除关帝武庙遍布各个城镇外，明代奉节白帝庙改祀刘备，更进一步加深了三峡白帝城与三国"忠义"文化的关联，明清巴蜀地区还渐兴为张飞单独修祠建庙之风。据明人曹学佺对明代川东张飞庙数量的统计，就有长寿、夔州（今奉节）、涪陵及云阳四处，其中"云阳者尤赫赫，出峡入峡必祷焉。"[111]至清代中后期，这一数量更因张飞作为屠宰业保护神的关系而增加，不仅江津、万州、丰都等城镇，另有石柱西沱、合川涞滩、云阳云安、江津白沙、永川石竹等乡场都有兴建。此外，各地也渐兴为本地历史先贤修祠建庙以示瞻仰纪念之情的做法。比如忠县自宋代就有为巴蔓子将军在城内建祠的，明末为纪念女英雄秦良玉兴修太保祠，清代又为纪念白居易曾任忠州刺史而建白公祠；南川、綦江在清代为开启贵州及渝南地区教育先河的汉代学者尹珍修建尹子祠等。此外，虽屡遭查禁，但未经朝廷批准的民间野祀之风仍未禁绝，各地信众自发建造的山神庙、土地庙、财神庙及瘟主庙等遍布城镇。

受到外来移民人口多、来源籍贯杂、移民分布广等因素影响，明清重庆民间礼制祭祀建筑的兴建具有鲜明的时代特色和地区特色。以"乡情、业缘代替血亲、族缘"的移民行业会馆在数量、规模和社会影响力方面甚至强于一般家族祠堂，是明清时期重庆民间社会中最重要的基层组织与管理力量之一，也是外来移民在重庆的精神家园和重要庇护所。比如清代重庆城内著名的"八省会馆"，曾主持清嘉庆年间重庆所有商行，涉及药材、票号、山货等所有大宗贸易，而且能够参与地方政务及消防、治安等城市管理事宜，起到对政策的影响作用。大小城镇、场镇中被人们俗称为"九宫八庙"、"九宫十八庙"的建筑，不仅涵括了传统意义上的寺庙道观，更多的是会馆、祠庙建筑的别称，比如禹王宫即指湖广会馆，南华宫指广东会馆，王爷庙多指船帮会馆等。它们醒目的建筑形象和"迎神麻，联嘉会，襄义举，笃乡情"的功用，使之成为城镇的标志，影响着城镇空间的格局。

明清时期中国佛教发展的中心南移，重庆僧众纷纷前往江浙地区求法，学成归来者对于重庆佛教的再次兴盛起到了重要的推动作用。其中最为突出者为明末清初的禅宗大师聚云吹万及破山海明。吹万广真禅师于忠州聚云寺创立了"聚云禅系"，破山海明于梁平双桂堂创立了"双桂禅宗"，使得重庆地区佛法得以昌盛，破山弘法场所双桂堂被赞誉为"西南禅宗祖庭"。明末清初的战乱曾使得很多寺院被荒废，清康熙以后，国势渐定，境内的古佛寺皆得到培修或重建，也新建了不少佛寺或殿堂。仅以明代南川为例，寺院大多新建于明代成化至崇祯年间，约102所。目前重庆境内遗存的佛寺建筑绝大多数为明清所建，其中留存的明代木构建筑有十余处。除兴修佛寺外，延续宋代风俗，摩崖造像及修造木构窟檐楼阁的活动在明清的重庆地区得以持续。"据第二次全国文物普查显示，在重庆市范围内尚存有元、大夏、明、清佛教摩崖造像200余处。其中元4处，明60余处，清180余处。分布在大足及其周边，潼南、合川、江津、荣昌、南岸等25个区县。"[112]其中有代表性的大足千佛岩、宝顶镇、城南乡多处明代石刻主要开凿于明永乐年间；潼南崇龛镇千佛寺283尊佛教造像群，开凿时间即从中唐延续至元明。在经历了明洪武和永乐年间的开凿热潮后，重庆的摩崖造像活动步入衰退期，其规模数量以及技艺水准大不及前。明代，摩崖大佛造像活动仍然不断。其中江津石门大佛造像开凿于宋，成于明代，明万历《蜀中名胜记》载："县西四十里，有石羊驿，对江壁刊大佛，有大佛寺。"它是我国现存最大的脚踏莲花观音石像，也是长江干流第一大佛。明代后期，重庆还流行将宋开凿的大型佛像改刻成接引佛，主要遗存有修建于明成化二十年（1484年）重庆南岸广阳金紫山接引佛、合川东津沱白塔坪接引佛及荣昌河包镇接引佛等。为保护大佛而建造的附崖木构建筑经历代建造，大多完成于明清，"因窟而寺"，成就了巴蜀佛教建筑文化独特的地域性。保存至今的有潼南大佛寺、江津石门大佛寺等。后来，附崖木构建筑的技艺还被其他类型的建筑应用，其结合山地地形的"靠、梭、跌"等处理手法成为巴渝山地建筑特色手法之一。现存最具代表性的建筑是忠县的石宝寨。石宝寨位于忠县东的长江下游北岸，依崖而建，上下九层楼阁，是登上山顶古刹的唯一通道。其独特的建筑形象，充分体现出山地建筑的魅力（图1-1-23）。

图1-1-23　忠县石宝寨近影（图片来源：彭庆辉摄）

明清时期，道教的发展从受到统治阶层的支持逐步向民间化、世俗化方向发展。根据研究统计，虽然道教寺观的数量不及佛寺，但是至清末，重庆各地道观总数也达300余处，其中涪州、奉节及巫山三地为道观最密集的地区。[13]现存明代道观建筑遗构，唯重庆渝中区东华观，它始建于元至元年间（1335～1340年），明代重修。据《蜀中名胜记》引《旧志》记载："城中有东华观，观后有东华十八洞，皆相通，相传东华真君于此得道。"当时的东华观殿宇三重，内设殿堂九个和藏经楼等，目前仅存藏经楼。位于重庆南山的老君洞是现存规模最大的明清道观，自明万历九年（1581年）建观，后经清代多次重修扩建，现有九殿八洞，为道教全真龙门派丛林道观。

明清两代也是重庆地区居住建筑发展的繁荣时期。受移民活动的影响，本地区民居建筑经历了一个与其他地区居住形式与文化的融合过程，呈现出明显的南方特征和地方特色。在结构上，以南方的穿斗式构架为主，在建筑形制上，大量出现了带有明显南方风格的合院天井式住宅。它们与山地吊脚楼一起，构成了山地城镇"重屋累居"的建筑形象（图1-1-24）。清中后期，由于移民活动以及经济的发展，城镇人口密度大大增加，直接影响到城镇的居住建筑，即平面密度增加，层数加高，防火措施增加，封火墙在合院民居中大量使用。其次，经

图1-1-24　巴山地城镇之"重屋累居"（图片来源：罗亮摄）

济的繁荣也使得手工业、商业和服务业在城镇中占有很大比重，它们与住宅结合形成了店宅、坊宅等商住结合的居住模式，这种建筑的沿街门面皆为活动门板，具有灵活自由的特点。在广大乡村，居住建筑的类型和形态也更趋丰富，传统合院民居、吊脚楼民居因人口和居住功能的发展，出现了聚族而居的"大院、庄园"。为加强防御和安全需要，寨

堡民居、碉楼民居在渝东及渝南地区的分布十分广泛。附属于城镇的其他建筑及构筑物也丰富着城镇的形象，清中期以后，各地兴修各式牌坊，使巴蜀地区成为全国牌坊最多的地区，石质的德政坊、节孝坊遍布城乡，墓葬建筑前面的墓坊也十分普及。

渝东南少数民族地区的建筑进一步受到汉地建筑的影响。比较明代及以前"土民家资饶裕者不得盖造瓦屋。以致刀耕火种之民，耕作不遑，尚欲珠茅补屋，平无宁息"[114]的状况，清代"改土归流"以后，原来受到等级规定制约的土家族、苗族地区的建筑规制开始放宽，部分民居建筑开始建木质结构楼瓦房，但只许建二层，每层不越过二丈零八。汉地迁移到此的居民，采用砖石结构四合院式瓦房，俗称"印子屋"。一般农户，只能用竹、树枝、苞谷秆编织墙壁，用杉树皮、茅草盖屋顶。[115]土司衙门等公共建筑可以绮柱雕梁，屋顶盖瓦，大致与汉地无异。总体来看，重庆地区的土家族、苗族建筑以南方的干阑式、吊脚楼建筑形制为主流，结合民族生活、生产习俗独立发展，其民族建筑特色鲜明、体系完整。由于受到外界干扰相对较小，至今在山区仍有大量土家族、苗族民居建筑保持着传统的建造习俗与文化，也还保留着武陵地区土司制度下的不少建筑遗迹。2010年，考古人员在酉阳后溪镇发现了大量土司城堡痕迹以及大小官吏集中办公的衙园。其中，后溪镇上寨一带，是当时的王族居住区和后花园。目前还可见花园步道全部用鹅卵石镶嵌而成，勾勒出各种蝴蝶形状，有彩蝶飞舞、凤舞九天、福从天降等吉祥图案。靠近后溪河一带当时被称为"衙园"，是土司办公区。后溪河和酉水河交界处的小河口，则是当初的平民生活区，现在还遗留大量的作坊遗迹。悦崃镇古城坝是石柱马氏土司建置的第一个中心，历时252年。如今还遗留了马氏祠堂、马氏巨碑和土司石桥等遗迹。土司署，位于石柱县城狮子坝，始建于明朝洪武初年，初为石柱宣抚司、宣慰司署，明末为秦良玉大都督府。大都督府共占地约2万平方米，建有门坊、正殿、寝

殿、后堂、玉音楼、柏子堂、坐隐楼、宾月楼等建筑。此外，还有秦良玉古战场遗址万寿寨、秦良玉墓等。

（三）建筑技术的成熟

明清时期，我国传统建筑经历了从用"材分"到"斗口"为基本模数的变革，建筑在构架做法、屋面举折、歇山收山、斗栱形制及用料大小等方面均发生相应的变化。明清两代也是重庆地区古代建筑技术体系发展成熟，巴渝建筑风格形成的重要阶段。这一时期，在北方，由官方主持的建造活动从设计到施工建设被进一步标准化和规范化，政府也加强了对地方建筑活动的管理和控制，建筑质量得到明显改善。与此同时，由于移民带来了各地建筑的优秀技艺，重庆地区建筑开始大量吸收借鉴各地区民间建筑文化精华，兼收并蓄，区域特色逐渐明显，经过历代经验和技艺的积累，形成独具特色的地方建筑风格和成熟的营建体系。

这种体系充分利用地方材料、适应地方环境条件，尤其表现出对山地地形、地区气候的适应，总结出了系统的技术策略。在建筑结构上以南方的穿斗构架为主，结合抬梁式、穿斗式的技术特征，在建筑形制上大量出现了带有明显南方风格的院落与天井相结合的形态。

在建筑风格上，以大挑檐、木构架、夹皮白粉墙及小青瓦为基本特征，整体形态轻巧灵动，色彩淡雅，风格质朴天然，充分体现出山地环境中的民间乡土建筑所具备的不拘法度、因地制宜的特征。这些建筑手法不仅在民居建筑中得到广泛应用，而且逐渐影响到城镇公共建筑的建造。比较其他地区，明初，重庆地区建筑的大木作技术仍然保留了许多宋元的遗风。明代中后期之后，地方民居合院形态对公共建筑布局影响颇深。清代以后，本地区祠庙寺观等建筑从建筑形态到构造技术，都表现出明显的民居化趋势，小式做法普遍。斗栱多采用斜栱，尺度渐缩，后期普遍使用装饰性强的如意斗栱；更多的建筑檐下不施斗栱，常用撑弓，并施以精美雕刻。由移民带来的不同的建筑文化也为本地

区建筑技术的发展注入了新鲜的血液。清代以后，封火山墙在城镇建筑中得到普遍应用，"嵌瓷"等南方技艺被引入，"抱厅"做法与本地合院建筑形态相结合，创造出多变的样式与空间。

明代以后，由于制砖业的发展，更多城镇采用砖建城墙及房屋。重庆地区由于盛产青石，除了采用砖砌城墙，还多用石砌城垣，城门上建有城楼，其中一些有瓮城。从残留迄今的重庆府城、江北厅城、奉节白帝城城墙遗址中可以看到各城门由条石砌成的半圆形拱券，城墙和城门所用条石，断面宽约在300～400毫米，长900～1200毫米，石块之间结合紧密，显示出很高的技术水平。由于制砖技术的提高，明清时期砖砌房屋、砖石塔的数量也逐渐增多，砌筑方法多样。其中"空斗砖墙"技术随着南方移民传入重庆，并得到了广泛应用。无梁殿的做法在明代的巴蜀地区也已经出现。

此外，建筑装饰技艺与水平也有很大发展。寺观祠庙和民居、庄园等建筑的重要部位被美丽的装饰所覆盖。虽然整体建筑风格还是保持着质朴、素雅的面貌，但是可以看出建筑质量和建筑技艺已经十分成熟。在广大乡村，由于经济水平仍然较低，石砌房屋、夯土结构、竹木捆绑结构及草屋顶做法，因其取材方便，造价低廉的特点，应用也十分普遍，普通农宅尚未完全摆脱茅茨土阶的状况。

（四）园林的发展

明清时期，重庆地区的"八景"文化发展进入鼎盛期。各县甚至场镇都有了代表本地自然与人文景观特点的"八景"或"十二景"。它们多以自然山水环境特征为依托，如境内奇峰、飞瀑、峡谷、溶洞、崖石、林泉等，结合本地历史传说、名人遗迹及名胜古迹，如禅寺、摩崖造像、题刻、悬棺、亭、桥等，通过丰富的想象和时空的联系，遂成地区独特之景观。各地"八景文化"是历史上逐渐形成的，不少名人遗迹可追溯至晋、唐、宋时期，但在地方志书中大量记载和歌咏是在清中期以后。通过后来人以诗文不断唱和，"八景文化"具备了更加深厚的人文历史底蕴，成为重庆城镇传统山水景观文化的最重要组成部分。比如以早期的"八景"文化为依托至清末发展而成的"巴渝十二景"："金碧流香、洪崖滴翠、龙门皓月、黄葛晚渡、佛图夜雨、字水宵灯、缙岭云霞、歌乐灵音、海棠烟雨、云篆风情"等，就将重庆城的山、水、渡口、寺庙、渔火、海棠等都纳入其中。与北方及江南地区"八景"比较，由于依托的自然环境自身就充满雄奇变幻之美，重庆地区八景文化更以山水自然奇景以及探幽、抒情和休闲为核心（图1-1-25）。

明清时期是重庆地区山地园林建设与发展的重要时期。不仅私家园林增多，公共园林类型也逐步丰富，主要包括寺观园林、衙署园林、书院园林、祠庙纪念性园林几大类。梁平县双桂堂所表现出的"禅农并重"思想，使禅宗园林与传统农耕活动结合在一起。云阳张飞庙纪念性祠庙园林借助环境条件，使内部园林环境与外部山水景观密切融合。聚奎书院园林将书院建筑空间序列与"显真山、露活水"的环境诉求结合起来，逐渐开创出与国内其他园林体系有着不同审美情趣的园林体系。私人宅园在明清时期比较有名的有：明礼部尚书东阁大学士王应雄于崇祯六年在今七星岗莲花池，"乞休故里，营造涵园"；明太师蹇义所建西湖池、明户部侍郎倪斯惠所建巴子园；清户部右侍郎何彤于咸丰年间修建的何家花园、江北名士胡中行光绪年间修建的胡家花园；另有巴县白鹤林庄园、涵村、阮庄以及清末宣统年间富商李耀庭修建的"礼园"等。其中

图1-1-25 明清重庆八景之"黄葛晚渡"（图片来源：《重庆老照片》）

图1-1-26 万州"流杯池"（图片来源：孙敦福摄）

保存至今的重庆鹅岭礼园，选址于山城半岛山脊，具有典型的山地园林特点。另外，清末重庆城中还有由移民会馆园林开辟的张家花园，是一所公共性游乐园林。

比较其他地区，巴蜀地区的园林既没有北方皇家苑囿的富丽堂皇，也有别于江南园林的曲折蜿蜒、精巧细腻，却也有着自己独特的风格特征。其中最典型的就是利用优越的自然山水景观元素，园林的造景偏重于借助自然景观，着力于"景到随机"、"因地制宜"的构景手法，以天然景观为主，"自成天然之趣，不烦人事之工"。在山地园林的群体布局上，更积累了丰富的实践经验，如"曲轴的运用、轴线的切割、高差的处理、庭院层次的变化、空间序列的引导、建筑小品的布点等，都是巴蜀园林独特而巧妙的山地造园手法"。[116]明清园林建筑遗存不多，万州"流杯池"因其重要的历史价值而受到瞩目（图1-1-26）。

第二节 影响重庆古代城镇与建筑发展的主要因素

一、自然环境因素

自然环境因素是决定区域发展的最基本因素之一，不仅对地区经济类型的形成和分布，人类群体的定居、迁徙以及相互之间的交通往来方式与强度，以至对先民的风俗、民性的塑造，精神生活特征的形成等，都有着深刻的甚至是决定性的影响、调解和制约作用。[117]除了地理位置和资源条件会影响到区域城镇与建筑发展的进程和水平，人类聚居方式、聚落形态和建筑发展还直接受制于本地区的地形地貌特征、气候条件、地质状况等方面。

重庆地处我国西南，从地形环境看，重庆全境分处川东平行岭谷、川中方山丘陵和川南边缘山地交接地带，区域地形条件差异较大并且地貌特征很有特点。整体地势从南北两面向长江河谷倾斜，起伏较大，大都呈"一山一岭"或"一山一槽两岭"的地貌组合形态，海拔高度由北向南逐级降低。区域内土地以丘陵山地为主，平坝较少，山地地貌是最突出的地貌特征。区域东北部及南部分别有大巴山、巫山、武陵山、大娄山等环绕，丘陵多分布在西部、西北部和中部，平坝主要分布在长江和嘉陵江两岸及其支流交汇处。重庆地质多为喀斯特地貌构造，也形成了峡谷多、石林多、瀑布多的特殊地形。重庆境内河流众多，以长江水系为主。长江自西向东横贯而过，嘉陵江、乌江、涪江、渠江、綦江、大宁河等纵横其间，形成了一个不对称状的向心性水系，长江及其支流也构成了中国西部最大的内河运输网。这种地貌也使得重庆地区的区域开发呈阶段性，沿河流溯源而上。其中重庆主城坐落在长江与嘉陵江汇合口，四面环山，江水回绕，城市傍水依山，层叠而上，以江城、山城扬名。

气候条件上，重庆属南方湿热型气候，其特点是全年气温基本在摄氏零度以上，夏季高温持续时间长、太阳辐射强，冬季日照较少，阴雨天较多，全年相对湿度大。由于四周环山，境内少风。由于所处的四川盆地岩质多为侏罗纪和白垩纪紫红色砂页岩，土质多为红黏土，开采较为容易，本地毛石墙、乱石墙应用普遍。至于木材，更是资源丰富，山地多森林，据史料记载，至唐宋时期，本地森林覆盖率仍在50%～65%。松、柏、杉、杨、槐及香樟、楠木等树种十分多样。竹子更是随处可取、广泛应用的极好的建材。另外，本地多桐树、漆树，盛产桐油、土漆，在房屋建筑装饰上应用广泛。自古以来，重庆地区的建造活动几乎全取材于这些地方材料。

二、地区历史与社会因素

地区社会历史发展进程、重要历史事件、经济发展水平对地区城镇与建筑的发展也具有重要影响。从历史上看，重庆虽偏于西南一隅，但是在我国历史舞台上一直扮演着不可或缺的角色。作为中央王朝的西南大后方，巴蜀地区居长江上游，丰饶的四川盆地是历代中央政府依赖的粮仓，盆地外围环绕崇山峻岭，其防护之厚又非其他地域可比，因此，自古是王朝建国势必首先控制的战略要地。重庆因"府会川蜀之众水，控瞿塘峡之上游，临驭蛮僚，地形险要"[118]，更具有重要的军事防御和政治地位，为历代兵家必争之地。从巴人建都、秦汉设郡、三国相争到宋蒙战争无不充分体现了这一点。历史上的重要军事行动和战争也带给重庆地区城镇和建筑发展诸多影响，遗留下众多的军事文化遗迹。比如南宋后期巴蜀抗蒙战争的长期持续，整个川东南建立起了以重庆为中心的军事防御城镇体系，"修筑了青居、大获、云顶、天生、钓鱼几十余城，它们因山为垒，棋布星分为诸郡治所"[119]，不仅极大影响了本地区城镇整体布局，也形成了以军事防御为特点的部分山地城镇构筑手法。大量历史人物的陵墓祠庙也丰富了城镇人文景观，比如涪陵小田溪巴王墓群、七星岗巴蔓子墓、忠县乌杨镇严颜墓、万州甘宁墓、彭水长孙无忌墓、忠县陆贽墓、江北嘴明玉珍睿陵、铜梁张佳胤墓、云阳张飞庙等。

其次，四川盆地虽为高山和高原所环抱，但山原之间的若干河谷却成为这一地区得天独厚的对外交通走廊。长江三峡自古为沟通长江上游和中下游地区的重要通道，嘉陵江、乌江、彭溪河、大宁河、香溪、清江等河流也是重庆地区与四川、陕西、湖南、湖北、贵州等周边地区的交通干道。除自然廊道之外，因政治统治、战争、贸易等的需要，自先秦时期开始的人工道路的开凿最终在本地区建构起了沟通南北东西的通达的交通廊道。宋朝，川江水路正式置水驿，标志着川江航运进入加速发展时期，宋元以后，四川经济政治中心逐渐东移，依托川江航运，汇集西南各地区资源，重庆地区经济和城镇得到更加迅速的发展，重庆逐渐成为长江上游最重要的商贸中心与交通枢纽。城镇功能的改变不仅催生了场镇的大量出现，也直接影响到城镇与建筑的形态与空间。

自先秦始，重庆地区也是长江上下游地区间人口往来迁徙的重要走廊，重庆古代历史上共经历过五次大规模的以移民内迁为主的移民潮。从公元前314年，秦国"移秦民万家实之"到清朝前期持续不断的"湖广填四川"，五方移民的往来，对城镇与建筑在风格与技术上的融合与发展有着相当重大的作用。比如先秦时期的巴人入川，所建巴国在今重庆境内"四筑国都"，自此奠定了重庆沿长江城镇发展的最重要基础。秦王朝统一全国，大规模被俘敌国居民或贵族迁徙入川，随着中原移民迁徙而来，中原先进的生产力、传统的宗族观念、礼法制度与儒学思想等也随之传入，促进了巴蜀地区生产力水平和文化的发展。以后的多个时期，四川盆地这片富饶而相对封闭的地区，多次成为乱世中良好的避难所。唐时，"衣冠之族多避乱在蜀"，五代十国时期"四川比中原安静，中原的世家大族避地入蜀者很多……"都使得本地区的发展相对平稳。明清时期，来自广东、福建、江西、湖南、湖北的各地移民总人口数量更多达上百万。移民社会在社会结构和文化上的特点无不强烈地反映在明清以来重庆地区城镇与建筑的形态、空间及营建技术上面。

从生产方式和社会经济角度，巴蜀地区主要被黄河流域的汉地农业区及长江流域范围内的水田稻作农业区两大文化区板块所覆盖，形成了以农耕为主的生产方式。但是由于重庆地区山河纵横交错，土地相对平原地区贫瘠，因此与蜀之"沃野千里，号为陆海"不同[20]，本地经济早期以捕鱼、狩猎和采集为主，而农业的起步和发展相对滞后。巴渝地区独特的地理环境蕴藏着丰富的生产资源，进而在早期就形成了地方特色产业。重庆地区一直是西南最大的井盐产区和加工区之一。其制盐历史可以追溯到先秦，与此类似的另一种重要矿产就是丹砂矿。在夏商时期，丹砂开采逐渐成为巴族垄断的手工业，故丹砂亦称"巴砂"。《山海经·海内西经》中的巫山诸巫所操的"不死药"即此。此外，酿酒业、柑橘、荔枝等都是重庆地区闻名全国的特色产业。这样一些特色资源与产业，为城镇和建筑的发展也带来了影响。资源的地理分布和相应产生的生产组织活动，直接触发了本地区城镇的发展，有"瓦渣地遗址，中坝遗址，哨棚嘴遗址，温汤井遗址"等早期以烧制盐巴而产生的先秦盐业遗址；自秦汉时期开始，逐步在重庆三大主要盐产区形成了相关产销聚落集镇群和多样的盐业遗存，保存至今的还有巫溪宁厂古镇、彭水郁山古镇、龚滩古镇等历史上著名的盐业古镇。

另一方面，重庆地区多山地丘陵，河流众多，土地较为贫瘠等因素决定了它在很长的时期内处于社会整体发展水平欠发达状况。长期政治地位不高，经济的欠发达和相对封闭阻隔、交通不便等因素，导致文化发展较之周边地区处于相对滞后状况。再加上民性中不尚华丽文藻，尚质朴的特点，在一定程度上局限了重庆整体建设水平，建筑工艺技术发展相对滞后。

三、地域文化因素

各地区的文化性格特征、宗教信仰以及民俗民风所构成的地区文化基因也是影响建筑发展的重要因素之一。重庆地区传统文化性格特征鲜明丰富，它源自历史悠远的巴文化，融会本地区"濮、賨、苴、共、奴、獽、夷、蜑"多个原初部落族群的文明精粹，尤其是神秘的巫鬼文化，又获荆楚文化、蜀文化、中原文化等多方文化长期滋养，终成长江上游区域性文化体系。这些丰厚的文化内涵或隐或显地影响到地区城镇与建筑发展。

第一，巴渝文化之根"巴文化"。

从历史区域上看，长江文化可以分为巴蜀文化区、楚文化区及吴越文化区三大区域，它们分别是长江上游、中游及下游的古代文化。由于地域的辽阔，即使是学术界普遍认同的巴蜀文化内部也存在较大的差别。各自不同的自然地理环境、资源状况、经济基础以及人口基础赋予了巴文化和蜀文化自己的内涵与特征。巴渝文化起源于巴文化，它可称地区文化之根。巴文化的中心区域为重庆及鄂西地区，涵盖陕南、汉中、黔中和湘西等地，由于所处自然环境的险恶和大山大川的熏陶以及巴人长久以来都面临着强敌压迫和艰苦自然环境的挑战，抗争和奋斗一直伴随着他们的历程，激励着巴渝先民向外开拓、努力改善自身环境的决心和勇气，逐渐形成了个性鲜明的地域性文化：①顽强、坚韧和彪悍的山地民族性格。这种性格使巴渝文化带着征服自然、努力求存的内核。②素朴直率，讲究实用。《华阳国志·巴志》载："其民质直好义，土风敦厚，有先民之流。……俗素朴，无造次辨丽之气。"③矛盾的和谐体。它的文化内核包含了封闭与开放、雄奇与诡异、勇武与智谋、野性与文明、诚明与侠义、阳刚与阴柔，是这些矛盾的统一。

第二，巫鬼文化、道教文化、易文化之滥觞。

古代长江三峡、江汉地区、嘉陵江流域等地还是西南巫鬼文化的渊薮。巫鬼文化原是濮系巴人的一种文化风尚并影响到江汉之间的楚国之地和巴蜀以南的南中广大地区。古代重庆地区巫鬼之风尤其浓厚。早期巴人就是崇尚巫术的民族，白虎、蛇、鸟、鱼、龟等图腾常常出现在巴人的器物装饰上，有的还和巴蜀图语组合出现，表达某种意义。古籍所载的古"巫载国"、"巫咸国"在今三峡巫溪、巫山一带，今巫山县，秦时便已建"巫县"。《山海经》记载，远古时期，巫师们在此广泛活动，以巫咸为首的"灵山十巫",缘灵山升降采药。因为巫咸的缘故,灵山才得名为巫山。这里是华汉巫文化的发祥地。重庆地区始终信奉巫鬼道,所谓"俱事鬼神",流行龟卜与瓦卜,盛行祭祀鬼之风。《蛮书》卷十就引《夔城图经》所载,"夷事道,蛮事鬼";隋唐晏殊《类要》也论及"白虎事道,蛮与巴人事鬼"。这种习俗至明清不减,所谓"峡中人家多事鬼,家养一猪,非祭鬼不用"。原始巫教孕育了后代的礼仪、医学、风水术、文学、艺术等,故巫文化为巴渝文化的另一重要基因。西汉中期后,重庆地区汉化日益加速。信仰方面,从原先那种原始巫术信仰,渐变为道教范畴的神仙信仰。东汉中期以后,天师道信仰和巴人巫术信仰相渗透,道与神仙思想发展成为本土宗教文化核心。道教崇尚自然,返璞归真的思想以及一种以社会斗争和人事经验为立足点的"实践的辩证法"和生活智慧使重庆文化多了飘逸、洒脱和质朴的情怀。从资料看,大约在北宋时期,重庆地区的易文化已具规模,且成为中原易学向南方传播的一个中间站。大批易学大家如陈抟、周敦颐、程颐、谯定、来知德等先后在重庆授课收徒,为官为民,潜心学术,故有"易学在蜀"之说。他们发展的"以象数易"为主的本地易学特色[12],又激发了巴渝文化中重数理、重逻辑的科学思维意识。

第三,多方移民文化的兼容滋养。

从先秦开始,重庆文化与周边蜀、楚、秦及中原文化之间都有频繁的交流与渗透。所谓"一方之会,风俗分杂"[12],正是本地文化特色的一个生动说明。重庆与四川自古合称巴蜀之地,早在新石器时代,岷江上游的蜀人和东部江涪流域的巴人就有交往。先秦时期两地出现的船棺葬、扁茎无格柳叶剑、铜器纹饰中的虎纹都表明巴、蜀文化具有很多共同特征。秦汉至明清,重庆属地大部分在四川的管辖范围之内,重庆受四川文化影响之深,可谓不分彼此。巴蜀文化在很多方面仍然是一个地域文化的特定概念,至今仍产生着重要影响。重庆东临荆楚,被考古界认定为长江中游地区远古文化、楚文化主要源头的大溪文化、屈家岭文化也孕育和影响了巴文化。随着巴人西迁,楚文化影响散播至巴蜀地区。楚文化崇尚自然、奇诡浪漫的文化特色,也深植于巴蜀文化中。自殷商末期始,中原文化、秦文化通过南北通道向南传播,自秦朝一统天下,巴文化逐渐融于汉文化而继续发展。明清以来,随着交通环境的改善、商品经济发育对流动性的强烈需求,再加上"湖广填四川"人口迁徙的历史背景,其他地区与四川地区之间的交流得到更加迅速的发展。南方地区的吴越文化、客家文化等随西迁移民进入重庆,其在民间的持续影响力至今不绝。此外,周边的夜郎文化、滇文化以及少数民族丰富的原生态文化都对巴渝文化的形成产生了深刻久远的影响。它们不仅带来了不同类型的文化形态,构成了巴渝文化的多元化格局,同时促成了重庆文化的开放性和包容性特征。

第三节　重庆古建筑的地域特色和文化意蕴

一、"卜居、定向"中的朴素环境生态意识和文化意识

中国人关于人与自然关系的意识,其内涵非常丰富,主要包括基于生存需要和技术实现层面对自然的尊重与敬畏,基于万物有灵思想和生命哲学层面的道法自然和亲近自然,基于审美和道德层面的寄情自然和模拟自然以及人自身价值彰显和理性知识发达以后对自然的控制和驾凌。其核心思想在于追求人与自然、宇宙和谐相融的"天地人合一"的理想境界。其中大自然的令人敬畏和深不可测,使古人对自然的认识过程又被赋予了神秘色彩和文化意识。风水术在一定程度上正是这种整体环境生态意识和环境文化意识的技术体现,最重要的运用范围在于对人工活动,尤其是营建活动的全程参与和控制,其理论和操作方法体现出了古代朴素的环境适应和规划思想,总结并推广了先民对于环境灾害和环境质量预评估的长期经验和方法。从生态环境层面,通过大环境观察小环境,便可知道小环境受到的外界制约和影响,诸如水源、气候、物产、地

质等。从文化环境层面，传统的建造活动也是理解整体环境"场所精神"的某种仪式性行为——营造行为被作为人与自然、宇宙对话的一种媒介和途径而存在，同时人们只有归属于场所才可以在日常生活中获取存在之意义。

与平原地区的城镇和建筑相比，重庆山地环境复杂，环境生态敏感性更强，更易受到灾害的影响，再加上民间盛行的巫鬼文化习俗对于占卜、巫术活动的重视，使古代营建活动中对环境以及勘察环境特征的堪舆之术的依赖更加突出。前者表现为对环境的依赖与顺从，后者表现为"看风水"活动贯穿在城市、村镇、寺观、住宅、墓地的择址、立向、布局、营建等各个方面，尤其注重城镇、建筑的择址、定向。由清代重庆市域地图可见，城镇选址多位于靠近长江及其支流的山麓上，依山傍水，充分体现出"前有照，后有靠，左右砂山环抱"的风水要义，同时这种形态也利于建筑获得良好日照、通风，利于水土保持，也是符合当代环境生态学和可持续发展基本理念的。"山大弯，水大曲，必有大结"的俗语，更使历代风水家在这片土地上孜孜以求天然风水佳局。风水师通过"觅龙、察砂、观水、点穴、取向"等相地之术，追寻龙脉，勘察来水去水，通过拟形、赋意等方法，主动与自然保持良好的协调关系。比如现存的地方志中大多开篇即描述城镇的形胜特点，有的甚至直接点明风水格局。重庆渝北龙兴古镇就占据了"五马归巢"的风水佳局；重庆古城更承昆仑山—华蓥山—中梁山之悠远"龙脉"，背靠平顶山—琵琶山—鹅岭山筑城，南北两江环绕，形成风水学说中的"左青龙右白虎"的形态。明初戴鼎扩建城池，还按九宫八卦之数造城门17座，形成了独具特色的城池风水格局。单体建筑中，有俗语云"弯弯房屋嘴嘴坟"，亦即凡山水合抱之处宜于建房，地势高爽之处宜于建坟，这正是庇护、捍域的显示，也说明重庆传统建筑以发掘和利用本地自然环境特质为基础，获得了建筑与自然的协调。[23]比如重庆著名的梁平白衣古镇清代吴翰林家族的风水大局，就完整地体现出了多处风水相地要旨。翰林祠堂点穴于白衣老街的印子仓，它是"魁星点斗"所在；对面云台山岩壁陡峭如刀劈斧削，并书写大大的"魁"字，俯瞰着家祠，是刻意布局的"斗"。吴氏先祖迁葬于钟家山下龙脉，钟家山宛如一个巨大的山水画屏，无数小山梁一字东西排开的钟家山山顶，呈佛手状合抱吴氏祖坟"铁桩坟"，小山梁佳木蔽日，梁下溪流淙淙。钟家山东面修造小阁楼寺，高高矗立在家祠风水系统中的青龙位，它完全遮蔽了家祠面前那滔滔巴河的走水，形成"锁水口"之势，在此，巴河水流平缓，白帆穿梭来去，一群群仙鹤掠过巴河上的沙坝绿洲，如此和谐景观，终于应了地灵人杰的道理，孕育出一门两代进士。这样影响几代人的风水大局在本地不在少数。即使在自然条件一般的地方，利用林木、修竹、挖地、堆山的办法进行点化，起到"改风水"的作用，也是重庆传统建筑营造活动的重要内容。

中国传统建筑注重方位与朝向，早在《周礼·天官》中就提出："惟王建国，辨正方位。"[24]在广袤的北方平原地区，由于在大自然地形环境中缺乏定位参照点，因此，以人为中心，借鉴天文星象定位，四向发散而成正交网络的"四方位"关系随之产生，并成为确定位置的基础，加上北方气候环境，使基于方位系统的坐北朝南的建筑朝向关系被广泛认同。在后来的发展过程中，这种方位朝向关系与礼制思想联系起来，最终确立了"居中、面南为尊"的观念，并成为中国传统文化中很重要的部分，在营城、建筑中广泛运用。《诗·鄘风·定之方中》曰："定之方中，作于楚宫，揆之以日，作于楚室。"[25]重庆古建筑十分注重建筑的朝向问题，通过大量实物测定发现，重庆地区建筑处于正南北向者比较少见，这既是因为山地自然环境带来的用地条件的限制和城镇路网结构的影响，更多是因为基于风水理论的"立向"之说成为指导本地建筑朝向选择的主要方法。建筑立向之法与对山形水势的具体观察结合起来，注重不同建筑朝向给居住者在观察山水所展现出的不同情态时在心理上的吉凶暗示作用以及对生活的影响力。选择朝向是为了"避凶顽、迎有情"，正确的朝向才可以赋予"龙、穴、砂、水贵贱、真假"。因此,"以山水有情,四势平和为准;天然之山水,必有天然之向"。[126]如此思维,打破了严格的方位等级秩序的禁锢,以"三吉六秀,何用强求"[127]为人与自然宇宙对话的方式。具体策略就是从实际山水地形环境出发,并尽量争取良好景观。由于山势走向不依南北方位,重庆古建筑基本顺应山势,自下(低)而上(高)垂直于等高线纵向布置,形成背山面水的格局。建筑组群沿纵向轴线依次排列,形成层层递进的多层次空间序列。比如重庆湖广会馆建筑群三大会馆坐西向东,背靠山体面江而建,入口在沿江一侧,建筑拾级而上借助山势,蔚为壮观,正面开阔的长江航道行船如织,人气聚集,远眺南山,山峦苍翠,神情为之疏朗,如此山、水与人的活动共同构成了"容天纳地、藏风聚气"的"大壮"之势。由于这种依山水形势而成人工造化的方法非常有利于这方水土的自然属性,因而成为本地传统建筑确定朝向、展开布局的重要基础。

除了利用环境对人生理和心理上的正面影响力去获得良好的结果,风水之术也被利用于人们的消灾避凶心理。比如民间建房常避免将建筑作正南北布局,即使有足够的空间也会刻意将轴线偏转几度,说法是"煞气太重,承受不起",实际上是与受礼制规矩限制的官式建筑划分出差别,也代表一种遵从礼仪等级的做法。有的建筑,其朝向是根据风水先生现场罗盘计算而定,也会考虑建筑的用途、业主的个人情况等,往往各有差异,少见完全一致的朝向,反映出建筑环境和人契合关系的唯一性。房屋择向的重要性甚至使得一组建筑中不同单体建筑的朝向都会不同。酉阳万寿宫戏楼和看厅的朝向就不完全一致,重庆山地寺观建筑还常见通过将山门扭转与气口相迎,使得寺院的位置与山体的气脉吻合的实例,最典型的就是云阳张飞大门。

如此多的看似章法不清的选址、立向准则,从重庆古代山地城镇形态结构和构成肌理的形成来看却是重要的基础。如果说,中国城市结构因单体建筑的同一性而呈现出一种"自相似"结构[128],重庆山地城镇的丰富形态有一部分原因就在这种"自相似"结构中,加入体量、朝向方位的些许改变,打破了均质状态,形成结构的错动,带来了复合型空间和城镇肌理形态的多样性(图1-3-1)。

二、"环境—形态"一体化的山地建筑营造法

重庆古代建筑文化是地区传统文化的重要组成部分,不约而同体现出同一的思想内核和文化观念。其核心很大程度上在于一种以"变"为常道的适应、包容、创新思想,以及不拘礼法、安逸自由、质朴率真的建筑个性,形成了独具地域特点的山水城镇—建筑景观美学形态和丰富的审美体验,也凝练出了一套与自然环境依存性很强的山地建筑营建方法。

重庆古代城镇和建筑在营建过程中,对本地区"三分山、六分丘、三厘坝"的自然地形条件的适应和利用最为充分。这些因地制宜的建筑活动既表现出建筑行为对自然环境的顺应与尊重,同时也充分说明本地先民善于辩证地处理建筑与自然的关系,抓住山地环境中有利于营造独特建筑形态和空间氛围的因素,或者将不利的环境因素转化为自身特色,体现出丰富的空间创造力和民间建筑智慧。通过长期经验的累积,其"环境—形态一体化"的设计策略,不仅成为了充分利用山地环境特点的适宜方法,并且形成了独特的山地人居环境景观风貌以及山地建筑形态与审美趣味。

在山水环境所铺垫的大自然气象万千的视觉环境中,建筑形态之美首先是整体之美,是环境之美,是山水自然与人工建筑的和谐之美。重庆地区的传统建筑,从选址布局开始即注重与山水自然环境的契合,再加上本地植被丰富,使建筑与环境结合得十分自然。"依山就势,巧于因借,彼此依存"是重庆地区场镇与建筑形态给观者的最重要的印象和基本特点。

(一)化整为零,随境赋形

为了尽量少地破坏自然地貌,控制建设成本与难度,山地建筑往往"量其广狭,随曲合方",做到因地制宜,灵活应对。大体量建筑采取化整为零

的手法，通过院落、回廊实现功能上的联系过渡，并且利用多标高入口，立体化交通流线组织等措施，合理解决了山地建筑交通不便的问题。比如云阳张飞庙，位于与云阳城隔江相望的飞凤山麓，始建于蜀汉末期，后经历代扩建，现存建筑1400平方米。主体建筑采用分散布局、依山跌落的手法，十余座单体建筑分处于上下两个高度的台地，高差达10米有余，以院落相连。单体建筑形态各异、主次分明且彼此退让，既避免了环境与建筑以及前后建筑之间的完全遮挡，也利用原有地形形成了错落有致、层次丰富的建筑形态。

"化整为零"手法也被用在对建筑接地部分的处理上，为了减少开挖土石，自然消解地形高差，采取"分台、错层、掉层"等处理方式，通过院落、天井或者建筑内部来分担地形的变化，建筑本身以"拖、梭、落"等方式相配合，使高差变化与建筑形态的变化能够有机地结合起来，创造出丰富的建筑空间和造型。在长期经验总结的基础上提炼出的"重庆山地建筑营建十八法"[⑫]就是随机应变、巧于因借观念的体现（图8-1-1）。

（二）合零为整，聚集借力

山地环境下，单体建筑体量受到限制，因而非常注重建筑群体的层次变化和聚集表现力。城镇里，建筑群非常密集而且高低错落，层层叠叠，形成了丰富的天际轮廓线，彼此借力，形成了建筑整体的气势。"以小搏大"是山地建筑形态设计中最有特色的部分，它利用"堆、靠、嵌"等手段，借助山体或地势，使小体量建筑获得雄伟的视觉效果。以重庆湖广会馆为例，建筑群以沿坡逐级而上分层筑台的三进院落作为主体，前后建筑所处地点高差近20米，群体总进深达60米。但就单体建筑体量而言，几进殿堂的单体建筑体量并不算大，但是通过与地形高差的结合和视线视距的调整，建筑群体量远胜于周围民居。尤其自江中行船和江对岸望去，处于渝中半岛山腰位置的会馆群成为长江边重要的标志性建筑。靠崖而建的摩崖木构，更是完全利用山体崖壁为背景和支撑，营造高大体感的典

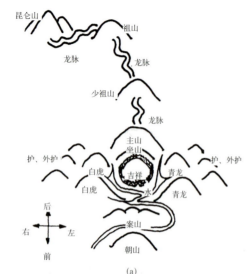

图1-3-1 山地城镇的丰富形态
(a) 中国古代风水宝地模式（图片来源：《中国国家地理杂志》2008年第五期）；
(b) 清乾隆年间"涪州（今涪陵）山川形势图"（图片来源：《重庆古旧地图研究》）；
(c) 清乾隆年间"黔江山川形势图"（图片来源：《重庆古旧地图研究》）

型做法。潼南大佛寺，主殿高33米，由下部通高四层的楼阁和上部三重檐歇山顶建筑聚合，依靠山崖而成七重高阁，雄伟壮观。还有一种"化零为整"的手法被应用在大空间的打造中，为了形成连续纵深，采用勾连搭、抱厅等手法，聚合若干小体量创造大空间、大体量。

（三）挑吊结合，智取空间

为了争取空间，重庆先民总结了向空中发展的节地建设策略。其中"架、吊、挑"是几种常用手法。根据架空的方式和所处地形环境可分为全架空、半架空、架空与悬挑相结合等多种做法。早期先民临江河修建的干阑民居即是全架空和半架空的形态。后来，随着聚居地向坡地和山地发展，更加适应地形的半架空做法逐渐普遍。山地吊脚楼就是底部架空和附岩形式相结合的一种适应山地多变地形条件的构筑方式，是半干阑建筑的发展。传统的干阑和半干阑建筑主要在渝东南土家族、苗族民居里出现。它们分布在平坝和缓坡地带，架空部分用于畜圈或杂物堆放，建筑基地会作一定补平处理。山地吊脚楼形式多样，不仅用于缓坡地带，也常见附于高崖陡壁而立者，它对建筑基地一般不作处理，保持原有地貌，吊脚下部基本无功能。临街的吊脚楼，街道和行人都从下面穿越，形成了非常奇特的空间和景观。挑台和架空的结合可以获得更多的空中面积，悬空的部分使江风自下穿透建筑，有利于通风和散热（图1-3-2）。

（四）紧凑布局，复合空间

山地城镇中，为适应建设用地紧张，传统建筑大多布局紧凑，还从使用功能、空间组合、建筑形态上体现出复合性的特点。其中巴渝合院建筑体现得最为明显。

重庆四合院兼具南北方的特点，就单组合院的尺度而言，比北方的合院要小，比南方的天井院要大。就院落组合方式而言，重庆合院更具灵活性和适应性，大尺度的院坝和小尺度的天井，根据需要，混合使用，因境而生，没有定式，既适应需要，又经济节约。结合自然环境条件，院落的尺度和形态也有自己的特点。受进深限制，院落形状多呈近正方形或扁方形，宽而浅，以正面迎风纳阳。受地形条件限制，房屋之间不规则组合比较多，院落、天井异形也较多。尤其是城镇中间，大大小小，形态各异，密如蜂巢（图1-3-3）。

为了在占地小的情况下满足不同建筑功能和仪式活动的要求，出现了建筑复合化趋势。以祠庙会馆建筑为例，主要体现在"门楼倒座"，山门、牌楼和戏楼合并，钟鼓楼和厢房合并，牌楼和看厅合并以及后区殿堂空间合并等几个方面。

（五）曲折轴线，丰富空间

山地建筑受地形条件限制，往往不具有绝对的严整对称性。就群体建筑而言，虽然有明显的中轴线，但是并不受中轴线束缚，而是随地形增减或者曲折迭进，布局灵活，空间层次更加丰富。利用轴线转折（曲轴、多副轴）、小品过渡及导向处理等手法，将各组建筑构成统一的整体，并且借助树木、地形高差对视线的遮挡和引导，加大建筑空间的纵深感，构成视觉和心理体验的丰富变化。完全散点布局的山地建筑群中道路和视线的引导作用更加突出，外向式景观引导，将建筑和自然山水密切地结合在一起，形成了更加丰富宏观的空间体验，达到了建筑与环境的和谐。

在较为封闭的完全中轴对称的公共建筑中，建筑垂直等高线布置，利用前低后高的地形组织重台天井或台院布局。分层筑台使二维的空间次序在三维方向产生起伏变化，结合建筑本身的高低错落和空间的开闭，再加上山地的视点变化带来的空间体验的特殊性，地形高差不仅没有带来空间的阻塞，反而让人感受到更强烈的空间动态。房屋处于高低台基上，构成重叠栉比、参差错落的独特风格。比如渝中区禹王宫中轴线南北长近50米，通过对戏台—看厅—拜殿—后戏台—后殿几个节点的控制和处理，营造出了自由灵动的空间感。云阳张飞庙整体依山就势，路径曲折通幽，利用参观游览过程中的具体设计手法，使参观者在行进过程中一波三折，情绪时而新奇，时而压抑，时而激扬，营造出

图1-3-2 老重庆望龙门外吊脚楼（图片来源：重庆大学建筑城规学院）

图1-3-3 酉阳龙潭古镇民居（图片来源：《重庆古镇》）

图1-3-4 渝中谢家大院"庭院深深"（图片来源：廖祖谦摄）

了强烈的参观祭祀氛围。

（六）开闭结合，灵活空间

重庆地区夏季湿热少风，冬季气温不是很低，但是缺少阳光。因此，重庆古建筑不仅外围护结构比较轻薄，利于通风，而且建筑本身也是开敞与封闭相结合，空间非常开敞和流动。合院建筑通过在封闭的院落中设敞厅、凉厅、敞廊等取得外实内虚，既通风除湿，又遮阳避雨的效果，院坝天井布置花草盆景，室内外空间交融。另一方面，重庆人喜欢户外的聚会活动，古场镇檐廊空间就是大家交往休闲的重要场所，住宅面向街道一边完全开敞，可拆卸的装板门窗恰好形成了可随时开闭的空间（图1-3-4）。

（七）虽由人作，宛自天开

山地地形条件的特殊性，不仅产生了"分台、依崖、靠坡、吊脚"等适应性技术手段，与此同时，也使得山地建筑有了一种近乎镶嵌式的外貌，建筑与环境结合得十分紧密与自然。一块悬岩、一面削壁，这些看似不适宜建筑的地方，都可以成为山地建筑的基础。[13] 对地形环境的巧妙利用更是成就了一些不可复制的奇思佳构，无论是层层高耸，借山势而上的摩崖建筑，还是支撑于高杆木柱上看似危若累卵的吊脚楼，都是不可替代的根植于环境的作品。城镇中的建筑群体布局更是彼此依托，此消彼长，随坡就坎，随曲就折，群落屋顶间高低配合且交叉相连，形成了一个与环境自然密不可分的有机整体。此外，建筑与环境的整体共荣性，还体现于天然材料的运用。仍然以接地部分为例，重庆山体主要成分是较牢固的青色砂岩，少部分是红色的较松散的页岩。重庆传统街道地面、堡坎及建筑勒脚、台基等部分多用砂岩、页岩砌筑，冷暖色调微妙变化的石材交织混合在一起，与山地基调非常吻合，恰如自然生长出来的一般。[13]

（八）朴实自然，简约修饰

由于重庆西北、东北的高山削弱南侵之风，本地少见大风，冬天少见大雪。所以，重庆传统建筑普遍屋面简薄，木构架用料相对单薄，加上山水环境的衬托，给人以轻巧飘逸和灵动之美。

其次，建筑造型充分发挥建筑在结构及构造技术上的地方特色，以其丰富多样的变化作为造型和装饰重点，形成了朴实的艺术风格。比如建筑的檐下部位，主要利用外挑出檐的不同做法以及"撑弓"样式的变化这样一些与结构和构造细部结合的手法丰富建筑立面的层次，十分自然。半露在白粉墙之外的深色穿斗木构架在立面上形成的肌理与高低错落的斜坡屋顶更是组成了一幅幅富于装饰性的抽象构成作品（图1-3-5）。

在建筑装修和色彩的格调上，重庆建筑不崇尚过分的奢华，彩画亦多轻淡雅致，图案及用色均较节制。虽少繁琐的附加装饰，在一些重要部位，装饰仍然是整个建筑中最出彩的地方。重庆古建筑装饰风格和工艺技术以精巧秀丽为特点，深受南方地区影响。其中门窗、隔扇、罩、挂落等小木作很考究。仅是窗户类型就有木棂窗、风窗、提窗、开启窗等多种，花格变化各异，其中以格条、套方、夔龙、"卍"字、锦花居多。通过不同疏密的排列，变化多样，工匠细腻，脉络明晰。与其他地区不同，由于盛产石材，本地石雕工艺更高。石雕被大量用于抱鼓石、柱础、栏板及"太平缸"，常用吉祥图案、动物花草、历史故事、戏剧人物作为装饰题材，形象生动自然。屋脊喜用蓝花碎瓷片镶饰表面的"嵌瓷"做法，比较广东潮汕地区的工艺，更能看出重庆人朴实的民俗民风和率直的审美意趣（图1-3-6）。⑫

（九）就地取材，灵活处理

重庆地区适宜建筑的自然材料丰富，加之经济性和便利性考虑，先民建房习惯于就地取材，因材而筑。竹、木、石、土，乃至稻草、高粱秆、草类都被普遍利用，并且能够根据不同材料的特性，发挥各自优势，加以综合应用。比如重庆山地的捆绑式吊脚楼，就充分发挥了地方竹材轻巧的特性和受力特点，不仅以竹为支柱和骨架，还以竹篾、棕绳为捆绑材料，竹编墙为墙体材料，竹编骨架草顶为盖，加工简易，造价低廉，通风防潮，是中国古代竹建筑的重要代表之一。

其次，同一种材料在不同的地点具有多种处理手法，体现出一定的地区与民族特点，使建筑具有浓厚的生活气息。以石材为例，就有条石、方整石、片石、碎石、卵石多种。它们既可以替代木柱、木枋，也是墙体、台基、堡坎、勒脚、基础及铺地的材料。

由于选材多样，建筑的同一部位也有多种处理方式。以墙体为例，就有夹壁墙、木板墙、土坯墙、三合土墙、片石墙等不同做法；屋面除常见的小青瓦、灰筒瓦、琉璃瓦以外，还有土屋面、草屋面。此外，可以根据建筑的需要，采取不同材料和技术组合使用，彼此补充，使变化更加丰富。比如为了坚固和防潮，夹壁墙的下半部分可以用木板墙、石墙、夯土墙等代替。一组庄园建筑中，附属碉楼可以采用石砌或者土筑，房屋仍然采用穿斗木构架、竹编夹壁墙，用材非常灵活。

（十）对比法则，形象鲜明

恰似重庆山地居民率真热辣的性格，重庆古建筑在虚实、质感、色彩等方面，对比强烈，形象鲜明。在多阴雨、少阳光的气候条件下，强烈的对比与建筑形象的鲜明性尤其重要。

第一，虚实对比。

虚实关系的建构，是山地建筑造型形态的重要内容。为了与厚重的山、柔美的水和谐共生，一种亦虚亦实、亦动亦静的整体构形策略被自如运用在山水城镇建筑中。中国传统建筑向来以平和的水平向度的铺展为特色，然而重庆建筑在山地环境的影响下却表现出孑然突兀的特征。建筑从平面布局到立面构图都不完全遵循严格对称的法则，反而高低错落有致，构图不拘一格，有着多种对比。地形的高差夸大了建筑的竖向空间尺度；建筑的随曲合方、轻巧出檐又令建筑具有了雕塑感极强的张扬形体；大量出现的挑廊、凹廊、挑楼、吊脚、架空处理，在建筑上产生了上与下、虚与实的强烈对比，既表达出建筑对环境的对抗与适应，在建筑立面上同时产生了丰富的光影变化。

"虚实变化"的特征，还充分表现在从城镇到建筑，介于实与虚之间的灰度空间的层次变化与形态变化中。场镇中各式檐廊街、凉厅子街、吊脚半边街、骑楼街等，使城镇公共空间与人们的住居生活联系紧密而自然，打破了建筑内外截然隔离的关系，使城镇街道成为最富于人情味的交往空间。合院建筑中大小院落、天井和围绕生成的敞厅、檐廊、跑马廊以及四周雕花的门窗、挂落等，也使看似简单封闭的合院，成为宜居的小环境。

图1-3-5 穿斗白粉墙(图片来源:胡斌摄)

图1-3-6 木雕(图片来源:陈蔚摄)
(a)湖广会馆建筑木雕;(b)渝中回广会馆建筑木雕;(c)建筑栏板戏曲故事木雕;(d)建筑栏板戏曲故事木雕

第二，质感对比。

由于山地建筑用材丰富，材料本身的质感差异带来建筑造型的变化。比如砖石墙的厚重感和体积感与木构件轻巧灵动、构架穿插的效果结合起来，使得建筑造型更加富于线条与块面、轻与重、粗糙与细腻的对比，也更加能够和山地城镇山纵水横的空间肌理建立起内在的共鸣。

第三，色彩对比。

由于取材天然，决定了建筑色彩整体保持中间色系，较少明度和纯度过高的色彩，以大片的灰、褐、土黄以及少数暗红、白、黑等为主，它们与山川大地的色彩一致，在植物环境的衬托下显得温和而少生硬，朴实而深沉。同时，建筑本身又有粉白墙体与外露的深棕褐色系为主的屋架梁柱构件以及青灰色瓦顶之间的对比协调，使色彩层次更加丰富。

（十一）低技生态，适应气候

重庆古建筑结合地方材料特性和自然环境形成了具有地方特色的建筑技术体系。比如为了适应夏季炎热少风，春秋多雨，冬季阴湿的气候，逐渐积累了外封闭、内开敞，合理组织穿堂风，轻薄围护体系，大出檐、冷摊瓦、抱厅等系一列适应性技术措施。

第一，通风与防潮。

主要策略是考虑加强建筑内部空气的流动性。

组织好房屋的自然通风。建筑布局主要结合地形要求，对建筑的朝向不甚严格，一般建筑采用南向或东南向。利用良好的朝向可以取得引风条件。靠近江河的房屋朝向迎风面，可以在夏季引江风降温。建筑平面布局中，考虑合理组织自然通风，房屋前后门窗对开，形成穿堂风。同时，充分利用院落天井、厅堂、门窗以及层高、进深等加以综合考虑，以便达到更好的通风效果。传统建筑层高普遍较高，室内感觉凉爽。为了通风防潮，建筑室内地面往往设计有空气间层。

屋面采用轻薄的冷摊瓦做法，加速室内热空气散出。部分公共建筑做双层瓦屋面，提高屋面隔热效能。吊脚楼建筑也是通风良好的实例。架空做法使住屋隔离了土层的潮湿，比起地面建筑，大大减少了对空气流动的阻碍，减少了虫、蛇的干扰。吊脚楼建筑用竹或木板做地板和构架，底层架空，楼面地板留板缝，屋顶开通风窗，通风效果良好。尤其是沿江吊脚楼，江风从楼底灌入，非常凉爽。

轻薄的建筑围护体系也利于透气散热。民居中间，墙体在额枋以上一般做成空透的格栅状；大式建筑中，斗栱之间不安壁板，这样既可通风采光，还能保护木构架不致因潮湿而腐烂。此外，除临街大门及窗户采用木板门窗外，面向庭院天井的门窗一般比较通透，利于通风防潮。

室内为了取得良好的通风条件，往往少间隔，大厅、堂屋一般为敞厅，即使有门也很少关闭。如需要空间和功能上的间隔，多使用屏风、花式门罩、挂落、布帘等。有的厅堂在夏季还将隔扇门拆下，使内外空间交融，也利于通风。

第二，防晒与避雨。

主要以小天井、大出檐为主要的防晒避雨措施。天井小而密，往往使建筑墙体常处于阴影之中，起到防晒作用；深远的挑檐和建筑外廊不仅可以遮挡阳光，也可防止墙身遭雨水侵蚀。合院建筑的檐廊可环通，可以做到下雨天不湿鞋。檐口有前高后低的讲究，也可防止后檐飘雨湿墙。院落中央的抱厅既遮阳避雨，形成中庭，同时形成风兜，利于空气循环。由沿街建筑外檐延伸到街道两侧的檐廊、凉厅更形成了整个场镇遮阳避雨、赶场贸易和邻里交往的重要空间。在炎热的夏季，场镇街道或者天井中间还会拉起活动的飘篷、布帘、棚架等遮阳隔热构件。此外，建筑立面布满精致图案的雕花门窗既有美化装饰作用，也可使阳光形成漫反射。建筑外墙普遍刷成粉白或浅色，也减少了太阳辐射热。

三、"兼收并蓄，多源融合"的建筑文化意蕴

（一）移民往来，多源融会

自先秦至明清时期，重庆地区曾有多次东西、南北文化的重大交流与汇聚，造就了今日巴渝文化包容杂糅、兼收并蓄的鲜明特征。这一点也深刻体现在地区建筑文化的发展上，表现为建筑形态与技

术中的多源杂融特征。

先秦时期，西进巴人将楚文化带入本地区，早期巴人的干阑式民居体现出这一时期南方建筑发展的影响。秦汉以后，中原建筑文化大举进入，合院式建筑形态成为主流。期间，濮人、僚人等南方族群建筑文化的影响一直持续，并且和重庆山地环境相适应，逐渐形成城镇中合院建筑、吊脚楼建筑并存杂存的状况。明代和清初，多次的大规模移民和迅速增长的商贸往来，使南北多方文化在较短时段内大举影响了本地区，并且首次使东南建筑文化对重庆的影响超过中原地区。入川移民带来的南北文化基因在重庆建筑文化的整体构成中被保留下来。以三峡地区为例，由于毗邻湖北，以重庆为中心的三峡各个沿江府、州、县正当"湖广填四川"移民迁徙路线的孔道，因而吸纳了较多移民，尤其是湖广籍移民。因而楚俗在渝东北一带风俗文化中也居于主流地位，特色最为鲜明，如此一来，三峡地区"民俗半楚"的现象尤为典型。另以客家文化为例，至今荣昌、涪陵等地还有客家移民村落，客家土楼和客家方言岛保存完整，涪陵大顺乡瞿九酬客家土楼就是其中的代表。其次，由于五方杂处，不同于一般本土文化与外来文化之间的关系呈现强弱对峙，原生形态和移入形态界限分明的状况，除了少数实例可以看到非常典型的移民文化痕迹外，更多情况下，以文化的杂交混处为主要特点。也就是说，虽然不同区域形成了特色上的差异，但是彼此界限并不十分鲜明，体现出兼收并蓄的特点，对交杂于此的中国南北纵向、东西横向的建筑文化与技艺进行了适合本土自然、经济环境与人文生态的文化整合，生成了独具地方文化内涵的新体系。

（二）不拘礼法，推崇民间

由于地处偏远，地方文化和民间文化对建筑的影响更深，建筑往往不拘法式，活泼自然。与其他地区官式与民间工匠做法大相径庭不同的是，重庆传统寺观祠庙建筑更喜欢采用类似本地民居的一些设计手法和构造技术。比如西南禅宗祖庭梁平双桂堂建筑群就充分体现出了合院民居和殿堂式院落的结合，除了中轴线上的几重主要殿堂相对独立，只由左右侧廊与配殿、厢房联系外，两侧配殿、僧房、经堂等均以天井合院民居的尺度和组合方式营建。殿堂建筑结构多用抬梁式与穿斗式结合，山墙普遍采用穿斗夹壁墙；歇山做法，除大雄宝殿外，基本借鉴了重庆民居中常见的悬山两侧山墙加披檐，再加翘角的手法，与营造法式、则例要求相去甚远。建筑装饰更反映出俚俗性特点，以地方文化和民众熟悉的民间题材为主。建筑色调处理上，梁柱、门窗除为本色上涂桐油漆外，也常用黑色生漆罩面，或施以浅褐色矿物质颜料刷涂。用材尺度方面，未完全受官式做法的制约，梁、柱、枋、檩、椽等断面尺寸均小于北方建筑，梁、柱的弯直都保持原形，一般不再加工。

（三）师承古法，推陈出新

四川盆地和山地环境的相对封闭和经济文化发展的相对滞后，也使重庆地区建筑技术的发展更迟没有其他地区那么快，那么完全。比如四方形密檐塔在中原地区盛于唐，到宋代已很少见，而川渝地区却延续至宋、元时期。屋面平行布椽的做法在明清以后的官式建筑中已经看不到了，川渝民间却一直沿用着这种更为简便易行的做法。另外，在分析一些建筑个案的时候，还会发现它们可能融合着多个时代，多个地区的技术特征和做法。这说明不同历史阶段、不同地方的建筑文化因素都能够在这里找到延续与融合发展的可能，乃至推陈出新，最终丰富了本地区建筑文化和表现。

注释

① 史威张静. 长江三峡地区史前遗址类型及生业环境特点. 江苏教育学院学报（自然科学版），2008（4）.
② 杨华. 三峡地区古人类房屋家住遗迹的考古发现与研究.
③ 重庆中国三峡博物馆. 远古巴渝的新石器时代. 重庆三峡学院网站.
④ 杨华. 三峡地区古人类房屋家住遗迹的考古发现与研究.
⑤ 杨华. 三峡地区古人类房屋家住遗迹的考古发现与研究.

⑥ 管小平. 三峡地区新石器时代聚落形态与社会结构研究. 重庆师范大学硕士学位论文, 2011.

⑦ 邹后曦. 重庆考古60年. 四川文物, 2009(06).

⑧ 吴耀利, 刘国祥. 四川巫山县魏家梁子遗址的发掘. 考古, 1996(08).

⑨ 徐光翼. 巫山大昌双堰塘西周及汉晋时期遗址. 中国考古学年鉴, 1996.

⑩ 四川大学考古学系. 重庆云阳李家坝遗址1999年度发掘简报. 南方民族考古, 2011.

⑪ 罗二虎. 峡江巴文化寻踪——云阳李家坝遗址1997年发掘纪略. 中华文化论坛, 2003.

⑫ 潘碧华. 三峡早期人居环境研究——以重庆库区忠县到巫山一段为例. 复旦大学博士学位论文, 2007.

⑬ 管维良. 三峡巴文化考古.

⑭ 杨华. 长江三峡地区夏、商、周时期房屋建筑的考古发现与研究（下）. 重庆三峡学院学报.

⑮ 重庆市考古所, 重庆文化遗产保护中心. 酉阳邹家坝. 北京：科学出版社, 2011.

⑯ 记述这段历史的历史文献主要有《山海经》、《左传》、《蜀王本纪》、《三巴记》、《华阳国志》、《水经注》和《后汉书·南蛮西南夷列传》等。

⑰（晋）常璩. 华阳国志. 刘琳校注. 巴蜀书社, 1984.

⑱ 周勇. 重庆通史. 重庆：重庆出版社, 2002：49.

⑲ 段渝. 四川通史（第一册）. 成都：四川大学出版社, 1993：226.

⑳ 段渝. 四川通史（第一册）. 成都：四川大学出版社, 1993：227.

㉑ 赵逵, 杨雪松. 川盐古道与盐业古镇的历史研究. 盐业史研究, 2007（2）.

㉒ 蜑人，又作疍人，蜒人，濮系民族中的一支，主要分布在巴东郡、涪陵郡。

㉓（东晋）常璩. 华阳国志.

㉔ 杨华. 长江三峡地区夏、商、周时期房屋建筑的考古发现与研究（下）. 四川三峡学院学报, 2000, 4（16）.

㉕《后汉书》卷八十六《南蛮西南夷列传》, 李贤注。李贤在"复夷人顷田不租，十妻不算"之后注曰："优宠之，故免其一户顷田之税，虽有十妻不输口算之钱。"

㉖《华阳国志》卷三《蜀志》.

㉗ 张过. 浅谈古代移民对四川地区人口素质的影响. 法制与社会, 2010：180-181.

㉘ 故颉刚. 论巴蜀与中原的关系[M]. 成都：四川人民出版社, 1981.

㉙ 汉书·高帝纪下. 北京：中华书局, 1962：59.

㉚ 鲍一铭. 汉代城市人口研究. 华北师范大学硕士学位论文, 2009.

㉛ 周勇. 四川通史. 重庆：重庆出版社, 2002.

㉜ 后汉书·郡国志. 北京：中华书局, 1965：3533.

㉝ 潜夫论·浮侈篇. 上海：上海古籍出版社, 1978：137.

㉞ 重庆市三峡博物馆. 重庆市盐业遗存重庆市三峡文化研究. 2010：3.

㉟ 刘致平. 四川住宅建筑. 北京：中国建筑工业出版社.

㊱ 季富政. 忠县陶房禹丰都县建筑明器. 重庆建筑, 2010（12）.

㊲ 四川大学历史文化学院考古系. 云阳县李家坝东周至明清时期遗址. 中国考古年鉴2003. 北京：文物出版社, 2004年8月.

㊳ 龙显昭. 巴蜀佛教的传播、发展及其动因试析[J]. 西华大学学报（哲学社会科学版）, 2009(12)：32.

㊴ 谢志成. 四川汉代画像砖上的佛塔图像. 四川文物, 1987（4）：62-64.

㊵ 刘自兵. 三峡地区砖(石)墓建筑研究. 三峡大学学报.

㊶《四川通史》.

㊷ 刘自兵. 对三峡地区汉晋墓葬所出陶楼的认识. 湖北民族学院学报, 2005（04）：9-16.

㊸《华阳国志》卷十二《序志并士女目录》, 894.

㊹ 隗瀛涛. 近代重庆城市史. 成都：四川大学出版社, 1991：64.

㊺ 杨秋莎. 汉魏时期蜀汉、孙吴墓葬中的佛教遗物——兼谈长江流域的佛教传播. 四川文物, 2003（5）:44-49.

㊻ 周勇. 重庆通史. 重庆：重庆出版社, 2002：90-91.

㊼ 任桂园. 三国魏晋南北朝时期三峡盐业与移民及移民文化述论. 盐业史研究, 2004（1）.

㊽ 袁东山. 永安镇遗址的发掘及永安宫故址考.

㊾ 古永继. 秦汉时西南地区外来移民的迁徙特点及在边

疆开发中的作用．云南民族史研究，2006，23（3）．

(50) 蓝勇．巴渝历史沿革．重庆：重庆出版社，2004：50．

(51) 山东省博物馆．重庆晒网坝一座晋代墓葬的发掘．江汉考古，2004（1）：23－26．

(52) 重庆市文化局，湖南省考古研究所．重庆奉节拖板崖墓群2005年发掘报告．汉江考古，2007（3）:42．

(53) 参见《元丰九域志》卷七。

(54) 周勇．重庆通史．重庆：重庆出版社，2001：97－106．

(55) 卢华语．唐代重庆商品经济初探．南华大学学报（社会科学版），2001（4）．

(56) 江成志．唐宋时期四川盆地市镇分布与变迁的研究．西南大学硕士学位论文．

(57) 李映福．明月坝唐宋集镇研究．四川大学博士学位论文，2006：80．

(58) 王然．三峡库区六朝—唐宋时期大型遗址发掘的几点思考．2003三峡文物保护与考古学研究学术研讨会论文集．2003：275

(59) 王然．三峡库区六朝—唐宋时期大型遗址发掘的积淀思考．2003三峡文物保护与考古学研究学术研讨会论文集．2003：276．

(60) 李映福．明月坝唐宋集镇研究．四川大学博士学位论文．

(61) 王现平．唐代四川军镇地理考．西南大学硕士学位论文，2009．

(62) 旧唐书·卷一九上·懿宗本纪上．北京：中华书局，1975：1388．

(63)《北梦琐言》卷四《赵师儒与柳大夫唱和》．

(64) 周勇．重庆通史．重庆：重庆出版社，2001：115

(65) 马剑．何以为城:唐宋时期川渝地区筑城活动与城墙形态考察．西南大学学报(社科版)，2010，36（6）．

(66) 根据胡昌健《恭州集》记载统计数据．

(67) 巴蜀地区有唐代石刻建筑形象的主要包括：通江千佛崖、广元皇泽寺摩崖、乐山凌云寺及龙泓寺摩崖、夹江千佛崖、安岳孔雀场摩崖、邛崃盘陀寺及花置寺摩崖、大足北山摩崖等。

(68) 在“大足北山第245龛净土变相图”中除了有一座二层楼阁作为变相图上段背景，另发现一幅寺院总平面图。

(69) 辜其一.四川唐代摩崖中反映的建筑形式．文物，1961（11）．

(70) 云阳明月坝：大唐遗风在，佛光映千年．

(71) 王玉，成李颖．唐代的旅游文化．河北大学学报（哲学社会科学版），2009（3）．

(72) 朱春艳．巴蜀园林与江南园林之比较．南京林业大学硕士学位论文，2006．

(73) 潘英武．唐宋时期长江上游地区的森林分布与人地关系研究．西南大学硕士学位论文．

(74)（明）曹学佺．蜀中名胜·上川东道．重庆府．重庆：重庆出版社，1984．

(75) 侯旭东．汉魏六朝的自然聚落——兼论“邨”、“村”关系与“村”的通称化．中国新史论·基层社会．台北：联络出版事业公司，2009：127－182．

(76) 方志戎，李先逵．川西林盘文化的历史成因．成都大学学报（社科版），2011（5）：45．

(77) 四川省博物馆．四川万县唐墓．考古学报,1980(4):503－514．

(78) 辜其一.四川唐代摩崖中反映的建筑形式．文物，1961（11）．

(79) 冉木．心舟亭记．转引自:道光《重庆府志》卷一《舆地志》．

(80) 毕沅．续资治通鉴（卷170）．上海：上海古籍出版社，1987：39．

(81) 刘咸炘．重修宋史述意．//流复生．表宋风，兴蜀学——刘咸炘重修《宋史》简论．四川大学学报（哲社版），2003（5）．

(82) 宋濂．元史·卷六十．北京：中华书局，1976．

(83) 周勇．重庆通史．重庆：重庆出版社，2001：139．

(84) 王象之《舆地纪胜》卷一七九。

(85)《永乐大典·卷五三四三·桥道》

(86) 重庆文化与交通简史．

(87) 吕卓民．简论北宋在西北近边地区修筑城寨的历史作用．西北大学学报（哲社版），1998（3）．

(88) 裴洞亳．宋代夔州路砦堡地理考．西南大学硕士学位论文，2009：99．

(89) 马剑．何以为城:唐宋时期川渝地区筑城活动与城墙形态考察．西南大学学报(社科版)，2010（6）．

(90) 郭黛姮．中国古代建筑史（第三卷）．北京：中国建筑工业出版社，2009：90．

㉧ 何平立．略论南宋时期四川抗蒙山城防御体系．军事历史研究，1996（1）．

㉨ 何平立．略论南宋时期四川抗蒙山城防御体系．军事历史研究，1996（1）．

㉩ 周晏．南宋抗蒙第一记功碑——龙岩摩崖．重庆交通大学学报（社会科学版），2007（5）．

㉪ 胡昌健．恭州集[M]．重庆：重庆出版社，2008．

㉫ 冯棣．巴蜀摩崖建筑文化环境研究[D]．重庆大学，2010：29．

㉬ 郭相颖．刻在岩壁上的哲学伦理巨著．大足石刻研究文选．1992：34．

㉭ 宿白．中国石窟寺研究．

㉮ 四川的佛教．

㉯ 辜其一．江油县窦团山云岩寺飞天藏及藏殿勘查纪略．四川文物，1986（04）：12．

㉰ 巴蜀地区佛教发展述略．

㉱ 刘敦桢《中国古代建筑史》曾提及："四川江油云岩寺的飞天藏使用交叉成网状的斗栱，以开明清如意斗栱的先河。"

㉲ 蓝勇．古代重庆城市地图与重庆社会经济文化发展研究．齐鲁书社，2001．

㉳ 胡道修．明清重庆府城与江北厅城——重庆城市起源发展之二．

㉴《道光忠州志》卷一．

㉵ 乾隆《巴县志》卷三．

㉶ 清《巫山县志》卷十五（风俗志）

㉷ 高玉凌．乾嘉时期四川的市场、市场网及其功能．清史研究．第3辑，成都：四川人民出版社，1984．

㉸ 重庆市文化遗产研究院．重庆渝中区老鼓楼衙署遗址发掘报告．中国文物信息网．

㉹ 张阔．重庆书院的古代发展及其近代改制研究．河北大学教育学硕士学位论文．

㉺ 张阔．重庆书院的古代发展及其近代改制研究．河北大学教育学硕士学位论文．

㉻ 曹学佺．蜀中广记．文渊阁四库全书本．台北：台湾商务印书馆影印，1983．

㉼ 王玉．重庆地区元明清佛教摩崖龛像．重庆三峡博物馆．

㉽ 陈全惠．巴渝地区道教建筑研究．重庆大学硕士学位论文，2013．

㉾《秀山县志》．

㉿ 袁钧．川东酉水土家族居室习俗调查．民俗研究，1995（4）．

⑯ 曾宇．巴蜀园林艺术[M]．天津：天津大学出版社，2001；2．

⑰ 陈世松，贾大泉．四川通史．成都：四川人民出版社，2010：5．

⑱ 吴庆洲．四塞天险重庆城．重庆建筑，2002（2）．

⑲ 黎邦正．试论重庆在抗蒙斗争中的战略地位．重庆史学，1989（2）．

⑳《蜀志》．

㉑ 俞荣根．巴渝文化与易文化．西南师范大学学报（人文社会科学版），2001，27（6）．

㉒《周书·辛庆之传》．

㉓ 余卓群．论山地建筑文化品位．重庆建筑大学学报（社科版），2000，1，（1）．

㉔《周礼》中"天官·冢宰·叙官"。引自：杨天宇．周礼译注．上海：上海古籍出版社，2004：2．

㉕ 陈梦雷．古今图书集成．北京：中华书局．1934：59．

㉖ 王松寒．我看风水的心得．台北：武隆出版社，1995：290．

㉗（唐）卜应天．雪心赋（百度文库）．它是中国堪舆学中的名篇名著，是形势法(峦头法)风水的经典作品。

㉘ 朱文一．空间 符号 城市——一种城市设计理论．北京：中国建筑工业出版社，1993．

㉙ 这些口诀与方法有多种版本，本口诀主要依据唐璞先生的《山地住宅建筑设计》中的"山地民居营建十二法"以及李先逵先生的《重庆民居》中的"民居营建十八法"。

㉚ 唐璞．山地住宅建筑．北京：科学出版社，1995：22．

㉛ 蔡致洁．巴渝民居的文化品格．南方建筑，2006（2）．

㉜ 李先逵．巴蜀建筑文化品格与地域特色．首届中国民族聚居区建筑文化遗产国际研讨会．

㉝ 李先逵．巴蜀建筑文化品格与地域特色．首届中国民族聚居区建筑文化遗产国际研讨会．

重庆古建筑

第二章 古城、古场镇与古寨堡

重庆古城、古场镇与古寨堡分布图

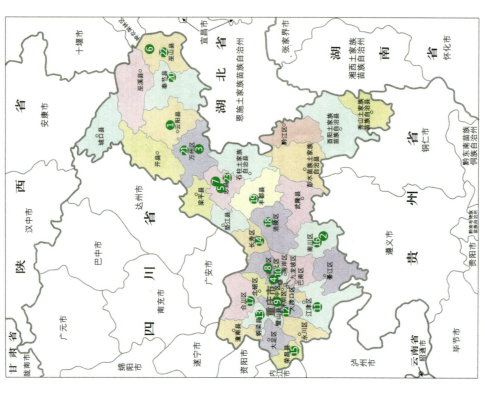

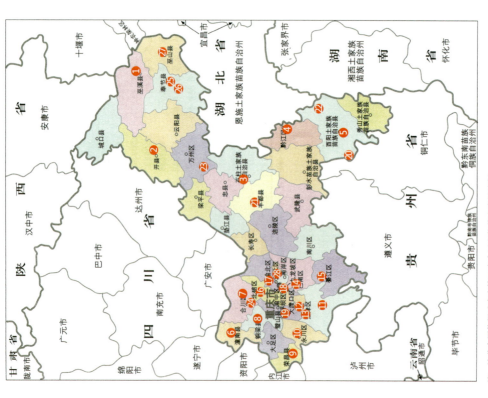

第一节　重庆地区古代城镇分布的地理演变与空间形态特征

重庆地区古代城镇分布是在多种影响因素共同作用下的一个持续发展的动态化过程。综合而言，重庆古代城镇地理空间分布的主要特点为"沿江河呈树枝状分布，随农业资源分区分布，趋矿源区位点状分布，因军事防御带点状分布，以陆路、水路为线串珠状分布"。[①]在不同的历史时期，各地区城镇的发展又呈现出快慢强弱不同，发展极不均衡的状况。

大量考古遗址证实，先秦时期，四川盆地东部地区聚落遗址主要沿长江及其支流点状分布，并且呈现"大分散、小聚合"的空间格局，在离开了最初的森林岩洞之后，先民们主要选择背山面水的近水河谷地区聚居，反映了人们基本的生存需求。在形态上，早期聚落遗址平面布局多呈散点状或带状，反映出水源地和取食对聚落形态的影响。到了春秋战国时期，巴人在本地区先后建立的多个重要的巴国城邑皆选址于长江嘉陵江沿岸，随时间顺序，呈现自东向西点状分布。这既与川东地形和巴国政治经济文化中心的转移密切相关，又是巴人逐水而居，商贸活动的需要。秦汉时期，由于国内统一的加强，统一市场的形成和地区交通网络的发展，形成了郡县制基础上的城镇体系新格局。巴蜀地区形成了"以成都为中心，多郡县为一体的城镇空间网络结构"[②]，重庆地区出现了以江州为中心的城镇结构。从巴国五都发展为巴郡下属12县，覆盖今重庆大部地区，初步形成了区域城镇网络。这些郡县城市多数沿长江及其支流分布，很多城镇选建在两条河流的汇合处。相对而言，远离河流的内陆地区在这一时期的开发并未完全展开，很多地区还处于莽荒状态。比如川东巴地仅设一郡，郡境广大，而县城只有十余个，城与城之间距离遥远，城镇发展水平低下。这种沿江率先发展，梯次向内陆渗透的城镇分布关系一直保持，构成了重庆古代城镇地理空间分布和城镇选址的核心特征之一。汉晋时期，中国政治经济重心在北方黄河流域中游至关中平原地区，在距离递减规律的作用下，四川北部及东北部是当时四川的经济文化重心，东部与南部发展缓慢。这一时期，三峡地区因为地缘政治的缘故，以军事防御为主的要塞型城镇发展迅速，同时，因其丰富的井盐资源，逐渐发展出了一批产业资源型和交通型聚落，以夔州为中心的万、开、巫地区性城镇群逐步形成。

隋唐时期是巴蜀地区城镇发展的一个重要时期，城市体系等级结构日趋复杂、完善，城市数量快速增加。[③]但是川西和川北地区在经济文化发达程度和郡县城市的密集程度上仍远胜于川东地区，例如夔州面积为15452平方公里，下辖城市仅4处，而成都为2795平方公里，有城市10处。唐中叶以后，随着国家政治、经济重心的"东移南迁"以及航运安全性的提升，长江航运的重要性逐渐凸显，川东地区日趋重要，沿长江城镇群的发展得到推动，宋代的一段时期三峡夔州的重要性甚至有压过渝州之势。比如夔州路在唐宋时期设县增至42处，还设置军监，一为军事防御，二为保障经济贸易。宋代，商业的繁荣不仅改变了城镇的形态，也直接推动了城市经济向农村渗透，草市集镇开始发展，比如夔州路就有96处草市集镇。南宋中后期，长期的抗蒙战争使四川地区城镇和经济损害严重，以山城重庆为枢纽的四川防御城镇体系的建设为巴蜀地区古代城镇的空间分布特点的形成画下了浓墨重彩的一笔。它们与重庆作为历代政府西南门户的重要军事战略地位所建设的大批要塞城镇以及民间抵抗盗匪、战祸而自发建设的防御性寨堡聚落一起，构成了重庆古代城镇形态与地理空间分布的又一地区性特征。由于战争过后，这些城镇要么衰落，要么发生了转型，因此，它们往往成为地区城镇发展中的一种隐性基因，虽不显眼，但是其重要性却不容忽视。

明清以后，重庆地区的城镇进入快速发展阶段，城镇数量与规模激增，城镇体系、类型逐步完备，地区性特点凸显。如夔州府（今奉节），随着中国经济重心的东移南迁，川江水路日益重要，清嘉庆时夔关征榷的银两占了全四川的80%以上；重庆城因其长江上游水陆交通枢纽的位置和区域政治中心的地位，再加上"湖广填四川"移民的迁入聚合和川黔盐运的发展，城市人口和发展水平逐渐接近和超越了成都，在清乾隆年间便有了"三江总汇，水陆冲衢，商贾云集，百货萃聚"④之称，形成了以重庆为中心的沿长江城镇集群。这一时期，城镇产生的原因更多，既有由民族聚落、农产品集散中心的草市发展起来而设置的城镇，也有完全因交通地位重要而兴起的城市，还有出于军事防御、政治原因而兴起的，或者兼而有之。⑤在城镇等级结构上，清中期以后大量兴起的中小型场镇成为重庆地区城镇和乡村之间的重要纽带，使地区城镇结构得到进一步丰富和完善，重庆逐渐形成了"区域性中心城市——地区性中心城市——地区性小城镇——地方性经济集镇（场镇）——乡村"的多级城镇体系。

由于重庆地形环境较为复杂，古代城镇选址与修筑在很大程度上受到地形条件的制约和影响，也形成了山地城镇独特的空间形态特色。从城镇的营造观念层面，既尽可能遵循《周礼·考工记》中提出的基本规划思想和空间格局，更多地是体现了《管子·乘马》中"因天材，就地形，城郭不必中规矩，道路不必中准绳"的务实性规划思想。保持生态，尽量减少对环境的干预，自由形态、紧凑格局，依山就水，注重城镇安全防御等，都是重庆山地城镇营建的基本原则。

其次，重庆地区险峻的地势及山多、丘陵多、平坝少的特点，使城镇建设必须以"高度复合化、集约化、多维度"⑥的模式发展，形成了"团块状布局、带状布局、放射状布局、组团布局（团块状和带状的分散布局）"等四大城镇结构类型。这些城镇大多依山面江，结合地形和坡度，建筑与建筑之间相互依靠，比邻相生，形成了"重屋累居、显山露水"的山、水、城相融合的整体空间格局。作为西南政治、军事战略要地，地区政经中心以及交通要道上的城镇空间形态还反映出以防御为重的规划思想，不仅内部街巷和建筑布置考虑层层防御的需要，外围坚实的城墙防御体系的建设往往利用和直接依靠山势陡崖而筑，体现出强烈的内聚性和封闭性特征。而在交通网络上形成的商贸型城镇，更多地体现出"码头"的特点，根据交通运输、集市贸易与货物集散的便利通畅原则来确定聚落营建的位置、空间格局以及形态发展。清代后期，随着社会的逐步稳定和商品经济的迅速发展，经济作用力驱动下的新的空间生产方式带来了重庆城镇聚落空间与形态的进一步变化。对原来传统的以政治统治和军事防御为主要功能的城镇而言，出现了从封闭型到开放型的变化，城镇规模扩大，原来以城郭制和里坊制建立起来的团状城镇结构被突破。在城镇内部，街道空间作为商贸活动、文化活动、生产活动及日常社交活动的场所，重要性逐渐突出，街巷的形式、尺度及转折变化极大地影响了城镇空间形态，营造出了丰富的山地城镇空间层次。

第二节　重庆古城

一、重庆城

重庆城位于四川盆地东南部，华蓥山余脉上，长江与嘉陵江汇流处。古城依山而建，三面临江，形如半岛，古称江州，又因其环境形态，称"山城"、"雾都"。南宋淳熙十六年（1189年）宋光宗先封恭王后即帝位，自诩"双重喜庆"，升恭州为重庆府，重庆得名，距今已八百余年。重庆城因其重要和特殊的地理位置，历来为兵家必争之地，是地区性的政治中心和军事重镇。明清以后更以其优越的地理位置，总汇长江和嘉陵江干流和诸支流水域之利，成为连接中国东西部地区最重要的水陆交通枢纽和商贸集散中心。由于受地形所限，比较而言，重庆城的规模和人口在重要城市中并不算突出，长期以来也并非西南地区最重要的政治、文化和经济中心，但是重庆城市的每次重要发展莫不与中国时代局势的变迁和区域历史上重大事件与人物相关联。其依山就水而建的独特城市面貌，也使它拥有"天生重庆"之美誉。

（一）重庆筑城历史

重庆早期建城历史可追溯至春秋战国时期，当时的江州城是巴国都所在地。由于政治局势的不稳定和长期处于军事防御的状态，巴国江州城邑的功能布局和结构是围绕"军政堡垒"这一主题来构建的。据推测，这一时期的江州城"应无土筑城垣，只是利用天然沟壑和城周一定范围树立樊篱以为防御"。⑦周慎王五年（公元前316年），秦灭巴后，秦军统帅张仪筑城江州，作为镇守的据点，两年后，置巴郡，以江州城为首府，这是文献记载的江州筑城之始。由于时代变迁，张仪所筑江州城确切的位置、规模和形制均已失考，但据《水经注》等所述，应当在今长江、嘉陵江相汇处嘉陵江北岸江北嘴一带。⑧根据秦制，城内以布置行政管理机构为主，居民散居城外，为"城郭分治之法"，并且按秦时郡制范围不超过1平方公里的规制，张仪所筑的江州城应小于这种规模，城垣范围不大。汉代重庆城在"北府"城的外围，嘉陵江两岸以及两江半岛上发展。据现有的考古资料推测，这一时期在今江北刘家台、相国寺，渝中区两江半岛，南岸涂山脚下一带都已经出现村庄街市。由于两江半岛占据交通优势，市井贸易尤以半岛地区发展迅速，人口稠密，依山建城的做法日渐成形。《华阳国志·巴志》记载："江州地势侧险，皆重屋累居，数有火灾，又不相容。""结舫水居者五百余家，承两江之汇。"由于陆路交通不畅，当时的"北府"和"南城"间以舟船相联系，水上运输发达。与巴国江州城以樊篱为屏障不同的是，秦汉时期，江州城应该已有高大的土筑城墙和观楼等设施。据近年发掘的西汉巫山古城城墙遗址可以推测，这一时期夯土城墙大概以束棍为筋，层层夯筑而成，每5~10厘米一层，夯层清晰，非常坚固（图2-2-1～图2-2-3）。

第二次筑城发生在三国蜀汉建兴四年（公元226年），当时的江州都护李严在旧城基础上"筑江州大城"，将三面环水的渝中半岛作为重点发展区域，利用山势作为城市防御的自然屏障，依山修筑城墙，尤其加强了陆路唯一出口——佛图

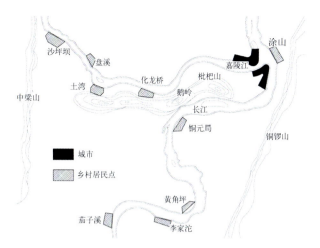

图2-2-1 秦汉时期江州城及其附近区域示意图（图片来源：根据《历史、现状、未来——重庆中心城市演变发展与规划研究》改绘）

图2-2-2 秦时重庆地区重要城邑分布示意图（图片来源：作者绘制）

图2-2-3 秦汉时期江州范围示意图（图片来源：根据《1937-1949年重庆城市建设与规划研究》改绘）

关的防御措施，在山顶修筑小城垣驻军，开始形成山城城市防御的特色。另外，李严还设想把今渝中区鹅项颈凿断，沟通两江水，使江州城成为易守难攻的孤岛，"……自汶水通水入巴江，使城为州"，后因诸葛亮不许而未果。⑨这种造城策略一方面说明作为军事将领，李严所具有的利用山水环境打造城市防御体系的眼光和气魄，也从侧面看出了李严割据的野心。从城市的规模上，据《华阳国志·巴志》记载，李严大城"城周回十六里"，建有苍龙、白虎二门，按1汉里约1600汉尺，1汉尺约0.23米计，则其城圈周长约为6630米，面积在2平方公里左右。这是对重庆城市规模的第一次详细的记载。⑩其范围，南线大致相当于今朝天门以南起沿江至今南纪门，北线约在今渝中区大梁子、人民公园、较场口一线，已涵括了现在被称为重庆下半城的大部分区域。从李严大城时起，江州城"城郭分置"的历史结束，"城"与"郭"的功能统一在城内，这也是与当时中国城市发展的大趋势相吻合的。自李严迁巴郡治于大城后，历两晋、南北朝、隋、唐至五代、北宋、南宋中期，千年间重庆城市规模一直没有大的变化，基本维持在这样的范围内。这一时期，随着砖石技术的发展，各地城墙营建方式都以内夯土墙基和外包砖石为主。重庆地区多为疏松的紫色沙泥岩，不宜单独作筑城夯土之用，而取土烧砖又受当时情形所限，因此，城墙建造采用了夯土为蕊，以砖甃城的方法，间以单面或双面石墙，或以人工削石成壁，以成陡险之势（图2-2-4、图2-2-5）。

第三次筑城发生在抗蒙战争日趋白热化的南宋嘉熙二年（1238年）。四川安抚制置副使兼重庆知府彭大雅全面改李严旧城土墙为砖石墙，城垣西移北拓至今通远门、临江门一带，城市形态渐成梭形，开通了"洪崖、千厮、洪崖、太平、熏风、镇西五门"。⑪南宋重庆城修筑完毕后，城址范围较李严旧城扩大了近两倍。其西线由李严旧城的大梁、小梁子、较场口一线，移至今临江门、通远门一线，山脊线以北的大片缓平地带和原城西的制高点（今七星岗区域），已筑入城内；城市北缘已抵嘉陵江边，城东缘则与长江边之间还有一个三角地带——"扶桑坝"。⑫由此，城市三面基本临江，仅西面通远门外接陆路，自通远门西行，必须经过山脊修葺，两侧悬崖峭壁的鹅项颈，才能到达被清代学者顾祖禹称为"重庆之襟要"的关口佛图关。

不仅如此，为抗击元军，宋将张珏又在南岸筑城，形成南平关，与佛图关互为呼应，以此为重庆城的屏障。依靠这样的城防，重庆作为四川制置司所在地，自宋嘉熙三年（1239年），蒙将塔海从夔州攻重庆不克，重庆与钓鱼城为掎角，周围其他城寨为策应，坚持抗元达40余年（图2-2-6、图2-2-7）。

由于南宋置司是重庆城市发展史上的一件大事，而南宋后期抗蒙战争的长期持续更使得重庆以及四川制置司衙署及余玠帅府所在地成为了整个川渝地区的政治、军事指挥中心，衙署所在地对重庆城市空间性质的形成起到了关键性作用。通过考察2010年发掘的南宋衙署及帅府遗址发现，城市呈现出以余玠的帅府为中心向四面八方发散的建筑格局，其中以南宋衙署为轴形成了城市的一条清晰轴线。在以后的时期，南宋衙署所处的片区一直都是重庆城的政治、经济中心，是明清重庆府衙、川东道衙、巴县衙门所在地（图2-2-8、图2-2-9）。

宋代也是我国城市格局发生重要变化的时期，里坊制的取消，使商业性街巷空间开始形成。据文献记载，宋代重庆城区内已形成较为繁华的"六街三市"，沿江地带则结合水运，开始形成集散市场型的专业街市。空间分布上，这一时期的菜园坝、两路口等处，尚属一片荒芜，从朝天门至储奇门沿江一线，是繁华闹市。当时的户籍统计中增加了城郭户、坊郭户，而且将城内外划分为若干个厢，每厢又划分为若干个街坊，专设官吏治理。厢制取代了坊制的地位，成为城市分区的一个单元。

图2-2-4 蜀汉重庆地区主要城镇分布示意图（图片来源：作者绘制）

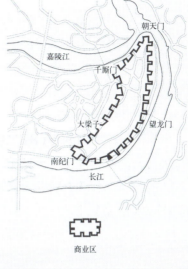

图2-2-5 蜀汉时期李严大城范围示意图（图片来源：根据《历史、现状、未来——重庆中心城市演变发展与规划研究》改绘）

图2-2-6 宋代重庆地区主要城镇分布示意图（图片来源：作者绘制）

图2-2-7 南宋时期的重庆城范围示意图（图片来源：根据《历史、现状、未来——重庆中心城市演变发展与规划研究》改绘）

图2-2-8 渝中老鼓楼南宋衙署遗址全貌（图片来源：刘冬摄）

图2-2-9 渝中老鼓楼南宋衙署建筑遗迹（图片来源：刘冬摄）

图2-2-10 明代重庆地区主要城镇分布示意图（图片来源：作者绘制）

图2-2-11 东水门旧影（图片来源：吴涛提供）

第四次筑城是在明洪武六年（1373年），在明朝政府"高筑墙"的政策下，出于加强对战略要地的控制，逐步开始了大量新修和在旧址筑新城的活动。当时筑城的任务并不是由地方行政机构来承担的，而是根据"国朝著令：郡县有卫有所，始有城。盖要害必屯兵，屯兵，必设备，备无逾城也，故有城以为备"，由军事组织卫所的指挥使负责城防建设事宜。由此，重庆府指挥使戴鼎在宋代旧城基础上进行了大规模的规范、加固和拓展活动。其

城壁或顺山势或沿江而筑，城垣范围扩大至由东至西约4公里，由南至北约1.5公里，围合城墙周长达二千六百六十丈又七尺余（合7722.3米）[13]，至明天顺年间，重庆的人口剧增，城区也日渐扩大，尤其沿江一带的商业性用房已经是鳞次栉比，突破了城墙的限制，有"城内八坊和城外两厢"[14]，已成"天生之重庆"的基本格局。

在规范城墙的同时，为了适应山川形胜和山水城市防御、交通特色，以风水说为基础，按"金、木、水、火、土"五行来确定城门的方位，以"九宫八卦"之象来确定城门的数量，将前朝不断开辟的城墙归纳，形成了"九开八闭"17道城门（图2-2-10、图2-2-11）。

明代中期以后，随着长江、嘉陵江航运的发展，重庆城以北，嘉陵江北岸原江州城旧址逐渐发展成为一个较大的集镇，称江北镇，与重庆城遥相呼应。而在长江以南，宋时的南平关逐渐形成集市独街，重庆去綦江、贵州等地的商旅、盐帮在南纪门过长江到黄葛渡，经此集市而去丹桂。

清初，因张献忠及其余部以及明军、清军的反复争夺和攻打，明末重庆的城垣损毁严重。清康熙二年（1663年）四川总督李国英下令在明代城墙的基础上进行补筑。此后，清咸丰二年（1852年）重庆知府鄂慧，咸丰九年（1859年）川东道王廷桢，清同治九年（1870年）川东道、重庆府、巴县衙三级官府等先后多次对城墙进行补筑、修缮。[15]终明清两代，位于半岛之上的重庆老城的规模、格局逐渐完整，呈现出与山水环境共生并和谐发展的面貌。随着重庆作为长江上游水陆交通枢纽和贸易中心地位的不断提升，城市人口不断增长，重庆的经济地位大大提升。到了清乾隆年间，重庆已是"三江总汇，水陆冲衢，商贾云屯，百物萃聚……水牵运转，万里贸迁。"[16]大批商业性移民蜂拥而至，重庆发展成为一座移民商贸城市，从而推动了与各种贸易和货运业务有关的一系列新行业的兴起，形成了城市结构的多样化发展。重庆城市开始以渝中半岛为中心逐渐向长江、嘉陵江沿岸以及西部陆地区

拓展，清代重庆城主要由具备城垣的两部分，主体的重庆府城（巴县）和江北厅城及其他一些发育中的区域，如半岛以西的腹地以及长江南岸沿江一带共同组成。

重庆府城，位于两江环抱的半岛之上，依山势而建，东、南、北三面临水，只有西面和陆地相连。府城延续明代旧制，以自然地形险要之势为依托，其上砌筑石城墙，山城至此"居高临深，孤峙江中，险厄天成"。清代府城范围和明代差异不大，但随着城市人口及商业活动的不断增长，到清康熙四十六年（1707年），"城内已发展到29坊，城外21厢"[17]。这些厢以竹木棚户区、捆绑吊脚楼为主，季节性居民占有相当的数量。府城内以由东北至西南穿城而过的山脊线分为上、下半城，山脊北为上半城，南为下半城，北宽南窄，北高南低。山脊南称"下半城"，为南纪门到朝天门一带狭长沿江地带，长约3公里，宽仅200～500米。由于长江航运码头集中在下半城，重庆城的九开门中有六座位于下半城，下半城是重庆城的政治、经济与文化中心，由东北向西分别为川东道署、重庆府署、巴县署、重庆镇署，此外，"八省会馆"中的大部分，票号、药材、粮食集散地及富户的宅第花园等均分布在下半城。相对而言，虽然上半城更为平敞宽阔，面积也比下半城大得多，但除东北隅的朝天门、千厮门临江之外，其他地区均离江边较远，供水不利，除少量祠庙寺观建筑，这里多数是普通居民的居住区。城内街巷虽已达240余条，但道路"曲折崎岖，坡坎绵连，短窄无序"，交通十分不便，整体发展水平和繁华程度远不及下半城。城西通远门以外佛图关内一带，面积数倍于城区，但墓茔累累，一直只是城区士庶的归葬之地。

府城北部隔嘉陵江相望的地区，明代为江北镇。清乾隆十九年（1754年）江巴分置，"移重庆府同知驻江北，分巴县长江以北地区置江北理事厅"，重庆城区始跨嘉陵江南北。江北厅较重庆府城低且平，城内有主要街巷二十余条。由于江北厅城地处两江交汇之处，城区较府城低而平，江北城在清中后期逐渐成为重庆府最重要的水陆交通口岸。重庆税关即位于厅城内，税关分上下时，上关位于香国寺，下关位于江北城（图2-2-12～图2-2-14）。

图2-2-12 清代重庆地区主要城镇分布示意图（图片来源：作者绘制）

图2-2-13 1898年左右綦江刘子如《增广重庆地舆全图》

图2-2-14 重庆渝中半岛全景照片（图片来源：重庆市规划局提供）

佛图关的城垣修建在海拔370米的华蓥山余脉的最高处。佛图关城略呈圆形，关城南垣和北垣紧紧控制长江和嘉陵江。南垣下到长江边为肖家湾、王家坡、兜子背、黄沙溪，距离虽然长一点，但坡势平缓，从佛图关南垣可以一览无遗，便于控制。北垣俯临嘉陵江，下为李子坝、牛角沱，悬崖峭壁，十分陡峭险峻。佛图关"筑有高三丈，宽一丈五的城垣"。垣上设有哨楼，关上有四座门：东为仁清门，门上横书"江天一览"，由此进入重庆城；西为瑞丰门，由此上东大路；南垣有泰安门、木洞门，此两门常闭。佛图关既为战守要地，平时也派兵驻守。清道光二年（1822年），在佛图关内设佛图汛署。从刘子如所绘《增广重庆地舆全图》看，汛署规模不小，署内有大堂、二堂、三堂，背靠关城东北垣，大门出姚公上场，已是关中心地带。

这个时期，城市南面的长江南岸一线也有南城坪、弹子坊以及海棠溪、龙门浩等地出现村落和江渡。其中南坪坡下的黄葛渡，正对重庆城的南纪门，南宋以后就是从南岸渡江去府城的最重要的渡口，也是著名的"巴渝十二景"之一。与此类似的长江南岸渡口还有很多，到民国时期，仅这一带就有黄葛渡、海棠溪、龙门浩、野猫溪、弹子石等13处（图2-2-15、图2-2-16）。

（二）重庆城市形态与交通特色

纵观重庆古城的格局，城市承昆仑上—华蓥上—中梁山之悠远"龙脉"，背靠平顶上—琵琶上—鹅岭山筑城，南北两江环绕，形成了风水学说中的"左青龙、右白虎"的形态。最初的聚落以军事防御和江上贸易为基础，秦汉早期，江州城以"北府南城"的规划布局来发展，江州在整体格局上是一个隔江而治、城郭分治的城市，即：官舍居于"北府"，起到政治中心的控制作用；市井中心位于"南城"，便于长途商贸水运，是城市的经济中心。南城、北府虽隔一江，但巴地居民善舟楫，利用舟船可以将南北二城联系在一起。后来，两江交汇处的渝中半岛以其军事防御上的天然优势和扼守两江的地理位置逐渐成为重庆城市的核心，这种状况一直延续至今。重庆城市形态受地形与水道水域的影响十分明显，因地形关系，自有城之日起，便不能效法《周礼·考工记》中的规划策略，而是沿江为池，凿岩为城，天造地设，称"天生重庆"。城市形态因山势，就水形，不强求规整，完全顺应了地势形态的自然趋势，城市防御和城墙设置也在利用高峻的岩坎和湍急的江水为天然屏障的基础上发展（图2-2-17、图2-2-18）。

图2-2-15 晚清重庆海棠溪一带（图片来源：重庆老照片）

图2-2-16 晚清海棠溪老码头（图片来源：重庆老照片）

图2-2-17 晚清重庆通远门一带（图片来源：重庆老照片）

明清以后，以重庆城中央的山脊线为基线逐渐形成的上、下半城城市结构以及山水城市在地形条件、交通方式上的特点，使重庆城内形成了具有山水城市特色的东西—南北纵横交织、干道—梯道水陆结合的街巷网络。

东西向的主干街道沿江或沿山脊平行等高线而布，相对较为平缓，成为城内的主要通衢大道。城区的干道有三：一为朝天门经过街楼东口、陕西街、川东道署前、白象街北口、新丰街、巴县衙门前、鱼市口、三牌坊、段牌坊、重庆镇署前、绣壁街、麦子市到南纪门出城，此为下半城的主干道，后来的南区干道即由此发展而来。另两条由朝天门经三门洞、接圣街、字水街、新街到小什字分路，依城内大、小山脊即大、小梁子分别而行，一路沿大梁子一线至校场，一路沿鱼巷口、荒货街、木牌坊、直峰街（小梁子）、会仙桥、下上都邮街、鱼市街而至校场，两路汇合后又经走马街、棉絮街、骡马店，由通远门出城。除这三条主干道外，上半城还有两条南北向或东南—西北向的干道，一为夫子池经柴家巷、天官街、苍坪街交大梁子一线，一为牛市街经桂花街、石牌坊、杨柳街交大梁子一线。这几条道路构成了重庆城区街道的骨架。重庆最重要的商业贸易区，如大梁子、东升楼、陕西街、朝天门、白象街等都依附于这些街道而发展。

与之相对应的是，城中通向长江、嘉陵江沿江码头、口岸的街道大都垂直于等高线而布，上下之间依靠宽窄不一的石阶梯连通，据清末傅崇矩先生所作《重庆街道新图》统计，到民国初年，重庆城内此类坡坎街巷有102处之多。其中最有名者如较场口、十八梯、水巷子、南纪门、朝天门码头等。由于仅用于人行和挑担，加之开凿不易，梯坎步道大都很窄，在城市中蜿蜒穿行，七弯八拐、上坡下坎，两侧二至三层建筑密集，形成商业、居住功能混杂的街巷，间或有开敞的坝子供行人歇脚，是山城最具风味的城市空间（图2-2-19、图2-2-20）。

图2-2-18　晚清重庆南岸龙门浩米市街（图片来源：重庆老照片）

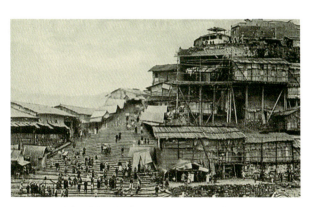

图2-2-19　晚清重庆朝天门（图片来源：重庆老照片）

图2-2-20　晚清重庆东水门一带（图片来源：重庆老照片）

（三）重庆城建筑特色

城市依山而筑，适宜的建设用地有限，因而重庆城内的建筑不能完全规整布局并且非常密集，房屋交错层叠而上，上下左右之间，利用挑、吊、悬等手法，争取空间。因此，自古就有重屋累居之喻，清末巴县知县国璋在其编绘的《重庆府治全图》中也留下了"……贾楼民居，层楼叠屋，一望迷离"之叹，可谓道出了重庆山城建筑的总体特色。

清以后，激增的城市人口和日益发达的城市商业民俗文化，使重庆城市建筑的类型更趋丰富。由于府治、巴县县治同城，下半城行政机构特别多，主要的有川东道署、重庆府署、巴县署、重庆镇台署、巡检署、移驻司狱署等11处。另外，城内还有府文庙、县文庙、学宫以及多处书院、私塾及义学等教育文化机构，其中著名的书院有东川书院、渝郡书院等。在靠近朝天门、打铜街、陕西街、白象街一带的繁华商业区里，不仅各类商业、手工业店铺作坊活动频繁，而且票号林立。光绪十七年（1891年）开埠前，重庆城已有16家山西票号，分布在上、下陕西街一带。城市中以商人为主体和核心的移民组织普遍建立，最著名的有"八省会馆"[18]，他们所依附的乡缘、业缘情结与传统忠义文化使会馆建筑多以宫庙为名，如福建的天后宫、湖广会馆的禹王庙等。这些盛行于民间的杂祀体系和传统佛道信仰等一起构成了重庆城内民间宗教信仰体系。城中大量寺观建筑存在，据统计，至民国，仅渝中区就有寺庙宫观94处。当时比较著名的有罗汉寺、五福寺、东华观、能仁寺、关岳庙、鲁祖庙、飞来寺、清真西寺以及江北香国寺等。受到城市空间的制约，这些公共建筑呈散点式布局，用地面积相对较小而随意，彼此间无明确的等级和避让关系。由于各类人口激增，城市内居住建筑的类型、风貌更加丰富，既有大型多重合院宅第，如位于下半城繁华地带的张家花园、李家花园、沈家花园及金家花园等，也有散布在城区街巷中的小四合院、临街店宅、坊宅，更有城内城外大量依附于城墙城门延展，临坡靠崖，比邻而建的竹木捆绑结构的吊脚楼民居。直到新中国成立后，还可见长江、嘉陵江沿岸陡峭的坡地、码头附近密集分布着成片的下层贫民吊脚楼房屋。在河滩码头旁边，还有大量临时搭建的杂货摊位、草棚茶馆以及逢年过节在此搭棚演出的"草台戏班子"，每天上、下午两场，没有座位，观众全都站立观看，遇雨自行散棚，属于不折不扣的坝坝戏（图2-2-21）。此外，各类牌坊在重庆城内外也曾数量颇多。据《巴县志》记载，重庆城内牌坊约有40余座，多数为明代官宦坊。城外牌坊有60余座，多为清代建节孝坊。其中佛图关出城一带最为集中，有20余座。[19]此外，城市内外，两江揽胜处，曾有多处可供市民登高观景的楼阁，最著名的有位于渝中下半城五福宫的望江楼。这些建筑形制不一，形态各异，其中的佼佼者与城市山水风光交相辉映，渐成巴渝胜景，在清乾隆年间由当时颇有文学和审美素养的巴知县王尔鉴圈定成"古巴渝十二景"。[20]其中仅四处指纯粹的自然景象，其余的都与建筑及人文景观相关联（图2-2-22）。

图2-2-21 晚清重庆南岸慈云寺（图片来源：重庆老照片）

图2-2-22 沿江城镇枯水临时戏台（图片来源：重庆老照片）

由于重庆城内建筑多为竹木结构，极易失火，并殃及众多，故火患是重庆城最重要的灾害之一。明清以后，对于城市安全的管理和灾害的预防措施也得到了重视。除了封火墙已经被重庆城内重要公共建筑、大型宅第采用，至迟到清中后期，重庆城已经有专门的消防组织和制度，在城市建设中也考虑了消防水源的规划与布置。清乾隆年间巴县知县王尔鉴主编的《巴县志》中就明确提到："营建城郭，内多凿大池，以水制火，颇有深义。"重庆城内分东、南、西、北、中五个方位，开辟了莲花池、西湖池、熄火池、浩池、夫子池五沼，并在城西通远门附近，修建了七座石质太平池，取名"七星"。后因其地势较高，便叫七星岗，以符合北斗七星之义。这些水域不仅是市民平时休闲之所，更重要的是作为城市消防水池使用。

二、钓鱼城

合川钓鱼城是南宋末期，坚持抗击蒙古军队达36年之久的防御古城，也是迄今我国保存最为完好的古战场遗址之一。在此发生的"钓鱼城之战"是古今中外作战史上以少胜多，以弱胜强，坚持持久战的典范战例。

古城位于重庆市合川区嘉陵江南岸钓鱼山上。山巅有巨岩，传说曾有仙人在此垂钓，故名。由于山势雄奇，又是嘉陵江、渠江和涪江三江汇流之地，自古即为兵家必争之地和风景揽胜之所。嘉陵江与渠江在钓鱼山东北方汇合，沿山北向西南流经县城，与涪江汇合，又向南转东，经山南流过，南下重庆，使钓鱼山三面临水，成半岛形，独占天险。远望钓鱼山，草木迷茫，云雾如幔，是为"合川八景"之一——鱼城烟雨。唐朝时期，合州名僧石头和尚在钓鱼山创建了护国寺和悬空卧佛、千佛石窟等摩崖造像。至今，钓鱼城内还有雕刻于晚唐时期的悬空卧佛造像等。南宋乾道年间（1171年），钓鱼山上修建了飞鸟楼。从此，过往州境的雅士豪客，莫不盘桓于钓鱼山，留下了僧侣、官宦、迁客骚人的足迹。但是真正使之名扬的却是南宋末年的川渝抗蒙战争。

在整个宋蒙战争中，四川与重庆地区是三大战场（另两个为京湖战场、两淮战场）中遭蒙军破坏最为严重的一个地区，也是抗蒙战争最持久、最成功的地区。其成功的基础不得不归于当时营建的川渝地区山城防御体系。其中钓鱼城作为川渝地区山城防御体系的重要组成部分和典型代表，在冷兵器时代，充分显示了其防御作用，它是当时蒙军苦战36年都难以攻克的堡垒，写下了中外战争史上罕见的以弱胜强的战例，也对当时国内及欧亚地区的战争形势产生了深远影响，钓鱼城因此被欧洲人誉为"东方麦加城"、"上帝折鞭处"。

在宋蒙战争初期，由于受蒙古窝阔台汗去世，内部政争不断影响，蒙军对南宋的攻势减弱。南宋政府充分利用此良机，对各个战场的防御进行调整、充实。宋淳祐二年（1242年），宋理宗派遣在两淮抗蒙战争中战绩颇著的余玠入蜀主政，以扭转四川的颓势，巩固长江上游地区的防卫。在余玠的一系列政治、经济和军事措施中，最重要的就是根据四川盆地的地形地貌特征，在四川的主要江河沿岸及交通要道上，选择险峻的山隘筑城结寨，星罗棋布，互为声援，构成了以城、镇、寨为核心的完整的城镇防御体系。合川钓鱼城即是这一体系的核心和最为坚固的堡垒之一。

南宋淳祐三年（1243年），四川安抚制置史兼重庆知府余玠采纳贵州播州（今遵义）贤士冉琎、冉璞兄弟"择险、任人、积粟、驻兵、徙城"的建议，在彭大雅任四川制置副使期间（1239～1240年）命节间初筑的钓鱼城寨之上，再遣冉氏兄弟复筑钓鱼城，并移合州治及兴元都统司于其上，驻以重兵，以控扼嘉陵江要冲。南宋宝祐二年（1254年），王坚任合州守将，大规模修城设防，各地军民纷纷迁来，钓鱼城成为拥有十数万人的军事重镇。从淳祐三年（1243年）到南宋祥兴二年（1279年），南宋合州军民在守将王坚、张珏的率领下，凭借钓鱼城天险，"春则出屯田野，以耕以耘；秋则运粮运薪，以战以守"，与蒙军展开了旷日持久的钓鱼城攻防战争，发生在1259年的钓鱼城开庆元年之战还最终导致蒙哥汗战亡。直至南宋王朝灭亡，钓鱼城始终未陷落敌手。

钓鱼城作为古代成功的军事防御型城镇，它在城镇建设中的主要成就在于以下方面。

（一）选址奇绝，便于防御

南宋时期因战争需要而修筑的城镇，在选址、形态和功能上需要具备以下几个重要特点："城寨都坐落在地险势胜的山顶上，环山相围而有峭壁悬崖，有一夫当关，万夫莫敌之势；城寨所在山顶宽平，有田土可耕、林木可用、泉水可饮，有利于屯兵积粮，长期居住，并且各山大多依凭江河，或居江河交汇处，或以水陆舟车可与大江相联，便于发挥宋军舟楫之利；各城寨附近设有子城寨，相互成掎角之势。"[21]钓鱼城的选址建设可谓充分占据了以上所有特点。

钓鱼城坐落在今重庆市合川城东5公里的钓鱼山上，占地面积2.5平方公里。钓鱼山突兀耸立，相对高度约300米。山下嘉陵江、渠江、涪江三江汇流，南、北、西三面环水，地势十分险要。钓鱼城分内、外城，外城筑在悬崖峭壁之上，城墙雄伟、城门坚固，且控扼三江（嘉陵江、涪江、渠江），形成依山为垒、依水为险的金城汤池。筑城于高处，凭借居高临下、易守难攻的天堑之势，轰击攻城蒙军，因此，尽管蒙军的攻城器具十分精备，奈何钓鱼城地势险峻，致使其不能发挥作用。

城内建筑依山就势分布，军事设施齐备，不仅有雄伟的校场、成片的军营，还有中国最早的兵器加工作坊，这里制造的铁雷、火炮等威力巨大的杀伤性武器，有效地增强了钓鱼城的整体防御能力。军营位置适中，道路四通八达，一有军情，无论东西南北，部队即可迅速出击。路宽3.5米的跑马道，可供"三马并进，五人并行"，是钓鱼城军民修筑的贯穿全城的军事交通命脉，遇有军情，守城部队即可通过跑马道迅速到达战斗地点。另外，还专设"银子田""牢房"行刑台等。城内泉水丰沛，取水方便，农田齐整，便于守军长期抵抗。

（二）城防技术成熟、体系完备

防御型城镇最关键在于城墙的安全。钓鱼城城墙是城防主体工程，总长约8公里，城墙内外以大型条石构筑挡土墙，中部以黏土夹石块层层夯实而成。城墙上有瞭望孔、炮台、墩台等。除了一般的城墙，钓鱼城的城南和城北依托山势和水沟，各筑有一道"一字城墙"。一字城墙又叫横城墙，其作用在于阻碍城外敌军运动，同时城内守军又可通过外城墙运动至一字城墙拒敌，与外城墙形成夹角交叉攻击点。钓鱼城一字城墙为夯土包石结构，在地势较陡的山脊部分，城墙直接砌于山脊外侧，仅存外墙而无内墙；山势较缓的部分，内外均用石墙砌筑。外墙以大型条石砌筑，墙面修凿平整，斜直墙壁，靠近嘉陵江的下段外墙存在收分情况，坡度为57°～68°。内墙多以不甚规整的小型石块垒筑。内外墙间以夹杂石块的黏土层层夯筑。现存城墙基宽4.8～14.3米，顶宽1.23～7.2米，高3.6～10米。

钓鱼城的一字城墙，分别通达环抱钓鱼城而去的嘉陵江江边以及水军码头。水军码头分东、西两大部分，总长400余米。码头东部为自然港湾，供水军战船停泊；西部为延伸至江边的码头平台，以巨石垒砌而成，平台呈梯形，有五梯，供修造战船、给养囤积以及水军驻扎、将领指挥作战之用。水军码头与南外城墙及一字城墙紧密结合，构成了钓鱼城主城之下山地及江岸设防的综合攻防体系，并由此而形成了码头依托外城、外城依托内城的梯次配置战略。这一充分利用地形，层层布防、进退皆宜的防御体系，堪称我国战争史上的典范。据《元史》记载：在钓鱼城36年的抗战中，守城军民曾长期在水军码头浴血奋战，成功地控扼了江面，阻止了蒙元大军顺江东下。

整个钓鱼城建有"始关、护国、新东、菁华、出奇、北远、奇胜、镇西"八座双砌石券拱城门，从而使钓鱼城整个防御体系更加完备。其中，护国门位于钓鱼城的第二道防线上，左倚悬崖绝壁，右临万丈深渊的嘉陵江，门墙上面是两层飞檐翘角的阁楼，上书"护国门"和"全蜀关键"，是钓鱼城防御工程体系不可缺少的重要组成部分。据说，当年曾施以栈道出入，靠"过河拆桥"的方式通行（去时修复栈道，返回即拆掉），是扼守城内外交通的重要孔道，宋蒙双方在这里经历了上百次惨烈的战斗，但此门一直未被攻破（图2-2-23～图2-2-26）。

目前，在钓鱼城2.5平方公里的保护范围内，留存有8公里城垣、8道城门、炮台、墩台、栈道、暗道出口、水军码头、兵工作坊、帅府、军营、较场、脑顶坪（蒙哥中炮重伤处）等宋、元军事设施遗址及宋代兵器，生产、生活用具和石刻等出土文物。除八道城门外，另有一增修的水洞门。还有远古遗迹钓鱼台，唐代悬空卧佛、千佛石窟、弥勒站佛，南宋古桂树，清代护国寺、忠义祠、三圣岩等名胜古迹。

1996年，钓鱼城遗址被公布为全国重点文物保护单位。

三、白帝城

"朝辞白帝彩云间，千里江陵一日还。"伟大诗人李白的千古绝句，使得白帝城名扬天下，游人如织。白帝城位于长江北岸瞿塘峡旁，距奉节城东8公里。白帝庙位于白帝山顶，一面傍山，三面环水，背倚高峡，下临滔滔长江和汹涌的夔门，形势险要，扼三峡的门户，为历代兵争要地。气势十分雄伟壮观，是三峡旅游线上久享盛名的景点。

白帝城的名称，最早出现于西汉末年。当王莽篡位时，他手下大将公孙述割据了四川。公孙述在天府之国里，势力膨胀，野心勃勃，意欲称帝。他骑马来到瞿塘峡口，见地势险要，难攻易守，便扩修城垒，屯兵严防。后来公孙述听说城中有口白鹤井，井中常冒出一股白色的雾气，其形状宛如一条龙，直冲九霄，公孙述故弄玄虚，说这是"白龙出

图2-2-23 合川钓鱼城"护国门"（图片来源：陶亚飞摄）

图2-2-25 合川钓鱼城"镇西门"（图片来源：陶亚飞摄）

图2-2-24 合川钓鱼城"奇胜门"（图片来源：陶亚飞摄）

图2-2-26 合川钓鱼城"悬佛"（图片来源：刘琳摄）

井"，是他日后必然登基成龙的征兆。于是，他在公元25年自称白帝，所建城池取名"白帝城"，此山亦改名"白帝山"。公元36年，公孙述与刘秀争天下，被刘秀所灭，白帝城亦在战火中化为灰烬。在公孙述称帝期间，各地战乱频繁，而白帝城一带却比较安宁，当地老百姓为了纪念公孙述，特地在白帝城兴建"白帝庙"，塑像供祀。蜀汉章武二年（公元222年），刘备伐吴，败于夷陵，退守白帝城，最后病死于永安宫，宫址在今奉节县师范学校内，亦即刘备托孤于丞相诸葛亮处。白帝城于元至正十五年（1355年）也曾被毁，今仅存庙。唐称白帝庙。杜甫《上白帝城》诗云："白帝空祠庙，孤云自往来；江山城宛转，栋宇客徘徊。"宋改白帝祠。王十朋诗："白帝祠前石笋三，根连滟滪立相参。"原供公孙述塑像，明正德五年（1510年），四川巡抚林俊以公孙述系"叛逆者"，不可立庙为由，乃毁其像，而改祀土神、江神及汉伏波将军马援，更庙名为"三公祠"。至嘉靖十一年（1532年），四川巡抚朱廷立又改祀蜀汉昭烈帝刘备及丞相诸葛亮，更名为"义正祠"。嘉靖三十六年（1557年），巡抚段锦又增塑关羽、张飞及诸葛亮祖孙三代像，取"明君良臣，千秋垂范"之意，改义正祠为"明良殿"。从清至今，该祠曾多次重修，遂成今格局，但"白帝庙"的名称一直沿用至今。

白帝城虽然早已被毁，但人们仍然习称山上的祠庙为白帝城。白帝庙曾多次易名，庙内早已无白帝，尽是蜀汉人物像，然而人们仍称之为白帝庙。白帝城占地面积约50万平方米，现有建筑面积4000平方米。在海拔248米左右的山坡上，仍残存汉代古城墙5069米，依山就势沿山脊以石砌筑，由东到西形成三个相连的封闭体，城墙最高处距地近10米。古建筑群红墙碧瓦，屹立于云际，有如天宫仙府。大门之上，有郭沫若题写的"白帝城"三个大字，苍劲遒挺。有明良殿、武侯祠、托孤堂、杜甫阁、怀古堂、观星亭等明、清建筑，古朴典雅，庄严肃穆，经历代维修保存现有格局。明良殿内为三国蜀汉人物塑像。1985年，又于大殿内增添"刘备托孤"彩色塑像一组，造型生动，栩栩如生，勾画出了当时各个参与者的不同内心世界，惟妙惟肖，可说是绝代佳作。武侯祠供奉的是诸葛亮一家三代的塑像，形态逼真，令人景仰。

在大殿之侧，有四个文物陈列室，陈列着这个地区出土的历代石器、陶器、青铜器、铁器、瓷器、工艺品及碑刻书画共1000多件。其中有商周时代的青铜剑、青铜斧，春秋战国时代的巴、楚柳叶剑，黄巾起义时的朱书陶罐，唐代的海马葡萄镜，宋代的龙泉窑瓷器等，这些都是极为珍贵的文物。其工艺精湛，游人观赏之际，在心底深深赞美古代巴人的智慧及手艺。特别是清将鲍超弄来的太平天国八大王用过的八只紫檀木嵌玉的座椅，更是雕工精巧，别具匠心。还有一把制作于明代，而不知出自哪位名师之手的木椅，虽形质不出众，但无论高、矮、胖、瘦之人，坐上去都感到特别合适、舒服，可谓绝代珍宝。

在白帝庙西院的观星亭中的石桌、石墩上，刻着杜甫寓居夔州时写的著名诗篇《秋兴八首》，雕刻精细。观星亭分上下二层，下层由12木柱支撑，上层由6根木柱支撑，飞檐翘角，雕梁画栋，造型别致，设计考究。传说诸葛亮率军入川时，曾在此夜观星象，思考用兵战略，"观星亭"由此得名。亭中除了石桌、石墩外，还悬有古钟一口。

白帝庙下有杜甫西阁，本为观音阁，系明正德十四年（1519年）所建。1985年改建，以纪念"诗圣"杜甫。这里榕树群立，藤蔓爬满岩壁，红墙绿瓦的建筑，掩映在绿树丛中。前看则众船往来不绝，大江东去；西看则落日余晖照红天际，令人情趣幽然。白帝庙后是竹枝园，占地面积达8000余平方米，修竹满园，内设碑廊、竹枝楼和展厅。

唐、宋以来，李白、杜甫、刘禹锡、陆游、范成大等著名诗人，或曾游此，或在此寓居，或曾在此做官，他们都留下了许多不朽的诗篇，如李白的《早发白帝城》："朝辞白帝彩云间，千里江陵一日还。两岸猿声啼不住，轻舟已过万重山。"又如杜甫的《夔州歌十绝句》、刘禹锡的《竹枝词》九首以及陆游、范成大等人的诗,把白帝城变成了"诗城"。可以说,白帝城不仅是旅游胜地,而且是我国文化的瑰宝。

白帝城所在的奉节老县城是一座历史名城,周围古迹甚多。在梅溪河口江中,有八阵图遗迹。《荆州图副》云:其迹"周回四百十八丈,中有诸葛孔明八阵图,聚细石为之,各高五尺,广十围,历然棋布;纵横相当;中间相去九尺,正中开南北巷,悉广五尺;凡六十四聚,或为人散乱,及为夏水所没,冬水退后,依然如故。"为一大奇观。杜甫《八阵图》云:"功盖三分国,名成八阵图。江流石不转,遗恨失吞吴。"即指此遗迹。清代以前,这里的人民为了纪念诸葛亮,每年正月初七,倾城出游八阵图,谓之"踏迹",所谓"鬼门关外逢人日,踏碛于家万家出"。妇女们都在八阵图迹上拾石子,穿凿成各种装饰品,系作钗头,以图吉祥。三峡工程建成后,八阵图遗迹将永沉江底。

白帝城依临的夔门,又名瞿塘关,两岸高山凌江夹峙,是长江东流入三峡的大门。南面的高山名白盐山,北面的高山名赤甲山,两山拔地而起,高耸入云,近江两岸壁立如削,就像一道大门,故有"夔门天下雄"之说。杜甫诗云:"众水会涪万,瞿塘争一门。"在汛期,由于水大江窄,往往一日之间水位陡涨10~20米,年水位变幅,甚至更多,白盐山色如白盐,赤甲山石呈红色,在晨曦、晚霞和明月的照耀下,呈现白色、赤色、黄色、褐色等色调,交相辉映,形成了"赤甲晴晖"、"白盐曙色"、"夔门秋月"等胜景。瞿塘峡南岸的白盐山峭壁上,因石壁略呈斑白色和宋代摩崖时刷过灰粉而得名"粉壁墙"。粉墙广数百步,高数十米,保存有宋至民国时期的大型题刻,全长700多米,总面积5000余平方米。题刻篆、隶、楷、行书,刻艺俱佳。例如南宋书法家赵公硕所书的"宋中兴圣德颂"碑,题壁高4米,宽6.78米,共980余字,字迹秀丽,令人惊叹。清代张伯翔所题"瞿塘"二字,字径达170厘米,笔锋遒劲秀润。刘心源题写的"夔门"二字,既有汉隶特色,又含有魏碑笔意,这些都是书法史上的绝笔。抗战时期,冯玉祥将军曾在其上题"踏出夔巫,打走倭寇"之句。抗日名将孙元良将军所题"夔门天下雄,舰机轻轻过",每字10.05平方米,题刻占壁面积231.42平方米。读此题刻,使人回想起当年全国人民奋起抗日,不容日寇侵犯祖国河山的情景。峡内还保存有三峡古栈道以及战国至西汉时期的僰人悬棺等20多处文物古迹。

与白帝庙隔草堂河相望的老关庙遗址,位于瞿塘峡西口。该遗址经三次考古发掘,遗存年代距今5000年左右,1994年被列为全国十大考古新发现之一。

2006年,白帝城被公布为全国重点文物保护单位。

第三节 重庆古场镇

场镇,主要指支持城乡之间基层商业贸易活动,有一定规模常住人口,住居及商业设施以及数量不等的文化宗教建筑,并有相应的腹地支持的非建制市镇。重庆地区基层贸易集市的发展可溯源至远古时期人们的以物易物,巴国的建立与不断迁徙,也与生产资源的生产与贸易权益的争夺相关,善于溯江河发展,进行水上物资交换的巴人,至迟在春秋战国时期已经建立官市——"新市里",以规范和管理商贸活动。后经历秦汉及三国魏晋时期的发展,开始出现乡村中定点、定期的草市。草市即是本地区最早的场镇胚胎,是区域经济最基层的商品贸易场所。唐宋时期,随着草市的发展和军镇的逐渐转化,它们中的一些开始拥有固定场所,聚集而成以商品交易为主要活动,以经济职能为重心的市镇。通过考古,已经证明这一时期形成了多个规模、大小不等的市镇聚落,并且聚集成群。其中,峡江地区明月场的发掘,是目前为止最完整的唐宋集镇实物资料,由其清晰可查的道路系统和80余处唐宋建筑遗存可以看出,这一因盐粮贸易集散而形成之集镇,已经达到相当大的规模。明代,重庆地区交通枢纽和各路商品集散中转地的区域特征逐渐明显，"场镇"的概念完全定型，它们中有些就是州县治所在地，更多是存在于各州县腹地，水陆交通节点位置，在城镇和乡村之间以及县际、省际进行物资流通的中转媒介。根据研究统计，仅明代重庆府就下设有29镇。明末清初因战乱及其他方面原因，致使人口凋零，百业俱废，也使前期的集镇体系受到了很大的破坏。清初，随着湖广移民的大量迁入和产业的恢复，再加上重庆地区整体经济水平的提升，场镇再次蓬勃发展，并且达到前所未有的盛况。它们有的由农产品集散中心的草市发展而来，有的完全因交通地位重要而兴起，许多城市的出现则同时具有以上两种社会功能。据研究统计，到清代末期，四川场镇总数达到4000多个，重庆地区占数近半，其中清朝道光至同治年间，仅忠县就有场镇43个，万县多达49个，即使是一直处于欠发达状态的渝东南民族地区，也有计180多个场镇，如秀山石堤镇、酉阳后溪镇等。在三峡大坝蓄水之前，仅重庆三峡地区保存较为完整的古场镇就有巫山大昌镇、培石镇、石柱西沱镇、巫溪宁厂镇、忠县石宝镇、洋渡镇、丰都名山镇以及奉节县永安镇等。

从场镇形态上，它们多数依山靠水，自由发展，聚落形态变化极为丰富，类型特别多样，特色鲜明。重庆民居的不少精魂和韵味，蕴涵在这些散布于巴山蜀水间古色古香的传统场镇聚落之中。从场镇的空间功能来看，居住、商业、宗教各居其位，表明场镇空间布局已形成了相对成熟的模式。从地方聚落文化层面，重庆地区的古场镇是"以市街形态出现的多元结构聚落形式"[22]，它以血缘、地缘、业缘为主要支撑，以汇集南北文化的移民群体和沟通东西的商贸活动为纽带，是与巴蜀地区一直以来的传统散居、林盘聚居相补充的聚居方式。这些传统场镇经过了数百年的历史积淀，反映了重庆地区聚落形态发展从类型到城镇风貌及文化内涵的诸多特色，成为重庆文化遗产最重要的组成部分之一（图2-3-1）。

图2-3-1　重庆国家级历史文化名镇分布图　第一批至第六批18处（图片来源：王轶楠绘制）

一、古场镇类型

重庆古场镇按照其形成的历史背景和条件，主要分为农业经济型、商贸及交通节点型、产业资源型以及城寨型场镇等四大类。

农业经济型场镇主要解决分散居住的农村农户间商品流通问题，以定期"赶场"为特点，使农民自产物资在这些基层市场进行交换，以弥补一家一户散居生产、生活上的不足乃至心理上的亏缺。乾隆年间的《巴县志》卷二"市集"云："巴境地广，纵横千里，越岭渡涧，离城远。日用所需，取给场镇。日中为市，以有易无，民咸便之。"对于这种现象，道光年间《江北厅志》卷二"场镇"描述的盛况是"各乡场镇，每逢赶集，摩肩接踵，塞巷填衢。以有易无，听民自便。"由于商品经济发展程度和人口密度的不同，此类场镇的分布密度也有很大不同。一般来讲，多集中在距离中心州县城40～80里的范围内，"经济中心区和次经济中心区场镇密度较之边远地区要高"。[23]由于此类场镇的发展受限于中心县城更强大的经济辐射能力，规模一般不大。

商贸及交通节点型场镇是重庆古场镇中最具有代表性和占主流的类型。重庆地区受到自然条件的限制，交通发展相对缓慢。明清以后，水陆交通网络逐渐完备。除长江和各支流水路发挥着重要作用，由驿道发展的省级官道干路、县道以及乡道小路等使陆路交通也比较通畅。便捷的交通带来经济贸易量的激增，在水陆交通线路上逐渐形成居民辐辏的集镇。比如三峡地区长江航运线上不仅有巫山、奉节、云阳、万州、忠县、丰都、涪陵等大中型城镇，沿江两岸还有西沱、大昌、石宝、龚滩、宁厂、云安、洋渡、武陵、大溪、培石等一大批各具特色的场镇。它们或者围绕城镇生长，或者直接因航运而日渐兴盛。比如涪陵周边至清宣统三年已经有"9镇77场"[24]，"同治时万县江北有31个场镇，江南有18个场镇"[25]，民国时期"丰都最多时有76个场镇"[26]，道光时"忠县城中有13个街坊，其他有43个乡场"[27]。此外，还有因重要物资，如川盐、粮食、茶叶等外运而兴的商贸场镇，它们往往围绕资源产地和贸易线路而大量兴起。最典型的就是巴盐古道及其沿线城镇的发展。在北起云安、大宁，西起渝东酉、秀、黔、彭，翻越大巴山、巫山，进入武陵山区，全程300多公里，史书称"官盐大道"的道路沿线分布着大小运盐集镇、老街、村落、歇脚店子、驿站等。在局部区域还有因省际边境贸易而兴的场镇。清代后期渝东南少数民族地区场镇发展就依赖于此。它们分布在卫所屯堡、驿站附近和交通要道上。根据同治《酉阳直隶州总志》中的记载统计，"清同治，酉阳、秀山、彭水、黔江州县城周边有大小场镇已达162处"。根据所处位置，这些场镇主要分为两类：一类是位于陆路枢纽的旱道场，如巴南丰盛镇、九龙坡走马镇、北碚偏岩镇等；另一类是位于江河沿岸码头的水路场，其中最负盛名的就是沿长江、嘉陵江及涪江、乌江等干支流航运线上的沿江场镇，其代表性的有永川松溉古镇、石柱西沱镇、酉阳龚滩镇、沙坪坝磁器口镇、江津中山镇、綦江东溪镇等。

产业资源型场镇主要依托重要和特色物资的资源产地发展而成，比如盐业、矿业、制陶业等。以依靠盐业发展形成的彭水县郁山镇为例，从汉代开始，郁山镇就有了征收盐税的盐官，宋绍定元年，因当地玉山盐泉有"盐泉流白玉"之美誉，名玉山。清乾隆年间，曾有"万灶盐烟，郁江不夜天"之诗句形容场镇的盛况。目前，留存下来的此类古镇还有巫山宁厂、云阳云安、开县温泉等。

城寨型场镇主要是从场镇最初形成的原因和形态表现两个层面来界定的。重庆地区地形复杂多变，关隘重重，河川曲折多峡湾，险滩连连，加之历史上事故频繁，战乱不断，在来往的交通要道上常有一些要地、要塞、要冲、要津，成为控制一方的具有战略意义的据点。寨堡就是这类据点的所在地。但是随着政治局势的变化和商品经济的发展，一些寨堡开始向以居住、商贸功能为主的场镇转变。比如合川涞滩镇，就呈现出典型的镇寨合一的聚落空间形态，对外涞滩依托险要地势和寨墙、瓮城形成、保持了比较完善的防御体系，内部街道、民居却与商贸场镇无异。还有一些场镇在形成过程中因其位置的重要性，或为了增加防御性和安全性而借鉴山寨和城堡的形式来建造，如荣昌路孔镇。另外一些场镇曾经是县治所在地，如被称为"袖珍古城"的巫山大昌镇、铜梁安居镇等。与其他类型的场镇比较，它们普遍具备完整的城墙、城门设施，防御性更强，场镇规模较大，宫、观、寺、祠等公共建筑类型丰富齐备，由于地理位置重要，它们往往也是地区间大宗农副产品的重要集散地（图2-3-2）。

二、古场镇布局平面形态

重庆古场镇由于所处自然环境条件比较复杂多样，为适应生产生活需要，避免过度消耗良田耕地，场镇选址除利用浅丘平坝、地势平缓的场地，还以台地和山坡地为主，形成了"高度复合、多维集约化，山、水、镇三位一体"的山地聚居形态。总体布局充分尊重地形地貌，依山就势，灵活自由，基本不受规矩法度的影响，更多地反映出与自然环境和社会环境相适应的特点。

根据场镇类型的不同，选址依据各有侧重。商贸型场镇选址主要依据"码头原则"，根据交通运输、集市贸易与货物集散的便利通畅原则来确定场镇营建的地址位置、街巷空间组织和形态走向，场镇形态往往比较松散自由。城寨型场镇选址，主要依据"要塞原则"，特别是着眼于政治上统治的有利实施，军事上攻占、防御的行之有效，多选在地理位置险峻或平坝交通岔口之处筑堡设寨，场镇形态趋于紧凑内聚（图2-3-3～图2-3-10）。风水好坏也是场镇选址必须考虑的基本条件，渝北龙兴镇就以占据"五马归巢"的风水佳局著称。㉘

归纳起来，重庆古场镇布局平面形态主要有"带状、树枝状、团状和组团状"四大类（图2-3-11）。

（一）带状平面

带状聚居形态最充分地体现出了自然环境对聚落形态的约束和山地场镇在空间与形态生长发育过程中的实效性原则，也是重庆古场镇布局的最基本模式。根据它们与地形等高线的关系，主要分为"平行等高线和跨等高线带状"两种。

图2-3-2 荣昌安富古镇（图片来源：陈富泉摄）

图2-3-3 巴南丰盛古镇（图片来源：《重庆古镇》）

图2-3-4 北碚偏岩古镇（图片来源：《重庆古镇》）

图2-3-5 奉节兴隆古镇（图片来源：《重庆古镇》）

图2-3-6 大昌古城（图片来源：《重庆古镇》）

图2-3-7 江津白沙古镇（图片来源：《重庆古镇》）

图2-3-8 北碚金刚碑历史街区（图片来源：王振摄）

图2-3-9 云阳云安古镇（图片来源：付文生摄）

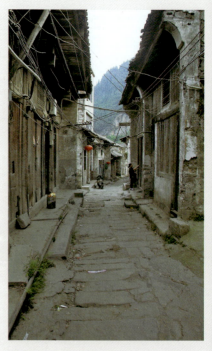
图2-3-10 开县温泉古镇（图片来源：方利益摄）

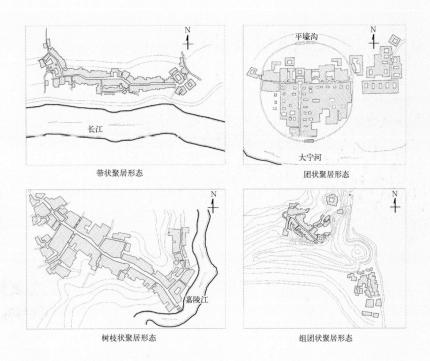

图2-3-11 重庆古场镇平面形态示意图（图片来源：刘美绘制）

"平行等高线带状"场镇平面反映出由于受到水岸线和山地地形的限制，场镇的发展比较难以向纵深方向拓展，更多是沿河谷或者平行等高线走向发展而形成带状形态。其中的滨水型场镇选址还会充分考虑江河水文特征，即流向、流量、季节性变化特点，一般建在面江的二、三级台阶上。河流转弯处的场镇布置在河曲凸岸，避免土地流失萎缩。在河道与建筑之间也会保持安全距离，或者筑台为基，吊脚为楼。根据所处地形条件的不同，滨水型场镇又可分为滨水缓坡型和滨水陡坡型两种。滨水缓坡型场镇，一般位于沿江带状或块状的缓坡阶地，如巫溪宁厂镇、江津中山镇等。滨水陡坡型场镇，主要分布在比较陡峭的沟谷地带，依托水运码头发展，由于所处山坡坡度较大，用地十分紧张，场镇规模一般不大。这类场镇以乌江畔的酉阳龚滩镇为代表。

由于水码头处于低处，场镇顺山脊走势向上发展，形成与江面垂直、攀缘而上的"跨等高线或爬山型带状"场镇，比如秀山洪安镇、江津塘河镇等，其中位于长江边，被誉为"天上街市"的石柱西沱镇最具震撼力。整个场镇几乎全部垂直于等高线发展，形成竖向爬坡的云梯街，两边民居房屋布局顺梯道走向而将山墙面朝向江面，形成高低层叠、错落有致的天际线。

在带状平面布局中还有一种与山体建立起密切契合关系的"环状"形态。主要街道围绕山体顶部在山腰作环状包绕，一般会在山的顶部有一标志性建筑物。如忠县石宝镇，其街巷依石宝寨和玉印山而形成，主街绕寨一周，次第发展而形成环形的格局。[29]

（二）树枝状平面

由于交通便利，环境较为优越，它们中间的一些形成了比较大型的区域性交通枢纽和物资集散中心。原来的带状布局逐步向周边发展，最终形成了以一条主街贯穿场镇，若干支巷横贯发展的树枝状结构。比如重庆磁器口古镇，依嘉陵江边马鞍山山势而建，主街自码头沿山脊线延伸，随地形平坡结合，形成了主街—次街—巷道纵横交织的布局，与之类似的还有永川松溉镇等。

（三）团状平面

采用团状布局的场镇往往是一个地区的政治、军事或经济、文化中心，"团状结构"反映出了政治统治、安全防御意识对于城镇聚落形态的要求，一般都以城垣为屏障划定城池范围。这类场镇以奉节永安镇、巫山大昌镇和丰都名山镇为代表。

（四）组团状平面

组团状布局的形成多为地形因素影响所致。一般是规模较大的场镇。在场镇形成之初，它们一般是带状或者团状布局，但后来场镇的发展由于地形的限制，不得不突破原有的单一形态，逐渐形成不规则的形态直至发展成多个组团。铜梁安居镇便是一例，古镇临琼、涪两江南岸展开，后因人口增加，镇区突破原有规模向南侧的化龙山延伸，使最后整个镇区的平面形态呈一个"T"形。合川涞滩古镇也是独具特色的组团状布局实例，它的形成既有地理环境因素的影响，同时也是城寨型场镇由寨堡向场镇过渡发展的结果。此镇因军事原因而筑，后期因商贸而发展。全镇分为上下（大小）两个部分，彼此呼应，下涞滩位于渠江西岸，江边民居数间组成一街，滨河而筑；上涞滩位于下涞滩西北约500米左右的鹫峰山上，维持原来的寨堡格局。

三、古场镇街巷空间特色

场镇街巷结构是支撑场镇整体形态发展的最重要因素。在自然因素，尤其是地形条件的制约下，重庆古场镇街道多以一条主街为核心，再结合环境条件和场镇规模逐步发展，街巷结构主要有"一"字形、"L"形、回环形、"十"字形、树枝形和鱼骨形等多种形式（图2-3-12）。

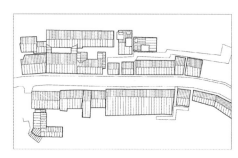
"一"字形街道平面

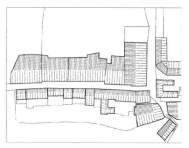
"L"形街道平面

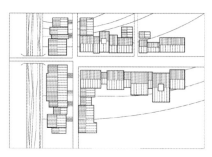
"十"字形街道平面

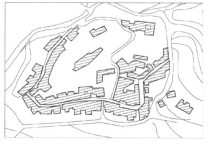
回环形街道平面

树枝形街道平面

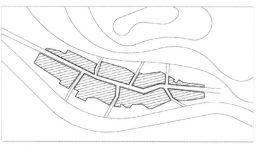
鱼骨形街道平面

图2-3-12 街道形态示意图（图片来源：刘美绘制）

小型场镇大多只有一条"一字形"主街，形态上有折形或环形等变化，这主要与江河走向和等高线走向有关系（图2-3-13、图2-3-14）。"一字形"街道中最特殊的当属云梯街，这种垂直等高线形成的石板街自江河码头顺山脊向上发展直至山腰平坝，街道两侧建筑顺势而为，充分显示出山地居民逢山开路，不畏艰险的个性（图2-3-15）。"回环形"街道常见于带有防御功能的寨堡型场镇，如巴南区丰盛镇等，主街呈现前后回环贯通的状况，便于前后策应，建筑在街道内外展开。规模较大的带形场镇和团形场镇一般在主街垂直方向发展出"十"字形街道，或者逐渐形成鱼骨形街巷道路网络，与水陆通道、码头等相连接。由于地形起伏较大，街巷多曲折蜿蜒，以坡道和石阶梯道为主。场镇中的建筑一般分列街道两侧，根据地形，就势发展。沿江的山地场镇，因为考虑到江河的水位的季节性变化，临江建筑吊脚高筑，另一侧爬坡靠崖，因而街道与江河的亲近关系不如江南市镇，如巫山培石镇、大溪镇，石柱沿溪镇，忠县洋渡镇以及巫溪宁厂镇等。地处山

图2-3-13 涪陵大顺场一字街（图片来源：根据《巴蜀城镇与民居》改绘）

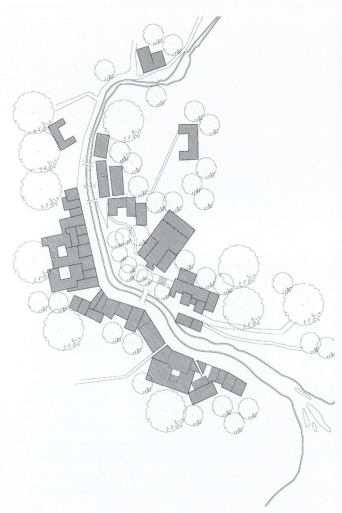

图2-3-14 北碚金刚碑折形街（图片来源：根据《巴蜀城镇与民居》改绘）

图2-3-15 "云梯街"（图片来源：谭红建摄）

腰的带状场镇，建筑平行等高线布局，可以在上下两级标高上筑屋，"一"字形街道衔接中间，这样能最大限度地减少建筑土石方量，合理利用好的朝向和景观（图2-3-16～图2-3-19）。

古场镇功能结构是以纵向街道为主体横向展开的。场镇街道作为主体，不仅承担沟通场镇内外的交通功能，街巷空间也是日常交易、交往、娱乐、婚丧嫁娶活动的重要场所，是场镇生活的核心，每逢赶场，乡民云集，更显热闹，洋溢着浓厚的生活气息。通过向街道开敞的店面，场镇中的居住建筑还将部分居住、会客功能向街道延伸。位于场镇街道上的祠庙会馆也通过门前的广场、梯坎与场镇街道紧密联系在一起，这些民间的宗教、祭祀活动也是场镇公共性社会活动的重要内容。因此，场镇街道功能的多样性、使用的动态性以及空间性质的复合性特点非常强，构成了传统场镇街道空间的基本特点（图2-3-20）。

在空间尺度上，重庆传统场镇街道一般不太宽，高宽比一般约为3∶5，空间围合性较好，这样的尺度在保持人流纵向顺畅交通的同时，也适当地将人流导向两旁的店铺，有利于营造出街道良好的商业氛围。场镇次要街巷空间高宽比变化较大，为2∶1左右，地形变化比较大的，街道狭窄地段，比值可达3∶1（图2-3-21）。

为了适应南方炎热多雨的气候，街道两侧房屋出檐比较深远，依据街道空间与建筑之间形成的关系与形态，主要分为以下几类：

第一类，"挑廊街"。场镇沿街两侧建筑檐部直接出挑，不落柱，出挑宽度可达两个步架，檐下宽约1.5～2米，行人可通行（图2-3-22）。

图2-3-16 巴南丰盛老街（图片来源：张凤摄）

图2-3-18 塘河马帮（图片来源：全泉摄）

图2-3-17 塘河老街（图片来源：黄淳摄）

图2-3-19 路孔老街（图片来源：许智淮摄）

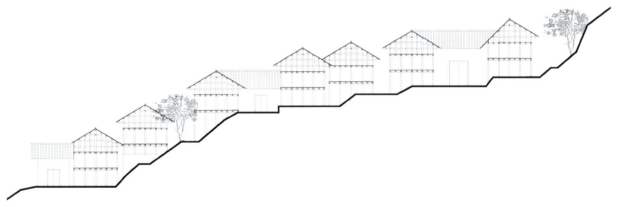

图2-3-20 磁器口街道横断面（图片来源：刘美绘制）

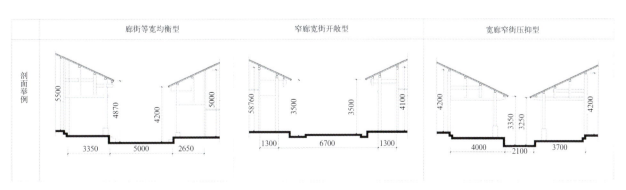

图2-3-21 重庆各类型街道剖面高宽比示意图（图片来源：刘美绘制）

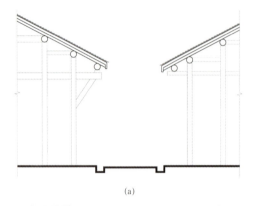

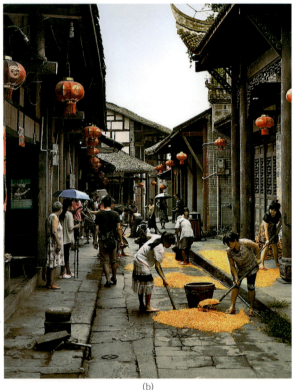

第二类，"檐廊街"。场镇沿街两侧建筑檐部直接出挑，并由外檐柱支撑，与檐柱之间距离可达到三个步架，檐下宽约2.7~3.6米。如此宽大的檐廊连续形成檐廊街（也称廊坊市街），不仅遮阳避雨，也可作为赶场时候摆货的临时摊位，日常喝茶打牌的好去处。现存代表性场镇是涪陵大顺场，两侧檐廊几乎已经连接在一起，呈现"两廊夹一沟"的形态（图2-3-23、图2-3-24）。

第三类，"凉厅街"。借鉴了四合院建筑中间加抱厅的做法，在街道中央搭建凉厅，供人休憩。现存代表性场镇是渝北龙兴镇凉厅街（图2-3-25、图2-3-26）。

第四类，"过街楼"。通过街道一侧建筑的二层出挑，形成可遮蔽阳光、雨水的过廊，如此连绵，也形成了另一种形式的檐廊街。最有代表性的是曾为川黔山区的商品集散地的江津中山场。它长达千余米的檐廊街，出檐深远，部分路段甚至伸过对面下排屋的檐口上面，覆盖全部街面，形成能遮风避雨、不见天日的封闭式内街，从而使来往行人再不担心日晒雨淋。内街空间特别高敞，江风从吊脚楼一侧直接吹入内街，非常凉爽（图2-3-27、图2-3-28）。

此外，因地形等环境因素，古场镇街道空间变化层次非常丰富。街道空间不仅顺应地形形成了时上时下、弯曲转折的形态，地面、建筑之间不同的围合方式也产生了不同的空间感受（图2-3-29）。"半边街"就是山地场镇街道适应地形的一种方式，

图2-3-22 挑廊街
(a) 建筑檐部直接出挑街道剖面示意图（图片来源：刘美绘制）；
(b) 典型重庆古镇街巷（图片来源：何向东摄）

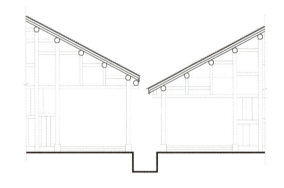

图2-3-23 "檐廊街"剖面示意图（图片来源：刘美绘制）

图2-3-24 石柱"檐廊街"（图片来源：胡斌摄）

由此产生的街道空间与自然环境及景观有更好的融合，比如宁厂镇半边街和北碚偏岩镇半边街都是临水的半边街，行走其间，人们能够更好地感受河景的变化（图2-3-30）。

场镇街道空间的变化还集中体现在"场口"以及一些重要的空间节点位置上。比如临水性场镇，场口一般与码头相接，江河边上的石阶梯、石拱桥或者木廊桥、风水塔、土地庙以及船帮会馆王爷庙等，与来来往往的行人交织；而出镇的路口往往也有道道牌坊间歇着矗立在远去的山路旁，时刻教化着来往的旅者，构成了前后呼应的文化景观意向。街道中段在基本连续的店宅和坊宅之间或有祠庙会馆穿插进来，它们以高大的封火墙，对外封闭森严的形象打破了比较单一齐整的沿街立面，这些被本

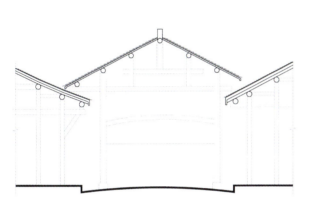

图2-3-25 "凉厅街"街道剖面示意图（图片来源：刘美绘制）

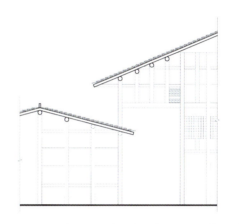

图2-3-27 "过街楼"街道剖面示意图（图片来源：根据《中山古镇风韵独具》改绘）

图2-3-26 荣昌某古镇"凉厅街"（图片来源：陈蔚摄）

图2-3-28 中山古镇"过街楼"（图片来源：唐安冰摄）

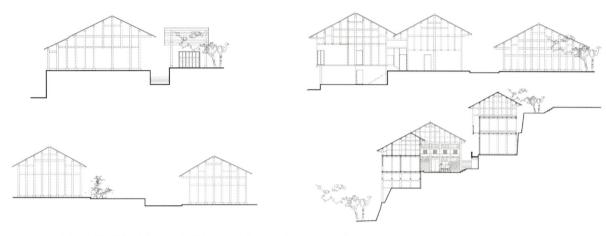

图2-3-29 变化多样的场镇街巷空间图示（图片来源：重庆大学建筑城规学院项目组）

图2-3-30 巫溪宁厂镇半边街（图片来源：李忠摄）

图2-3-31 龚滩古镇"场口空间"（图片来源：王家福摄）

地人概括地称为"九宫八庙"、"九宫十八庙"的建筑，既有寺观，也有大量各地移民兴建的同乡同业会馆和家族祠堂，它们共同构成了以传统乡俗和"血缘"、"乡缘"、"业缘"建立起来的明清乡村社会的精神与信仰结构。这些建筑的多寡和建筑形象的好坏直接反映出场镇的繁荣程度和规模。这些公共建筑常居于场镇的核心位置，除了具备其最基本的议事、祭祀的功能外，通常还要担负更多的社会职能，成为本镇商贸交易、节庆庙会活动以及戏曲演出的主要场所。以会馆宫庙为核心公共空间的场镇布局方式也是重庆场镇的一个重要的特征（图2-3-31、图4-1-4、图4-1-5）。[30]

第四节　重庆古寨堡

寨堡，又称砦堡、围寨及堡寨。它是冷兵器时代各地为了加强地区军事防御能力或者民间防匪防盗，在重要关隘、高山绝壁间修造的规模大小不等、形态各异的封闭防御性聚落或建构筑物。

重庆地区寨堡的建造出现得很早，相传三国时期刘备伐吴时曾屯兵于万州城北天生城，东晋常璩《华阳国志·巴志》中也提到朐忍县"山有大、小石城势"。[31]唐代后期，由于中央政府的衰落，重庆各地土豪纷纷组织乡兵，"凭高立寨，得以自专"[32]，出现了一批依托山形地势，防御性强，生产生活可以自给自足的军府"镇寨"。这一时期著名的大足永昌寨，后取代静南县成为州治所在地。土豪武装的大量出现，到唐末表现为州县的镇寨化已经十分明显，《韦君靖碑》记载题名的昌普渝合四州镇寨就达20多个。[33]

两宋期间，为了应对复杂的民族、经济、政治、军事环境，"无论是战略防御还是战略进攻阶段，政府都采用了沿边修城筑寨的措施。大凡险隘关口、道路通行、蕃族聚居处都筑有城寨，其修筑城寨数量之多，远超于其他各朝。"[34]宋代夔州路寨堡数量在川陕四路中为最多，且较为集中。"除开、达两州暂不确定有无寨堡外，其余府州军监均有记载，数量共计122处。"[35]这一时期最重要的寨堡大多是政府主持修造的基层军事聚落，地处重要关隘和交通要道，比如仅夔州所辖6个寨堡，其中5个地处"蜀江以南"，主要为挟控长江。南宋后期，随抗蒙战争形势的白热化，宋淳祐二年（1242年），宋理宗任命余玠为四川安抚制置使兼重庆知府，入蜀措置防务，由于蒙军在机动性和攻击力上占压倒性优势，迫使有统民守土优势的南宋方面发展出了利用山岳地势构建防御工程，以山地城寨为依托，实施要地固守防卫战争的战略战术。在潼川府路和夔州路兴修大量城寨御敌，比如渝北多功城、万州天生城、云阳磐石城等都是这一时期著名的城寨。

明末清初，包括李自成余部在内的反清武装"夔东十三家"活动于三峡地区，同清军展开斗争。他们除了利用一些旧寨堡外，也新修筑了一批寨堡。清初，"湖广填四川"的移民，为躲避战乱和抗击匪患，保持了修筑寨堡、自保身家的传统。由民间自发组织的筑寨行为逐渐增多，寨堡分布更加广泛，形态上也反映出各地移民"原生"建筑文化的影响。清嘉庆年间，发生在湖北、四川、河南、陕西等地的白莲教起义促使以上地区出现了政府和民间共同发起的历史上更大规模的修筑寨堡活动。为了镇压起义军，嘉庆二年（1797年），清军将领明亮、德楞泰根据白莲教"行不必裹粮，住不藉棚帐，党羽不待征调，蹂躏于数千里"的特点，向朝廷进呈《筹令民筑堡御贼疏》。清政府根据建议，采取了"坚壁清野，团练壮丁，建立堡寨，自相保聚"的政策，强令各地依险筑寨，抗击义军。以当时重庆白莲教重要根据地梁平县为例，"共修建寨堡217座，强令全县2万户人口迁居山寨"。[36]到清咸丰、同治年间，迫于抵抗云南昭通"二蓝"结盟起义的压力，地方再次启用坚壁清野之法，广筑寨堡。各地官绅、富豪、家族为保护人身安全和家财，更是遍择险要山巅筑山寨，形成了重庆修建寨堡的又一次高潮。以万县为例，"当时万县境内有名称的寨堡多达278个"[37]，这些寨堡以万县县城为中心，环绕分布，层层拱卫，形成大小规模不等的护城寨群，著名的就有天生城、万斛城、椅子城、马鞍寨、葵花寨等几十余座。恰如清严如煜《三省边防备览·策略》所论："自塞堡之议行，民尽倚险结寨，平原之中亦挖濠作堡，牲畜粮米尽皆收藏其中。探有贼信，民归寨堡，凭险拒守。"除了政府和各地官绅富户修筑寨堡外，各地匪患也以山寨集结，抵抗剿灭。长此以往，各地寨堡林立，数量庞大。这一状况持续至民国年间，由于社会动荡持续、土匪横行，重庆各地仍有大量寨堡先后建成。此外，即使没有匪患的直接滋扰，关隘、寨堡的修建也是重点城市的重要城防措施和策略之一。据《巴县志》记载，"除佛图关外，重庆城近郊四周还有153座关隘。主要包括城南南城坪的南平关、城

东南的黄桷垭、拳山垭，城东的亮风垭，城东北的铜锣关。在城西佛图关以西，还有星罗棋布的关隘，主要有二郎关、龙洞关等。"㊳

随着冷兵器时代的远去，寨堡的防御功能丧失，它们逐渐被废弃和遗忘，垮塌者众。近年来，通过统计调查，重庆全境尚有大小几百座寨堡遗存，散落乡野，主要分布在万州、梁平、忠县、涪陵、璧山、合川等地。其中万州最多，有124处。这些古寨堡大部分已经废弃，只有极少数还有居民留守，比如梁平虎城镇猫儿寨、聚奎镇观音寨，合川官渡镇天平寨、磨盘寨等（图2-4-1）。

一、寨堡类型

由于产生的历史背景比较复杂，重庆古寨堡形式多样。从类型上可以分为寨堡式聚落和寨堡式建筑两大类。

寨堡式建筑主要有寨堡型民居和具有防御性功能的碉楼、箭楼。箭楼主要分为："独立式"，如云阳丁家箭楼（此箭楼一楼跨两地，分属云阳和万州）、万州虾蟆石碉楼、万州太龙二黄坝箭楼；"寨楼合一式"，如万州谭家寨楼；"双楼对列式"，如万州高峰咀双箭楼等（图2-4-2）。寨堡民居主要指在丘陵坡地利用非常高大的寨墙围合形成的防御性较强的民居建筑群。它们与同样防御性较强的庄园民居最大的差别在于建筑群体外围一定有环通且完整的高大独立寨墙围护，建筑群通过一座寨门进出，寨门类似城门。目前重庆地区留存下来的比较完整的寨堡民居是渝北龙兴贺家寨。此外，云阳彭氏宗祠是重庆地区惟一一处将家族祭祀与聚族居住结合的寨堡式宗祠。

寨堡式聚落从利用环境的角度又可分为崖壁山洞型和崖上山寨型。"山洞型"即为洞寨。同治《万县志·地理志·寨堡》载："万县多山，旧有寨洞。滇匪入蜀，民益即岩为寨，就岭为堡，绝壁洞之，广坪碉之，交错盘踞，远近相望，不可胜计。"由此可见，此类寨堡的建设主要是利用山

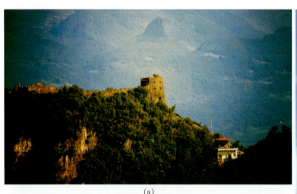

(a)

(b)

(c)

图2-4-1 云阳清水龙缸古寨组照（图片来源：廖严、蔡永红、余蓉摄）

崖的天然崖缝、溶洞等形成的洞穴加以维护和改造而成。目前可以找寻到遗迹的洞寨数量已经不多，比较有代表性的有万州梯子岩洞寨、万州花老虎岩洞寨、万州甘宁洞寨、云阳大安洞寨、江津四面山文家寨、綦江莲花堡寨和南川水江天坑古寨等。其中万州、云阳、江津洞寨分别依靠山崖上横向和竖向的岩隙构建而成，最后两个均为依靠大溶洞内的自然洞穴构筑而成。洞寨的形成也与本地自古流行的"崖居"传统密不可分，与目前发现的各地崖居遗存进行比较，重庆洞寨更加注重选址和建造的防御功效，而且洞寨主要用作战时的临时居所，在洞寨附近一般有村落和民宅（图2-4-3）。

重庆古寨堡绝大部分还是山寨，即利用山崖砌筑寨墙，围合形成寨堡聚落。这与本地自然地理环境特征密不可分，由于四川盆地周边多丘陵和"方山"，即四周悬崖峭壁而顶上平坦的山，所以寨堡聚落在山顶平坝地带发展，山体边缘的陡壁悬崖可以直接替代寨墙或者与寨墙融为一体，有的地段只需要少量的人工加固或修整，就可以达到"一夫当关，万夫莫开"的效果。历史上著名的城寨万州天生城得名就在于其"不假人力而生成"。[39]重庆古寨堡占据有利地形，据险扼要，山寨形状大小不一，分官寨和民寨。官寨选址于重要关隘和交通枢纽，由官方出资，规模较大，构筑规范，是护卫重点城镇的坚固屏障，如渝北多功城等（图2-4-4）。民寨由族人捐修或地主乡绅出资修建，规模大小因建造资金的多寡和地理环境的不同而差异很大。规模较大、有代表性的民寨有万州椅子寨、人头寨、皇兴寨、白岩寨、万斛城，梁平牛头寨、猫儿寨、观音寨，涪陵金藏寨，合川天平寨、虎头寨、天生寨等（图2-4-5）。有些寨堡经过历代发展，绵延形成寨群。历史上规模比较大的寨堡群当属万州葵花寨和丰都栗子寨。丰都栗子寨从元代开始建寨，到清末太平天国时期，曾有大小48道古寨，以寨墙相连，成一整体。

图2-4-2 云阳丁家箭楼组照（图片来源：赵丑鸣摄）

图2-4-3 云阳大安洞寨（图片来源：孙博摄）

图2-4-4 多功城的寨墙和寨门（图片来源：徐剑摄）

二、寨堡的防御特征

寨堡要保证自身的防御能力，除充分考虑选址和利用自然屏障外，寨堡本身的防御要素主要体现在寨墙、寨门、卡门及射击口的设置上。重庆古寨堡的寨墙普遍采用条石砌筑，高度可达十余米，再加上山体悬崖，能进一步增强防御能力。条石通过表面磨光处理，采用错缝平砌，密实垒筑，再用石灰浆或泥浆填充胶结，以使彼此紧密结合，形成既牢固又难以攀爬的整体。内外两层寨墙，之间形成巡视的通道。有些寨堡还分设多层寨墙，加强防御。寨堡寨门的做法一般都比较简单，除超厚的实木门板，门宽一般只有1.5～2米，高2米余，门洞有圆拱形、长方形和"凸"字形几种，寨门上一般不建门楼。在寨堡外围交通要道上还设有卡门，建筑形制与寨门基本一致，起到扼守交通要道和观察敌情的作用，是寨堡防御体系的延伸。寨墙上比较隐蔽的位置还有精心排布的大小射击口，可达到多角度打击敌人的目的。为达到长时间驻守的目的，寨墙之内山顶坪坝中生活、生产设施齐备，农田、果园与山下无异，农宅、庄园、商铺，甚至书院、寺庙、碉楼齐备。根据规模大小，从占地千亩到十余亩不等，可容纳少则几户，多则上千人避祸。

这些寨堡不仅单个具有良好的防卫能力，而且结合大的地理环境和区位特点渐次形成了互为支撑的区域性的寨堡协作防御系统。其中以万州城周边的寨堡群为典型代表。沿交通要道和河流分布的大小七座寨堡，以天生城为中心，以护城寨、狮子寨、万斛城、椅子城、马勒寨和葵花寨为支点，以寨堡外围的"屏峰门、勤王门"等数量众多的卡门为前沿哨所，"在万州苎溪河流域两岸，形成了线形分布，以点连线，以线带面，互相守望和协防的寨堡防御屏障，战乱时期，各寨可以鼓角相闻，烽火传号，互为犄角。再加上长江的阻挡，将万州城包围其中，使城市很难受到攻击。"⑩据民国地方志记载，万州葵花寨，"东西七十里，南北四十里"，共设"大卡四十八道，小卡七十二道"，地跨万州多个乡镇，内含永宁、顺天、青云及兴隆等十数个寨堡（图2-4-6）。

第五节　古场镇、古寨堡典例

一、沙坪坝磁器口古镇

古镇位于重庆主城沙坪坝区，始建于宋真宗咸平元年（公元998年），原名白崖场，因镇内宝轮寺后有一白色石崖而得名。相传明代建文皇帝朱允炆曾避难于此，又得名龙隐镇。清康熙年间，福建移民江氏兄弟在龙隐镇青草坡建沙坪窑生产青花瓷器，古镇作为瓷器转运口岸而被称为磁器口（瓷与磁相通）。2010年被评为十大中国历史文化名镇之一。

磁器口古镇具有典型的山地商贸码头小镇特色，街道与建筑沿嘉陵江及两条溪沟环绕构成"一江两溪三山四岸"的三维立体古镇整体空间形态。

图2-4-5　万州椅子城（图片来源：王敏摄）

图2-4-6　万州寨堡分布与防御示意图（图片来源：《万州寨堡聚落特征探析》）

古镇街区以通向码头的磁器口正街和横街为骨架，四十余条巷道垂直于磁器口正街和横街向马鞍山脊和溪沟边缘呈枝状发展，形成了特征明显的树枝状平面格局。磁器口正街和横街宽3~4.5米，它们将嘉陵江水运码头、宝轮寺及外围交通干道连为一体，显示出码头和宗教在街区历史发展过程中的重要作用。巷道宽1.5~2.5米，顺应地势，灵活布局，表现出对地形条件的充分尊重和适应。沿主要街道两侧多为"前店后宅"和"上店下宅"，纵深街巷两侧散布大小合院民居。磁器口建筑空间表现为自由生长的特征，具体表现为建筑平面布局与竖向布局的自由生长和建筑上部空间的自由扩展。建筑的平面布局采用相地构形的手法，建筑布局与地形结合紧密，利用地形的方式丰富多样。建筑上部空间的自由扩展采用"占天不占地"的手法，尽量缩小建筑的基底面积，利用挑台、吊脚手法争取更多的使用空间。

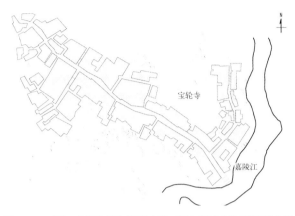

图2-5-1 磁器口古镇平面图（图片来源：根据《重庆传统场镇的整体保护策略研究——以开县温泉镇保护规划设计为例》改绘）

磁器口古镇内现存多处祠庙建筑，保存较好的有坐落在山脊之上的宝轮寺，其大殿为明代遗构，大木大式做法，斗栱硕大，形制端正；道观宝善宫是一处抬梁穿斗混合式四合院建筑；此外，移民会馆禹王宫、万寿宫以及文昌宫的寨门和寨墙等尚可寻到部分遗迹。磁器口民居分为传统店宅和院落式民居。传统店宅是磁器口古镇传统商业街的主要建筑，院落式民居一般处于背街小巷，环境幽静，多为商贾和达官贵人的宅邸，为比较典型的合院天井格局，建筑的结构形式主要为穿斗式，围护结构多为竹编夹壁墙套白，与深色木构架呈强烈的对比，具有代表性的为钟家大院。嘉陵江沿岸的店宅多为竹木结构的吊脚楼，采用上挑下掉的手法，有的多达四五层，从江岸望去，宛如自崖壁生长出来一般（图2-5-1~图2-5-4）。

二、合川涞滩古镇

古镇位于重庆市合川区东北部渠江沿岸，因渠江一险滩涞滩而得名。涞滩是古代合州通往川北的交通要道。宋代，恃渠江水路运输之利在此设镇，

图2-5-2 磁器口古镇街景组照1（图片来源：卞冲摄）

有"水码头"之誉，距今近千年。

涞滩分为上涞滩和下涞滩两部分。下涞滩依江而建，上涞滩建于鹫峰山上，东临渠江，三面悬崖，一面与平地相连，形如半岛，占地0.25平方公

里，是集镇的中心。清嘉庆四年（1799年），依山修筑城寨，并以一道高大的城墙将半岛截断，使山寨场镇与外界隔绝；清同治元年（1862年），更在古寨西门加修瓮城，形成典型的防御性城堡式集镇。现存寨墙为清代原物，全部是用半米长的青条石打制砌成，寨墙南北长330米，东西宽260米，还有城门三座，即西门、东水门和小寨门。西门为独特的小瓮城，保存完好。瓮城基本上呈半圆形，半径约10米，有两道拱门及两道侧门，正外门上方在同治年时刻有"众志成城"四个大字。从瓮城进入城寨主干道50米左右，街道分为人字形，以连接东水门、小寨门的大街小巷，构成基本骨架。同时，顺城、回龙这两条青石板老街，还将古镇里的二佛寺、文昌宫、回龙庙、恒侯宫等宫庙有机地串连了起来，沿街的店宅非常密集，临街建筑檐廊一般出挑二步架，相互毗连形成宽阔的檐廊空间。街道以内，以院落式的组合灵活适应用地条件和地形的变化，建筑不追求严格的轴线，与用地环境有机契合。

据文献考证，中唐以后，古镇就有摩崖造像的传统，现存有全国最大的禅宗石刻摩崖造像群，保存较为完好的宋代摩崖造像和历代摩崖题记42组（龛），1700余尊，还保存有明万历十五年（1587年）的石牌坊、宋、明、清三代和尚古墓葬群，清代的文昌宫、戏楼、舍利塔、石刻卧狮和防火用的"太平池"等众多人文景观。其中位于古镇东侧，始建于唐代的二佛寺下殿是一座典型的附崖式建筑，殿内释迦牟尼佛像通高12.5米，不仅为全寺造像之冠，而且也是国内著名的大佛之一（图2-5-5～图2-5-8）。㊶

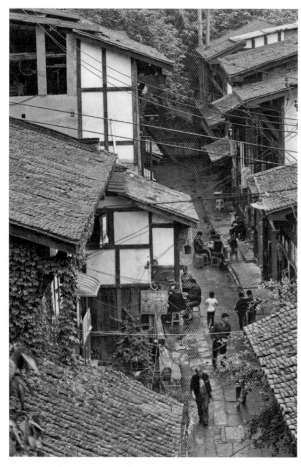

图2-5-3　磁器口街景组照2（图片来源：卞冲摄）

图2-5-4　磁器口街景组照3（图片来源：卞冲摄）

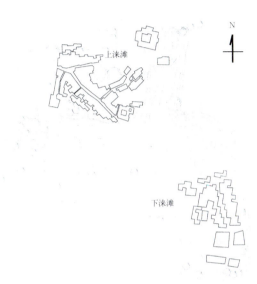

图2-5-5 合川涞滩古镇平面（图片来源：根据《重庆传统场镇的整体保护策略研究——以开县温泉镇保护规划设计为例》改绘）

图2-5-6 合川涞滩街景（图片来源：杨曼丽摄）

图2-5-7 合川涞滩古镇瓮城示意（图片来源：刘美绘制）

图2-5-8 合川涞滩瓮城（图片来源：潘光义摄）

三、铜梁安居古镇

古镇位于铜梁县域北，涪江与琼江交汇地带，合川、潼南、铜梁三县交界处。据《安居镇志》载，隋唐时期，安居已成为涪江下游的重要场镇，场镇形成距今有1400多年的历史。

安居古镇，三水环绕，由于地处丘陵及沿河阶地上，古镇在选址及布局上巧妙利用了周围山景水体，街道、建筑大多依山面水。道路因山势就水形，状若盘蛇，贯穿古镇。主要街道多平行于河道或者等高线，与主要街道连接的支路、街巷沟通上下。㊷目前古镇老街主要有两条：一条是沿江的"太平街—西街—十字街"，是古镇最早发展的部分,至今保留有明代城墙、城门、桥梁等遗址;另一条是沿华龙山山腰的"会龙街—火神庙街—大南街",两条街道在顺城街交汇,形成"T"字形平面格局。古镇建筑以寺观祠庙等公共建筑形成地标,以西街、南大街两条带状民居群形成围合与呼应。人工景观与自然环境交互在一起,形成典型的山地人居环境形态。安居古镇多石材,建筑多就地取材,增加了古镇建筑的自然特色。

安居古镇在长期的社会、经济、地方文化的发展演变中,形成了众多的社会组织,包括由血缘关系形成的宗祠,由地缘关系形成的会馆,由职业关系形成的行会、商会等。安居古镇中寺庙道观遍布,主要寺庙有元天宫、下紫云宫、东岳庙、文庙、波仑寺、城隍庙、火神庙。寺观在古镇中皆占据风水绝佳之地,从而成为安居古镇中众多建筑景观之一。庙宇或背山面水,诸山来朝,或一览古镇,或临江而建,如文庙占据化龙山山顶,东岳庙在飞凤山腰,古佛寺在清凉山梁,其他神庙(城隍庙、火神庙)均分布在镇中显要位置。建筑在平面上采取中轴对称的方式,多强调空间的严谨和雄伟,在建筑装饰和色彩处理上不遗余力。安居古镇主要的会馆建筑有万寿宫、禹王宫、南华宫、妈祖庙及天后宫。建筑利用轴对称关系,将殿堂、厢房、连廊、斜坡、踏步等有效地组织起来,并借助于高差变化,使空间错落有致(图2-5-9~图2-5-11)。

四、石柱西沱古镇

西沱古镇,又名"西界沱",唐宋时为川东、鄂西一带商埠,元代为川江重要水驿,已形成相当规模的物资交换大镇。在北宋真宗咸平五年(1002年),西沱已是"川盐销楚"的盐运大道起点和货物集散地。元代川江水路在此设"梅沱"驿站,它作为连接川鄂交通的水驿,是川盐由重庆出川的必经之地,今存清代的"下盐店"古建筑是其历史见证,发挥着巨大的作用。西沱在汉代即有码头,清中叶为全盛时期,整个场镇从江边垂直向上并沿坡脊爬行。

云梯街为西沱镇的主体,由具有土家族吊脚楼风格的建筑群与汉族传统风格的古建筑群组成。云梯街西起长江岸边,沿山脊蜿蜒而上,长约2.5公里,至山上独门嘴总长约2.5公里,共113个阶梯段,1124步石阶梯。云梯街布局奇特,一反长江沿岸城镇街道平行于等高线的布局,而垂直于等高线,沿山脊走向,由长江岸边直抵山顶,形成了一条古朴、厚重的石阶梯街道。晴天隔江相望,石阶层层叠叠,青石板光耀刺眼,状如云梯,直上云霄,故雅称"云梯街"。云梯街由于独特的街道布局而形成了以"奇"取胜的人文景观。

云梯街两旁随坡逶迤、错落有致的土家族民居建筑极富巴渝特色。老街沿阶梯一侧是商铺,店铺后部是住宅。顺着山势,高高低低的山墙组成了一幅幅生动的画面。由江面远眺,犹如一条下江龙,鳞次栉比的青瓦屋面犹如龙鳞。具有代表性的建筑为下盐店,下盐店为清代民居,为清代举人杨氏家族的住宅。下盐店巧妙地利用了山区地势的起伏,形成了建筑群高低错落、屋宇重叠之势。其建筑构件用料大,装修雕刻十分精美,是地方民间建筑的代表。

图2-5-9 铜梁安居古镇平面图(图片来源:根据《重庆传统场镇的整体保护策略研究——以开县温泉镇保护规划设计为例》改绘)

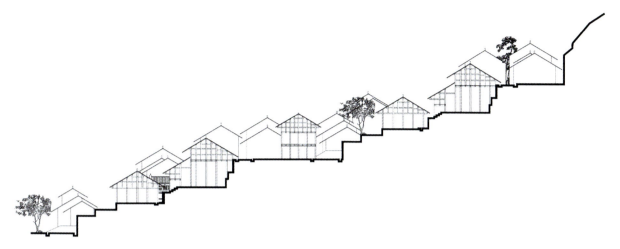

图2-5-10 铜梁安居古镇剖面（图片来源：重庆大学建筑城规学院项目组）

图2-5-11 铜梁安居古镇古戏台（图片来源：段婷婷摄）

图2-5-12 清代石柱西沱古镇老图（图片来源：《补辑石柱厅志》）

西沱古镇会馆祠庙还有不少遗存。具有代表性的是禹王宫，它原为鄂湘商人所建同乡会所，建筑形式为巴渝山地建筑风格与湖广会馆地区祠堂建筑风格相结合。其建筑群为四合院，入口大门在戏台下部，两侧厢房与戏台同为二层。外围青砖墙，硬山顶，小青瓦，且砖墙上均刻有"禹王宫"三字。因院落空间随地势形成高差，戏台、厢房二层及正殿均在同一水平面上，巧妙适应了山地的变化。云梯街两侧除店铺及一些官绅大宅外，还有多座祠庙，如二圣宫、紫云宫、南城寺、桓侯宫等（图2-5-12~图2-5-15）。

五、酉阳龚滩古镇

古镇位于酉阳土家族苗族自治县西部，阿蓬江与乌江交汇处，北倚凤凰山麓，东靠马鞍城，西隔乌江与贵州沿河县新井乡相望，乃三面环水、一面着陆的天堑。古镇选址于两山相夹的乌江东岸坡度较大的狭长地带，整体布局靠山面水，以一条沿江绵延近3公里的曲折石板街为中轴组织两边的建筑，再以纵向伸展的梯坎、巷道为次轴，向高处山坡延伸。为适应陡峭的山地地形，建筑形式不拘一格，随机发展，有不少意想不到的做法。由于用地狭窄，石板主街宽度多数为2米余，小的街巷甚至不足2米，高宽比常在2~3之间。

上下码头是古镇客货运水、陆路交通的转折点，也是古镇的黄金地带，古镇相当比重的仓储、堆场、客栈、商业等功能在码头附近的区域就近解决，码头附近仓库、盐号等较为集中。凤凰山的走向在下码头及红庙子两处附近均呈内弯之势，山边相对平坦的用地得以扩展。二者相互促进形成了古镇的两个扩展放大的居住生活集中片区，并且以祠堂或宫庙为中心，汇集客栈、茶肆、商铺及其他娱乐设施和居住院落，形成商贸中心。每一结构中心相对应的较完整的建筑组群，同时就是在该片区层层叠叠地形成的山地院落空间体系。[43]

由于地形所限，加之土家族建筑文化的影响，建筑形态多有干阑式、筑台式、靠崖式、出挑式、错叠式等多种。其中最有特色的是石筑台加干阑式做法。民居的结构基本采用穿斗式，多柱落地和隔柱落地式，用材粗壮，做工严实。因街窄，不像平原场镇屋檐那样伸出加檐柱以成檐廊，而采用长出檐、长挑枋做法。同时，外来移民商贾也把外地建筑技术和做法带到了龚滩，多种形态的封火山墙就是龚滩古镇建筑多元化风格的体现。

由于外来移民多，会馆在古镇中也比较多。其建筑形式大致与合院住宅相似，有些就是大型住宅改建而成的。为维系乡谊，多在正厅或专辟一室为祠堂，供奉乡贤。正厅为同乡聚会宜饮之处，其余房屋供同乡借居。有的大会馆设有私塾，供同乡子弟入。古镇鼎盛时期有多达十余家盐业和百余家商号，在老街建筑中留下了深深的

图2-5-13　石柱西沱古镇平面（图片来源：刘美绘制）

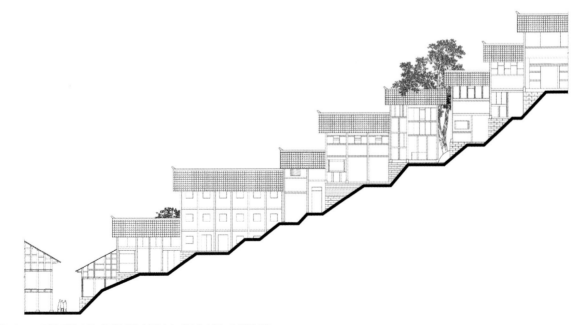

图2-5-14　石柱西沱古镇"云梯街"剖面示意（图片来源：刘美绘制）

烙印，现在虽已衰败，但仍然有迹可循。仓库分为独立式仓库和并列式仓库。由于仓库独特的流程，独立式仓库入口有相对较大的场地，立面形式简洁，大门为方便拆卸的板门。现存并列式仓库位于兴华街小段的转角店，旧时为罗家人所建，亦称罗家店，四开间，形式较简单（图2-5-16～图2-5-19）。㊹

六、巫溪宁厂古镇

古镇位于巫溪县北部，地处渝陕鄂三省交界处，东邻险峻的大关山和大宁河，西有明代状元罗洪先隐居的仙人洞，南接明末李自成部将贺珍坚持抗清斗争18年的军事据点"女王寨"，北毗迤迤闻名的宝源山和耸立在孤峰之巅的"桃花寨"，古已有"巴夔户牖，秦楚咽喉"之称。由于大宁古镇古有天然盐泉流出，春秋战国时就有先民逐盐而居，到清道光年间，已有盐灶336座，熬盐锅10080口，是典型的盐业资源型场镇。

宁厂古镇长逾七里，主要沿产盐的宝源山和大宁河岸走向呈线状发展，由于用地狭窄，房屋在绝壁之间断断续续沿江边延伸，多为一边是房、一边是崖坎的半边街。街道空间形态受环境影响，分为一段一组的若干组群，虚实相生的建筑和街巷构成了宁厂古镇空间形态的最大特色，烘托出了紧凑疏朗的整体小镇面貌。㊺宁广古镇民居有三峡一带高峡民居的普遍特色，以石砌高台基之上的一楼一底木构吊脚楼为主，每栋房屋面积不过20余平方米，悬山屋顶，穿斗构架，素色木板板壁墙体，少装饰，小青瓦屋面。主要公共建筑包括龙君庙，位于宝源山麓，与原宝源寺相邻。据《大宁县志》载，龙君庙创自汉代，为发现盐泉的袁姓猎人而设，现存部分遗址及盐泉龙池。龙君庙遗址总体呈不规则形，泉水从山洞口跌落至龙池，从地下流出后由有孔的踏板均分而出（图2-5-20～图2-5-24）。㊻

七、江津中山古镇

古镇位于江津区，地处渝、川、黔三省市交界处，自古为三省贸易的重要陆路中转地。古镇旧称龙洞场，与附近的老场、马桑娅合称"三合场"。据南宋"清溪龙洞题铭"记载，三合场建镇已逾八百余年，历史非常悠久。

图2-5-15　石柱西沱镇"云梯街"（图片来源：高松摄）

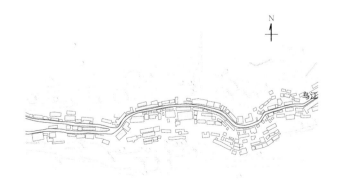

图2-5-16　酉阳龚滩古镇平面图（图片来源：重庆大学建筑城规学院项目组）

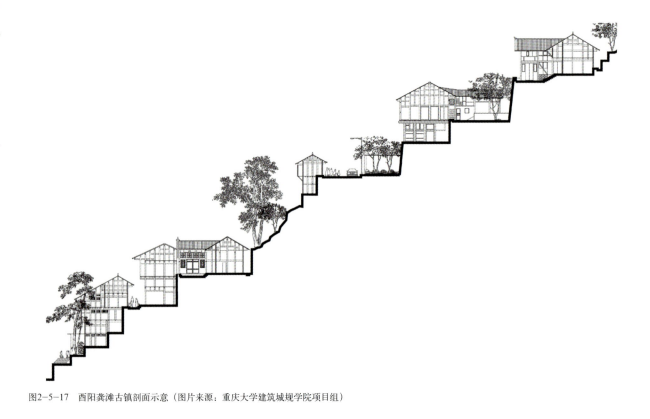

图2-5-17 酉阳龚滩古镇剖面示意（图片来源：重庆大学建筑城规学院项目组）

图2-5-18 酉阳龚滩古镇全景（图片来源：张玉清摄）

古镇坐落在石老峰、之宴山之间，侧卧于笋溪河畔，地形为两山夹一沟，南高北低，城镇先以一条主街为中心，沿河岸呈带状发展，后来在与老街平行的坡地上，沿等高线再建新街。新老街道之间、老街与河岸之间，以纵向小街巷沟通上下，形成了鱼刺状的道路网，主次分明，衔接自然。古镇廊坊街十分著名，一楼一底的店宅、坊宅式民居，二楼廊檐出挑尺度较大，完全将3000多米的街道分段遮盖，形成了能够遮风挡雨的内街式场镇，充分考虑到了川东地区阴晴不定的特点。内街空高约6～8米，街道以青石板铺设，东西两排而走，部分房屋形成跨街楼。沿河岸一侧，建筑群或者紧靠河岸岩壁而建，或者以挑、吊的方式临河而立，依山就势，形态独特，充分体现了山地滨河场镇的建造特点，即巧妙利用场镇依山畔水的地形，将其处理成高低错落的台状地基，灵活地调整房屋的布局和地坪标高，形成跌落错叠、进退有序的建筑外部空间，形成建筑的"爬山下坎"空间的丰富变化。

图2-5-19 龚滩古镇组照(图片来源:王家福摄)

图2-5-20 巫溪宁厂古盐场图(图片来源:《巫溪县志》)

图2-5-21 巫溪宁厂古镇平面图(图片来源:刘美绘制)

图2-5-22 巫溪宁厂古镇全景1(图片来源:王克谦摄)

图2-5-23　巫溪宁厂古镇全景2（图片来源：王克谦摄）

(a)

(b)

图2-5-24　巫溪宁厂古镇街景组照（图片来源：王克谦摄）

在场镇的外围，还散布着多处大型合院式宅院民居。它们大多坐落在相对平坦的地形环境中，宅院的修建采用局部错层或筑台的方式充分地适应山地地形，在不对地形作大的修改的基础上完成对宅院建筑的修建。现存的宅院民居有十几座，多数保存完好（图2-5-25～图2-5-28）。

八、永川松溉古镇

古镇位于永川区南部，沿古镇溯长江而上约200公里可到四川宜宾，顺江而下百余公里可到重庆城。因此，古镇自古为永川、泸州、内江一带商贾来往和物资集散枢纽，兴盛一时。

松溉古镇空间布局尽得山水之利，整个镇子背山环水而筑，长江沿镇南流过，大陆溪从南部横穿境内流入长江，为商贸型山水场镇的构筑提供了良好的自然条件和基础。整个镇地势东高西低，北高南低，属于江边缓坡地形。经过历代的发展，古镇有主要街巷上码头、临江街、马路街、松子山街、核桃街等。街道尺度宜人，高宽之比在1∶1到1∶2之间，自江边水码头始，沿山脊蜿蜒而行的青石板长街，两侧店铺毗邻，庙宇、会馆林立，还有栅子门关闭内外，曾是各方来往商旅行人必经之路。

明清时期，随着外来商贾移民的增多，带来了外来建筑文化对本土的影响。兴盛时，松溉古镇有"九宫十八庙"，多数为外地移民会馆和祠堂。在规模与平面形式上，这些公共建筑分为两类：一类是以老县衙为代表的传统官式建筑，多由官府出资修建，平面布局为对称的多进院落式，规模较大；另一类是以水神庙为代表的民居化祠庙建筑，多为民众集资修建，建筑布局和形态上更接近民居样式，不拘一格。古镇民居主要分为合院民居、沿街店宅和沿江吊脚楼民居，建筑用料多为木与石。大型合

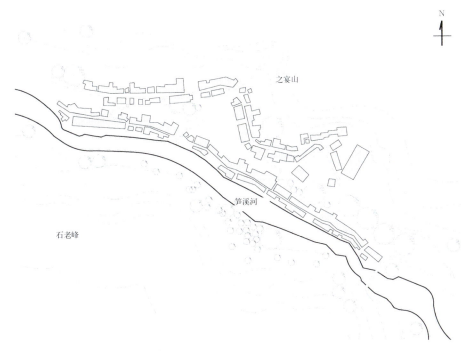

图2-5-25 江津中山古镇平面图（图片来源：刘美绘制）

图2-5-26 江津中山古镇全景（图片来源：肖献果摄）

图2-5-27 江津中山古镇民居群（图片来源：严奇摄）

图2-5-28 江津中山古镇街道内景（图片来源：高松摄）

院民居多为官僚、地主及大商家的自宅，临街一排房屋打开作为店面，前面的下厅房兼作大门，里面天井或院落大小因用地情况有宽有窄。山地建筑巧妙采用筑台、挑廊、吊层、附岩、架空等多种手法，合理处理与环境的关系。[47] 目前，古镇十多条古街保存基本完好，清幽的明清四合院民居20多处。还有依山而建的吊脚楼、古县衙、古祠堂会馆等（图2-5-29）。

九、抗元古寨堡群

南宋末年，蒙古骄兵横行四川。为抵抗蒙古军队，巴蜀军民在易守难攻之地广筑城堡。从《宋史》及四川、重庆诸地方志书来看，当时全川筑有"抗元古城"70余处，如苍溪大获城、广安大良城、蓬安运山城、乐山凌云城、合江神臂城等，这些抗元古城互为犄角，守城军民筑城防守，击退了蒙古军的多次进攻。据不完全统计，重庆地区范围内除前面记录的合川钓鱼城之外，还有宜胜城、重庆城、江北多功城、南川龙崖城、涪陵三台城、忠县皇华城、梁平赤牛城、万县天生城、云阳磐石城和铁城、奉节白帝城、巫山大昌镇天赐城、巫溪大守城等抗元古城13处。以下列举其中具有代表性的5处。

（一）云阳磐石城（图2-5-38、图2-5-39）

位于重庆市云阳县双江镇，海拔516～545米，始建年代为南宋淳祐年间（1241～1252年）。整个磐石城建立在陡峭出崖之巅，地形险峻奇特，四周绿竹环抱，城内绿树成荫，整个磐石城占地面积约5万平方米。在城池规划、建筑技艺和使用功能上，极具南宋后期抗元古城山、城合一的建造理念。磐石城平面布局呈梭形，长轴大体沿东、西向，前后城门分别位于长轴的两个端部，相距约420米。南北两面为陡峭岩壁，相距约130米，体现了作为防御性建筑易守难攻的特点。

磐石城系宋末元初时期著名的抗元城寨，宋代大将吕师夔曾屯兵此处，率军民抵抗元军。目前保存完好的是前后两个城门，前城门旁保存有清代"磐石城记"摩崖题刻，其中记录了磐石城始建至清代的历史沿革。此外，城四周仍保留有宋代城墙500米，而且城内残存的大型石砌蓄水池、古墓葬、古井和大量的建筑遗迹等历史遗物，再次印证了南宋后期"生活和防御并具"的抗元战略思想。

前后城门依山就势修筑，其内、外三道城门称

图2-5-29　永川松溉古镇平面图（图片来源：重庆大学建筑城规学院项目组）

瓮城门，在防御构筑物中极具特色，后城门门楣之上刻有"民国十三年"题款。城墙马面，悬挑外凸，造型独到，建筑工艺精湛考究，并面对上山小路，在攻击和瞭望功能上得到了充分的体现。唐代开始在此驻扎军队。

南宋淳祐三年（1243年）左右，宋帅余玠命大将吕师夔在此筑城，与万州天生城互成掎角，以抗元军。南宋德佑元年（1275年），元将杨文安久攻万州天生城不下，遂遣监军杨应之、彭福寿率川东行院兵，顺江而下攻打云阳小江口，以牵制南宋援军。同年夏，坚守30余年的磐石城被元军攻陷。

明崇祯年间，川军向化侯谭诣占据磐石城，与驻扎万州天生城的谭弘互为接应，共抗张献忠的义军入川。清顺治十五年（1658年），清军逆江而上，谭诣降清后仍驻军于磐石城。至雍正、乾隆年间，具有防御功能的磐石城渐废弛，乾隆三年（1738年），涂氏怀安公从谭氏家庭手中重金买下磐石城，族人三百余户遂入城而居，因此，使族人躲避了白莲教、滇寇之乱。道光年间，在原昙华寺故址上建涂氏宗祠。

民国九年至民国十三年（1920～1924年），涂氏族人对磐石城城墙及前后城门进行了维修。抗日战争时期，日军占领宜昌，进逼三峡，国民政府海军部在磐石城下构筑江防工事，并设立"江防要塞指挥部"，至今尚有钢筋混凝土工事残存。

磐石城自建城戍守以来，先后30年中作为山城抗元防御体系的重要组成部分，与川东地区几十座城池互为掎角，经历了数次战争之洗礼，故有"夔门之砥柱，云阳之形腾"之称，其东通三峡，西连万州，南控土彝，北拥飞凤，在南宋末年成为当时抗元防御体系中重要的城池要塞。

2000年，被公布为重庆市级文物保护单位。

（二）龙崖城

龙崖城遗址位于南川市马嘴乡马嘴村，地处金佛山风景区北面，海拔约1784米。龙崖城所在马嘴山，山势雄奇，山前侧一巨石耸立，状若马耳，极为壮观。据《明史·地理志》记载，马嘴山原名"马颈关"，扼川黔咽喉，山高路险，四周悬崖绝壁，唯马颈关处有一独径通向城门，具有"一将守关，万人莫敌"之势，在军事上有着特殊的重要地位，自古以来，为兵家所必争，被誉为"南方第一屏障"。

龙崖城建于南宋，至今700多年，遗址尚存。城址东西宽1.5公里，南北长2.5公里，总面积约4.75平方公里。城内遗存有城门、石阶、踏道、水池、水井、垛墩、射孔、城墙，城墙残存长42米，高7米，厚0.86米。城墙建筑部分完好，城门高1.8米，宽1.26米，呈圆拱形，上书"蟠龙岩"三字，大门顶上有精石一块，长50厘米，宽20厘米，刻"黄帝纪元四千六百一十一年癸丑岁建"字样（1913年）。石砌残垣犹存。其间有10米见方天池一口，积水甚深，四时不涸。池中多虫蛇菖蒲，疑为当年屯兵积水处。山顶平敞开阔，间有浅丘起伏，足可屯兵万人以上。

距城门左侧20米崖下石壁上，有摩崖石刻257字，字径17厘米，字距7厘米，正楷双钩，古朴有劲，为宋开庆元年（1295年）刻。至今除个别字迹模糊外，余均清晰可辨。摩崖宽4.2米，高3.5米，完整无损。为研究宋元历史及书法艺术提供了可贵的实物资料。山腰陡壁处发现50厘米×50厘米并排的两个隧道或建筑，曾从隧道内拣出土雷一枚，锈铁片数块，文物专家估计内有兵器库、粮库之类的建筑，还有待考古发掘证实。

据摩崖石刻记，考宋元史，南川龙崖城与合川钓鱼城同是抗元名城。史志典籍上关于龙崖城宋元之战的记载，迄今为止，仅在《宋史》上查到（开庆元年）"六月丙戌，南平来报战功"一句，确信无疑是直接记述龙崖城战事的，此事记入正史，足见其非同一般。而从龙崖城抗蒙记功碑中更可以看出，南宋朝廷对这次胜利格外看重，以至于得到宋理宗的多次嘉奖，这说明龙崖城宋元之战的意义非常重大。

2000年，被公布为重庆市级文物保护单位。

（三）天子城

又名天生城，其山势雄奇，绝壁凌空，自古便

列为"万州八景"之一，誉为"天城倚空"，历来为兵家必争之地。据元代记功碑载，"万在江北，城号天生，昔昭烈蜀汉，下窥三峡"，"于此乎插剑，盖蜀楚之要会也"。因其地势险要，易守难攻，且据川东战略要地，故在古代军事史上占有极为重要的地位，相传三国时刘备伐吴曾屯兵于此，上控蜀汉，下窥三峡，"天子城"也因此得名。南宋末年，万州守将上官夔，在此坚守抗元，"天子城"处于联系和拱卫重庆、夔州两地的一个严密完整的下川东防御体系中。"天子城"因此比南宋都城临安迟陷五个多月。清朝初年，"天子城"是夔东农民军抗清的据点。民国期间又为达官贵人聚居防匪之地。现城内保存着摩崖碑文题记、城门、城墙、炮台、瞭望台等众多历史文化遗存，是研究川东地区历史、政治、军事及古城堡建筑的重要实物资料。

天子城现有文物主要包括中城门东侧石壁上残存的南宋淳祐十一年（1251年），宝祐五年（1257年），咸淳二年（1266年）、四年（1268年）历任万州守臣李其、吕师夔、刘应达、吕师俞等增修天生城的题记、碑文共五则以及元至元十三年（1276年）记功碑一通，题为"宜相杨公功取万州之记"。城上还保留有石结构的前、中、后城门，前、后城门前各有一道卡门，分别为清咸丰三年（1853年）和光绪十七年（1882年）重建，中城门有一双钩三字"天生城"题刻，前城门道旁有清道光年"佛"字题刻。前城门尚存炮台一座，中城门、后城门处遗有南宋时期"一字"城墙各一座，南宋古城墙是天子城军事防御要塞的重要组成部分，与三个城门及鹅公颈一起，形成防御体系。

天子城前城门现遗留一古炮台遗址。炮台现状环境较杂乱，且不便游览，炮台基石松动。据《万县志》记载，天子城"城上凿塘四口"，天子城上还保留水井两口：一处位于中城门崖壁之上，尚在使用；一处位于天子城西南部果园内，已停用。后城门上有一株古黄桷树，树干部分虽被虫蛀，但仍枝繁叶茂，更显苍健，且树干挑崖向外生长，杂根错节，古朴遒劲。

2013年，天生城遗址被公布为全国重点文物保护单位。

（四）多功城

位于翠云乡花朝村翠云山，亦称翠云寨，北距渝北城区两路镇7公里。城依翠云山建，平面呈椭圆形；南北两端稍高，中部低平，墙完好，周长500米；墙体为条石错缝平砌而成；外墙高6米，内墙圆2米，厚3.5米。东西分别为"东城门"、"西城门"，东城门高2.5米，宽1.9米，进深1.8米，西城门高3.2米，宽1.9米，进深4米，系四川安抚制置使兼重庆知府余玠，在四川境内修筑合川钓鱼城之后，南宋咸淳六年，四川安抚制置使兼知重庆府朱祀孙在翠云乡境筑城，为重庆外围据点。清咸丰三年及光绪二十四年对城墙作过修补，但基础仍为宋代遗存。

多功城四周岩石陡峭，地当要冲，西可拒守嘉陵，锁制江面，南可与重庆呼应，为军家必争之地。明末张献忠入川，建大西政权，部将刘廷举驻防重庆，分兵在多功城安营。明将曾英再占重庆后，献忠部将刘文秀率兵3万克多功城，并以此为大本营，在嘉陵江一线与明军大战。清嘉庆初年，地主武装仍以多功城为据点，抗御白莲教。多功城内，原有建于宋代开禧时期的翠云寺，寺为四合院布局，由中山门前后殿及左右厢房组成，今为翠云村小学校舍。寺东侧有6米见方的洼池，深有3米许，因天旱不涸，故名"天池"。《江北厅志》载："翠云寺有池……清莹见底，虽大旱不涸，锦鳞若浮金，亦名'天池寺'。"

2000年，被公布为重庆市级文物保护单位。

（五）皇华城

皇华城又名皇华洲，原名江浦，亦名黄华洲。南宋理宗淳祐二年（1242年），四川宣抚处置使余玠为了抵抗元兵，在钓鱼山、云顶山、天生城、江浦等十余处易守难攻的险要之处，因山为垒，构筑为城，屯兵聚粮，互为掎角，长期固守。当时，移忠州州治于黄华洲。宝祐元年（1253年），封其侄赵基为忠王，以忠州为其封地。景定五年（1264年）十月，其侄赵基即位，号度宗，改元咸淳，便把忠州升为咸淳府，辖临江、垫江、南宾、丰都、龙渠五县，因此，人们就称黄华洲为皇华城。

皇华城是扼守长江的战略要地，上可援渝州、涪州，下可援万州、开州、夔州。因此，咸淳七年，南宋王朝任命六郡镇抚副使马坤为咸淳府知府，节制涪、万两州，以加强这里的防守。马坤是天水宕昌人，足智多谋，文武双全，赏罚分明，治军甚严。他与军使包申同心同德，和衷共济，加固城墙，囤积粮草，皇华城固若金汤。1271年，蒙古建国号大元，并置四川行省于成都。1274年6月，元世祖忽必烈命丞相伯颜伐宋，兵锋所向，势如破竹。南宋不少文武大员、封疆大吏望风迎降。1276年，南宋统治者投降称臣，宋朝灭亡，但有的将士却继续抗元。在四川，合州张珏固守钓鱼城，万州上官夔固守天生城，马坤、包申固守皇华城，抗击元兵，一直坚持到元至元十四年（1277年）底。

现保存下来的古城址，面积约2万平方米。城墙残垣分上下两层，为条石垒砌，有长100米、高1米的城墙遗存。城内原校场坝、夫子池及府衙遗迹尚在。城北临江岩石上有石刻"保江处"三字。

十、忠县石宝寨

石宝寨位于重庆忠县境内，长江下游北岸约45公里处。江水在此由北东折流向东南，石宝寨所在石宝镇正在拐点的凹岸处。它因为特殊的自然景观与独具匠心的人文景观有机地融于一身而成为长江沿岸一颗灿烂的明珠。石宝寨由玉印山山体及石宝寨建筑群两大部分组成。《四川通志》载："明末，谭宏起义，自称'武陵王'，曾据此为寨。"可知玉印山上当时已有能据以为寨的建筑物，并且石宝寨之所以为"寨"，盖自此始。

石宝寨所在的山峰，上段孤峰陡起，危岩壁立，峰顶平削，山形怪异，西南至东北长向约100米，顶面宽约20米，高程在170.5~208米之间。因此，山为一长方形巨大岩体，似玉玺，称为"玉印山"。石宝寨就建在这座巨大岩体构成的山上。由史料记载和玉印山绝壁上的石刻分析，至少中唐时期已为世人所瞩目，成为了登临游览的景点。

石宝寨依附于巨大岩体而建，占地面积5000平方米。总建筑面积1086平方米。整个建筑群由山下的大门、上山石阶踏道、"必自卑"石坊门、寨楼及峰顶奎星阁和天子殿五部分组成。进入寨门蹬条石铺砌的山道向西行达"必自卑"石坊。石坊全部用紫红色砂岩条石砌筑，其形式为三间三楼。过石坊，路宽约5米，前行约30米达寨楼"梯云直上"牌楼门。牌楼门为"四柱三间三楼"，内侧贴建四柱三坡攒尖顶的木构门廊。

寨楼为石宝寨主体建筑，倚建于玉印山东南面崖壁的西端，正面如一楼阁式木塔，由首层至九层面阔逐层缩减，内部置有登上顶峰的木楼梯。登上顶峰径直进入奎星阁建筑的一层。因此，从东南江面上看，寨楼及奎星阁浑然一体，构成通高达45米的十二层塔形楼阁。

与寨楼楼顶相连的是三层高的奎星阁底层，奎星阁为三重檐的三层四角攒尖顶方阁。出奎星阁经山顶平台可达天子殿，又名"绀宇宫"。南部保存有传说中的"鸭子洞"古迹。前殿为牌楼与硬山屋顶组合式，是川东民间建筑常见的手法。正殿面阔三间，通面阔12米；进深三间，通进深8.9米。因地形原因，后檐墙与山墙并不成直角相交，建筑高为6.00米，构架做法与前殿同。正殿与后殿之间为长条形天井，两侧厢房各七间，坐落在前后两个平台上。天井中保存着古迹"爱河桥"。后殿前檐接有歇山抱厦一间。天子殿所有沿峰顶长边的外墙和平台的栏墙，皆随形就势，临崖砌筑。它们和随山形变化建起的寨楼、奎星阁相互配合呼应，共同构成了石宝寨独特的艺术风格和统一和谐的建筑造型（图2-5-30~图2-5-33）。[48]

石宝寨寨楼、楼门、奎星阁布置在玉印山临长江的上游一侧，显然这是经前人反复推敲，精心安排的。乘船顺长江而下时，首先看到玉印山的窄面，奎星阁玉立山巅，上顶青天，下接崇楼；峰顶绀宇宫黄坊、白墙、青瓦隐现于绿树丛中，勾人遐想，欲穷究竟。继而船转向玉印山正面，奎星阁与寨楼融成一座十二层高的楼阁，下倚悬崖，上凌云霄，气魄更是非凡。逆流而上时，先是看到孤峰兀

图2-5-30 忠县石宝寨楼主入口（图片来源：胡显万摄）

图2-5-31 忠县石宝寨顶（图片来源：胡显万摄）

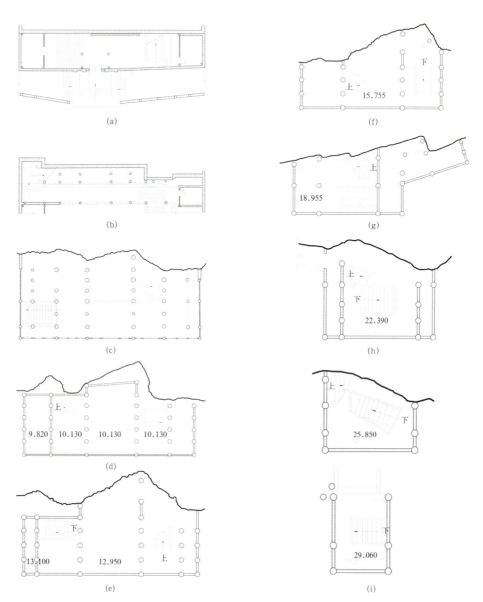

图2-5-32 忠县石宝寨（图片来源：根据《崇楼飞阁 别一天台——四川省忠县石宝寨建筑特色谈》改绘）
(a) 忠县石宝寨寨门；(b) 忠县石宝寨一层平面图；(c) 石宝寨二层平面图；(d) 石宝寨三层平面图；(e) 石宝寨四层平面图；(f) 石宝寨五层平面图；
(g) 石宝寨六层平面图；(h) 石宝寨七层平面图；(i) 石宝寨八、九层平面图

立，尖塔宫墙掩映于绿树中，构成了丰富优美的天际轮廓线；及近，则见崇楼倚于危岩，飞阁缀以圆窗，使人必欲登楼远眺而后快。船虽远行，回顾玉印山这一天然和人文景观的结合体，依然回味无穷。

石宝寨的科学技术成就还体现在寨楼的结构和构造方面。石宝寨的寨楼全部采用穿斗式木构架，无斗栱。间缝上，柱子排列较密，靠穿枋将柱子连接起来。除上层柱脚与下层柱头相接处置有穿枋，以加强柱子上下结合外，每层距楼板约2~2.5米高度上，还放一道穿枋，以连接本层间缝上的柱子。荷载则通过檩、枋直接传递到柱子上。支承楼板的楞木也靠榫卯和托木，将楼板的荷载直接加到柱子上。整个木构架，除檩条和个别穿枋受弯外，全靠顺纹承压的柱子承重，无横纹受压的构件。因而寨楼建成已过百年，并未发现明显的变形和残损。

建筑向纵深发展后，面临的一个技术问题是如何抵抗侧向水平荷载。石宝寨是靠整体向山体倾斜，倚靠于玉印山山体，部分柱子或直接插入岩体，或用铁件与岩体上凿的孔洞拉固，及面阔由下至上逐层减小，减轻上部结构重量和体积的方法，使寨楼达到稳定的。经实测，寨楼一至九层向山体方向倾斜0.56米，斜率2.1%。在我国仅存的几座高层木构建筑中，石宝寨的寨楼是惟一的穿斗式木构建筑，也是我国现存最高的和层数最多的穿斗式木结构。它是我国南方民间建筑的一颗明珠，标志着我国民间建筑技术的高度成就。

除石宝寨建筑群外，石宝镇为一座古朴的沿江场镇，场镇街道环玉印山布置成椭圆形，街道两侧为店铺式民居，部分为穿斗木构架建筑，部分为空斗砖木建筑。建筑一至三层不等，街道宽5~7米，千多米长，石板路。它曾是镇寨共生的场镇代表之一，现已搬迁。

2001年，忠县石宝寨被公布为全国重点文物保护单位。

十一、渝北贺家寨

贺家寨位于重庆渝北龙兴镇，始建于清光绪年间。贺家寨古堡是当地一贺姓大地主修建的一个堡垒，又名三星寨，也是贺氏的宗祠。贺家寨位于浅丘地貌中的一山顶之上，受寨前月牙形水塘和其后陡峭坡地的影响，总体平面自由，呈梯形。建筑规模1000余平方米。其选址的防御特征明显，而月牙形水塘也表现出风水相宅在贺家寨布局中的应用。古寨分由东、西两门进入，北面是陡峭的百米悬崖，无路可上，南面的城墙极为高大坚固，水塘可兼作护城河。寨墙环绕寨子一周，寨墙上的箭垛、射击孔至今仍基本保存完好。据称，在东西寨门口原本还有吊桥，防守时只需把吊桥收起，敌人便只能望寨兴叹。寨内建筑分台而筑，成不规则的四合院形状。寨内还有一密道，可直达寨外，供紧急逃生之用（图2-5-34~图2-5-37）。

图2-5-33　忠县石宝寨立面图（图片来源：周辉绘制）

图2-5-34 渝北龙兴贺家寨全景（图片来源：李忠摄）

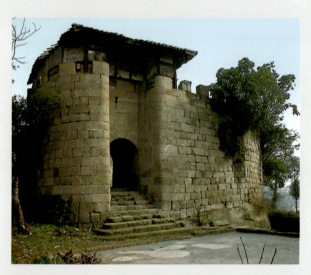

图2-5-35 渝北龙兴贺家寨寨门（图片来源：李忠摄）

图2-5-36 渝北龙兴贺家寨内民居（图片来源：李忠摄）

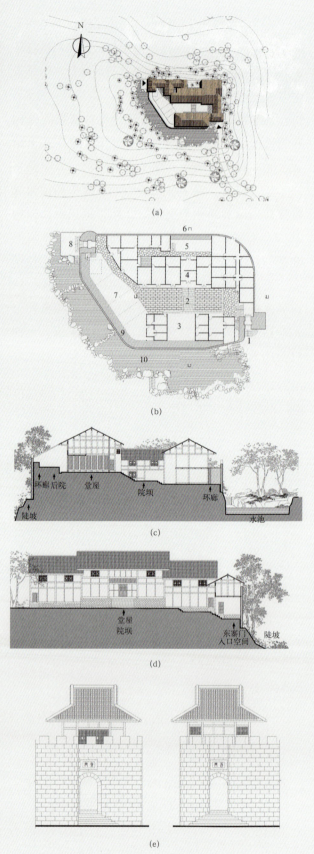

图2-5-37 渝北龙兴贺家寨（图片来源：李忠绘制）
(a) 总平面图；(b) 首层平面图；(c) 剖面图；(d) 剖面图2；(e) 寨门立面图

图2-5-38 云阳磐石城（图片来源：廖严摄）

图2-5-39 云阳磐石城冬景（图片来源：魏宏毅摄）

第六节 古城门城墙

一、重庆府城门城墙

重庆古城筑城历史，始见于文献者为秦张仪筑城。后历经前后四次大的筑城。有关城门的记载，最早见于《华阳国志》，三国蜀都府李严"更城大城"，建"白虎"、"苍龙"二门。后据《宋史·张珏》记载，南宋嘉熙二年，彭大雅筑城，建有"洪崖门、千厮门、薰风门、镇西门"四道城门。20世纪50年代初期，在太平门附近始现"宋淳祐东窑、西窑城砖"字样的城墙砖。清乾隆年间王尔鉴《巴县志》记载，明代初年重庆已有城门十七，"九开八闭"，位置明显清楚。其中九开的门是：东北角的朝天门，正东的东水门，东南角的太平门，正南的储奇门、金紫门、南纪门，这六门临长江，向北的临江门、千厮门临嘉陵江，还有西向通陆路的通远门，此九门至今通行。八闭的门是：翠微门地处朝天、东水门两门之间的蔡家湾，太安门在东水门、太平门间，即今之望龙门，人和门地处太平门、储奇门间的人和湾，凤凰门在金紫门、南纪门间的凤凰台，金汤门在南纪门、通远门之间，即今金汤街，以上五门均临长江，定远门在通远门与临江门间，即今七星岗侧，洪崖门在临江门、千厮门间的洪崖洞左，西水门在千厮门、朝天门间，以上三门皆面临嘉陵江。其中，规模最宏大、气势最雄伟的朝天门城门朝东，恰对两江交汇，也喻面朝天子帝都——南京之意。

所谓"开、闭"之意在于，根据古代建筑堪舆学的环境风水观分析，是顺应风水，讲求生克关系而定。因为重庆的房屋大都是竹木所建，加之地方气候炎热，房屋密集，极易失火，火灾历来是重庆的一大隐患。五行之中"水"是克"火"的，故而人们便将靠江的朝天门、千厮门、临江门、通远门、南纪门、金紫门、储奇门、太平门、东水门等九座规模较大的"水"门开着；将翠微门、太安门、人和门、凤凰门、金汤门、定远门、洪崖门、西水门等八座"旱（火）"门关闭（有的只有城楼，而没有城门），且除金紫门与储奇门外，每两座"水"门之间夹一座"旱"门，如朝天门、东水门之间夹翠微门，东水门、太平门之间夹太安门等。如此开闭相间，连成一个环状，以"水"克"火"。其次，所谓正式出入的九门，乃是"九宫"，用作水道的八门，乃是"八卦"，再合"九宫八卦"之象，以示"金城汤池"的含意（古语"金城汤池"，谓城池之巩固），而且各门的方位，也是各就对象位置，划分出水旱码头。各门命名，也是按"五行"，或就地势，或寓形势，或本实况，细加考究而定，由此就可想见当初时代风尚的情况了。

重庆城门的设置除了分为"开门"、"闭门"外，在城门建设上，"开门"的建设规模明显比"闭门"

大，九座开门中除了东水、金紫二门外，其余都有瓮城。城门主体分为三个部分，一曰城台，一曰城楼，一曰门洞口。城楼大都是一到二层，个别做三层。城楼三至五开间，木构，重檐歇山顶。瓮城城门呈椭圆形，出于防卫考虑，瓮城城门与城门一般不相对设置，呈丁角。

城门名字的题刻位置，有瓮城的城门，其城门名字横书在瓮城上，而在城门上另外横书四字，以概括此门的作用、位置或气势。没有瓮城的城门，城门的名字直接横书在城门上。在设有瓮城的城门上，如通远门题为"克壮千秋"，朝天门题为"古渝雄关"，太平门题为"拥卫蜀东"，南纪门题为"南屏拥翠"，临江门题为"江流砥柱"，千厮门和储奇门的题刻在清人刘子如绘《增广重庆地舆全图》上难以辨认。

考古成果证实，现存自南宋至明清城墙遗址八千余米，墙垣遗址范围（不以城门为准），由东至西约4公里，由南至北约1.5公里，是中国古代城墙遗址中保存最完整的山地城墙遗址。目前保存较完整的只有府城的通远、东水二门以及江北厅城的保定、东升、问津三门，故址仍有遗迹可寻的则有府城的临江门、太平门、翠微门、人和门、太安门等。现存的东水门城门宽3.2米，高5米，厚6.7米，属石券顶城门洞。附近有200余米的石城墙一段，高约6米。通远门及城墙位于重庆市渝中区七星岗街道中山一路，修建于明代。城门为拱形顶，条石砌成，其中部已残损。城门高5.33米，宽3.5米，厚7.41米。通远门原筑有瓮城、鼓楼和炮台，由于年代久远，现已全毁，城墙上现还保留鼓楼巷街的名称和敌楼的遗址。原来的通远门是重庆城区的边缘，出门向西为佛图关，是通往成都的要道。东水门和通远门两处明代城门城墙完全是石头结构。今天所见的古城门城墙遗址，虽说是"因旧址砌城"，实际上局部有所扩大。基本上与清乾隆《巴县志》的记载相吻合。

2013年，重庆古城墙包括通远门段、东水门段被公布为全国重点文物保护单位。

二、江北城古城门城墙

江北城指清代重庆府江北厅城，1913年全国废厅制后的江北县城。乾隆十九年（1754年），江北厅建制后，经过40年一直没有筑城。到嘉庆三年（1798）江北同知署（暂任）同知李在文才筑了一个土城，西北依山，东南傍水，建岷江、嘉陵、问津、镇安街四门。这是最初的江北城，很简陋。临江的岷江、问津二门，每当夏天涨水，时常淹没，损坏较快，其余二门也逐渐损坏，整个土城便逐渐倾圮了。

道光十三年（1833年），同知福珠朗阿主持砌造江北石城。城建八门，西南为金沙门，南为保定门，东南为觐阳门，东为汇川门，东北为东升门、问津门，北为文星门，西为镇安门。金沙、保定、觐阳三门临嘉陵江，汇川、东升、问津、文星四门临长江，镇安门通陆。觐阳门靠近江北嘴两江汇流之处，是江北城的正门，类似重庆城的朝天门，隔嘉陵江南对重庆城朝天门与西水门之间。保定门隔嘉陵江南对重庆城的千厮门，金沙门隔嘉陵江南对重庆城千厮门与洪岩门之间，汇川门隔长江东对南岸野猫溪，问津门隔长江东对南岸弹子石。以后江北城又向西扩建新城，约为旧城的十分之三四。增建永平门、嘉陵门、连原八门，共十门。永平门在西北，嘉陵门在西南，都通陆。原来通陆的镇安门，变为从旧城到新城的通道了。历史上江北镇锁两江口，掎角重庆城，为北面屏障。

据道光《江北厅志》记载：城垣高三丈余，城墙宽一丈至八九尺不等，周五里七分，计一千十一丈，八座城门均建有城楼，有的还有炮台及防波堤，气势颇为宏伟。

现存江北城问津门、保定门、东升门三座城门城墙。问津门位于江北城街道办事处东北520米，建于道光十五年（1835年），距长江边约60米，城门外是梁沱公路，城门内是潮音寺街。城门为石砌券顶双拱门，宽1.9米，高3.34米，厚2.9米。城门右侧现存城墙长约72.7米，左侧现存城墙长229.2米，城墙高6米。城门城墙均为沙石砌成。保定门位于江北城街道办事处东南480米，建于道光十五年，距嘉陵江边200米，城门外是民居，城门内是下横街公路。城门为券顶双拱门，宽2.5米，高3.85米，厚3.95米。城墙长290.7米，高5.8米。江北城东升门位于江北城街道办事处东北375米，建于道光十五年，距嘉陵江边40米，城门外是民居和炼油厂，城门内是岳家沟街民居。城门为券顶双拱门，宽4米，高3.8米，厚6.8米。城墙长54.6米，高5.75米。

三、江津古城门城墙

明代以前的江津门为土筑，年久圮毁。明成化年间，同知莫琚修在江津县北面筑城，沿江用条石砌城。明正德年间，知县杨威筑石头城，"高一丈八尺，周长五里六分，计一千零八丈"，城门九个，各建城楼，东、西、南三面筑月城。清乾隆三十一年（1766年），知县曾受一重修城门，开四门，闭五门。清嘉庆九年（1804年），各城门楼毁于冰雹，知县徐鼎补修。明成化年间，晚清时期，旧日之县城四面皆有城墙环绕，一般高约6米，厚约3米，用条石填泥土筑成。城墙上除按一般规律开有东、南、西、北四门外，因地形之故，又沿江增开了城门五座，因之全城计有城门九座。它们分别是东埠门、南安门、大西门、北固门（又名癸水门）以及小酉门、临江门、嘉惠门、通泰门和迎恩门。这九座城门上均建有城楼，而以东、西、南三处最为壮观，直到辛亥以后，这些城楼上还遗存有长约2米的清代铁炮十多尊。城墙之外挖有护城壕，宽约4米，深约3米，引上下两坝之溪水灌注其中，起加固城防之用。壕中之水由东、南两处入城，汇入城南的小官山水池，再经大小杨嗣桥、板桥，从北固门注入长江。因此，县城既无被围断水之虞，也无水涨遭淹之患。

四、璧山古城门城墙

璧山建县时为土城墙，为加强防务，于明朝成化十九年（1483年）改为石城墙，修建4年完工。城墙高5米，周长1.9公里。城内三街六巷相继建成"北斗七星"形。城设四门，东为"迎晖门"（大东门），南为"拱秀门"（南门），西为"临高门"（西门），北为"演武门"（北门）。明末清初，又修建了状元门（小东门）和状元桥（小东门石桥）。嘉庆十二年（1807年），又在南门外修造了一座五孔石拱桥，取名为文风桥。新中国成立后，璧山城墙陆续被拆除。

五、铜梁古城门城墙

唐宋两代，铜梁治今旧县镇，巴川治今巴川镇，俱无城池。元并巴川入铜梁，移今治，亦未闻有城池也。明洪武中，始筑土城，天顺中始建石城。成化中，知县莫琚重加修葺，规模渐宏。明末倾圮，久未修筑。清乾隆三十五年，知县娄星乃大加修治，顿改旧观。"城周九里三分，高一丈三尺，长九百六十六又九尺。"六门分别为：曰青蔼（俗呼北门）、曰延薰（俗呼东门）、曰成庆（俗呼南门）、曰迎恩（俗呼西门）、曰流月（即小东门）、曰望仙（即小南门）。城楼四，炮台四，水洞门三。咸丰十年，办理城防，增设虚炮台九。环城浚濠，缭以鹿角，今皆毁弃，城墙亦多倾颓。民国时期，城楼尚有延薰、成庆二门在。城门则因防水患，避空袭，于明月桥侧、马家湾内各增辟一便门，前后实际共有八门。"文革"至20世界80年代，城墙城门渐毁殆尽。

六、长寿古城门城墙

在汉代属江州、枳（今涪陵）二县辖地，唐朝武德二年置乐温县，元末农民起义领袖明玉珍在重庆建立大夏国都时改为长寿县，属涪州（今涪陵）管辖，明朝洪武六年（1373年），长寿县名为封建统治者认定。该县东北七十华里处有长寿山，居民多长寿，故定为县名。明朝天顺年间，知县时顺修开始筑造土城墙，因城外环城河水浸蚀，年久圮毁，清朝嘉庆元年（1801年），知县余钰迁县城于凤山（旧城在长江边），改筑石头城墙，施工8年完成。"城高二丈，厚一丈，周长五里多，计一千零六十丈"，建城门四个，改名凤城，现已拆除。

七、荣昌古城门城墙

元末明玉珍建都重庆时，在此置昌宁县，明朝洪武四年（1371年），改为荣昌县，因地处荣州界而得名。明朝成化年间，同知莫琚、知县覃琳砌筑石头城墙，高一丈五尺，周长五里五分，计九百九十丈，有城门四个，城外挖有护城壕沟。清朝乾隆三十四年（1769年），知县郭成巍重修，于城东新辟东水门，修人工河通莲花洋取水，合旧城门共五个，"文革"后逐步拆毁。

八、南川古城门城墙

汉代属枳县辖地，隋朝为巴县地，唐朝贞观十一年（公元637年）置隆化县，唐先天元年（公元712年）改为宾化县，宋熙宁七年（1074年）后为南平军治所，元至正二十二年（1362年），废南平军置南川县，隶属重庆路。据《蜀中名胜记》载，县城旁有南江（今綦江上游的支流），为三溪汇合处，故取县名为南川。明朝成化年间，知县刘裳始筑城墙，墙外挖有壕沟；嘉靖九年（1530年），知县陈光道改筑砖城墙，"高一丈二尺，周长三里五分，计六百三十丈"，北城门四个，小北城门一个。清康熙二十四年（1685年）重修，雍正十二年（1734年）夏六月大雨，城毁塌，知县张晅补修，乾隆十年（1745年），知县陆玉琮续修城墙，置小北门，四门各建城楼，乾隆三十一年（1767年），知县文运隆又重修。查民国《南川县志》中"南川城图"，四门为东门、南门、西门和北门。南门前现还保存了晚清建筑风格的一座木结构南门桥和两段古城墙。

九、合川古城门城墙

秦朝时属巴郡地域，西魏恭帝三年（公元556年），改为垫江县，置宕渠郡，垫江县为郡治所在地。继垫江县后，在历史上曾经先后改称合州、石镜、涪州、石照、合川。西魏恭帝三年改为垫江后不久，又在此置石镜县，因涪江以北有一大圆石似镜，故名。宋朝初年，因历史上曾经叫过石镜县而改称为石照。南宋淳祐三年（1243年），制置使余玠为抗击元兵曾迁旧合州城于钓鱼山，元朝至元二十二年（1285年）还复旧城，明天顺七年（1463年），由知州唐珣奉"旨"筑城，沿瑞应山麓砌石筑城，"墙高一丈七尺，周长一十六里二分，计三千九百一十六丈"，城门12个。至清嘉庆八年（1803年），合州知事吴士淳重修城垣，"较旧城高七尺有奇"。嘉庆二十四年（1819年），知州纪大奎又补修城垣等。根据民国县志中县治城厢全图，经查实，有东水门、会江门、下南门、大南门、人和门、学堂门、落阳门、塔耳门、瑞应门、北门、朝阳门等。昔日风貌多以不存。根据《重庆文物总录》1987年调查资料，仅存城墙四段，瑞应门一道。

十、涪陵古城门城墙

涪州城墙位于涪陵市中心区，现在仍然基本保存完好的一段位于崇义办事处东110米处一带，海拔高度165米，始建于明宣德年间，原为土墙，明成化初年代之以条石。当时墙高6米，墙长1800米。清康熙二十四年（1685年）设5座城门，即东门"迎恩门"、南门"怀德门"、西门"镇武门"、北门"朝宗门"、东北门"永安门"。清咸丰元年（1851年），将城墙加高至8米，并修筑厚0.6米的隐肩小墙930个、炮台5座、瞭望台5个。是时，涪州城墙呈环形，占地面积约73000平方米。城门宽4.5米，高7米，进深12米；城墙东段长121米，高8米，厚7.13米；南段长46米，高5米，厚6.1米；西段长213米，高5米，厚5.3米；北段长700米，高8米，厚7.3米；城墙总长达1083米。城墙的墙体砌缝用铁水灌注，密实坚固，墙体收分亦很恰当，表明其建造工艺已有较高水平。

十一、丰都古城门城墙

会川门位于县城南下河街，海拔高度143米，建筑面积270平方米，占地面积为500平方米，创建于明代，为县级保护单位。会川门，又称"管驿门"，城门及城墙全部为条石砌筑，为半圆形拱券城门。这种做法与建筑材料，均反映了当时当地的建筑技术和工艺水平。在长江流域的丰都县城，明代遗构会川门反映出了当地因地制宜、就地取材的特点，用条石砌筑，可以防潮、防江水侵蚀，大大优于砖构城门与城墙。拱券结构的城门说明城门的建造工艺水平已与汉族中原地区同步发展，在建筑材料上又有其地方特点。因此，会川门对了解丰都古城池的建置以及当时建筑材料的使用与建筑技术的发展变迁是一颇有价值的实物例证，现已进行搬迁保护。

十二、奉节古城门城墙

夔州府城墙残段，位于奉节县县城永安镇玉皇阁至东风社码头一带，全长约300米，海拔高度平均约132米。夔州府城墙始建于明成化十年，原为砖城，总长约3000多米。据清光绪《奉节县志》记载，清同治九年洪水后，"自西门起，至大东门玉皇阁止，改修石城一道，量长二百五十丈，高二丈五尺，垛高四尺五寸，底宽一丈七尺，面宽一丈。城身内外墙、海面城垛全用条石填筑实砌，以石灰浸缝。……崇墉峻壁，雉堞耸立，洵足以壮观瞻。"目前这段城墙还有约300米保存较好，其高度为9.2米左右。开济门始建及重建时间与依斗门相同。城门残高8.85米，长18.86米，厚9.56米，外拱高4.71米，长2.90米，跨度为3.34米，内拱高7.1米，长6.62米，跨度为4.26米。依斗门及夔州府城墙（残段，包括开济门）总建筑面积1890平方米，占地面积4040平方米。

依斗门位于奉节县县城永安镇大南门街南端，海拔高度129.3米。依斗门又称大南门，系原夔州府城城墙的南门。这座城门始建于明成化十年（1474年），原为砖砌，上有城楼，清同治九年（1870年）被洪水冲毁。自同治九年起至同治十三年（1874年）止，用石料重建大南门，"较之原建砖城，其势倍加雄巍"，并改称其为"依斗门"（取杜甫《秋兴八首》之"每依北斗望京华"句意）。该城门均用条石垒砌，残高12.9米、长23.1米、厚14.9米。城门洞由内外两拱构成，外拱高7.50米，长5.88米，跨度为3.78米；内拱高11.30米，长9.03米，跨度5.52米。依斗门城楼已毁，但城门本身保存仍基本完好，为县级文保单位，在三峡工程文物保护工程中搬迁保护。

十三、万州古城门城墙

万县城垣始建于西魏及北周年间（约公元552～1271年），系土城，沧海桑田，古城墙屡毁屡建。明成化二十三年（1487年），知县龙济续修，"城高为一丈二尺。正德六年（1511年）知县孙让增高三尺。"嘉靖二十三年（元1544年），扩大城垣规模，知县成敏贯重修，"周围五里，长九百丈，高一丈五尺"，设会江门、会府门、会省门三门。明万历三年（1575年）大水，临江一带城毁。署印主簿朱帜重修，用砖石砌筑。清乾隆三十四年（1769年），知县刘文华、肖一枝先后修竣扩建石城，"周围长三百二十六丈三尺六寸二分，高一丈五尺"。乾隆五十四年（1789年），知县孙廷锦劝捐修复大水冲垮的城墙，并改题三门：朝阳门、迎熏门、瑶琨门，另置小南门、小西门。嘉庆四年（1799年），为镇压农民运动（白莲教），于北山（北山观）修筑炮台一座，东、南、西三门各设谯楼。道光十九年，增修砖垛并东门瓮计雉堞895个。清同治元年（1862年），水没小南门，城基低陷数段，东、西、南城塌裂，修复后，清同治九年（1870年）农历六月又遇万县有史记载的长江最大洪水（水位高约156.04公尺），旧县府尽没于水，前门石狮子可停靠木船。除西北炮台一隅未没，其余全被淹，东、西、南城垣坍塌开裂，城墙尽倾。后三任知县，每任一至三载，筹款兴工，用整石修筑东南门，"城垣七十丈，西南城垣十五丈有余，小西门城垣四十余丈，城身厚各九尺，高一丈五尺。并修筑东南堡坎三条二百一十六丈，小南门堡坎一条三十九丈，西南堡坎三十一丈。"坚固牢实，水患无惧。同时，为保护城垣基脚，于东城脚修水沟四处，"各长三十余丈"；南城脚水沟数条。历时四年有余，共募捐花费五万一千六百余两。民国十四年（1925年），万县开辟商埠，修筑马路，堕去城堞895个，拆毁东西城垣"三百二十丈"及正东、正南、正西三处兵房50所，湮塞小西、小南二门，其材移用大桥（万安桥）础石。

在三峡文物保护工程中已采取保护措施进行局部搬迁保护。

十四、巫山古城门城墙

即巫峡镇南门。据《巫山县志》载：明代巫山筑土城圮坏后，正德二年（1507年），知县唐书，正其方位，修筑石城。嘉靖二十九年（1550年），大水冲塌。万历元年（1573年）重修，后毁于兵燹。清乾隆三十三年（1767年）重修，石砌砖封。咸丰十年（1800年），城被水淹没膨裂，随后劝捐修复。同治九年（1870年），河水泛涨，城内建筑淹塌。光绪十四年（1888年），就地劝捐，培修完竣。现存南城门为清代所建，海拔146米，建筑面积35.7平方米，占地面积41平方米。城门通高5.2米，门为拱形，宽4.5米，拱高4.3米，厚8米。残存城墙约1300米。城门和墙均用条石砌筑。

十五、忠州古城墙

位于忠州镇，始建无考，明洪武十四年（1831年）重修，面积约4.8平方公里。现遗存东城门（即东门）、东门城墙、南城墙。城墙不规则，高3~8米，厚一般为2米，均用青砂条石垒砌。东门位于东坡路三巷巷口，路穿门洞，门为单券拱，高3.3米、宽3.25米、厚2.63米。两侧有约50米长的古城垣。

注释

① 吴勇．山地城镇空间结构演变研究．重庆大学博士学位论文，2012．

② 曾帆．山地人居环境空间形态规划理论与实例探析——我国西南地区研究部分．重庆大学硕士论文，2009．

③ 李映涛．唐代巴蜀地区城市登记结构与空间分布特征研究．社会科学研究，2009（03）．

④ 清乾隆《巴县志》卷三．

⑤ 蓝勇．明清时期西南地区城镇分布的地理演变．中国历史地理论丛，1995（01）．

⑥ 赵珂，王晓文．川渝山地小城镇传统形态．重庆建筑大学学报，2004（6）．

⑦ 周勇．重庆通史．重庆：重庆出版社，2001：49．

⑧ 有关秦张仪所筑江州城的具体位置，目前学术界一直有两种说法：一为"北府"说，选址江北嘴；一为"南城"说，选址两江半岛。至今仍无定论。在综合多方观点后，本文采用"北府南城"双城结构观点。

⑨ 蓝勇等．巴渝历史沿革．重庆：重庆出版社，2004：50．

⑩ 蓝勇．古代重庆城市地图与重庆社会经济文化发展研究．齐鲁书社，2001．

⑪ 彭伯通．古城重庆．重庆：重庆出版社，1981：15．

⑫ 《宋史·忠义传》

⑬ 根据清乾隆王尔鉴所撰《巴县志》及市勘测院通过研究、测算81年前重庆建市的首套手绘地形图等资料确定。

⑭ 明重庆城编有八坊两厢。八坊为：太平、仁寿、壁仙、安静、通远、龙台、忠孝、宣化；两厢指重庆城外长江与嘉陵江沿江一带，居住着一定数量的船户，突破城墙的限制，逐渐发展成为街市：内江、外江。

⑮ 何智亚．重庆老城．重庆出版集团，2010：9-10．

⑯ 清乾隆《巴县志》卷三．

⑰ 清乾隆《巴县志》卷十．

⑱ 湖广、江西、福建、广东、江南、浙江、山西及黄州会馆等。它们均分布在下半城主要商业区及靠近政府机构一带。

⑲ 张宝宝．清光绪年间重庆城市空间布局研究．西南大学硕士学位论文，2010：48．

⑳ 是指"金碧流香、黄葛晚渡、桶井峡猿、歌乐灵音、云篆风清、洪崖滴翠、海棠烟雨、字水宵灯、华蓥雪霁、缙岭云峡、龙门皓月、佛图夜雨"12处景观。

㉑ 何平立．略论南宋时期四川抗蒙山城防御体系．军事

历史研究,1996（1）.

㉒ 季富政．巴蜀聚落民俗探微[J]．南方建筑，2008（5）:5-10.

㉓ 王笛．跨出封闭的世界——长江上游区域社会研究(1644-1911) 北京：中华书局，2001：246.

㉔ 涪陵县志·场镇．成都：四川人民出版社，1995.

㉕ 同治《万县志》卷八.

㉖ 民国《丰都县志》卷八.

㉗ 道光《忠县直隶州志》卷二、卷三.

㉘ 李先逵．巴蜀古镇类型特征及其保护．小城镇建设，2010（04）.

㉙ 曾宇．川渝地区民居营造技术研究．重庆大学硕士学位论文．2006.

㉚ 张新明．巴蜀建筑史——元明清时期．重庆大学硕士学位论文，2010.

㉛《华阳国志·巴志》.

㉜《北梦琐言》卷四《赵师儒与柳大夫唱和》.

㉝ 周勇．重庆通史．重庆：重庆出版社，2002：115.

㉞ 吕卓民．简论北宋在西北近边地区修筑城寨的历史作用．西北大学学报（哲社版），1998（3）.

㉟ 吕卓民．简论北宋在西北近边地区修筑城寨的历史作用．西北大学学报（哲社版），1998（3）.

㊱《梁平县志》.

㊲ 同治《万县志·地理志·寨堡》

㊳ 吴庆洲．四塞天险重庆城——古重庆城的军事防御艺术．重庆建筑，2002（2）.

㊴《万县志》

㊵ 李力．万州寨堡聚落特征探析．重庆三峡学院学报，2013（6）.

㊶ 李和平．山地历史城镇的整体性保护方法研究——以重庆涞滩古镇为例.

㊷ 赵万民等．安居古镇．南京：东南大学出版社，2009.

㊸ 赵万民，韦小军等．龚滩古镇的保护与发展——山地人居环境建设研究之一．华中建筑，2001（2）.

㊹ 赵万民等．龚滩古镇．南京：东南大学出版社，2009.

㊺ 李进．巴渝古镇聚居文化研究．重庆大学硕士论文，2003：91.

㊻ 赵万民等．宁厂古镇．南京：东南大学出版社，2009.

㊼ 赵万民等．松溉古镇．南京：东南大学出版社，2009.

㊽ 汤羽扬．崇楼飞阁，别一天台——四川省忠县石宝寨建筑特色谈．古建园林技术，1996（2）：10.

㊾ 李忠．四川盆地的寨堡式民居．重庆大学硕士学位论文，2004.

重庆古建筑

第三章 寺庙、道观建筑

重庆寺庙、道观分布图

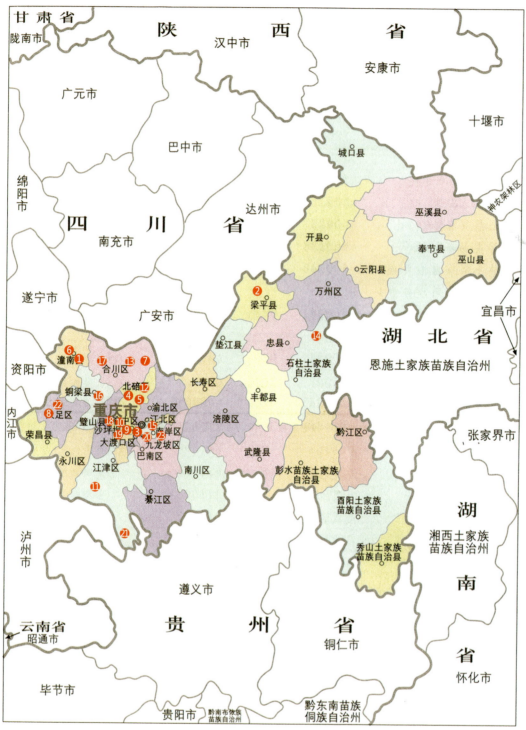

注：该分布图依据重庆市第三次全国文物普查成果绘制

（地图引自：中华人民共和国民政部编．中华人民共和国行政区划简册2014．北京：中国地图出版社，2014．）

❶ 潼南独柏寺　　　❻ 潼南大佛寺　　　⓫ 江津石门大佛寺　　⓰ 铁佛寺　　　　　㉑ 朝源观
❷ 梁平双桂堂　　　❼ 合川涞滩二佛寺　　⓬ 塔坪寺　　　　　　⓱ 板桥寺　　　　　㉒ 大足石刻
❸ 九龙坡华岩寺　　❽ 大足圣寿寺　　　　⓭ 净果寺　　　　　　⓲ 复兴寺　　　　　㉓ 弹子石摩崖造像
❹ 北碚缙云寺　　　❾ 渝中小什子罗汉寺　⓮ 石柱银杏堂　　　　⓳ 东华观藏经楼
❺ 温泉寺　　　　　❿ 沙坪坝磁器口宝轮寺　⓯ 涂山寺　　　　　⓴ 南岸老君洞道观

第一节　寺观建筑的选址

第一，选址城镇近郊的城镇寺观。

佛教自汉代起辗转西蜀东传重庆，一直得到持续发展，虽然期间也曾遭遇灭佛，但香火不断。到明清佛法昌盛时期，"一城一寺"日渐普遍，有些城镇内有多处寺庙。从清道光二十四年所绘江北城池图中可见，仅在江北城内就有"毗卢寺"、"宝盖寺"、"潮音寺"三座佛教寺院。清光绪四年合川城池图中，亦有"寿佛寺"、"嘉福寺"选址于城池之内。清光绪元年的大足县城，在城池东、南、西、北四面皆设置禅寺，分别命名为东禅寺、南禅寺、西禅寺、北禅寺，四座寺院分列城池四方，各据一城门。此外，亦有大量寺观选址于城镇周边，便于开展佛教活动的同时，也可充分兼享适宜的自然环境。清代中期以后，随着宗教文化更趋世俗化、民间化，原本喜欢选址深山，"清静无为"的道观也开始选址于城镇周边（图3-1-1、图3-1-2）。

城镇寺观选址除了考虑与街道的联系外，也会借助城镇山水环境，从风水和景观的角度营造小环境。比如嘉陵江边磁器口古镇，拥有"一江两溪三山四街"的独特地貌，中为马鞍山，金碧山、凤凰山分踞左右，构成三山两谷之势，凤凰、清水双溪潆洄，嘉陵江自北向南。始建于唐代的宝轮寺就选址于场镇中间马鞍山余脉之山脊，靠山面水，场镇主街回环其下。安居玻仑寺选址于古镇东两里之外的玻仑山，登临寺庙可一睹全镇风貌，被誉为"安

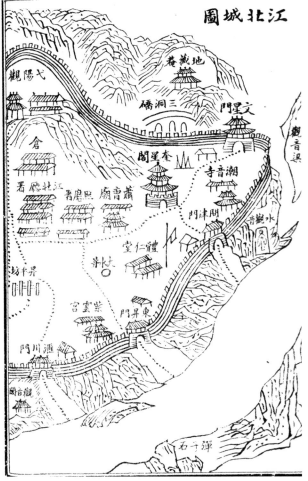

图3-1-1　清道光二十四年江北城寺院选址（图片来源：《重庆历史地图集》）

图3-1-2 清光绪四年合川城寺院选址（图片来源：《重庆历史地图集》）

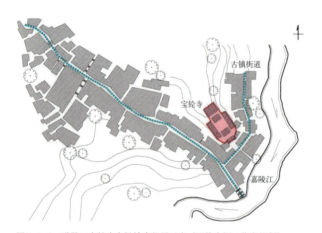

图3-1-3 磁器口宝轮寺在场镇中位置示意（图片来源：作者绘制）

居八景"之一（图3-1-3、图3-1-4）。与佛寺相比，城镇中的道观规模一般不大，多为简单合院，甚至单栋形式。不过受风水术的影响，选址也会考虑寻找背山面水、负阴抱阳之佳址，比照清代重庆各区县城内道观绘图，如巫山三皇庙、巫山龙王庙、彭水紫云宫、彭水城隍庙、石柱梓潼观等，都选址在城镇内或者近郊环境比较优美的地方。

第二，以自然山水环境为依托的山林寺观。

道教信奉修仙及"清静无为，少欲寡欲"的思想，追求凡人无法到达的神仙境界。道教的修炼方法诸如服食、吐纳、行气等都要求在空气新鲜、远离喧闹的环境中进行，采药炼丹更必须到深山中去，因而古代道观多选择与外界隔离，山奇水秀之所，以避世俗之喧哗。由文献资料分析，重庆地区自汉晋起早期兴建的8处道场中7处隐于山林，足见隐逸之风对道教建筑选址的影响。

佛教在传播初期，寺院的营建并不十分注重环境，佛教教义认为"相由心生"，一切外部事物均是主体内心事物的幻化，如佛偈"世上本无穴，穴在我心中"。寺庙早期的选址多在城市，以利广纳信众，选址山野的也只选在背风向阳、风景优美之所。

图3-1-4　磁器口宝轮寺近影（图片来源：刘美摄）

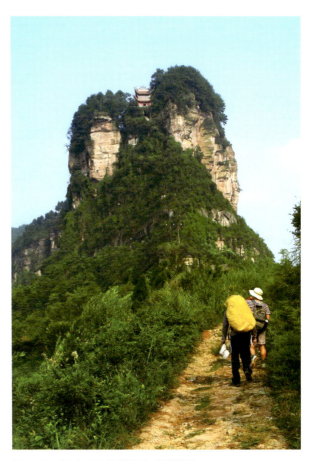

图3-1-5　綦江白云观（图片来源：杨清碧摄）

隋唐以后，随着佛教的中国化，在与儒家、道教相互排斥又相互融合的过程中，为了迎合国人的宗教观，在选址上也吸收了道教及堪舆学对自然要素合理利用的优势，渐有"天下名山僧占多"的说法。这些选址山林的寺观建筑与山水之间形成了巧妙的互存关系，它们或居山脚、山麓，或居山顶，或摩崖而建，不仅自身可览自然山水美景，建筑与环境融合，相互依存，也成为了地方名胜。寺观建筑依据山水环境的特点，不仅在群体布局，单体营造方面依山就势，自由发挥，也利用登山步道、路径设置和景观视线组织，营造出神秘而肃穆的宗教氛围。

其中，选址山顶的寺观，常借山体雄浑之势以衬托神灵与信仰之高洁，如忠州石宝寨上的崇圣寺，择址于玉印山山巅，孤峰独置，寺院最初仅能通过铁索上下，后修建楼阁作为交通体，由江中仰视，气势恢宏。南岸道观老君洞选址于黄桷垭镇老君山山顶，依山造殿，俯瞰两江，环抱山城（图3-4-57）。此外，綦江白云观、奉节天仙观、巫山文峰观、合川二仙观等道教宫观都建于名山之巅（图3-1-5）。

位于山麓或山坳的寺观，主要考虑利用台地以及邻近水源。由于山麓处地势不高，藏于山间，若隐若现，是深山古刹的典型写照。山麓寺观的营建，多遵循对堪舆学理想模式的追求，随机应变，巧用地形，在山间坡地的不同标高上布置殿宇，以身后的群山相衬，获得较为丰富的景观层次。如北碚温泉寺，背靠缙云山脉，邻近嘉陵江，不仅满足了修行清幽的环境要求及生存的基本需求，同时背山面水，迎一江胜景入怀，使温泉寺成为川中佛寺名刹。类似选址实例还有南山涂山寺、九龙坡华严寺等（图3-1-6）。

第三，选址田野之间的林盘寺观。

图3-1-6 南山涂山寺（图片来源：徐晓莉摄）

图3-1-7 梁平双桂堂与农田环境

因为不少寺院有寺产，郊外用地宽阔，环境幽静，因而林盘寺观在重庆地区也十分兴盛。其建造方式与民居林盘聚落颇为相似，即建筑群选址在农地田间，周围以高大的树木、竹林等围绕，林盘之外为广袤的农田地包围，体现了"田—林—寺"的空间景观模式。梁平双桂堂是重庆佛教寺院中选址乡间的寺院的典型代表。其产生背景与明末清初战乱频发的社会环境以及破山海明禅师以"养育贤才、陶铸后学、继往开来"为宗旨开办学业丛林有关。他所弘扬的"农禅"并重思想，使学法传道与自给自足的农耕生活相结合，因而得到信众的广泛响应，双桂堂在他那个时代开始渐为西南禅宗祖庭（图3-1-7）。

第四，依山附崖的摩崖窟寺。

以摩崖造像和摩崖佛寺建筑为特征的重庆摩崖石刻是石窟寺在中国发展的最后一个时期。重庆地区丰富的丹霞地貌造就了沿江地带很多垂直的崖壁，可利用天然崖，以小工程量来开凿尺度巨大的佛教造像，为摩崖石窟的盛行提供了良好的地质环境。唐"安史之乱"以后，北方地区社会经济遭到了巨大的打击，石窟造像日渐衰落，而偏居西南一隅的重庆却鲜受影响，加之社会政治活动中心一再南移，从晚唐至两宋，重庆地区摩崖造像不仅没有衰颓的趋势，反而出现了多处巨型摩崖造像和有完整规划的道场造像群。

重庆摩崖佛寺的建筑空间布局可分为：摩崖佛寺与石刻形成以寺院为中心的放射空间布局；顺应崖壁延伸的线性空间布局；利用地形的垂直转换空间布局；自由灵活的分散式空间布局。其中放射空间布局是指寺院置于摩崖石窟的一旁或以寺院为中心，环绕山腰开凿。线性空间布局通常以"千佛崖"命名，是沿崖壁排列窟龛而形成的带状摩崖，且因地理环境不同而分成两种类型：一种是沿自然干谷形成的断崖分布，如大足北山等，另一种是顺应江河峡谷分布。垂直水平转换的台地空间模式中，摩崖石窟造像及其建筑多沿着山体半坡逐步自下而上，或是环绕山体山腰布局，而后由垂直轴线转为水平轴线，向山崖顶部台地纵深延展布置建筑。

目前重庆地区尚遗存有佛教摩崖木构建筑若干处，以潼南大佛寺（图3-1-8）、合川涞滩二佛寺（图3-3-1）、江津石门大佛寺（图3-1-9）等最具代表性。其中潼南大佛寺选址于涪江南岸的定明山独云峰，佛像开凿于宋代前后，筑七层重檐歇山顶大佛阁，大佛阁高出独云峰数十米。虽经历代的修葺、增建甚至重修，现存建筑依旧气势恢宏。

第五，道教"洞室"。

在重庆，以深山天然洞室为道观之源，这在不少古道观发展的历史上都有明确记载，这也是重庆宗教发展中一个重要的地域特色。南岸老君洞，历史上有"涂洞"。据嘉庆《巴县志》卷一记载："老君山在城东南七里涂山之右，黄桷垭之左，石峰为路，署之底山有石洞。"在它附近还有三丰洞、纯阳洞、石猴洞、仙源洞、三圣洞、燃灯洞等共7座古洞室，皆是早期用于修炼之所。渝中东华观在旧《志》中有"观后有东华十八洞，呼其为神仙口"的说法。

图3-1-8 潼南大佛寺（图片来源：李文勇摄）

图3-1-9 江津石门大佛寺（图片来源：黄淳摄）

江津朝源观，始建于北宋太祖建隆年间，明清时都有修葺。共三重殿，沿轴线布置，中殿依峰而建，实为石拱洞府，洞顶林木丛生。合川县嘉陵江南岸的铜梁山，邻近二仙观处亦有两个石洞，相传为闾丘道人静修之处，明代张三丰云游至此，亦住其洞中。另据《铜梁县志》记载，明永乐年间张三丰居住在铜梁巴岳山昆仑洞，植有杉树五株，号五星杉。除昆仑洞以外，亦有三丰洞、火食洞，洞前有"棋盘石"，孤峙一石，传为张三丰与杨禅对弈处。

第二节 寺观建筑的布局与空间组织

由于受到自然地理环境和地区文化影响，重庆地区寺观建筑群在中轴线控制的前提下，群体布局不强求对称，多轴线发展，显示出灵活多变的特征。

一、佛寺

佛教寺院经历了在中国的变迁，逐渐形成了相对固定的布局形式，其中"佛"（供奉佛像）、"法"（讲经布道或存放经文）、"僧"（僧侣居住）三部分的功能需求对佛寺群体布局与空间形态的控制性最强。寺院布局基本循序唐宋以来形成的标准布局，包括：寺院整体布局基本都以中轴线贯穿全寺；主体建筑分置于中轴线上；建筑群体左右对称，前低后高，主次分明。重庆地区受地形限制，在遵循以上规则的基础上，还有所发展。

第一种，地势引导下的单轴线布局。

重庆地区佛寺建筑中70%以上以单一主轴线对称方式布局。中轴线上包括山门、天王殿、大雄殿、藏经阁等主要殿堂建筑，主轴两侧以观音殿、药师殿或厢房等围合成合院形式。如北碚温泉寺山门前，原有石照壁，照壁作为轴线之始，其后有关圣殿（山门）、接引殿（天王殿）、大雄殿、观音殿共四重大殿，三进院落，为主轴线。第二进院落大雄殿两侧分别为地藏殿、药师殿，与其围合成院落空间。温泉寺整体布局左右对称，布局严谨，庭院景观亦左右对称。沙坪坝宝轮寺、沙坪坝复兴寺、渝中区能仁寺、渝北龙兴寺、北碚缙云寺、合川净果寺、合川古圣寺、潼南独柏寺、江津石门大佛寺亦是此种布局（图3-4-52）。

另有部分建筑群的轴线关系受地形所限无法延续，从而产生了轴线偏折的布局方式。如圣寿寺的主要轴线上仍依次为山门、帝释阁、大雄宝殿、三世佛殿，到轴线最后一进的观音阁开始以三世佛殿为拐点偏折。观音阁后是崖壁，轴线难以继续，最后的药师殿与摩尼殿另起轴线，与观音阁平行，这样就形成了灵活的轴线偏折的布局。渝中区的罗汉寺为城池中的闹市寺，寺院的选址修建也受到用地的限制。现今的罗汉寺，进入山门即是小庭院，稍向西北偏折是条形的摩崖石刻群，此轴线到此为止向南偏折，大雄宝殿、藏经阁延续此轴线。如此形成"L"形偏折轴线，完全不同于中国传统佛教寺院中轴对称，贯穿到底的轴线模式。

还有一种横向轴线的布局方式。传统的山地建筑单体一般平行于等高线修建，建筑组群则垂直于等高线纵向布置。但在重庆部分地区，沿江地带山体等高线突然变化，形成陡峭的崖壁，为摩崖石刻提供了绝佳的位置。如潼南大佛寺、江津石门二佛寺等均选址于沿江岩壁，受其限制，江津石门大佛寺仅有一进院落，主体建筑仅大佛阁一处，为满足寺院的其他功能，出现了横向轴线布局的形式。潼南大佛寺依崖壁建造大佛，七重檐歇山顶大佛阁背山面水。由于地形的限制，传统的中轴线对称的布局方式在此处难以展开，除大佛阁之外的殿宇——观音殿、玉皇殿就与大佛阁并列排布，山门与大佛阁构成一栋建筑，以天井稍加区分。这种横向布局的方式在重庆地区亦不多见，属于特殊地形条件下的特殊处理（图3-4-29）。

第二种，院落与天井相结合的布局。

明代中后期之后，地方民居采用的院落与天井相结合的平面组合形式对佛寺建筑布局影响颇深。为了节约空间，适应重庆地区夏季湿热、雨季长的气候特点，一些大中型寺院建筑开始借鉴地方民居的手法，在中轴线上依次布置主要殿宇，形成三至五进院落，在主轴两侧有若干大小、形状不同的天井围合，布置各类附属功能房间。相比于北方纵深浅、面宽大的院落，重庆地区的院落常出现长进深、窄面宽的布局，以适应地形。小天井可解决长进深建筑的采光问题，其所形成的拔风口效应还利于通风除热。建筑群以数个院落、天井围合而成整体，房屋殿宇间以厢廊联系，可做到雨天不湿鞋。这种类型的代表寺院建筑当属梁平双桂堂（图3-4-1）。

第三种，多轴线、多组团布局。

当需要对原有寺院进行加扩建时，受地形所限，往往不能单纯地在原来的基础上增加院落数量，这时就需要另辟地块修建，形成多组团结合的寺院建筑群。根据利用环境的不同方式，又可分为多组团散点布局和多轴线并列布局两大类。南岸涂山寺是多轴线并列布局的典型代表。涂山寺位于南岸区南山山腰之上，相传，涂山寺所在位置原有一佛一道两座寺观并列，主事者为兄弟二人，由于要扩大寺观而用地局限，故两人相约对弈于棋盘山，胜者留在此处，负者另觅他处。后道教主事者负，另觅先南山老君洞开辟道观，佛教一方便留下，将佛、道两寺观连通共同经营。具有神话色彩的传说现无处考证，但涂山寺的整体布局的确是多轴线的并列布置，每条轴线上都有完整的前导空间、宗教礼佛空间等。合川板桥寺也是此种布局。

多组团散点布局的寺院建筑群，每个组团系统各自独立，分别有各自的轴线布局关系。这既与重庆寺院选址于山地，受制于地形环境的多变有关，也与重庆佛寺多数源自"洞窟"有关。以九龙坡区华岩寺为例，寺院起源于华岩洞，圣可法师云游至此传经授道，信众当集，但苦于洞小而不能容，且常有碎石落下，意欲离去。后杨继芳居士为挽留大师在此处长期留驻讲经，在华岩寺不远处捐资捐地修建寺院，包括天王殿、大雄宝殿、藏经楼等一系列建筑群，之后不断地加扩建，使得华岩寺成为多组团寺院的代表。华岩寺大寺建筑群，主轴线由天王殿（兼作山门）、大雄宝殿、藏经楼、禅堂组成三进四重殿的台地院落空间，主轴之外的生活空间，倾向于对民居化空间的模仿，"天井"的使用是这种倾向的体现。华岩寺中共计院落5个，天井9个，天井之大小尺度不一，或长形、或方形，根据建筑间的组合关系发生着变化。此外，合川涞滩二佛寺亦是此类多组团布局（图3-4-8）。

第四种，以佛塔为中心的布局。

两汉前后，佛教建筑是以塔为中心布局的，直到隋唐以后，塔才逐渐由中心转移到后侧，大佛阁、大雄殿等主体殿堂建筑逐渐居于寺院的中心位置，此后以塔为中心的布局形式逐渐消失。但在重庆地区佛教寺院建筑中仍可寻觅到以塔为中心的布局形式的遗踪。

铜梁铁佛寺始建于元至正年间，清乾隆五年、同治八年维修。其整体布局依次为山门、石塔、川祖殿、正殿、玉皇殿和东西两侧厢房。现仅存正殿、玉皇殿及两侧厢房，但从文献中可知其入山门即见塔，是明显的以塔为中心的布局形式。北碚塔坪寺则是重庆地区以塔为中心布局寺院的现存例证。塔坪寺是集寺、塔、坊、表为一体的佛教寺院建筑群。寺内有宋代仿木构石塔，清代的前殿、藏经楼、后殿、铁塔和云楞碑等文物。塔坪寺为中轴线布局，而位于其轴线中心的是南宋石塔。石塔为七层仿木构楼阁式塔，塔身逐层内收，檐四角反宇，各层开窗，顶为宝瓶，外壁浮雕斗栱、神像等图案，形象生动。石塔所在庭院四面均有建筑围合，成为寺院中最主要的合院空间。

第五种，一寺双院的布局。

由于山地选址的局限性，有时难以如平原地区一样修建较大规模的寺院，如本身又需要相当的规模，就会形成上、下寺合置的布局形式。重庆山林寺院中一寺上下院的布局，一般是山坳寺与山腰寺的结合，两院在形式上各自独立，又相互呼应，互为补充。如北碚缙云山脉为重要的佛教圣地，缙云寺与温泉寺即为上下寺的关系，两寺各自独立成完整的体系。上寺缙云寺处于山腰谷地，居高临下，视野旷达。下寺温泉寺地处山麓，紧邻嘉陵江而建，拾级而下，取水生活十分便利。温泉寺的规模是上寺缙云寺的7倍之多，可容纳较大数量的僧侣，这样的规模分布与寺院生活的便利性不无关系。合川涞滩二佛寺亦是一寺之上、下院的例子。上寺为合院式建筑群，主要殿宇包括接引殿、大雄宝殿、藏经阁等。二佛寺之下寺位于鹫峰山崖壁边，为岩崖壁开凿大佛的摩崖佛寺，三重檐木质大佛阁为下寺主要的建筑物。上下双寺各成系统，又相互呼应。

二、道观

道观的平面布局主要有两种形式。一种是按中轴线前后递进、左右均衡展开的传统建筑手法，规模类似于传统民居的四合院、三合院，有的也接近于园林的布局，按五行八卦方位确定主要建筑位置，然后再围绕八卦方位展开，具有神秘色彩。重庆地区以全真道派为主流，寺观建筑布局大多遵循沿中轴延伸，依次为照壁、山门、灵官殿、玉皇殿和三清殿等的功能布局形式，又充分利用地形，依山就势，发展出各种适应形态。

第一种，以中轴布置为主，自由发展为辅的布局。

此型通常在纵向中轴线上布置主要祭祀殿堂，而在周边非对称地分布辅助性功能用房。这些附属建筑根据山势地形以及景观或使用需要灵活增长，有规整型和活变型两种形制。这既能保持纪念流线的完整性，又能有效减少与辅助流线的距离，提高了空间的利用率，比较适用于中小型寺观或者高差起落不太大的位置。比如北碚绍龙观就以中轴线组织组群院落，主体建筑灵官殿、玉皇殿、三清殿沿中轴线依次排列，两侧对称布置慈航殿、真武殿两座配殿，配殿二层为办公用房，山门设在右侧。整体保持了中轴对称的布局，局部稍有变化，在三清殿右后方设置了道舍及斋堂、厨房等生活起居部分，且因群体背山面水，灵官殿前紧邻湖水，因而山门并没有限于保持延续中轴的关系设于中轴线上，而是灵活地布置于右侧院墙上，以八卦门形式呈现。

北碚白云观亦属此类布局方式。沿中轴线分别设置了山门、养心殿、门头二、太乙殿，第一进院落两侧配殿为南北五组殿，第二进院落相对开敞，仅在右侧设配殿，第三进院落为最高处太乙殿及其配殿。整体布局轴线左侧增建一院落，为神学院，属于静修空间，轴线右侧则为白云观道士生活起居区，设有斋堂、道舍、浴室等，由于两侧各个院落功能各异，增建院落并未严格对称，而是根据不同功能需求布置，采取非严格对称的灵活布局（图3-2-1）。

第二种，自由生长式布局。

由于建筑扩建的需要，重庆道教建筑群有不少是以中部先建成的主体院落为核心，根据山势地形以及使用需要灵活延伸发展而成的。这些附属建筑看似无规则，随机分布，实际上也是匠心独具。有些依据地形构成，顺着等高线起伏退进；有些围绕某一特定空间或特定目标发散分布；有些则是从景观组织角度，根据景点的具体情况进行灵活安排，

1. 山门 2. 南五祖殿 3. 北五祖殿 4. 养生殿
5. 山门二 6. 太乙殿 7. 太乙殿偏殿 8. 禅房
9. 入口 10. 丹房 11. 配殿 12. 斋堂

图3-2-1　缙云山白云观建筑群平面布局（图片来源：重庆大学建筑城规学院项目组）

建筑之间的联系相对松散，并不强调刻板的方位朝向，布局自由度较大，充分适应地形山势，融入自然。

以老君洞建筑群为例，其布局突破了传统道教宫观受中轴对称布局或中轴主导整体布局的制约，因地制宜，以散点灵活的布局，体现了道教"人法地、地法天、天法道、道法自然"哲学精神的规划理念。老君洞所在的南岸老君山，地势起伏高差较大。其主体部分为三清殿、祖师殿、慈航殿、玉皇殿四个建筑，没有明确的轴线关系，各主殿之间联系通道为依山而筑的石阶小道。其次于主体祀神区域两旁分设道舍和斋堂，左侧设道舍，右侧设斋堂。有前后入口两处，一处设在三清殿殿前广场左侧，可供道教活动时信徒前来祭神斋醮，另一处设在距离主殿区域较远的后山位置，从此处入口到主殿区域需通过一条蜿蜒曲折的石阶小路。除三门、主殿、道舍、斋堂空间外，老君山上还分散着许多摩崖石刻、休息亭台等，这些结合建筑、环境布置的观赏、休憩空间，构成了老君洞丰富多变的道教宫观空间。这种打破常规轴线统治的平面布局，一方面适应了地形，完全发挥了建筑的景观作用，另一方面，也

形成了独特的山地宗教建筑景观（图3-4-57）。

龙泉洞道观也是适应山地环境而灵活布局的又一实例。龙泉洞道观坐落于沙坪坝平顶山半腰密林之处，其规模相比老君洞小很多，组群布局亦是考虑到了山势地形和周围视野景观，主体玉皇殿、圣母殿、观音殿、三清殿等建筑依崖而建，背靠崖壁，面朝江水，随着地势曲折高下。这些建筑充分发挥出了自由散点式布局因地制宜、灵活借景等布局潜能和构景特色（图3-2-2）。

第三种，发散式布局。

历史上持续有增建，规模比较大的寺观建筑群，往往结合山地景观，由若干个单体建筑沿着纵深轴线前后贯联而成。这种布局，单体建筑前后可以拉开较大距离，形成深远曲折的纵深空间序列。每组建筑成为纵深空间序列的节点和转换点，调节出较强的层次感和节奏感。单体建筑之间的物质性功能联系松散，明显地以精神性功能为主导。比如丰都名山寺观建筑群即属于此类布局形制。

建筑组群分为前、中、后三段，前段以幽冥世界、哼哈祠、报恩殿三栋单体串连，中部、后部两端分别以不同大小的合院建筑串连，如果把合院看做一个整体，则名山道教建筑组群基本是沿着一条曲折的纵深轴线生长的。轴线上的建筑成了纵深空间序列的节点和转换点，可以调节出较强的层次感和节奏感。步行在串连式布局的组群中，空间的转换交织着时间的进程，配以轴线上的石桥，两侧的亭廊，形成连续不断的动态空间、步移景异的动观景象。

第四种，合院式布局。

重庆地区道教建筑，选址于城镇或村落的道教宫庙建筑，除极小规模的土地庙等小型道庙有时以单体形式出现外，其余皆为合院式布局。一方面出于合院式布局可满足功能的延续性且具有良好的功能分区特征，另一方面，道教建筑虽为片区公共活动中心，但其造型、布局与民居等级形制既存在差异，也具有共同点，重庆场镇民居多以天井或合院形式出现，道教建筑也采取了格局统一方式，融于片区肌理之中。合院式布局又可以分为简单合院式

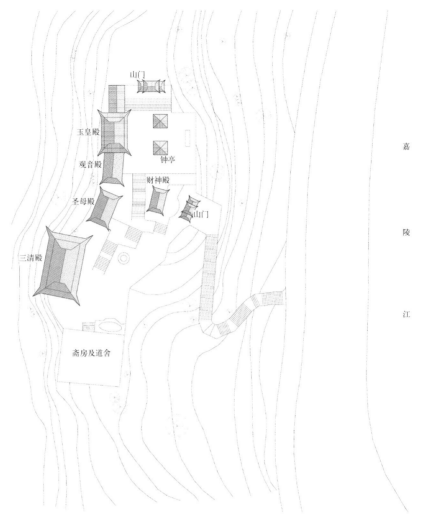

图3-2-2 龙泉洞道观建筑群平面布局（图片来源：重庆大学建筑城规学院项目组）

和合院组合式两类。

简单合院式的布局形态多见于功能较少、形制较低的小型道观，主要包括山门、正殿及配殿。比如巴南中坝万寿宫，始建于明代中晚期，占地2700多平方米，坐西向东，是一组以上殿、下殿、左右厢房围合而成的四合院组群，下殿高敞，面阔三间10.5米，进深四间12.6米，屋顶为三重檐歇山顶，左右两侧厢房面阔一间6米，进深一间7.8米，为悬山顶，现上殿已毁，院内仍保留古木大树一棵。这种简单合院建筑布局，关系简洁明了，给祭祀者和朝拜者以主题突出的效果。明清时期，此类简单合院式在村落中出现较为频繁，此类实例还有巴南木洞镇中坝万寿宫、南彭街道关圣庙、九龙坡西彭镇药王观、涪陵群乐宫、三清观、江津望龙庙、綦江东岳庙、玉皇观、合川洞灵观、铜梁下紫云宫、万寿宫、真武宫、元天宫、白羊观。

合院组合式适于规模稍大的道教宫观，重庆道教建筑按合院组合式布局，大体有两种：一是规整型，一是规整加变化型。规整型构成的多进院落沿着纵深轴线串连布置，两侧厢房严格对称，布局完整。中轴线上依次布置山门、正殿、后殿等殿堂空间。另一类即在规则的院落布局基础上适度变化，如渝北龙藏宫即属于此类。龙藏宫位于龙兴古镇，占地面积2500平方米，建筑面积1900平方米，始建于明朝，建筑组群坐落于城镇中央，大门正对老街尽端，组群以戏楼、三清殿、后殿为中轴线展开，两侧根据地形和功能需要不对称布置厢房和一些杂物院。

第三节 寺观建筑单体形制及地域特色

一、寺观建筑单体类型

(一) 山门类建筑

山门通常作为宗教建筑群体开始的标志，以山门为界，区别出俗世与仙界的差别。佛教寺院的山门常做殿堂式，称为山门殿或三门殿，也有牌坊式等形式。重庆地区佛教寺院的山门不拘泥于传统的形式，因寺而异。道教建筑的山门多处理成牌楼样式，重庆道教建筑山门主要分为牌坊门、屋宇门、随墙门三大类。

牌坊式山门可位于主轴，用作一般的山门，亦可在上山必经之路上，作引导信众上山的前导空间，因其占地面积小，布局灵活，山林寺观中多采用。重庆佛教寺院中，以牌坊作为山门的较多，有北碚塔坪寺、合川古圣寺、北碚缙云寺、涞滩二佛寺上寺、渝中区能仁寺等。缙云寺山门与进寺踏道组合，引导性极强；古圣寺"八"字形墙与牌坊山门的结合，形成内聚性；能仁寺栖身于拥挤的闹市之中，占地不大的牌坊山门隔绝喧闹尘世于门外。重庆道教宫观中则仅丰都名山建筑群现有牌坊四处：名山入口牌坊、阴阳界石牌坊、天子殿牌坊两处。

除常见的牌坊门以外，宗教建筑中也有以屋宇形式出现的山门，多为三间，中间门仅用于重大仪式，平时从两侧通行往来。个别也有一门的，与传统意义上的"三门"有所差异。屋宇式山门的屋顶形式一般为双坡悬山，亦有做歇山顶者。重庆道教建筑中，如白云观入口山门，坐落在高台之上，三滴水歇山顶。再如丰都名山的天子殿组群中，过幽都牌坊后第二重殿宇即为天子殿山门，山门一开间，歇山顶，体量不大却是天子殿与外连接的惟一通道，在空间序列上也起到了起承转合的作用。

重庆佛教寺院中，屋顶形式除悬山、歇山之外，亦有复杂样式。如圣寿寺山门的屋顶造型是用牌楼式与常见的歇山、悬山屋顶形式相结合，组合巧妙、结构复杂，与山门之后的帝释殿相呼应，极具地方特色。重庆佛教寺院中，因用地局限等原因，关圣殿、天王殿等有时亦承担着山门的作用，如梁平双桂堂与温泉寺，皆以关圣殿兼作山门，仅中间一门通过，而九龙坡华岩寺大寺将山门与天王殿合置，屋面以勾连搭的形式实现。此两种建造形式，节约了建筑用地，同时制造了丰富的空间体验。

重庆道教建筑的山门还有随墙门的做法，包括两种形态：一种是将牌坊直接贴在山门正面墙壁外侧，起到装饰作用，如老君洞西山门、江津石蟆古镇清源宫等；另一种情况在规模较小的场镇或村落道观中比较常见，即大门与戏楼仍采用"门楼倒座"的布置方式，但是大门并不作特殊处理，直接采用四川本地民居大门形式，如渝北龙藏宫。这种随墙门的具体做法有一定规矩，自上而下是"立式牌匾、石过梁、石雀替、石门柱、石门槛"，雀替并不在门洞上端，而是在梁与柱之间的构件，和江南地区类似宅门做法有所差别。老君洞八字门墙的山门高高在上，山门的重檐楼牌如浮雕般嵌在封火墙造型的八字门墙上，檐下为四川建筑特有的插栱构造和美人靠造型的曲面栱壁板。前面是如覆水般落下的扇形石阶，突出山门的气势。另外，八卦门也是道教建筑中常用的随墙门之一，缙云山绍龙观中即采用了此种道教特有的门洞。

(二) 殿（厅）堂式建筑

佛教建筑中，天王殿一般位于山门之后或直接承担山门的角色。重庆地区的寺院，并非都设有天王殿，因关公与天王殿中的韦陀同为佛教护法，故有时关圣殿会代替天王殿，如北碚温泉寺及梁平双桂堂。大雄宝殿简称"大雄殿"，是佛教寺院中最重要的主体建筑，每座寺院皆有大雄殿，一般都占据寺院的中心地位。"大雄"是对佛的尊称，供奉"大雄"之殿，空间高大宽敞，建造时均采用最上等的木材、做最精细的装饰，成为一寺之宝，故称"大雄宝殿"。中国传统建筑的等级，体现在建筑屋顶形式、立面装饰等方面，重庆地区一般殿宇多为单重歇山顶或悬山顶等，大雄宝殿则多为重檐歇山顶，亦有单檐歇山带披檐的形式，如板桥寺大雄宝殿，也有更高等级如双桂堂三重檐庑殿顶。其中板桥寺、缙云寺、净果寺、铁佛寺、温泉寺、独柏寺、宝轮寺大雄宝殿有不同形式的斗栱，可丰富建筑的立面，彰显其重要的地位。大雄宝殿之后的佛殿，根据寺院规模、等级、所属宗派的不同而有所差异，其建筑等级均逊于大雄宝殿。

厅堂也属建筑群的正房，但级别要低于殿堂。宋以后，许多地方宗教建筑主体"殿堂"采用的是厅堂的构造做法，但仍以"××殿"称之。重庆地区道教建筑的主体殿堂也是如此。

重庆现存的道教建筑中，最早为明代，以清代居多，其殿堂式主体建筑仅见于东华观藏经楼、巴南中坝万寿宫下殿，其他现存道教建筑的主体皆为厅堂式建筑。厅堂式中又包含了带斗栱和不带斗栱之分，带斗栱的主要为体现其主殿的等级地位，已不具备结构意义，只作为装饰性构件。殿堂式以歇山屋顶为多数，仅丰都耀灵殿为勾连硬山屋顶，两侧与封火山墙相连。龙藏宫三清殿，据史料记载，原来为歇山顶，后期重修过程中改建成现在的悬山顶，从屋顶瓦片也可看出其改建痕迹。老君洞三清殿原为悬山顶，在近代经多次重整后也改修为等级更高的歇山顶，并增修两厢，应是出于老君洞在巴渝地区越来受善男信女的广泛青睐，为提高其社会地位及影响力而改的。

（三）摩崖建筑

在重庆地区，摩崖佛殿最有地方特色。摩崖石刻一般开凿于沿江峭壁上，修建大佛阁主要面对的是与地形的关系问题。除中部供奉大佛的通高空间外，大佛阁内可营造多层廊式空间，形成不同高度对佛像的参拜观摩之外，亦可根据地形形成多个出入口。如涞滩二佛寺之大佛阁，其为三重檐歇山顶建筑，内部共三层平面，一层与建筑主入口相接，二层与佛像左侧室外相平，可至上寺，三层则与佛像右侧石踏道相接。建筑内部各层均与室外直接相连，室内外空间模糊化，建筑与地形有机融合（图3-4-36）。

大佛建筑的修建初衷是保护大佛不受风雨，但也要充分考虑大佛本身宗教功能的发挥，建筑不应影响信众与大佛的交流，因此对其内部采光、视线的要求十分高。大佛阁为多重檐结构，各层屋檐下的开窗为建筑内部提供天然采光的同时，亦可形成良好的通风。涞滩二佛寺下殿二、三层屋檐下均开窗，二层檐下为菱形花窗，三层设直棂窗。潼南大佛寺七层檐，檐下设具有民居特色的格子窗。此外，高侧窗的方式亦是大佛阁建筑采光的主要形式之一。两侧山墙面上端通常敞开不加遮蔽，或与正立面一样开窗，起翘的翼角使得两侧采光更为容易，其效果类似于高侧窗形式，例如潼南大佛寺侧面檐下空间与其正立面一样设置格子窗，涞滩二佛寺侧面贯通的直棂窗使室内光线充足（图3-4-34）。在大佛阁建筑中，亦有仿重庆民居使用天井采光的案例。潼南大佛寺大佛阁前有承担入口功能的殿宇，与大佛殿主体直接连接在一起，为缓解入口殿宇对大佛殿内部采光的影响，在两者屋顶交接出设开口，起到类似天井采光的作用。

大佛阁的修建不仅可起到对摩崖大佛的保护作用，也可起到全方位、多视点亲近大佛的交通体作用。据相关研究表示，人眼舒适的立体成像视角为60°，在涞滩二佛寺中，以1.7米的身高为例，人位于一层，以60°视角可以从佛像基座看到佛像膝盖位置；位于二层，同样以60°舒适视角可看到佛像膝盖到佛像头顶位置。也就是说，登临一层与二层，可以完整地看到大佛全身。位于三层，可获得与大佛平行的视角，感受更近的视线交流。随着层数的改变，人可以从不同的空间距离感受到佛像的变化。

（四）楼阁式建筑及其他建筑

除了高大的摩崖木构，重庆佛寺中还有不少楼阁式建筑，比如钟楼、鼓楼、藏经楼（阁）等。

重庆道教建筑中也多为楼阁式建筑，并且因修建年代和功能形制的不同，也呈现出体量大小、建筑风格、工艺繁简的差异。如老君洞玉皇殿是在君洞来往香客信徒增多后增建的，采用多层楼阁式，一方面是由于其陡峭的山林环境，难以在平面上展开，只能选择向空中发展；另一方面，作为道教宫观来说，其宗教思想本就推崇"观星望气"的传统，崇尚"仙居楼阁近天宫"之说，建玉皇楼更能完善其道观三清、祖师、老君、玉皇、圣母等成体系的建筑格局。钟鼓楼则一般设置在主体殿堂广场前左右两侧，如老君洞三清殿两侧钟鼓楼、丰都天子殿山门左右钟鼓楼。清源宫钟鼓楼并没有独立建置，而是与左右厢楼结合连通，这种处理手法在民间场镇道观中应用较多。丰都名山报恩殿为突出其功能的重要性，体量较大，并采用了周围廊的平面形制。

重庆道教楼阁式建筑中，二仙楼、报恩殿、钟鼓楼都采用了明清时期的"通柱"做法，即将内柱直接升向上层，与辽金楼阁常见的上下层柱间的斗栱（平坐层）做法不同，这种做法使得楼阁结构整体性较强。此外，其楼阁式建筑基本都是采用的无斗栱的大木小式构造，屋顶多采用歇山顶和攒尖顶两种形式，歇山多用于主要祀神殿宇，而攒尖往往用于登高观景多层楼，常用的有四角攒尖、六角攒尖、八角攒尖。

此外，在重庆的寺观建筑中还存在着多种其他建筑类型，比如佛塔等。此类建筑另作专门介绍，此处略去。

二、单体建筑的地域特色

（一）平面形制

宋代李诫在《营造法式》中，根据平面布柱的差异对殿阁建筑平面作了分类，有分心斗底槽、金厢斗底槽、双槽及单槽。建筑周边带副阶周匝，建筑做重檐，此类做法提高了整个木构件抵抗水平力的性能。宋代建筑平面的分槽形式只在殿堂式中涉及，但明清官式建筑中，殿堂结构已是只存表面形式，实际上均为厅堂式结构。

重庆佛寺建筑中，潼南独柏寺的正殿始建于唐代，现存建筑为元代修建。正殿面阔三间，为内外

图3-3-1 涞滩二佛寺（图片来源：王树声摄）

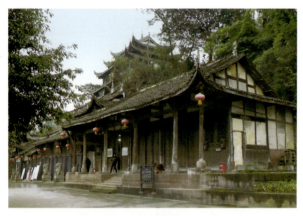

图3-3-2 潼南大佛寺（图片来源：胡斌摄）

图3-3-3 潼南大佛寺周边摩崖造像与题刻（图片来源：谢晓丽摄）

两圈柱网，斗栱仅施于外框前檐至转角部分，外框其余部分设单栱硬挑出檐。内柱高于外柱，外檐设斗栱，内柱直接与梁相接，不同于殿阁式柱框层、铺作层、屋盖层明显区分的做法。独柏寺正殿外檐柱有侧脚，能增强建筑结构的稳定性，明清以后的重庆佛教建筑中，均不见此法。

温泉寺中明代的大雄宝殿，面阔五间，平面类似于金厢斗底槽，但其内圈斗栱不在金柱所在的内圈，而是在檐柱、金柱之间约二分之一处形成内槽，这与营造法式中金厢斗底槽的做法有所差异，在宝轮寺明代大雄宝殿中亦有相似的做法，为前区空间获得了较为宽敞的祭祀空间。温泉寺与宝轮寺大雄宝殿平面均为内外两圈的形式，内圈主要为放置佛像的区域，外圈作为信众祭祀叩拜及僧侣打坐的场所，较宽的进深是此类公共建筑首先需要具备的条件。这样的做法在满足空间需求的基础上，实现了双重檐构建的形式美。

明代重庆佛寺中厅堂式构架的另一典例为北碚净果寺。其面阔三间附带副阶周匝，上层檐口施斗栱，金柱直接与梁相连，亦是典型的厅堂式构架做法。但其斗栱较前两座大雄宝殿更为简化，下檐口为副阶周匝承担，无斗栱，反映了重庆佛寺建筑形式逐渐演变的过程。缙云寺大雄宝殿面阔五间，进深六间，其中包括副阶周匝，但其副阶周匝并未做外廊，而是建筑内部的一部分。为保证信众与佛像的良好视线及宽敞的跪拜礼佛区域，大雄宝殿平面采用减柱手法，明间屋架取消了中柱、金柱。缙云寺大雄宝殿斗栱仅在下檐出现，主体结构的承载功能已摆脱斗栱的作用。其斗栱形式，采用偷心造，各翘之间以横向穿枋联系，装饰性更强，这与清代建筑中斗栱作用的淡化及装饰作用增强的趋势一致。

重庆道教殿堂多为明清遗存，重要殿堂平面形成普遍采用双槽外加副阶周匝，如丰都名山道教建筑群中的玉皇殿、缙云山玉皇殿、缙云山白云观太乙殿、老君洞玉皇殿等。部分殿宇结合地形环境和祭祀活动需要采用移柱造和减柱造形式，使空间更加灵活，形态多样，如丰都名山药王殿、财神殿等。

重庆地区的道教宫观大殿除以上两种平面形制外，还具有特殊形制：大殿明间前两根檐柱采用移柱或者加柱的形式，在殿前凸出一个平台（月台），成为"凸"字形平面。老君洞三清殿、绍龙观灵官殿皆为此种形式。宋《营造法式》所称的单槽，以一系列内柱将平面划分为大小不等的两部分。老君洞三清殿就是在前后槽的平面基础上改进的，将月台凸出，柱子也随之往外推。重庆地区大部分道教殿宇呈规则的槽的形式，但仍有小部分宫殿由于功能、历史和实际需求等各种因素，采用移柱造和减柱造的形式，使空间更加灵活，也更具独特性。如丰都名山药王殿、财神殿，两殿形制一致，且沿中间巷道对称布置，它们的平面都采用了移柱的方式而形成了凹形平面。由此可见，重庆地区道教建筑并非严格遵照官式建筑平面形制建造，而是结合道教祀神空间等需要，减柱、移柱而形成灵活多变的平面格局，但从其开间数来看，重庆道教建筑形制不及官式道教宫观。

（二）单体建筑对地形的适应

重庆寺观建筑多汲取山地民居的营养，充分利用地势，有效增加使用面积，并且以多变的营造手法创造丰富的建筑形象。

第一种，筑台。

利用分层筑台，营造叠院的手法，解决地形高差大的问题。同一轴线上，"一台一殿"比较普通，如九龙坡华严寺。对于分散式布局的建筑组群，采取"一台一院"，如南岸老君洞道观。也有"一殿多台"，直接将地形高差消解于建筑内部，如九龙坡华岩寺藏经楼、南岸涂山寺玉皇殿（韦陀殿）、丰都名山天子殿主殿等。其中南岸涂山寺的韦陀殿与玉皇殿实为一栋建筑前后两部分，它们利用3米地形高差，从低处进入为韦陀殿，从高处进入为玉皇殿，相背而立。玉皇殿双坡悬山顶与韦陀殿歇山顶共同形成造型独特的屋顶形象。

第二种，附崖。

对于山势更为陡峭、场地条件局促的地形，则采用依附山崖的方式消解高差，建筑后部贴在崖壁上如自然生长一般，并为殿宇前让出较宽松的交通或行为空间。佛教建筑中，主要应用于摩崖大佛阁的建造。于摩崖佛像之上建构房屋以为佛像遮蔽风雨，其单面靠崖，逐层收分，形成高大宏伟的多层楼阁式建筑。合川涞滩二佛寺中，雕凿于南宋年间的主体造像释迦牟尼像高12.5米，大佛阁北侧嵌入山体，为三重檐歇山顶建筑，屋顶逐级收分，随山坡趋势而上。再如潼南大佛寺，其大佛阁更为宏伟壮观，为七层檐楼阁式建筑，体现出庄严肃穆的宗教建筑氛围。两处大佛阁，皆选址于陡峭的山崖峭壁，一般难以营建，正是摩崖大佛这种宗教特有的物质形态使得摩崖佛寺应运而生。道教建筑中，运用附崖方式最具代表性的是老君洞明代石刻殿，其后部紧贴崖壁，从而留出了殿前台地空间，用于香客参拜、逗留观景等，与其错对的道舍部分，也是出于争取场地空间的考虑，而往后退让采用吊脚形式，同样增加了院落面积。

第三种，嵌入。

此种建筑营造法，源于建设用地局限，而山洞作为自然生成的空间顺理成章地被利用为功能用房。重庆佛教建筑中，此种营造手法也有踪迹可寻。例如华岩寺的寺庙起源于邻近的华岩洞，因用地的局限，寺院营建者以山洞为主体建筑一部分，建筑空间与山洞空间合而为一，争取更多的使用空间。重庆道教建筑中，也有利用依乎自然的建造手法，把建筑空间延伸到自然的崖壁洞穴之中的例子，如平顶山龙泉洞的三清殿与山体巧妙结合，融为一体，也争取了较为宽裕的殿前场地。

第四种，吊脚。

重庆道教建筑中，老君洞及龙泉洞两处道观均地处险要之地，群体建筑中，除满足核心殿宇及殿前院落对场地空间的要求外，很多辅助性的功能空间常不拘一格，采用吊脚处理手法，如龙泉洞道观中玉皇殿前平台的下部空间筑为道舍及管理用房等辅助空间，三清殿前平台及殿右侧斋堂部分皆采用吊脚形式获取较大场地。

第四节　典例分析

一、佛教寺院

（一）潼南独柏寺

独柏寺位于潼南县城之东20公里的独柏乡，涪江北岸一级台地，坐北面南，南距涪江河700米与筋斗坡相望。相传唐代此地便有寺庙，分为上、中、下三殿，因下殿山门外有一棵独生大柏树，树上雕有一佛像，故名为独柏寺。

今独柏寺仅存正殿及后殿。正殿单檐悬山抬梁式梁架结构，通高6.7米，正脊、垂脊已毁。有石砌台基高出地平面0.7米，前后檐柱施斗栱出挑，角柱升起。通面阔13.6米，通进深9.8米，总面积130余平方米。梁架结构，用材较大，最大柱径0.48米，柱高5.5米，最大柱径与柱高之比为48∶550。举折之比为2.7∶5.3。四周檐面铺二重椽，前出椽有2米之宽远。当心间至转角缓慢起翘，坡度平缓。四周檐下均施斗栱，其中前檐共施斗栱八朵，斗栱间距为107厘米、103厘米、104厘米、104厘米（栌头间距离），间距较小。斗栱三重，高度之比为23∶24∶25，其耳平敧之比为3∶2∶4，均出双下昂，除当心间柱头铺作二斗栱没有昂尾，余皆设昂尾，昂尾内跳1.5米承檩，前下昂嘴不承重，上昂嘴承撩檐枋。其斗栱从栌斗开始层层上叠，栌斗承昂，昂头承小斗，小斗再承昂身，昂头承斗托檩，加上两侧悬挑的栱形成一组独立悬挑承重结构的斗栱。其前檐转角柱头处各施斗栱一朵，均出双昂，下昂嘴不承重，上昂五嘴分别伸向转角三方，其昂头均承斗托檩。后檐无转角斗栱，仅柱头斗栱四朵，均出双昂，昂头再施小斗承檩，有昂尾内挑檩，其当心间内二道梁檩攀间斗栱两朵，无昂及出跳现象。两侧次间各施斗栱五朵，均出双昂，施斗承重，昂尾挑檩枋。与其他斗栱铺设基本一致。正殿檐下除斗栱铺作外，四周还设普拍枋，枋下有阑额，宽0.13米，均设在斗栱的栌斗下面起连接各斗栱的作用。

与独柏寺毗邻的后殿为观音殿，面阔五间，单檐硬山式脊顶，抬梁式梁架结构，有台基高出地面0.8米，建筑面积264平方米。正梁有墨书题记："皇清康熙五十四年乙未岁季冬望三建修……泥身观音大殿施舍树木众姓……住持临齐正宗第十七代弟子心连……"

独柏寺正殿，建筑风格奇特，造型古朴，其斗栱的设置，前后檐数量不一致，斗栱间距不大，有假昂现象，檐面坡度平缓，檐边起翘不大，当心间开始起翘，设有穿插枋、圆形蜀柱。梁枋用材较大，房屋较低，给人以敦实的感觉，具有柱础变化不规则等特点，为研究重庆地区元代木建筑提供了实物例证。

2013年，潼南独柏寺正殿被公布为全国重点文物保护单位。

(二) 梁平双桂堂

位于梁平县城西南13公里金带镇外一片开阔的平坝浅丘地，由禅宗大师破山海明创建于清顺治十年（1653年），初名"福国寺"，因寺内有老桂花树二株，一树开黄花，一树开白花，所以有金桂、银桂之分，故名"双桂堂"；又因寺庙被古竹环绕，又取名"万竹山"；咸丰十年（1860年）建舍利殿时，破土得金带一条，因此又名"金带寺"。由于其创始人破山禅师在佛教禅宗中的地位及双桂堂数百年间形成的宏伟规模，被誉为"西南禅宗祖庭"、"蜀中第一丛林"。目前，双桂堂占地约7.2公顷，坐北朝南，建筑面积约18000平方米。

建筑布局以七重大殿形成的六重院落为中轴线，位置从前到后，沿中轴线排列有关圣殿、弥勒殿、大雄殿、文殊殿、破山塔、大悲殿、藏经楼，两侧围合配殿、厢房，在外围还有三池、四亭、四塔、328间厢房梵舍、66个花圃、龙井等。寺内殿堂林立，规模宏大，蔚为壮观，排列均衡而对称，且主次分明，结构严谨，将佛寺殿堂的布局规则与本地民居合院的组合手法巧妙结合，构成了一组结构恢宏的复式合院建筑群，充分体现出了矫健、朴实、简括的重庆民间建筑艺术风格，是重庆地区古代寺院建筑艺术之重要典例（图3-4-1、图3-4-2）。

关圣殿为重檐歇山屋顶，面阔五间15米，进深8米，高10米，不带檐廊，是体量最小的大殿。正面仅明间开门洞，次间、梢间全为封闭墙体，看似三开间，山墙两侧接八字围墙，殿前有高大石狮一对，形成有标志性和引导性的入口空间。佛教寺庙内设置关圣殿，是为独特，于国内佛寺布局中少见。

弥勒殿，始建于康熙十二年（1673年），乾隆和道光年间都有重建。殿内中间供奉弥勒，背后为韦陀，两侧为四大天王。

大雄殿是整个寺院的主体建筑，供奉着释迦牟尼。它由破山禅师于顺治十年（1653年）创建，乾隆二十三年（1758年）透月和尚改建，道光二年（1822年）果沛和尚再次改建，光绪十五年（1889年）法轮和尚重修，具今日规模。中置释迦牟尼佛像，两侧为十八罗汉，其上设二十四诸天。整体建筑为石木结构，面阔五间24米余，进深四间14米余，高10米余，三重檐歇山顶，抬梁式梁架，共由52根完整的石柱支撑，每根石柱长约9米，柱径达0.8米，八角形体，重20000公斤以上，从开采、搬运到竖立均是人工操作，其工程之浩大，可见一斑。石柱承托木制穿斗屋架，设周围廊，后檐廊于明间处封闭，两山墙面各有两连廊与两侧厢房相连，形成两处天井。一层山墙、窗下墙均采用石材，二层做平闇天花，使用空间高达9米。建筑装饰主要体现在石雕及木雕上，石雕主要体现在高大的石柱及柱础上，题材有雄狮、大象、麒麟等。撑栱、花牙、扇面枋上则多做立体木雕。围脊、戗脊、正脊结合灰塑、砖雕、镶嵌等多种技法，正脊中堆全由瓷碗盘碟灰塑而成，以几何形体进行重复与组合。内部藻井彩饰美观，镂空雀替，脊上宝珠雕塑，引人注目。殿存金身彩绘佛像数十尊。殿堂正中端坐着2.6米高的释迦牟尼金像，左右是阿难和迦叶的金身立像，后衬彩色背光连龛，上悬"佛国西天"和"三界大师"匾额，给人以金碧辉煌却又庄严肃穆的感觉。大殿左右的壁龛内塑有十八罗

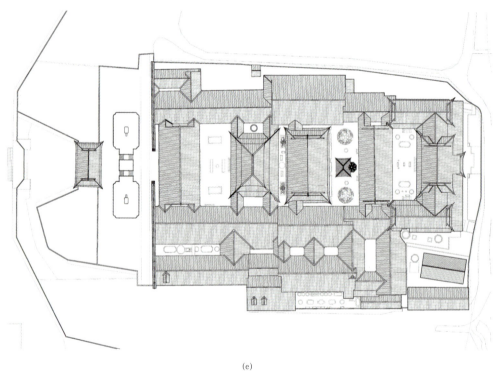

图3-4-1 双桂堂
(a) 双桂堂组照（图片来源：谢晓丽摄）；(b) 双桂堂组照（图片来源：黄美福摄）；(c) 双桂堂组照（图片来源：黄美福摄）；(d) 双桂堂组照（图片来源：黄美福摄）；(e) 双桂堂总平面图（图片来源：重庆大学建筑城规学院项目组）

汉和文殊、普贤菩萨像。壁面原有竹禅所绘五百罗汉图,可惜年深日久,均已斑驳脱落殆尽(图3-4-3、图3-4-4)。

文殊殿,原为戒堂,始建于康熙二十年(1681年),后经多次重修,袭用宋代建筑规范,乾隆二十二年(1757年)扩建,上设回廊、"翻经台"。文殊殿为重檐歇山顶,面阔五间,外三面回廊,宽27米,进深15米,高12米,纯木结构,屋架为穿斗式,歇山屋面做法带有明显的本地特色,翼角构造以老角梁承仔角梁,结构起翘较之其余各大殿平缓,以戗脊起翘为主。该殿的宋式风格体现在大殿内当心间两侧柱础上,其样式为典型的宋"莲花覆盆式",柱础质地坚硬。

大悲殿,雍正八年(1730年)方丈觉知建卧云阁于此,嘉庆五年(1800年)方丈戒惠改为大悲殿,光绪一十五年(1889年)重建。中奉千手千眼观音,后奉西方三圣。悬山屋顶,正面有外廊。中间三开间为石柱,花式磉墩,其余为木柱黑漆,鼓盆式柱础。正背两面窗下墙为石质,仅作简练的加工,窗花格以直线条为主。

藏经阁原名贝叶楼,为存放镇寺之宝"贝叶经"而建,故得名,始建于咸丰十年(1860年),至同治三年方成,民国十四年御赐藏经贮移于此楼后,改名藏经楼。中奉释迦牟尼玉像,左为地藏王菩萨,右为阿弥陀佛。藏经阁为最后一进院落的正殿,二层重檐歇山式,五开间,凹字形平面,正三面有外廊,总高17.8米。底层全为石柱,108根,上层以木柱接。

破山海明禅师塔,清曹溪正脉三十五代破山海明禅师之塔(1666年圆寂)。禅堂,初建于雍正八年(1730年),嘉庆二十三年(1818年)重建,咸丰元年(1850年)方丈洪道重修,升高石基,更换石柱,梁皆用古柏,堂内全用水磨石板铺地,循般若坚固之心(图3-4-5~图3-4-7)。

2013年,梁平双桂堂被公布为全国重点文物保护单位。

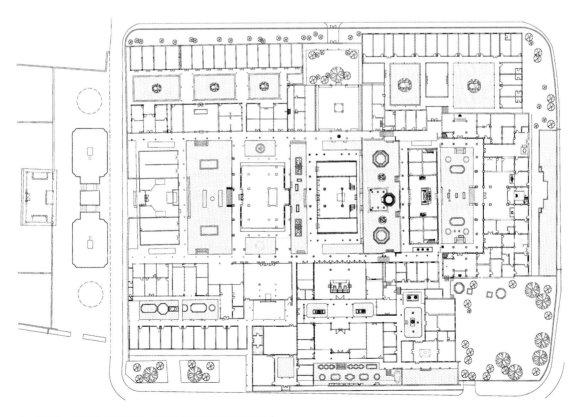

图3-4-2 双桂堂一层平面(图片来源:重庆大学建筑城规学院项目组)

图3-4-3 梁平双桂堂大雄宝殿正立面图（图片来源：重庆大学建筑城规学院项目组）

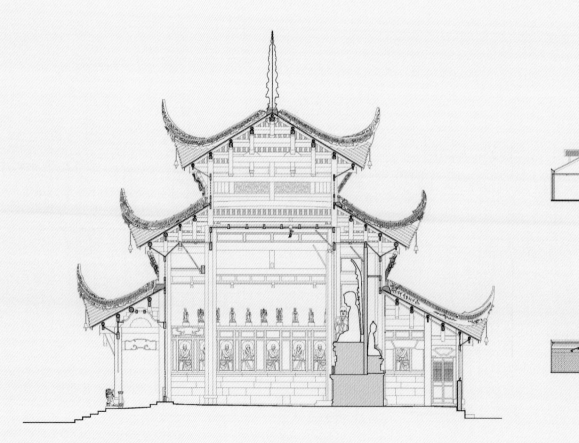

图3-4-4 梁平双桂堂大雄宝殿明间剖面图（图片来源：重庆大学建筑城规学院项目组）

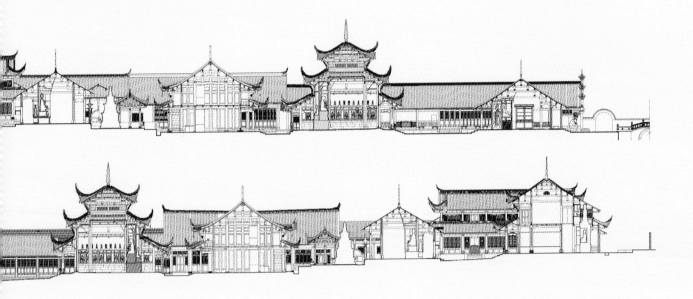

图3-4-5 梁平双桂堂纵剖面图（图片来源：重庆大学建筑城规学院项目组）

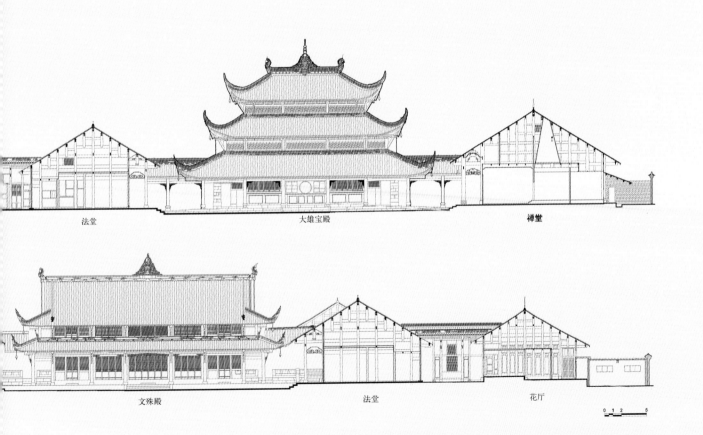

法堂　　大雄宝殿　　禅堂

文殊殿　　法堂　　花厅

图3-4-6 双桂堂横轴空间序列1（图片来源：重庆大学建筑城规学院项目组）

南厢房　　　　　　　　弥勒殿　　　　　　　　祖师殿

图3-4-7　双桂堂横轴空间序列2（图片来源：重庆大学建筑城规学院项目组）

（三）九龙坡华岩寺

位于九龙坡区华岩乡，是重庆市郊集寺庙、园林为一体的风景胜地，亦是巴蜀历史上著名的十大丛林之一。何谓"华岩"，据《华岩寺志》载："县之西有兰伽曰华岩，其地在待漏山麓，有洞有泉，雨时飞溅岩窟，如散花然。"即山岩上因雨导致洞泉直落洞顶而飞溅开来，如天女散花，故名花岩。古文"花"、"华"通用，因此亦称"华岩"。究其历史，华岩是先有洞，后有寺。据传唐时有信众在华岩洞结庵礼佛，但可考的准确年代是《巴县志》上所载明万历丁亥年（1587年）。清康熙七年（1668年），在距离华岩洞100多米的坡地上始建华岩寺。旧县志亦记载："寺因古佛洞得名，华岩为游人之胜地，栖真之佳处焉。"

目前该寺院总占地面积约70余亩，建筑面积8000多平方米，房舍400余间，有"华岩洞"、"接引殿"、"天王殿"、"大雄宝殿"、"藏经楼"、"禅堂"、"法堂"、"嚼雪堂"、"祖师堂"、"观音堂"以及僧舍等建筑，形成华岩洞、大寺及接引殿三个主要组团，其中华岩洞与大寺、接引殿隔湖相望。

其中，"天王殿"、"大雄宝殿"、"藏经楼"、"禅堂"建在同一中轴线上，并逐渐升高，坐北朝南。在"天王殿"与"大雄宝殿"之间的左右设有配殿，左为"嚼雪堂"，右为"法堂"。在"禅堂"左侧设有"祖师堂"，右侧设有"观音堂"。"接引殿"位于华岩寺主体建筑之北30米处，"华岩洞"在主体建筑西南方100多米处的坡下高岩处。整个古建群随坡地地势渐次逐级升高，建筑单体之间以石级相连。为歇山、悬山、硬山式结合，单檐与重檐并举，全为土石木穿斗结构。殿堂楼舍百余间，大小天井13个，方正有序，层次分明，殿宇巍峨，房舍栉比，院落宽敞，幽静雅适，饰栏石阶，迂回曲折。其门窗斗栱、梁柱檐脊、石雕泥塑皆出自名工巧匠之手，人物鸟兽、花草虫鱼，均精雕细镂，实为艺术精品。屋面部分为琉璃瓦，其余为土瓦。建筑色彩，以黑、红色为基调，黑而不沉，红而不艳，极为协调。整体建筑雄浑大方，深厚凝重，古朴典雅，庄严壮观。

华岩洞庙是华岩寺的祖庙，位于华岩乡华岩村西北400米。此处高岩百丈，陡岩下古洞天成。庙在洞中，庙宇的梁柱和飞檐在洞外，佛堂和卧佛在洞里，有如远隔尘世的"洞天福地"。岩壁上有摩崖石刻"有龙则灵"四字，苍劲雄浑，至今完整无损，十分壮观。寺院内一宽阔天井，庭园中林木郁葱，两株古桂花树可说明古佛洞的年代久远。泉水从望不到顶的悬岩上顺流溅下，如天女散花般地落入一潭中，叮哨有声，遇雨形成瀑布，声如雷鸣。潭上有"哗潭"石刻，侧有石梯可攀至岩顶。"古洞踞山巅，山不高，洞纵而不深，岩高百丈，形似笏。"洞庙依势而建，以梁为界，内进由巨岩环抱，庙洞一体，梁外则飞檐高耸，腾越于云雾之中，庙因洞名，傍岩临湖，蔚为奇观。"华岩洞"洞匾由赵朴初手书。洞庙坐东朝西，分上下两殿，建在中轴线上，以石级相连。下殿为单檐悬山顶穿斗式结构，平房三间，五柱三穿，面阔三间，明间4.3米，次间4.1米，进深一间5.2米，通高5.4米。中间正面供奉弥勒佛，背面供奉端坐的韦陀菩萨，两边有僧舍各一间。上殿为二重檐歇山式顶、抬梁、穿斗混合结构，琉璃屋面，以梁为界，半在洞内，半在洞外，有房五间。面阔五间，明间4.2米，次间

3.7米，梢间2.5米，通进深五间17.8米，通高10.6米。正中大殿供奉释迦牟尼佛、观音菩萨、文殊菩萨、普贤菩萨。大殿左侧石岩精刻有一尊佛陀涅槃金身石像，长约3米，神态安详，栩栩如生，因之又名"卧佛殿"，明万历及清同治年间两次重修。

接引殿始建于清嘉庆二十四年（1819年），历时6年竣工。该寺坐西向东，由石牌坊、殿门、左右各三间配殿及正殿组成，呈四合院布局。整个建筑的柱都为石质八棱柱，墙为泥土夯成。正殿，歇山式屋顶；抬梁式梁架结构，分心前五步梁后三步梁，再前双步梁后双二步梁用五柱；面阔五间，明间3.7米，次间3.5米，梢间3.5米，廊宽2米，进深三间10米，通高8.9米；素面台基高1.5米，左右设阶梯踏道五级。殿门悬山式，抬梁式梁架结构；面阔三间，明间4.35米，次间3.15米，进深二间6.4米，通高7.5米；普通台基高1.7米，普通踏道七级。接引牌坊，坐西向东，四柱落脚，通高约9米，方形柱础，宽2.4米，长3米，高0.76米。石牌坊明间宽3米，次间1.6米。明间下层阴刻"大清道光五年（1825年）岁次乙酉修"字样，当是完工时间；中层阴刻"法界唯心"四个大字；上层有竖额书"接引殿"三字。次间左刻"法界"二字，右刻"禅宗"二字。所有阑额、雀替均有人物、花草等浮雕装饰，双重檐歇山式顶，正中设一宝顶，浅浮雕瓦当，檐下设石质层叠大斗。牌坊前有一长方形放生池，用石栏杆相围。

天王殿，重建于清乾隆二十七年（1762年），为单檐悬山式抬梁穿斗混合结构，1989年修复时将土筒瓦换成琉璃瓦。殿前悬挂赵朴初书写的"华岩寺"寺名匾额。殿内正面供奉弥勒佛，背面为韦陀菩萨，二密迹金刚力士和四大天王分立左右。

大雄宝殿，重建于清光绪三十一年（1905年），已是历史上第三次重建。为木梁石柱抬梁式结构石木建筑，石柱高14米，直径70厘米，两重檐歇山式屋顶，黄色琉璃瓦屋面。屋脊上有镂空琉璃组砌的二滚龙戏珠等吉祥图案和雕塑的弥勒佛像，脊檐上塑有神话人物、飞禽走兽、重檐飞峙、鳌鱼鸱吻。大殿高大轩昂，雄浑宏阔，殿前院落宽敞，青石铺地，两口大铁钟悬挂于两侧亭内，两面大鼓高架于殿内梁下。殿内雕梁画栋，顶棚嵌佛教故事彩绘，神形逼真。殿中佛祖端坐，阿难、迦叶侍立两旁。两侧壁嵌柳木浮雕金装五百罗汉，后壁嵌有木雕十六尊者及唐朝画圣吴道子的白描观音、达摩石刻像。释迦牟尼像背后为站立的阿弥陀佛像（图3-4-8~图3-4-14）。

藏经楼，居于古建群最高处，始建于清代，民国十六年大修（1927年）。单檐两层土木砖抬梁式混合结构。楼右面是"衣钵"室。楼左面是"方丈"室。前间为书房兼接待室，后间为卧室。楼分上下两层，与"方丈"室相通，楼上为珍藏经典之处，楼下是法堂，为方丈参禅打坐、说法论讲之处。藏经楼内外墙壁嵌有历代文人墨客的诗词、珍贵题刻。更有藏经楼背后石壁上题刻"破老栖禅"四个大字，笔势隽永刚健，为清代龚晴泉所书，是一幅难得的珍品（图3-4-15~图3-4-18）。

禅堂，亦称讲经堂，位于藏经楼后一独立小院内，小院布局前为围墙，左右两侧为厢廊，并各通过一条甬道与藏经楼相连，厢廊另一端为登临禅堂的踏道。禅堂为清代建筑，单檐悬山式，小青瓦屋面，面阔五间，进深三间，设前廊，抬梁—穿斗混合式梁架。石质圆柱础，石质八角形廊柱，素面台基。正门横梁匾额上书"鹫岭遥宗"，落款"林森"。

观音殿、药师殿两殿位于天王殿与大雄宝殿之间的左右两侧，均系清代建筑，单檐悬山式，小青瓦屋面，抬梁式梁架，面阔五间，进深三间，设前廊，石质方形立柱。

祖堂、罗汉堂两殿分别位于禅堂两侧，形成两个结构相似的独立小院，并通过廊道与禅堂相通。均为清代建筑，悬山顶，小青瓦，抬梁—穿斗混合式梁架，抱鼓式柱础，设前廊，面阔五间，进深三间，素面台基，扶栏式踏道（图3-4-19）。

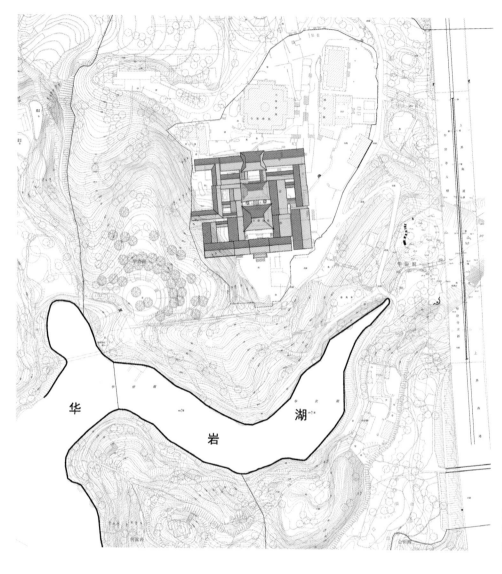

图3-4-8 九龙坡华岩寺总平面图（图片来源：重庆大学建筑城规学院项目组）

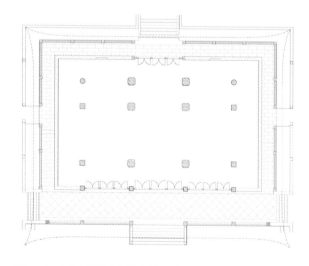

图3-4-9 大雄宝殿平面（图片来源：重庆大学建筑城规学院项目组）

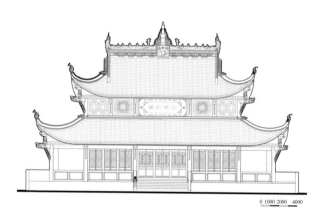

图3-4-10 华岩寺大雄宝殿正立面图（图片来源：重庆大学建筑城规学院项目组）

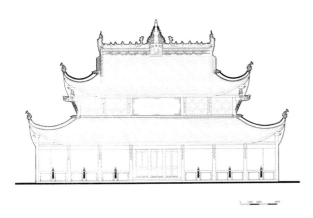

图3-4-11 华岩寺大雄宝殿背立面图（图片来源：重庆大学建筑城规学院项目组）

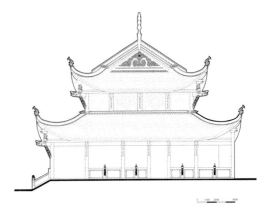

图3-4-12 华岩寺大雄宝殿侧立面图（图片来源：重庆大学建筑城规学院项目组）

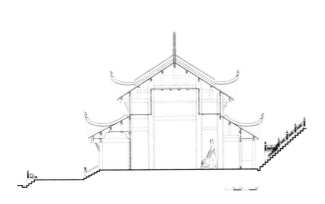

图3-4-13 华岩寺大雄宝殿1-1剖面图（图片来源：重庆大学建筑城规学院项目组）

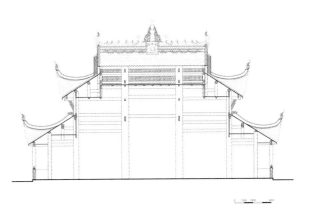

图3-4-14 华岩寺大雄宝殿2-2剖面图（图片来源：重庆大学建筑城规学院项目组）

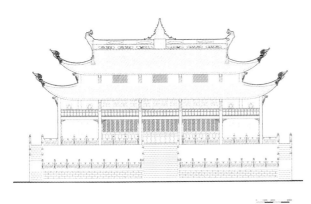

图3-4-15 华岩寺藏经阁正立面图（图片来源：重庆大学建筑城规学院项目组）

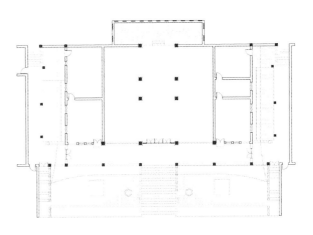

图3-4-16 华岩寺藏经楼平面图（图片来源：重庆大学建筑城规学院项目组）

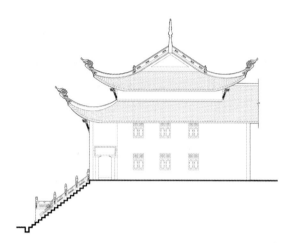
图3-4-17 华岩寺藏经楼立面图（图片来源：重庆大学建筑城规学院项目组）

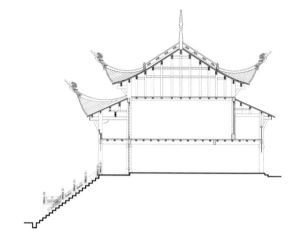
图3-4-18 华岩寺藏经楼剖面图（图片来源：重庆大学建筑城规学院项目组）

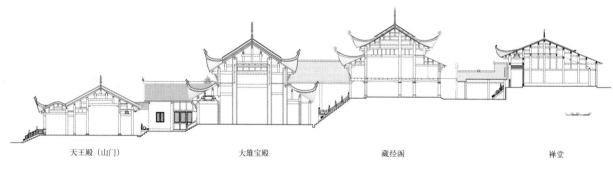
图3-4-19 华岩寺1-1剖面图（图片来源：重庆大学建筑城规学院项目组）

目前，华严寺为重庆市级文物保护单位。

（四）北碚缙云寺、温泉寺

缙云山雄峙于嘉陵江小三峡之温汤峡的西侧，自东向西，朝日、香炉、狮子、聚云、猿啸、莲花、宝塔、玉尖、夕照等九峰绵延，苍翠葱茏，山上古木参天、奇峰耸翠、古刹林立，素有川东小峨嵋之称。自南北朝刘宋景平元年始，历代先后修建有缙云寺、温泉寺、白云寺、大隐寺、石华寺、复兴寺、转龙寺、绍隆寺等八寺，有晚唐石照壁、宋代洛阳桥、明代石坊、清代那伽窟等大量文物古迹，是重庆主城近郊自然与人文景观荟萃之地。

缙云寺在狮子峰和聚云峰前，是"缙云八寺"中保存较好的寺庙，自南北朝刘宋景平元年（公元423年）建寺以来，至今已有1500余年的历史。唐高祖李渊（公元618年）曾亲笔题名"禅真宫"，唐大中元年（公元847年），宣宗皇帝赐寺额为"相思寺"，系山有相思岩、相思竹、相思鸟之故。唐乾符元年（公元874年），宏济和尚重建寺庙，宋开宝四年（公元971年），慧欢禅师主持重葺殿宇。咸平元年（公元998年），宋真宗将太宗读过的《梵经》240卷送到这里，供奉在此寺中。宋景德四年，真宗赐名"崇胜寺"，明永乐五年（1407年），成祖皇帝敕谕"缙云胜景"，明天顺元年（1462年），英宗皇帝又赐名"崇教寺"，万历三十年（1602年），神宗皇帝下令改为"缙云寺"，赐题"迦叶道场"。明末清初，寺毁于火灾，传说是因为当时寺内和尚横行四邻，当地老百姓恨之入骨，趁张献忠入川时，聚众上山一把火把寺烧毁，现存的寺庙是清康熙二十二年（1683年）由破空和尚主持修复的。寺坐西北向东南，占地2000平方米，现存山门、大雄殿、后殿、厢房等，于2013年被列入第七批全国重点文物保护单位。

缙云寺建筑布局为沿中轴线纵向伸展开的空间序列。从缙云山步行山道上山，进入古寨门，穿过古寨门后，至石照壁转折，继续沿梯步上山，经过石坊进入，逐级上升到达接引殿，接引殿左右两侧钟楼、鼓楼呈对峙之势，过接引殿进入大雄宝殿，过大雄宝殿为观音殿（现在是汉藏教理院校舍），一系列建筑依地势渐次升高，采用中轴线左右基本对称的手法来进行布局。最后一进为以大雄殿与汉藏教理院校舍、东侧祇园、西侧寮房形成的四合院落，为寺院僧人的主要生活区。大雄殿西侧为斋堂，寮房西北为方丈住所双柏精舍。

从建筑整体平面来看，缙云寺由于依山而建，为顺应地势，以石照壁作为寺院空间序列布局的一个转点，并在转折过后通过梯步引导进入寺庙主题建筑群。其次，缙云寺整体建筑群布局强调了一个"稳"字，其自北向南的主轴线方向上建筑布局形状呈三角形，从照壁到原观音殿建筑的数量逐渐增多，增强了靠山向阳方向的稳定之感。立面处理上，缙云寺建筑高度随地势的抬升亦层级升高，强调了寺院纵向上的高度变化，与山体相融合（图3-4-20）。

山门为木结构悬山顶，抬梁式构架，面阔三间21米，进深8米，通高9米。

大雄殿为木结构重檐歇山式顶，抬梁式构架，五架梁并前后三步梁，面阔五间，通面阔24.3米，明间5.9米，次间5.6米，梢间3.6米，进深八架椽，通进深11米，通高12米，檐下施斗栱若干。檐下斗栱为四铺作，补间铺作在前后檐明间及次间各两朵，两山每间各一朵。屋脊上宝顶、吻兽更加庄严生辉，正脊雕有双龙于宝顶两侧。殿前左右两侧各有一敕赐蟠龙碑，记载了缙云寺的历史重修经过，碑外建有碑亭加以保护。殿内塑有伽叶古佛，高约2米。两旁站立的一男一女，男的叫帝释，代表生界法相，女的叫梵王，代表色界法相，都是清代佛教艺术塑像。其外有一匾额，上书"昙花蔼瑞"。寺内还有一口大铁钟，高约有1.60米，底径1.50米，腰径0.9米，为清道光二年（1822年）所铸。

观音殿于民国时期改建成砖墙结构，作为汉藏教理院的校舍，为二层重檐歇山顶，面阔五间，明间5.9米，次间4.6米，梢间5.8米，通面阔26.7米，房间通进深10.8米，屋前有檐廊。

缙云寺石照壁在缙云寺山门下坡处。照壁为青石料，高4米，宽1.5米，长4米。仿木悬山顶，屋面瓦头、瓦垄俱全，正脊立硕大的圆雕寿桃，脊端二鸱吻。檐下刻拔檐砖及菱角牙子数层。壁面立柱为四柱分三间，柱端承仿木斗栱为一斗三升各一朵。明间雕芭蕉麒麟图及几何花卉图案，次间刻四方菱花图案。两边柱刻成抱鼓状，两中柱面刻瓶花图案。壁座雕刻繁复，束腰部以三幅图案构成，中为双狮戏球，侧为白象卷草，座身布花卉及卷草图案，有晚唐之风。

缙云寺山门下坡处有缙云寺牌坊为仿木石质四柱三间三楼不出头式。坊高8米，宽6米。主楼歇山顶，脊饰寿桃一枚，脊端刻鸱吻。檐面刻瓦垄、瓦头，檐下刻拔檐砖数层，再下施一斗三升斗栱五朵。双柱间设上下二匾，上匾题"圣旨"二字，落款"大明二年十月二十九日"；下匾题"迦叶道坊"四字，落款"明万历三十年（1602年）"。额上雕花草及双狮戏球图案。两次间牌楼同为悬山顶，亦刻瓦垄饰件等，檐下施一斗三升斗栱各两朵。小额枋上兔内雕有卷云图案。坊背上题"敕谕"，下题"缙云胜景"，落款"明永乐五年（1407年）"。柱端夹杆石为抱鼓状，各宽1.8米。

山门外，两参天银杏直向青天，古刹钟声与山间松涛相映成趣。寺内的双柏精舍为方丈居室，两侧禅房与石刻形成了古色古香的意趣。在寺外，还存有世界佛学苑汉藏教理院碑记及太虚法师和正果法师塔各一座，上有赵朴初和邓颖超的亲笔题字

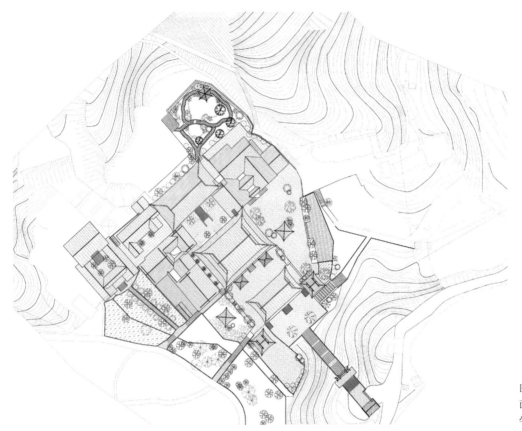

图3-4-20 缙云寺总平面图（图片来源：重庆大学建筑城规学院项目组）

（图3-4-21～图3-4-24）。

温泉寺古为缙云寺下院，创建于南北朝时期刘宋景平元年（公元423年），南齐中在北碚设东阳郡后，寺内香火兴旺一时，后经北周武帝和唐太宗两度灭法，毁坏严重。唐贞宗时重建庙宇，并在后山岩间刻摩崖佛像。北宋真宗景德四年（1007年），温泉寺被封赐为崇胜禅院，宰相丁谓曾到此游览。南宋开庆元年（1259年），威震亚欧的元宪宗蒙哥率军攻打合州（今合川市）钓鱼城，受伤后被送到寺中治疗，后殁于温泉寺，从而改变了整个战争的格局，从此温泉寺之名被列入正史。明清两代，为温泉寺的黄金时代，明成化年间，重新修建并建造接官亭，修建戏鱼池、半月池供游人观赏。香客游众、文官武将、骚人墨客、僧伽凡士络绎不绝。现存的温泉寺为明清两代建筑，明成化年间重建时分为一门三殿，清乾隆年间，将山门改为关圣殿，四重殿依次为关圣殿、接引殿、大佛殿和观音殿。

全寺沿纵向主轴线对称布局。温泉寺山门前，原有石照壁，后新建照壁以恢复其建制。照壁为轴线之始，自下而上，依次为关圣殿（山门）、接引殿（天王殿）、大雄殿、观音殿共四重殿三进院落。第二进院落，大雄殿两侧分别为地藏殿、药师殿，与其围合成院落空间。

关圣殿，又称三圣殿，古时为温泉寺山门，清代改扩为殿宇。清乾隆四十七年（1782年）重修，改为关圣殿，悬山顶，一楼一底，高6米许，阔12.1米，进深7米。乾隆五十九年（1794年），寺内和尚在佛座上嵌上石刻武将图像一幅，道光八年（1828年），常纲和尚为殿立了一块"纲常立极"的匾额。1952年修缮关圣殿，金身了关帝像。由于殿中哼哈二将面目狰狞，看起来十分可怕，游客反应强烈，于60年代初将殿中佛像全部撤除，形成空殿，恢复了山门状态。

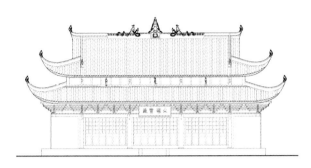

图3-4-21 缙云寺大雄宝殿正立面图（图片来源：重庆大学建筑城规学院项目组）

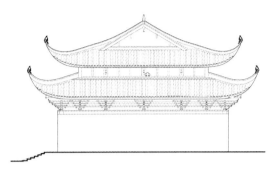

图3-4-22 缙云寺侧立面图（图片来源：重庆大学建筑城规学院项目组）

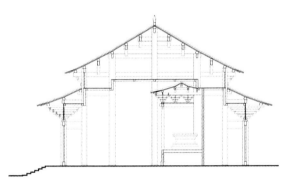

图3-4-23 缙云寺剖面图（图片来源：重庆大学建筑城规学院项目组）

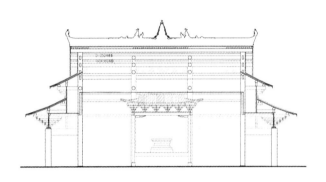

图3-4-24 缙云寺剖面图（图片来源：重庆大学建筑城规学院项目组）

接引殿，又名天王殿，建筑面积170平方米。木结构重檐歇山顶，抬梁式构架，六架椽屋，六椽栿对前后栿搭牵用四柱，檐下施六铺作栱若干，面阔五间16.2米，进深10.3米，通高10米。按佛教说法，即是引导信佛之人到西天成佛的地方，为明代建筑。殿中曾供有三尊身高丈余的接引佛祖像，可惜连同接引佛后神龛上的韦陀像均在"文革"中被捣毁。

大佛殿，也称大雄宝殿，明代建筑，是温泉寺主殿，建筑面积282平方米。重檐歇山琉璃瓦顶，抬梁式构架，八架椽屋六椽栿对前后乳栿用四柱，面阔五间19.5米，进深二间10米，通高12米。清初曾进行过修整。殿内供奉的泥塑如来佛像，身高一丈六尺，为明代建殿时所塑，立在佛像前的是阿兰伽叶像和十八罗汉像。

观音殿，俗称铁瓦殿，又名绿瓦殿、铜瓦殿，初建于明成化二十年，重建于清同治七年（1868年），是川东首屈一指的古建筑。因铁瓦覆盖，又名铁瓦殿，单檐歇山顶，盖瓦为琉璃瓦，沟瓦为铁瓦。建筑面积242平方米，面阔五间22米，进深四间10.6米，高8米。有20根一尺四寸见方的石柱。侧存厢房若干。原供奉有一尊白玉观音，高一丈多，由抗战时期国立艺专教授宋步云创作，艺术家贺白先等人泥塑而成，是一件交口称誉的艺术珍品，可惜毁于十年浩劫之中。殿顶用铁瓦加盖，瓦上铸有信士姓名，外加琉璃瓦覆面，屋脊塑有彩色二龙戏珠图雕，郭沫若对此写有"铜殿锁龙蛇"的佳句，看起来金碧辉煌，十分雄伟壮观。

温泉寺观音殿左侧有石刻园，为宋代摩崖罗汉石刻所在地，汇集了温泉寺历代石像、石雕、石刻和石碑，有石刻猴、侍童、阿弥陀佛、孝子罗汉和浮雕双将图、怪鱼图、麒麟芭蕉图、极乐鸟、三鱼交首图、飞龙图、天然如意梯等。阿弥陀佛龛侧题"景祐二年（1035年）"。园内碑亭中还有明正德年

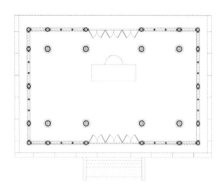

图3-4-25 温泉寺大殿平面图（图片来源：重庆大学建筑城规学院项目组）

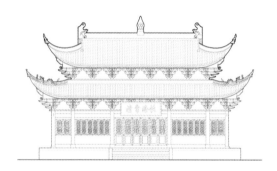

图3-4-26 温泉寺大殿立面（图片来源：重庆大学建筑城规学院项目组）

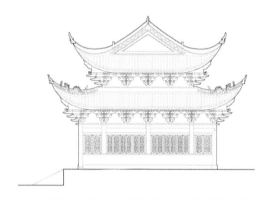

图3-4-27 温泉寺大殿立面2（图片来源：重庆大学建筑城规学院项目组）

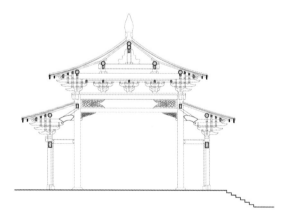

图3-4-28 温泉寺大殿剖面（图片来源：重庆大学建筑城规学院项目组）

间《合阳八景》、《温泉寺游记》碑，隆庆年间《过温泉寺》碑，明嘉靖《泛江喜雨》、《温泉寺》碑等诗碑七块。园前左侧尚有舍利塔，下刻有长方石洞，为宋代置放和尚骨灰之墓塔。大佛殿前石拱桥建于明代，为双孔石拱桥，桥长4.9米，宽4米，面为石板平铺，两侧有栏，桥栏嵌石，刻有芭蕉麒麟图和百鸟花卉图，十分精湛细腻，还有石狮一对，高3米，左雄右雌，雌狮怀抱一小狮，雕刻精细，体态自然（图3-4-25～图3-4-28）。

目前，温泉寺为重庆市级文物保护单位。

（五）潼南大佛寺

潼南大佛寺位于潼南县梓潼镇郊涪江河畔，因殿内所置大佛像而得名。潼南大佛寺建筑面积800多平方米，于2006年被国务院列为第六批全国重点文物保护单位。据县志，"唐咸通年间，大佛寺所在的独立云峰顶原有寺院三重，名为定明寺，又称南禅院。南宋绍兴辛未年（1151年）竣工。大殿以五檐覆之，以避风雨。"现存七重飞檐的大佛殿，四层楼阁鉴亭，均是清代重修，观音殿和玉皇殿造于近代，至此，方形成今日之格局。潼南大佛及佛寺在修建过程中经历了佛、道二教的协作，在中国宗教造像史上极为罕见，对于宗教文化研究具有很高的历史价值。

大佛寺总体布局顺应自然而不强调纵深轴线，鉴亭、大佛殿、观音殿和玉皇殿沿涪江由东向西横向展开。从江面远眺，建筑严整有序，高低错落，构成丰富的天际轮廓线。入口则有两处：一是从独云峰台地进入，过石拱券山门，有石梯道数十级，系明宣德年间在整体崖壁上开凿而成；二是从梓潼镇沿江岸小路通往大佛寺的路口，岩壁上有"海潮音"摩崖题刻，并附撰文。

大佛殿，现为七重檐歇山，正面重檐由下往上层层向内递收，两侧面也略有收分。大佛殿采取上殿抬梁，下殿穿斗的混合式结构，依崖壁变化灵活处理。内部空间分为上下两部分，上部楼地面与独云峰顶同一标高，与山上原有寺庙院落连为一体，面阔三间，进深四间。从背面观看，为重檐九脊殿式建筑。柱头铺作均施一斗二升式斗拱，柱间斗拱两朵，并出翘头支承挑檐檩，拱头加工成曲线，形制古朴典雅。下部空间贯通五重檐高，内置18米高之释迦牟尼镀金坐像。平面空间又分为前后两个部分，前面部分面阔五间，其明间为牌楼式殿门，屋顶由歇山、悬山组合而成，高低错落，轮廓变化丰富；后面部分即是主体大佛阁。前后两部分以小天井联系，形成两进院落。大佛阁面阔五间，明间宽大，可适应大尺度佛像，前后4根金柱尺度硕大，为覆盆式柱础，应为宋代遗构。两榀构架之间不施内额，空间高敞，使视线不受遮挡。门窗装修主从分明，明间施圆形漏窗，空透敞亮；次间采用直棂窗，古朴素雅，应为唐宋装修遗风（图3-4-29、图3-4-30）。

（六）合川涞滩二佛寺

二佛寺位于重庆合川区涞滩镇，涞滩有上、下涞滩之分，下涞滩在渠江边，上涞滩位于鹫灵峰顶。二佛寺原名鹫峰禅寺，明成化元年（1465年）重建该寺，与成都之大慈寺、重庆之崇胜寺并称。清同治元年（1862年），在涞滩古城寨西门前加修瓮城，内设藏洞。二佛寺现有的建筑是清代和民国时期局部重建培修的。2006年，涞滩二佛寺摩崖造像被列为全国重点文物保护单位。

二佛寺的修建，因地形高低不便，将其分为上殿和下殿两部分。二佛下殿即大殿。大殿建于清代雍正三年（1725年），其设计构思巧妙，整个大殿依山势而筑，充分利用自然的山坡岩石支撑屋顶，势如梁柱。正门的左右两端耸立着两块巨大的岩石，夹道成门，势若天然门阙。大殿呈两楼一底，三层重檐，歇山屋顶，建筑面积1296.5平方米。该殿因年久失修，屋面瓦顶严重损坏，出现大面积漏雨，使建筑的部分檩、椽、梁、枋等构件糟朽断裂，严重威胁着古建筑及石刻造像的安全，需及时进行大修。

二佛寺上殿古建筑群与下殿石刻区相距10米，殿宇规模宏大，殿堂雄伟壮观。其寺始建于唐，现存建筑为清代中期重建。纵轴线上依次为山门、玉皇殿、大雄殿和观音殿，左右分设配殿、厢杂禅房和社仓等，占地面积5181平方米，建筑面积3600平方米。山门在上殿前，建于清道光六年（1826年），为石质仿木结构歇山顶盖，通高8.18米，面阔9.40米。门上匾书"二佛寺"三字，并刻有天官、仙人、镂空花卉和对联等，雕刻精美细腻，牌楼后为搭建的歇山式廊道，已进行维修。玉皇殿建于清康熙三十五年（1696年），道光年间又进行培修，为单檐悬山顶，抬梁式结构，面阔五间19.20米，进深三间

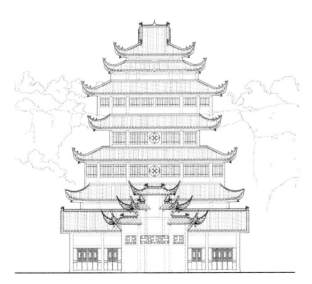

图3-4-29　潼南大佛寺立面（图片来源：重庆大学建筑城规学院项目组）

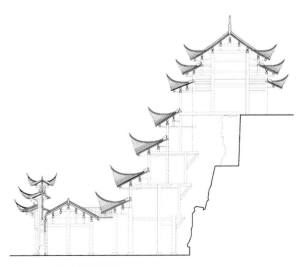

图3-4-30　潼南大佛寺剖面

13.15米，建筑面积318.23平方米，前后设通廊，素面台基高1.35米，石护栏高1米。殿外前后有石碑6块，殿内两壁有木刻碑8通。该殿已维修。

大雄宝殿建于清代，民国时进行了较大的维修。该殿为重檐歇山顶抬梁式建筑，面阔五间19.20米，进深三间15米，大殿前檐接四柱三开间的石牌楼，顶部拆除。殿后有通廊连接观音殿，殿内中柱用巨大的整石凿成，高达14米，柱上刻有碑记。该殿已维修。

观音殿重建于清代道光四年（1824年），为悬山顶抬梁式结构建筑，面阔五间20.80米，进深三间9.10米，素面台基高0.88米，一楼一底。该殿因年久失修已成危房，现按复原图编号拆除存放。二佛寺上殿已于2000年交涞滩镇人民政府管理使用。

文昌宫及戏楼在上殿外，建于清代中期。现存正殿、两廊及戏楼，占地面积约2000平方米，建筑面积725平方米。其中正殿为悬山顶抬梁式木结构建筑。戏楼为歇山式建筑，平台外檐刻有三国戏曲内容，雕工细腻，层次深远，不失为古代雕刻艺术的杰作。该建筑因年久失修，屋面及梁架损坏严重。

明代"大佛禅林"石牌坊紧邻上殿，建于明万历十五年（1589年），为石质仿木结构，上为歇山顶盖，下承三升，五柱三开间。坊高6.64米，宽6.70米。坊上浮雕"二龙夺宝"、"双凤朝阳"等图案。目前，牌坊风化剥蚀十分严重，明间及次间榫卯张裂，明间横梁仅靠一木枋依托，次间一面靠墙，一面由一块清代石碑支撑，有垮塌的危险，需及时进行维修。

古墓葬及舍利塔墓位于二佛寺上殿，左侧有明清和尚石室墓75座，墓葬大多被盗。明墓分三排横列，上排7座，中排32座，下排32座，墓室系石板构成，长2.15米，宽0.9米，高1.10米。清墓位于墓群周围。

清代舍利塔墓位于明墓左前侧，共2座，一是愿定禅师舍利塔，一是永桂禅师舍利塔，据塔记，均为清代中叶主持二佛寺的和尚埋骨处。愿定禅师舍利塔，建于清代道光十一年（1831年），塔呈六角形，五级，层层上收，通高5.40米，塔上刻有塔铭、佛像、卷云纹、二龙抢宝等雕刻，塔下设佛龛，龛内造高僧像一尊，座高1.05米。永桂禅师舍利塔，建于清代道光十七年（1837年），塔呈六角形，五级，层层上收，通高6.60米，塔上刻塔铭、佛、文殊、普贤、观音、大势至、莲花等图案，塔下为墓室，墓室门楣刻有弥勒坐像（图3-4-31~图3-4-37）。

（七）大足圣寿寺

圣寿寺位于大足宝顶山大佛湾东南侧，为西南地区著名的佛教丛林之一。寺名来源，据刘畋人撰《重开宝顶石碑记》，圣寿本尊是宋神宗熙宁间给柳本尊的敕号，因赵智凤追随其教，且密宗崇师之风盛行，故赵智凤以"圣寿本尊"命名佛殿。元至正年间（1341~1368年），宝顶圣寿寺因战乱被毁。明永乐十六年至二十三年（1418~1425年），在宋建遗址处修复被毁寺庙。明末，寺宇又被焚损，直至康熙二十三年（1684年），在明庙的基础上重建了大雄殿等殿宇。

圣寿寺建筑群依山构筑，方位坐南朝北，占地面积约15400平方米（23亩），建筑面积1631.68平方米。自南宋赵智凤创建后，遭元、明兵燹，明、清两度重修，现存山门、天王殿、帝释殿、大雄殿、三世佛殿、燃灯殿和维摩殿七重殿宇，为清代重建。

圣寿寺作为山地寺院的典型代表，其建筑主要坐落于四个标高差异较大的台面，现存主体殿宇七重，依中轴线布置，还有东、西厢房和小佛湾建筑群，建筑面积约2000平方米（观音殿为2000年后新建）。入口山门与天王殿等，位于一级台地，地面较平；之后的帝释殿、大雄宝殿、三世佛殿建筑组位于二级台地，且三栋建筑之间逐级抬升，形成简单的节奏感；观音阁位于三级台地，其在主轴线的基础上因地势而稍有偏折。至此，圣寿寺序列稍作停顿，以狭长的台阶将信众引至第四级台地，即维摩殿所在位置。维摩殿为双重檐歇山顶，上下檐均设斗栱，建筑等级不逊于之

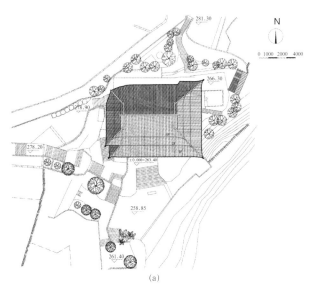

图3-4-31 涞滩二佛寺
(a) 下殿总平面图（图片来源：重庆大学建筑城规学院项目组）；(b) 涞滩二佛寺摩崖造像（图片来源：莫建林摄）

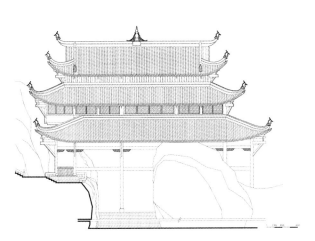
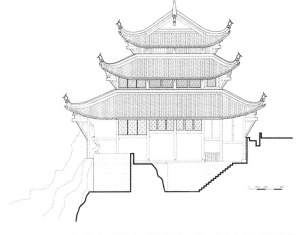

图3-4-32 涞滩二佛寺下殿南立平面图（图片来源：重庆大学建筑城规学院项目组）

图3-4-33 涞滩二佛寺下殿东立面图（图片来源：重庆大学建筑城规学院项目组）

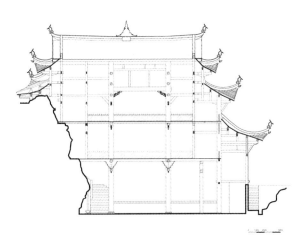
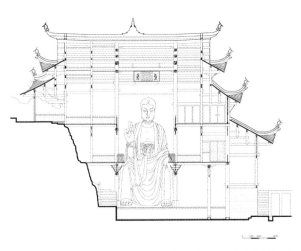

图3-4-34 涞滩二佛寺下殿A-A剖面图（图片来源：重庆大学建筑城规学院项目组）

图3-4-35 涞滩二佛寺下殿B-B剖面图（图片来源：重庆大学建筑城规学院项目组）

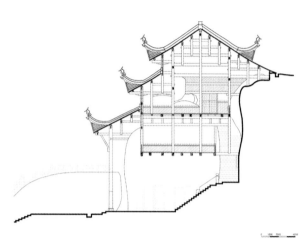

图3-4-36 涞滩二佛寺下殿次间剖面图（图片来源：重庆大学建筑城规学院项目组）

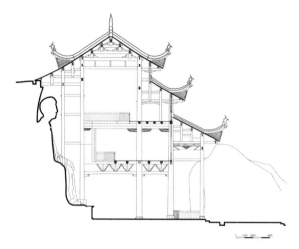

图3-4-37 涞滩二佛寺下殿明间剖面图（图片来源：重庆大学建筑城规学院项目组）

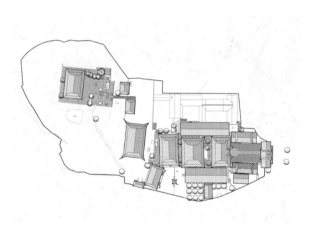

图3-4-38 圣寿寺总平面图（图片来源：重庆大学建筑城规学院项目组）

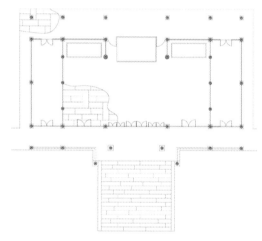

图3-4-39 帝释殿平面（图片来源：重庆大学建筑城规学院项目组）

前的大雄殿、三世佛殿等。圣寿寺整个序列高潮迭起，建筑逐级抬升，维摩山顶的尾声实则亦是高潮。建筑群除四个主要台地层次之外，各台地中亦有不同的高度差异，最终实现整体层次感强的空间序列（图3-4-38）。

山门，始建于清，屋顶为悬山与歇山相结合，正面为三重檐牌坊式，四排架，三开间，每排架五柱冲天，五柱落脚，皆为穿斗式结构。天王殿，为20世纪80年代重修的砖木结构建筑，位于狮子坝的两侧，悬山式与歇山式相结合，六排架，中间为抬梁式，两出山当头为穿斗式结构，二十柱落脚。中间三间未设门窗，全开敞。帝释殿，清木构建筑，重檐歇山式与牌楼相结合，六排架，五开间，前后有廊，明间为抬梁式，次间、梢间为穿斗式结构，三十六柱落脚（图3-4-39～图3-4-45）。大雄宝殿，清木构建筑，重檐歇山式，是寺中最大的一重殿，六排架，五开间，前后有廊，四十八柱落脚。三世佛殿，始建于清，重檐歇山式，六排架，五开间，前面有廊，明间为抬梁式，次门与梢间为穿斗式结构，三十四柱落脚，东、西厢房均为悬山屋面，构架为穿斗与抬梁相结合，檐廊宽敞。维摩殿，始建于明代，木构石

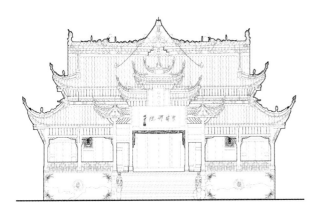
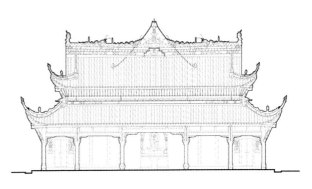

图3-4-40 帝释殿立面（图片来源：重庆大学建筑城规学院项目组）　　图3-4-41 帝释殿立面（图片来源：重庆大学建筑城规学院项目组）

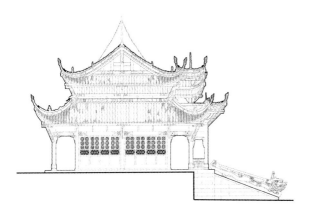
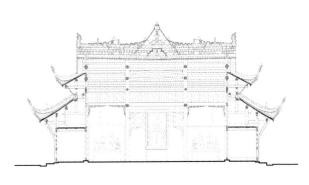

图3-4-42 帝释殿立面（图片来源：重庆大学建筑城规学院项目组）　　图3-4-43 帝释殿剖面（图片来源：重庆大学建筑城规学院项目组）

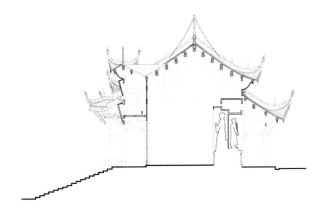
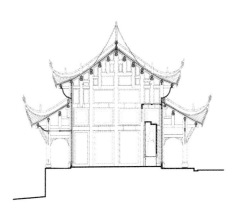

图3-4-44 帝释殿剖面（图片来源：重庆大学建筑城规学院项目组）　　图3-4-45 帝释殿剖面（图片来源：重庆大学建筑城规学院项目组）

墙面，位于维摩山顶，重檐歇山式，六排架，五开间，前面有廊，明间为抬梁式，次间、梢间为穿斗式，建筑施斗栱。小佛湾，宋代木构建筑，原名"大宝楼阁"，亦名"圣寿本尊殿"，被认为是赵智凤专为密教信徒受戒、观想而设立的内道场，设置坛台。

（八）渝中小什字罗汉寺

位于渝中民族路小什字附近的罗汉寺街，占地面积5160平方米。罗汉寺前身是治平寺，北宋治平年间僧祖月创建，历为重庆首屈一指的重要古寺。自宋时祖月和尚开山建寺以来，经历代维修扩建，至明代白葵和尚时已达极盛。明末兵燹以后，殿宇毁坏殆尽，只存藏经阁一隅。现在的罗汉寺即为当年的藏经阁旧址。目前罗汉寺留存有明碑亭、古佛崖北宋石刻群像、大雄宝殿、清代木浮雕五百罗汉像以及明代造像和现代造像等。

明碑亭在罗汉寺大山门内右侧，有明刻石碑两块，装嵌于一玻璃框内。一是"西湖古迹"四字，石碑宽1米，高2.1米，呈长方形，上款："明天启癸亥（1623年）嘉平月"，下款："渝守古黄余新民题"。据旧载，此地原有"西湖池"，系明太师蹇义贮御赐太湖石故园，万历中期，侍郎倪斯蕙即其地开西湖大社。池周围五十一丈，长十五丈，宽十丈五尺有奇。池在清初即已干涸。二是"三诗碑"，碑宽0.62米，高0.67米，略呈正方形。碑正面镌《过滩》、《舟夜》、《重庆》三首七言律诗，尚清晰可读，上款："明嘉靖壬子（1552年）仲夏"，下款："吴皋题"。吴皋，字舜举，元临江人，尝官临江路儒学教授，元亡（1368年）不仕。此碑应为元人诗，明人勒石。

古佛崖造像原名罗汉洞，有大小石刻罗汉像四百余尊，与大足石刻年代相近。清光绪五年（1878年），何元普《德泉禅师重建古佛崖道场记略》云："古佛崖者，在渝城内，旧名罗汉寺。寺门幽邃，峭石夹岸，壁立丈许，其上刻罗汉像四百余，巨细不等，横空悬崖，势亦险峻陡绝，深若洞窣，故谚曰罗汉洞。"

摩崖造像分布于罗汉寺大山门内古佛岩通道的东西两壁。东壁长24.45米，高3.52米，石刻面积86.239平方米。其中有石窟8个、石龛7个，现共计造像255尊，最大者高1.5米，最小者高1.12米，其中一石窟造像全毁。近年，由沙坪坝某寺迁来圆雕坐佛一尊，高1.5米，肩宽0.5米。西壁长21.15米，高3.5米，石刻面积73.925平方米，其中有石窟3个，石龛12个，共计造像269尊，最大者高1.4米，最小者高0.25米。古佛岩全为佛教造像，有佛、菩萨、弟子、供养人等，多为高浮雕。石窟为穹隆顶，石龛为弧形顶，为宋代造像艺术风格。

大雄宝殿重建于民国三十七年，是罗汉寺的主要建筑物。大殿为仿古重檐歇山式屋顶，抬梁式屋架，面阔26.4米，高约15米，进深23.3米。大门横匾为楷书"大雄宝殿"四字，是清康熙二十年（1681年）所书。殿内柱上，佛院说法图浮雕，系清初艺术珍品（图3-4-46～图3-4-51）。

2000年，公布为重庆市文物保护单位。

（九）沙坪坝磁器口宝轮寺

宝轮寺位于重庆沙坪坝区磁器口古镇制高点，居高临下，背依白岩山，面对嘉陵江。由于山边有块白色巨型崖石，山即称为白崖山，寺庙也称为白崖寺。

宝轮寺历史悠久，据民国时期（1947～1949年）重庆市对本市寺庙调查结果可知该寺"募建于唐"。50年代初，沙坪坝区政府委托省教育学院赖以庄教授再次对该寺进行调查，结论仍为唐庙。民国时，古寺碑记藏经俱在，查为唐庙当属确论。由于历史上多次兵火之患，故数次重建。现有的寺庙重建于宋咸平年间（公元998～1003年），明成化十一年（1475年）曾重修，大殿梁檩上记有重修年号。相传明惠帝朱允炆被其叔朱棣篡位后，削发为僧，曾来宝轮寺避难，故将白岩山改名龙隐山，寺下乡场也改为龙隐场。

昔日古刹规模颇大，据记载，由现在的大殿向上，经马鞍山至童家桥桥坎，全属寺庙范围，沿山殿宇层层，有川主、药王、雷祖、天王诸殿和观音阁、藏经楼、禅房、客舍等，常有僧众300余人，并时有云游僧人挂单，香火甚旺。原寺门上有"龙

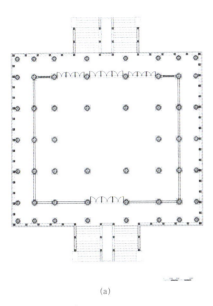

(a)　　　　　　　　　　　　　　　　　　　(b)

图3-4-46　罗汉寺
(a) 罗汉寺大雄宝殿平面图（图片来源：重庆大学建筑城规学院项目组）；(b) 渝中罗汉寺寺门（图片来源：刘旻摄）

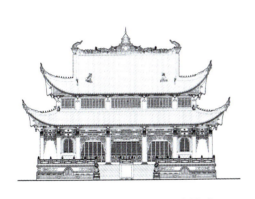

图3-4-47　罗汉寺大雄宝殿正立面图（图片来源：重庆大学建筑城规学院项目组）

图3-4-48　罗汉寺大雄宝殿侧立面图（图片来源：重庆大学建筑城规学院项目组）

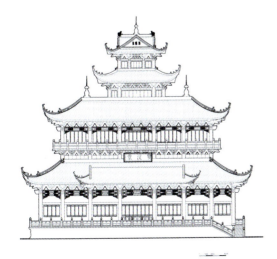
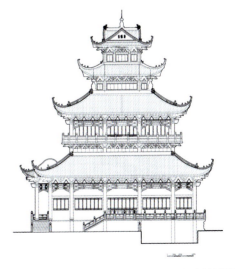

图3-4-49　罗汉寺罗汉堂正立面图（图片来源：重庆大学建筑城规学院项目组）

图3-4-50　罗汉寺罗汉堂侧立面图（图片来源：重庆大学建筑城规学院项目组）

隐山"匾额，天王殿壁有"龙隐禅院"金字，寺内有明万历时"周宗武碑"及"圣可禅师碑"，大殿柱上刻有滚龙抱柱。

现存主殿大雄宝殿为明代遗构。在1957年进行维修时，在该殿大梁上曾发现题有"大明宣德七年岁次壬子十一月十九日甲戌修造"字样。大殿坐南朝北，占地面积近400平方米，建筑面积约250平方米，面阔三间，重檐歇山顶，黄色筒瓦覆盖，抬梁式构架，系全木结构，凭榫头衔接，柱子是马桑木，一人不能合抱。上、下檐均施斗栱，下檐斗栱36朵，斗栱皆加耍头，以承撩檐榑。上檐前用如意斗栱装饰，后檐及侧檐存15朵斗栱。殿面阔三间18.15米，进深三间14.3米，高15米，总占地250平方米，保存尚佳。其次，药师殿建于清代。

民国《巴县志》引《舆地纪胜》谓："白崖在府北三十里，有白崖山，山有寺曰白崖寺，相传有白崖神墓。"白崖神而有墓，按国人习俗推测，当属白崖山上先有墓而后"显神"，遂传为白崖神墓。这和此地自汉以降本多墓葬有关，加以地形背山面水，马鞍山—白崖山又似龙脉东衍，"白崖神"不免受人礼拜以致香火不绝，生出白崖神庙。佛教传入本地，至唐时有信徒募捐，于白崖神庙添建佛殿，始有白崖寺之名，很可理解。自唐至宋，佛教愈益兴隆，寺庙扩大，白崖神墓被迁走，后世只有口传而知，故《舆地纪胜》说："相传有白崖神墓。"此为有关磁镇的最早记载。

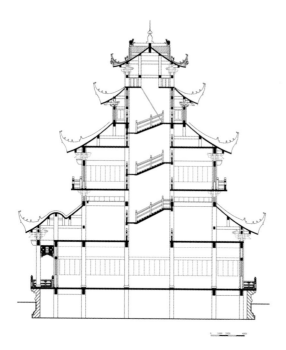

图3-4-51 罗汉寺罗汉堂剖面图（图片来源：重庆大学建筑城规学院项目组）

2000年，宝轮寺正殿被公布为重庆市级文物保护单位（图3-4-52～图3-4-56）。

（十）江津石门大佛寺

位于江津市石门镇凉亭村长江边。始建于何时，无人稽考。在明万历《蜀中名胜记》中记载："县西四十里，有石羊驿，其地亦名石门，对江壁上刊大佛，有大佛寺，为故相张无尽所创。"可见，佛寺修造时间当在明代。又据寺内清同治八年（1869年）重修大佛寺碑记载，大佛寺及大佛摩崖造像的建造年月，均不会晚于明代。现存大佛寺则为清同治八年重修，民国初年又进行过维修。石门大佛寺摩崖

图3-4-52 宝轮寺总平面图（图片来源：重庆大学建筑城规学院项目组）

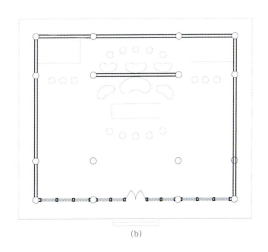

图3-4-53 宝轮寺大雄宝殿
(a) 鸟瞰图；(b) 平面图（图片来源：重庆大学建筑城规学院项目组）

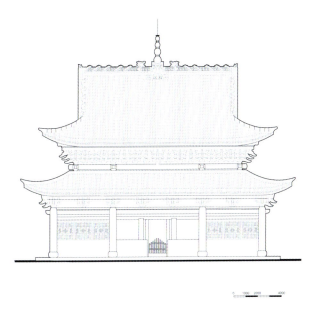

图3-4-54 宝轮寺大雄宝殿正立面图（图片来源：重庆大学建筑城规学院项目组）

图3-4-55 宝轮寺大雄宝殿侧立面图（图片来源：重庆大学建筑城规学院项目组）

造像选择建于长江边上，除了其本来的宗教意义外还有一个重大的意义就是用来镇压水患，因此，大佛寺对研究当时的长江水利状况也具有重要意义。

大佛寺地势南低北高，依崖而建，东西各有一条石曲径从崖上到河边与寺院相连。寺院建筑呈三合院布局，左右为厢房，中间是正殿，依次分为送子殿、观音殿、雷神殿，寺内石刻造像是一尊通高13.5米的观音造像，总建筑面积720平方米。寺外正面是一块面积约150平方米，用石块嵌成的半月形坝子。

山门下为十五级阶梯式踏道，围墙高2.5米，素面台基高3.4米。山门为仿牌楼重檐庑殿顶式建筑，面阔三间4米，其中第一间1米，第二间2米，第三间1米，进深一间3米。三重檐十四翼角，翼角均饰鸱吻，顶上塑有唐僧师徒西天取经像。下为上下两段踏道，上段为垂带式踏道，下段为十六级阶梯式踏道。大佛寺正殿为七重檐摩崖木结构建筑，依山而立，面对长江，层层叠叠，七檐飞翘，气势

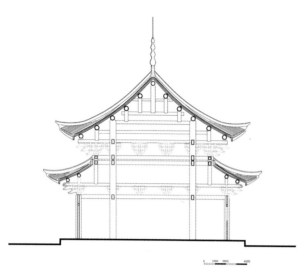

图3-4-56 宝轮寺大雄宝殿剖面图（图片来源：重庆大学建筑城规学院项目组）

磅礴。面阔三间22.1米，进深两间8米，通高24.84米。左右厢房为石木结构，硬山式顶，小青瓦屋盖，穿斗式梁架，六柱四穿，面阔五间，进深一间4米，通高4.5米。整个建筑依崖而建，结构严谨，雄伟壮观。

寺内有观音菩萨摩崖造像一尊，通高13.5米，肩宽5.9米，胸厚5.2米，属高浮雕近圆雕形石刻，造像刻工精湛，观音菩萨端庄娴静，慈眉善目，头戴宝冠，胸饰璎珞，脚踏莲花，身着袈裟，全身贴金绘彩，左手置膝上，正襟危坐，是我国现存最大的脚踏莲花观音造像。寺内存清同治八年（1869年）"重修大佛寺碑"一通。寺左侧石壁上刻有摩崖题刻。其一为前文所述刘绍诗。其二为晓谭刘锡光题。诗云："烟欲上山巅，云欲下水浒，忽发江中风，廓貌赫今古。"下注"大清同治戊辰年行庚六十三也并书"。其三因风化严重而字迹不辨。三则题刻均为阴刻行书。

2013年，江津石门大佛寺摩崖造像被公布为全国重点文物保护单位。

（十一）塔坪寺

位于集真乡塔坪村古藏山坪，西距静观镇2公里。寺内《重修塔坪寺序》载，该寺始建于宋之绍兴丙寅年（1146年），寺至明万历壬子年（1612年）整修并建石坊于殿前，因而更名塔坪寺，至清，寺院破落。清嘉庆、道光年间，重建大殿、藏经阁及上殿。至民国，院宅依旧，与北碚缙云寺齐名。

目前寺内保留清代布局及山门、接引殿、大殿、大雄殿、上殿及华表、石碑亭、牌坊、塔等多处宋代及明清建筑遗物。

大殿：建于清嘉庆二十四年（1819年），为木结构建筑，悬山式屋顶，脊饰宝瓶顶，面阔九间，内柱高约7米，鼓形柱础，山墙两端为穿斗式梁架。素面台基前有一如意踏道。梁上题有"大清嘉庆二十四年己卯岁小阳月朔日，当今圣主万寿之卯时竖立"。

大雄殿：又名藏经楼、钟鼓楼，建于道光甲申年（1824年），歇山式重檐屋顶，脊饰宝瓶，平面正方形，通高14米，面阔五间，前后檐柱4根，内柱8根，组成三组四架木结构建筑。原设经楼、钟鼓楼，今已无存。

上殿：建于清光绪癸巳年（1893年），悬山屋顶，脊饰宝瓶，面阔五间，抬梁构架。左右廊房为悬山屋顶穿斗结构。

宋石塔位于塔坪寺内大雄殿前，始建于南宋乾道丁亥年（1167年），是一座石质方形楼阁式空心塔，共有7级，坐北面南，塔身通高14.4米。底面为62米×62米，每级设有短檐仿木结构。底层南面开一拱门，以上各层四面开窗，层面由下向上逐级内收，塔顶为葫芦状宝珠塔刹，内有塔心，贯通每层，由旋梯道相通，沿塔壁有围廊环绕，可凭窗四望。底层塔外壁嵌有"大宋南昌候口口口"为母祈福献塑像碑。塔内原有石刻题记和宗教造像，有造像为1984年培修时补塑。

明代石牌坊位于大殿前，明万历壬子（1612年）培修寺院时所建，石坊坐北朝南，石质垒砌仿木结构，坊身四柱三开，歇山式二重檐顶，高12米，宽7米，顶檐盖中脊为葫芦状宝瓶。脊两端饰卷尾向外鸱吻，檐四角上翘，头栱下为几何纹饰，第一层屋盖为整石抬梁，两面均为缠枝纹饰，再下即为"第一胜境"横匾，款题"万历壬子秋七日吉旦"，以下为中门门楣，做人物浮雕。第一层屋盖两边为二层屋盖，两端均饰卷尾向外鸱吻，斗栱下为动物纹饰，坊由4根方形石柱支撑，4对抱鼓石紧紧相依，方柱两面均刻楹联。中门高2.35米，宽2.2米，侧门高1.5米，宽1.05米。

清代铁塔铸于清道光甲申（1824年），楼阁式六棱体七层宝塔，分层铸造垒砌而成。高4.38米，六棱边长0.87米，有基座，每级塔檐做叠涩起盖，六角外翘。各层均铸有浮雕佛像，底层铭文记述古刹命位，在第二级有铭文记铁塔铸造始末，并简述寺庙沿革。塔原通身镏金，每级六角悬有小钟。

2000年，公布为重庆市级文物保护单位。

（十二）净果寺

位于合川县城外约35公里处的古楼乡。寺院始建于北宋雍熙年间（公元985年），后来历经多次维修，基本保持了宋代建筑的特点，计有五佛殿、关圣殿、天王殿、女娲殿、大悲殿、转轮经藏殿、大雄殿、玉皇殿、藏经楼、乐楼、禅房等建筑。现存天王殿、大雄宝殿等。

天王殿，重建于清光绪二十三年（1897年），梁上有墨迹为记。门后为女娲殿，殿上是乐楼，已拆除。再后是一片开阔大坝，坝中原有巨大石刻建筑物坊阙等，已损毁。经大坝与乐楼相对的是大雄宝殿，殿为重檐歇山式建筑物，斗栱、檐柱完好。大梁墨迹有"维宋朝雍熙贰年岁次甲申正月癸卯初七日己酉吉辰本山住持募缘修造僧道果鼎建谨题"。大坝的左边是转轮经藏殿。檐柱、斗栱今亦完好，亦系明代古建筑。殿内原有转轮经藏一具，连底共7层，高5.1米，为八角形塔式木铁结构建筑物，可乘载多人于其上轮回转动。今仅存转轮经藏（俗称星辰车）的铁轴托件一件，通高0.24米，直径0.36米，周回有铭文年号。大坝右边是大悲殿（习称观音殿），原应是与大雄殿、转经殿相对称的一组末代古建筑群，今存者实为清朝晚期的建筑物，故显得矮小。大雄殿后面是玉皇殿，梁柱坚实而整齐，无斗栱，按其建筑结构可推定为清代中叶的建筑物。

2000年，被公布为重庆市级文物保护单位。

（十三）石柱银杏堂

银杏堂，位于石柱县河嘴乡银杏堂村银堂组盘龙山，与梁平县双桂堂齐名，曾并称"川东二堂"，是石柱境内规模最大的佛教建筑群。银杏堂创建于唐朝，原名盘龙寺。重建于明初，明朝正德、嘉靖、万历年间，由果聪、大舟、广渊3位僧人先后重修，清康熙、雍正等各时期都进行过改建、培修。建筑群坐北向南，背依盘龙山，面临官渡河，掩映于苍松翠柏之间，为台阶式砖木结构，中轴线对称排列，总占地面积46000平方米，建筑群面积8200平方米。由四重大殿及若干间僧舍组成，其中第一重门是山门，供着三国时蜀国大将关羽塑像，山门两侧分别为钟鼓二楼。第二重殿是弥勒殿，正中塑弥勒佛坐像，左右立着四大天王。第三重为正殿，正中供释迦牟尼佛像，背面塑观世音菩萨，左右为十八罗汉，上层壁龛有二十四诸天浮雕，左边设禅堂，右边为斋堂，殿中两根圆柱上塑金龙缠绕图案。第四重为法堂，正中后墙绘狮子吼，走廊、甬道与殿堂相连，两侧厢房为僧舍。

目前，银杏堂是重庆市级文物保护单位。

（十四）涂山寺

位于距离渝中区约七华里的南岸涂山顶上，东北毗邻汪山、黄山、清水溪，南望文峰塔与黄桷垭相接。该寺自古即以名山古刹著称，至今古迹犹在，雄踞两江之侧。

据涂山出土文物考证，古老的涂山曾有先民在此生息。相传庙后曾有"禹碑"一块，文字奇异，不能考识，当是涂山氏族居地。夏禹疏通九河，到此娶涂山氏之女，逾四月即外出治水，三过家门而不入，自古传为佳话。古人为了纪念禹治水业绩，很早就在涂山上建"禹王祠"、"涂后祠"，史志有证。《华阳国志·巴志》云："禹娶于涂山，三过其门而不入室，务在救时，今江州涂山也。帝禹之庙铭存焉。"《水经注》曰："江州有涂山，有夏禹庙、涂后祠。"《蜀中名胜记》云："陶弘景《水仙赋》涂山石帐，天后翠幕，夏禹所以集群臣也。"有关涂山寺的记载，也见于唐代诗人白居易《涂山寺独游》的诗句。

明代万历九年（1581年），有贵州铁瓦寺的道洪、正旭两僧人，来此插占，与附近的广化寺（今老君洞）交换，改涂山寺（真武寺）为佛庙，并逐渐扩大，把涂山寺侧山坡上的一小庙并入涂山古刹，陆续修殿宇计八重，宏伟壮观。后几经毁修，现由大雄宝殿、韦陀殿、玉皇殿、药师殿（原称二殿）及厢房组成。整个建筑群占地面积达11000平方米，其玉皇殿、韦陀殿、大雄宝殿建在同一条轴线上，并逐级升高。在大雄宝殿与殿之间的南北方向分设有厢房，北厢房后为药师殿。各殿建筑特色如下：

大雄宝殿，由正房和廊道组成，正房为悬山式屋顶，抬梁式、穿斗式混合木结构建筑，面阔五间17.2米，进深四间14.3米，通高约13米，廊道宽4.5米，有阶梯式踏道三级。韦陀殿，单檐歇山顶，抬梁式木结构建筑，面阔三间11米，进深二间7米，通高10米，与大雄宝殿相对。玉皇殿，相接于殿后部，二层楼房，悬山顶，抬梁式、穿斗式混合结构，面阔三间16米，进深二间7米，通高15米。药师殿，坐东朝西，与北厢房后部相连接，建筑面积约110平方米，单檐歇山顶，抬梁式木结构建筑，面阔三间10.5米，进深三间10.5米，通高9米，设如意踏道七级。

涂山寺山门内外两旁原植有百年古桂几株，每当秋高气爽，香气馥郁，惜今仅存一株。庙内还植有皂角、楠木、香樟、黄桷古树、白兰花树等。庙后狮子堡曾有数十株较大的马尾古松，大约两三人合抱，惜今都被毁。当年该庙四围林木极为茂盛，浓荫密被，四季常青，宛若翠屏高耸，曾有"涂山耸翠"之誉，抗日战争时期，还把它列为陪都新八景之一。

目前，涂山寺被公布为重庆市级文物保护单位。

二、道教宫观

（一）东华观藏经楼

位于今重庆市渝中区凯旋路7号。始建于元，重建于明，据民国所编《巴县志》记载："东华观，在东华巷，元至元年间（1335～1340年）建，明天顺七年（1463年）、正德十一年（1516年）俱重修。有唐宋御制碑赞，按《蜀中名胜记》引旧《志》云，城中有东华观。观后有东华十八洞，皆相通。今士人呼其为神仙口，相传东华真君于此得道。观之后殿，民国毁于火。"

现存藏经楼坐北向南偏西40°，面阔五间14.86米，进深四间9.3米，檐柱高7.15米，建筑通高9.2米。重檐歇山式屋顶，抬梁式结构，盖黄色琉璃瓦，安绿色琉璃正脊和垂脊。下层檐施斗栱22朵，斗栱为双抄五铺作计心造。上层檐施斗栱18朵，斗栱为三抄六铺作计心造。斗栱足材为0.07米×0.21米，斗栱通高0.56米，殿的后部建筑石坎的平面沿线与前檐柱离地高3.8米的部位平。就在这道沿线上铺楼板。楼上原供有泥塑金身玉皇像，楼下有明代铜铸像，均已于"文化大革命"中被毁。楼下现已废为地下室，不能进入，其基座、踏道等均因建设而湮没。

2000年，被公布为重庆市级文物保护单位。

（二）重庆南岸老君洞道观

即古涂洞，又名太极宫，位于重庆近郊南岸区黄确娅镇老君山上。古时，渡长江后由海棠溪上岸（或由龙门浩上岸），沿古川黔大道石级而登，约470余级至老君坡，折向庙前梯道，再上427步抵山门月台。该处松柏阴翳，青翠常绿，背靠涂山湖，北邻真武山，海拔458米。山势崎岖雄伟，居高临下，可俯视山城。历年春秋佳日，人多往游，自古即为重庆近郊祭祀朝拜、观景休闲的胜地。

据民国《巴县志》记载，老君洞始建于唐代，明代成化十六年（1480年）重建，原名广化寺，为佛教寺庙，万历九年，与涂山寺交换成为道庙，改称太极宫，后人为崇奉道学正统，纪念太上老君李耳而更名老君洞。经数次培修扩建，新中国成立时占地300余亩，有三清殿、祖师殿、慈航殿、玉皇殿、文武殿、斗姆阁等殿堂11座。1989～2002年，先后修复了大小殿堂洞府，现占地面积10余万平方米，建筑28栋，含殿堂13座。

老君洞道教建筑群布局突破了传统受中轴对

称布局或中轴主导整体布局的制约，道观依山造殿，凿壁成像，主体部分为三清殿、祖师殿、慈航殿、玉皇殿四个组团，布局呈"玄"字形分级而建，又可划分为上、中、下三个层次。其中三清殿位于山腰最低一层，接近西山门入口处，屋顶较宽，呈现舒展之态；明代石刻殿、真武殿、慈航殿等形制较低者位于第二层次，体量也相对较小，多隐秘于山体丛林，局部只露出屋顶或上檐部分；最后，玉皇殿则高耸于群体的最高层次上，无论于山腰还是临江对岸都可观其建筑大体形态，这也说明了玉皇殿在重庆道教建筑中的主体地位（图3-4-57）。

主体祀神区域两旁分设道舍和斋堂，左侧设道舍，右侧设斋堂。有前后入口两处。一处设在三清殿殿前广场左侧，可供道教活动时信徒前来祭神斋醮，经三清殿、三峰殿、古涂洞、七真殿直上南天门至山顶峰。另一处设在距离主殿区域较远的后山位置，从此处入口到主殿区域需通过一条蜿蜒曲折的石阶小路，经三峰洞、纯阳洞、吕祖殿、慈航殿到古老的石猴洞登上顶峰。除三门、主殿、道舍、斋堂空间外，老君山上还分散着许多摩崖石刻、休息亭台等，结合外部景观环境和地势，构成了老君洞丰富多变的道教宫观整体的空间氛围（图3-4-58）。

山门，共有东门、西门和南门三处，南天门、东天门均为牌坊门，三滴水歇山。西山门建于明朝万历九年，为随墙门。三清殿，现存为清代建造，经多次翻修和重修，受汶川地震影响，2009年落架大修后将原来的悬山顶改作等级更高的歇山顶，山面穿斗构架间的木板墙也改为空斗砖墙。平面是在前后槽的平面形式基础上改进，凸出一个月台，成为凸字形平面。屋架庞大，为五间十一架，采用了中跨空间抬梁式，其余为穿斗式的结构做法（图3-4-59～图3-4-63）。玉皇殿，始建于明代成化年间，后被完全毁坏，于1999年原址重建，为楼阁建筑，重檐歇山顶。

2000年，公布为重庆市文物保护单位。

图3-4-57 老君洞总平面图（图片来源：重庆大学建筑城规学院项目组）

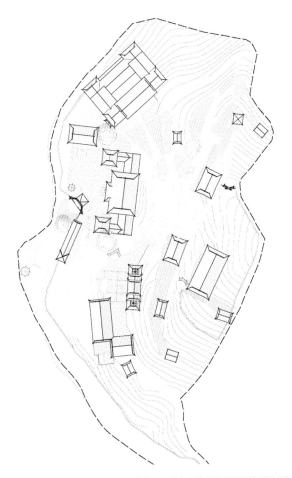

图3-4-58 老君洞局部总图（图片来源：重庆大学建筑城规学院项目组）

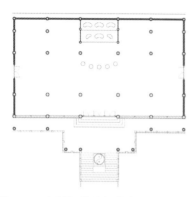
图3-4-59 老君洞三清殿（图片来源：重庆大学建筑城规学院项目组）

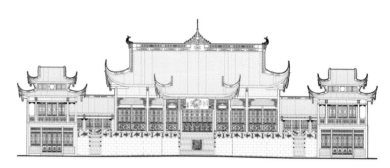
图3-4-60 老君洞三清殿立面（图片来源：重庆大学建筑城规学院项目组）

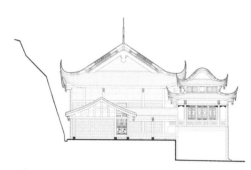
图3-4-61 老君洞三清殿立面（图片来源：重庆大学建筑城规学院项目组）

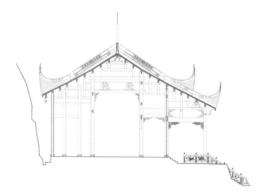
图3-4-62 老君洞三清殿剖面（图片来源：重庆大学建筑城规学院项目组）

三、摩崖造像

（一）大足石刻

大足县，唐初有濑溪河，称"大足川"，加之濑溪河沿岸即"大足坝"，富庶一方，"大丰大足"，故此得名。大足，南岩书院"是创于唐贞观时"，文风蔚起于巴渝之首；大足，古昌州海棠有香，"海棠香国"文韵丰富；更有灿烂夺目的石刻文化辉映古今，"石刻之乡"成为长江流域最大的摩崖造像艺术宝地。

大足石刻是大足县域内整个摩崖石刻造像群的总称，始于初唐，兴于晚唐五代，盛于两宋，余续明清，前后绵延1200多年。期间有唐末五代和北宋后期至南宋两个造像高潮。造像题材以佛教为主，并有道教、佛道及儒释道三教合一造像。列为各级石刻文物保护单位75处，造像5万余躯，铭文10万余字。其中全国重点文物保护单位5处：北山、宝顶、南山、石篆山、石门山摩崖造像；重庆市级文物保护单位4处：尖山子、妙高山、舒成岩、千佛岩摩崖造像；县级文物保护单位66处。按造像年代（以造像点最早造像为准）分：唐代3处（五代造像包含于唐代），宋代35处，明代27处，清代10处。更有北山、宝顶山、南山作为大足石刻的代表作，列入了世界文化遗产名录。

大足石刻属民间造像群，有别于皇室贵族营造的云冈、龙门石窟，因而点多面广量大，分散在山乡旷野，其石刻文物点多达百余处。大足石刻在表现形式上以摩崖造像为主，兼有洞窟和圆雕。所谓"摩崖造像"，就是在自然岩壁的表面造像，在黄河流域及北方多石窟，长江流域及沿海多摩崖，故我国北方以"石窟"命名，南方以"摩崖"命名。大足宋代摩崖石刻造像，特别是南宋造像，在全国宋代石刻艺术中尤为突出，一枝独秀，无与比肩，卓然成为中国晚期石刻艺术的优秀代表作品。

图3-4-63 老君洞组照（图片来源：刘冬摄）

1. 北山摩崖造像

北山，古名龙岗山，山岗蜿蜒如龙、石岩参差如龙鳞，故名，于县城之北1.5公里。造像始于晚唐，兴于五代，迄于明清。由佛湾、观音坡、佛耳岩、营盘、北塔坡（含北塔）5处自然造像点组成，以佛湾为中心，共有450多龛窟，造像近万躯。大足石刻的五代造像117龛均集中在本区，它在很大程度上填补了我国五代造像的空白。

佛湾坐东面西，形如眉月，分南北两段，造像岩面近500米，高7～10米。龛窟264座，鳞次栉比，密如蜂房，有雕像7000余躯，碑碣7通，题记57则，通编290号。造像题材有西方三圣、释迦佛、三世佛、观音、千手观音、观音地藏、观经变、东方净土、弥勒净土等33项，密宗占一半以上。此处艺术审美的显著特点是美神荟萃，神像人化，阴柔清丽，观音造像多达20余种，"从而构成轻盈柔美生动传种的艺术氛围，创造出有异于魏唐，不同于各地的典雅秀丽的雕塑美"。

第245号晚唐观无量寿佛经变相（俗称西方净土），内容之丰富，场面之宏伟，雕刻之精湛，在全国同一题材石刻造像中无可匹敌。125号宋刻数珠手观音，是神像人化，俏丽妩媚，为表现形体轮廓美的绝顶之作。136号转轮经藏窟更是中国宋代石刻造像登峰造极的典型作品，被誉为"石窟艺术皇冠上的明珠"，其中释迦佛的庄严、文殊菩萨的博学、普贤菩萨的温柔、如意珠观音的圣洁、日月观音的慈祥、玉印观音的刚直、数珠手观音的绝尘、金刚力士的威严无不显示佛典赋予它们的特征，且每尊像都个性鲜明，既是窟中的供养人像，也刻画出了他们的门第、身份和皈依佛门的内心感受。另外，第5号晚唐毗沙门天王，9号晚唐千手观音，279号五代东方药师净土变相，113号宋刻水月观音，122号宋刻诃利帝母，130号宋刻摩利支天女，253号宋刻地藏、观音等，无不是同时代同一题材的杰作或代表作品，具有其极高的艺术价值。

北山石刻区也是一处风水宝地，立于北山之巅的密檐楼阁式宋代多宝塔直冲云霄，历史上有"白塔悬岩"、"龙岗灵秀"、"海棠香国"（题刻）等诸多景观，而今森林茂密，绿荫环抱，鸟语花香，景色宜人。每当冬春晨雾，山腰以下雾海茫茫，俯瞰烟波银涛，如水漫金山，仰观青峦碧峰，似海市蜃楼，身临其中，其自然生态与人文景观，使人的心灵得到升华。

2. 宝顶佛教造像

宝顶山位于县城东北，相距15公里。宝顶石刻开凿于南宋中晚期，即12世纪末至13世纪中叶，系邑人川密柳本尊传人赵智凤一手创建，历经70余年而成。由16个造像点组成，以大、小佛湾为中心，四周有十多处结界像，形如众星拱月，有神像近万躯。大佛湾是教相坛场，即面对世俗信众的俗讲外道场，小佛湾是事相坛场，即密教信徒灌顶受戒修行的内道场，它们形成了一个组织严密而庞大的道场造像群。大佛湾是一处"U"形高深峡谷，缺口朝西，东、南、北三面岩壁回环500余米，高8～30米、通编32号。小佛湾位于大佛湾东南200米处，坐南面北，有祖师塔、七佛壁、灌顶坛、毗卢庵等石砌造像建构，通编9号。四周结界像有佛像及"守护大千国土经"榜题或经文。在大小佛湾之间有宋建圣寿寺和明建万岁楼，经重修至今完好，构造华丽，蔚为壮观。

大佛湾造像，有一个各地石窟从未见过的现象，就是有序排列，前后照应，首尾衔接，层次分明，龛窟无一雷同，其间都有一定的内在联系。1号镇坛虎、2号护法神（内结界），为道场之始。27号正觉像是道场之终。从3号到11号的六道轮回、大宝楼阁、华严三圣、千手观音、释迦涅槃等龛窟，是体现华严"四分"——信、解、行、果教义的系列造像。从11号到13号的释迦涅槃（与上组造像交错）、九龙浴太子、孔雀明王（法身佛母），是佛诞生、涅槃的一组造像。14号毗卢道场包含"万行万德"教义，是北岩造像的总纲。从15号到17号的父母恩重经变、雷音图、大方便佛报恩经变，是宣扬孝道的组雕。从18号到20号观、无量寿佛经变、锁六耗国、地狱变，是天堂、地狱一组对称造像，其间的锁六耗图表示上天堂、入地狱，在于一念之差，其根本在"心"。21号柳本尊十炼图，是宝顶密宗道场属性的标志性造像。22号十大明王是北岩终了的护法神像。位于南岩尾部的牧牛图、圆觉洞、正觉像，向人展示调伏心意、领悟佛法、正觉成佛的修持方法和过程，从而画上了硕大而圆满的"空明觉了"的句号。

大佛湾造像艺术风格多样，有精雕细琢，有粗犷豪放，高浮雕、浅浮雕、圆雕、镂空，各种技法兼用，每龛每窟都是祖代精品，旷世佳作，至善至美。六道轮回图把佛教"生死轮回"的深刻教义，表现得形象生动，明白无遗。千手观音实刻千手，鬼斧神工，绝无仅有。涅盘图烘云托月，意到笔伏，画外有画。父母恩重经变相是"援儒入佛"、突出孝道的独一无二的典型作品。地狱变相写实与夸张结合，在全国同类题材造像中内容最完整，规模最宏大。牧牛图大刀阔斧，形象逼真，比喻贴切。圆觉道场精妙绝伦，把科学和艺术结合得天衣无缝。

大佛湾从形式到内容都呈现出一种广大悉备、森罗万象的磅礴气势，不仅诸宗交融，囊括了整个佛陀世界，并且海纳百川、三教兼收，体现了"清浊并包，善恶兼容"，宽容共存的宇宙大道。大佛湾马蹄形的形状酷似佛教的代表洞窟——印度阿旃陀，就其外在规模而言，大佛湾固然不及阿旃陀，而就其博大精深的宗教、哲学、伦理、道德等思想内涵而言，却有过之而无不及。有论者指出，大佛湾可与印度阿旃陀媲美，我们说大佛湾是"中国阿旃陀"，想来是当之无愧的。

宝顶石刻区岗高沟深，古树名木众多，松林满坡，与化龙湖景区连成一片。湖区水域"九沟十八岔"，水质优于国标，湖岸怪石林立，风景极为优美。

3. 南山舒成岩摩崖造像

重庆道教石刻造像始于隋，在全国堪称最早，数量也最多，但造像题材只限于天尊和元始天尊。

至唐代，道教造像题材增多，有老君、天尊、力士、真人之类，最多是老君。宋代道教造像主要在大足，他处不多，造像题材以玉皇、东岳大帝、紫微大帝、三皇、三清为主，这与宋代帝王特别尊崇这些神灵有关，多少含有一些政治色彩。大足纯道教造像有7处，以南山和舒成岩为最。

南山摩崖造像于县城之南2公里，山之巅有玉皇观，观之内外岩壁有南宋道教造像5龛窟，碑刻题记28通，通编15号。造像岩面长86米，高3.5～10米。第5号三清洞造于南宋绍兴年间，刻尊神"三清"、"四御"及应感天尊、黄道十二宫诸像，其中三清、四御造像是中国最早出现的完备的道教神系造像，是道教神系形成的奠基之作，具有极为珍贵的道教文物价值。其艺术构思，仿效佛教极乐净土。4号后土三圣母，后妃装束，刻工精细，是道教主管生育之神，与佛教诃利帝母相对应。15号龙洞，单刻一龙为主像，昂首曲身，势欲腾空，乃道教主管雨水之神灵，极为少见。南山峰峦秀立，修篁夹道，古木森森，晓雾半开，万山露顶，方外洞天，恍若蓬莱，自宋以来这里就是文人墨客追凉品茗、吟诗作赋的游览、避暑胜地。今山麓一带果树满园，柑橘飘香，更添一层秀丽风光。

4. 舒成岩道教造像

在县城西北，相距10公里，造于南宋。今存5龛窟：1号淑明皇后，2号东岳大帝，3号紫微大帝，4号三清像，5号玉皇大帝。宋真宗大中祥符四年（1011年），加号五岳诸帝并五岳帝后，号东岳大帝之妻为"淑明皇后"。2号东岳大帝窟右壁有其第三子炳灵仁惠王造像，此处刻出东岳夫妇及其子炳灵，形成东岳世家造像，这反映出了东岳在五岳之中的独尊地位。5龛造像中，冕旒、袍服、印绶、斧钺等各种御用器物非常丰富，3号紫微大帝造像是这一题材的代表作品。

5. 石门山摩崖造像为佛道造像

中晚唐出现释迦、老君合龛造像，至宋代，佛道造像渐多。大足佛道造像有14处（含明清），以石门山最具代表性。石门山位于县城之东，相距20公里，造像刻于北宋、南宋，清有增刻。造像岩面长71.8米，高3～5米。佛教有药师佛、释迦佛、十圣观音、孔雀明王，道教有玉皇、三皇、东岳夫妇、独脚五通大帝等造像题材，有碑2通，造像记23则，通编16号。6号十圣观音刻工精细，构图别致。8号孔雀明王窟左、右、后三壁，有阿修罗与帝释天战斗图、比丘说法图及诸佛菩萨各色人等，内容异常丰富。7号独脚五通原为江南民间传说中的妖魔，后被尊为神灵。据说该神"能使人乍富"，在此处出现，可能与宋代大足商业发达，工商为本、求财逐利的意识增强有内在联系。10号三皇洞三皇造像，骨骼清秀，风度翩翩，透出宋代士大夫对人格美的追求。11号东岳大生宝忏变相，以东岳夫妇为主像，刻六案簿籍，七十五司和十八地狱变相，人物众多，与佛教地狱变相有对应关系。石门山摩崖造像有较浓的地方色彩。

6. 石篆山、妙高山摩崖造像

为儒释道三教合一造像，有石篆山、妙高山、佛安桥、石壁寺等4处，明清有2处，以石篆山、妙高山最早。石篆山摩崖造像位于县城西南，相距20公里。山上有佛惠寺，寺西有佛湾，造像岩面长130米，高3～8米，造像9龛，200余尊，均为北宋元丰、元祐年间石篆庄主严逊所造。造像题材，佛教有诃利帝母、志公、文殊普贤、三身佛、地藏与十王，道教有老君龛，儒教有孔子龛，有造像记5则。龛作矩形，高在1.47～1.94米，宽在3.25～6.36米之间，深为1.5米左右。这里是中国儒释道三教同刻于一区的最早石刻造像，是北宋年间三教空前融合，"孔、老、释迦皆至圣"以及儒家于宋代形成的实物例证。敦煌有孔子与十哲泥塑像，但孔子摩崖造像，他处石窟均无。此处老君与十二真人造像，被称为"宋代老君造像的代表作"。妙高山摩崖造像，位于县西，距县城37公里，南宋绍兴年间造。造像题材有阿弥陀佛、华严三圣、西方三圣、水月观音、释迦佛、弥勒观音及三教合窟。"三教合窟"正壁刻释迦佛，左右侍立迦叶、阿难；左壁刻老君，道髻道袍，足登云头靴，两旁立侍者；右壁刻孔子，冕旒长袍，捧朝笏，穿朝靴，左右立侍者。北宋时期，石篆山三教造像同于一区，到南宋，此处三教造像同于一窟（佛安桥、石壁寺也有南宋三教同窟造像），似乎三教融合的程度又进了一步。此后，山西平顺宝崖寺、甘肃庆阳平定川石窟也有三教同窟造像，但比此处晚了几个世纪。由三教造像的主像位置和龛窟数量可见，佛教仍占主导地位，道教儒教仍是配角。

大足石刻在艺术风格方面有五大显著特色：一是气韵生动、含蓄典雅、神形兼备的审美价值。造像所表现出来的感情神态，庄重大方，理想高雅。菩萨造像女性化，讲究形体美，然美而不妖、丽而不繁，身躯少有裸露，具有中国仕女画的风韵，从内容到形式都十分注重扬善惩恶与善恶美丑对比。二是吸收中国传统山水画技法，诸如"重叠法"、"马一角"、"夏半边"、散点透视、线条造型等，在造像中运用自如。三是从早期石窟演变为浅龛的岩面造像，使得空间开阔，光线充足，龛龛造像相连，更符合观览和审美需求。四是力求世俗化、生活化，使石窟艺术更加大众化，如宝顶石刻中极为少见的六道轮回图、锁六耗图、牧牛图等浅显图像，以雅化俗，俗而不陋，内容涉及生育、抚养、孝顺、送终、报应、醉酒、弹唱、养鸡、牧牛、渔猎等种种生活场面，宗教文化和世俗文化在这里浑然一体。五是继承创新，多种雕刻技艺并用互补，风格纷呈，炉火纯青，未见一丝败笔，在中国晚期石刻艺术中独领风骚。

大足石刻所蕴含的史学价值非常丰富。北山有"唐宋石刻陈列馆"之称，宝顶造像被誉为"宋代社会的缩影"。唐末"韦君靖碑"涉及晚唐三川争战和韦氏拥兵崛起，平叛戡乱，挽救唐室，修建永昌寨，保境安民等诸多史实，唐书失载。北山佛湾二十二章本《古文孝经》，史家称其为"寰宇间仅此一刻"。由转轮经藏窟女侍者的"束胸"，可见宋代理学影响之深。宝顶众多的俗讲经文和异体字，对研究俗文学、文字学很有价值。

大足石刻还具有令人瞩目的科学研究价值。摩崖造像所蕴含的修炼文化，对于研究宗教造像构架，宗教与气功的关系以及雕塑艺术的生活根据，都具有重大意义。宝顶地狱变中的铸铁机械齿轮，北塔顶上的金属避雷针，都是宋代科技成果的印证。宝顶大佛湾第5号宋刻文殊菩萨手托七级宝塔，塔高1.85米，重约千斤，历800年不坠，是将建筑力学充分运用于石刻艺术，透视学应用于美学的典例。宝顶石刻在排水、支撑、采光、防护等方面的处理以及雕刻上"方格法"的运用，都具有很高的科学水平，具有科研和借鉴价值。借用张大千的话来说，其艺术造型的多角度着取，已经"达到'最高'现代科学的物理透视"。

大足石刻融儒释道精华于一炉，并借助形象化、世俗化的艺术形式表现得淋漓尽致，从而在"认识自我"上更胜一筹。正如1995年新加坡总理吴作栋参观宝顶石刻时所题："这个地方反映了中国丰富的历史，这个地方让人思考生命的意义。"可以认为，大足石刻既是中国化石刻艺术的典范和中国晚期石刻艺术的优秀代表，也是公元9世纪末至13世纪中叶世界石窟艺术史上最为壮丽辉煌的一页。它继承创新，别开生面，独树一帜，吸收早中期石窟艺术之精华，融会各地石刻造像之优长，以空前的民族化、世俗化和儒释道三教造像俱全而大异于前期石窟艺术，有其早中期石窟艺术无可替代的历史地位，是当之无愧的全人类优秀文化遗产（图3-4-64～图3-4-67）。

2013年，北山摩崖造像、宝顶山摩崖造像被公布为全国重点文物保护单位。

（二）潼南大佛寺摩崖造像

潼南县城西北1.5公里的涪江南岸，定明山北麓，一片古榕荫翳、碧竹交翠的绿丛中，坐落着闻名遐迩的古寺名刹——潼南定明山大佛寺。定明山海拔266.8米，其地势西北高而东南低。山下，涪江蜿蜒向东流逝，顺江而下可达县城至重庆。山巅，319国道翻山而过，北上可至成都、南下可抵重庆，水陆交通十分便利。山之北麓，岩石坚硬，裸露出长500余米、高15～20米的岩体，为古

图3-4-64　大足石刻组照1（图片来源：帅世奇摄）

图3-4-65　大足石刻组照2（图片来源：帅世奇摄）

图3-4-66　大足石刻组照3（图片来源：帅世奇摄）

图3-4-67　大足石刻组照4（图片来源：徐刚摄）

人摩崖造像、题咏书岩提供了优良的场所。这里，造像林立接毗，雕嵌玲珑，寺庙倚岩面江，参差错落，其中荟萃有世界第八大佛、我国第一大镏金大佛"八丈金仙"，我国最早使用全琉璃顶的古建筑"七檐佛阁"，我国古代四大回音建筑之一的"石磴琴声"，全国最大的"顶天佛字"，罕见的天然回音壁"海潮音"以及"翠屏秋月"、"黄罗帐"、"合掌石峰"、"百仙岩"、"鉴亭"、"千佛岩"、"仙女洞"、"读书台"、"瑞莲池"、"鹰蛙石"、"关刀石"、"云岩飞霞"十八胜景，从古至今，都是文人学士、墨客骚人游历赏玩之胜地，实乃珍贵的历史文化遗产。

定明山大佛寺摩崖造像分布在定明山之北面崖壁东西长1公里许的裸露岩体上，现在保存有始于隋，盛于唐、宋，继于明清，迄至民国，延续时间长达1400多年之佛、道教摩崖造像126龛928尊，还遗存有身居显赫地位之官吏所撰写的碑文以及历代文人学士为记趣揽胜而书刻的题咏计87通，造像记、题记31则，字体各异之楹联21幅，记录历史水文之题刻7则、重大灾害之题刻1则。

以大佛乡村公路为界将大佛寺摩崖造像划分为东西二岩，二岩相距仅500米。其造像之龛皆分别自东向西编列。东岩自大佛寺右侧百余米之鹰岩起至麻雀岩止，编号为1～27号，造像220尊；西岩在大佛寺西里许，俗名"岩洞湾"，又称"千佛岩"，其造像颇多，雕嵌玲珑，编号为1～99号，造像708尊。

定明山下，沿涪江南岸傍岩一字形排列着"鉴亭"、"大像阁"、"观音殿"、"玉皇殿"四座木结构古建筑，建造面积900多平方米。因依山而建的七檐歇山式古建筑大像阁覆护着一尊巨大的摩崖造像——我国第一镏金佛像，故俗称"大佛寺"。

大佛，摩崖凿造在定明山北面岩壁上。大佛坐南面北，偏东约40°，脚踏江岸，头与山齐，通高18.43米，头长4.3米，头径3米，耳长2.74米，眉长1.5米，鼻高0.53米，嘴阔1.37米，肩宽8.35米，手掌长2.9米，宽1.8米，脚掌宽1.7米，跣足出露1.1米。头饰螺髻，脸形长方，面颊丰腴，慈眉祥目，双耳垂肩，鼻高唇厚，嘴角微凹，胸部半袒，内着僧祇支，外穿双领下垂外衣，左手抚膝，右掌平仰，横置腹前，裸跣双足，善跏趺坐，比例匀称，雕琢细腻，通体镏金，光彩灿然，衣褶厚重，刀法圆润，尤其是佛头的雕刻较佛身圆转，更强调肌肉的起伏，端庄慈祥，栩栩如生，工艺精湛、精美绝伦，充分展示出佛的"至上至尊"、"无为无不为"的神态。

大佛窟外右侧石壁上存南宋乾道乙酉年（1165年）泸州安抚使冯楫书刻的"皇守遂宁县创造石佛记"（篆体）摩崖碑一通，碑高2.7米，宽1.78米，阴刻830字，至今保存完好。碑中记载："遂于府外邑曰遂宁出廓二里有南山，山有院，旧号'南禅'。本朝治平年中（1064～1067）赐额'定明院'。有岩面江，古有石镌大像，自顶自鼻，不知何代开凿，俗呼为'大佛'，头后有池，靖康丙午（1126年）池内忽生瑞莲。是岁有道者王了知，自潼川中江来化邑人，命人展开佛身，令与顶相称。身高八丈，耳、目、鼻、口、手、足、花座悉皆称是，越明年，丁未（1127年）大水，水流巨木至岩下，遂得以为大殿。并虚处杰阁，阁才建一层，了知于乙卯年（1135年）倏尔去世，寺僧德修继之，并依德修舍缘，道者满智用协力增建佛阁，通为五层，尽用琉璃覆扩百尺像。辛未（1151年），复入细磨砻，佛像宛如塑出。主僧德修于绍兴壬申（1152年）仲春远来泸南，告予：'佛已成，阁已就，惟缺严饰'，化予汝鋬，予遂舍俸以金彩妆饰。妆成佛如金山，处于琉璃阁中，金碧争光，晃耀天际，遐迩具瞻，咸叹希有，覆求记其始末，予曰：'吾蜀嘉阳大像闻名天下，此像亦次之……'"对大佛的创造始末记载颇详。更有价值的是，碑中记叙了与道者和寺僧通力合作建阁造像的史实，弥足珍贵。在以大佛寺为中心的长达里许的岩壁上，存有始于隋，盛于唐，承于宋，继于明，延于清，迄于民国，时间长达1400余年的造像群126龛928尊。

其中，大佛寺右侧100米远的东岩，存有隋代道家造像4龛，编号为8～11号，其8号龛刻天尊，头挽高髻，覆巾，袒胸，着长裙，外穿双领通肩大衣，双手结印，结跏趺坐仰覆莲上。莲下为圆形束腰座，座两侧刻二狮，尾直竖，侧身面外，龛左壁刻一男侍，右壁刻一女侍，面露微笑，袖手立仰莲上，龛左存有造像记"大业六年（公元610年）三月廿作天尊像弟子杨佛赞造敬记"。其11号龛为摩崖画像碑，碑座浮雕阴刻天尊，头饰高髻，圆脸垂耳，袒胸露乳，双手结印，结跏趺坐莲台上，台周云雾缭绕。碑额由四龙盘绕成"M"形，二碑额中各浮雕一人首蛇身像。龛左侧上方存题记"开皇十一年（公元591年）作"。5号龛，高3.75米，宽2.5米，深0.6米，立长方形，顶呈半圆形，龛壁呈弧形，高浮雕太乙救苦天尊，高3.05米，头戴莲花形缙发金冠，面形长圆，额突，内着长裙，穿通肩外衣，腰束带，左手托碗，右手已毁，足着方头靴，踏于二仰莲上，有饰金之痕迹，衣纹对称，衣褶厚重，显南宋之风。龛左楣阴刻挂匾一方，额为覆莲叶，座为盛开之莲花，仅存"太乙救苦天尊……述律口口直存道书"数字可辨识。33号龛，长1.43米，高1.34米，深0.3米，造三世佛。左为未来佛弥勒，斜披袈裟，偏袒右肩，袒胸，左手抚膝，右手握衣带，端坐于叠涩三重的长方形高台上，双脚自然下垂，各踏一莲，莲左右荷叶侧曲，莲蕾待放；中为现在佛释迦牟尼，袒胸，着双领下垂外衣，左手抚脚踝，右手中食二指直竖，余指曲，结跏趺坐于须弥座上，衣纹垂至座下，线条圆滑，呈弧形。龛两侧立力士，头着盔，身着袍，足穿靴，左者双手持鞭，右者左手抚腰带，右手握杵，龛下中部二卧狮，左狮张口，右狮口闭，尾卷曲于背，皆瞋目圆睁，前爪伏地，后腿蹬立，肥壮雄健。释迦座上存造像记一则："敬造三世佛三身右弟子唐辅，愿平安永为供养。大中七年（公元

853年）十二月十三日记。"67号龛：长1.32米，高1.5米，深1米，弧形顶。阿弥陀佛双手托珠结跏坐须弥座，座上层刻覆莲，左右二弟子双手合十，站于莲台，有圆形头光。左壁观音饰璎珞，戴宝冠，着双领下垂外衣，露小臂，戴腕钏，披帛从两手腕飘拂下垂，左手托瓶，右手握瓶颈，左脚下垂踏莲，右脚盘于须弥座上。右壁大势至，左脚盘于须弥座上，右脚自然下垂踏莲，双手持一枝带梗的莲蕾，璎珞环绕，下垂至膝。三像皆有圆形头光，外饰桃形火焰文，衣褶圆滑对称，纷垂座下。龛下部左右各一力士，着对襟短衣，腰系短裙，足穿长靴，一手伸五指过头顶，一手按龛沿，肌肉丰满，衣带飘拂。龛周饰卷草，龛左壁外侧存造像记一则："遂州遂宁县归义乡百姓鲁殷并妻……佑平安于当县南龛敬造救苦阿弥陀佛一身，观音世至二身……（金）罡一对二身弟子一对二身右弟子……年正月廿……斋表庆毕永为供养……"76号龛：长0.5米，高0.7米，深0.15米。阿弥陀佛，高肉髻，面相方圆，留络腮胡，上唇蓄八字胡，褒衣博带，左手托钵，右手下垂持锡杖，跣足立莲台，项有桃形头光。龛外右壁凿一供奉人。龛左楣有造像记："……陀佛一身，永为供养。大中七年（公元853年）八月二十九日。"79号龛：长1.4米，高1.3米，深0.5米。观音戴宝冠，两侧重缯生，内着齐胸长裙，外穿双领下垂外衣，袒胸，腰束带，有颈饰，戴玉佩，系璎珞，左手下垂提一物，右手弯曲，跣足立莲台，有火焰纹身光，龛顶垂宝盖，两侧二飞天双手托盘，盘中盛果品，衣带飘拂，颇有动感。龛下刻二狮，尾卷于背，面向龛外，前肢仗地，后腿蹬云，有雄壮强劲之势。龛周刻卷草饰纹，龛右壁刻有题记"遂州遂宁县囗囗囗囗，为女四娘囗/在安居草市被贼囗恐，与女造/救苦观世音菩萨一身，愿村与/女罗高父子百年保首，贼盗/不侵，灾障碍消除，富贵不改，今蒙成就/敬养大庆，永为供养，大中八年（公元854）五月三日。"该则刻记，六行竖书，自左至右竖行识读。

石磴琴声：大像阁右侧，凿石洞平面呈"7"字形，全长25米，宽3.2米，洞中共有石磴36级。洞外另砌18级垂带式踏道与江边古道相连，洞中石磴自第4级至第19级，凡步履所触，便有类似古编钟的悠扬琴声在洞中久久回荡，洞中两侧石壁存有明天顺、成化、嘉靖、万历，清咸丰题刻18则，据县志及洞中碑刻题记所载，凿于明宣德（1426～1435年）年间，距今有500年历史。

顶天佛字：凿于大佛东岩，石壁平整，佛字高8.85米，宽5.75米，笔划粗达1.25米，为楷书双钩深刻，尾款"清同治年云岩弗乘敬书"，古时字面贴金，数里之外亦清晰可见，成为古涪江上的航标灯。

定明山大佛寺摩崖造像群共126龛928尊，佛家题材为多达118龛735尊，次为道家题材，12龛190尊，其他题材4龛3尊，龛窟之间保存有南宋泸州安抚使冯楫于乾道乙酉（1164年）篆刻的"皇宋遂宁县创造石佛记"以及文人学士为记趣揽胜而书岩刻石的题咏7通，隋开皇、大业、唐元和、咸通、大中，北宋祥符、靖康、南宋建炎、绍兴、绍熙，元至正，明天顺、成化、嘉靖、万历，清雍正、嘉庆、同治，民国元年、十年、三十年等造像记，另有字体各异的阴刻镏金的楹联21副，其中有清朝名臣左宗棠、曾国藩题写的楹联。还留有宋、明、清水文题刻5则，记载南宋受重大饥荒的题记1则。摩崖造像年代最早者为隋开皇十一年（公元591年），雕琢精美，且有明显的年代题记可考，为断定其他窟龛的年代提供了重要依据，且其唐代龛中刻胡人形象，更表明早在唐代中期，西域文化就已直接渗透到内地，且有很高的历史艺术价值。

造像群中，尤以这尊金身大佛最负盛名，大佛分佛身和佛首两个阶段开凿，历时近300余年，造像却风格一致、浑然一体，具有极高的艺术价值。其创造始末经历了由道家到佛、道二家通力协作的过程，这不仅在我国的佛教和道教造像史上是极其罕见的，亦为证实在宗教发展史上外来的佛教艺术逐步中国化而最终与中国的原始宗教——道教相辅相成、相互融合的过程提供了宝贵的实物例证，具有很高的历史价值和艺术价值，被广大游人和文物专家们誉为"金佛之冠",并被世界性权威刊物列为全世界十大佛中第八大佛。

2006年,潼南大佛寺摩崖造像被公布为全国重点文物保护单位。

(三)涞滩二佛寺摩崖造像

涞滩二佛寺摩崖造像位于重庆合川市区东北40公里,南距重庆市区57公里,濒临渠江。以摩崖造像所处的二佛寺上下殿为中心,包括涞滩古瓮城及城内众多的附属文物,总占地面积0.098平方公里。1956年,涞滩二佛寺摩崖造像被公布为四川省第一批文物保护单位,2000年公布为重庆直辖后第一批文物保护单位。

涞滩二佛寺摩崖造像以镌造禅宗造像见长并有题记。造像镌刻在二佛寺下殿北、西、南三面崖壁上,均为南宋淳熙至嘉泰年间的作品,通编42号,造像1700余尊,其他石刻及题记18则,石碑9通。

北崖造像位于二佛大殿后壁山崖,崖壁高15米、宽25米,造像1071尊。以释迦牟尼说法龛为代表,造像构图宏大,雕刻精美,主尊佛释迦牟尼通高达12.50米,是巴蜀有名的大佛之一。该龛造像展现了释迦灵山说法的场面。

西崖造像位于二佛大殿右侧山崖,崖壁高14.75米、宽30.7米,分4层造像,计286尊。代表作品有释迦与禅宗六祖、泗洲大圣、十六罗汉、目莲等,其中最具价值的当数释迦牟尼与禅宗六祖龛,这组造像除释迦佛外,只安排了六代祖师,这是雕塑大师们恪守中国禅宗"正法"传付的史实而镌造的。

南岩造像位于二佛大殿南端一独立巨石上,崖壁高9.4米、宽16米,分五层造像,计261尊。底层依次刻准提观音、诃利帝母、达摩、须菩提和布袋弥勒等,其余四层均为形态各异的罗汉,表现了后代禅宗祖师竭力倡导的"搬柴运水,俱是佛法"的农禅风范。其他石刻中,位于下殿石刻区四周的宋代摩崖浮雕舍利塔群最具价值,共计30余座,共2处,总宽20余米,均为宋代高僧埋骨之所,塔高1.98米、宽0.4米,藏骨之龛宽0.4米,高0.3米,塔上刻有高僧名。

2006年,涞滩二佛寺摩崖造像被公布为全国重点文物保护单位。

(四)弹子石摩崖造像

位于南岸大佛段集翠村的长江边上。背依山崖,面对滔滔长江,与江对岸的文峰塔、人头山隔江相望,为长江下游船泊进入重庆之门户,海拔高程172米。当年,重庆川江水患频繁,江水流经这段江面进入铜锣峡,滩险浪急,行船常在这里触礁沉没,当地传是对岸的人头山有妖魔兴风作浪。据《巴县志》记载:明末农民起义红巾军领袖明玉珍攻占重庆称帝建立大夏国后,为"镇水妖驱鬼怪",命都察院邹兴于大夏至正二十二年(1362年)在人头山对面高崖之上雕凿弥勒大佛,以镇江中水妖保黎民平安。大佛已临江忠实守卫600多年了。

大佛造像背东面西,依山雕凿。佛龛高10.6米,宽10.14米,深2.8米,岩石为黄色砂岩。龛楣处修建有歇山式屋顶覆护,佛龛正前方是石砌台阶,一步步降至长江边上。龛内造像为弥勒佛二胁侍弟子。弥勒佛为善跏趺坐,高7.5米,头上高肉髻刻以螺发。面相方圆,表情庄重而敦厚。高高的眉骨之下,一双慈目,平视着远处江水,佛像上身内着僧祇支,腰上束带作花结,外披袒右肩袈裟,以袈裟之一角搭敷于右肩头上。下身穿大裙,两腿上的圆弧状衣纹自然流畅,疏密有致。左手抚膝,右手屈举至肩,以无名指扣向拇指,余三指自然分开,坐于长方形台座上,双脚赤足,踏于地上。整体形象简洁、明快、朴实、自然。在长方形的台座两端,各雕一身双手合十的弟子立像,高2.3米,二弟子均着交领袈裟,一老一少,年老者居左,年少者居右,虔诚作礼。在龛左侧10米处,有清道光二十四年(1844年)摩崖题记,文云:"大慈、大悲、大愿;佛骨、佛眼、佛心。"中间观音像已毁。登岩仰视,两腿分开端坐江岸的大佛,庄严慈祥,气度非凡,面庞清秀,造型生动,景甲一方。

附属建筑为五佛殿,为清代重檐歇山式屋顶建筑,坐东朝西,面阔五间,18.5米,进深二间,7.7米,通高17米,建筑面积290平方米,占地面积

145平方米。殿内有一龛明永乐十九年凿造的五身佛像。龛高6.4米，宽11.55米，深1.4米。龛内中央为三佛并坐，两侧各雕一弟子跨青狮、白象。三尊坐佛高3.95米，佛座高2.45米，皆是结跏趺坐。造像奇特之处，一为主佛骑牛，二为左右二弟子骑狮子与大象。此种情形在全国石室造像中仅此一见。

弹子石摩崖造像是长江三峡库区惟一的元代摩崖造像，也是长江三峡库区规模最大的摩崖造像，同时还是我国惟一可确认的农民起义军政权所制作的佛教造像。因此，它对研究古代的宗教、艺术以及元末明初四川特定的社会历史等都具有重要意义。

2013年，弹子石摩崖造像被公布为全国重点文物保护单位。

（五）朝源观

位于江津四面山镇洪洞村西北4公里，地处原始林区，周围古木参天，人迹罕至。历代县志均无有关"朝源观"的记载，仅由经堂题刻"明嘉靖四十口年"推断为明代时期的道教石刻造像。原寺观规模较大，有祖师殿、玉皇殿、经堂、厢房等建筑物。现祖师殿残存，经堂较为完整。朝源观道教石刻造像，刻工精湛，线条流畅，是江津仅有的合三教于一室的石刻造像，极具研究价值。

经堂，在椭圆形山包前部掘穴开洞，用条石砌筑而成，外观饰以牌楼。牌楼前三级踏道，长4.12米，每级高0.23米，宽0.27米。牌楼为三楼四柱重檐歇山顶。正楼匾凹刻行书："昆仑在见"四字，四周施浮雕带状纹。两侧蜀柱刻"渺渺重霄之上，巍巍敦阙之口"。两次间之华板，左边文字已剥蚀无存，右边凹刻"混元"二字。牌楼中间一层通檐，檐下明间龙门枋与两次间大额枋贯通，上刻"立天之道地之道人之道隐圣显元"。两次间华板镂空雕"五岳"、"崇观"，小额枋均饰浮雕花草。两次间各嵌一碑，左为"老君碑记"，右为"玄元造化碑"（碑文附后）。当心间宽2米，次间宽1.22米，柱宽0.35米。当心间门枋刻二楹联，分别为："朝王当，踢香芦，绘运帝景如斯观；迨终南，上昆仑，得开圣域民瞻仰。""入了劫传即此观；三洞真格游斯境。"次间楹联为："五千蜜言口三才之妙德；八十余德；八十余度接六趣之宽生。"

经堂内宽3.96米，进深5.40米，筒拱式顶，高4.98米，素面石板铺地。迎面主龛之上，饰屋盖，施浅浮雕瓦当，流水瓦，正脊浮雕宝顶，两端雕鸱吻。经堂内共5龛龛，刻人物17个。正中主龛：帷幔形，宽2.15米，高1.95米，深0.19米。内刻三清祖师坐像，深浮雕接近圆雕。左为太清，中为玉清，右为上清，均有头光。三清祖师坐像高1.47米，肩宽0.43米，龛下一神台，高1.25米，长2.38米，神台脚为高浮雕石狮。

左壁刻两龛。第一龛：宽1.2米，高1.72米，深0.12米，内刻"五岳五圣帝君"像，三人头饰帝王冠，二人头饰宰相冠，均足踏神云，双手持笏。第二龛：宽1.27米，高1.45米，深0.18米，左为孔子，右为庄子，坐像高1.17米，肩宽0.40米，孔子手执如意，庄子手持经书。两龛均为深浮雕。右壁也刻两龛。第一龛：宽1.25米，高1.70米，深0.16米，帷幔形。阴刻"五年五气天君"字样，龛内为深浮雕五位真人立身像。真人均头饰道髻，右手持笏，足踏祥云。第二龛：宽1.25米，高1.51米，左为太上老君，右为释迦牟尼，像高1.20米，肩宽0.40米。左右两侧雕像之下，都有一个神台。

经堂之后60米，有明代杨来霖道人石室墓。墓前牌楼构筑形式仿"经堂"，当心间檐下设斗三跳，有斗无昂无栱。正楼匾字迹为阴刻"三叠琴心"、"静养灵性"，两次间刻"含春"、"函谷"。墓分二室，前室进深3.5米，宽3.8米，正壁浮雕杨来霖道人卧像，左右各有一尊侍者。卧像之上刻"净保真元"、"音容形乐"，供桌浮雕荷花。两侧有单扇门可进后室。后室进深7米，宽3.8米，筒拱式顶。顶部有悬棺用铁色钩4个，但悬棺已无存。室内有石砌长方一口，传为杨来霖临死时，曾吩咐弟子将池注满菜油，燃灯盏，棺悬于油池之上，池内油干之时，即为杨来霖复活之日。

2000年，被公布为重庆市级文物保护单位。

重兴古建筑

第四章 会馆、祠庙、书院和观演建筑

重庆会馆、祠庙、书院与观演建筑分布图

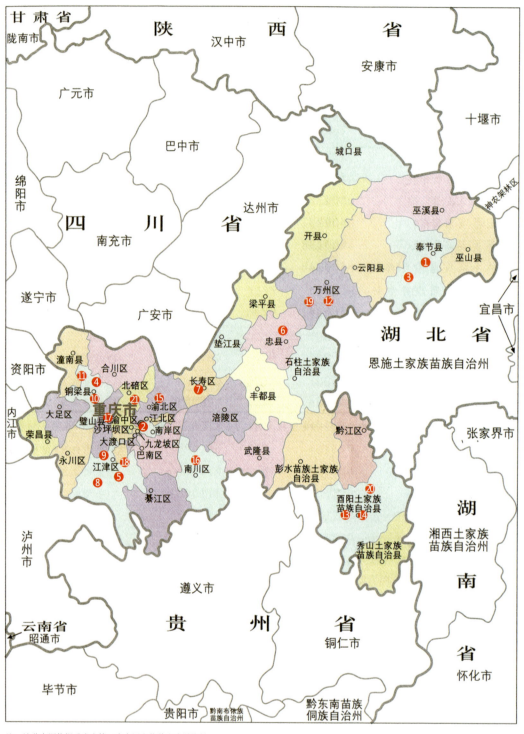

注：该分布图依据重庆市第三次全国文物普查成果绘制

（地图引自：中华人民共和国民政部编．中华人民共和国行政区划简册2014．北京：中国地图出版社，2014．）

- ❶ 张桓侯庙
- ❷ 湖广会馆
- ❸ 彭氏宗祠
- ❹ 铜梁武庙
- ❺ 江公享堂
- ❻ 秦家上祠堂
- ❼ 长寿桓侯宫
- ❽ 真武客家会馆群
- ❾ 石蟆清源宫
- ❿ 西河川主庙
- ⓫ 安居城隍庙
- ⓬ 司南祠
- ⓭ 龚滩西秦会馆
- ⓮ 龚滩武庙
- ⓯ 龙兴禹王宫
- ⓰ 尹子祠
- ⓱ 林家祠堂
- ⓲ 廷重祠
- ⓳ 良公祠
- ⓴ 大坝祠堂
- ㉑ 何氏宗祠

第一节 会馆、祠庙建筑

一、重庆地区传统会馆文化与建筑

会馆，是中国封建社会中晚期出现的，由寓居外地的移民以地方乡缘和业缘为纽带自发组织建筑的馆所。由官宦联络同乡，扶植地方势力而始，又有同乡联络乡谊，"襄义举，笃乡情"之功用，后来伴随着商品经济的萌芽与发展，成为商会、行会的前身，曾在城市政治、经济生活中发挥过积极作用。会馆兴盛于明清，至民国后逐渐退出历史舞台。

重庆地区会馆的修建从明代后期开始，清代会馆的数量与分布又明显多于前朝。会馆产生的背景与这一时期大规模的外省移民入川有直接关系。从明崇祯末年到清康熙初年，长期战乱、瘟疫和灾荒，导致本地区人口锐减，田地荒芜。清顺治后期起，政府开始逐步实行"与民休息和移民入川"政策。据统计，仅从清康熙十年（1671年）算起，至乾隆四十一年（1776年），前后百年内，巴蜀地区合计接纳移民共达623万人，占是年四川总人口的62%。这样大规模的外来移民，带来了生产力的迅速恢复提升，也使清代巴蜀地区的社会结构产生了剧烈变化，移民之间矛盾重重。为了稳定社会，不仅清政府制定了系列专门政策，移民自发组织的会馆也兴盛一时，它们以各种方式加强沟通，在维护小群体利益的同时对社会整体秩序予以规肃。发展到后期，这些民间团体的势力和官僚体系盘根错节，彼此利用，形成了清代巴蜀地区普遍又独特的社会现象。综合来看，重庆地区会馆的主要特征包括：

第一，清中后期的集中兴建。

总体来讲，明代巴蜀地区会馆建筑无论规模、数量还是见于史料的分布范围都非常有限，远不及当时兴建寺庙、道观和地方先贤祠的状况。以明代《天启新修成都府志》卷三"祠庙"记载为例，所记祠庙寺观总共58所，会馆仅7所。[①]在现存明代成都地图中也没有会馆的身影。清代，巴蜀地区会馆兴建始自清康熙年间。根据《成都通览》中的记载，最早的清代会馆是康熙二年（1663年）修建于成都的陕西会馆和《雷波县志》记载修建于康熙五年（1666年）的郫县南华宫。此后，各地关于会馆修建的文字记录和形象资料逐渐丰富。到清代中期，随着移民在巴蜀各地扎根下来，经济力量逐步积蓄，移民会馆大量集中性修建起来，乾嘉时期出现了"争修会馆斗奢华"的奇观。以重庆主城为例，著名的八省会馆主要集中兴建于清中后期。《民国巴县志》卷二《建置下·庙宇》中记载："巴县建有外省移民会馆总十所，即湖广会馆、江西会馆、广东会馆、福建会馆、山西会馆、陕西会馆、浙江会馆、江南会馆和云贵公所、齐安公所"，涉及十二省地移民。其中最早建立的湖广会馆，始建于乾隆十五年（1750年），云贵公所是建立最晚的一个，系光绪二十一年（1895年）由云贵商人捐资建立，而其他七个会馆基本在此之前建立。

不仅中心城市如此，各地移民在各自聚居地兴修会馆的风气也非常兴盛。仅以福建会馆为例，据各地县志考证，"在四川12个府、7个直隶州和1个直隶厅及其他们所辖的90个州县厅内都有福建会馆。若按清嘉庆年间四川的行政建制来看，除茂州直隶州和松潘、石柱、杂谷、懋功、太平五个直隶厅境内无福建移民会馆建置的记录外，其余的直隶府州厅内均有福建移民会馆的建立，其中成都府所辖的3州13个县全都有福建会馆的建置。"[②]也就是说，除了移民数量极少的部分地区，大部分移民在聚居地都会建立自己的会馆。

会馆修建时间相对集中的状况通过研究各地方志也可以看出，乾隆以前的县志少有会馆记载，县志中大量出现会馆记载的多是嘉庆以后的版本，考虑到史志记载的都是建成的会馆，移民同乡组会和修馆的时间应该在记录之前，因此，可以推断巴蜀地区会馆大量修建在嘉庆修志以前。学者黄友良考证了23个县的客家移民会馆资料，总结出"107所已知修建时间的客家会馆中，建于乾隆、嘉庆两代者占到了总量的56%"[③]，也可从一个侧面印证这一推断。嘉庆以后，本地区会馆修建热潮持续，尤以道光、咸丰时期为主，"庙产益富，神会愈多，至光绪中为极盛。"④不过，这样的热潮在清同治年间迅速退去，至清宣统已少有新建会馆的记载。

第二，会馆数量大、类型多、分布广泛。

根据最新的文物考察结果和对四川、重庆134部有会馆记录的县志进行核查，统计了各种已经明确是移民会馆和行业会馆的建筑，共计2152所。同时，在翻阅县志的时候还发现，有些县志比较详尽地记录了县、乡、场镇的会馆整体情况，例如民国《大足县志》记载有"共14个场镇的44个会馆"，但是大部分地方志记载的多是县、府所在地修建的会馆，大量散布在场镇中的会馆还没有被完整统计，而这部分数量还相当大。因此，可以确定的是清代巴蜀地区会馆的总量远不止地方志统计的这些，保守估计应该在5000所以上。与全国其他地区比较起来，当时巴蜀地区会馆总量可居全国前列。

同时，与其他地区会馆多集中在大城市和重要的商贸口岸城镇不同，明清巴蜀地区会馆分布不仅遍及境内90%以上的城市和城镇[根据嘉庆二十一年（1816年）刊印的《四川通志》载有会馆的县与清代县以上城镇数量比较得出]，各地方场镇也大量兴修会馆，甚至"县县有土话，处处有会馆"。⑤当时的重庆下属1495个乡镇中很多都有会馆的记载或者存在，它们常以"九宫八庙"泛指，如江津仁沱镇建有福建会馆、江西会馆、广东会馆、湖广会馆、陕西会馆，江津白沙镇建有三楚公所、禹王宫、南华宫、天后宫、万寿宫等。即使在偏远的渝东南少数民族聚居区也有大量会馆保留，比如石柱西沱禹王宫、万天宫，秀山帝主宫、万寿宫等，如此广泛的地理分布在全国也属前列。

从类型上看，来自五方的移民争相建立自己的会馆，引入自己的同籍先贤、神灵作为护佑，使得清代重庆地区同乡会馆的俗称很多。由于各地移民中湖广籍的占了约60%，故巴蜀境内的同乡会馆中，禹王宫数量也最多，占会馆总数的34%，江西会馆占23%左右，广东会馆占18%，陕西会馆与福建会馆各占约12%和8%。⑥到清代中后期，"由于移民入川已久，'地缘'观念渐弱而'业缘'观念渐兴，会馆性质也渐由移民（同乡）会馆转至行业会馆"⑦，成为行业帮会结社的场所和商业文化活动会聚之场馆。行业会馆与同乡会馆相互杂糅，再加上地方性神灵崇拜和祭祀之风日盛，各行业有着不同的信仰，会馆的名目更加繁多，如屠宰业会馆因供奉三国名将张飞，也被称为张爷庙或桓侯庙，船帮会馆因供奉镇江王爷，而被称为王爷庙等。

二、重庆地区传统祠庙文化与建筑

祠庙是古人祭祀祖先、神灵、先贤人物的场所，是中国传统文化的独特表现形式之一，最初通过祭祀表达祈求、畏惧等意义，后期增加了教化、缅怀、纪念等用途。祠庙建筑按照祭祀对象的不同，可分为自然神祇坛庙与人文神祇庙宇两大类。自然神祇坛庙即祭祀山川天地等自然神的坛庙。人文神祇庙宇包含祭祀先贤的祠庙、皇家祭祖的宗庙以及民间祭祀祖先的祠堂（又称家庙、影堂或家祠）等。按祭祀主体的不同，则可分为官方祠庙与民间祠庙（图4-1-1）。

早期巴蜀祭祀文化的特征是野祭，即以祭神于野外丛林之中、坟墓之旁、山洞之中为主，基本不庙祀。⑧因此，有关重庆地区祠庙的早期记载不多，至今也未见更多的考古实证。秦汉以后，政府开始推行统一的祭祀礼仪，各地区庙祀的做法迅速普及。涉及对象除了官方统一的对自然、天、地的祭祀外，对地区先贤人物表达缅怀纪念之意的坛庙也开始出现。秦始皇为巴寡妇清所筑"怀清台"，为重庆地区比较早的有明确历史记载的以人物纪念为目的的坛庙。汉代，本地区民间信仰日渐丰富，《汉书·地理志》记载："（江汉）信巫鬼，重淫祀。而汉中淫失枝柱，与巴蜀同俗。"这些庙祀从类型上主要包括对远古帝王、圣人的庙祀，如江州涂山上的禹王祠、涂后祠，杰出官员与学者之祠，如巴蜀地区非常注重的李冰父子（川祖）祭祀等。此外，对各种自然神灵、动植物及廉官、节妇的祭祀也非

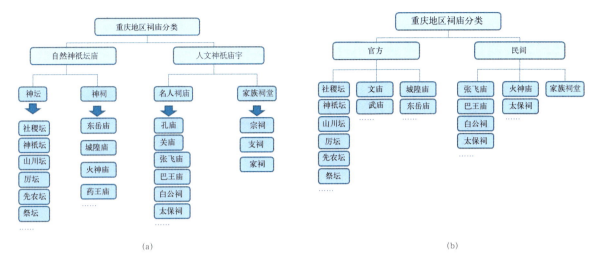

图4-1-1 重庆地区祠庙分类图（来源：邱小玲绘制）
(a) 按祭祀对象分类；(b) 按祭祀主体分类；

常盛行。

两汉三国时期，重庆地区民间对于先贤的崇拜，往往采用立祠、列画东观、图像府庭、立碑铭表四种方式来表彰，特别是立祠供奉。汉晋以后，重庆地区的民间祭祀对象发生了一定的变化，即开发较早的四川等发达地区从早期笃信传说中的鬼神的巫术，转变为以祭祀历史前贤为主；而落后的少数民族地区则反之。隋唐时期，重庆地区祭祀先贤之风盛行，而对鬼神的祭祀较弱。如《太平广记》称："合州有璧山神，乡人祭必以太牢，不尔致祸。州里惧之，每岁烹宰，不知纪极"；《璧山县志》："赵延之，被视为川主，封为璧山神"。两宋时期，对功臣的敬仰，自然神灵的参拜，巫术的时兴，流行于各地。凡是有功于当地的官员，则为其建祠祭拜。比如宋忠州城为巴蔓子将军修建了一座祠庙，名巴王庙，祭祀传统延续至明清。据明代的史籍记载："每值会期，旗帜塞巷，金鼓鸣街，彩亭锦棚，相望盈道。"明代曹学佺所撰《蜀中名胜志》记载说"忠州附近有蔓子冢"，又说"巴王庙在城东一里，神即蔓子将军也"。

元明时期重庆地区的民间信仰在前朝的基础上发展。民间信仰主要有"石敢当"、文昌帝君、城隍庙、东岳庙等。清代大量移民入川，促进了会馆、宗祠的兴建，其他地区的民间信仰也融入重庆，并逐渐与本地信仰传统结合。如陕西会馆，从祭祀三官转为奉祀刘关张；江南会馆，从供奉准提观音转为祭祀关羽。民间不仅普遍祭祀禹王，也开始祭祀从福建传入的天后。此外，由于环境的隔离及迷信之风不绝，巫鬼等原始信仰也一直在民间，尤其是偏远农村地区保留。综合来看，重庆地区祠庙建筑大致可以分为三种类型：

第一类，坛庙。主要用于祭祀自然神祇，如山川坛、社稷坛、厉坛、城隍庙等，这类建筑在明清时期属于官方祭典范畴，所以各城皆有所建。从目前所存地方志及地方舆图反映的统计数量来看，这部分坛庙的数量很大，仪礼规制曾非常严格，可惜保留至今的建筑几乎没有。

第二类，祠庙。主要用于祭祀各类人文神祇，包括孔庙（文庙）、关帝庙（武庙）以及大量先贤祠。其中"川主信仰"、"文昌信仰"和"三国信仰"颇具地方特色。四川梓潼人张亚子在元代被封为文昌帝君，巴蜀各地在明清时期建有大量的文昌宫，尤其以其故乡梓潼的文昌宫影响最大。明清以后，仅重庆主城就有多处文昌宫，各场镇的"九宫八庙"中也常见文昌宫在其中。由于自蜀汉建国于四川，三国信仰在巴蜀地区一直盛行不衰。各地主要有昭烈庙、先主庙、武侯祠、武圣庙、关帝庙、张飞庙、桓侯祠、子龙庙、庞统祠等（图4-1-2），

图4-1-2 赶水镇东岳庙（图片来源：张健摄）

数量很多，且各代都有增修。重庆民间以供奉张飞为主，最著名建筑遗迹为云阳张飞庙。此外，地方名人先贤祭祀也很多，比如重庆南川、綦江均建有尹子祠，以纪念曾推动了渝南及贵州地区教育普及的本地教育家——东汉尹珍。由于先贤祠庙在性质上与祭天地、山川、日月等自然界的坛庙及家祠不同，除少数如文庙、武庙等由于其地位的特殊而由官方建造外，一般多由地方、民间设立，属民间信仰，因此，圣贤庙具有广泛的民间性和教化性。这些祠庙多设在名人的故乡，或其主要的活动区域。

第三类，宗祠。主要指民间祭祀祖先的家族祠堂。宗庙制度产生于周代，《礼记·王制》中记载了帝王贵族的宗庙制度，确立了相关礼仪规范。上古时代，宗庙为天子专有。至宋代，朱熹提倡建立家族祠堂，以强化社会里宗法礼制的思想，提出每个家族都应该建立一个奉祀"高、曾、祖、祢四世神主"的祠堂四龛。清代，民间建造的家族祠堂已遍及城乡，宗祠成为族权与神权交织的中心。巴蜀地区由于连年战乱，人口凋零，明代以前，土著宗族体系也遭到严重的破坏。清早期，虽然移民大量涌入，但由于移民的迁入并非完全是家族性的，因此，直至清中期，在经历了数代的繁衍发展后，本地新兴的宗族集团才开始大量修造宗族祠堂。宗祠成为移民之间生存竞争由家庭转向宗族过程中，宗法礼制同时得到强化的空间产物。也正因为如此，巴蜀地区还产生了"多姓氏联建的祠堂"，以壮大势力。

三、会馆、祠庙建筑的选址

（一）会馆建筑选址

会馆、祠庙建筑作为封建社会晚期商品经济、宗族制度以及世俗文化交织的产物，既是城镇中重要的公共性建筑，也代表着一方势力的兴衰荣辱，表现在选址择基方面，主要从祈愿昌盛，彰显实力等角度综合考虑。

第一种，居于重要地位，强调自身标识性。

城镇中的会馆、祠庙建筑作为各自势力的物质象征，又是城镇重要的公共建筑，其选址首先考虑的就是要居于城镇重要位置，如"镇首、镇中或者镇尾，主要街道交叉口、拐弯处以及进出城镇主要大路两侧、码头附近、临河湾等醒目之处"，以彰显实力。比如大昌城总共有会馆6所，除禹王宫与文庙、清寂庵毗邻，位居外城，其余5所会馆与4所祠庙共同占据了古城东、西街道北侧优越的位置。它们一律坐北朝南，又正对笔架山文峰塔的方向，其址为《相宅经纂》等风水经典选址的共同所指，而且东、西横街北侧几乎被公共建筑占满，是和重庆同一时期其他城镇建设内涵同步同理的。这样的选址布局方式使它们往往作为进出城镇的空间标志物和物质性"边界"，再结合山、河、湖、树木等自然要素以及牌坊、码头、桥梁等其他人工要素，恰好构成场镇聚落空间的软边界。会馆建筑成为山水城镇核心标识的现存实例还有龚滩西秦会馆、重庆湖广会馆建筑群等（图4-1-3）。

对内而言，这些位于街道两端头、拐弯处以及街道交叉路口处的会馆建筑形成了场镇重要的"场口"标志或者街道对景，从而确立了城镇空间的领域感，增强了街道空间的内聚性。现存典型实例有重庆龙兴镇禹王宫、西沱镇川主庙和长寿扇沱王爷庙等。位于城镇主要街道两侧的会馆建筑更多，根据收录县志中的老地图可以看到街道与会馆的这种关系。现存典例有永川板桥场南华宫、永川五间铺禹王宫、南华宫等，它们或与街道"凉厅子"空间结合，或退让出广场空间形成独特的街心广场，或以高大的体量和独特的建筑造型成为场镇主景，其处理手法各种各样。

第二种，"趋利"心理和会馆类型的差别对会馆选址的影响。

这种状况在长江水系沿岸因航运而生的城镇、乡场中的表现就是靠近码头修建会馆。重庆八省会馆中的广东会馆、湖广会馆、江南会馆靠近东水门码头，山西会馆靠近太平门码头，浙江会馆靠近储奇门码头，陕西会馆和福建会馆靠近朝天门码头。一方面，重庆进出货物运输主要靠船运，码头成为了各种来往货物的集散地，热闹非凡，也容易产生混乱，会馆立在靠码头处，有一种威慑作用，如果在货物装卸过程中造成纠纷混乱，会首可及时出面协调。还有就是各种货物出入口岸也被各省各行势力瓜分清楚，因而各省会馆多建立在本省地盘范围内，维护本码头利益。当年的八省会馆中，建筑最宏伟气派的要数财力雄厚的湖广会馆和江西会馆。这两大会馆和相毗邻的广东会馆都在商业集中、繁华的下半城的东水门内，形成了庞大的建筑群。它们坐西向东，东临长江，西靠商业区，可见会馆交通之方便，地理位置之显要，这是作为商业贸易中转站、商人聚点的重要条件。

选择靠近港口码头的另一大类会馆，就是"船帮、运商"建的王爷庙，比如塘河镇王爷庙、石柱西沱王爷庙等。"明代以来有'南船北马'之说，这种依船为生的船户不为历代统治阶级、地方乡绅重视，船户在四民之外，自成一组织，被视为低贱而不与交游的阶层，然而在古代交通不便的情况下，依赖舟子截流横渡，往来四方，却又是一日不可缺的。"⑨长江航运线上的场镇普遍有王爷庙，其选址与水的关系就具有更强的象征意义。比如在三峡地区沿江因航运码头而兴的场镇上，王爷庙几乎是这些小镇最早的公共建筑，按照"趋利"原则选择距码头最近的地方建庙，若基础不佳，又不利于建筑面对江面或斜对上游方，则选址多在码头上游方，江峡狭窄处的岸旁，如长寿扇沱场、綦江东溪古镇（图4-1-4）、忠县洋渡场（图4-1-5）。这种选址方式也构成了三峡沿江场镇不同于其他场镇的空间特色。一是行船乘船者顺江而下，眼目所及王爷庙就知场镇码头已近，它构成了一个场镇空间的起始，也是"可识别性的先导"；而王爷庙与场镇若即若离的关系，也标识出了它与一般的以地缘为基础的移民同乡会馆的差异，沿江各个场镇共同的王爷庙成为整个川江地区共同的地理空间标识。

图4-1-3　长寿桓侯宫（图片来源：秦启胜摄）

图4-1-4 东溪古镇（图片来源：作者绘制）

图4-1-5 忠县洋渡场（图片来源：作者绘制）

第三种，"求福纳祥"风水文化心理的影响。

考虑到"（山）形（水）势"格局，在风水师的指导下，选择城镇中心要紧的地带或者寻找城镇空间形态结构中的重要节点位置，甚至控制和弥补城镇"风水"的关键位置，依托风水师运作求平安，求兴旺。另外，对于那些不甚理想的聚落环境，一些会馆的选址布局还会结合场镇形态进行风水上的修复。比如《江津县志·典礼志·寺观》就有碑文记载："……县治旧庙在城内西南隅，前抵城墙，后逼孤贫院，湫隘秽亵，殊非神灵发越之所。予履任四载矣，审察县治山水来脉已结聚而无可议，惟左手形式迤东趋下，无复回顾停蓄情意，虽有文塔、广寿寺，孤弱零落不足以镇压。于是相度东郊外文塔之前，广寿寺后，傍山临水，提阳摧阴之区，新建川主二郎祠一所。……轩爽幽秀，不惟妥神灵，挽地脉，且为县属增一大气局也。"

（二）祠庙建筑选址

第一种，统筹城镇空间格局——礼制思想的外延。

自古以来，官方和民间的祭祀都有严格的礼制要求，例如文庙、武庙等在清代都位于城镇的核心位置。由于重庆地区多山多水的自然环境，城镇建筑的总体布局并没有严格按照坐北朝南的要求，而是更多地结合地形，因地制宜，形成了背山面水的空间布局。同时，以文庙为主导，学署、武庙等其他祠庙为辅，结合地形、河流、山体，形成了清晰的空间格局框架。例如云阳清代县城，城镇总体格局背山面水，文庙在城镇中处于核心位置，与山体走向、长江对岸的张飞庙形成城镇空间纵轴线，与武庙以及其学署等其他公共建筑一同构成主横轴线，与书院、厅署等重要公共建筑构成次横轴线，形成"一纵二横"的格局统筹城镇空间（图4-1-6）。又如清道光七年巫山县城地图体现了祠庙对城镇空间格局的统筹作用。文庙、文昌宫和城隍庙共同形成空间主横轴线，武庙与城外的神女庙形成城镇空间次横轴线，沿着山体走向、河流流向以及主要建筑的位置形成了巫山县城纵深方向的空间纵轴线（图4-1-7）。

第二种，历史事件或先贤故居——人文精神的体现。

祠庙建筑在选址上还体现了重要的人文内涵，即传统祠庙建筑中"教化"功能的核心表现。重庆地区纪念性祠庙建筑多选址在名人先贤生前的功绩之处，或是生前重要事件的发生地，如忠县白公祠与巴王庙。其中忠县白公祠是为纪念唐代著名诗人白居易在忠州为官，巴王庙则是纪念巴国著名将领巴蔓子为求忠义两全而自刎，受到后人的敬仰。也有的选址在名人遗物所在地，如长寿张飞庙，《四川通志》中关于长寿张飞庙的记载："张桓侯庙在县西，宋大观中邑人于庙前得三印及珮钩斗上镌侯名。"有些历史事件并无确切的文史资料记载，民间传说便成为历史事件的载体，比如云阳张飞庙的修建传说是因为张飞的头颅在此地。此外，纪念性祠庙的选址还体现了祠庙的功利性，比如云阳张飞庙的修建原因中有一条极为重要，即张飞庙所在航段十分险恶，建庙也为祈求神灵保佑过往船只平安。

第三种，邻近祖基、祖宅或族田——血缘关系的传承。

乡村家族祠堂选址不同于城镇其他祠庙建筑，为便于团结族人议事，凝聚家族势力，管理族田，祠堂常常选址在村落的中心或一侧；为慎重思远，有些宗祠选址邻近祖基、祖宅。因为祠堂关系到家族的兴衰，所以选址更注重风水的考虑。此外，重庆地区由于历史上多匪患，祠堂选址有时会融入防御功能的考虑，建在便于瞭望和抵抗外敌的地势上。此类祠堂在建筑布局上，也一改院落式格局，而与箭楼、碉楼相结合，出现了寨堡式宗祠。现存实例有云阳彭氏宗祠与万州司南祠等（图4-1-8）。

四、山地会馆、祠庙建筑特征及空间特色

（一）重庆会馆建筑平面布局

会馆建筑作为会馆功能的物质载体，它在建筑布局方式和空间形态方面形成了与之相适应的基本程式做法。在其发展过程中，吸收和借鉴了我国传统祠庙礼制建筑的基本形制，亦表现出明清以来兴

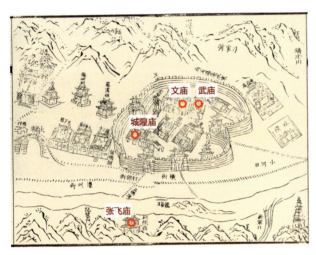

图4-1-6 云阳县城池图（图片来源：根据清咸丰《云阳县志》改绘）

图4-1-7 巫山城池图（图片来源：根据清咸丰《云阳县志》改绘）

(a)

(b)

图4-1-8 万州司南祠（图片来源：赵丑鸣摄）

起的传统戏场建筑的影响，进而结合宅院府第的宜居元素，发展出一种自成体系的，功能布局和空间序列相对固定的传统类型建筑。重庆地区会馆建筑常见前后两进院落布局。中轴线上依次布置门楼、戏楼、正殿（看厅）及后殿（拜殿），正殿两侧设左右厢房及钟鼓楼。戏楼是节庆、仪典活动的中心；正殿正对戏楼，作为观戏、会客接待及议事之所；后殿供奉神像，为祭祀空间；左右厢房多为两层，供男女宾客观戏、聚会之用；常有侧院供办公及同乡旅居接待之用。前后两个院落一大一小，前面的院坝尺度宽敞，为普通民众逗留观戏、节庆聚会的场所，无论是否同乡，一般皆可进入，而且通常具备多种功能，除了容纳摆场观戏、迎神联谊等公共活动之外，场镇里的会馆院坝还作为赶场贸易的市场，容纳商业活动，而会馆的后院尺度紧凑，后半区一般仅供同行和同乡中的上层人物进入，议事祭神相对比较封闭。此外，重庆会馆的规模和形式也会受到建造者的经济实力与文化价值倾向的影响，于建筑组群布局方面也会产生出丰富的变化，使重庆地区会馆建筑呈现出更加多样的地方性空间特色。按照功能结构和侧重点的不同，功能齐备完善的大中型会馆，一般规模较大，会馆功能完备，在中轴纵深方向组织三至四进院落，并以主轴线为核心向两侧发展多组侧院。最典型者如重庆渝中区禹王宫、齐安公所，而且前者出现了中轴线上前后双戏台，是目前所知孤例。

清代晚期随着会馆功能的变化，祭祀部分在会馆中的重要性也有所改变，娱乐集会功能凸显，使建筑前区空间的地位逐渐强过后区，逐渐出现了一些以观演功能为主体的小型会馆。那些规模较小的场镇会馆，它们的面积有限，使用功能相对简单，注重演戏、祭祀和赶庙集会，大多忽略住宿等辅助功能。甚至有些只保留"酬神娱人"的基本功能。平面仅有一院落，少数仅由三合院组成，如长寿扇沱王爷庙、綦江东溪王爷庙等（图4-1-9、图4-1-10）。也有一些会馆，它们更加强调接待服务功能。戏楼及前区观演空间占地较小，而看厅、中殿到后殿所占面积比例大，侧院功能完备，设有厨房、客房等空间，如重庆湖广会馆之江南会馆。

（二）重庆祠庙建筑平面布局

重庆地区历史上关于祠庙建筑基本形制的记载较少。除明清尚有祠庙建筑实物保存外，建于历史上其他各朝代的祠庙建筑的基本形制已很难考证。从现有资料记载来看，文庙的布局均以曲阜孔庙的格局为准。基本形制为中轴对称，依次布置有万仞宫墙、泮池、棂星门、大成门、大成殿、崇圣祠，两侧围合以廊庑，形成一进、两进或三进院落（图4-1-11）。泮池一侧建有魁星阁，屋顶形制为五层檐攒尖顶，为目前发现的重庆地区历史上规格最高的魁星阁。与此类似的还有巴县文庙（建于宋代绍兴年间，现已拆除）、璧山文庙、夔州府文庙和巫山圣庙等，规模比重庆府文庙规模小，但庙制相似（图4-1-12）。其中祭祀孔子的主殿大成殿必不可少，但棂星门、万仞宫墙、魁星阁等单体建筑并不是必须有的，如夔州府文庙和巫山县圣庙皆无魁星阁，且夔州府文庙入口未位于正中，而是从棂星门两侧的"礼门"、"仪门"进入（图4-1-13）。

中国古代武庙建筑的基本形制比文庙建筑简洁。基本形制为沿中轴线依次布置有山门、正殿（崇宁

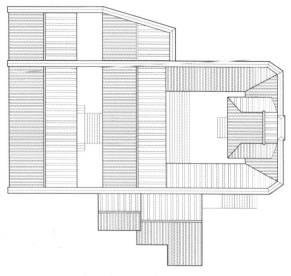

图4-1-9 扇沱镇王爷庙（图片来源：作者绘制）

图4-1-10 小型场镇会馆
(a) 永川松溉罗家祠堂（图片来源：高松摄）；(b) 綦江东溪王爷庙（图片来源：李忠摄）

图4-1-11 重庆府文庙老照片（图片来源：重庆老照片）　　　图4-1-12 璧山文庙（图片来源：胡斌摄）

殿）、后殿（春秋楼），两侧有厢房等。从现在资料来看，重庆地区武庙的基本布局以一进院落与两进院落为主，仅山门与祭祀的主殿以及作为他用的厢房为必有单体。相比于中国古代武庙的基本形制，规模与体量等都要小许多。重庆府关帝庙[①]，从綦邑刘子如绘制的《增广重庆地舆全图》全图来看，布局中轴对称，沿街依次为高大的山墙、山门、正殿，两侧围合以厢房（两庑）。现还保留大殿一座，但外貌风格已变。夔州府武庙，清道光七年《夔州府地舆图》中，武庙的基本形制为中轴对称四合院布局，依次布置有山门、正殿，围合以两庑。正殿为重檐歇山顶，其他单体形制不可考。清道光七年《巫山县地舆图》中，巫山县武庙的形制与夔州府武庙相同，只是山门屋顶形制为重檐（图4-1-14）。

现存的祭祀自然神与名人先贤的祠庙建筑形制与武庙相似。如铜梁县安居城隍庙，呈三合院布局，中间台阶为入口，两侧为厢房，正殿位于最高处。铜梁县西河镇川主庙，四合院布局，山门与戏楼结合，正殿位于中轴线最末端，两侧围合以厢房。又如《安居古镇》中的安居东岳庙，沿中轴线依次布置有山门、正殿、后殿，两侧围合以厢房（图4-1-15）。祭祀名人先贤的祠庙，如云阳高祖庙和忠县巴王庙，庙制相似，皆以中轴线为中心布置有山门戏楼、正殿，两侧围合以厢房。但云阳张飞庙的布局异于其他祠庙建筑，为顺应山地环境，打破了中规中矩的传统形制，平行于山体等高线布

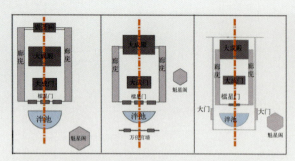

图4-1-13 重庆府文庙、巴县文庙、璧山文庙平面形制复原图（图片来源：根据《四川通志》、《重庆地区地方志》等资料绘制）

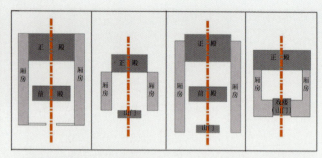

图4-1-14 重庆府关庙、夔州府武庙、大昌武庙、龚滩武庙平面形制复原图（图片来源：根据《四川通志》、《重庆地区地方志》等资料绘制）

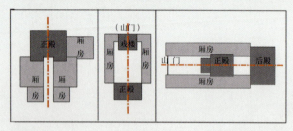

图4-1-15 城隍庙、川主庙、东岳庙平面形制复原图（图片来源：根据《四川通志》、《重庆地区地方志》等资料绘制）

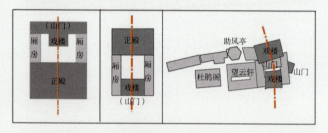

图4-1-16 祠庙平面形制图（依次为：高祖庙、巴王庙、张飞庙）（图片来源：根据《四川通志》、《重庆地区地方志》等资料绘制）

局。主要分为两层台地，第一层台地沿进入方向依次布置山门、结义楼与戏楼、望云轩、杜鹃阁，第二层台地布置有戏楼、助风亭、陈列室等建筑（图4-1-16）。⑪

自南宋朱熹著《家礼》立祠堂之制后，民间祠堂建筑基本格局为：前为大门；中为享堂（祖堂），用以祭拜祖先，举行祭祀仪式；后为寝堂，用以安放祖先神位。宗祠多设戏楼、穿厅、厢房供饮食住宿之用，两侧围房作庖房。根据家庭大小及财力，可沿纵横轴线构成多重院落。重庆地区祠堂建筑布局也基本遵循此规制，沿中轴线依次布置大门（门屋）、享堂（拜殿、前厅）、寝堂等，不过总体规模都不大，未有超过两进院落者（图4-1-17、图4-1-18）。有些规模更小，只有一进院落，拜殿与寝堂合二为一，如璧山林家祠堂、酉阳陈氏宗祠等（图4-1-19）。

（三）重庆地区会馆、祠庙建筑空间组织的地方特色

"入口前导空间"，它是传统建筑中层层递进的空间序列中的开端，也是建筑群内外环境之间的过渡。山地会馆、祠庙建筑通常会利用地形因素塑造出符合酬神、祭祀活动的氛围。根据地形条件的不同，入口空间常用三种方式：第一种，蜿蜒曲折的前导空间，利用入口处高差将路径设计为迂回向上的台阶，强化参观路径。让参观者在还未正式进入建筑主体时便能体会到山地建筑空间营造的趣味，如云阳张飞庙和长寿张飞庙。第二种，运用建筑引导入口。如铜梁安居古镇火神庙，利用引凤门和曲折灵动的街巷空间，延伸了祠庙的入口空间。第三种，运用台地烘托建筑，用台地建造拾级而上的阶梯，营造出建筑的庄严之感，如江津石蟆清源宫、安居城隍庙等。这种灵活多变的入口前导空间序列是对沿江山地地形条件和自然景观因势利导的结果，但却具有与平原地区会馆、祠庙建筑完全不同的空间体验。

"欲扬先抑的入口空间"，大门是标志以院落空间为核心的建筑空间序列的开始。它不仅是入口空间序列往建筑群内部空间过渡的通道，也是空间景象的转折点。山地环境中，会馆、祠庙建筑的入口设置通常表现出较为谦逊的处理手法，在建筑面积

局促的空间内进行光线的明暗、空间的宽窄等对比处理。祠庙建筑入口的山门形式有多种，其中有的以牌坊作为建筑群入口空间，有的门与屋结合共同作为主要出入口，有的与戏楼相结合，利用戏楼架空的底层空间作为入口，也有不遵循传统手法，别具一格的山门处理方式。

第一类，牌坊门式。

牌坊式入口空间与环境的结合凸显出建筑的庄重沉稳。入口多位于建筑群中轴线上，但由于山地地形限制，也可灵活处理，如云阳彭氏宗祠砖石牌坊门、万州梁公祠牌坊门（图4-1-20）、长寿桓侯宫牌坊门（图4-1-21）和秦家上祠堂牌坊门等。

第二类，门屋式。

门屋式山门尺度比正殿等单体建筑小，表现了礼制建筑的秩序性。实例有璧山林家祠堂、渝北龙

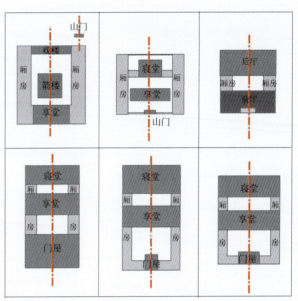

图4-1-17 祠堂平面形制图（上：云阳彭氏宗祠、忠县秦家上祠堂、璧山林家祠堂；下：渝北龙兴包氏、华夏、刘家祠堂）（图片来源：根据《四川通志》、《重庆地区地方志》等资料绘制）

图4-1-18 江津廷重祠（图片来源：徐刚摄）

图4-1-19 酉阳陈氏宗祠（图片来源：《重庆民居》）

图4-1-20 万州良公祠牌坊门（图片来源：王敏摄）

图4-1-21 长寿桓侯宫牌坊门（图片来源：张云丽摄）

图4-1-22 江津塘河廷重祠（图片来源：作者拍摄）

兴明氏祠堂和万州方家祠堂等。其中璧山林家祠堂山门为碑楼式石大门，位于中轴线上，山门为假四柱三门式牌楼，紧贴于前厅正立面上，重合部分山门伸出前厅房檐，形成高大的形象（图4-1-22）。

第三类，门楼倒座式。

为集约利用空间，将牌坊、大门、戏楼三者，或者大门、戏楼两种功能结合在一起处理，出现了最具地方特色的立贴式牌坊门，门楼倒座式入口。戏楼下部空间低矮，与后面院落空间的豁然开朗形成对比，通过空间的尺度和明暗变化烘托出院落的宽敞与坐落在台基上的殿宇的宏伟。这一类做法的实例非常多，有渝中区禹王宫、广东会馆、龚滩武庙（图4-1-23～图4-1-25）、云阳高祖庙、彭水王氏祠堂、江津石蟆清源宫、南川王氏祠堂等（图4-1-26）。

除了在建筑形式上有多种处理方式外，还有不少山地会馆、祠庙建筑通过结合环境条件形成了别具一格的入口形式，比如偏离轴线、"侧入"、"分台入"等，如渝中区齐安公所。为迎合风水的某些要求或者为了吸引人流，出现了"歪门邪道"的做法，如云阳张飞庙（图4-1-27）和长寿张飞庙（图4-1-28），山门旋转一定的角度，面向人流来

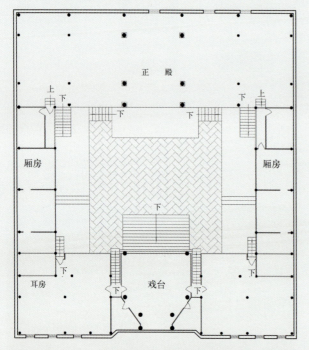

图4-1-23 龚滩武庙平面（图片来源：重庆大学建筑城规学院项目组）

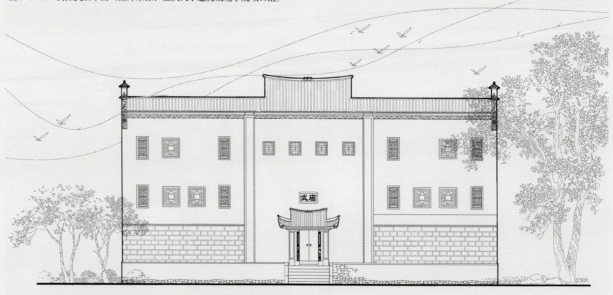

图4-1-24 龚滩武庙立面（图片来源：重庆大学建筑城规学院项目组）

图4-1-25　龚滩武庙剖面（图片来源：重庆大学建筑城规学院项目组）

图4-1-26　南川王氏祠堂（图片来源：陈砚摄）

图4-1-27　云阳张飞庙（图片来源：李忠提供）

向，成为了入口空间转折的典型案例。

"重点突出的祭祀空间"，祭祀神灵的主体殿堂空间是整个祠庙建筑空间序列中的高潮与中心。祭祀空间在祠庙建筑中起到强化建筑空间感，引起人们在心灵上的共鸣的作用。在空间序列的组织中，祭祀神灵的主体殿堂通常是在建筑群中体量最高大的单体建筑，位置往往被安排在突出之地，如建筑群的最高点，以彰显其崇高的地位，并且运用较低或者较小的次要空间（如台地、院落或单体建筑）来衬托突出主体建筑。以中央轴线为主导，用于祭祀的大殿常常位于中央轴线的端头，成为作为

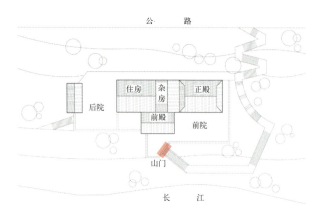

图4-1-28 长寿张飞庙（图片来源：作者绘制）

整个建筑群的中心，在层层递进的空间序列中强调突出。这样的布局方式是重庆地区祠庙建筑最主要的手法。此外，有的祠庙建筑巧妙结合地形，使建筑空间发生一定角度的转折，利用转角强化主体建筑。比如云阳张飞庙，从大门到正殿，需要经过结义楼院落、望云轩院落、杜鹃亭、陈列厅、助风阁，其间路径转折，空间明暗变化，很好地烘托出了祭祀空间的重要性。

第二节 书院建筑

一、重庆地区书院发展历史概况

书院是中国封建社会特有的教育组织和学术研究机构。据史料记载，重庆地区最早的官学和第一所书院都出现在唐代，前者是开县官学，为当时贬为开州刺史的文学家韦处厚所建，后者是大足县的"南岩书院"[12]，始创于唐贞观年间。宋代是重庆地区教育发展的重要时期，各地大兴"府、州、县、厅学"，如据记载，北宋治平元年（1064年）江津知县郑谔"肇佐学治，以饬文教"，在江津治西修建孔庙，创办第一所县学[13]；北宋仁宗嘉祐间建合川学宫，北宋庆历年间建夔州学府，北宋徽宗元符年间建铜梁学宫，南宋宁宗嘉定年间建永州县学等。同时，书院教育也已形成制度。江津知县冯忠在县治西十五里建五举书院，为重庆已知最早的宋代书院；继五举书院后，江津县人又于北宋开泰年间（1012~1016年）在县治西南的牛背山建南山经堂。[14]总的统计，宋代重庆地区先后建立书院14所。[15]元代的教育与前朝相比，官学化趋势明显，府州县学进一步制度化，书院的发展开始衰落。据史料记载，不仅大批宋代书院被毁（仅涪陵北岩书院尚存），元代重庆地区新建书院仅一所，名"龙虎书院"，建在忠州境内，"元至元二十一年（1284年），府废，复名忠州，还治临江城，废宏文书院，于治城东北隅学宫内设龙虎书院。"[16]从书院选址学宫内可知，这种官办书院颇受官学制约。至明代，政府确立了"治国以教化为先，教化以学校为本"的文教政策后，重庆书院才有了再次复兴发展的机会，据统计，明代重庆共建书院20所[17]，主要有明洪武元年长寿县建凤山书院，明嘉靖十年合州建合宗书院，明嘉靖时期重庆府治建凝道书院、来凤书院等。清初，鉴于明末书院讲学结社、议论时政，不利于封建统治，政府禁止"别立书院"。由此，在清顺治时期，重庆书院荡然无存，至康熙和雍正时期，亦仅永川县、大足县各有1所。[18]但清中期以后，随着政府对各地自发兴起的书院兴建潮的首肯以及文教政策的再次转变，官学化的书院遂即再次成为清政府"赖以造士"的主要场所，书院在统治者的倡导和支持下又得以迅速发展。从乾隆至光绪时期，重庆共有书院173所。[19]其中建于清乾隆时期的丰都鹿鸣书院、大足棠香书院、永川锦云书院、酉阳龙池书院，建于嘉庆年间的秀山凤台书院（后名凤鸣书院）、万县太和书院以及巴县渝州书院（后名东川书院）七所为规模较大者，比如酉阳凤鸣书院曾为四横四进七天井木结构合院建筑，面积达2400余平方米。不过这种盛况随着清王朝的衰落，时局之变化，逐步为近代教育制度所取代。光绪二十七年（1901年），清政府颁布改书院为学堂的诏令，重庆大多数书院逐步改造为中小学校，成为重庆近现代重要学府的前身，比如重庆第七中学前身即重庆东川书院，江津聚奎中学前身即江津聚奎学院，涪陵北岩书院的主体现在是涪陵十三中学等，此后书院这种教育体制逐渐退出了历史舞台。

由于大量清代书院直接改制为学堂，在历史的变革中，学校建筑颇多更新，重庆地区现存完整的书院已经不多，据《中国市文物地图集·重庆分册》记载，江津聚奎书院是重庆市保存最为完好的清代书院，被列为市级文物保护单位。其他书院建筑大多已残破拆毁，比如万州白岩书院因战乱和年久失修等因素的影响，已拆毁，现只有残存的6块"白岩书院碑"，而曾经存留的黔江三台书院、潼南癸光书院、潼南三汇书院、巴南区瀛山书院、虬溪书院遗址、武隆白云书院等遗址也大多损毁。

二、书院建筑的选址

重庆书院的选址历来被视为"兴地脉、焕人文"的象征，因此形成了深受传统风水理论和儒家人文及教育精神影响的环境观，表现在具体策略上，主要有"择胜和形胜"两方面的考虑。所谓"择胜"，即指选择景色与意境优美的环境，择胜观与儒家的"仁者乐山，智者乐水"，"隐逸文化、比德思想"相结合，形成了书院文人重要的环境追求；而"形胜"则以传统堪舆思想和整体环境观为基础，具体评估基址环境地势是否有兴文风之意。选址过程一般由官绅、士人和堪舆师共同推敲酌定。地方志书中还专门设有"书院·形胜"篇，常用"卜定、相度"等来具体描述环境选择过程，以示慎重。在此基础上，重庆地区书院选址要求包括：

第一，注重自然景观环境，"依山而居、邻水而建"。追求山水环境、文化活动与士子完美人格培养（修身）之间文景交融的效果，也将书院所处的自然环境与书院的士气文风联系在一起。所谓"今士子足不出户庭，而山高水清，举与目会，含纳万象，游心于伊仞，灵淑之气，必有所钟。"[20]比如江津聚奎书院所在之黑石山早在明代已是当地的风景名胜；涪陵北岩书院选址坐落于涪陵北岩山南麓的砂岩峭壁处，面朝长江水，远眺涪州古城和乌江，曾是当年的涪陵八景之一。

第二，强调人文历史环境，追寻名胜古迹、名人遗踪，突出书院的学术渊源和对历史人物的纪念，以便"远尘俗之嚣，聆清幽之胜，踵名贤之迹，兴尚友之思"。比如重庆书院选址直接与名儒大师的学术活动及生平有关，表现出因人而设的特点。万州虬溪书院设在明代理学家来瞿唐（来知德）先生研习和讲学易经的地方即是一例。

第三，综合自然环境和人文因素，达到文化与自然、人文与景观的紧密相联，互为依存。这种择址观综合了自然与人文两大因素，更是重庆书院选址的上上之选。比如南川海鹤书院位于境内的主要河流凤嘴江之鱼嘴形的环流地带，沿岸遍植翠柏，远山相映如画，风景秀美。而早在东汉时期，学者尹珍[21]就在此设馆讲学，"于是南域始有学焉"，清康熙十八年（1679年）当地人集资修建石桥龙济桥连接河的两岸，历代常有文人学士来此作诗赋词，凭吊尹夫子，此地遂成当地名胜。清光绪五年（1789年），知县黄际飞、举人徐大昌为纪念尹珍而选择在龙济桥东建尹子祠堂。光绪二十七年（1901年），由知县雷橡荣将祠堂改建成书院。海鹤书院曾一度求学者众，成为南川乃及川东著名书院，这与它精心的选址和环境营造是分不开的。涪陵北岩书院选址在长江北岸的北山坪南麓，背山面水，与涪陵城隔江相望，环境非常优美，同时此地又是北宋著名理学家程颐贬放涪州讲学和注释《易经》之处，因此设立书院，名震一时。对于那些设于府城、邑镇等人口密集地的书院，也会利用各种条件和人工手段来改善环境条件，以期获得比较理想的环境气氛。比如清代巴县东川书院（又名渝州书院）最初就选址于城中著名佛寺罗汉寺的藏经阁一侧，借禅林清幽，以避城市喧嚣。由于书院在元代以后半数属于官办，因此有些书院直接处于学宫之内，借助于已有环境，比如瀛山书院、忠州仰白书院等。除此之外，以本地区环境优越却荒弃不用之祠庙寺观为书院所用者也不在少数，比如璧山璧江书院在清乾隆元年由知县黄在中创建之初，即以"补葺文昌宫正殿、后殿，再扩建厢房、正厅、头门"而成。[22]

三、书院建筑布局

书院作为综合改造传统官学和私塾教育的一种教育制度，至宋代逐渐形成了一定的建制规范。虽然在其后千余年的发展过程中，因服务对象、办学人身份等的不同形成了各种类型，各具特色，但书院最基本的功能并无大的改变，可以归纳为讲学、藏书和祭祀三大部分。[23]相应地，以讲堂、藏书楼（阁）和祭祀祠宇为核心，以为生童提供修习和住宿的斋舍（也称"书舍"）、支撑学校收入的学田等为附属的建筑群，共同构成了特定类型的书院建筑，它们以一进或者多进院落的方式组合起来并且有明显的中轴线。从各部分的关系来看，一般沿中轴线依次排列着大门、讲堂、祠宇和藏书楼，而斋舍及其他附属用房分列中轴线左右，这也成为了一般书院建筑平面布局的基本规制。

从现存实物及文献记载来看，重庆书院建筑大多依照这种布局方式，又因规模不同而各有差异。小型书院一般有二进或三进院落，二进式的书院，第一进为大门（又称头门），第二进为讲堂，讲堂后附设祭堂；三进式的书院，第一进为大门，第二进为讲堂，第三进为先贤祠堂、文昌阁等。比如巴县东川书院于清乾隆五年建成，"造讲堂五间，前堂五间，左右厢二间，院墙重门，前屏后厨皆备"，万县万川书院咸丰五年始建，初期"讲堂三间、学舍四十余间……左长山书屋，右长生祠，缭以垣墙"等，如此记载，不一而足。基本可见，讲堂、斋舍、祠宇、学田齐备，环境优越。大型书院在主轴线上可达四进，依次为大门、大堂或讲堂、内讲堂或大殿以及文昌阁、奎星楼、藏书楼等，斋舍部分分列主体建筑轴线左右、后部或另成院落。比如建于清乾隆二十七年（1762年）的永川锦云书院，其建筑规制："外讲堂三间、照厅三间、内讲堂三间，东斋九间，西斋九间，厨舍四间，东西长粉墙二道二门三楹，头门一间，院后立奎星阁一座。"[24]它已是四进院落，而且还是现存文献记载中少见的重庆书院建筑之中轴线以奎星楼"压轴"的例子。

这些规模较大的书院建筑还体现出一个特点，就是书院往往经过历代不断的修葺扩建，比如秀山凤台书院"初始有头门三间，东西厢房各六间，讲堂五间，报厅一间，后堂五间……后捐修中讲堂，东西两厢及头二门，共二十六间，仓廒三间，厨三间"，遂成巍巍壮观之所。[25]始建于清乾隆二十五年（1760年）的铜梁巴川书院，初期仅为"前得（德）英堂，后退省轩，左右斋各七间"，至嘉庆三年（1798年），"增建四周围墙、书院大门及仓储"，嘉庆二十五年（1820年），"增设花圃、园林……"[26]由于这些扩建多数由地方官绅捐款筹物而成，由此可见地方对教育之重视。处于地方学宫文庙之内的书院，建筑布局和规模大小不等，比如始于元代的忠州仰白书院仅"建屋五楹作讲堂，建斋舍四十间"[27]，而綦江瀛山书院则"坐北向南，头门三件，东西厨舍，左右讲堂，右为魁星楼，上厅三楹，继进两侧厢房，其上为万寿龙亭。凡六向书舍一十三间。"[28]与清代重庆学宫建筑规制相比较，书院建筑少了许多礼仪威严，却增添了基于教学实际需求的空间与环境；另一方面，在山地环境中，重庆书院建筑整体布局也衍生出一些适应性变化，有些书院的斋舍、游憩部分会依据山形地势分别布置在各级台地上，层层跌落，并利用轴线转折或自由散点布局，以平衡主体建筑的规整严谨。据《续修涪志·疆域志三·古迹》记载，涪陵北岩书院因地势陡峭狭窄，建筑顺势构成，书院建筑群以"点易洞"为原点，散布在北岩山南麓长约300米的砂岩峭壁各处。

四、书院祭祀文化

所谓"学以景行，祀以志思"，祭祠是书院进行德育与祭祀的场所。书院祭祀先贤，起于宋代，最初多具纪念意义。随着书院的兴起和发展，祭祀成为书院教育的重要组成部分，是向求学者进行德育教化的重要方法，也是书院进行社会宣传，崇尚先贤，繁衍学派的一个重要途径，从不少历史文献中可以了解祭祀活动对书院教育的重要意义。如道光二十年《江北厅志》称："自古三代之治，必本于人才，人才之兴，必由于学校。学校者先圣王之广教化而育人才者也。成俊秀之造就者……亦各有师儒以董率之。教之德行，教之道艺。记曰，凡入学者必释奠于先圣先师。诚以古先圣贤道所，自出尊而崇之……而后不愧为明体达用之儒也。"拜奠先圣先师，树立楷模典范，从情感上培养对先贤德业的崇敬与景仰，已达到劝诫规励、见贤思齐的目的。

书院与官学的祭祀对象有所不同，祭祀方式也有所不同。官学的学宫祭祀突出尊孔，自西汉统治者"独尊儒术"起，历代均以祭孔作为官学的重要礼仪，并发展成为一整套的祭拜礼仪，将孔庙和学宫作为学校的重要组成部分，祭孔成为国家文教的象征。书院祭祀则显得多种多样，但主要以学派师承为重，所祭祀的多是鸿儒巨学以及为地方文化教育事业作出贡献的官宦乡贤，因此，各地的书院在祭祀上都有明显的地域风格。例如涪陵北岩书院，祭堂为纪念程颐及两位弟子尹和靖、谯定对当地教育的贡献而设，"正堂三室，中以奉安伊川先生塑像，其左待制尹公祠，其右为直阁谯公祠"[29]；合川濂溪书院专门祭祀周敦颐。

以祭祠或祭堂为中心的祭祀空间是书院建筑群中相当重要的部分。书院祭祀不同于寺庙，虽然祭祀对象众多，但一般不设置塑像，而是以画像和木制牌位来代替，因此所需空间并不大，例如聚奎书院的川主庙供祀创办书院的先贤张元富、邓石泉和国璋三人，其中一牌位写有"邑贤侯杭阿坦讳国璋大老爷香位"。祭祀仪式通常从室内延伸至室外空间，士子们鱼贯而入，祭拜行礼之后，又鱼贯而出。

重庆地区书院祭祠空间的大小没有特别规定，但普遍强调祭祠的重要性，对规格的要求在书院建筑中是最高的。这与巴蜀书院在宋代注重传播学术、宣扬理学，元明清代注重彰扬先贤的历史业绩和历史作用，引导来者效法的办学思想是分不开的。书院祭祠尽量在构件和用材上与书院内其他建筑区别开来，表达出它的重要性。但是祭祀建筑的规模大小和建造的精美程度没有固定的标准，主要视书院的财力来定。

重庆地区书院普遍存在对奎星和文昌的祭祀，光绪版《遂宁县志》写道："文昌本天上六星，在北斗魁前，为天之六府，其六曰司禄，道家谓上帝命梓潼神掌文昌府事及人间禄籍，故以文昌司禄封之。"重庆地区部分书院将祭祀二神与藏书合用在一栋建筑内，但也有专设的情况。这也从侧面反映出在官学和科举制度的影响下，书院的祭祀从对精神人格的崇拜转向乞求文运的功利色彩。

第三节　会馆、祠庙观演建筑

明清"湖广填四川"移民孕育出的文化艺术成果中最重要的当数川剧，而在川剧的形成发展史上，盛行于清代的会馆、祠庙和寺观演戏无疑起到了重要的推波助澜的作用。原来走街串巷赶庙会演出，大家在村镇"万年台"露天观戏的观演方式逐渐被固定戏楼演戏、观戏取代了。在各地方志里都有关于演戏酬神、赛会合乐甚至各会馆、祠庙轮番"斗戏"的盛况记载。

一、观演空间的基本特征

会馆、祠庙戏楼观演空间与我国其他类型的传统观演空间的基本特征大体一致，即空间的"程式化"、"随意性"以及"俚俗性"共存。前者表现为观演空间具有很强的共性。一则观演空间的性质、尺度、交通组织方式等直接和"演与看、聚与散"的观演建筑基本功能关系相关联，都必须遵循看厅和戏楼正对，两厢围合形成"内聚性"较强的观演空间这一固定的场所形态。再则，几乎各地会馆演剧均脱胎于神庙演剧和宗祠演剧，又多少兼具城镇公共广场演剧和茶园演剧的性质，而演剧和其他主要功能，如祭祀、会谈、留宿等的关系，可以用"空间性质——开放公共到私密封闭，使用对象——大众到小众，空间气氛——热闹到安静"等来形容。在功能组织方面，会馆、祠庙的演剧空间处于建筑前区中轴线上，往往利用第一进院落空间作为观戏院坝，戏楼和看厅（正殿）分别位于轴线两端，彼此呼应。同时，半开半闭的看厅界定了所谓"公私、内外及主客"，使会馆、祠庙在保持公共开放性的同时获得个别身份的定义，既符合礼仪的规矩，也符合功能性质的需要。

后者源于中国戏剧表演的"写意性"。中国戏曲时空自由、依靠演员表演确立舞台假定性以及明确的"演戏"观念，使对于专门化剧场的要求并不强烈，换句话说，戏曲并不与剧场形成一种完全彼此依存的发展关系，它通过发展自身的表演程式去弥补场地给场景造成的时空缺陷，但并不强烈提出改进剧场样式的要求。剧场对于中国戏曲来说只是一种工具，一个并非不可脱离的载体，它没能起到制约戏曲的表演精神及其原则的作用，像欧洲戏剧史上发生过的那样。

会馆、祠庙观演空间也似乎存在着随意构造舞台空间的趋势。全国各地现会馆戏台，其建筑形制并不统一，常见的种类中"伸出式"和"镜框式"两种样式并存，甚至在相同剧种活动的同一地区同时期内建筑的戏台，也出现了这两种不同的建筑样式，如果发生在西方戏剧史中，这简直是无法理解的，也不能用西方那种戏剧原则和戏剧观念制约戏台样式的理论来解释。照理，"伸出式"可以供观众三面环绕观看，表演没有一个比较固定的面向，而"镜框式"只能从戏台前面形成一个观看扇面，表演一定是面向前方，两者的戏剧原则是不相同的，西方在后者的基础上导致了"三一律"和完全写实主义戏剧的产生，其极致是著名的"第四堵墙"和"当众孤独"的表演理论。中国戏曲却似乎根本不去注意剧场形制的存在，它只是一如故我地进行自己假设中的表演，无论在何种表演环境中都以不变应万变，场地对它来说只是一个随手拿起的工具，可用可不用，可有可无而已。究其原因，就在于它的表演是非生活化而为虚拟化的，演员的表演重在身段动作的美而不在模仿的真实性，观众对它的欣赏只是对一种表演程式的审美，并没有人去特意追究它的动作面。

中国人的看戏乐趣，除了戏曲本身的声色之美，还有部分内容是它的参与性、随意性以及求热闹的娱乐性心理。所以经常见演出过程中，叫好、吆喝、说话、吃茶、打牌等活动与台上的表演同时进行，大家不以为混乱喧闹反而各得其乐，这种"俚俗性"也是中国戏剧发展的重要特点。

二、会馆、祠庙观演空间构成要素

此类观演空间主要由戏楼、耳房、看厅、两侧厢房以及围合而成的院落空间组成，构成"表演区——戏台、观众区——看厅、厢房、院落以及辅助用房——耳房"。其他附属于此空间的建筑类型还有钟鼓楼及山门等。虽然早期以关帝庙形制出现的某些山陕会馆中戏楼和看厅之间还布置有牌坊等礼制建筑需要的建筑小品，显示出初期会馆演剧空间并不独立，还处于祭祀功能的附属地位。但是绝大多数现存会馆、祠庙观演空间主要由以下三部分组成：

（一）表演区与辅助用房

戏台作为演戏部分，有两种主要布置方式：一种是戏台位于院落中，相对独立；一种是戏台或者戏楼、耳房和两侧厢房组合为一个整体。无论哪种方式，演戏的戏台布置一般都采用朝向主神所居的主座——看厅（正殿）"，这是传统神庙戏台建筑的基本规制。相对来说，戏台是一种处于附从、附属地位的建筑。封建社会对戏曲艺人是鄙视的，所以须在倒座唱戏，服务他人。因此，各类戏台无论是宫廷戏台、私家戏台或民间的庙台、草台，还是最简单的白板木台，都是避开正位（北位）而建造，或坐南面北与主座相对，或东西向。处于东、南、西三个位置都无妨，惟有北座是犯忌的，且其台面则都应面对着主要建筑物。因为中国封建社会的"礼制"规范为：北屋为尊，倒座为宾，两厢为次，杂屋为附属。不少会馆、祠庙戏楼一层架空，建筑主入口，二层分前后两部分，前为舞台表演区，后面为伴奏区、化妆区，它往往和两侧的耳房结合。舞台面与后台之间用一道木隔断隔离，仅在左右两侧各开一个小门，作为剧中角色出入的通道，一般称它为上下场门，演员们几度上下就代表着时间和剧情的推移。

（二）观众区

在会馆、祠庙建筑里，从大门进入的首个院坝、左右两厢以及戏楼对面的看厅（或正殿）以及挑出平台共同构成了民众聚集看戏的空间。

在空间使用上，按照礼仪尊卑的等级要求，以观戏视线的优劣和位置的主次划分观众区。按照等级分："池座"（院坝），一般民众站立或者临时加座观戏的场所，容纳量较大；"楼座"（两厢二层），特殊群体的观众空间，如女性；"边座"（两厢一层）；"堂座"（中轴线上的看厅），会首与显贵端坐看戏之所，容纳量有限。按照礼仪要求分，座位分配一般遵循"左上右下、男左女右或者男下女上"原则。

三、会馆观演方式与形态

巴蜀地区传统观演建筑的空间形态可以分为"内聚型、半开敞型、开敞型"[30]三种。其中，清代重庆地区会馆、祠庙观演空间几何形态主要集中于前两种类型，其中"内聚型"占主要地位。这一方面是由于功能的限定性要求，另一方面由于地区相对紧凑的用地和气候条件的影响。内聚型空间形态又可分为四面回廊式、三面围廊式、单面檐廊式。

"四面回廊式"，指正厅、戏楼、耳房、厢房（廊）彼此相连通，形成封闭的四合院观演空间。"三面围廊式"，指戏楼、耳房和厢房（廊）彼此相连，看厅相对独立。这种方式有利于在观演区形成尽可能宽敞的院坝，而后区空间适当收缩，两侧可形成附属小院。这种方式因其比较广泛的适应性而成为了重庆地区会馆、祠庙观演空间的主要形态。"单面檐廊式"，这种空间形式是指戏楼的对面只有看台或者看厅，戏楼与两侧耳房相连而无厢房，这种情况比较少见。

半开敞型观演空间主要指建筑与街市结合紧密的情况。此时，观演条件的要求变得不太重要，更重要的是配合场镇街道空间，形成人群聚集和热闹的氛围。

由于演出活动比较大型，需要空间较大，重庆地区气候湿热，室内通风条件较差，并且日照时间较少，室内采光问题较难解决等因素，重庆地区会馆、祠庙的主要观戏院落一般都是在室外的，在调研中还未发现像北京的清代福建会馆、安徽会馆那样覆盖着屋顶的剧场。

四、川剧戏台功能划分与平面形制

戏台的布置受到传统戏曲表演所需场地和空间的影响制约。川剧属于集"念、唱、做、打"为一体的北方系大剧种，包括"昆、高、胡、弹、打"五种声腔，音色高亢嘹亮，在伴奏上又讲求锣鼓套打和帮、打、唱的紧密结合，严谨有度，不乱规矩。因此，戏台除需要宽敞的表演舞台外，还需要安置道具、化妆、器乐伴奏的空间，后台和左右耳房不可或缺。

相对完善的戏台功能组织方式一般将戏台从进深方向划分成"前台和后台"，其中前台表演，后台为伴奏、化妆区域。前后之间或以木质隔墙划分，或者临时垂挂软幕。有的还将戏楼两侧耳房（楼）划入后台作为辅助功能使用，这样可以区分男女化妆、更衣以及伴奏和道具空间。这样的结果必然带来更多空间的需要，因此，戏台的布置主要还是与经济实力、会馆规模有关。小型戏楼若没有足够的空间，则不能演大戏，只能以清唱折子戏为主。

罗德胤在《中国古戏台建筑》中谈道："随着戏曲表演的发展和观众对戏曲欣赏环境要求的提高，献殿和舞亭开始分化：献殿仍然维持四面开敞（或前后开敞）的格局，而舞亭则在远离正殿的一面加墙，变成三面观格局，或在两边侧面也加墙，变成一面观的格局。"这样的结论实质上间接对观演空间形态的变迁给出了概括。在这之后的发展过程中，观戏效果更加优化的三面观的变化形式"伸

图4-3-1 塘河戏楼（图片来源：韩平摄）

图4-3-2 江津廷重祠戏楼（图片来源：徐刚摄）

图4-3-3 江津石蟆清源宫戏楼（图片来源：王化全摄）

出式"舞台逐步代替了观众可看角度范围受到严重局限的一面观"镜框式"舞台（图4-3-1）。这种"伸出式"舞台平面既扩大了看戏角度，实际上就是容纳了更多的观众，同时造成了"三面围合式观众区"的产生、内聚型观演空间的成型，促进了中国式观演空间以及后来的室内剧场的成熟与产生（图4-3-2～图4-3-4）。

清代重庆地区会馆、祠庙中的戏台主要采用"伸出式"平面，在建筑平面上直接保留"镜框式"戏台的仅见龚滩陕西会馆戏台。不少场镇会馆虽然平面已经凸出来，但是两侧山墙面并不敞开，实际观戏角度和"镜框式"戏台无异。

在平面柱网布置上，重庆会馆、祠庙戏台又分为单开间戏台和三开间戏台，其中后者占主要地位。戏台的木结构一般用料较大，柱的直径甚至大于正殿。为了获得表演区域的大开敞空间，做法中

图4-3-4　渝中湖广馆戏楼（图片来源：徐刚摄）

平面柱网在"二层"多采用"减柱造"。即底层为横向四柱三开间，在二层舞台面上减去中间两排的某些柱。另外再取下戏台明间的两颗檐柱，在原来柱子的位置做吊瓜柱与下面的柱及栏板的望柱相呼应。因梁架用料较大，故并不影响梁架的受力性能。还有一种做法：将明间两柱或四柱移柱形成八字形柱网结构，从而使戏台台面形态分为"八字形戏台"和"一字形戏台"。前者造型更活泼，视野开阔；后者处理比较简单。台中一般是以绘有装饰图案的三星壁或者三星壁装饰图案型的底幕为演出背景，左右挂"出将入相"布帘，作为演员上下场通道。

第四节　会馆、祠庙、书院建筑典例

一、渝中湖广会馆

渝中湖广会馆建筑群是指坐落在渝中半岛，长江北岸，东水门内，以禹王宫为代表的多个清代会馆的总称，主要包括清代重庆主城著名的"八省会馆"中留存至今的湖广会馆（又称禹王宫）、广东公所（又称南华宫）、齐安公所等，现占地面积12870平方米，是我国规模最大、保留最完整的清代会馆建筑群（图4-4-1）。

（一）禹王宫

位于太华巷7号。根据殿宇正梁上刻"楚省两湖十府绅粮士商捐资重建"等字样，推断为湖广会馆的建筑遗存，现存建筑由中轴线上三进合院和两侧多组附属院落共同组成。中轴线上依次排列山

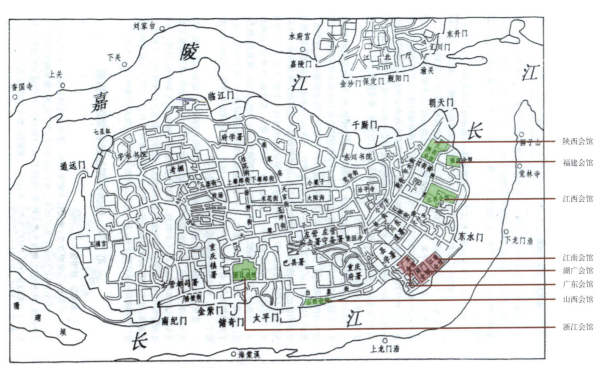

图4-4-1　八省会馆（图片来源：根据《近代重庆城市史》改绘）

门、倒座戏楼、看厅、小戏楼和后殿。两侧院落中还有一组小戏楼和看厅，精巧雅致。禹王宫是重庆现存最完整、规模最大的会馆建筑，也是已知惟一一个会馆内有多组戏楼的。它对地形高差的处理十分巧妙，充分利用高差，使三组观演空间各具特色。

其中，看厅檐下普拍枋承如意斗栱九攒，斗栱高75厘米，均系菱形平盘斗。另存明以后少见的内檐斗栱，为七踩三攒，位于侧檐的角柱上，高72厘米。斗栱呈45°斜角线上另加翘昂外伸，栱下承平盘栌斗，高20厘米，栱上是菱形或六角形平盘斗。与之对称，右檐额枋上雕造型别致、形态如生的群龙图。明间檐下刻双凤朝阳图案，此殿梁间存鹰嘴式四瓣驼峰，峰面刻卷草图案。梁架檩头栱，为单栱、单斗，且用材粗大；其次该殿普拍枋用材宽、厚为30厘米×12厘米。其下阑额高、厚为27厘米×9厘米。

小戏楼，两侧厢房深7.5米。檐下额枋雕戏曲人物故事。左右撑栱分雕梅花鹿及卷云等图案，系浮雕，均上金。枋下悬柱刻几何纹及连珠纹图案。两厢楼栏板上刻四幅花草及仿钟鼎文"麦文尊"铭等。

后殿为悬山式木构小青瓦面，十架椽屋六椽栿对前后乳栿用四柱，面阔三间15.5米，进深11.7米，抬梁式构架，两侧边柱为穿斗式，六柱落足。该殿用料粗大，柱径达45厘米，柱高5米。鼓镜式础石，首雕一周连珠纹，余为素面。脊檩上圆雕龙头，下承巨大的鹰嘴式四瓣如意卷草纹驼峰。普拍枋宽、厚为30厘米×12厘米。枋下阑额较宽，与普拍枋组成"T"字形，柱枋间置卷瓣式，前紧后缓形如鸟翅飞展的雀替。整个殿的柱枋不出头。两柱上承六铺作斗栱各一朵，高5厘米，其栱高、宽为13.5厘米×7厘米，用材之制较清代用材大。殿内雕刻古朴，前檐额枋正对台面刻一长幅戏文故事，加上镏金更显辉煌。据此可知，该殿应属与戏楼配套的看戏厅。两次间额枋背雕刻同明间，穿枋上还刻风格粗犷的变形夔纹、瓶花纹等。枋背雕两条相向大夔龙，中为香炉，意即双龙贡香。侧殿位于大殿的左面，并以高墙相隔，面阔8.8米、进深22米，悬山小青瓦面。前殿为八架椽屋八椽栿用两柱。后殿为九架椽屋六椽栿对后乳栿搭牵用三柱，梁下驼峰，枋边雀替形制稍繁，总体风格与大殿同，但过梁下有巨型如意卷草驼峰，峰下承二斗，气势恢宏（图4-4-2、图4-4-3）。

（二）广东会馆

又名南华宫，始建于康熙年间（《重庆建筑志》载）。公所位于下覃学巷19号（现新光包装制品厂已搬迁）。该会馆现存主体结构呈四合院布局。四周高墙耸立，南北长30.5米、东西宽25米，现有建筑面积711平方米（天井除外）。原进会馆之大门在33号院内。原入口大门为牌楼式，四柱三间五楼。各楼翘角飞檐，楼面房脊、瓦珑、滴水俱全。有二圆形漏窗。门上竖额饰浮雕卷草龙的石质匾，上有"广东公所"四个镏金大字。大门门楣上题刻"南岭观瞻"，两侧门上题刻"岳峙"、"川淳"。

院内建筑对称布置。大门入口在戏楼下，大门山墙代戏楼外墙。看厅两侧是厢楼。戏楼为木结构歇山式淡绿加黄色琉璃瓦顶。楼高8米，梁架为八檩五架梁后的三步梁用三柱。角梁之下为屈蹲负重力士的圆雕，细观有汉击鼓说唱俑之遗风。戏台面宽9米，进深8.4米（至墙），高2.8米。台顶是叠涩八角藻井，额枋雕二龙戏珠，颇为鲜见的是龙身采用浅浮雕、龙头系圆雕并镂空龙嘴，嘴内含珠可转动，可谓巧夺天工。镂雕花草雀替柱础上支柱。两侧楼厢，左楼长26米，宽2.8米，青瓦面。右楼厢长21米，也宽2.8米。中为天井，从戏楼过天井至看厅13米。分前后两厅，皆悬山式小青瓦顶，梁架结构为七檩七架梁。两厅共9米深，面阔三间12.6米，亦是八角柱础，厅高10余米。看厅上额枋雕刻内容丰富，卷棚檐口下四撑栱镂空戏雕所刻鬼神多是《封神演义》、《三国演义》内容。还刻有清代官吏办案情节。穿枋、额枋戏雕，成段、成组，涉及多个戏目。也刻游龙、瓶花图案等。雕刻至今金光闪闪，是极珍贵的戏曲文物。两旁看厢分别有两额匾书字，一为"骋怀"、一为"游目"，意即观戏使

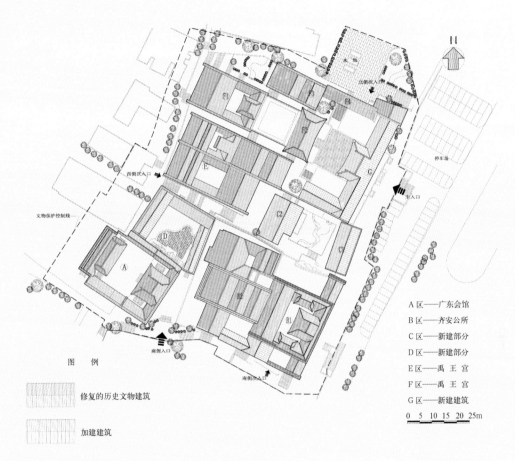

图4-4-2 总平面图（图片来源：重庆大学建筑城规学院项目组）

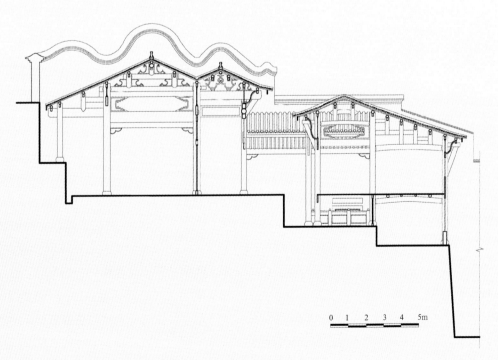

图4-4-3 禹王宫剖面图（图片来源：重庆大学建筑城规学院项目组）

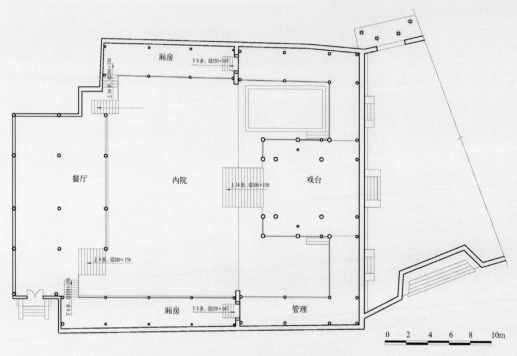

图4-4-4 广东公所平面图（图片来源：重庆大学建筑城规学院项目组）

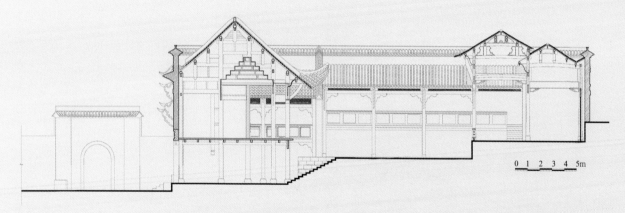

图4-4-5 广东公所剖面图（图片来源：重庆大学建筑城规学院项目组）

人宽胸怀、饱眼福。该会馆的后殿建筑已在建解放东路小学时被拆除。广东公所的规模虽不太大，但木雕非常精美（图4-4-4，图4-4-5）。

（三）齐安公所

湖北黄州府会馆。建筑布局依中轴线排列，中轴线上依次排列戏楼、看厅、抱厅及正殿。由下往上，戏楼、天井、两厅、进厅、大殿，两侧是附属建筑。南北长49.5米、东西宽41.3米，建筑面积约计1500多平方米。

戏楼飞檐翘角，高8米，木结构，歇山顶，天花为八角藻井，坐南面北，面阔7.5米，明间4.9米、次间1.3米，八角莲花础石，两边柱上镂雕硬木撑各一。角梁圆雕龙头、飞鹰。戏台离地高2.8米。戏楼三面皆雕饰精美，券棚檐下额枋雕有长幅戏文故事。其余雕"博古图"、"鱼樵图"、杂宝图等。最有价值的是戏楼的楼枕额枋上两端的深浮雕山水城图。一幅是雕有急流江水上与险峻山腰中蜿蜒曲徊的巴山栈道图；另一幅为重庆城楼与错落有致的民居图,特别是城门上标刻有"熏风门"三字,极有考古价值。《宋史·张珏传》载,重庆城有熏风门、千厮门、洪崖门和镇西门,为彭大雅所建。千厮门、洪崖门明清时期仍有,而熏风门、镇西门只存于宋,此次戏楼木雕上发现的重要史迹,是三千年重庆城市历史脉络的有力佐证,弥足珍贵。

看厅为木结构悬山青瓦面,面阔三间13.4米,进深7.4米,位于一高2.2米的石台之上,台前存石雕护栏。厅上柱端至下分饰雕花撑栱和倒悬猴撑栱共四个。厅的左右与戏楼紧连的是两层看厢楼房,中间部分屋架为歇山顶,长16.2米、宽4米,从戏台乐鼓手在后台的位置始,绕两则厢楼栏板几乎全是精湛的雕刻,除花草、几何纹图案外,主要刻二十四孝的历史典故,计有"孝感动天"、"单衣顺母"、"卖身葬父"、"亲扼虎救父"等感人的历史故事,边框上均雕蝙蝠,寓意孝则福。

大殿悬山式,绿黄相杂琉璃瓦顶,坐北朝南,脊上饰花草、钱纹等,梁架系抬梁式,九檩七架梁对前后单步梁,面阔三间13.4米。八角柱础,上部是莲瓣。柱径43厘米。此殿脊檩刻字,文为:"嘉庆丁丑(1817年)孟春月谷旦立;光绪己丑岁(1889年)黄州阖府重建。"大殿之下的檐廊两侧有券拱石门,一为"春晖"门,一为"云润"门,皆自铭。左侧云润门外是天井小院落。天井长12.5米、宽4米。两侧皆置房,靠北墙房近方形,青瓦面,为五柱四间,宽13.5米,进深12.5米。天井面额枋雕人物故事,也存雕花雀替。对面房间过去用作膳食房舍等,宽12.5米,深10米,皆雕刻。右侧星晖门前存外廊,长7米,宽8米,青瓦。廊枋雕香炉、卷草等图案,皆刷金。建筑外由高墙围合,两侧封火墙由多组拱形墙组成,形如游龙,有典型湖北地区封火墙特色(图4-4-6)。

湖广会馆建筑群无论在群体布局、空间营造、单体造型还是在建筑细部雕饰方面都显现出了很高的艺术水准,特别是在结合自然地形条件,创造和丰富建筑群体空间形态与层次方面,展示了高超的技巧。在长江北岸约30°的坡地上,总占地面积8561平方米,几十座大小建筑依山就势而建,采用分层筑台、挑吊结合的方式,形成多组高低错落的院落,也形成了独具特色的屋宇层叠的山地建筑群体风貌。它们沿长江江岸台地依次排开,气势宏

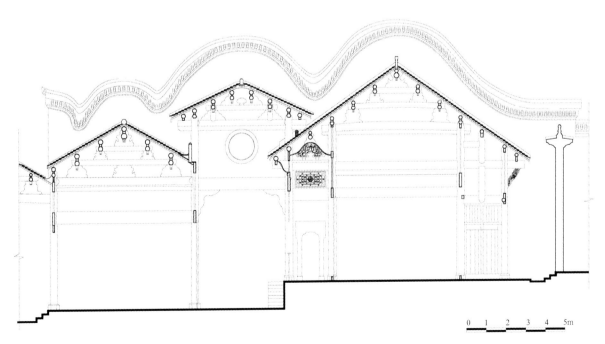

图4-4-6 齐安公所剖面图(图片来源:重庆大学建筑城规学院项目组)

大，是清代朝天门一线最有气势的建筑。虽然建筑外面由层层的封火高墙围合起来，让人难以窥其全貌，但站在高处俯瞰，由硬山、歇山、卷棚、勾连搭、抱厅各种屋顶形式共同组合形成的第五立面，更加丰富生动（图4-4-7）。

湖广会馆建筑群里共有大小五个戏台，根据功能的不同，空间的大小，采用的建筑形式和展示出来的风格各不相同。广东公所和齐安公所的戏台都位于建筑入口附近，且戏台院落较为开敞，特别是广东公所的院落可同时容纳百人观看，因此戏台规模较大，均采用歇山样式，造型上，广东公所的戏台更加舒展飘逸，与整体宏大的气势相匹配。禹王宫主戏台面对公众开放，院坝空间大，戏台尺度也最大，高耸的歇山屋顶，戏楼正对牌楼门式造型的看厅，整体造型简洁有力，装饰富丽繁复（图4-4-8）。后区的两个戏台，尺度小，造型装饰非常清秀灵动，看厅前面的院落尺度也比较小，大有私家戏台的感觉，因此建筑上采用柔美的卷棚屋顶，整体造型亲切朴素（图4-4-9）。另外，形式多样、组合变化丰富的封火墙也是湖广会馆建筑群的一大特色。在整个建筑群中，采用的封火墙造型不下十种，比如禹王宫的"水形"山墙、"金形"山墙，齐安公所的龙形山墙、五花山墙等丰富了建筑群体造型（图4-4-10、图4-4-11）。

由于各省移民会馆保留了移民原籍的建筑风格和技艺的痕迹，它们也呈现出各自不同的建筑风格特色，比如广东公所建筑就明显带有岭南建筑特征，建筑风格飘逸灵动，齐安公所则更多地体现了湖北及川东地区建筑及装饰特色。此外，各组建筑建造的年代互有先后，在建筑风格上也各具特色。比如禹王宫前殿平面采用明以前常见的减柱造，左右次、梢间也各减两柱，屋面重量由大梁承担，斗栱及用材都较大。而齐安公所除中轴线上的建筑外，两侧厢房用材尺度减小，结构少抬梁式而多用穿斗式，建筑不施斗栱，以挑枋承托出檐，檐下撑栱造型比较简练。

整个湖广会馆的雕刻工艺精湛，内容丰富，手

图4-4-7 渝中湖广会馆群沿江形象（图片来源：重庆市规划局）

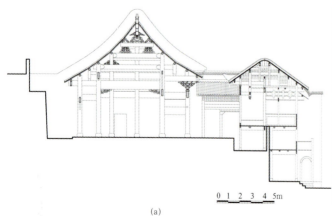

图4-4-8 禹王宫（图片来源：重庆大学建筑城规学院项目组）
(a) 戏台剖面图；(b) 局部剖透视

图4-4-9 禹王宫主看厅（图片来源：陈蔚摄）

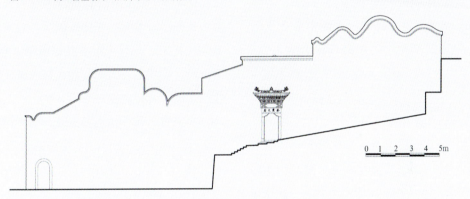

图4-4-10 禹王宫侧立面图（图片来源：重庆大学建筑城规学院项目组）

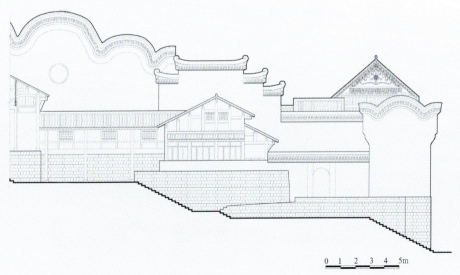

图4-4-11 齐安公所立面图（图片来源：重庆大学建筑城规学院项目组）

法多样。禹王宫粗犷豪放、古风犹存；广东公所精雕细琢、富丽堂皇；齐安公所质朴率真，不事张扬。线雕、浮雕、镂空雕精巧细腻，栩栩如生。湖广会馆建筑群不仅在建筑技术艺术上表现出极高的价值，同时建筑中蕴涵了丰富的文化内涵，对于城市、区域文化和历史的研究具有重要的史料价值（图4-4-12）。

2006年，渝中湖广会馆被公布为全国重点文物保护单位。

二、綦江东溪镇万天宫和南华宫

东溪古镇原名万寿场，建镇1300多年，建场2200多年，因东丁河、福林河至西向东流入綦江河，故名"东溪"。由于地处渝南，渝黔文化在此汇聚，来往商贾使古镇曾兴盛一时。目前，古镇不仅场镇形态和空间肌理尚存，还保留着大量很有历史价值的建筑遗存。其中会馆建筑有三处，包括"万天宫"、"南华宫"以及码头上船帮会馆"王爷庙"。

万天宫，位于朝阳街28号，始建于清康熙二年（1663年），供奉川祖。万天宫建筑面积1200平方米，为古镇中规模最大的传统建筑。建筑坐东向西，四合院布局，木结构，山墙夯土砌筑，比较少见。整体空间布局疏朗，建筑风格拙朴（图4-4-13）。中轴线最前端为戏楼，面阔三间，进深九椽，一层为台座，二层为倒座戏台，单檐歇山顶。戏楼两侧金柱与檐柱之间有精美雕刻的额枋及斜撑。二楼戏台台口施以精美雕花。戏楼正中有较大型藻井，呈八角形堆叠，藻井漆色红、黄相间。所有木构件着深红褐色漆（图4-4-14）。中轴线最东端为大殿，大殿采用三殿合一的做法，前殿面阔五间（21.1米），进深十二椽（11米），平面为长方形，明间面阔5.76米，次间面阔4.16米，梢间面阔3.54米。中殿面阔五间（21.1米），进深四椽（4.1米）。后殿面阔五间（21.1米），进深十椽（10.1米）。前殿梁架明间为抬梁、穿斗结合式，其中抬梁为五架梁，明间为十五檩带前檐廊（前檐廊为三步梁），次间及梢间均为穿斗式，单檐硬山式屋顶，有雕刻精美的大型木质八角形藻井（图4-4-15）。两侧厢房面阔七间（28.4米），进深六椽（5.94米），平面为长方形，各面阔宽度较接近，均为3.6米左右。穿斗式构架，双坡灰布小青瓦屋面（图4-4-16）。两侧封火山墙形态为复合样式封火墙，体现了各地建筑文化多元和杂融的特点（图4-4-17）。

南华宫，建于清乾隆元年（1736年），供奉南华老祖（图4-4-18）。建筑坐东向西，四合院布局，全木结构，占地800平方米，建筑面积440平方米。戏楼位于中轴线前端，坐东朝西，面阔三间（8.34米），进深六椽（9.17米），明间面阔最宽（4.6米），次间面阔次之（1.65米）（图4-4-19）。

图4-4-12　禹王宫戏楼藻井（图片来源：陈蔚摄）

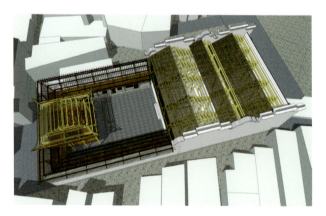

图4-4-13　綦江东溪万天宫屋架数字模型（图片来源：重庆大学建筑城规学院项目组）

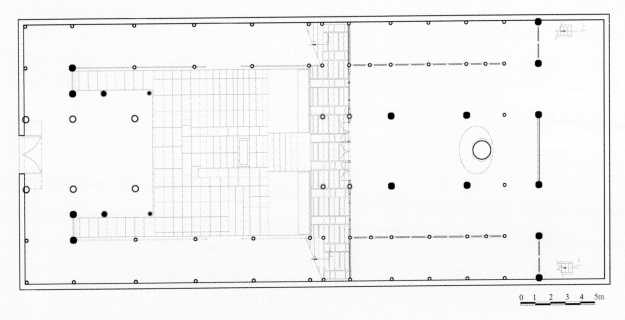

图4-4-14 万天宫平面图（图片来源：重庆大学建筑城规学院项目组）

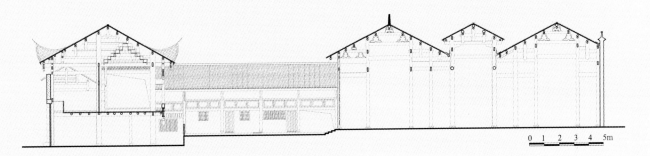

图4-4-15 万天宫剖面图（图片来源：重庆大学建筑城规学院项目组）

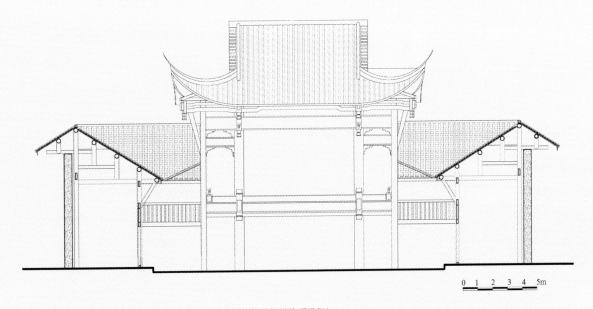

图4-4-16 万天宫厢房剖面图（图片来源：重庆大学建筑城规学院项目组）

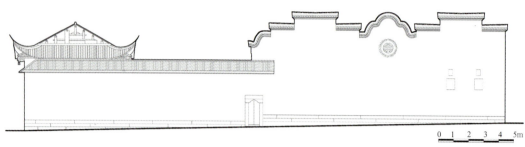

图4-4-17 万天宫侧立面图（图片来源：重庆大学建筑城规学院项目组）

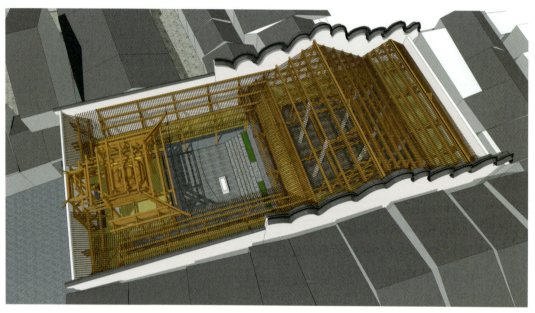

图4-4-18 綦江东溪南华宫数字模型（图片来源：重庆大学建筑城规学院项目组）

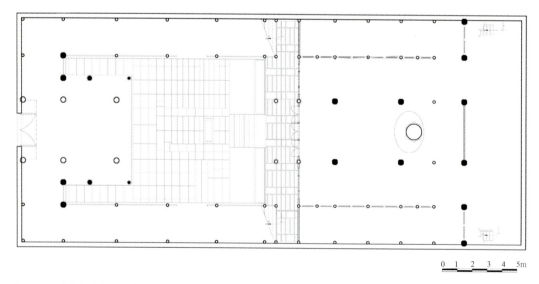

图4-4-19 南华宫平面图（图片来源：重庆大学建筑城规学院项目组）

整个平面呈方形，共两层，一层为台座，二层为倒座戏台。穿斗、抬梁混合构架，单檐歇山顶屋面，与入口歇山顶形成勾连搭。大殿为双殿合一的做法，前殿面阔五间（16.8米），进深十二椽（15.5米），平面为长方形，明间面阔4.6米，次间面阔3.36米，梢间面阔2.74米。单檐硬山式屋顶，穿斗式梁架，有40余平方米的戏台，大型木质藻井。后殿面阔五间（16.8米），进深七椽（4.5米），单檐硬山式屋顶，穿斗、抬梁式混合梁架。后殿正梁上有"清道光十五年"题记（图4-4-20）。两侧厢房面阔五间（15.9米），进深四椽（4.45米），平面为长方形，各面阔宽度较接近，均为3米左右（图4-4-21）。南华宫比万天宫晚近60年，规模也较万天宫小，但是从装饰装修上来看，更显得精致而华丽（图4-4-22）。反映出了广东人对纤细精致的审美追求和当时的重庆綦江地区社会稳定、经济复苏的情况，具有较高的历史、社会、审美、建筑技术价值。

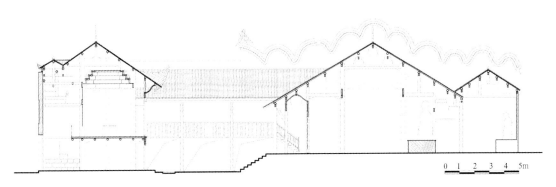

图4-4-20　南华宫剖面图（图片来源：重庆大学建筑城规学院项目组）

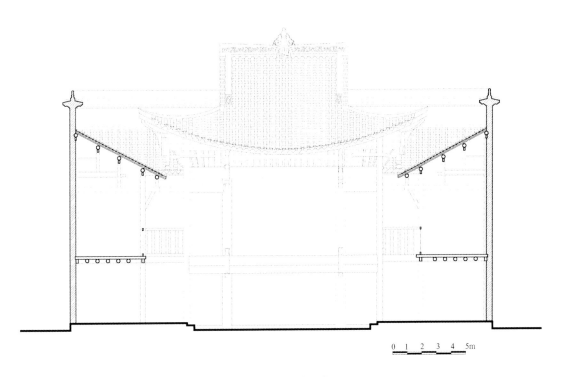

图4-4-21　南华宫厢房剖面图（图片来源：重庆大学建筑城规学院项目组）

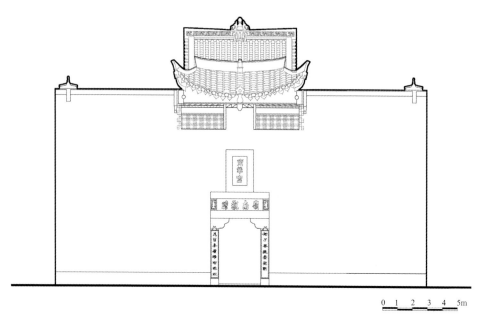

图4-4-22 南华宫立面图（图片来源：重庆大学建筑城规学院项目组）

三、江津石蟆镇清源宫

根据《江津乡土志·寺观》记载，清源宫始建于明正德五年（1510年），培修于清代道光元年（1821年），为四川人的会馆。建筑坐北向南，占地8000多平方米，建于一处山坡平坝之上（图4-4-23、图4-4-24），需要登上40级石台阶。主体建筑前后两进院落，大门与戏楼"门楼倒座"，大门为"立贴式"牌楼造型，牌楼正中刻有"圣旨"二字，另有浮雕6幅，烘托出奉旨修建的庄严气氛。下额横书尺许"清源宫"三个大字，笔力遒劲。两侧对联："清源盛衰关乎天关乎地关乎天和地，地宫观兴废在于神在于人在于神与人；斯门有若金山峻，此地惟将玉带留。"（图4-4-25～图4-4-27）进门后是戏楼，为石木结构，即戏楼由14根圆形大石柱支撑。戏台宽9米，进深9米，通高10米，柱高7.6米。戏楼上端正中挂巨匾，上书"灵襄大包"四个大字。戏楼前檐及楹柱撑栱均有精湛木刻浮雕，人物比例，神情气韵莫不尽善尽美，惟妙惟肖；戏台前有一块长14米、宽15米，用石板镶成的供人们看戏及庙会活动的大石坝。石坝上前方有香炉三个，香架两个，灯杆一根。灯杆高16米，直插云霄。戏坝子两侧是男女宾楼，按男左女右各坐一侧观戏。宾楼中段左右有文、武魁星楼各一个。沿八级石梯而上是川主殿，宽15米，进深12米，通高八米，12根红漆大圆石柱支撑，对称式排列，抬梁式构架，硬山式屋顶，屋脊房面上塑八仙、鳌鱼，龙首翘角，麒麟情态逼真，似欲驾云腾飞。"万天川主"李冰神像供奉正中。川主殿次间绕行，后面是灵官殿（上殿），供有玉皇、王母、太上老君等神像。楹柱、撑栱雕刻完好，屋顶翘角有"尼山攻书"、"三娘教子"等戏曲泥塑（图4-4-28、图4-4-29）。

目前，清源宫为重庆市级文物保护单位。

四、渝北龙兴镇禹王宫

龙兴禹王宫始建于清乾隆二十四年（1759年），后经过多次重建。龙兴禹王宫地势平坦，会馆规模宏大，为四合院布局，坐北朝南，按中轴线布局建造。戏楼面宽5米，进深8米，戏楼的台口、穿枋都镂刻有人物浮雕。戏楼两侧为耳房，上下两层，为穿斗结构，长50米，进深3.5米，耳

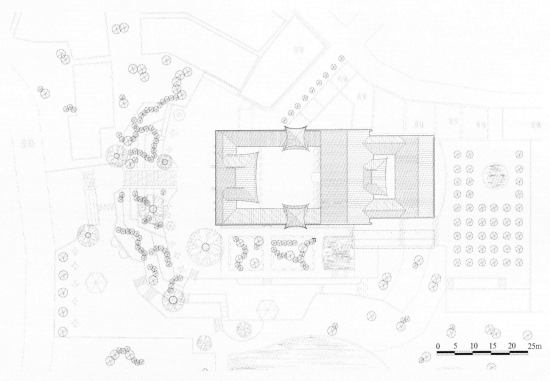

图4-4-23 江津石蟆清源宫总平面图(图片来源:重庆大学建筑城规学院项目组)

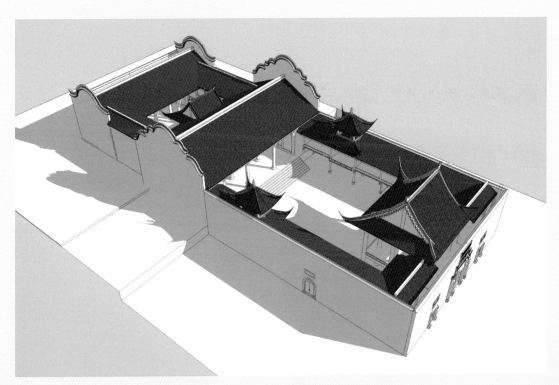

图4-4-24 江津石蟆清源宫数字模型(图片来源:重庆大学建筑城规学院项目组)

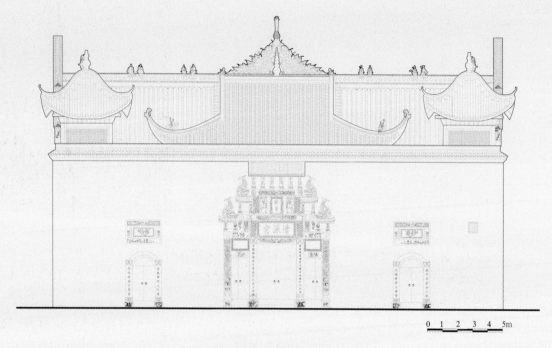

图4-4-25 清源宫正立面图（图片来源：重庆大学建筑城规学院项目组）

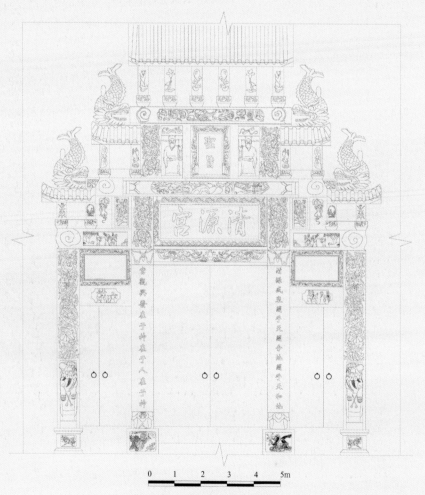

图4-4-26 山门立面图（图片来源：重庆大学建筑城规学院项目组）

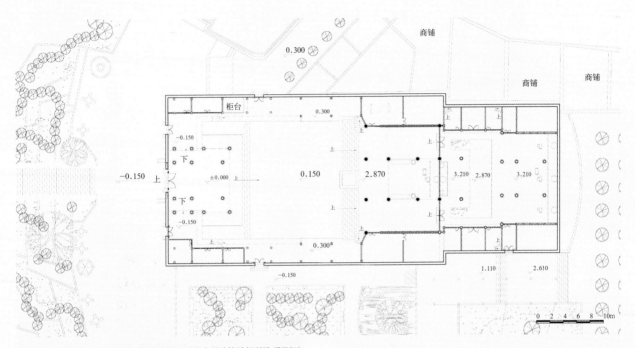

图4-4-27 清源宫一层平面图（图片来源：重庆大学建筑城规学院项目组）

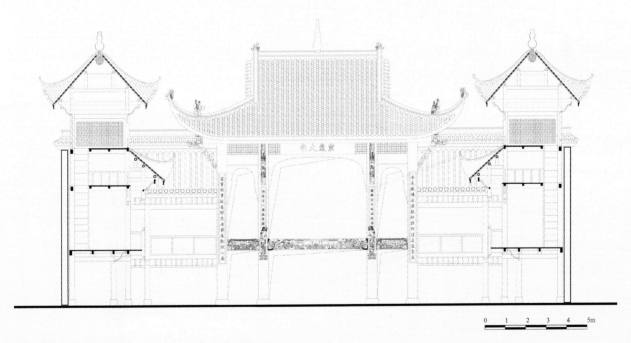

图4-4-28 清源宫宾楼剖面图（图片来源：重庆大学建筑城规学院项目组）

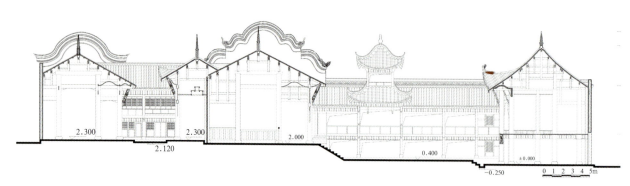

图4-4-29 清源宫剖面图（图片来源：重庆大学建筑城规学院项目组）

图4-4-30 渝北龙兴镇禹王宫戏楼（图片来源：胡斌摄）

图4-4-31 渝北龙兴镇禹王宫看厅（图片来源：胡斌摄）

楼外为砖砌封火山墙（图4-4-30）。正厅为三重檐歇山顶，面阔五间，宽约22米，抬梁结构。第一层檐下有横额木匾，题"帝德神功"，额下横枋镂刻九龙纹图案。第二层檐下左右各有横匾，左题"三江既奠"，右题"九州攸同"，表明其湖广会馆的身份（图4-4-31）。

五、酉阳龚滩镇西秦会馆

龚滩西秦会馆始建于清嘉庆十一年（1806年），清光绪年间，陕西帮商人张朋九到龚滩开设盐号，重建西秦会馆，既作为同乡商人会聚之处，又作为议事、祭祀、娱乐活动的场所（图4-4-32、图4-4-33）。西秦会馆为单合院建筑，属于场镇中的小型会馆。建筑利用地形高差顺坡而建，坐东向西，中轴线上依此布置了大门、戏楼和正殿，两侧二层厢房与耳房。庭院用当地油光石板铺就，庭

院宽27米、进深6.7米。大门位于龚滩老街，为高约10米的二层砖木结构门楼，采用了门楼倒座的形式，大门与戏楼为一体，分别朝向街道和院坝。戏楼下架空，从大门进入院坝必须从戏楼下的石阶穿过。戏楼由中间的戏台和两侧的耳房组成，采用了四川戏楼最常用的歇山顶，它是建筑的核心部分，也是建筑的精华所在，精巧别致，雕梁画栋。戏台对面是大殿，坐落于近2米高的石台基之上，面阔三间，进深8.4米、高约8米余（图4-4-34~图4-4-36）。

六、云阳张飞庙

张飞庙，又名张桓侯庙。在1987年文物普查时，在庙前江心的龙脊石上，发现了清光绪二年（1876年）叶庆寻在题刻诗后的诠文："今之桓侯庙即古显忠庙，又称武烈公祠。碑碣尽忘，赖宋

人题此石考得。"张飞庙曾坐落在长江南岸飞凤山麓，与云阳老县城隔江相望，后因三峡大坝蓄水，搬迁至现址。为地方纪念三国时期蜀汉名将张飞而修建，始建于蜀汉末期，后经宋、元、明、清历代扩建，已有1700多年历史，是全国重点文物保护单位。张飞庙建筑面积共计2557平方米，周围有附属园林约111000平方米（图4-4-37）。

云阳张飞庙经过多次修葺扩建，汇集了历代能工巧匠建筑艺术的精华，形成了一组宏伟壮丽的古建筑群。现存古建筑主要是清嘉庆年火灾和同治年大水之后陆续修复重建而成的，主要建筑有正殿、旁殿、结义楼、望云轩、助风阁、杜鹃亭、障川阁、得月亭和望江楼（图4-4-38）。

建筑群整体坐南朝北，依山坐岩临江，山水园林与庙祠建筑浑然一体，相互衬托，充分体现出山地祠庙建筑的神韵。庙内十余处风格形态各异的单体建筑，结合地形和视线关系，处理得层叠错落，相宜得当，独具一格，既表现出北方建筑的雄奇，又有南方建筑俊秀的韵致，更有园林点染、竹木掩映、曲径通幽。因此，云阳张飞庙素有"巴蜀胜境"的美称，是重庆山地祠庙建筑中最具魅力的珍贵实例。

群体组合关系方面，为适应山地环境，横向发

图4-4-32 龚滩西秦会馆（图片来源：作者拍摄）

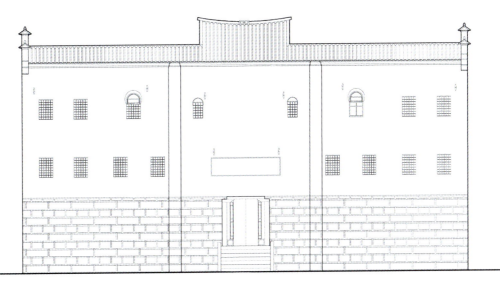

图4-4-33 西秦会馆立面图（图片来源：重庆大学建筑城规学院项目组）

展。山门、结义楼、戏台、正殿围合成的主体院落与望云轩、偏殿和助风阁形成的两个次要院落，利用高差，在平面上呈"品"字形布置，其他次要建筑顺应等高线展开，不仅群体关系主次分明，沿江立面也最为引人瞩目。建筑横向铺展的形态与长江水面相呼应，高低错落的建筑屋顶又与山势环境形成回应，建筑造型生动活泼（图4-4-39、图4-4-40）。

由于北面临江崖石高峻，山门设在西侧壁间。门楼在西壁又朝向偏北，错开近在咫尺的西面山梁，让视线透过浩荡东行的江面及逶迤群山，遥向古城阆中[31]，可谓"歪门邪道"之典范。

受地势狭窄影响，主院落尺度也不大，为打造祠庙建筑所需要的庄重气氛，在单体建筑形态与地形的结合、内部祭拜流线组织等方面都独具匠心。比如流线的处理，通过四段连续转折的踏步，才从结义楼的标高到达正殿之上，而且很大一部分踏步是在建筑内部来解决的，这种对高差的处理方式比较少见。正殿位于依崖石砌的高台上，进深三间，面阔五间，抬梁式硬山木结构。神龛内供奉张飞像，两侧对称排列四组反映张飞生平事迹的大型雕塑，每年旧历八月二十八日相传为张飞生日的张王会，礼拜民众人山人海。此外，张飞庙建筑群屋顶形式多样，并且不拘泥于传统的等级规定。比如盔顶用于重要建筑，用彩色琉璃瓦，使整个建筑群生动活跃并且带有强烈地方色彩，而庙内历代碑石、题刻与古代字画木刻也素享盛名，更增加了张飞庙的文化价值（图4-4-41）。

2001年，云阳张飞庙被公布为全国重点文物保护单位。

七、云阳彭氏宗祠

云阳县彭氏宗祠（又名彭家楼子），位于里市乡黎明村后槽沟，为湖北大野县彭氏移民所建，清

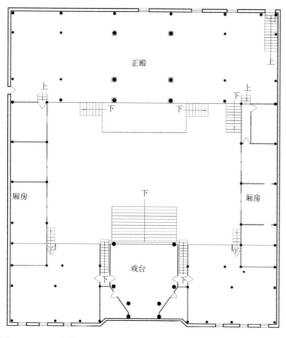

图4-4-34　西秦会馆平面图（图片来源：重庆大学建筑城规学院项目组）

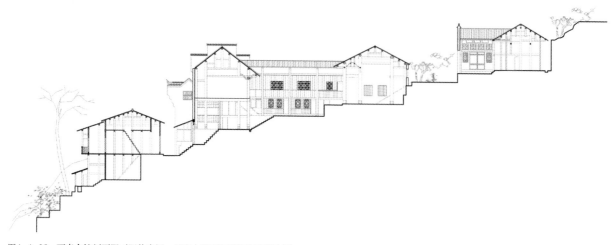

图4-4-35　西秦会馆剖面图（图片来源：重庆大学建筑城规学院项目组）

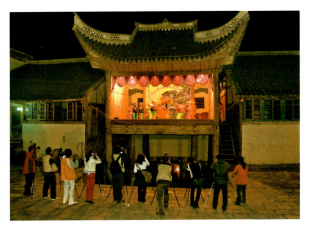

图4-4-36 龚滩西秦会馆戏楼 （图片来源：程从信摄）

(a)

(b)

图4-4-37 云阳张飞庙
(a) 云阳张飞庙；(b) 云阳张飞庙环境 （图片来源：廖严摄）

道光年间始建，同治年间建成，占地面积3500平方米，建筑面积2500余平方米。彭氏宗祠是宗祠建筑与山地防御性寨堡民居的巧妙结合体，建筑除作为彭氏宗族祭祖的家祠外，平时也是他们的私塾、居所，有匪患时，则是保全族人性命的"军事堡垒"，堪称重庆古祠堂建筑中最具有地方特色的一处，清《云阳县志》也曾赞其"迄今观者，莫不叹其魄力

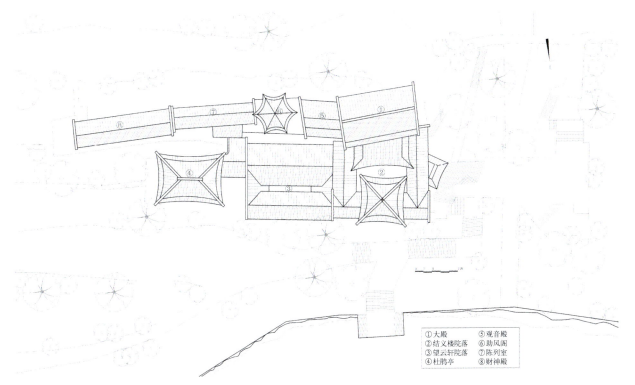

① 大殿　⑤ 观音殿
② 结义楼院落　⑥ 助风阁
③ 望云轩院落　⑦ 陈列室
④ 杜鹃亭　⑧ 财神殿

图4-4-38 云阳张飞庙总平面图 （图片来源：重庆大学建筑城规学院项目组）

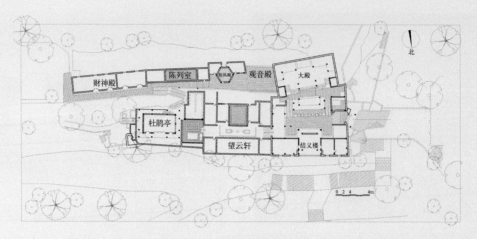

图4-4-39 云阳张飞庙一层平面图（图片来源：重庆大学建筑城规学院项目组）

图4-4-40 云阳张飞庙沿江立面图（图片来源：重庆大学建筑城规学院项目组）

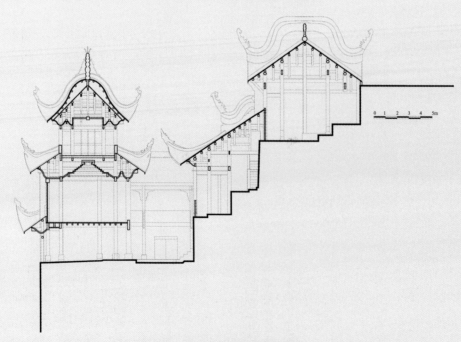

图4-4-41 云阳张飞庙剖面图（图片来源：重庆大学建筑城规学院项目组）

雄伟，非后来所能及也"（图4-4-42、图4-4-43）。

建筑坐西向东，屹立于一处三面陡坡的山顶上，山顶形状近圆形，三面陡峭，只有一面与外面台地相通，易守难攻。出于防卫需要和受地形条件的制约，建筑平面规模不大，东西相距45米，南北相距54米，是一组以箭楼为中心，由外墙和内墙环护的两进四合院（图4-4-44）。

外层有0.5米厚的围墙，围墙四角各设有一个炮台，对近处目标可直接攻击；内层建有2米厚的城墙，城墙重要部位设有32个射击口。

彭氏宗祠的建筑主要集中在两重墙内。由前门厅、正门厅、享殿、戏楼、天井、城墙、围墙、厢房、碉楼及四角炮楼组成。碉楼为整座建筑的核心，居东西两院正中，其余房屋面向碉楼并围合布置。整个建筑布局严谨，设计巧妙。碉楼为石木结构，37米高，九层三重檐盔顶，其底部六层为外石内木的楼基部分，墙厚1.3米。碉楼四周墙面设有方形、原形两种瞭望射击孔36个，可远眺目标和远距离防御。院内东西向有1.4米的高差，将寨院分为两台院，前院低后院高（西高东低）。前后两院之间设踏步及院门分隔，东侧为两层的戏楼及两侧三层的厢房，进入内部的第一层平台；西侧包括享堂和三层的厢房。顶层设有环形通廊，作防御之用（图4-4-45、图4-4-46）。

2013年，云阳彭氏宗祠被公布为全国重点文物保护单位。

八、忠县秦家上祠堂

秦家上祠堂位于忠县洋渡镇上祠村，是明代抗清女英雄秦良玉家族后裔集资，始建于清朝乾隆年间，嘉庆年间曾进行修葺。总用地面积3000余平方米，建筑面积1000余平方米，通面阔45.6米，进深约39米（图4-4-47、图4-4-48）。

秦家上祠堂位于山坡之上，顺应山势，为两进台地院落，具有典型的川渝民居建筑特色。以中轴线为主导，依次布有大门、享堂、寝殿，大门与享堂间、享堂与寝殿间及寝堂，两侧皆有厢房。大门与享堂及两侧厢房围合为第一进院落，享堂与寝殿及两侧厢房围合为第二进院落。地势高差通过院落处理，使建筑层层跌落，与环境紧密结合（图4-4-49）。建筑主要为砖木结构，穿斗构架，院落两侧及厢房部分皆有马头墙，为典型的川东民居。祠堂建筑一般都比民宅规模大、质量好，越有权势和财势的家族，他们的祠堂往往越讲究。秦家祠堂原有上、下祠堂，现仅存上祠堂。

寝堂位于中轴线最北端，坐北朝南。面阔三间，进深十二椽，平面为长方形（图4-4-50）。寝堂共六根柱子，两侧及北面均为墙承重。柱子为八边形石柱，柱础分三层，由下到上分别为正方形、八边形及鼓形。梁架为抬梁、穿斗结合式，前檐廊有轩棚，现状屋架大部分坍塌。寝堂明间原有两层六角形木塔楼，现已不复存在。屋面形制为单檐硬山式屋顶，小青瓦屋面。檐部滴水、小青瓦为清代民间建筑常用形制，寝堂檐廊驼峰等雕刻精美（图4-4-51）。

享堂坐北朝南，位于寝堂与大门之间。面阔五间，进深八椽，平面为长方形。享堂用柱18根，均为圆木柱，有六边形柱础。梁架为穿斗形式，前部有轩棚，后部为平吊顶。屋面为单坡小青瓦屋面。檐部封檐板、滴水、瓦制及脊饰为清代民间常用形制。大门与享堂间厢房为两层，面阔三间，进深两间；享堂与寝堂间厢房，面阔三间，进深两间；寝堂两侧厢房面阔三间，进深两间。穿斗式梁架，有挑檐。屋面双坡顶，灰布小青瓦屋面（图4-4-52）。

目前，该祠堂是重庆市级文物保护单位。

九、璧山林氏宗祠

林氏宗祠又名林家祠堂，位于重庆市璧山县丁家镇杨寺村1社（原杨寺村10社）定林场东北约500米处，坐北向南偏西，前低后高，建于清代道光五年（1825年），占地面积486平方米，建筑面积603平方米。1989年公布为璧山县文物保护单位，2009年公布为重庆市文物保护单位。林氏宗祠，是璧山保存较完整的宗祠，整座建筑虚实相应、布局宏

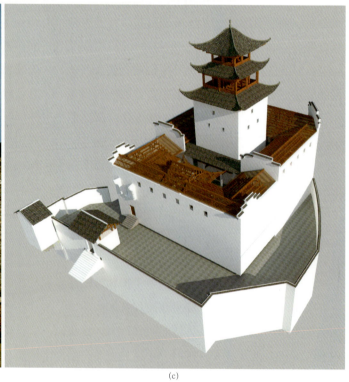

图4-4-42 云阳彭氏宗祠

(a) 全景（图片来源：魏宏毅摄）；(b) 牌坊门（图片来源：彭庆辉摄）；(c) 数字模型（图片来源：作者绘制）

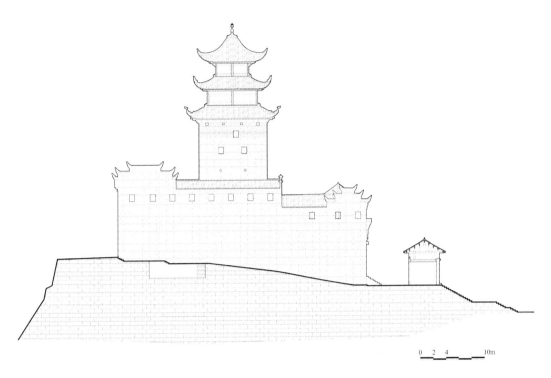

图4-4-43 云阳彭氏宗祠东立面图（图片来源：重庆市文物局）

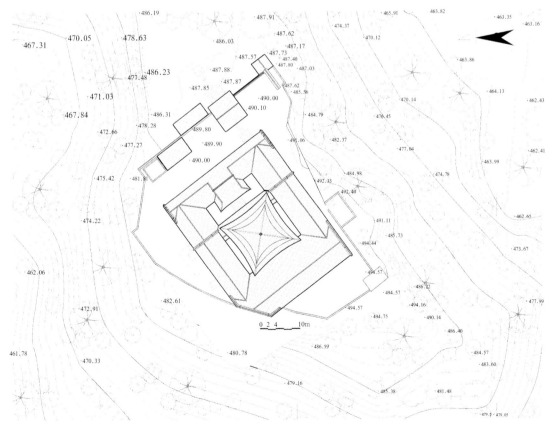

图4-4-44 云阳彭氏宗祠总平面图（图片来源：重庆市文物局）

阔、开合有序、庄严富丽，是璧山历史遗存的古建瑰宝及移民文化的沧桑见证。

宗祠选址藏风聚气、山环水绕，是灵秀汇聚之地，符合中华传统审美习惯。建筑东、西、北三面是小山丘，北面最高，山势由北面向东、西两方缓降，南面视野开阔（图4-4-53）。现存部分为四合院布局，全祠由大门、前厅、庭院、祭厅（上厅）、厢房等部分组成，主体建筑风格淳朴（图4-4-54）。砖石木结构，均为石柱、砖墙和木屋架，单檐硬山式屋顶，悬山式封火墙，基本结构保存较好，对研究清代建筑具有重要意义。

大门为碑楼式石大门，假四柱三门式牌楼，仅中间二石柱为超重结构，边柱为装饰性灰塑，牌楼集阴刻、阳刻、线刻、彩绘、灰塑等于一身（图4-4-55）。牌楼有两道牌匾，上石牌匾灰塑题刻"旌表百岁"，下石牌匾阴刻横题"林氏宗祠"，匾下部刻线刻有桃形匾托。牌楼门枋上阳刻有故事图案三幅，门枋雀替上镌刻菊花卷草图案。牌楼左右假门上灰塑图案为莲藕等（图4-4-56）。前厅面阔两柱三间，进深四柱三间共九椽，抬梁式梁架，前厅左右各设阁楼一层。正厅面阔两柱三间，进深四柱三间共九椽，穿斗式梁架，正厅后壁墙下部左右各立叙述碑6通（图4-4-57）。厢房单檐，面阔4.6米，进深4.8米。特制青砖墙面，砖身上有"林氏宗祠"字样。前、正厅及厢房共有石柱16根，上楷书阴刻对联12条，厢房处左右山墙各设石门洞一扇（图4-4-58）。

图4-4-45 云阳彭氏宗祠一层平面图（图片来源：重庆市文物局）

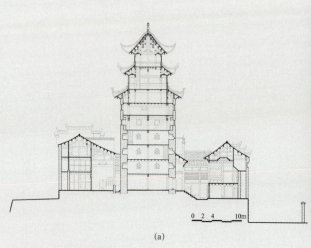

图4-4-46 云阳彭氏宗祠
(a) 剖面图（图片来源：重庆市文物局）；(b) 剖透视（图片来源：作者绘制）

图4-4-47 忠县秦家上祠堂数字模型（图片来源：重庆大学建筑城规学院项目组）

图4-4-48 忠县秦家上祠堂数字模型（图片来源：重庆大学建筑城规学院项目组）

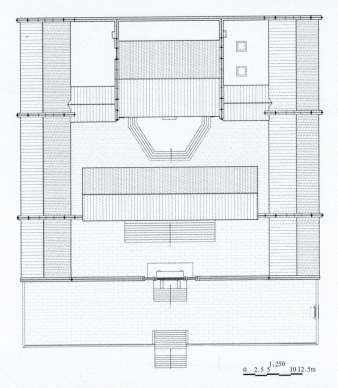

图4-4-49 忠县秦家上祠堂屋顶平面图（图片来源：重庆大学建筑城规学院项目组）

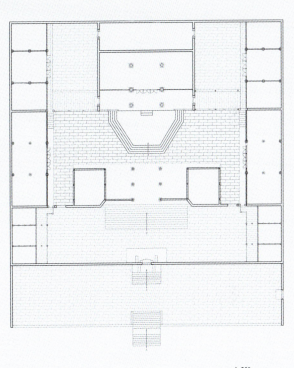

图4-4-50 忠县秦家上祠堂一层平面图（图片来源：重庆大学建筑城规学院项目组）

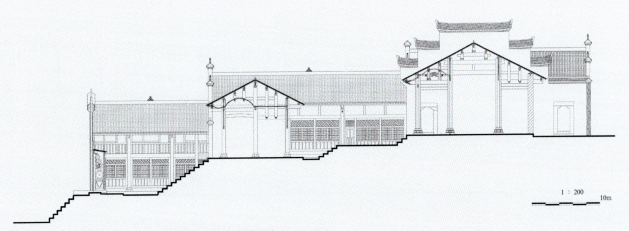

图4-4-51 忠县秦家上祠堂剖面图（图片来源：重庆大学建筑城规学院项目组）

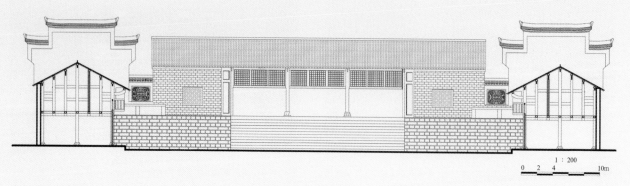

图4-4-52 忠县秦家上祠堂厢房剖面图（图片来源：重庆大学建筑城规学院项目组）

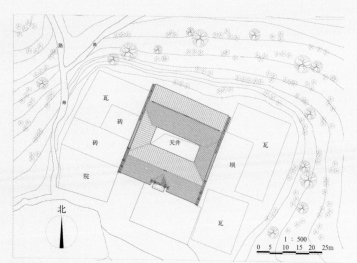

图4-4-53 璧山林氏宗祠总平面（图片来源：重庆大学建筑城规学院项目组）

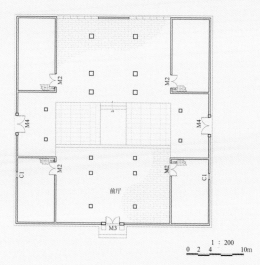

图4-4-54 璧山林氏宗祠一层平面图（图片来源：重庆大学建筑城规学院项目组）

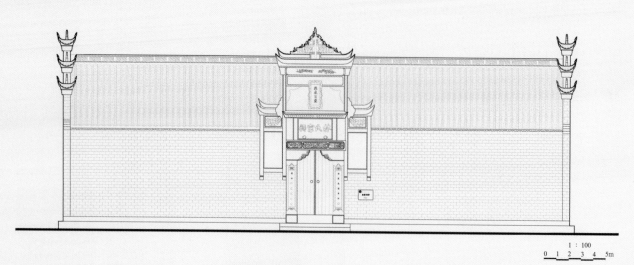

图4-4-55 璧山林氏宗祠正立面（图片来源：重庆大学建筑城规学院项目组）

十、长寿张飞庙

距长寿城东南4公里的长江北岸不语滩处，有为纪念三国蜀汉大将张飞，率兵入蜀攻打刘璋，驻兵于此，而修建的名胜古迹桓侯宫，又名张飞庙。桓侯宫，始建于宋代大观年间（1107～1110年），原址在长寿城西长江岸边，明代正统元年（1436年），迁建至今不语滩岸边。后经清代康熙四十八年（1709年）和咸丰七年（1858年）两次改建，至今主体建筑结构大多尚存。

图4-4-56 璧山林氏宗祠大门牌匾（图片来源：重庆大学建筑城规学院项目组）

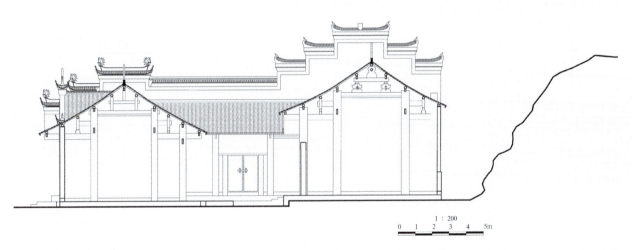

图4-4-57 璧山县林家祠堂剖面（图片来源：重庆大学建筑城规学院项目组）

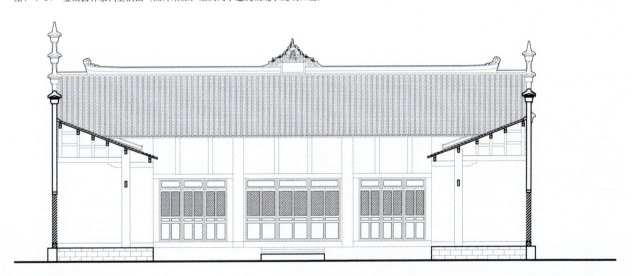

图4-4-58 璧山县林家祠堂厢房剖面图（图片来源：重庆大学建筑城规学院项目组）

桓侯宫由山门、正殿、横殿（配殿）、玉皇楼、茶楼、膳房等设施组成。

山门正中，镌刻有"桓侯宫"三个大字。两侧石柱门槛上，刻有"精心壮志于今为烈；忠肝义胆振古如兹"楹联。横联："蜀汉正统"。门前石级下沿石壁侧，刻有"顺风耳"、"千里眼"摩岩造像二尊。有趣的是：山门和上山门的石级，不在庙宇建筑的正中，也不与寺庙建筑成垂直或平行状，而居庙宇西南一侧，呈东南歪斜状，所谓"旁门斜道"也。故长寿桓侯宫的建筑布局打破了一般纪念性建筑或寺观对称、平行的严谨规律，依山面江，横向展开，既充分利用山地自然条件，又使建筑曲折多变而壮观，极具浓厚的地方建筑特色。尤其山门和石级呈东南歪斜状，表现了张飞时刻注视东吴入侵的警惕。

正殿坐北朝南，原为歇山式三重檐屋顶，青灰板瓦屋面，1972年，拆除了顶层的飞檐椽，现为两重檐，正殿面阔三间，明间4.3米，两次间各2.9米，进深三间，中间进深3.7米，前、后两间各进深2.8米，正殿构架为抬梁、穿斗混合式。殿高9米，正殿上下两层，从后檐经木楼梯进入上层空间。上层除正面开有三扇玻璃窗以外，其余三面均是围护墙体，墙体涂有白灰罩面，透过白色罩面层依稀可见原来的壁画，壁画的主要色调为黑白两色。正殿首层明间装修六扇花格木隔扇，保存比较完好，正殿东侧横殿又称"文昌殿"。横殿分前后两个部分，前横殿为抬梁式屋架，硬山式屋顶，两山墙为穿斗式构架。抬梁与柱相交处有雀替，抬梁尾部有花饰；后横殿为穿斗式结构，悬山式屋顶。为了与原来的走廊连通，在离山墙1.6米处设中柱并用编竹夹泥墙隔断，此处中柱有"连磉"做法。在脊檩下做墙将内部空间一分为二，左为文昌殿，右为卧房，因此内部抬梁式结构也分为两部分。再向右为厢房，穿斗式山墙，悬山式屋顶，厢房共划分为6个开间，分别为厨房、禅房等，与"游廊"共用一廊道。配殿（又称前横殿），按县志记载，为硬山屋面，但现为悬山式屋面，内部空间颇大，全为抬梁式结构，曾作为餐厅使用，抬梁上有驼峰，配殿正面开有环形镌刻花窗，花窗图案为"吉祥如意"。

目前，长寿张飞庙为重庆市级文物保护单位。

十一、江公享堂

江渊（1400-1473），字时用，号定庵，别号竹溪退叟，明重庆府江津县人，明宣宗宣德五年进士，入选翰林院庶吉士，授编修。明英宗正统十四年（1449年），协助大臣于谦等击退了瓦剌军，保卫了京师。明代宗时期，先后任刑部左侍郎兼翰林学士、太子太师、工部尚书等职。曾督修雁门边防有功，后赐建江渊（公）享堂。

江公享堂坐南向北，面阔21米，通进深47米，呈长方形，占地987平方米。整个建筑均为砖木结构，悬山式屋顶，四合院布局，结构规矩严谨。大门前有三级普通踏道，门前平台左右各有一柱，柱础为正方形加抱鼓式，上刻浮雕卷草纹。柱上雀替为木刻浮雕戏剧人物。大门两侧有楹联"北极勋臣府，西川相国家"，门客之上正中部位嵌有竖匾"江公享堂"，均为楷书阴刻，笔力厚重工稳，为明成化帝朱见深为褒奖江渊功劳钦题。内部房屋成左右两列，纵向排列，天井中间有穿堂和甬道。每间房屋以砖墙相隔，廊沿用圆木柱支撑，柱础为八角形加抱鼓式。正堂屋面阔10米，进深6米，排架结构采用抬梁式，四椽栿前搭牵用三柱，通高8米，柱础与廊沿柱础同，后沿为砖墙。整体建筑浑然一体，朴实庄严。

2000年，江渊（公）享堂被公布为重庆市级文物保护单位。

十二、重庆文庙

明、清以来重庆地区儒学鼎盛，文风蔚起，文庙遍布于大小城镇，文人雅士、莘莘学子、仕途中人无不顶礼膜拜。文庙亦成为古代城镇中心的代表性建筑和历史文明的标志，是重庆古建筑的典型类型之一。

（一）重庆府文庙和巴县文庙

古代重庆城有重庆府文庙和巴县文庙两个，是由于重庆府治、巴县县治同城的缘故。解放碑邹容路的夫子池就是以重庆府文庙的泮池而得名。府文庙包括泮池，左面和前面的街道都以夫子池命名，在旧城西临江门内。元代以前情况不详，明清两代府、县各立文庙，近至江北嘴和江津县城，远至渝黔边关的南川县城内都有完整的文庙古建筑群。清道光《江北厅志》载："文庙在厅西北，嘉庆十五年厅设专学，十六年粮户捐修大成殿三楹，崇圣寺三间，东、西廊庑各三间。钟鼓楼各一间，戟门三间，泮池在戟门外。名宦乡贤各三间，棂星门石坊三座，三座圣域贤关门各一间，宫墙一围。"可为佐证。

重庆府文庙比巴县文庙的规模大，宋绍兴年间（1131～1162年）建，明洪武四年（1371年）重建，明清两代不断培修，都有碑记。清光绪三十二年（1906年）升为大祀，宣统元年（1909年）川东道朱有基大规模改建文庙，辛亥革命发生时刚竣工。重庆府庙大成殿面阔五间，居庙的中心位置，立孔子为木主居殿中，自唐开元八年（公元702年）开始塑孔丘像以祀。至明嘉靖九年改木主，以别于佛教，意则儒家正统。两庑从祀公孙侨等先贤79人、公羊高等先儒75人，先贤、先儒随时增加。大成殿后有崇圣祠祀孔丘的父亲叔梁纥，被明世宗追封为启圣王，故原名启圣祠。棂星门在大成殿前，东西两侧各另一牌楼。外有名宦祠、乡贤祠，名宦有杜安、李严、余玠、李国英等45人。乡贤有周巴蔓子、明蹇义等。再前为大成门。外为泮池，"周二百七十三公尺，阔八十二公尺，深一公尺七，水出香水桥"。左则有明伦堂、尊经阁、魁星阁、仓圣阁、礼器库、学署等。1931年市政府填平泮池为公共体育场，1934年崇圣祠失火焚毁，抗战时期文庙大部分被日军炸毁。

巴县文庙在县庙街，即今解放东路，接状元桥街。巴县文庙规模较小，但庙制相同。大成殿面阔三间，泮池是改原漏月池而成。也创建于宋绍兴年间，明洪武年间重修，明清两代不断培修。乡贤祠祀有周巴蔓子、蜀董和、宋冯时行等。1928年巴县立第一高等小学校迁入，抗战后设正阳学院于此，新中国成立后原址设立重庆第26中学。

（二）璧山文庙

现保存完好，位于璧城镇凤凰坡（今陵园坡）东麓，县城中心的大成广场旁。始建于南宋绍熙（1194年）间，历时十余年，至嘉泰四年甲子岁（1204年）秋建成。明成化年之前，在原城内南门。明万历年间，县令成宗耀改建在西门内，坐西向东，明末毁。清康熙二十五年奉文修葺，"仍治南旧址上"，雍正七年覆没，雍正十一年知县许绍熙奉文修建，仍改立西门内。时至清代中后期，因殿堂破败，县署遂于咸丰四年（1854年）重修此庙，同治三年（1865年）又予补修，光绪十二年（1887年）加以巩固。原建筑有三殿，侧为耳房，山门前建有一座石牌坊，侧有"礼门"、"义路"两座牌坊。历代以来，此庙朝拜者众多，香火旺盛，每届县官司上任亦必来此庙朝拜孔子神位。

璧山文庙建筑现存大成殿、厢房、崇圣祠以及重新复建的棂星门，总占地面积1240平方米（含殿前天井）。古建筑群体位于东西向的中轴线上，成对称格局，体现了我国古代中轴对称的建筑布局传统规划方式。大成殿坐西向东，该殿脊檩中部绘有太极八卦图，墨书题记："咸丰四年（1854年）甲寅四月二十九日榖旦。"另有残碑二通，碑文载："始于绍熙所建也，甲子之秋……"该殿建筑面积244平方米，厢房建筑面积210平方米。正殿筑于双层素面台基之上，其台基分别高1.2米和1.4米，阶梯式踏道左右两侧分别为四级、七级。大成殿为木结构古建筑，重檐歇山式屋顶，屋架为抬梁式露明造，十一架椽屋前后乳栿，搭牵用四柱，柱径0.51米。面阔五间，明间面阔4.9米，通面阔16米，进深三间，通进深11米，通高14米。下檐斗栱下施普拍枋，为宋以后木构建筑做法。普拍枋横断面为12厘米×25厘米。上下檐施斗栱，上檐84攒，下檐110攒，明间施平身科如意斗栱9攒、次间4攒、梢间5攒、柱头科4攒，转角科斗栱未施大斗，由柱头上穿榫挑出四层龙凤形假昂，施平盘小斗，托在大斗上45°斜向成网状叠成蜂窝形，俗称"鸦雀窝"。斜向各挑四层栱，两大斗间正面向里向外各出挑两层斗栱，每层均施龙凤昂及多种花饰。梁柱均用石红天然矿物质颜料粉饰。歇山式琉璃瓦屋顶的戗脊、正脊、翼角及鸱吻均用镂空黄、绿色琉璃件组砌。台基栏杆上原雕有石狮，现已毁。台阶角端各有一石龙作排水之用，现已毁。正面设6个鼓镜式柱础。当心间辟六合门六道，门上部为雕花窗棂。次间各三道六合门，梢间下设障水板，辟窗四道。崇圣祠为卷棚式屋顶，砖木结构建筑，在大成殿后的坡上，原为县委电工房，因搬迁不久，故还未维修。厢房面阔五间9米，进深为两间6米，经过修缮恢复原貌。棂星门为复原重建，牌坊长仿木结构，四柱三间，面阔宽为14米，高为直0.8米，夹杆石为抱鼓石形状。

2000年，被公布为重庆市级文物保护单位。

（三）忠县拔山镇文庙

位于拔山镇拔山村东500米。据清同治《忠州直隶州志》记载，该庙始建于清代（1644～1911年）中期，历史上多次维修。建筑面积415平方米，坐东向西，四合院布局，正殿、钟鼓楼、过殿保存较好。正殿木结构，面阔六间25.8米、进深11米、通高9米，硬山顶，抬梁式构架。钟楼平面呈六角形，边长5.4米，高8.5米，台基高1.7米。过殿木结构，面阔13.4米、进深6.4米、通高8米，歇山顶，抬梁式构架。现作为不可移动文物保护。

1. 武隆县文庙

位于平桥镇，建于清同治十年（1872年），坐南向北，四合院布局，木结构，中轴线排列为戏楼、正殿，侧有厢房。戏楼连厢楼面阔五间21.50米、进深4.75米、通高11.75米，歇山顶，穿斗式构架。正殿面阔五间21.50米、进深三间7.55米、通高6.75米，台基高2.10米，悬山顶，抬梁式构架，梁题"同治十年"。左、右为厢房，面阔三间15.25米，进深一间3.55米。此庙于1947～1949年曾是中共武隆县临时委员会驻地，现为县级文物保护单位。

2. 奉节县文庙

大成殿位于永安镇东北300米。清光绪《奉节县志》记载，大成殿重建于清嘉庆（1796～1820）年间，坐北向南，木结构，面阔五间24米，进深四间11.60米，通高8.5米，台基高1.10米，前存踏道七级，硬山顶，穿斗式构架，柱径0.40米，础石为双层扁鼓式，现保存较好。

3. 涪陵蔺市文庙

位于涪陵区蔺市镇东500米，建于清光绪七年（1881年），占地410平方米，坐南面北，四合院布局，存大门、正殿、厢房，围以高墙。正殿，木结构，面阔五间20.3米，进深8.6米，通高9米，台基高0.97米，下有垂带式踏道四级，硬山顶，穿斗式构架，三穿四柱。殿下存阶檐，宽2米，还存石护栏，高0.87米。山门面阔五间19.4米，进深一间3.8米，高7米，门高2.85米，宽1.75米，前存阶梯六级。除厢房改造外，其他均保护存较好。

根据各县志和史料，可知遍及巴渝地区的古城中心都有文庙，连镇乡也设立文庙。明、清以来重庆地区儒学鼎盛，文风蔚起，文人雅士、莘莘学子、仕途中人无不顶礼膜拜。文庙大成殿是古代城市中心的代表性建筑和历史文明的标志，是我国古建筑的典型代表作之一。

十三、重庆武庙

三国至明清，因历代皇帝追封关公神号，武庙即关庙渐多。元代，北京敬祀关公的"武安王"庙建在"南北二城约有二十余处"。由于关公重义轻财、除暴安良，成为护佑一方的义勇之神，故明代以后一段时间，陕西、山西会馆及典当业、干果业、银钱业、皮革业、烟草业等行业商人和武职者尊为祖师。关帝庙之多，超过文庙。相传清朝自东北举兵入关前，常受关帝保佑，清王室以关公为守护神，崇敬虔诚。故清代修建的关帝庙，遍于全国各地。尤其是对关公故里的山西运城常平乡的关公祖祠，重加修建，扩大规模。庙前牌坊三座，中为石雕，两厢配以钟鼓二楼。除山门外，还有午门、享殿、崇宁殿、娘娘殿、圣祖殿等六进殿宇。两侧还配以厢房、配殿、回廊等，可谓规模壮观。重庆历史上关庙甚多，遍及城镇乡间，但多数由于年久失修，毁损殆尽，现尚存的文物遗址建筑有10多处。

（一）督邮街关庙

《巴县志》（民国）记载了渝中区原督邮街上街的一处关庙，从历史沿革看，该庙明代已建之，"明末遭兵燹，清康熙三年，总督李国英重建。清同治二年，川东道恒保督饬文武官绅募捐新修，立有碑记。"此关庙现位置在渝中区教场口附近的建设公寓内，还保留大殿一座，建筑面积约300平方米。整个抬梁木构架完整，金柱和檐柱直径为50～60厘米，石柱础为覆盆式，有明代风格，但外形风格已改变。督邮街又叫关庙街，1937年改称民权路。原大殿所塑关圣帝君铜像现移至市博物馆展厅前供游客观瞻。现为登记保护的文物建筑。

（二）铜梁武庙

另外一处保存完好的武庙在铜梁县城区巴川镇民主路东200米的飞凤山上，清光绪《铜梁县志·庙坛》有载，始建无考。原庙在成庆门外，明万历时被焚毁，清康熙时重修，咸丰十年（1860年）又毁，同治六年（1867年）迁建于文庙故址，塑关羽像，习称武庙。该庙由陕西籍人士捐资修建，并保存有清代维修武庙石刻碑记。1987年和1995年维修。庙坐西北向东南，四合院布局，占地3300平方米，存前殿、正殿、左右厢房。正殿，木结构，歇山式琉璃瓦顶，穿斗、抬梁混合式屋架，七架梁并前后双步梁用五柱，面阔三间13.5米，进深四间13.8米，通高13.5米，素面台基高2米，正殿石质栏板均为花草、鸟禽浅浮雕。前殿穿斗式梁架六柱四穿，面阔三间12米，进深五间7.7米，通高7米。前殿和左右厢房为小青瓦悬山屋面，正脊均做灰脊，采用"挖堂子"的传统手法做人物、山水彩塑及彩绘，极具地方建筑特色。武庙建筑群"殿宇幽深，庙貌辉煌，适城中诸庙而上焉"。已辟作文物陈列室，县文管所设于此。

2000年，被公布为重庆市级文物保护单位。

（三）走马关庙

位于九龙坡区走马镇老街。在距关庙50米的老街石板路上，有一街心石，上镌刻"文官下轿、武官下马"的字样，表达了当地民众对关公的崇敬虔诚。关庙原有山门上用青花瓷片镶嵌的"关庙"还清晰可辨，现存戏楼一座和两侧楼厢。戏楼台口的木枋深浮雕以及撑栱、挂落、雀替的镂空雕更具艺术观赏价值。现为九龙坡区文物保护单位。

（四）鱼池武庙

石柱县鱼池乡公所西20米，始建于清代，占地面积328平方米，建筑面积220平方米，坐南朝北，四合院布局，木结构，存戏楼、正殿、厢房。戏楼面阔六米，进深6米，通高10米，戏楼高2.6米，歇山顶，抬梁式梁架。正殿面阔五间20米，进深二间9.6米，通高7米，台基高0.9米，前有垂带式踏道五级，硬山顶，抬梁式构架，七架梁对前后双步梁用三柱（后墙代柱）。厢房面阔16.40米，进深4.4米，通高7米，保存基本完好。现作为文物建筑已登记保护。

（五）大昌关帝庙

位于巫山县大昌镇东北60米，清嘉庆年间始建，同治八年（1869年）维修。占地600平方米，坐北朝南，四合院布局，存前殿、正殿、厢房。前殿木结构，面阔三间13.30米，进深二间6米，通高7米，悬山顶，抬梁式构架。正殿木结构，面阔三间13米，进深二间7米，通高8米，台基高0.50米，踏道三级，悬山顶，穿斗式构架。厢房面阔一间5米，进深一间3米。作为三峡文物，已迁建保护。

（六）西沱关庙

位于石柱县西沱镇东北100米，建于清同治十一年（1872年），占地384平方米，坐东向西，四合院布局，砖木结构。前殿面阔三间11.50米，进深二间7.50米，通高7.30米，高1.50米，有踏道四级，硬山顶，抬梁式构架。正殿面阔三间12.60米，进深7米，通高8.20米，台基高2.20米，左右分存石梯六级，硬山顶厢房均面阔二间7米，进深2.6米，廊宽1.20米，保存完好。现为县级文物保护单位。

（七）龚滩武庙

位于市级名镇酉阳县龚滩镇南200米，始建不详，现存建筑年代为晚清。庙占地400平方米，建筑面积185平方米，仅存正殿，木结构，坐东面西，面阔七间17.90米，进深三间8.30米，通高6.90米，台基高0.90米，悬山顶，穿斗式构架，抱鼓式础石。为县级文物保护单位。

十四、江津聚奎书院

江津聚奎书院始建于清同治九年（1870年），是由乡人邓石泉及其家族以黑石山宝峰寺址为基础捐资创办，清光绪六年（1880年）建成，名"聚奎义塾"，为当时江津四大书院之首。清末改制为聚奎中学，后经过不断改扩建，遂成今日格局。

书院位于江津白沙镇南八里黑石山上，地势高敞，林木茂盛。"驴溪三叠天飞瀑，马鞍高峙地流杯"形象地概括了这里的外部环境，它是重庆现存惟一保存较为完好的清代山地园林式书院。明代，黑石山已经是巴渝名胜，山上建有川主庙和宝峰寺。书院选址于此，一是因其静幽，便于专心治学，也因对面马鞍双峰玄如文笔，风水兆兴学、文风必盛之意。书院主体布局，根据山势地形，延承川主庙东西中轴线，在庙前兴修书院主体合院，后来逐渐发展，从山腰的"讨清檄文"方体石碑开始，依次布置了萧湘墓园（不存）、书院大门，主四合院、川主庙、石柱洋楼等多组建筑（图4-4-59）。

其中主体建筑为二进四合院布局，土木石结构，悬山式屋顶，进深大于面阔，呈长方形。它以中轴对称方式串连仪门、讲厅、后厅（祭堂）及斋舍，将讲学、藏书、祭祀、住宿几大功能容纳在一个合院中，功能清晰、布局方整。中轴线上用连续勾连搭式屋顶形成进深很大的厅堂，作为讲学厅；后厅（夫子堂）供孔子牌位供书院士子祭拜，书有"入德之门，出头之路"的门匾；外围廊房，为学生宿舍。讲学厅与廊房之间以院落树木相隔，彼此互不干扰。位于主体四合院中轴线后面的是川主庙，为原来重庆土著居民的会馆。再后是石柱洋

聚奎书院总平面图	
1	园林入口
2	九曲池
3	内园入口
4	聚奎书院
5	石柱洋楼
6	川主庙
7	鹤年堂
8	藏书楼
9	方体石碑
10	运动场
11	新教学楼
12	新教学楼
13	新教学楼

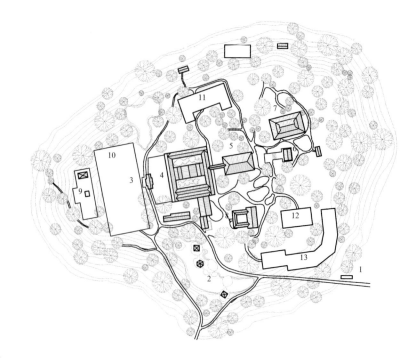

图4-4-59 聚奎书院总平面（图片来源：作者绘制）

楼，建于20世纪初期，是一处两层石木结构的中西合璧式样的建筑。建筑面积为598方米，四周设有回廊，由39根石柱构成，是江津境内第一座西式教学楼。与之平行的，是1915年建成的砖柱洋楼。其他建筑，大多建于20世纪30年代，它们并没有完全按照书院中轴对称的方式来布局，而是依黑山巨石大小散布情况，结合园景选址建造，大多分散布置在主体建筑周围。其中，鹤年堂建于1928年，由在渝经商的乡人邓鹤年捐款建成，外部采用传统的歇山屋顶，内部却是罗马歌剧院式的大礼堂，建筑面积437平方米，礼堂大厅内有三层看台，可同时容纳千余人，当时号称"川东第一大礼堂"。鹤年楼，在川主庙右侧，是与鹤年堂风格相同的姊妹楼。图书馆在书院四合院右侧，采用三层的砖木结构建筑。

由于地形的限制和多次扩建等原因，聚奎书院建筑群的布局以兼顾传统书院建筑规制格局和地形环境为特点，并逐渐体现出近现代教育类建筑功能组织要求，是传统书院向现代学校过渡的重要实例。

2000年，公布为重庆市文物保护单位。

十五、海鹤书院

位于南川市城西2公里处龙济桥东的"尹子祠"，即历史上的"海鹤书院"。经笔者最近现场鉴定和查阅史料考证，尹子祠即为书院建筑。据南川《民国志》记载，光绪二十七年（1901年）在此设海鹤书院。从民国初年拍摄并保存至今的珍贵老照片上，可清晰看到石木结构的两重檐歇山五开间的讲堂古建筑，居于整体建筑群的中轴线位置，斋舍厢房沿轴线两侧布置。清光绪五年（1879年）知县黄际飞、举人许大昌（莜帆）为纪念东汉学者尹珍来此设馆讲学所建，为南川古文化发祥地。

尹子祠，即海鹤书院，有凤嘴江环书院曲流，北有龙济拱桥飞虹，沿岸植翠柏青枫丹桂，远山相映如画。原有祠堂三间，中供祀名贤尹夫子牌位。堂侧厅柱有徐大昌所撰楹联："公学树巴国先声，笑茂陵封禅，天禄美新，杨马亦文章，一代六经谁羽翼；我家在吴山横处，看螺障高撑，龙祠对峙，雪鸿征想象，大江两点着金焦。"有左右角门通往堂后小阜，阜上置六角亭，三层飞檐，凌空孤耸。逾山沿阶而下，有草亭建于临江之小台上，供垂钓观澜。左构横楼三间，后槛沟外，石笋排叠成峰。墙东北隅曲沼引流，沼中建船亭（舫斋），沼外茂林修竹，与入门大道相隔，弯环折转，有曲径通幽之妙。清光绪三十六年（1904年）曾在此办民立崇实小学校。民国十一年（1922年），私立道南学校迁至此。民国二十六年（1937年）后，处此为中共南川地下组织活动的主要据点之一。贺子钦在《尹子祠书怀》中赞曰："载访南平胜，城西别一天。虹桥飞绿野，螺髻点苍烟。田水车翻运，江流郭护缠。山花不媚客，时有鸟声喧。结伴浑忘倦，行瞻尹子祠。地为隋废县，人是汉经师。俎豆儒林奉，诗书教泽遗。文翁开化后，继起在西陲。"书院北侧的龙济桥也是书院环境的一景。该桥始建于清康熙十八年（1679年），为石构拱桥，跨度20米，桥面高10米，宽7.2米。桥左石阶30步，右石阶26步。桥栏柱原有石狮一对，桥拱下悬斩龙剑一把，今均无存。清代徐作式有《咏龙济桥》诗曰："南平西望路迢迢，发轫如经驷马桥。一道征尘连雁齿，四围山色衬虹腰。"龙济桥像一道飞虹，巍然屹立在碧波荡漾的凤嘴江上，构成了小桥、流水、绿树、祠院相融合的江南胜景画卷。现为重庆市文物保护单位。

十六、白岩书院

与涪陵城廓隔江相望，有一长约300米的砂岩峭壁，称为白岩。曩日，岩顶松屏列翠，岩畔悬泉飞瀑，岩下绿竹万竿，为涪陵八景之一。

北宋绍圣二年（1095年），著名哲学家、教育家程颐，讲学于北岩梵宇，著传于点易洞内，写出理学的代表作《易传》。南宋哲学家来此将其学说发扬光大。由此，北岩成为"程朱理学"的发祥地，闻名海内，学者、游人云集。北岩书院现存文物古迹多处，主要包括钩深堂、点易洞、碧云亭、诗画廊、三畏堂、洗墨处、致远亭。

钩深堂：在北岩东，旧为普净院，是程颐讲学的地方。程颐（1033-1107）字正叔，时人称伊川先生，洛阳人，官至崇政殿说书，因反对王安石新政被贬来涪。他在此著书讲学，形成我国哲学史上的一大流派——理学。北宋著名诗人、书法家黄庭坚将普净院改名为"钩深堂"，并挥毫提笔。南宋绍兴五年（1135年），涪州牧李瞻在"钩深堂"内建程子祠，塑程颐像崇祀。南宋嘉定十一年（1218年），涪州牧范仲武将其改为"白岩书院"内建祭祀程颐、黄庭坚、尹和靖、谯定的"四贤楼"，竖有前蜀皇后"花蕊夫人宫词碑"、"伊川祠堂碑"、"朱子碑"、"南宋断碑"等。如今，"钩深堂"遗址尚存，岩壁上，黄庭坚所书"钩深堂"三个奇崛纵横的大字清晰可见。

点易洞：在"钩深堂"西侧。洞门上有"点易洞"三个大字。洞内高3米，深、阔各4米。背靠高岩，前临长江。洞中原有石凳、石几，洞顶虬须黄桷，洞口悬藤如帘，绿竹掩门，极其幽静。酷暑炎夏，程颐常在此静居，点注《易经》，故南宋嘉定元年（1208年）范仲武将此洞命名为"点易洞"，并在洞中塑程颐像，撰有对联一副："伊洛溯渊源诚心正意一代宗师推北宋，涪江汇薮泽承先启后千秋俎豆焕西川。"清代诗人、书法家石彦概括此联为"伊洛渊源"，并书刻于壁上。

碧云亭：在"点易洞"下山腰。南宋嘉定十年（1217年）范仲武倡建，明代重修。亭为八角重檐，无梁无闩，十二根亭柱落地，斗栱外伸而起廊厦，内伸承六柱而托亭盖，结构奇巧。今虽瓦残梁朽，但不欹侧，蔚为奇观。古一联："看碧云亭新需初开一笑昂头出寺钟声破空去，问黄山谷旧游何处搔首隔江岚翠扑人来。"赞其景，寓其意。

注释

① 作者根据明代《天启新修成都府志》所载祠庙会馆名录统计而成。

② 黄友良．四川客家人的来源、移入及分布．四川师范大学学报，1992（1）：83-91．

③ 黄友良．四川客家人的来源、移入及分布．四川师范大学学报，1992（1）：83-91．

④ 民国《重修什邡县志》卷七《礼俗·神会兴废》．

⑤ 王雪梅，彭若木．四川会馆．成都：四川出版集团巴蜀书社，2009：31．

⑥ 张新明．巴蜀建筑史（元明清时期）．重庆大学硕士学位论文．2010．

⑦ 杨宇振．中国西南地域建筑文化研究[D]．重庆：重庆大学博士学位论文，2002：133．

⑧ 罗开玉谢．秦汉三国时期的巴蜀宗教．成都大学学报（社科版），2008（6）：1．

⑨ 吴著和．明代江河船产．明史研究专刊，1978（1）．

⑩ 重庆府关帝庙，旧址位于今较场口民权路，明代已建，明末遭清毁，清代重建。

⑪ 熊海龙．沿江山地祠庙建筑．重庆大学硕士学位论文．2001．

⑫ 大足县志·教育．北京：方志出版社，1996．

⑬ 重庆教育志．重庆：重庆出版社，2002：1．

⑭ 重庆教育志．重庆：重庆出版社，2002：30．

⑮ 张阔．重庆书院的古代发展及其近代改制研究．河北大学教育学硕士学位论文，2007：9．

⑯ 四川省忠县教育委员会．忠县教育志（内部资料）．1993．

⑰ 张阔．重庆书院的古代发展及其近代改制研究．河北大学教育学硕士学位论文，2007：33．

⑱ 重庆教育志．重庆：重庆出版社，2002：30．

⑲ 张阔．重庆书院的古代发展及其近代改制研究．河北大学教育学硕士学位论文．

⑳《巴陵金鄂书院记》

㉑ 尹珍，字道真。贵州独山人，东汉名儒，曾在南川开馆讲学。

㉒ 张阔.重庆书院的古代发展及其近代改制研究.河北大学教育学硕士学位论文.2007：54.

㉓ 龙彬.中国古代书院建筑初探.重庆建筑大学学报（社科版），2000，1（3）：50.

㉔《永川县志·学校·书院》卷五

㉕《酉阳直隶州总志·学校志·书院》卷五

㉖ 铜梁县教育局.铜梁县教育志.1989.

㉗ 四川省忠县教育委员会.忠县教育志（1840-1989）.1993.内部资料.

㉘ 同治綦江县志·学校·书院卷三.

㉙ 民国版《续修涪州志》.

㉚ 肖晓丽.巴蜀传统观演建筑.重庆大学硕士学位论文.

㉛ 彭献翔，陈源林.云阳张飞庙"巴蜀一胜境".中国三峡，2012（04）.

重庆古建筑

第五章 民居建筑

重庆民居建筑分布图

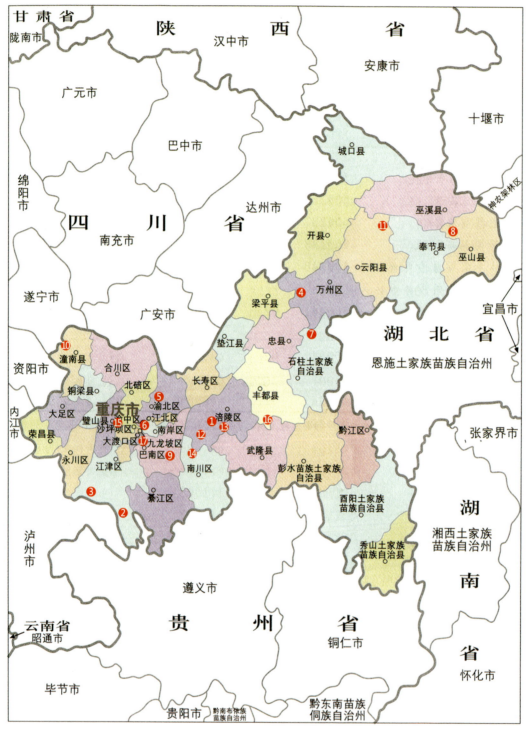

注：该分布图依据重庆市第三次全国文物普查成果绘制

（地图引自：中华人民共和国民政部编. 中华人民共和国行政区划简册2014. 北京：中国地图出版社，2014.）

- ❶ 陈万宝庄园
- ❷ 会龙庄
- ❸ 石龙门庄园
- ❹ 谭家寨楼
- ❺ 龙兴镇刘家大院
- ❻ 谢家大院
- ❼ 西沱云梯街民居建筑
- ❽ 大昌民居
- ❾ 朱家大院
- ❿ 杨氏宅院
- ⓫ 邓家老屋
- ⓬ 瞿氏客家土楼
- ⓭ 黄笃生庄园
- ⓮ 刘瑞廷宅
- ⓯ 项家大院
- ⓰ 杜宜清庄园
- ⓱ 彭瑞川庄园

自"巫山人"及其岩洞居所在重庆三峡地区被发现，本地居住性建筑的发展历史就可追溯。经莽荒时代的漫长演变，再加上巴人"逐水而居，重屋累居"风俗之影响，重庆居住文化之根已然在巴渝大地深深扎下。秦汉设置郡县，中原主流文化将合院民居以及礼仪规制作为文化的重要组成部分在本地区逐渐推广，至汉末建成气候，干阑之风稍减。后来，僚人入蜀，僚风又盛，今渝西、渝南及渝东北又可见"依树积木，以居其上"。如此交错发展，至明清"湖广填四川"大移民，带来五方风俗和人口来源之大变化，重庆民居建筑更呈现出类型丰富多样、南北风格杂融、充分适应地区环境的特点，最终发展出独具特色之地方体系。

第一节　民居类型

重庆民居形态丰富，既与其不断适应自然地理环境条件有关，也涉及地区社会发展的历史和南北不同人口族群的杂处带来的相互影响。

以接地方式和建筑形态角度来分，主要分为地面式、干阑式及吊脚楼式三大类。其中，"地面式"又以地面合院式为主。在早期的聚落遗址中，地面式房屋已经出现的，不过，完整的院落式布局形式却是秦以后随着中原移民的南迁逐渐出现的，后来成为本地民居的主流形态。民居院落的组合方式以规模、尺度灵活，一至多个的院落与天井结合为主。"干阑式"民居出现的时间也非常早，符合南方百越部族生存地区早期建筑发展的基本规律。主要特点是用支柱把建筑完全托起，使其下部完全架空。由于地形原因，重庆山地丘陵中的全干阑民居非常少见，半干阑的吊脚楼式民居更加普遍。它不仅是山水城镇中沿河靠崖民居最重要的接地处理方式，也是重庆土家族、苗族等少数民族民居最基本的特点。地面合院式民居在遇到地形高差问题时，也会依靠吊、挑等方式来应对，因此又产生出楼式合院及台式合院。

在居住建筑发展过程中，传统的生产方式和经济活动等对其发展也产生了重要影响。按照具体的使用功能来分，重庆民居大致可以分为居住型、城镇店宅及坊宅型以及侧重于安全防御功能的寨堡型。居住型民居，根据其规模和使用者的不同，又可分为普通住宅民居和宅第式民居。依空间的组织方式，可分为非围合的集中式布置以及围合的合院式布置。传统酿造业、织染业的生产和商品的交易往往是和从业者的起居生活密不可分的，因此，自汉晋以后，城镇和各地乡场出现了沿街排布的店宅和坊宅型民居。由于地区安全环境并不稳定，为了加强防御，在一些规模较大，屋主经济条件较好的民居，加强了特殊的防御措施，出现了宅防型民居和寨堡型民居两大类。其中宅防型民居在重庆地区形态比较多，主要指以居住功能为主带有防御功能的民居建筑，可以分为庄园式、庄园碉楼式、碉楼民居式和土楼民居多种。此外，自古就有的洞穴居形式，仍然在一些山地区存在着，是一种带有很强防御性目的的崖居形式。比如永川区来苏镇石牛寺村黄瓜山上的清代光绪年间崖居群，其总面积超过了600平方米，在40余米高的峭壁上，共有7套居室，是附近居民躲避战乱而选址修建的避难所。

重庆民居的建设体现出更多因地制宜、就地取材的特点，从使用的建筑材料看，可分为全木结构民居、土筑民居、砖石民居以及木石、木土混合式民居。多民族聚居的特点，也使重庆民居在不同地区体现出不同的民族文化特色。

第二节　合院式民居

一、基本平面形制

中国古代建筑以间为单位，房屋的形成以多开间组合为基础。由于受制于经济、技术、地形等条件，也受限于中国古代礼仪等级制度对于民居建筑的制约，从《唐会要》至《明会要》都有"庶民庐，舍不过三间"的规定，重庆地区传统民居的基本平面在三开间之内。随着用地的宽绰，人口及需求的增加，在一栋一字形房屋的基础上逐步发展出

"L"形（又称"曲尺形"）、凹形（民间称"三合头、撮箕口"）和口字形（民间称"四合头"）平面。

(一)"一字形"

巴蜀地区沿袭周朝旧俗，"父子分家，别财异居"，因此"一字形"民居为普通小家庭所采用，有些一户一舍，有些几户相邻成组，结合房前屋后的竹林果树，形成散布于乡间田野的林盘农舍。平面一般三开间，通常为一列三间横向排列，有些两次间不开窗，也称"一明两暗"（图5-2-1）。明间开门，并且喜欢后退一到两个步架形成一个内凹的门斗式空间，称为"燕窝"或"吞口"。入门即为堂屋，堂屋是家庭活动的中心，有待客、议事、起居休闲等功用。堂屋后壁设神龛，供"天地君亲师"及祖宗牌位。一些进深较大的堂屋用屏风或隔扇分隔为前后两部分，面向大门是神龛，屏风后面布置会客桌椅。明间左右山墙设门，可达两次间。其中一间用作为卧室，另一间分成前后两小间，前间为饭堂，后间为灶房。也有左右两次间均为卧室，另在两侧山墙外搭建偏厦作为厨房、猪圈、厕所等辅助空间使用的。偏厦一般为单坡屋面，俗称"一抹水"（图5-2-2）。"一字形"民居前廊一般较宽，深二至三个步架，可以避雨遮阳，在农村，这部分空间可作为搁置农具、操作农活的地方（图5-2-3）。为扩大室内面积，有时前檐廊只做两间，另一间用墙封为房间，这种形式称为"钥匙头"（图5-2-4）。其屋顶常为双坡悬山顶，但前后坡不等长，前坡短檐高，后坡长檐低。较长的后坡称为"拖檐"，这样可加大房屋进深，还可将明间屋顶拖得更长，在屋后接出另一个房间，使一字形变成凸字形，增大了建筑体量（图5-2-5）。

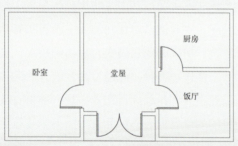

图5-2-1 "一字形"平面（图片来源：《四川民居》）

图5-2-2 "一抹水"民居做法（图片来源：胡斌摄）

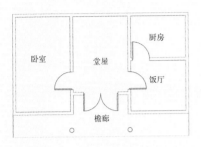
图5-2-3 "一字形带廊檐"平面（图片来源：《四川民居》）

图5-2-4 "钥匙头"平面（图片来源：《四川民居》）

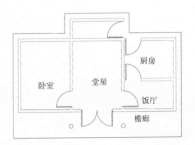
图5-2-5 "一字形拓展"平面（图片来源：《四川民居》）

清代以后，逐渐打破了对民宅只允许面阔三开间的规定，一字形三间式可以横向扩至五间，甚至更多，但均为奇数间，堂屋保持居中。有的将这种形式并列成独幢联排式，有的甚至做到十一间长，犹如小街，很是可观。

这种"一字形三开间设门斗前部加檐廊"的形式成了重庆民居最基本的组合模式，相对于中国古代建筑三间成幢的基本单元组合模式，它更能反映出地方建筑的基本特色，并由此演化出形形色色的平面空间组合形态。

（二）"曲尺形"

在"一字形"的一侧加垂直向的厢房形成曲尺形平面，厢房一般二至三间，类似扩展的钥匙头。这样就在正房前面形成了一个半围合的院坝。有的围以竹篱或栅栏，可视为院落的雏形。侧面设简易带顶的院门，称为"蓬门"或"柴门"。这种布局方式在单家独户的山区乡下十分普遍，在民间叫做"单伸手"，也叫"一横一顺式"。此类住宅多将正房布置在较好的朝向（图5-2-6）。

厢房与正房交接的转角，称为"抹角"或"磨角"，位于这个转角的房间则称"抹角房"或"转角房"又叫"檐偏子"、"转间过棚"或偏房、耳房。这个转角有多种变化的处理，平面及屋顶可随正房也可随厢房，或自为偏厦形式。厢房也有做成长短坡的，若拖檐长至可扩出一个低下一台的房间，则称为"梭厢"（图5-2-7）。由于地形坡下，厢房呈"天平地不平"之势，则称为"坡厢"（图5-2-8）。厢房若间数较多，且成两段，其外一段又低下一台，这种形式称为"拖厢"（图5-2-9）。若厢房虽与正房地坪同高，但檐矮脊低，体量减小，从正房看是逐级低下，这种做法则称为"牛喝水"，意即像牛一样把头低下呈喝水的姿态，显出牛脊之高来，这样就突出了正房的形象和地位。

（三）"凹字形"（三合院）

在曲尺形平面上再增加一侧厢房呈"凹字形"，即一正两厢格局，就成为了三合院式平面。三合院已明显围合出一个范围非常明确的院落。若院子面

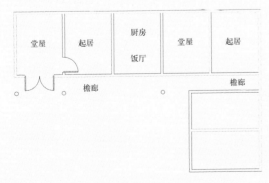
图5-2-6 "曲尺形"平面（图片来源：《四川民居》）

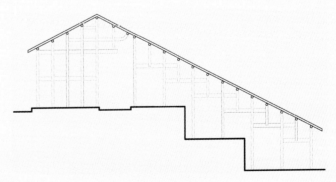
图5-2-7 "梭坡"立面（图片来源：作者绘制）

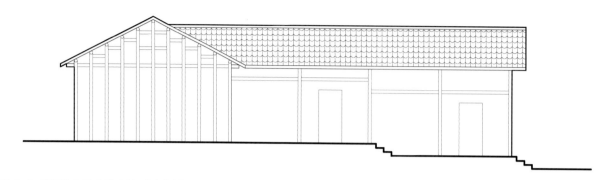

图5-2-8 "坡厢"立面（图片来源：作者绘制）

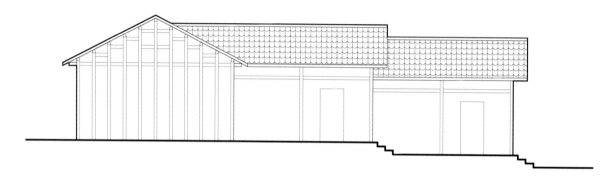

图5-2-9 "拖厢"立面（图片来源：作者绘制）

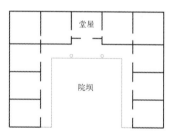

图5-2-10 "凹字形"平面（图片来源：《四川民居》）

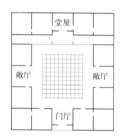

图5-2-11 "明三方院"平面（图片来源：《四川民居》）

式。三合院规模可以做得较大，但要在山地选择宽绰的基址不易，因此为争取更多空间，常结合地形对厢房作"梭、拖、吊"等处理。

（四）"口字形"（四合院）

"Π字形"的开敞一侧改为房屋就变成四面围合的"口字形"，即为四合院，又叫"四合头"，由于房屋排水向内院，又称"四合水"、"四水归池"或"四水归堂"。

四合院的正房又称"上房"，通常开间三至五间。左右两厢各三间。与正房相对为倒座，也称"下房"。因厢房从正房梢间接出，梢间为暗间，正房则露明三间，故将此形制称为"明三暗四厢六间"，成总十六个房间的格局。由于各边都露明三间，中间围合的庭院略呈方形，也把它简称为"明三方院"（图5-2-11）。受礼仪规制影响，正房处于中轴线上，堂屋左右为长辈居室，子嗣等居两厢，杂役仆人等住下房，同时严格按照男女有别、长幼有序的原则分配房间。门屋当心间被作为宅门，与堂屋正对，当心间正中或偏后立木隔墙，犹

向室外敞开，称开口三合院，若院子前加设围墙或栅栏则称闭口三合院。在重庆农村，这个院子是很重要的农作物晒场和日常活动场地，所以院子尺度较大，称院坝，并用青石或沙土铺整（图5-2-10）。

由于重庆地区地形复杂，可根据地形条件和需要，设置长短间数不同的两厢，呈现不对称的形态。为凸显正房的重要性，常将正房置于高的台地，厢房和院坝标高降低，设踏步与正房联系；也可将正房厢房设在同一标高台基上，院坝做下沉

如照壁，划分内外。也有少数依照风水师建议，开"偏门斜道"。四合院四面房屋排水都集中在庭院院坝，常有暗沟排至屋外。一般正房高大，檐口较高，其余三面房檐相接，这种做法称为"三檐平"。若正房、厢房与门屋的檐口做成齐平，则称为"四檐平"。

刘致平先生在《中国建筑简史》中从居住空间的角度出发，把中国合院民居划分为两大类，即以北方地区为主的房房相离式布局和以南方地区为主的房房相连式布局。更进一步，房房相连式合院，根据院落空间形态的不同，还可以细分为以中国西南地区为代表的一颗印式院落和以东南地区为代表的天井式院落两大类。"从图中几种类型的院落分布范围，我们可以看到，重庆地区处于三大体系的交汇点上，合院民居同时受到三种院落原型的交叉影响，兼具南北合院特点。"[①]归纳起来，主要包括：

第一，大多数合院采用房房相连式，但是也有不少采用房房分离式。不过与北方合院房屋之间截然不同的是，从屋顶上俯瞰，屋顶仍然是相连交错的，呈现出房房相连的状态。在赣中地区也有类似这种被称为"退步"的做法，是为了克服内天井过于封闭的形态。重庆地区出现这种做法，从功能角度来看，有些是为了让出进入偏院的通道，有些在这个角落堆放了杂物。还有可能是受到北方院落民居房房相离式的影响，比如重庆沙坪坝磁器口古镇里的钟家大院，为典型两进四合院，正房与厢房彼此分离，屋顶相连，转角处形成灰空间。探究下去，这与屋主自北方迁徙来渝，刻意保留北方居住习惯有关（图5-2-12）。

第二，院落与天井相结合。重庆四合院兼具南北方的特点，就单组合院而言，比北方的合院要小，比南方的天井院要大。院坝与房屋的比例：一般北方院落为1∶2，云南一颗印为1∶5.5，重庆四合院为1∶3，介于南北二者之间。就院落组合方式而言，重庆合院更具灵活性和适应性，大尺度的院坝和小尺度的天井，根据需要，自由组合，既适应需要，又经济节约。从院落空间形态和性格而言，重庆合院既具有封闭式合院的特色，又兼容南方的敞厅、宽檐廊、挑廊等。外封闭、内开敞是重庆合院民居的主要特征。天井形式吸收了南方民居天井做法的特点，主要有土形天井、水形天井和坑池天井三种类型。所谓土形天井是指中间结心石，在天井内筑有一块高出的埠，把天井隔出一周宽约30厘米的排水沟。而中间不结心者，即没有排水沟的，则称水形天井。坑池天井即是将天井做成观赏鱼池，四水归堂的雨水汇集其中，如江津会龙庄西侧院的天井做成水池，其间横跨一个单拱桥，上置水榭亭。

第三，结合自然环境条件，院落的尺度和形态有自己的特点。受进深限制，院落形状多呈近正方形或扁方形，宽而浅，以正面迎风纳阳。同时受地形条件限制，房屋之间不规则组合比较多，院落、

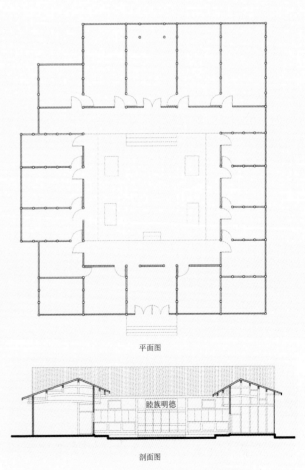

平面图

剖面图

图5-2-12 重庆磁器口钟宅（图片来源：重庆大学建筑城规学院项目组）

天井异形也较多。尤其是城镇中间，大大小小，形态各异，密如蜂巢。

第四，重庆四合院多采用"四角连做式"，少有"四合五天井"，不过整体外形也是比较方正的，与云南"一颗印"接近。

二、衍生与发展

（一）平面的扩展

每组合院由四周房屋间数多少不同和与正房、厢房、倒座的组接关系不同而产生灵活的变化，可方可长，可大可小，可进可退。进一步，利用"进与跨"的展开，合院得到衍生与发展，形成复杂的组群。

第一种，横向扩展。

在主院的一侧或两侧添加天井及堂屋横屋，形成多个院落横排并列。相对于主院来说，两旁的院落称"附院或跨院"，主要为扩大居住或用作杂务、厨储等辅助生活部分。

由于横向扩展方式可以顺等高线布置，不对基地作过多的处理，因此，这种"多路少进，横向展开"的合院拓展模式在重庆多山多丘陵地区是一种较为经济节省，施工便捷的方式。同时，横排并列的几个院子有更多各自在交通流线、功能上的独立性，也适合了重庆地区有些家庭兄弟"分家不分户"的居住方式。如重庆石桥乡史家坪某宅，其核心院落的左右两侧添加"横屋"各四间，隔以狭长条形天井。整个平面布局呈横长方形，沿中轴线左右对称（图5-2-13）。

第二种，纵向扩展。

在主院中轴线的前后加建院落，形成前后二至多组院落的格局。受地形限制，山地条件下进深一般不会超过四进。因其对中轴礼法关系的遵从，这种形式是大中型民居平面扩展的主要形式。清后期，随着城镇建筑密度的增加，城镇里沿街的合院民居迫于面阔的紧张，更趋向于向纵深方向扩展。为改善室内通风条件，强调厅堂空间的开放性和公共性，重庆民居中轴线上的门厅、堂屋甚至后厅喜欢采用"敞厅"形式，其他房间均面朝厅堂开门开窗，厅堂之间以屏风、木板壁墙简单分隔，形成层层递进的空间层次，在室内布置上也各有特点。

第三种，纵横双向扩展。

此类民居规模较大，一般为地方绅商或富裕人家住宅。以主院为核心，综合纵横两个方向进行扩展。在纵向以主院落所在轴线为中路，两侧设副轴线为左路、右路。在横向则对应每层递进的院落布置邻近的跨院，组织成纵横轴线交叉网络，纵向为路，横向为列，形成几路几进几列的群体组合格局，展开复杂变化而有条不紊的院落空间群落。在平面布局上，在中轴线上依次为大门、正厅、正房，两侧为厢房或花厅，在中轴线尽端的正房正间堂屋，供奉着祖先牌位；规模更大的住宅，在正门与正厅之间设置过厅来过渡。在空间上，住宅层层递进的厅房院落空间强化了轴线的序列感，并在空间的使用及分配上体现出封建礼制的等级制度，正所谓"礼别异，卑尊有分上下有等，谓之礼"。如重庆歌乐山山洞乡复兴村某宅，其核心部分是典型的"明三暗四厢六间"布局，以此中心庭院为基础，在左右扩出天井围房，前部扩出横向宽大四合院。正房五间前出廊，以走道与天井小院相通，偏房两侧还有两个更小的抹角天井，前院中轴线设三间式"朝门"。两个宽大的院落一方一长前后对比，又与狭长的条形天井形成明暗的空间变化。整个布局对称严谨，规整清晰，既紧凑又舒展，这是一个较为常见的纵横双向扩展式合院民居实例（图5-2-14）。

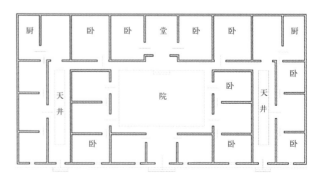

图5-2-13 重庆石桥乡史家坪某宅平面图（图片来源：《四川民居》）

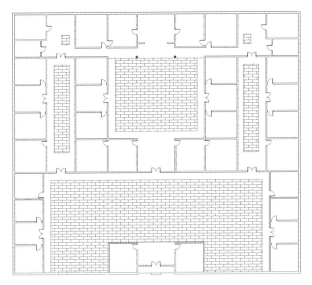

图5-2-14 歌乐山镇复兴村某宅（图片来源：《四川民居》）

第四种，自由式扩展。

为了适应多变的山地地形，重庆民居在基本保持主体院落空间形态不变的情况下，表现出了更多的随意性。不仅建筑形态、宽窄正斜可能随地形而变，而且院落天井之形态、大小，建筑之间的组合方式也十分自由，偏厦、披檐、抱厅、勾连搭等各种建筑组合手法更是运用灵活。

有些民居的建设过程经历多年，或者属于根据不同条件不断拓展而来，它们的形态也表现出多多少少的随意性，组群发展的规律几无可循。比如秀山洪安镇祝家大院，占地1500余平方米，可分解为相互连通的左、中、右三组院落。由于它们不是同时建造的，虽然是由中院向左右拓展而来，但是却无严整的对称拱卫关系，相反，为适应基地内前后及左右的复杂高差，中央合院也逐步分解，仅在外立面保持主次分明的关系（图5-2-15）。

（二）山地台院

根据不同的地形条件，重庆民居因地制宜地发展出了独具特色的山地台院系列化做法。根据分台方式的不同和建筑接地方式、屋顶交接方式的不同，其组合变化多样，形成了重庆山地民居丰富的形态与空间。其具体技术策略详见第八章。如铜梁县安居镇清代朱家小院，它面江靠山，依山形而动，院内空间挑高，房屋布局层次错落，将山之灵气融合得恰到好处。中间天井尺度不大，院门斜开，亦是"歪门邪道"的处理手法。右侧厢房垂直于等高线做拖厢，在院门前再形成一个开敞的院坝（图5-2-16）。江津余家大院，又名龙塘庄园，坐东向西。朝门不大，但内院却十分宽敞堂皇，建筑依等高线分布于三台，层层升高（图5-2-17）。

（三）楼式合院

重庆地区由于气候湿热，为利于散热排湿，室内喜高敞，民居多平房。一般城镇、乡村民居只在部分房间内设置夹层，作为具有隔热作用的储存空间；有些依据地形，利用挑、吊在局部做二至三层，也不普遍；有些民居因瞭望、御敌之用及礼制规矩，也有局部多层，如庄园碉楼或大户人家小姐

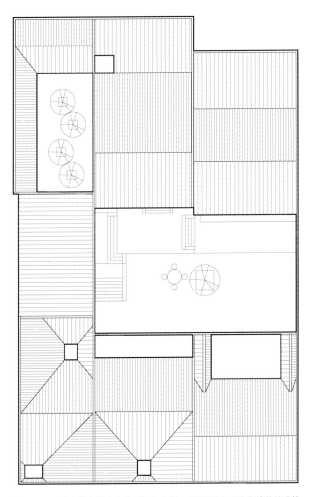

图5-2-15 秀山洪安祝家大院（图片来源：《重庆秀山县洪安镇传统建筑研究》）

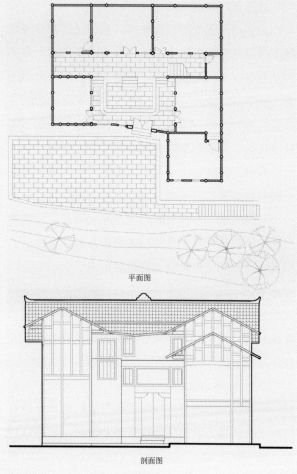

图5-2-16 安居镇朱家小院（图片来源：作者绘制）

闺楼等。只有少量楼式合院，依据其形态特点和文化来源，可分为以下三种：

第一种，"印子屋"。

印子屋平面布局比较方正，多为两层楼，少数为平房。四周用土墙或空斗墙封闭围合，外观高耸如印章，故有此名称。在形态上类似湘赣的"窨子屋"，因其独具高耸的封火墙围合，民间又称其为"封火桶子"，主要见于渝东南地区。追根溯源，这一地区江西、湖南移民较多，受湘赣文化影响，所以才有这样的民居形式。印子屋内为木质结构的楼房，建筑按井字排列，错落有致，平面有"四合天井型"和"三合天井型"，其中三合天井型是重庆地区主要类型，一般开间三至五间，由正房三间两层或三层配以厢房或两廊，中间形成一个小天井。屋顶可封于墙内，也可凸显于墙上。其天井常为正方形，屋顶多四檐平做法，整齐美观。楼梯多设在正房和厢房交接的走道处称楼梯巷。对外院门有石砌门框的平门和砖砌八字朝门两种主要形式，这种印子房一般在城镇临街常见，有很好的防火及安全的功能，如酉阳龙潭镇街尾的谢家院子（图5-2-18、图5-2-19）。

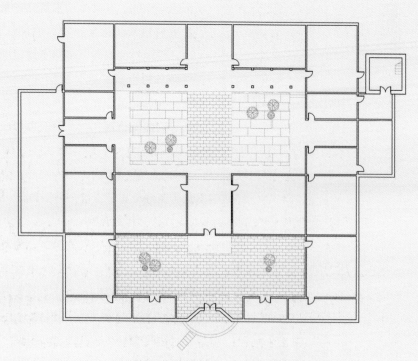

图5-2-17 江津龙塘庄园（图片来源：《巴渝地区合院民居及其防御特色研究》）

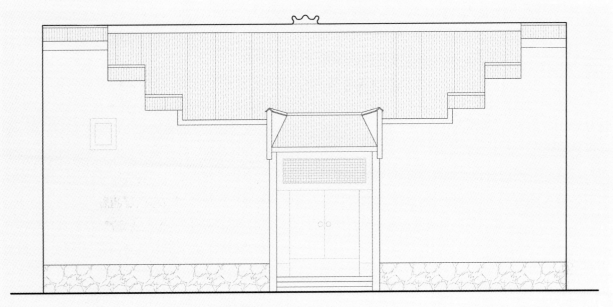

图5-2-18　酉阳龙潭谢家院子立面图（图片来源：《龙潭古镇》）

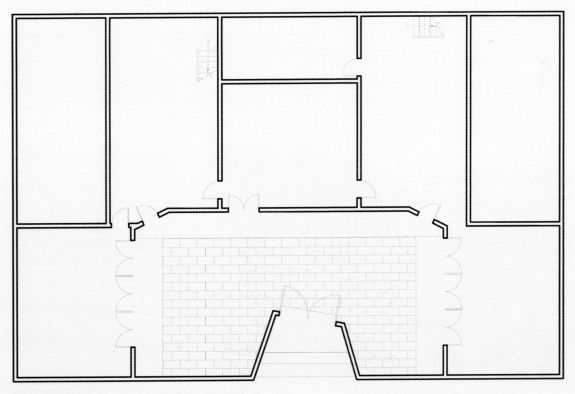

图5-2-19　酉阳龙潭谢家院子一层平面（图片来源：《龙潭古镇》）

第二种，"走马转角楼"。

四合院的庭院四周房屋出檐廊围合成为周围廊，又叫回廊，俗称"跑马廊"或"走马廊"。这种廊院是四合院的一种高级形式，除了有很好的遮阳避雨的实用功能外，其通透的空间加上檐廊的花牙子、挂落、雀替及挑枋等各种雕花构件，又有很美观的装饰功能。若为楼房，楼上也是一圈檐廊，这种类型则称为"走马转角楼"，若周围廊在庭院内为"内走马转角楼"，在房屋外围者为"外走马转角楼"，这是本地最为高贵华美的住宅形制。通常是有相当社会地位的人家或大型店宅客栈才可使用。涪陵大顺乡瞿宅就是现存不多的实例（图5-2-20）。

这种形式的最大优点是有宽裕的半户外活动空间，特别是适应多雨的气候，雨天不湿脚可走遍全宅。有的印子房楼层也喜采用此式。有的四合院将正房两侧的耳房升为耳楼并与厢楼相接，即成为走马转角楼的形式，如渝中区谢家大院（图5-2-21）。

在大型四合院中，这种楼式庭院在布局上有的位于前院，有的设于正房之后院，很少用作正房主院。这是因为正房主院空间需要庄重大方一些，而走马转角楼的庭院空间氛围是较活泼花哨的，一般不宜当作主院空间，而且堂屋上面是不能设楼层的。

（四）功能的衍生——戏楼

随着清中期以后世俗娱乐活动逐渐渗透到居住建筑中，一些大型合院民居加建戏楼渐趋普遍，也有多种手法。最普遍的是借鉴祠庙会馆建筑做法，采用门楼倒座式，将戏楼与大门结合，人们从架空的戏楼之下穿过，过厅兼作看厅，端正气派，比如涪陵青羊陈万宝庄园，中轴线上建戏楼一座，两侧配套乐楼，蔚为壮观。另一类将小戏楼独立建于后花园之中，结合园林花木，适合家眷亲人自娱自乐，安逸随意。还有少数戏楼被置于侧院，一般与建筑横向轴线重合。也有把戏楼建于大门对面照壁位置独立于宅前敞开的大院坝上的，使生产性院坝有了看戏的小广场功能。

三、大门处理

重庆地区民居对于主入口的处理十分讲究，主要有门罩、门楼、门斗和门廊四种形式。门斗、门廊都是入口内凹的做法，门斗通常做成八字形凹字形，八字朝门意味着敛财聚气。门廊则是入口后退

图5-2-20 涪陵瞿宅内跑马廊（图片来源：张潇尹摄）

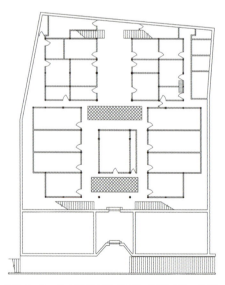

图5-2-21 渝中谢家大院平面图（图片来源：张潇尹绘制）

2~3个步架，露出檐柱，类似一字形平面吞口的做法。较为繁复的是门罩和门楼。门罩即是在正门上方添加长短不一的披檐，强调入口的重要性。重庆地区门罩做法多以斜撑支撑出挑，少数做成垂花柱样式，较简单的就仅以砖石叠涩出檐。门罩做法可以和门斗相结合，比如渝中区谢家大院八字形门斗的正门上方内外墙上还添加了雕花门罩，显得比较隆重。门楼做法常见随墙牌坊门楼倒座样式，比较特别的是门楼如楼亭（图5-2-22）。

图5-2-22 荣昌邓家老屋门楼（图片来源：张潇尹摄）

第三节 城镇店（坊）宅

唐末，随着城镇经济的发展，一种住居与商贸、生产等活动相结合的居住建筑形式所开始出现。在云阳明月坝唐宋集镇房屋遗址中可以看到，这些建筑分为东西两排，南北向分隔三个房间，与内蒙古集宁城址中的店肆遗址相似，临街房屋用于交易与居住，里侧房屋作为作坊或是存放物品的仓库。[②]明清以后，随着商业活动和场镇的发展，店宅、坊宅在场镇上逐渐增多，尤其是沿主要街道两侧鳞次栉比的居住建筑，基本上都是这种类型。店铺类型五花八门，凡是日常生活所需都可以在这里找到，比如日杂铺、药铺、理发铺、茶馆、饭铺酒肆、客货栈房等。临街的店铺与经营者的住宅结合在一起，就形成了店宅。其次，传统城镇还兼有手工业生产功能，集聚了各类与商业贸易活动及居民生活相关的手工作坊，如从事农副产品加工的槽房、油房、粉房，从事纺织生产的丝房、染房，从事盐业生产的盐场以及从事金属加工的各类匠铺等。这些规模不大的坊与从业者的宅结合在一起，采用家庭作坊式的生产模式，于是又有了坊宅。此类民居以单开间和三开间为主，根据居住空间与商业生产空间的关联方式，并结合重庆山地地形的特殊性，重庆场镇店宅类民居主要分为：

第一类，店（坊）宅分层型。

主要分为"下店上宅式和上店下宅式"。前者主要指临街一楼空间为店铺、作坊以及库房和杂物用房，楼上为居住空间的形式。为了扩大二楼空间，有些地方将二楼房间挑出架于檐廊之上，或作外阳台供远眺。单纯采用下店上宅式民居的情况多出现在建筑用地临江或临坎，这种用地受地形限制无法向纵深方向发展，因此进深较短。受山地地形条件影响，将平街层作为商铺或作坊，把下落的一层作为居住用房，成为上店下宅的形式。

第二类，前店（坊）后宅型。

在地势较为平缓地区，建筑进深可以发展的情况下，主要采取临街为店铺、作坊，后面连接居住空间的形式。规模较小的单间店面向纵深发展，多用"竹筒式"布局，住宅与店铺共用出入口，居住部分与天井串连布置在店铺之后。过长者中设小天井，通风采光排水，它也隔开了外部活动对内部生活空间的干扰。这种形式进深可以很长，多达15~20米不等。如璧山凤驿镇临街联排筒式店宅、荣昌安富镇沿街店宅、江津中山镇沿河店宅等（图5-3-1）。

对于经济实力更强的住户，往往采用前店后宅和下店上宅相结合的方式，多在天井旁设楼梯或者利用地形本身高差解决上下交通问题。比如秀山县洪安镇龙家大院建造在坡地之上，建筑总共三层，面积以及使用房间逐层增加，其面阔开间亦是逐层增加。底层为商业部分，面阔三间，左右次间为店铺，明间为堂屋也是大院的主要出入口，后部以梯步通向二层。二层为居住空间、三层临街面阁楼作为储藏空间，内部由梯道分隔为左右两个小院，以天井采光通风（图5-3-2）。

也有店、坊、住结合的做法。其典型布置是，店面较宽，一般为三开间，左右两间为柜台，中间留过道通往内部天井院，通道两旁为客厅、账房或保管室。围绕天井建房。内院则为作坊区，根据生产规模可大可小，较大的可以横跨到相邻住宅的后院，比如重庆云阳县故陵镇刘宅就是一座将作坊与住宅以及店铺合为一体的建筑，既可以在天井中晾晒，堆放材料、工具等又可以利用天井将各个功能分区自然而然地分隔。但是随着手工业的衰退这一类型的民居现在极少见了（图5-3-3）。

清代后期，更多的大户人家愿意搬迁到镇上居住，这一时期的店宅规模开始扩大。虽然在开间上还是以三开间为主，但是房屋进深可达三至五进，房屋后面还有很大的后院和花园。三开间的店宅临街面多以两侧次间作为店面，柜台沿明间两侧转至次间，如曲尺状。明间为主要入口，并以穿堂、天井、堂屋形成明确的中轴线，对称而严谨。进深过大的房屋屋顶以亮瓦辅助采光。比如渝北龙兴镇刘家大院，三间总面宽约11米，进深约31.6米，属于典型的"三间五进式"布局。与许多店宅不同的是，他家的店与宅相对独立，"店"是由两侧的弓形山墙夹住中间的三间楼房形成的，"宅"则是用平直高耸的山墙围合起来的。为了加强采光通风，店与宅之间以一个狭长的天井相隔，明间有披檐相连。自外而内，大致分为对外经营区、会客接待区、祭祀空间和家人起居四大部分，后面是杂物侧院，安排厨房、厕所、牲畜等。

在大的场镇和城镇里还有一类店宅比较特别，就是过去的旅店、"栈房"。在商贾来往频繁的城镇还有"栈房街"。它们也属于私人开店，自住并提供食宿服务。由于功能比较特殊，其建筑形式和空间在场镇店宅中很有特点。重庆场镇栈房有单层合院式和两层合院式。房间面对中央天井采光，也有在天井上加抱厅，形成大大小小适合店客日常活动的中庭空间。栈房客房数量不定，可住客20~100人不

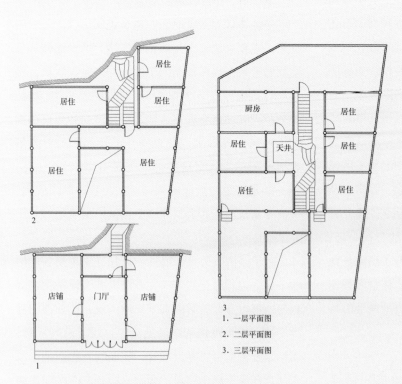

1. 一层平面图
2. 二层平面图
3. 三层平面图

图5-3-1　璧山来凤驿镇竹筒屋（图片来源：根据《四川民居》改绘）

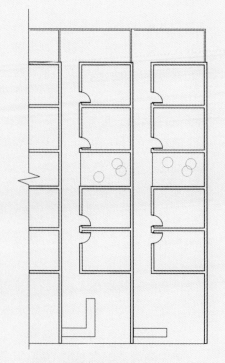

图5-3-2　秀山龙家大院平面图（图片来源：张潇尹绘制）

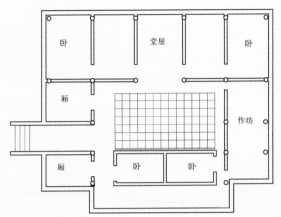
图5-3-3 云阳故陵刘宅（图片来源：根据《四川民居》改绘）

图5-3-4 忠县黄金镇㽏井河榨油坊（图片来源：《巴蜀城镇与民居》）

等；栈房当门一个大柜台，一人坐在柜后经营生意。栈房大者进深可达30余米，楼上楼下30余间客房。

此外，在场镇外围或者乡村中还曾经普遍存在过另一类民居式作坊，主要是服务于来往旅客或者村民的面坊、油坊或者"幺店子"。它们以生产性空间为主兼及居住，布局更符合作坊的生产性要求，但风格手法上却是乡土民居活泼生动的做法。如忠县黄金镇㽏井河榨油坊选址在不规则的山头上，房屋造型与布局随山体走势变化而变化，一切均随机赋形，跌落交错围转，与所处自然环境和谐镶嵌在一起，浑然天成，造型独特，构成了一幅朴实自然而又优美动人的乡土风情图景（图5-3-4）。

第四节 庄园大院与碉楼民居

一、庄园大院民居

除了普通的民居合院，重庆各地场镇与乡村里还散落着一批规模庞大，布局严整，房屋众多，田产围绕，多为一方望族、士绅修建的大型合院建筑组群，它们被称为庄园或者大院。现存代表性庄园大院主要有潼南双江杨家大院、涪陵青羊石龙井庄园、江津会龙庄、江津石龙门庄园、南川刘氏庄园、合川狮滩李家大院、巴南朱家大院、江津真武场马家庄园、涪陵义和镇刘作勤庄园等。仅江津中山镇上及周边就有十余座大小不一的合院建筑群，堪称重庆目前庄园民居最密集的古镇。

这些庄园大院民居大多属于明清至民国时期重庆各地官僚地主的私人宅邸和别墅花园。由于受到自然环境条件的影响，也缺乏大规模"聚族而居"的社会和家庭结构背景，从建筑规模上，它们似乎无法与其他地区同类建筑比较，但是其秩序井然的建筑组织关系、层次丰富而流动的空间，尤其是结合地形，因境赋形，高低错动的生动形态以及独具特色的建筑形象，充分体现出巴渝合院民居的气韵和精神内涵，是重庆民居中的佼佼者。它们的特点主要包括：以对称严整为主，兼顾灵活性的组群布局；尊卑有序、主从分明的空间格局；注重防御、厚实封闭的外部形态；居住与休憩兼顾的住居小环境营造。因主人各自的审美情趣，生活智慧与价值取向的不同，又各具特色。

庄园大院民居以中心合院向纵横两个方向扩展增殖形成。其中既有沿中轴线纵向的单元重复，也有横向对称附院的向心性围合，层层推进，因地形环境适时调整，并不完全以纵向的多进院落发展为主要关系，反映出自然环境对其影响（图5-4-1）。庄园大院纵向多数只有两至三进院落，依次布置朝门、前厅和正房，如潼南双江长滩子庄园。清后期到民国，随着庄园中对观戏娱乐聚会活动的欢迎，出现了中轴线上布置朝门（戏楼）—看厅—堂屋的做法，既借鉴了宗祠会馆建筑平面布局的某

图5-4-1 安居"大夫第"宅（图片来源：张潇尹摄）

些特点，也反映出传统宗法社会的某些规制逐渐让位于更加世俗化的生活方式，如涪陵青羊石龙井庄园、江津会龙庄以及合川狮滩镇凉水井李家大院。虽然功能有所变化，但中心院落和中轴线仍然是整个庄园民居平面扩展的基础。大型合院横向的扩展采用"从厝式"，即在主院两侧各加一路横屋形成两个跨院，更大型的合院则各加两路横屋，形成四个跨院或者多个小天井。两侧跨院与主院之间形成紧密的向心围合关系，呈拱卫之势，也进一步强化了建筑整体的中轴对称关系。按照礼制，主院为长辈居住，跨院为儿孙辈居住，各跨院各设出入口，这是大家族聚居常用的形式。比如潼南双江"长滩子"大院就设有三个出入口。这种格局在更加大型的民居中也基本保持，不过在横向发展过程中，因为用地条件的限制，开始出现左右不完全对称布置，但总体看，其规整划一的布局仍然得到保持。整体规整的平面布局，也维护着长幼尊卑、主从、贵贱、主客内外等一系列关乎礼法和人情的社会秩序。在中轴线上，前厅隔开内外，作为传统信仰和家族精神空间之所在的堂屋必须居于中轴线上。长辈居住在中心院，其他晚辈依次居住在附院、偏院，厨房杂物空间要么单设偏院，要么尽量远离主轴线。小姐楼、绣花楼更是外人和异性的禁地，基本在单独的院落中。为了避免战乱和匪患，重庆地区的庄园大院普遍高墙森严，不少在角部修造高大的碉楼进行护卫。从外部看，建筑形态比较封闭，建筑的特色主要体现于高低起伏、错落有致的屋顶关系以及造型丰富、具有地方特色的封火高墙。建筑内部，一改封闭的状态，不仅大小院落、天井改善了房屋的采光通风，房屋之间多以敞厅、游廊、檐廊等相连通，使居者毫无行为阻塞之感。清末到民国以后的一些庄园建筑，受到了西方新古典建筑思潮的影响，它们被称为"洋房子"（图5-4-2、图5-4-3）。

图5-4-2 南川水江"洋房子"（图片来源：胡斌摄）

图5-4-3 江津真武场"马家洋房"（图片来源：胡斌摄）

二、碉楼民居

巴蜀先民，惯于山居，先祖蚕丛"依山之上，垒石为居"以防人兽袭击，为川西碉楼最早之记载。汉代，发达的庄园经济使"坞堡"类建筑在四川、重庆地区出现，从出土的汉代明器、画像砖等中可见，本地的坞壁一般以高墙围绕，角部或内部建有楼式建筑物，推究其功用，应关乎防御安全。汉以后，重庆地区作为重要军事要地，再加上本地匪患不断，长期战乱频繁，结合山地地形筑寨自保成为传统。明清大量移民入川，彼此争斗不断，再加上白莲教起义等引起的战事，至清末，重庆各地寨堡、碉楼民居比比皆是。据不完全统计，目前，重庆各地还有古碉楼不下300处，分布在涪陵、石柱、万州、合川、南川等地的广大乡镇。其中涪陵大顺乡境内保存完好的碉楼民居计108座，数量居首。碉楼作为一种防御性质的建筑，首先要考虑的是它的防卫性，因此碉楼以耐攻击的夯土和砖石砌筑为主（图5-4-4~图5-4-7）。

（一）碉楼民居类型

由于既可瞭望，又可据堡自守的碉楼是构成冷兵器时代战略防御的最基本单位，因此，不论是家庭、家族、村寨还是场镇，大多都会选择建造高大坚固的碉楼构成自身防御体系的一个部分，但是在重庆的不同地区，做法有着很大差别。

渝东地区，以万州碉楼群为主，主要是石砌"独立式碉楼"，因为它与寨堡关系密切，民间多称之为箭楼、寨楼子。这些高大坚固的碉楼自成一体，选址往往在高山之巅，地势险要处，或者附属于山寨，是高大寨墙外的另一种御敌措施，如合川炮楼寨子；或者是当地富户自己修建的供家庭储存财物及战时临时居住的小寨堡。这些"楼寨一体"的独立式碉楼民居面积一般不大，二三百平方米左右，多为两楼一底，外墙全部石砌，防御性很强，非常抗攻击。现存具代表性的有万州谭家寨楼，唐家寨碉楼、丁家楼子、虾蟆石楼，开县白洞箭楼，云阳牛角洞箭楼等。

在一些规模较大，区位环境比较复杂的场镇，为形成对整个场镇的护卫之势，在场镇中间或周边，居民共同集资陆续修造一些独立式碉楼并且配套相应的集散场地，以抵御外敌。这些碉楼的选址主要考虑防御效能的叠加关系，并随着场镇空间与形态的发展演变而不断增补，往往形成与城镇街道及空间密不可分的关系。最典型的就是巴南丰盛镇里的碉楼群（图5-4-8、图5-4-9）。

除了这些独立式碉楼，更多的重庆碉楼附属于各类民居而存在，组合而成碉楼民居。现存的重庆碉楼民居更多分布在涪陵、石柱等地区。依每户住宅中碉楼数量的不同，分为一宅一碉式和一宅多碉式两大类。

"一宅一碉式"民居较为普遍，乡村普通农宅基本采用这种形式，约占现存碉楼民居总量的半数以上。碉楼一般位于合院民居转角位置，三合院为

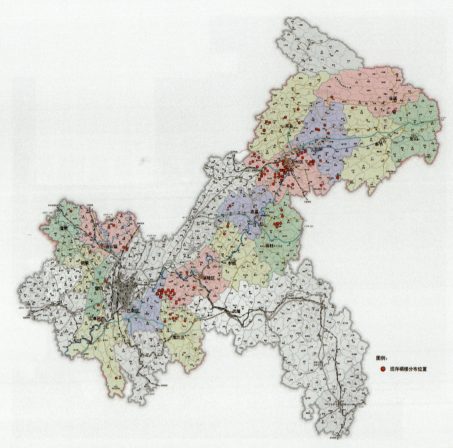

图5-4-4 重庆现存碉楼主要分布情况（2013年不完全统计）（图片来源：刘鑫绘制）

图5-4-5 重庆古碉楼1（图片来源：王俭摄）

图5-4-6 重庆古碉楼2（图片来源：平凡摄）

图5-4-7 重庆古碉楼3（图片来源：胡斌摄）

图5-4-8 巴南丰盛镇古碉楼1（图片来源：张凤摄）

左右角其一，四合院多为房屋前端两角中一角。③只有极少数，独立于宅旁空地上。碉楼一般有3~5层，高达10米余。屋顶多为悬山和歇山式样。为了和民居的整个风貌协调统一，碉楼和民居主体采用的建筑材料基本一样，比如涪陵大顺乡夯土民居和砖木混合民居较多，碉楼外墙也基本采用夯土或者砖砌方式。外墙表面有的保持素土，有些刷白灰（图5-4-10）。

图5-4-9 巴南丰盛镇古碉楼2（图片来源：张凤摄）

"一宅多碉式"民居又可分为一宅二碉、一宅三碉、一宅四碉、一宅五碉（即五岳朝天式）等多种。规模较大的民居会有两碉、三碉出现，碉楼主要位于大门两侧的角落或者位于民居后侧的两个角落加大门一侧的角落。一宅四碉在一般民居中极为少见，笔者只见合川瓦店碉楼一例。除一般的碉楼民居，真正使碉楼民居绽放异彩的是大型庄园大院民居附属的碉楼，其碉楼的数量、位置和形态无固定规制，往往根据环境条件和建筑群体组合关系的需要而布置。因此，空间与形态更加多样，充分反映出重庆民居防御性特征。根据建筑主体的形态特点，主要分为庄园型碉楼民居和客家土楼型碉楼民居。

庄园型碉楼民居指在庄园主体建筑群的内或者外的适当位置修筑碉楼，以防御兵匪。因为规模体量远超一般民宅，它们远看就像一座小城堡，蔚为壮观。碉楼与庄园主体建筑的组合平面复杂多变，主要分四种："分离式"，与主体建筑外的有利位置

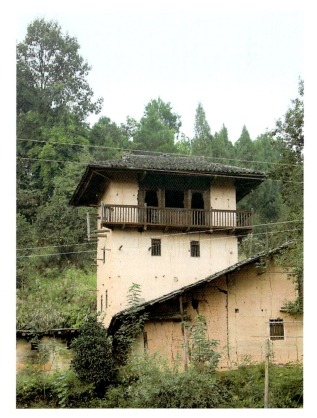

图5-4-10 涪陵大顺碉楼民居（图片来源：刘鑫摄）

单独布置碉楼，以丰都杜宜清庄园的大小碉楼最具代表性；"附着式"与"嵌入式"，碉楼或附着或嵌入依附于主体建筑，比如江津会龙庄碉楼；"围合式"，即四个角落的碉楼与围墙连接将主体建筑围合起来，比如武隆刘作勤庄园碉楼（图5-4-11）。

客家土楼型碉楼民居主要见于涪陵客家移民为主地区。其形态近似于粤北、粤东一带，当地人称为"四角楼"，江西称为"土围子"，四角带碉楼的客家土楼民居。碉楼位于主体建筑的四角，并与主体建筑融为一体，其围合度和防御功能较强。现存的客家土楼型碉楼民居有涪陵刘作勤庄园和黄笃生庄园以及双石坝土楼等。

（二）平面形制特征

为了结构的稳定性及防御效能、碉楼平面基本上是方形和矩形，一至三个开间。对于开间、进深不大于6~7米的方形平面，以墙体承重为主，内部多数无分隔。大型碉楼一般采用矩形平面，木或者砖石柱与墙体一起形成复合承重结构体系。有些进一步演绎出带天井的平面形制（图5-4-12）。

碉楼一层一般为开敞空间，灵活多变，不开窗，在后期演变为厨房、杂物室的较多。二层至四层大部分为储物、休息、居住的空间，墙体上均有射击孔，局部开小窗采光。顶层多为木构架开敞空间，方便瞭望、防御，大部分碉楼在顶层上四边或四个角落挑出挑廊，防止出现防御死角并设有排便孔。随着社会的发展，后期防御功能逐渐消失，顶层演变为休闲的亭台楼阁，成为观景楼或者小姐楼。

（三）重庆碉楼的形态特征

墙身部分，为满足碉楼整体防御性需求，碉楼墙体都较厚。夯土砌筑的墙体厚度一般在400~600毫米左右，条石垒砌的墙厚一般在400~1000毫米左右。由于碉楼门窗一般都较小较少，导致楼身墙体所占的比例普遍偏大，这样显得整个碉楼比较厚重，尤其是石砌碉楼。

大门是碉楼防御的关键，故一般有相应的防卫措施，首先，碉楼大门尺寸较小。宽度一般在0.7~1.2米左右，高度一般在1.7~2.1米左右。门洞方形或拱形，门框以坚硬条石砌筑。为了加强碉楼整体防御性，大门除了对撞门进攻的考虑外，出于对火攻的考虑，一些碉楼在做大门门扇的木板门外，通过用铁钉锚固的方式，包裹一层防火的铁皮。另一种，则是可以在大门上做一个与二层装水器相连的水槽，通过在室内向装水器中放水，经过门顶水槽向外流出，从而起到防火作用。

为加强防御、减少被攻击的可能，碉楼开窗的

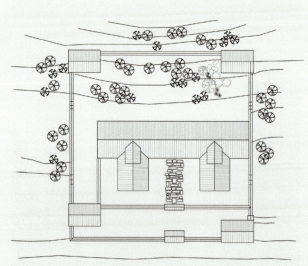

图5-4-11 武隆刘宅总平面（图片来源：张潇尹绘制）

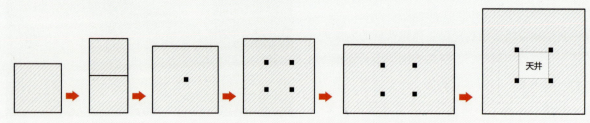

图5-4-12 重庆碉楼平面类型（图片来源：刘鑫绘制）

大小和数量被严格控制。首层不开窗，就算开窗一般也开在朝向主体建筑的一侧。一般每一面墙壁上开一至四个窗户，窗户宽度在350～500毫米之间，高度在300～800毫米之间。条石砌筑碉楼的窗户多为砌筑时预留的孔洞，或是开凿出的孔洞，内外墙窗洞无明显差别，外观上较少装饰，更加重视防御性能。土筑碉楼的窗户在外观造型上大多接近于重庆地区民居的窗户造型，有的窗户在墙体内侧，用坚实的门板或铁皮做成平推式的窗扇，同时在墙中装有铁杆或铁枝网，作为第二道防线，加强窗户的防御效果。有的窗户做法类似于铲子形，从内往外向上收，采光的同时，增强防御。在碉楼上形成的多处射击孔，是碉楼对外进行打击与瞭望观察的特有设置，成为了碉楼最明显的形态特征之一。为了形成较为完善的防卫射击网，因此射击孔位置需要精心安排后再布置。其形状为漏斗，从内往外收小。

碉楼的形态整体比较厚实封闭，最轻巧灵动的部分，当属其上部屋顶和挑廊。重庆碉楼屋顶部分与民居主体保持一致做法，大多数以两坡顶为主，间以少量的歇山顶、四坡顶。屋面则采用小青瓦"冷摊瓦"做法，显得轻薄。对于挑廊部分，从最初的功能上讲，是为了弥补方形建筑在防御中出现的死角而附加的防御性要素。因其轻巧的木构形态成为了碉楼造型中最有特点的部分。碉楼的挑廊多数布置在顶层墙外，形态上大致分为开敞式和封闭式两类。挑出宽度在0.6～1米左右，做法视需要而定，有单边挑、对称双边挑、对角挑、四角以及四周环挑等多种做法（图5-4-13）。

第五节　干阑式、吊脚楼式民居

中国南方先民从巢居、栅居逐渐发展出的干阑建筑体系，自古广泛流行于生活在长江流域及其以南地区的百越族群中，是与穴居地位同等重要的人类早期居住形制之一。后历经演变，在我国南方和东南亚、东亚的多个地区和民族中产生出不同的建筑亚型。其中的吊脚楼至今仍然是我国西南不少地方和民族最主要的居住建筑形式之一。"从底层架空上部建房'悬虚构屋'的空间形态特点来说，它们是全干阑为适应山地坡岩地形，争取建筑空间而发展创造出来的半干阑类型"。①它的基本特征就是，吊脚楼不像"全干阑"皆为支柱楼居，而是一部分悬空以柱为支撑，构成楼居，一部分则直接立基础于岩体、平地之上。除建筑形态上的这一基本共性，各民族和地区的吊脚楼民居建筑因其产生的环境条件、历史背景及文化内涵各有不同，也产生出了不同的分类。

重庆多陡坡、峭壁，地形起伏较大，吊脚楼民居以其对于地形环境的适应性，再加上历史上习惯干阑式居住形态的族群的影响，在很长的时间里都是重庆地区最常见的民居建筑形式之一。重庆吊脚楼民居从其分布的区域和使用的人群，主要分为沿长江、嘉陵江、涪江、乌江及其支流的沿江山地城镇吊脚楼、丘陵山地乡村农家吊脚楼以及渝东南少数民族地区的土家族、苗族吊脚楼民居及村寨几种类型。它们的基本建造原则相仿，但是在建筑形态、空间利用、营造技术及文化内涵等方面还是有一定差异，构成了重庆吊脚楼民居丰富多彩的面貌。

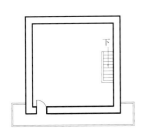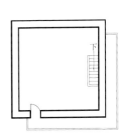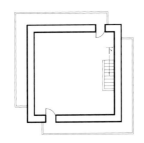

图5-4-13　重庆碉楼挑廊做法（图片来源：刘鑫绘制）

一、沿江城镇吊脚楼民居

重庆地区沿江城镇吊脚楼民居的出现,最早可以追溯到先秦巴人。《华阳国志·巴志》中所记述的后汉巴郡太守但望上疏所见江州城的建筑面貌,"郡治江州,地势侧险,皆重屋累居"⑤就形象地描绘出了当时渝州(今重庆)城沿江建造吊脚楼居的情景。唐代杜甫客居夔州时,有感于赤甲山吊脚楼之美,曾有诗:"赤甲白盐俱刺天,闾阎缭绕接山巅。枫林橘树丹青合,复道重楼锦绣悬。"直至20世纪80年代,重庆老城临江门、化龙桥、厚慈街和川道拐一带还密集着大量全木或者砖木、竹木混合等多种形态的吊脚楼民居,保持着自清代以来大量老照片中呈现的山城重庆独特之住居景观。与重庆老城类似,以前的万州、涪陵、合川以及酉阳龚滩镇、江津中山镇、巫溪宁厂镇等沿江临坎的城镇和乡场也都有大量吊脚楼民居的身影。

城镇中的吊脚楼民居"悬虚构屋"的目的,不仅是为了避潮通风,防止蛇虫野兽袭击,更多是为了在"地无寻丈之平"的环境条件下,在本来不宜建设的狭窄陡峭地段,通过下部悬空、层层悬挑手法争取建筑使用空间。由于临江坡地建设条件不佳,因此城市中吊脚楼大多为中下层民众居住,体量不大,除临街吊脚楼店宅鳞次栉比地排列得比较整齐处,大部分房屋都是见缝插针,随意密集地聚在一起,层层叠叠。建筑平面多数不完全规整,布置无一定模式,往往根据条件安排。

由于气候潮湿闷热,临江坡地吊脚楼空间通常很开敞,面向河面开窗,既有美丽景观,又引入江风散热。底层不设畜栏,长短不一的立柱直落或者斜插于下层岩体,为了防止木材受潮易损,楠竹或者杉木立柱下方以高条石基脚支撑。为了节约造价,也为了减轻自重,施工简便易行,城镇吊脚楼多选择木、竹等比较轻巧的本地材料,主要修造方式有穿斗式和捆绑式。穿斗式吊脚楼综合了本地民居其他特点,小青瓦、大出檐,穿斗立柱支于石基上。捆绑式吊脚楼更为原始,造价相对更低,是最富于地区特色的一类,它采用竹木混合结构,竹、木之间的连接采用竹篾或者藤条捆扎。为了通风防腐,建筑的围护结构普遍轻薄,竹编夹壁墙,或者干脆就是竹编墙,冷摊瓦屋面。江风从木楼板透进来,室内非常凉爽。不过这样的吊脚楼使用年限不可能太长,一般20年左右就需要翻新,同时防火性比较差,火患一来,往往殃及很大区域。清中期以后,受南方建筑技术影响,更为讲究的吊脚楼开始在两侧山墙用高大的封火墙左右护挡,减少火患影响。这种形式在酉阳龚滩镇尤其多见。民国以后,砖木混合吊脚楼在城市增多,结构稳定性和安全性改善了,但是吊脚楼民居依山就势、悬虚构屋而成的轻盈与灵巧之美也大打折扣了。

根据吊脚楼民居应对地形的策略,可分为陡坡附崖式与中坡分台式两大类。又根据道路、坡向与建筑的不同关系,陡坡附崖式又可分为下落式与上爬式。

(一)下跌式

下跌式吊脚楼在沿江临坎的城镇或乡场最为常见,如酉阳龚滩镇、巫溪宁厂镇等。因其临江侧的街面大都很窄,用于建房的基地有限,只有往江边坡地争取建筑空间。通常做法是在街巷一侧的陡坡由上往下建宅,一般街面上只露一至三层,但往坡下可跌落数层,从下往上看,吊脚楼整体高达五至六层,在剖面上形成上大下小的形状。上面临街部分主要对外用作铺面,吊下的部分通常用于居住,也可用于杂贮。例如重庆渝中区中山三路临街某宅,建在约45°的陡坡上,建筑垂直于等高线布置,街面一层,跌下两层,往下逐层空间缩小,各层利用户外梯道分别出入。街面一层分内外两间,里间为卧室,当街外间用作店面,为前店后宅布置方式。二层和底层均用于居住,从整体来看,又属于上店下宅的形式(图5-5-1)。下跌式做法使得在近乎垂直的峭壁上建房成为可能,如重庆嘉陵路247号某宅临高堡坎建房,沿街为顶层,内设楼梯通下一层,为扩大居住面积,顶层设置一挑廊作厨房,另一挑廊为阳台。整体垂直下跌三层,底层分

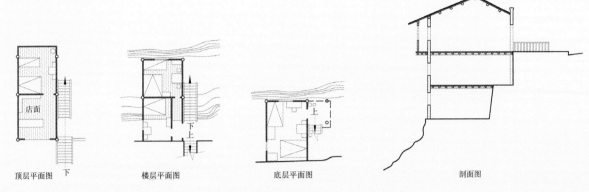

图5-5-1 重庆市区中山三路某宅（图片来源：根据《四川民居》改绘）

户另辟入口，室外堡坎设梯步，由底层直通顶层，由于各设出入口，交通有序并不交错（图5-5-2、图5-5-3）。

（二）上爬式

即利用街巷靠陡坡部分的崖壁空间，建筑依附于崖壁上爬，由于遮盖了一部分陡崖峭壁，可以避免街巷一侧全为自然陡坡。在沿河的场镇都可见到临江一侧房屋多为下跌式，靠山一侧房屋多为上爬式。房屋靠崖壁往上建造，层层爬高，随之面积增加，也可能逐层内敛，在外设置檐廊，之所以称为上爬，是相对于临街房屋主入口在下而言，而吊脚楼主要部分是由下往上伸展，剖面通常也是上大下小形状（图5-5-4）。[6] 有时甚至可爬至上面的街巷，使上爬式与下跌式合为一体，难以明确区分。

（三）分台式

分台式吊脚楼主要是指建筑物的接地处理，结合了分台和吊脚两种手法，即建筑接地部分由石块垒砌出一定高度的平台，再在平台上修建全干阑或者半干阑式房屋。重庆三峡地区的吊脚楼表现得尤其显著。

二、渝东南土家族的"座子屋和吊脚楼民居"

我国的土家族主要分布在湘、鄂、渝、黔比邻地区，以武陵东脉和清江、酉水流域为中心。重庆土家族主要分布在渝东南的黔江、石柱、酉阳、彭

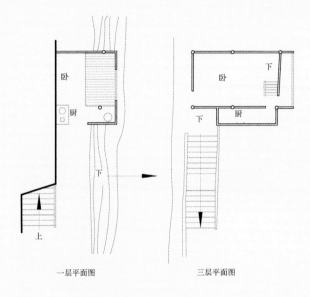

图5-5-2 重庆市区嘉陵路247号某宅（图片来源：根据杨嵩林老师资料改绘）

图5-5-3 重庆市区嘉陵路247号某宅（图片来源：根据杨嵩林老师资料改绘）

水、秀山等县,与汉、苗等民族杂居。这些地区自古是早期巴人和"巴郡南郡蛮、五陵蛮、五溪蛮、酉阳蛮、石堤蛮"等的聚居区,所以干阑式为本地区传统居住建筑形式。秦汉以后,虽不断受到汉地建筑形式和习俗冲击改变,但一直以来传统形式仍然占据主流。《旧唐书·南蛮传》卷一九七记载:"平南僚者,东与智洲,南与渝洲,西与涪洲接。部落四千户33人并楼居,登梯而上,号为干阑。"由于缺乏明确的考古学证据,这一地区古代干阑建筑的具体形态已无法得知。调查现存渝东南土家族建筑可以看到,全干阑式建筑并不多见,绝大部分是地面式建筑和干阑式、吊脚楼式建筑的结合。究其缘由,既与土家村寨及建筑的选址位置有关,也是汉族地面合院式建筑形式对其的影响使然。它们真实而直观地反映出了西南古老干阑式建筑体系在本地区演变的多种形态,"座子屋和吊脚楼"构成了渝东南土家族建筑的最重要部分。

土家人主要分布在大山深处,生活环境较为封闭,以传统农业生产为主,聚落选址多利用围合的山间河谷平原和坡地,并与农田相靠近,水源与河流相伴。为适应环境,逐渐出现了沿坡地坐基而建、垂直坡向吊脚而立的两种主要应对策略。其中前者为正屋,俗称"座子屋";后者厢房立柱架起,称为"吊脚"。⑦根据建筑平面组合形制,座子屋和吊脚屋的组合方式可分为:"一字型"(无厢房)、"一正一厢型"(又称"钥匙头"、"横屋")以及"一正两厢型"(又称"三合水"、"撮箕口")以及"一正两厢加朝门"。由于受到经济水平、人口数量等因素影响,更大更复杂的合院形态并不多见。但是即使如此,土家族人民仍然在建造自己的房屋过程中,结合环境条件和自身需要,通过座子屋和吊脚楼组合之间的丰富变化,营造出了多姿多彩的建筑形象,形成了独具地域特色的民族建筑(图5-5-5)。

(一)一字形的"座子屋"

又称"长三间",沿坡地坐基而建,既是土家族民居最普遍的一种形式也是土家族民居之基本。比较汉族地区的一字形民居,接地方式上,有些土家族民居的屋地面会抬离地面300毫米左右,既是地面防潮的需要,也是干阑式建筑遗风。这也是土家族民居在本质上仍然属于干阑式建筑体系的一个明证。

最常见的座子屋为三开间,中间为"堂屋",一般不装门,不设夹层吊顶,甚至不安装地板,取"通天地灵气"之意。两侧叫"人间",多设二层阁楼,作储物、晾晒农作物用。堂屋为家庭日常活动和祭祀供神的重要空间,开间最大为一丈六尺,一般为一丈三尺(4.33米)至一丈四尺,因土家人信"8"通"发",所以实际做成一丈四尺八到一丈八尺八不等。两边人间开间略小,一般要小一尺。人间通常被分隔成前后两个半间,前半间作"火屋"(或称"火床屋"、"火铺屋"等)、灶屋(厨房),后半间作卧室,成"明三暗五式样"。有些

图5-5-4 重庆两路口靠崖吊脚楼"上爬式"(图片来源:杨嵩林摄)

图5-5-5 渝东南土家族民居

图5-5-6 一字形的"座子屋"（图片来源：刘美摄）

堂屋也被分为前后两间，前大后小，前半间为"堂屋"，后半间，只有两个柱距进深，为"道房"，成"明三暗六式样"，分隔处的木板壁结合神堂枋形成"神龛"（图5-5-6）。

与汉族地区在明以后才逐步放开了对开间数量的限制一样的是，在清代"改土归流"后，土家族民居的座子屋开间数量才开始由三间向更多间数发展，与汉族地区保持奇数开间递增不同，土家族座子屋不仅有奇数开间，还出现了偶数开间，如二、四、六等，以家庭里人口的添加为基础，也反映出土家族的堂屋作为家庭核心空间的重要性已经受到重视，但是并没有建立起类似汉族合院民居的严格纵向空间秩序。

为保证座子屋的端正规矩，一般不吊脚，但在山区地形狭窄的地方，随地形亦有吊一头（将一侧人间架空）或吊二头的做法。由于其他功能需要，还常附以披屋等衍生元素。

（二）吊脚式厢房

在座子屋前单边或两侧增添厢房，就形成了"L"形民居和"三合头"民居。根据调查，土家族民居厢房只有极少数不作吊脚的情况。究其缘由，一方面是地形环境限制，另一方面，本地区干阑式建筑传统对其影响也十分明显，这从"平地起吊"做法的存在就可窥一斑（图5-5-7）。

"L"形民居，为座子屋单侧添加一排厢房，因

图5-5-7 "L"形土家族民居（图片来源：刘美摄）

此，又被称为"一头吊"、"钥匙头"。其做法特点是，正屋一边的厢房伸出悬空，下面用木柱相撑，正屋与厢房之间用"磨角屋"连接。厢房吊脚的底层常随地形高差架空，用于储存杂物或做牛栏猪圈等。由于西侧厢房有遮阳、挡风的好处，再加上土家人"以西为上"的方位风俗，一般厢房加在西侧。厢房开间数无奇偶数限制，一般与座子屋一样，"一明（门）两暗（窗）"。

"三合头"民居，为座子屋两侧均添加一排厢房，因此，又被称为"双头吊"、"撮箕口"。在"三合头"两厢前面中间，加"朝门"（山门）形成的四合院，也称"印子屋"。这种土家四合院房屋往往为大户人家的住宅，受汉族礼制影响较大，一般比较

方正和对称，尤其是朝门，必须正对好的风水方位。也有在三合院厢房前再加前房，或是在前后两个座子屋之间建两侧厢房，并且将前座子屋的中堂开设为门洞的，类似于汉族的四合院，只是数量很少。

"平地起吊式"，可用于单、双吊两种做法中。它的主要特征是建在平坝中，按地形本不需要吊脚，却偏偏将厢房抬起，用木柱支撑。支撑用木柱所落地面和正屋地面平齐，使厢房高于正屋。

吊脚厢房层数有单层，也有两层，后者被称为"二屋吊"。厢房二楼周边悬臂出挑成通廊，形成了土家族民居最具特色的"走马廊"，其建筑灵巧轻盈的姿态一半来自于此（图5-5-8、图5-5-9）。

（三）屋架形制和屋面形态

土家族民居建筑结构为典型的穿斗式。由间距1米左右（经调查，在0.83～1.2米之间，即二尺五寸至三尺六寸）的落地柱和不落地小柱（称"骑柱"或"挂"），直接承檩，与穿枋一起构成主要承重构架，又称排架、排扇。挑檐和挑廊靠硬挑式和软挑式挑枋承重，挑枋中高高翘起，雄健有力的"牛角挑"，取材于杉树或者枞树树根自然生长出的形态，挑枋截面随荷载力臂增大而自然扩大，挑枋反弯向上托檩使悬臂受力合理，是渝东南土家族民居中最有特色的结构装饰构件。在歇山屋顶檐口及挑廊下，它们与飞动的檐角、空灵的挑廊以及挺拔的吊脚楼一起构成土家族民居鲜明独特的整体特征（图5-5-10、图5-5-11）。⑧

"排架"的做法，根据建筑进深和各自需要不尽相同，除柱子全部落地的"千柱落地式"，应用更为广泛的是"几柱几骑式"，有三柱四骑、三柱六骑、五柱四骑、五柱六骑等上十种样式。屋檐出挑较大时，则在屋檐挑枋上设"耍骑"，类似于汉族地区的"双挑坐墩式"出挑。与汉族地区山面排架会被各种围护墙封闭不同的是，土家族民居檐下三角形区域露空，便于屋面及"人间"阁楼的通风排气（图5-5-12）。

土家族民居屋顶形态以悬山和歇山为主，清晚期以后，在汉化程度较深和移民来往比较频繁的市镇，才开始出现硬山及山墙带封火墙做法。屋顶出檐深广，尤其是悬山屋顶两侧出际多至6～8行椽子宽度，较汉族民居尺度大，更接近于贵州苗、侗族民居做法。土家族工匠称屋面形态为"水面"，定"水面"即确定屋面坡度大小，直坡还是曲面坡，是土家建房的关键技术之一。"水面"类型由气候、地理位置以及当地的审美喜好而定，有"人字水"、"八字水"、"金字水"、"竹竿水"等。⑨其中，直坡顶"竹竿水"运用最广泛。根据坡度大小不同，被称为"几分水"，以五分水最多。

（四）建造技术与习俗

山区林木茂盛，土家人建房时往往就地取材，主要的用材有木料、瓦材和石板。建房用的树种为

图5-5-8 渝东南土家族民居之"吊脚厢房"1（图片来源：刘美摄）

图5-5-9 渝东南土家族民居之"吊脚厢房"2（图片来源：刘美摄）

图5-5-10 "牛角挑"形态（图片来源：刘美摄）

当地常年生的杉树、枞树、马桑树等。木料多采用白料（天然木料，不经处理），少数用桐油作简单处理，不用油漆，不饰彩绘，朴实的色彩与山区自然环境融合。屋面多用小青瓦冷摊瓦做法，与汉族地区比较接近。土家族木构民居一般不设基础，只在柱下设垫石块以求防潮、平整。大小木构件之间也以各类榫卯做法扣连，不喜附加装饰，比较注重挑廊、挑枋、厢房歇山翼角起翘弧度样式的推敲，栏杆式样比较精巧有变化，在栏杆收头喜欢用"瓜子垂"装饰。

土家族建房由掌墨师统一协调安排，其中还有户主和风水师一起参与，在经过了"择屋基、平屋基、伐青山（伐木）、解木、架大码（定尺寸、加工）、做屋架（斗榫、排扇）、立屋架（发扇）、上大梁、上屋顶（上檩、椽、瓦）、装板壁、铺楼地板（做地面、火坑）、细部装饰"等12道工序，二三十个步骤后，整个建房工程才能够基本完成。除了在整个建房过程中会考虑每个环节的吉凶讲究，注意不要坏了户主家的运势，在房屋建造中也十分关注数字八的吉祥寓意，比如"大门枋高八尺，堂屋神堂枋比其升高八寸；堂屋开间一丈四八，人间开间一丈三八；中柱顶高二丈零八，一步水降一尺八寸；板楼搁板的高度距下面房间地面高八尺等"。这种追求也构成了土家民居建筑的基本模数体系。

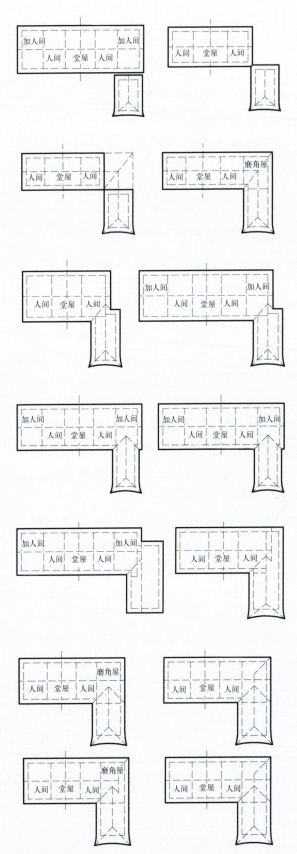

图5-5-11 渝东南土家族民居厢房与正屋的交接关系示意图（图片来源：改绘自《渝东南土家族民居及其传统技术研究》）

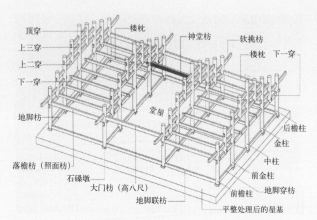

图5-5-12 渝东南土家族民居"排架"做法示意图（图片来源：《渝东南土家族民居及其传统技术研究》）

第六节 重庆民居中外来文化的影响

明清"湖广填四川"之后，经过长期的休养生息，人口不断增加，住宅的建造进入兴盛期，目前留存下来的民居基本都属于这一时期。由于受移民活动的影响，"……川中清代住宅的制度受陕西、华南的影响很多，从住宅上看，他们的制度已经融入一炉，全是大同小异，可见环境影响于建筑是如何重大。"[⑪]经过实地考察，这些影响的表现方式主要有两大类。

最主流的趋势是明清以后，随着中国经济文化重心南移，重庆民居受南方地区民居建筑，如广府民居、客家民居、赣州民居的影响更深，建筑形态与技术越来越多地呈现出明显的南方特征。在吸收借鉴各地方建筑技术、建筑形态和文化习俗的基础上，发扬"扬弃"精神，逐步形成了自身特色。比如在适应南方湿热气候方面，"抱厅"天井做法就是从南方民居中直接借鉴而来的。在岭南地区的合院民居中，有在天井内加建屋顶的做法，当地称之为"拜亭"；湖北民居中也有"覆顶式天井"做法与之类似。后来随着移民西迁，这些技术都被重庆民居吸收，更名为"抱厅"，并有推陈出新的做法。酉阳龙潭镇王家大院的"十字抱厅"做法就非常特别。在一些城镇栈房中，抱厅尺度更大，可覆盖进深达10～15米的内庭院，

形成类似现代中庭的公共空间。另一个体现移民建筑文化影响，同时反映出明显杂融文化特征的是重庆民居封火墙的样式。明清以后，为适应城镇高密度木构民居防火要求，使用封火山墙的民居越来越多，封火墙的形态也受到各方影响，既有直接照搬原籍封火墙形式的，也出现了一些变形，形态丰富多样。

除了文化的融合，也有不少地区和个案反映出了移民们对原籍建筑传统的坚守。他们完全沿袭原来的居住习惯和建造方式，虽然历经百年，仍然可以看出与原籍的文化关联。其中，来自江西、福建等地区的客家移民的表现最为典型。在今日荣昌、涪陵一带仍然分布着较为集中的客家移民后裔，散落民间的客家移民住宅还留存着"土楼民居"以及"围龙屋民居"的影子，其中涪陵大顺瞿九畴宅、荣昌郭家大院、涪陵黄笃生庄园等是现存不多，保存较完整的客家移民住宅。比如荣昌县郭家大院有着与客家围龙屋非常相似的形态。据调查，该宅屋主刘姓家人祖籍是来自江西龙吉的客家人，大院呈横向拓展，沿中轴线依次为门屋、院坝、过厅、主院天井及正房，中轴左右各两列天井组织两排横屋。过厅与门屋之间有一个非常宽敞的院坝。过厅及两面侧院各设出入口，并且第一列横屋穿斗山墙平行于过厅正面，从而使一整条建筑正立面看上去高低起伏、山墙面与正立面交错，形态丰富（图5-6-1）。

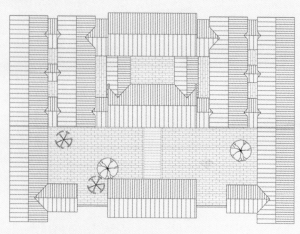

图5-6-1 郭家大院屋顶平面图（图片来源：张潇尹绘制）

第七节 民居典例

一、潼南双江镇杨氏宅院

潼南双江镇的杨氏家族，是在清初的"湖广填四川"活动中由湖南省怀化市黄溪辗转四川后迁入双江镇的。在大家长杨世绥去世之后，遵循"儿大分家"乡俗，"除了留作祭祖用的良田2000亩和街房7通外，其余家产都分给各房，分家之后，各房纷纷各自建造宅院"[11]，逐渐形成了独具特色的"大分散、小聚居"的杨氏家族宅院、祠堂建筑群。目前杨氏家族宅院中的大多数都是杨氏七房子嗣后代陆续兴建的，包括大塘府第、田坝大院、兴隆街大院、长滩子大院、邮政局大院、源泰和大院等数座大院民居（图5-7-1）。

田坝大院是当时杨氏家族族长杨守鲁之宅，建于清光绪四年（1878年），光绪十六年（1890年）落成。它位于双江镇正街北端，因其地基曾是良田，平坦如坝而得名。建筑群占地面积近3500平方米，总建筑面积约1470平方米。宅院呈南北横向长方形，共有房屋厅堂51间，10余个大小天井（图5-7-2）。

田坝大院的选址及环境，充分体现了借景和造景等环境处理手法的作用。为符合理想的风水格局，它以涪江及对面的"金龙"和"银龙"两寺为案山，以后花园种植的"建莲"五百株为靠，营造理想的生态住居小环境。

宅院平面由前部的厅堂和后部的内宅以及四周高大的院墙组成。主路院落构成宅院的主体，其中轴线即为宅院的主轴线。主路院落共有五进，根据主次关系，院落尺度大小有所变化，以方正、扁宽为特色。首先是由临街影壁高墙和倒座围合而成的临街小院落，隔绝街道与住宅之间的嘈杂，抵御匪患，也作为轿厅和下人等候处。倒座房屋的明间，有宅门两道，由此进入宅院内部。通过宅门后可见正厅，正厅为宅主待客之地，面阔五间，中间三开间为敞厅，仅后檐柱安装隔扇门。通过屏门之后，即为内宅。至此，一般外人不可随意进入。进入内宅首先可见过厅，过厅明间开有六扇门用作通行，由此穿过后方可到达最重要的正房。正房也是面阔五间，明间设供奉祖先牌位的供桌。正房左右稍间内，对称布置两部雕刻精致的木楼梯，由此可达正房二楼层，东侧作为小姐闺房，房间布置紧凑，私

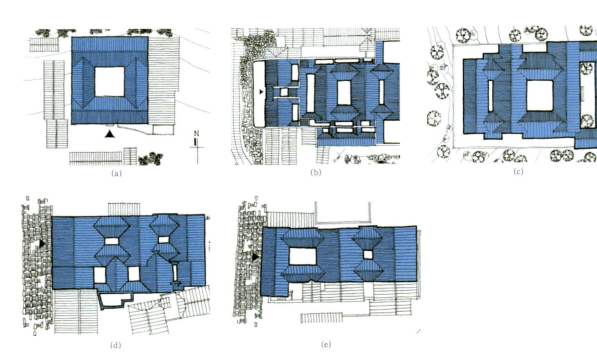

图5-7-1 潼南双江镇杨氏家族民居群（图片来源：陈果《潼南双江镇长滩子大院保护修复研究》）
(a) 踏水桥；(b) 田坝大院；(c) 兴隆街；(d) 邮政局大院；(e) 源泰和

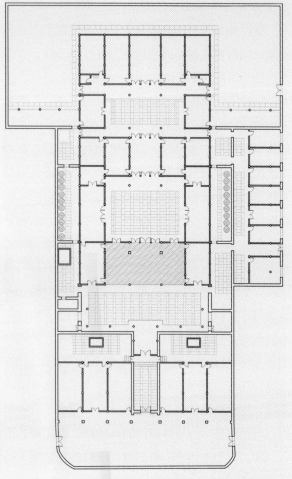

图5-7-2　田坝大院平面（图片来源：《潼南双江古镇杨氏宅院研究》）

密性很强，为宅院中最为隐秘之处。主路院落的东西两侧各有由多进小天井相连而成的侧院，东为一路，西为两路。此外，在宅院入口处的两排倒座前，也各有一个小天井。这些小天井内的房间主要作为书房、卧室以及佣人房等其他附属用房。后花园非常宽敞，是一处生机盎然的小园林。此外，田坝大院还通过大量"趋吉扬善"、技巧繁复的装饰细节来炫耀身份、教化族人，这也使得田坝大院体现出了较高的艺术价值和文化内涵。[12]

长滩子大院位于双江镇金龙村，又名"四知堂"，是原国家主席杨尚昆的诞生地。因门前百米处猴溪河蜿蜒流过，水流滩长，因而得名"长滩子"。建筑群占地面积约2880平方米，建筑选址一山凹处，宅基地相对横长，后面山坡略呈高耸以作为依靠，其上翠竹繁茂；前面是地势略下降的开阔水田，绕过猴溪河，远处有三座青山相对，呈"三星拱月"之风水佳局（图5-7-3、图5-7-4）。

建筑坐西朝东，由中间主院和横向发展的左右对称布置的两组侧院共同组成。整体十分对称规整，主次秩序井然，体现出大家庭长幼亲疏关系对建筑空间组织的重要影响。

主轴线上的主院为两进院落，依次为朝门、前厅和正房。入口处朝门原为三开间，现已损毁，旧时为起轿和停轿之用。依据风水理论推测可能是由于宅院主轴线并未能正对前方案山，因此，朝门和正厅之间有角度偏转。为了不破坏前厅空间的完整性，日常人们是由前厅尽间约1.6米宽的夹道进入中心院落左右侧廊。中庭尺度最大，宽深比为1.4∶1，基本方正。正房面阔五开间，借助地势处于宅院的最高处。主院和侧院的联系主要依靠主院左右厢房明间的敞口厅以及前厅左右角的"抹角房"。左右对称的侧院归已经长大分家但未分房的晚辈居住，因此，侧院也有独立的出入口。与主院开敞气派的布局不同，侧院以三进小天井划分纵向狭长的空间，有大小房间共36间，功能以卧房、书房为主，主要的起居、待客、祭祀等功能还是需要依靠主院，表现出大家族的居住特点。

兴隆街大院位于猴溪河对岸，为潼南首富杨紫丰（族名宣浩）于光绪二十一年（1895年）购料修建。宅院占地约2880平方米，形制方正，坐北朝南。主轴线上有三进院落，四排房屋，依次为倒座（宅门）、正厅、正房和后房。正房一排五间，左右两厢为客房、花厅。后院平房一正两横，正房三间，左右各有套间，门窗雕饰精湛（图5-7-5、图5-7-6）。

2006年，潼南杨氏民居被公布为全国重点文物保护单位。

二、江津会龙庄

清末至民初，重庆地区匪患横行，独立坐落在乡野的地主宅院容易成为攻击目标，因而在修建浩大庄园的同时，防御系统的建立是保证庄园金汤永固并能庇护子孙后代的重要方式。江津会龙庄就是这样一处以防御性强为主要特色的庄园大院。它位于江津柏林镇双凤场，庄园由王氏家族从嘉庆七年（1802年）开修，到民国七年（1918年）完工，总占地面积2万余平方米，内有16处院落、18口天井、202间房、308道门、899个窗户，并有戏楼、碉楼、抱厅等各式特色建筑（图5-7-7～图5-7-9）。

会龙庄四周高墙围护，容易被攻入的部位均设三道围墙，每道间隔10～30米，内两道为土墙，外墙用石头砌成。石墙高约4～5米，厚0.5米，长约千余米。后来，院墙被拆除，现在只残留一点遗迹。为了保障安全，会龙庄有碉楼四座，其中三个碉楼布置在周围山头上，它们由石围墙串连在一起，加之宅院左侧悬崖天然险壁，构成了庄园外围

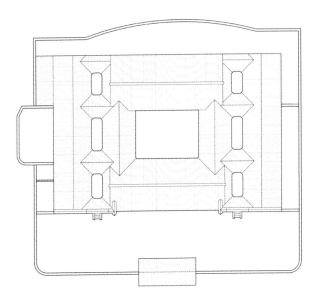

图5-7-3　长滩子大院屋顶平面（图片来源：《潼南双江古镇杨氏宅院研究》）

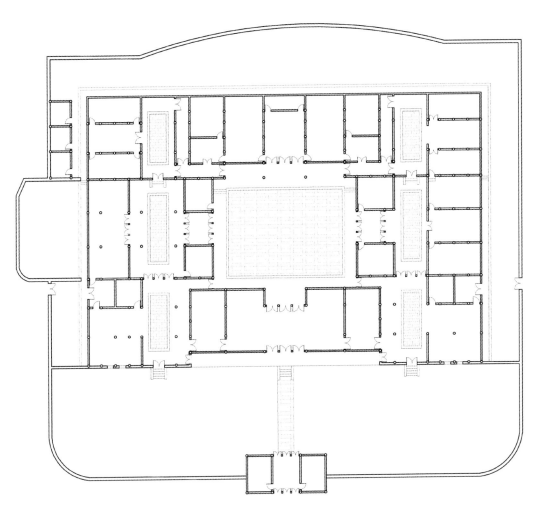

图5-7-4　长滩子大院平面（图片来源：《潼南双江古镇杨氏宅院研究》）

坚固的防御系统。剩下的碉楼位于庄园西南角，共5层，高38米，是目前重庆保存下来的最高的碉楼。每一层的墙上都有射击孔和相应的防御设施。

除体现出防御性，会龙庄内的建筑平面呈复式合院布局，依地势前低后高，逐渐抬高，左右大体对称，内部空间层次丰富。主轴线上前后两进院落，依次布置大门、前厅（二楼为戏台）、中厅、"抱厅"及上厅。前院尺度宽敞，为少见的纵长形平面，后院抱厅适合家庭聚会休闲使用，同时结合上厅房，抱厅空间也成为了家庭活动中心和祭拜礼仪空间。以中厅为界，整个建筑空间被分为前后两个部分，前半部分多属于公共服务空间，房屋以连廊、敞厅为主，后半部分为私密性强的居住空间。以"抱厅"为核心，形成了贯通左右的另一条横轴，将左右跨院的起居功能以这条轴线串连起来，从而在横轴线上组成了一个完整的生活起居流线。这种以"抱厅"为横纵轴线交会之所在的做法，在重庆民居中是少见的。

正堂为石木结构，歇山顶，抬梁式梁架，七椽屋，四椽栿前后搭牵。面阔三间17.3米，进深8.5米，通高7.2米。石柱础周长2.72米，有深浮雕图案松、蝙蝠、亭、人物等。戏楼为石木结构，歇山顶，面阔28.4米，进深11.7米，通高10米。碉楼为土木结构，高6层。在庄园后天井有一水池，横跨二单孔拱桥，上置水榭亭，拱两侧各有一碗口大小水孔，水从拱孔中自然往复流动，终年水位不增不减，乡人叹为奇观。庄园周围为香樟、楠木及竹林所簇拥，景色宜人。

三、涪陵陈万宝庄园

位于涪陵青羊镇，为清代诰政朝议大夫陈万宝及其子孙所建的十余处合院庄园组成的庞大建筑群。保存情况最好的是建于大清同治元年（1862年）的石龙井庄园。它因庄园内共八个天井，两口水井，而被称为"十龙井"，又因院内两眼水井取用不枯不溢，相传为井底藏有两条石龙之故，又被称为"石龙井"。

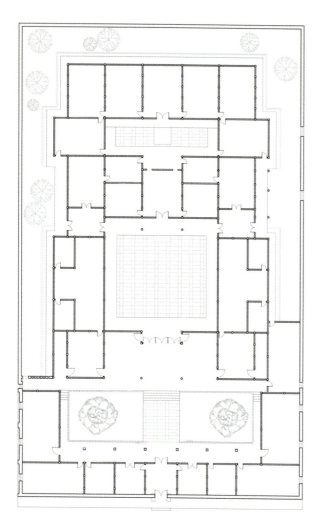

图5-7-5 兴隆街大院平面（图片来源：《潼南双江古镇杨氏宅院研究》）

图5-7-6 兴隆街大院鸟瞰（图片来源：《潼南双江古镇杨氏宅院研究》）

图5-7-7 江津会龙庄鸟瞰（图片来源：王化全摄）

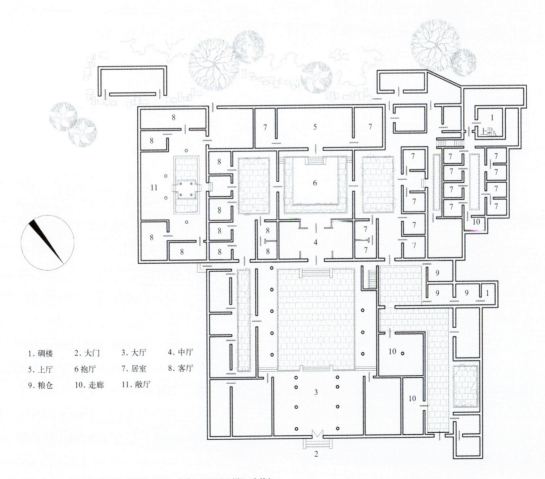

1. 碉楼　2. 大门　3. 大厅　4. 中厅
5. 上厅　6. 抱厅　7. 居室　8. 客厅
9. 粮仓　10. 走廊　11. 敞厅

图5-7-8 会龙庄平面图（图片来源：根据《四川民居》改绘）

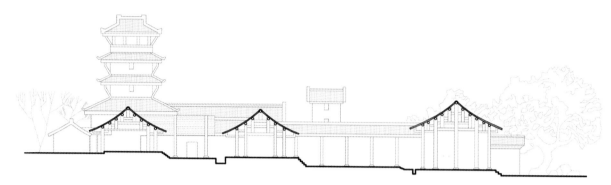

图5-7-9 会龙庄剖立面图（图片来源：《四川民居》）

庄园由布局对称规整的两进合院建筑以及周边附院、碉楼、粮仓等组成，共有房屋30余间。院落东、南、西三面依浅丘，地势后高前低，平面格局对称平衡，大门侧进，正屋与戏楼相对，形成整个建筑的中轴线，正屋为家庭中地位最高的祖父母的居所。戏楼为单檐歇山式建筑，戏楼台口上方的镂雕木刻，情节完整，寓意生动。其他建筑沿中轴线上按封建宗法礼仪分内外、长幼、主宾及"男左女右"之序对称分布，正屋左边为男主人居室，右边有女主人居室与之相对，厢房左边是男客厅，右边有女客厅与之相对，充分体现了严格的儒家纲常伦理，处处表现了对家庭和社会人际关系的制约和维系。建筑结构为"金包银"穿斗式木结构，庄园外墙为砖石结构，称为金，里面是木结构，称为银。

庄园的八口天井，也叫八大花园。如戏楼右侧芍药园因种植名贵草本中药花卉芍药花而得名，园中近7米的石条上及花园四周，承载数盆茂盛的花草。因讲究对仗工整，芍药对牡丹，因此戏楼左侧以种植高贵华雅的国花牡丹为主，并命名为牡丹园。西北角的樱花园内樱树，据说系庄园竣工当年陈万宝托其在日留学的长孙从日本带回小苗栽植。荷花园为正方形，边长5.4米，修建此花园既增强了观赏性，更增加了各房间的采光度。花园所在周围建筑称为荷花厅，是接待女客及女主人日常活动的地方。同样对称布局的有兰花园，周围建筑为

兰花厅，是主人接待男客人的地方，也是男客人和男民工住宿的地方，当年主客在此聚会议事，因此其布置和意境均为本庄园中最好的花园。八大花园内的石刻数量众多、题材纷繁，如蟠桃、石榴、核桃、佛手、大象、麒麟、狮子等（图5-7-10～图5-7-13）。在距离石龙井庄园不远处的田间，还散布着陈氏兄弟们的住宅，包括四合头庄园、李家湾庄园等，保存基本完整（图5-7-14～图5-7-20）。

目前，陈万宝庄园为重庆市级文物保护单位。

四、云阳桑坪镇邓家老屋

重庆云阳桑坪镇邓家老屋是自江西辗转湖南宝庆府最后迁徙到重庆定居的邓姓人家修建的一组清代宅院。它不仅体现了峡江地区民居的建造风格，也反映出湘赣民居和鄂西北民居的一些典型特征。

老屋坐东南朝西北，由前厅、天井、正厅、左右厢房及两边天井跨院组成，整体两层。建筑面积约753平方米，占地面积1498平方米。前厅及正厅面阔七开间，前厅明间为门楼倒座式，进门二楼是一处小的戏台，正对正厅明间堂屋，也作为看厅。正厅东侧原有一座碉楼，原高4层，双坡顶，在顶层还有外挑环廊，大约在20世纪90年代被拆建，现在仅在一层还留有原碉楼的墙体。两侧山墙为硬山封火墙，吸取了江西民居的特点，为阶梯式封火墙。

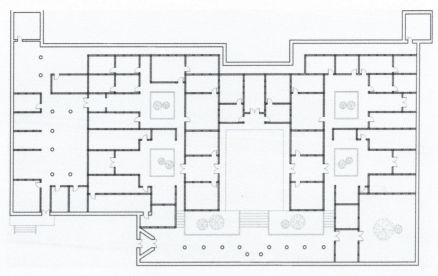

图5-7-10 陈万宝庄园平面（图片来源：重庆大学建筑城规学院项目组）

图5-7-11 陈万宝庄园鸟瞰（图片来源：胡斌摄）

图5-7-12 陈万宝庄园戏楼（图片来源：胡斌摄）

图5-7-13 陈万宝庄园四虎脚莲花鼎式花缸（图片来源：薛景摄）

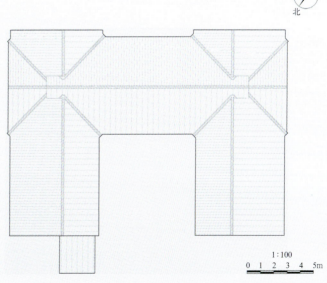

图5-7-14 李家湾庄园总平面图（图片来源：段婷婷绘制）

图5-7-15　李家湾庄园立面（图片来源：段婷婷摄）

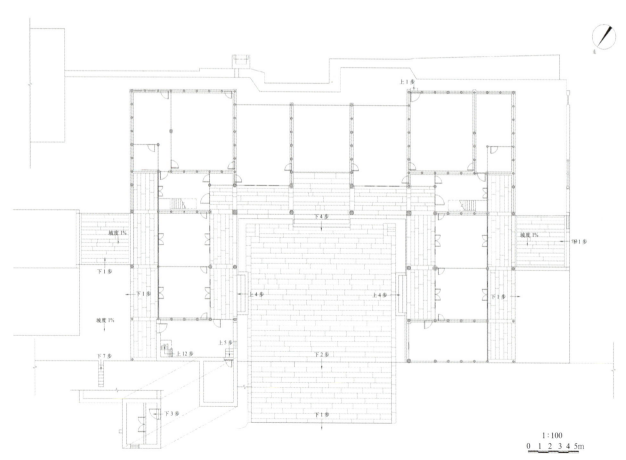

图5-7-16　李家湾庄园平面（图片来源：段婷婷绘制）

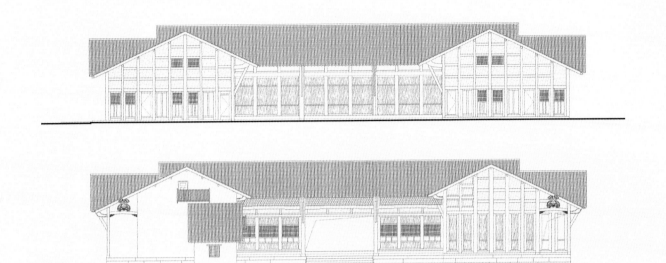

图5-7-17 李家湾庄园立面（图片来源：段婷婷绘制）

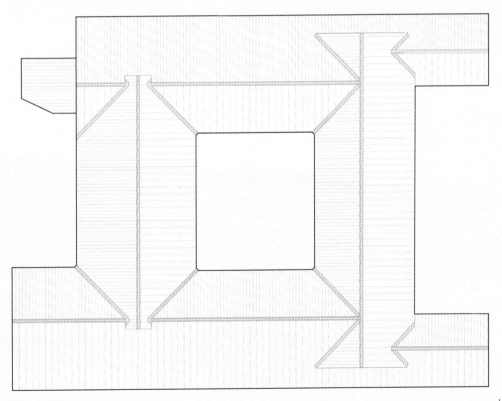

图5-7-18 四合头庄园屋顶平面（图片来源：段婷婷绘制）

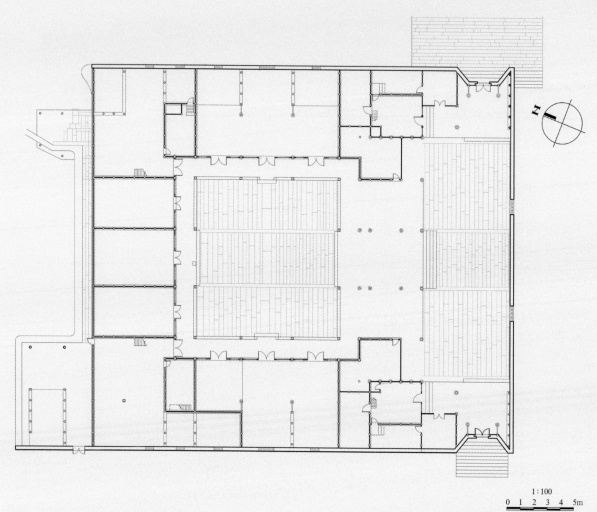

图5-7-19 四合头庄园平面(图片来源:段婷婷绘制)

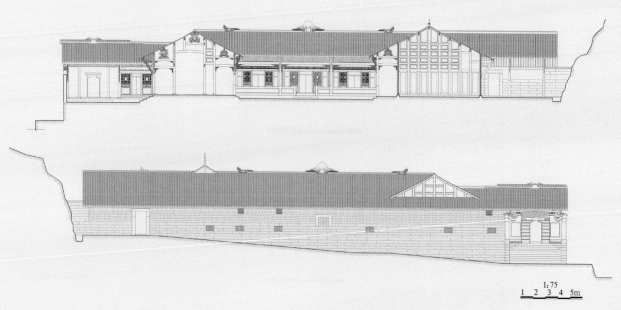

图5-7-20 四合头庄园立面(图片来源:段婷婷绘制)

邓家老屋除门楼、戏楼以及正厅檐廊采用全木构之外，两侧山墙和内隔墙均为夯土或是砖石砌筑，直接承檩。由于尺度较小，邓家老屋戏楼为"单面出"。戏台面阔一间，进深不大，背后门楼兼作其化妆间。

湘赣鄂地区民居对于主入口的装饰非常讲究，常被作为建筑的重点部位加以处理，这种做法也影响到了重庆民居。邓家老屋的门楼是楼亭的样式，入口内凹成八字朝门，二层门楼外凸做成六边形，檐柱通高因而在其下又形成一个小的门廊空间，门楼两侧山墙随八字朝门斜切并层层跌落，装饰非常华美。

邓家老屋规模虽然不大，但建筑装饰非常讲究，而且从装饰题材和技艺手法上都受到江西民居的某些影响并且融入了重庆地方特色。题材主要有花卉、卷草、祥云、如意、动植物、山水风景和民间戏曲故事等，类型分为木雕、砖石雕、泥塑、嵌瓷及彩绘壁画多种，主要集中在封火墙檐、门窗及斜撑、栏板等处，刻画细腻（图5-7-21～图5-7-25）。

五、涪陵双十坝瞿氏客家土楼

位于涪陵大顺乡，建于清末民初，是涪陵庄园大院中最古老的一座客家土楼形制的建筑，体现出了客家移民传承自己族群文化与传统的强大能力，也反映出新移民面临的严峻生存环境使他们仍然采取了御敌自守的居住理念。

瞿家大院占地近3000平方米，它大致由八字形朝门、院坝、正房、东面厢房、方形土楼以及配房等组成，后期大部分损毁。现存土楼建筑平面近似正方形，边长约19.35米，加上四角凸出的碉楼，形成"器"字形平面，边长约25.35米。土楼内部为全木结构，两楼一底。正中一座天井，是采光和集中排水处。由于防御的要求，土楼外围极其封闭，除布满了形状各异的枪眼和瞭望口以及进出的大门外，没有任何的门窗洞口。朝土楼内部方向开有小门，每层设方形射击孔，一共23个射击孔，用木制小窗开关。

与其他地区的客家土楼比较，瞿家大院有以下特点：

第一，规模较小，居住与防御结合。为适应山地地形条件，再加上重庆客家人无大型家族聚居，因而方形土楼的尺寸较小。瞿宅的平面布局与二堂屋相似，采用九宫式格局以中庭即天井为核心，平面形状近似正方形，从其平面布局上可归属为四合天井式，但与传统的四合院又有明显的区别，它强调厅堂与中庭共同形成的一个统一的"十字形空间"，并且四角的房间完全封闭，具有明显的围合性和防御性，表现出客家民居鲜明的个性。

第二，利用地方技术。客家移民从原乡带来的发达的夯土技术和对土木材料力学性能的充分利用为客家建筑在重庆地区的延续创造了条件。瞿宅外部采用夯土厚墙围合，墙体厚度为350毫米，但内部却是完全采用巴渝地区的千足落地式穿斗木结构承重，隔墙采用夹皮墙，外檐口通过挑枋出檐较远，在多雨的季节可保护外墙，且临街方向的三楼土墙没有密闭，更加大了空气的流通。

第三，灵活的防御路线。瞿宅内部采用穿斗木架，可以随意在柱间开设门洞，因此可以形成内外两个环道：以外墙与内部房间结合处为外环防御和

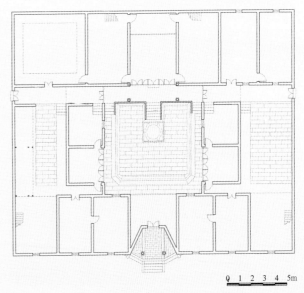

图5-7-21　云阳邓家老院平面图（图片来源：张潇尹绘制）

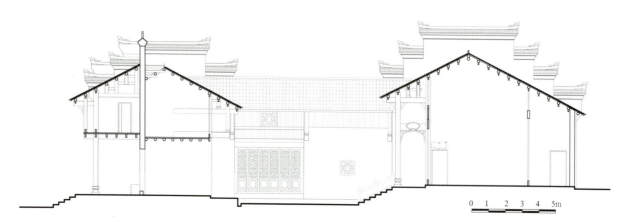

图5-7-22 云阳邓家老屋剖面图（图片来源：张潇尹绘制）

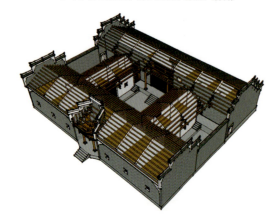

图5-7-23 云阳邓家老屋屋架关系（图片来源：张潇尹绘制）

图5-7-24 云阳邓家老屋剖透视（图片来源：张潇尹绘制）

图5-7-25 邓家老屋大门（图片来源：张潇尹摄）

以跑马廊为内环疏散。处于防御状态之时，可以在最短时间内将火力切换到四个角堡和四个墙面。这样的防御形式更适合于巴渝客家家族聚居人数少的情况，可灵活机动地配置防御人员（图5-7-26～图5-7-29）。

六、涪陵黄笃生庄园

黄笃生庄园建于民国三十二年（1943年），坐落于涪陵区马武镇板桥村内一小台地上，背靠青山，其余三面均是平坦的农田，视野开阔。与其他庄园大院相比较，其建筑形态非常独特，为集中式布局。院墙围合的院落总平面大致呈方形，东北及西南因地势关系有切角。西北和东南各设一道朝门。大朝门及门屋位于西北角，为二层四坡顶的小楼房，以踏步连接西侧道路。小朝门及门屋位于东南角，为四坡顶一层小屋。门屋与柴房相连，房前置设一大片芭蕉林。东北和西南以夯土院墙围合，但由于年久，已部分垮塌。主屋位于院子正中，坐西南朝东北，三楼一底，平面呈"器"字形，四角角楼立面略往内收成八字形，内侧短边设机枪眼。正立面中间以条石砌成大门，大门前有踏道三级，两侧设置拱形门窗。二楼正面设八扇窗，三楼设五扇窗，四楼为阁楼。屋面为四坡顶，附带两个老虎窗。墙角为条石砌筑，墙面为小青砖，木质门窗，门楣为圆弧形飞翘花叶纹饰。二、三楼有内廊，四柱三开间，柱体有浮雕纹饰，柱间有圆形拱券。屋檐的线脚绘有水墨图案。

黄氏家族在给房屋选择防御方式时采用了类似客家土楼的形态，应是受到了与当地客家文化长期杂处的影响，而建筑的装饰采用了中西合璧的样式，则是表现了重庆开埠之后，西方建筑文化对巴渝村镇民居的影响（图5-7-30～图5-7-33）。

七、南川刘瑞廷宅

刘瑞廷宅又名"德星垣"，据《南川县志》记载，宅主刘瑞廷，清光绪年间曾任云南省巧家厅知事。庄园始建于光绪十九年（1893年），到民国十四年（1925年）才最后竣工，长达32年。庄园位于离南川区60公里的乾丰乡新元村，它是南重庆地区目前发现的最大规模庄园建筑之一。

庄园选址于冈峦前平坝上，建筑平面呈"纵三路横三列"布局，严格对称，分左、中、右三路庭院，共九个规整的长方形院落。在一面设厨杂、畜栏、天井、小院。从八字朝门进入，四周高墙环绕，防御性很强，各院之间也用封火墙隔开，既利于防火，在使用上也相对独立。左右二路各院在纵向轴线上不相连通，这种布局便于大家族中小家庭的居住分配。中路各院比左右路各院大，前部的庭院又比后部的庭院大。大门后的前院最为宽大，且设大步檐廊，空间十分通透。内部空间组织的一大特色是交通联系，除了中路过厅外，突出强调了横向贯通三路的五条平行的通道，使人流汇集于中路出入。这种交通方式和

图5-7-26 涪陵瞿宅客家土楼（图片来源：胡斌摄）

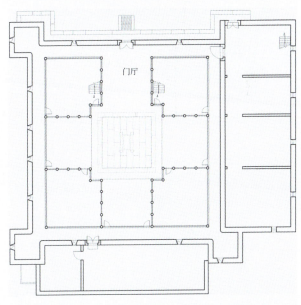

图5-7-27 涪陵瞿宅客家土楼一层平面图（图片来源：张潇尹绘制）

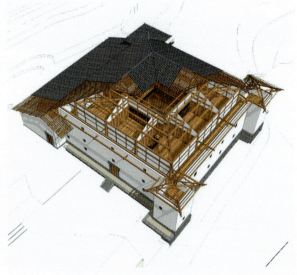

图5-7-28 涪陵瞿宅客家土楼屋架（图片来源：张潇尹绘制）

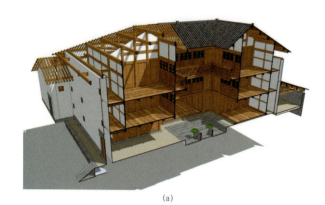

图5-7-29 涪陵瞿宅客家土楼剖透视图（图片来源：张潇尹绘制）

图5-7-30 涪陵黄笃生庄园（图片来源：张潇尹摄）

图5-7-31 涪陵黄笃生庄园西洋风格细部（图片来源：张潇尹摄）

高墙围隔内外的做法具有很强的安全防卫意识（图5-7-34）。

八、沙坪坝项家大院

项家大院位于沙坪坝区重庆一中校园内，始建于明代，院落坐西朝东，背靠歌乐山，前临嘉陵江，占地面积近1000平方米。

宅院由主院及左右跨院组成，总体呈横向发展，中轴线上依次为八字朝门的门屋、前厅（耳房）和正房。三栋建筑随地形依次处于不断抬高的台基上，主院由前厅、正房和左右厢房围合而成，前厅和正房露明三间，厢房两间，院落尺度并不大。正房与厢房脱开，形成通廊，方便主院与左右跨院联系。

项家大院建筑的结构非常有特色。门屋面阔一间，采用砖墙和木屋架混合承重，朝门外侧直接用山墙搁檩，朝门内侧屋架采用穿斗木屋架承重。前厅面阔三间，左右耳房面阔各三间，行人通过前厅与耳房之间的通道进入主院落。前厅明间结构为七架抬梁带前后廊式，抬梁短柱由雕刻精美的驼峰代替，更显精致。正房面阔五间，各榀屋架均采用隔柱落地穿斗式，通进深十一步架。单前廊跨度两步架，檐下做有轩棚，雕花驼峰支撑。厢房面阔两间，亦是穿斗构架带前廊，檐下的撑栱、额枋多施以雕饰，与简洁的梁架形成鲜明的对比。宅院的檐廊额梁架大料一律保持木材原形，微微上弯的弧度一方面更有利于受力，一方面让建筑表现出自然弯曲的弧线，实为点睛之笔（图5-7-35～图5-7-38）。

九、丰都杜宜清庄园

位于丰都县董家镇彭家坝村西南，是民国时期丰都乡绅杜宜清于1942年建造的。应是沿袭宋代义庄的传统，庄园为教育所建，将校舍设在庄园内，后来也一直承载着丰都的教育事业。庄园占地面积3000余平方米，包括一组两进四合院，一大一小两个石碉楼，还有可纳下十余人的防空洞以及校场等

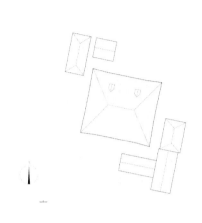

图5-7-32 涪陵黄笃生庄园总平面（图片来源：张潇尹绘制）

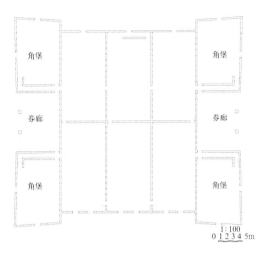

图5-7-33 涪陵黄笃生庄园平面图（图片来源：张潇尹绘制）

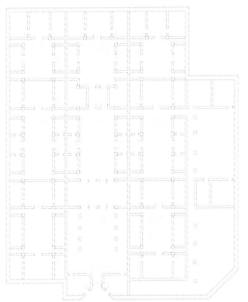

图5-7-34 南川刘瑞庭宅平面图（图片来源：《四川民居》）

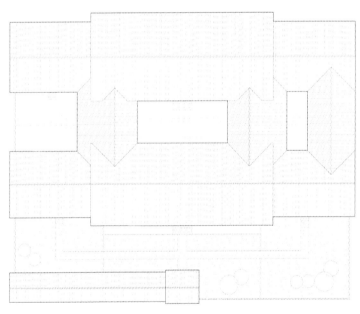

图5-7-35 沙坪坝项家院子屋顶平面（图片来源：作者绘制）

设施。庄园坐南向北，平面呈中轴对称，沿轴布置前厅、中厅、后堂及左右厢房，均为穿斗木结构，小青瓦悬山坡顶。前厅面阔三间，进深七架椽，两侧布设花台。中厅面阔五间带檐廊，进深五架椽，两侧配房面阔二间。后厅面阔五间，次间二层，其余各间通高，梢间为抹角房。下院厢房面阔三间，二层以下檐柱为石柱。上院厢房面阔二间，进深七架椽。前厅大门外石坝为糙墁铺地，中间铺设甬道。进入大门后为下院，前厅地面以及两侧耳房均为石墁铺地。上院天井内左右各有一大小相等的观鱼池，用条石砌成，四角上都有一雕花球体。整个四合院梁架用材考究，布局合理，分三台而建，结构紧密，地坝均采用条石砌成。

在四合院大门东侧、南侧各有一个石砌碉楼。东侧的大碉楼，为重檐攒尖和悬山结合的混合式屋顶，小青瓦屋面，主体由条石砌成，平面呈带小天井的矩形合院式布局，阶梯式踏道10级，台基高2.4米。大碉楼面阔三间16.4米，进深14.1米，通高

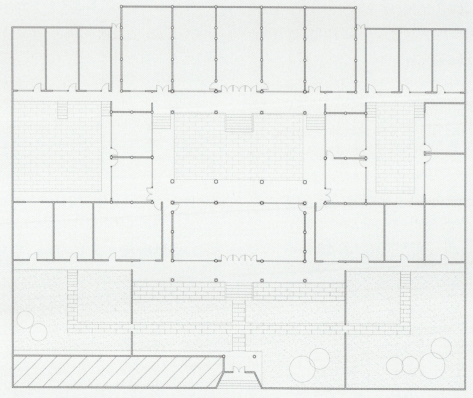

图5-7-36 沙坪坝项家院子平面图（图片来源：作者绘制）

图5-7-37 沙坪坝项家大院数字模型（图片来源：作者绘制）

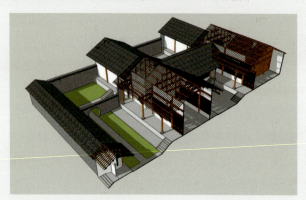

图5-7-38 沙坪坝项家大院剖透视（图片来源：作者绘制）

15.8米，共5层，建筑面积1156平方米。碉楼四周每层都有大小不一的瞭望孔和射击孔。由于碉楼自身的形制特征，天井在重庆碉楼中出现较少，此碉楼天井狭小，宽2.4米、长4.1米，主要是弥补碉楼在采光上的缺陷，同时还能形成一定的风压——有利于抽风、拔风，缓解重庆地区气候的湿热。南侧小碉楼，亦为重檐攒尖顶，主体由石条砌成，平面呈

图5-7-39 丰都杜宜清庄园（图片来源：胡斌摄）

矩形布局，面阔5.25米，进深4.6米，通高16.5米，共5层，建筑面积125平方米，碉楼四周每层都有大小不一的瞭望孔和射击孔（图5-7-39～图5-7-48）。

十、南泉彭瑞川庄园

位于南泉镇白鹤村以南500米处，依山傍水，后依樵坪山系，前傍风景秀丽的花溪河，环境幽雅。庄园始建于清道光二年（1822年），历经8年竣工。彭氏祖籍为江西，正统十三年科状元，继有吏部尚书，后任四川省布政吏司，彭氏宗系随之迁徙至四川。经过百年的发展，彭氏宗族发展至万多人，驻地彭家场（现巴南区南彭镇），本庄园为彭氏后裔彭瑞川所建。

建筑坐东向西，平面近似方形，建筑面积约3200平方米，占地面积5000余平方米，前后两进院落随地形逐级升高，共有大小天井12个，房舍77间。正门为双扇板门，高3.36米，单扇宽1.5米，厚0.12米，左右各一耳门，高3.21米，宽1.36米，厚0.10米。前厅单檐硬山式，穿斗结构，面阔三间10.15米，进深二间5.8米，通高6.4米；中厅屋顶单檐悬山式，采用减柱造抬梁、穿斗混合式屋架，面阔三间13.9米，进深10.5米，通高7.3米。上厅为单檐悬山式，穿斗式木结构。前檐下施以卷棚，卷棚下设有4个雕花驼峰，驼袱下设8个浅浮雕散斗。过厅屋顶单檐悬山式，采用减柱造抬梁式屋架，十椽屋椽栿前乳栿后搭牵用四柱，面阔五间

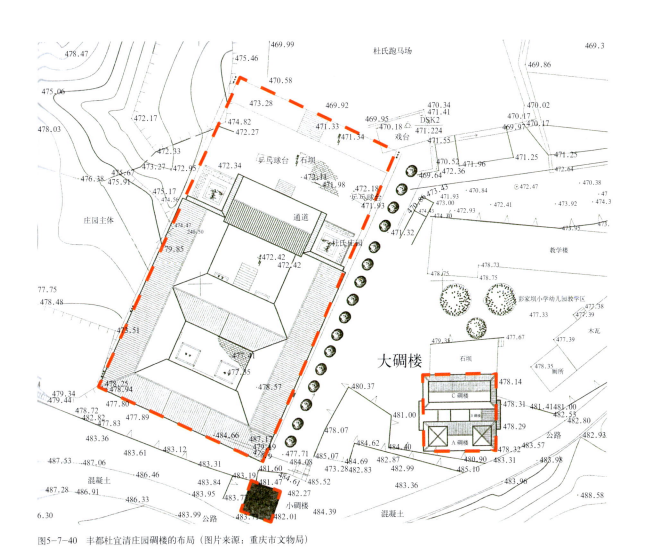

图5-7-40 丰都杜宜清庄园碉楼的布局（图片来源：重庆市文物局）

图5-7-41 杜宜清庄园大碉楼（图片来源：胡斌摄）

图5-7-42 杜宜清庄园小碉楼（图片来源：胡斌摄）

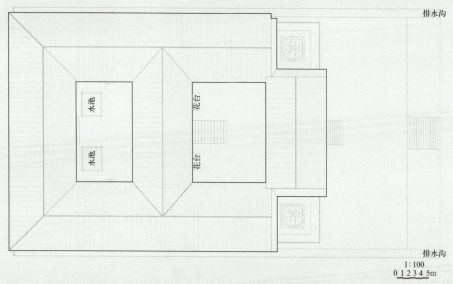

图5-7-43 丰都杜宜清庄园屋顶平面（图片来源：重庆市文物局）

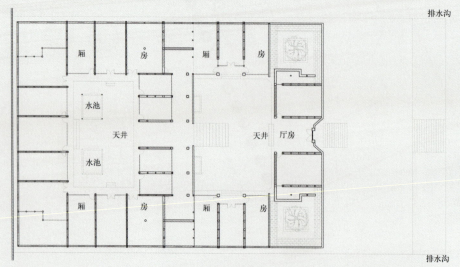

图5-7-44 杜宜清庄园一层平面图（图片来源：重庆市文物局）

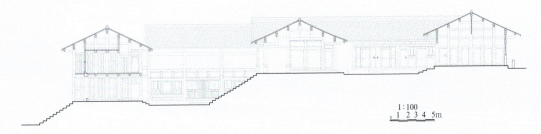

图5-7-45　杜宜清庄园1-1剖面图（图片来源：重庆市文物局）

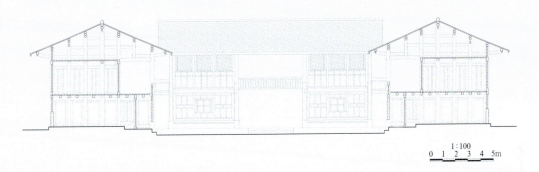

图5-7-46　杜宜清庄园2-2剖面图（图片来源：重庆市文物局）

图5-7-47　杜宜清庄园立面图（图片来源：重庆市文物局）

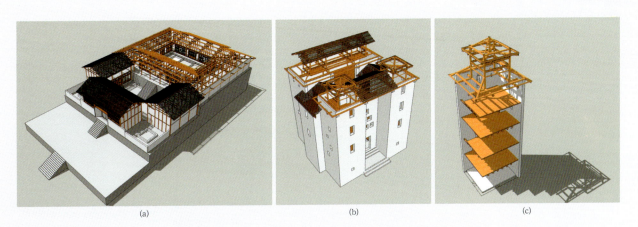

图5-7-48　杜宜清庄园（图片来源：刘鑫绘制）
(a) 鸟瞰；(b) 大碉楼；(c) 小碉楼

22.9米，进深10.3米，通高7.2米，素面台基高1.7米，正中及左右两侧阶梯踏道7级。双侧厢房均为小青瓦悬山顶，由廊檐与各厅相连。厅堂内木构件多以镂空、深浮雕、浅浮雕等手法布满装饰，图案有人物、兽头、花鸟、龙凤、花草、几何纹样等，显得十分古朴。庄园内有桂花树三株，其中正门第一天井内两株，据传系民国总统蒋经国所植，一株开白花，一株开黄花，俗称金桂、银桂。黄桷古树二株，均为国家二级保护树。院内设暗排水系统，出水点直达花溪河畔。

2000年，被公布为重庆市级文物保护单位（图5-7-49～图5-7-52）。

十一、大昌温家大院

大昌古镇温家大院原坐落在古城南街接近南门处的解放街161号，现在已迁建至新城。据温氏后人介绍，温家祖籍为广东梅县，先祖曾为明代巡抚，其三代之后，随"湖广填四川"移民大昌。温家大院建于清代早期，坐西向东，二重四合院落，前店后宅式。温家大院主要特点是平面布局中轴明显转折错位的二进院落。

入口门屋面阔三间，一楼一底。明间为大门通道，左右次间为铺面。明间的开间大小比次间稍小一些，采用抬梁式构架，三柱十一架檩。次间穿斗式梁架，五柱三穿，二层楼板保存完好。该宅前半部分及前院天井呈梯形，过厅面阔三间，进深二间，通高6.73米，明间正中高悬"祖遗厚德，世代昌隆"匾额，给人一种凝重肃穆的气氛。其中轴向北偏折5°左右，将过厅与右次间辟为大进深敞厅，并与天井空间相融，缓冲了空间陡转的突兀。推测可能的情况是因为南街的走向非正南北，使温家大院的大门不好取正位朝向，要整个屋包括大门面朝

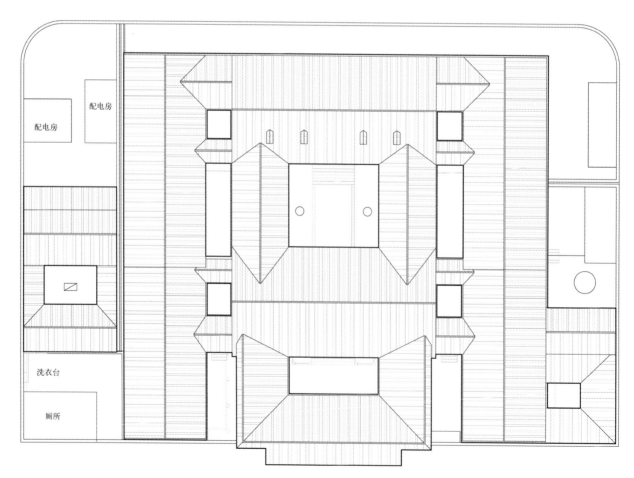

图5-7-49 巴南彭氏民居屋顶平面（图片来源：重庆大学建筑城规学院项目组）

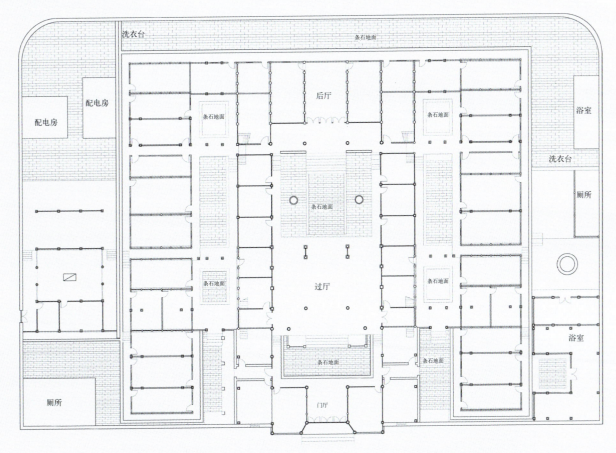

图5-7-50 巴南彭氏民居平面图（图片来源：重庆大学建筑城规学院项目组）

图5-7-51 巴南彭氏民居剖面图（图片来源：重庆大学建筑城规学院项目组）

正东，将造成前厅平面上的歪斜，空间上不好利用，从而选择了以前半部分顺应街道走向，而后半部分朝向正东面的做法。过厅后设三关六扇屏门，平时关闭，由两旁侧门出入。屏门后二进庭院天井，即为内宅。这部分空间均较方正，后厅（堂）面阔三间12.8米，进深四间8.4米，通高6.96米。明间为穿斗式梁架，五柱十三檩，穿枋与柱间在最下一根穿枋以上都做封板。次间及两厢均为住房，左侧厢房已不存，右侧厢房立面保存完好。温家大

图5-7-52 巴南彭氏民居正房（图片来源：胡斌摄）

院临街立面为重檐，出檐较深。硬山屋面，出五花封火墙，造型优美。前后院亦用空斗砖墙相隔，具有很强的防火意识。两百多年来，温家大院尽管饱经劫难已是四壁萧然，但其总体空间格局及其砖木结构体系仍然保存完好，整个建筑格局完整，主体建筑突出，流线明确，房间组合富于变化，宅院空间布置分明，建筑的装饰也别具一格，是大昌古镇近百栋民居中的佼佼者（图5-7-53、图5-7-54）。

目前，大昌民居为重庆市级文物保护单位。

十二、渝北龙兴镇刘家大院

刘家大院原名"瑞祥号"、"登吉堂"，位于龙兴古镇藏龙街80号，占地面积2000余平方米，建筑面积1800平方米。大院始建于清道光八年，原主人刘登吉是当地知名富商。

刘家大院是目前重庆地区保存最完整的清代场镇店宅民居之一。建筑选址布局不仅考虑了与街道的关系，还暗藏对风水的讲究，建筑主轴线及大门恰对不远处的古镇发祥地龙藏古寺正殿，不可谓不用心良苦。刘家大院面阔11米，进深约31.6米，是典型两楼三间三进店宅布局。⑭大院前店后宅的布局方式分区明确，其中店的部分，面阔三间，进深八架椽，柱柱落地式穿斗屋架立于两侧山墙，外侧弧形山墙高耸。后面宅院部分，由两进带抱厅的合院组成，靠近街道的前抱厅通长三开间，后抱厅在绣楼和内厅之间，仅覆盖明间一间，保留两次间形成一对小天井，解决采光通风。宅院外围有高墙围绕，但与店铺封火墙并不连通，只在明间以披檐搭结，以示内外差别。

在功能布置上，中轴线上依次为"铺面—天井—客厅—堂屋（祭祖）—内客厅（起居厅）—天井抱厅—绣楼"，形成了外与内、公与私、亲与疏以及动与静关系的逐渐变化。再加上上下两层，或通高，或隔开，形成了主次空间在高度上的差别，更进一步丰富了建筑的空间层次，使人感觉虽然布局紧凑，却匠心独具，章法有度（图5-7-55～图5-7-57）。

目前，龙兴古建筑群为重庆市级文物保护单位。

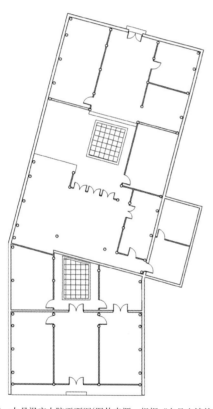

图5-7-53　大昌温家大院平面图(图片来源：根据《大昌古镇的历史文化与传统建筑研究》改绘)

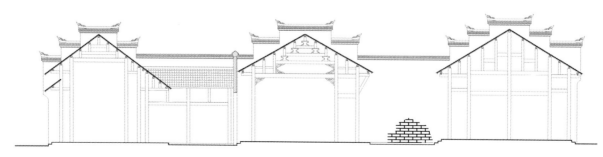

图5-7-54　大昌温家大院剖面图（图片来源：根据《四川民居》改绘）

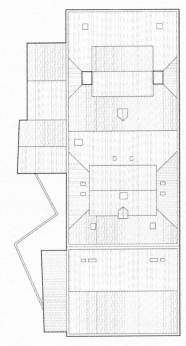

图5-7-55 龙兴镇刘家大院屋顶平面图（图片来源《重庆龙兴古镇刘家大院店宅空间特色分析》）

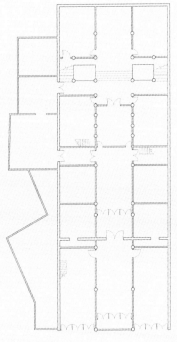

图5-7-56 龙兴镇刘家大院一层平面图（图片来源：《重庆龙兴古镇刘家大院店宅空间特色分析》）

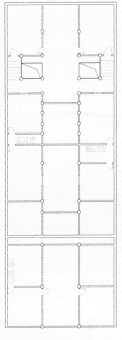

图5-7-57 龙兴镇刘家大院二层平面图（图片来源：《重庆龙兴古镇刘家大院店宅空间特色分析》）

注释

① 陈渊.巴渝地区合院民居及其防御特色研究.重庆大学硕士学位论文，2009．

② 陈永志.发掘集宁路元代城址及第三批窖藏[J].文物天地，2004(03)．

③ 巴南丰盛镇某碉楼为目前所见碉楼位于三合院民居中轴线上的孤例。

④ 李先逵.四川民居.北京：中国建筑工业出版社．

⑤ 《华阳国志》

⑥ 李先逵.四川民居.北京：中国建筑工业出版社．

⑦ 周亮.渝东南土家族民居及其传统技术研究.重庆大学硕士研究生论文，2005．

⑧ 孙雁，覃琳.渝东南土家族民居的建造技术与艺术.重庆建筑大学学报，2006（02）．

⑨ 孙雁，覃琳，渝东南土家族民居的建造技术与艺术.重庆建筑大学学报，2006（02）．

⑩ 周亮.渝东南土家族民居及其传统技术研究.重庆大学硕士学位论文，2005．

⑪ 刘致平.中国居住简史[M].北京：中国建筑工业出版社，2000：256．

⑫ 杨尚昆.杨尚昆回忆录.北京：中央文献出版社.2001：6．

⑬ 梁树英.潼南双江镇田坝大院建筑初探.南方建筑，2008（2）：58-61．

⑭ 许潇予.重庆龙兴古镇刘家大院居室空间特色分析.重庆建筑，2013（01）：16．

重かい古建筑

第六章 汉阙、牌坊、塔及墓葬建筑

重庆汉阙、牌坊、塔及墓葬建筑分布图

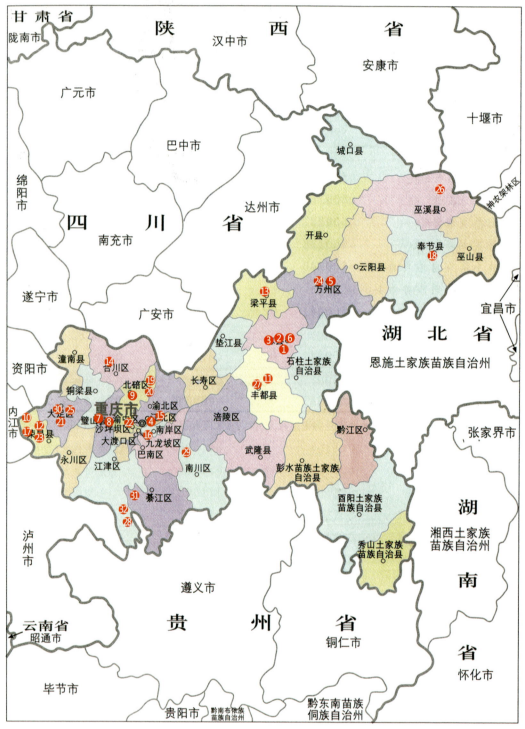

注：该分布图依据重庆市第三次全国文物普查成果绘制

（地图引自：中华人民共和国民政部编. 中华人民共和国行政区划简册2014. 北京：中国地图出版社，2014.）

1. 忠县乌杨阙
2. 忠县丁房无铭阙
3. 忠县沿甘井镇无铭阙
4. 盘溪无铭阙
5. 万州武陵阙
6. 忠县邓家沱石阙
7. 朝元寺牌坊
8. 何氏百岁坊
9. 北碚滩口节孝牌坊
10. 罗汉寺牌坊
11. 丰都名山天子殿牌坊
12. 河包报恩寺塔
13. 梁平文峰塔
14. 合川文峰塔
15. 塔子山文峰塔
16. 觉林寺报恩塔
17. 凉坪白塔
18. 奉节县永乐镇文峰塔
19. 北碚塔坪寺石塔
20. 北碚塔坪寺铁塔
21. 大足多宝塔
22. 渝中区菩提金刚塔
23. 荣昌经堂村斜塔
24. 万州洄澜塔
25. 大佛湾第6号、第20号舍利宝塔
26. 荆竹坝岩棺群
27. 汇南墓群
28. 石坎崖墓群
29. 雷劈石崖墓群
30. 双墙崖墓群
31. 柏树林崖墓群
32. 长沟崖墓群

第一节 汉阙

阙，主要指中国古代建筑中设置在宫殿、陵墓、城垣、祠庙大门两侧（或单侧）彰显其主人尊贵地位的装饰性建筑物。《说文解字》中解释为："阙，门观也，从门。"所谓阙，即为缺，阙是断开的门，因此也称门阙或阙门。故《释名·释宫室》说："阙，在门两旁，中央阙然为道也。"不过在画像石中，也见左右两阙之间建门屋或楼，使之连为一体者。

立阙之制由来甚古。阙的雏形，最初被称之为观，是"于上观望"之意。因此，阙又名"象魏"。《周礼·天官》："正月之吉，始和。布治于邦国都鄙，乃悬治象于象魏，使万民观治象，挟日而敛之。"郑众注曰："象魏，阙也。"在周代，观逐渐演变成阙，最初出现的是城阙和宫阙。《诗·郑风·子衿》曰："纵我不往，子宁不来，挑兮达兮，在城阙兮。"经过先秦时期的发展演变，阙在秦汉之际成为一种重要的威仪性、装饰性礼制建筑。汉代是建阙的盛期，各地都可按一定等级建阙。根据阙所置放的位置可将阙分为宫阙、城门阙、祠庙阙、陵墓阙（又称神道阙）、宅阙、附雕于墓门两侧的崖墓阙以及墓葬内随葬的宅院附阙、苑囿附阙。为了区分等级，根据汉代中期的礼制规定，汉阙分为三种：一般官僚可用一对单阙（称为"一出阙"）。诸侯和官阶二千石以上的官员可"二出阙"，由一主阙与一子阙构成。天子则用一对"三出阙"，由一主阙和两子阙组成。"但汉代后期二出阙不再局限于诸侯高官，豪强士族也纷纷越制建二出阙。"①从阙本身的形制上还有单檐和重檐的差别，重檐尊于单檐。汉以后阙这种建筑开始走向衰落，魏晋南北朝时期，阙在数量及规模都已远不如汉代。

国内目前汉石阙存世32处，其建造时代从东汉到晋，大部分为汉阙，分布在四川、重庆、山东、河南、内蒙古、北京、甘肃和江苏等地。重庆发现汉阙六处，包括忠县丁房阙、忠县乌杨阙、忠县无铭阙、盘溪无铭阙、万州武陵阙和忠县邓家沱石

图6-1-1 石棺上的阙（图片来源：萧依山摄）

阙。乌杨阙也是全国保存最为完整的双子母石阙。除石阙实物外，本地保存的汉画像石上还有不少阙的形象（图6-1-1）。

重庆这六处汉阙造型上均为仿木建筑形式，整体分为阙基、阙身、阙楼和阙顶四部分。阙顶为庑殿顶，其中复原后的忠县乌杨阙为重檐庑殿顶。阙身从下至上可见明显收分，相对于四川中西部现存阙来说，阙身显得细长，衬托阙楼、阙顶更加雄伟，出檐明显，气势更为磅礴。在建造年代上，建造时间较晚的阙，比如乌杨阙更表现出阙楼改枋子加斗栱层为双层枋子（也无"介石"），去掉下出檐及楼部，子阙取消阙楼等更加洗练简洁的处理手法。在结构上，通过阙身采用上窄下宽的梯形，阙基、阙身、阙楼之间预留榫卯构件等方式，加强了整体结构的稳定性，体现出建筑技术和手法上的继承与发展。重庆汉阙普遍注重雕饰，熟练地采用线刻、减地平、浮雕、透雕等多种方法表现不同的装饰题材，达到较高的艺术水准。如忠县乌杨阙，就有仿木雕刻、生活图卷、灵禽异兽与神话传说等多种装饰内容。综合来看，重庆的六处汉阙，从整体造型到细部刻画，既忠实地模仿了汉代木构建筑的形态和构造，也充分发挥了本地石料质地细腻，能够处理雕刻细节的特质，使石阙既在整体结构上显得雄伟华丽，又在装饰风格上表现出清新活泼，具有巴山渝水所陶冶的独特风格，当属我国汉代石刻艺术中的杰作，有着珍贵的文物价值。

一、忠县乌杨阙（图6-1-2、图6-1-3）

此阙于2001年发现于重庆市忠县乌杨镇将军村，其年代为东汉末期，为严氏家族墓地中太守严颜的墓阙。它是我国目前幸存的惟一一座通过考古发掘复原，并发现了相关的阙址、神道、墓葬的阙。

复原的乌杨阙为重檐庑殿顶双子母石阙，石质砂岩，方位大致坐南朝北，面向长江。左右两阙相距13米，中间为神道。主阙通高5.4米，顶宽2.66米，进深1.7米，子阙高2.6米。主阙自上而下依次由脊饰、阙顶盖、上枋额、扁石层、下枋额、阙身、阙基七部分构成；子阙由子阙顶盖、子阙体、阙基三部分构成。阙基为子母连体阙座，平面呈长方形，中部有大小卯眼。主阙身由整石雕琢而成，呈正梯形，顶部和底部均有阳榫。阙楼由上下枋额和扁石层（"平台"）组成。枋子层平面呈"井"字形。上下两面四个角均出枋头，底面中央一卯眼，四角透雕裸体力士（角神），各面均有图案雕刻。阙顶由上下檐和脊饰组成。下檐檐石上刻出椽子、连檐、瓦当和瓦垄，椽子正背面各出7条，呈扇形排列，两侧面各出檐5条。除阙基外，各构件上均有雕刻，主要内容分仿木构建筑、生活图卷、灵禽异兽与神话传说等几种。其中仿木建筑雕刻主要集中于阙楼、阙顶盖部分，如屋脊、屋檐、瓦垄、瓦当、柱、椽子、枋头、栏板、金瓜等；生活图卷有枋子层上的习武图、狩猎图、送行图、雄鹰叼羊图、蛇衔鼠图等，生动地再现了当时的生产生活场景；灵禽异兽图案有长达2米的巨幅青龙、白虎雕刻，朱雀、三足鸟、九尾狐、力士等，是当时当地民间信仰和宗教传说的形象表现；还有边饰采用的云龙纹、水波纹、钱纹等，展现了汉代雕刻艺术的神韵，具有极高的艺术价值和研究价值。[②]与巴蜀地区其他石阙比较，由于修造时间较晚，斗栱与枋子层形成阙楼的做法让位于更加简洁的双层枋子做法[③]；与忠县其他三阙比较，去掉下出檐及楼部做法，也显得阙身修长，顶盖出檐深远、构造简洁，因而显得造型格外挺拔、巍峨，具有鲜明的重庆地方特征和时代风格。

二、忠县丁房阙（图6-1-4、图6-1-5）

位于重庆市忠县忠州镇人民路。丁房阙建于东汉晚期，宋时右阙倒塌后修复，明代左阙亦进行过大的维修，1956年，加修风雨亭。丁房阙属三峡工程二期搬迁项目，现已搬迁至忠县白公祠内。

丁房双阙分立左右，相距2.46米。东阙为子母阙，子阙无盖；西阙无子阙，两阙高度不一，差

图6-1-2　忠县乌杨阙（图片来源：萧依山摄）

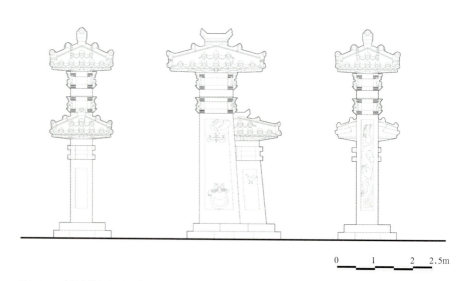

图6-1-3　忠县乌杨阙立面图（图片来源：萧依山绘制）

图6-1-4 忠县丁房阙（图片来源：萧依山摄）

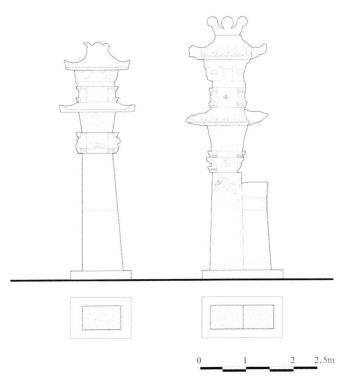

图6-1-5 忠县丁房阙（图片来源：萧依山绘制）

异明显。东阙，基座埋入地下，其上由阙身、腰檐、阙楼、阙顶等11块石构件组成。总高约6.26米。阙身由整石琢成，略有收分，正面铭刻"明万历丙辰"、"巴国忠贞祠铭"，字迹依稀可辨。其上置一方石，正面刻二兽并列，口衔缠带。方石上又叠一方石，四角上下枋子间施刻角神、角兽，正面居中浮雕一铺首，形象较为少见。此上施扁石一块，上承一斗状石块，其上承腰檐，刻出瓦垄、瓦当。此上置一方石，其上再叠扁石一块，此上承斗状石块，正面刻一斗二升斗栱二朵，斗栱之间饰一门半开，一人出半身倚立。丁房阙的阙身上，除了浮雕的动物外，有一幅画面颇为令人瞩目：在阙身的右侧浮雕两人，一人乘鹿，另一人抱着一件什物跟在后面。这幅看似简单的画面，其实蕴涵着一个生动的故事，即"董永侍父"的故事。背面刻斗栱二朵。侧面为鸳鸯交手，与洽甘井无铭阙斗栱相似，都在栌斗下加一柱。其上为庑殿式阙顶，顶上设"山"字形脊饰。西阙，其座埋入地下，其上由阙身、腰檐、阙楼、阙顶等九块石构件组成，总高5.55米，阙身正面铭刻严重风化，构件和刻饰与东阙大致相同。

丁房阙无纪年铭刻，除阙身以上、腰檐以下，其结构基本与冯焕阙、沈府君阙一致，具有典型的汉阙风格。丁房阙与洽甘井无铭阙，形制与特征基本相同，因此，它的建造年代定在东汉后期较为恰当。丁房阙是带耳阙、带腰檐的重檐式阙，这种形制常见于东汉墓葬出土的画像石、画像砖的阙形图案，完全不同于渝川地区现存的其他汉阙，与河南、山东、北京的汉阙更是迥异，是我国仅存的重檐式仿木结构石阙，对于研究人们利用长江廊道开拓发展，是一个可靠的实物例证。

自宋代王象之著录《舆地纪胜》以来，历代学者根据阙上题名均认为此阙是"汉都尉丁房"的墓前阙。近年来，有建筑学家对此提出疑义，认为该阙可能是巴王庙庙阙，因为"汉都尉丁房"的铭刻，未见说明此阙属丁房。明代曹学佺的叙述较王象之稍详，但他那时也不能通读铭刻，"唯'汉都尉丁房'五字相联可读"。可以说，此阙可能是庙阙，亦疑是墓阙，待进一步考证。

2001年，丁房阙被公布为全国重点文物保护单位。

三、忠县无铭阙（图6-1-6）

位于重庆市忠县洽甘井镇佑溪三社，背山面溪，沿洽甘井溪上行约1.5公里，便是著名的中坝新石器遗址。无铭阙始建于东汉，唐宋间左阙倒塌，1961年公布为省级文物保护单位，1974年，加修风雨亭，1987年，风雨亭倒塌，阙身以上亦被拉倒，1988年修复。属三峡工程二期搬迁项目，现已搬迁至忠县白公祠内。

无铭阙由阙基、阙身、腰檐、阙楼、阙顶等九块石料构件组成，总高5.66米。下面台基的长度和宽度分别是162厘米和117厘米。阙基为一整石板，阙身系一整石琢成，四面刻边框，仅右侧面浮雕白虎，具汉代雕刻风格。阙身上置一方石，四面刻出上下两层枋子，四角相交出头，枋头作叠涩处理，正面两侧枋子间雕刻裸体角神，背面两侧斜出枋头，正面居中浮雕一铺首，前肢扑伏左右。其上置斗状石块，素面。上为腰檐，刻出瓦垄、瓦当、连檐，檐椽作扇形排列。腰檐上置一方石，形制与下面方石相同，只正面石中高浮雕铺首头部，背面高浮雕出尾部，从侧面看，恰似一怪兽穿入石内露出首尾，滑稽而有趣。其上搁扁石一块，扁石上沿四边饰半联珠形线脚。再上为一斗状石块，四面浮雕斗栱。正面刻一斗二升斗栱两朵，作鸳鸯交手状，侧面刻一斗二升斗栱一朵，四面斗栱栌斗之下均有一柱，较为特殊。散斗上承栌斗，四角枋子嵌入散斗。其上紧接庑殿式阙顶，形制与腰檐基本相同，只是瓦沟、斜脊、瓦垄有较明显的搭接，大概为表明阙顶是重檐结构，脊上未见饰物。当地人因为此阙的形状像宝塔，又称之为"宝塔子"。这座石阙，目前只剩下右阙。虽然阙上的雕刻比较少，但却出现了两处男性角神的裸体雕刻，表现了汉代人们在艺术上的审美意识，与古罗马、古希腊艺术遥相辉映。1988年对其进行维修时，在阙基与阙身结合部，发现数枚五铢钱，经考证为东汉武帝时所造，故其建造年代应在东汉中、晚期。无铭阙是带腰檐的重檐式阙，这种形制常见于东汉墓葬出土的画像石、画像砖的阙形图案，完全不同于渝川地区现存的其他汉阙，与河南、山东、北京的汉阙更是迥异，是我国仅存的重檐式仿木结构石阙，对于研究人们利用长江三峡文化长廊进行开拓发展，是一个可靠的实物例证。

学者们从这座阙所处的位置来分析，认为它当是一座墓前阙。世事沧桑，古墓已不复存在，石阙却依然挺立，构成一道独特的风景。

2001年，无铭阙被公布为全国重点文物保护单位。

四、盘溪无铭阙（图6-1-7）

位于嘉陵江北岸的盘溪香炉湾，当地人称为"香炉石"。其地后高前低，下临深沟，前方为嘉陵江。现仅存右阙，左阙已塌毁，阙身残石于20世纪50年代初由重庆市博物馆运回馆中保护。此阙西向，由细黄砂石建成。

右阙现存台基、阙身和楼部三部分，由六层石材构成，通高415厘米。顶盖有瓦棱之形，20世纪40年代尚存，现已失去。台基由一层石材构成，高33厘米，宽195厘米，进深130厘米，无刻饰。阙身为独石，呈侧脚式。其高226厘米，下宽115厘米、进深64厘米，上宽80厘米、进深54厘米。四隅隐起柱形，无阑额和地栿。左侧面刻白虎衔璧。右侧面刻一人首蛇身的形象，此像双手举，捧一圆月，月中一蟾蜍，应是女娲捧月。楼部由四层石材构成，每层皆为整石。第一层为纵横枋子，高44厘米，最宽处123厘米，进深95厘米。四隅角神刻在栌斗上，其部均已残毁，皆裸上身，以两肩和一手承托枋头，下身着裤。第二层高23厘米，宽77厘米，进深57厘米，无刻饰。第三层高42厘米，下宽77厘

图6-1-6 忠县无铭阙（图片来源：萧依山摄）

图6-1-7 重庆盘溪无名阙右阙旧影（图片来源：《四川汉代名阙》）

米，进深58厘米，上宽112厘米，进深79厘米。两侧面刻一斗二升斗栱各一朵，正、背面为鸳鸯交手栱。各斗的大斗下均有一矮柱，栱心上有一小方柱接于横枋，散斗开口衔枋。鸳鸯栱的交手处各承散斗之半，殊为不同于忠县等处所刻。第四层呈斗状，高47厘米，上宽134厘米，进深85厘米，无刻饰。市博物馆所保存的左阙阙身残段，高80厘米，面宽及进深尺度与右阙相应部位相同。除了柱形，右侧面刻青龙衔璧，左侧面刻伏羲捧日。此阙左、右阙的外侧面均有刻饰（即伏羲、女娲图），这是川中诸阙所没有的。由此可知，此阙原无耳阙，形制特殊。

此阙除了常任侠先生在1942年撰写的《民俗艺术考古论集》中有简略记述外，徐文彬先生对其建造时间作了如下推断：比较川中诸阙，此阙阙体特小，雕刻亦较简朴而粗糙，但仍有许多相同之处（如阙身独石，与川东诸阙一致，阙身侧面所刻龙、虎与忠县无铭阙及渠县诸阙所刻相似，楼部斗栱造型又与沈氏阙相近）。伏羲、女娲像虽不见于诸阙，但在东汉后期的画像石和画像碑中常见。由此推测，此阙应为东汉晚期所建的墓阙。[4]

2000年，被公布为重庆市级文物保护单位。

五、万州武陵阙

位于重庆市万州区武陵镇下中村，2002年发现。阙顶保存相当完整，重檐庑殿式，高65厘米，宽175厘米，进深165厘米。连檐瓦当分上下二层，上层瓦当为素面，有一乳钉，垂脊端头各刻3个瓦当；下层瓦当亦为素面，有一乳钉，垂脊各刻50个素面瓦当。正面檐下出椽5条（不含四对角椽子），侧面出椽5条。

阙身一件已残，被拆解成五块石条，改砌猪圈，可基本复原。高215厘米，上宽45厘米，下宽75厘米，进深不详。右侧面为平雕青龙衔璧精美浮雕，左侧面为素面，四面留出边框，底中部榫残。

考古工作者在发掘中发现，由于阙所在的位置自宋代至明清时期地形变化较大，阙的原所在位置已经无可考证，但从罗仁发墓群所发掘的汉代墓葬，其位置关系与阙有密切的联系，因此，初步推断武陵阙为东汉时期的墓阙，现已运往重庆中国三峡博物馆收藏。

第二节 牌坊

"牌坊又名牌楼，依材料性质可分为木、石、琉璃、木石混合、木砖混合等多种。依外形则有柱出头与不出头二式。"⑤其形态来源可追溯至古之横门及乌头门、棂星门。而其功用主要为旌表、纪念、标示之意义。经过漫长的历史演变，或因"士有嘉德懿行，特旨旌表于门上者，谓之'表闾'，魏晋以降或云坊"，或因"自汉代墓阙废，身后被旌表者，必代以石造之牌坊"，遂成中国古代特有之建筑物。重庆地区牌坊源自何时，已不可考，至明清时期已遍布巴渝大地，在庙宇、陵墓、祠堂、衙署和园林前或者道桥路口，常可见其身影，可谓"中国风趣象征之一"。⑥据民国《巴县志·牌坊》记载，截至清宣统三年（1911年），"仅巴县境内有一百一十九座牌坊。属官吏、功名者四坊，贞孝者六十九坊，长寿者四坊，德政者五坊……"由于各种原因，目前重庆尚存老牌坊128座⑦，除"荣昌县云峰寺石牌坊"为宋代遗构，其余大多数建于明清时期，其中明代牌坊14座，清代牌坊109座，民国时期所建4座，保存较好规模较大者过半。其中建于明万历二十一年（1593年）的璧山朝元寺牌坊、建于清道光二十五年（1845年）的璧山何氏百岁坊、建于明万历十九年（1591年）的荣昌罗汉寺牌坊和建于清代的北碚滩口节孝牌坊等因其综合价值和保存完好已经被列为市级文物保护单位，其余多处也被列为区级文物保护单位。

牌坊之意义主要有旌表、纪念以及标志指引。因表彰、纪念之对象的不同，重庆各地牌坊可分为节孝牌坊、寿坊、德政坊、道德坊等。用于标志指引的牌坊，分为两大类：一是各类重要建筑，如寺庙、陵墓、文武庙、家族祠堂、宅第门前多自立牌坊，匾额高悬表明身份，比如寺庙牌坊匾额之上常书"大佛禅林"、"华严法界"等。二是重要道桥之起点与中段，及数道交汇之所列牌坊。此类牌坊，一种是为纪念和彰显建造者的功德而立的道桥牌坊，有今日路标之功用，比如潼南的遂安桥牌坊、铜梁的众志桥牌坊，更多的则是排列节孝牌坊、德政牌坊，将这些人物事迹昭示于天下，起到宣扬教化之功用，比如建于清光绪年间的北碚滩口节孝牌坊所处之地，就是由北碚水土镇通向邻近之静观、柳荫、偏岩等场镇的交通要道口。明清七牌坊以来，重庆作为长江上游地区经济中心与交通枢纽的作用日益突出，境内驿道、盐道四通八达，也催生了地区城镇的发展，这一时期，一个蔚为壮观的地方文化景观就是交通要道之上，进城出城的驿道沿途或者河道码头旁往往排列着几座甚至十几座表达忠孝节义的牌坊。他们以其杰出的事迹向人们彰显榜样的力量，同时也是一部部封建礼教束缚人性的血泪史。这其中最为著名的就是位于今渝中区大坪佛图关下，成渝东大路上，清同治七年（1868年）至宣统三年（1911年）间修建的七座牌坊，又名"七牌坊"。这七座牌坊，有五座是表彰节孝的余氏节孝坊、韩氏节孝坊、徐氏节孝坊、余氏节孝坊和杨氏节孝坊，一座表彰善良乐于助人的金陶氏乐施坊，一座长寿坊——淡氏百岁坊。除这七座牌坊之外，与牌坊一起还并行排列着20余座宽约1.5米，高约5米，重近10吨的巨大长方形石碑，碑刻内容多是节孝、贞烈、德政之类，也有墓表记和警戒后辈子孙的训词。这些集雕刻、绘画、匾联、书法等多种艺术于一体的牌坊和石碑，是当年成渝古驿道上一道独特的风景线。官员到此，文官下轿，武官下马，极是庄重。除此之外，重庆城内太平门至金紫门的道路沿线也曾有五座以上牌坊。城外通往江北县人和、鸳鸯、两路等场镇的石板路上，也有修建于不同时代的新旧两座石牌坊，一个建于清道光五年，一个建于清光绪三十年，两者相差80年。由此也可见"树碑立传，宣教化于道衢"之风在巴渝大地连绵数百年。遗憾的是目前在城镇之中已经难以续见当时盛况。

图6-2-1 《龙溪牌坊》（别称新牌坊）（图片来源：张凤摄）

目前，重庆现存牌坊中以节孝牌坊、寺庙牌坊以及功德牌坊数量最多。其中节孝牌坊30余座。依大清律规定，凡守寡满25年以上，白首完贞，期间未传绯闻，年龄不超过50岁的节烈之女，经地方官上报、朝廷考察核实后，由皇上亲自御批下旨（朝廷拨银30两，不足部分族里负担），才可立贞节牌坊。重庆所存节孝牌坊均系皇上"御批"，然后由较高级别的地方官员督建。比较有代表性的包括：北碚滩口节孝牌坊、渝北龙溪节孝牌坊（别称新牌坊，图6-2-1）、渝北人和节孝牌坊、渝北照母山忠孝牌坊（图6-2-2）、渝北鸳鸯节孝牌坊（图6-2-3）、渝北木耳郭氏牌坊（图6-2-4）、周氏节孝牌坊（图6-2-5）、合川尖山节孝牌坊（图6-2-6）、夏黄氏节孝牌坊（图6-2-7）和大足陈氏、唐氏节孝牌坊等。

寺庙牌坊，重庆现存20余座。过去较大的庙宇多修有此类牌坊，如北碚区宋明塔坪寺、明代缙云寺，合川区明代龙游寺，九龙坡区清代华岩寺，梁平县清代双桂堂等。寺庙牌坊大多立于靠近寺门前的大道上，来往香客必须由牌坊下穿过，如建于明万历二十一年（1953年）的璧山朝元寺牌坊。也有

图6-2-2 渝北照母山忠孝牌坊（图片来源：李文泽摄）

图6-2-3 重庆鸳鸯节孝牌坊（图片来源：钟桂林摄）　　图6-2-4 渝北木耳郭氏节孝牌坊（图片来源：秦富强摄）

(a)　　(b)

图6-2-5 渝北木耳周氏节孝牌坊（图片来源：秦富强摄）

图6-2-6 重庆合川尖山牌坊（图片来源：吴宗元摄）　　图6-2-7 《夏黄氏节孝牌仿》（图片来源：王晓勇摄）

图6-2-8　缙云寺内牌坊（图片来源：萧依山摄）

牌坊直接和山门合二为一，称"坊门"，在牌坊柱间设门而起到门户的作用，如渝北永庆古峰寺牌坊山门。还有的寺庙牌坊立于庙内重要道路节点位置，起到点景标示的作用，如北碚缙云山缙云寺内牌坊（图6-2-8）和九龙坡华严寺内华严洞牌坊（图6-2-9）；少数立于大殿院落之内起到增添空间层次的作用，如九龙坡华严寺内牵引殿牌坊（图6-2-10）。

道桥牌坊，重庆现存10余座。比如荣昌县盘龙镇观音桥头牌坊就是为纪念捐款修桥的罗姓族人而修建的功德牌坊，牌坊旁边的石碑上镌刻着数百个捐建者的名字。另外，潼南小渡镇青云桥双牌坊，始建于清乾隆四十年（1775年），分前后二坊，为重庆现存道桥牌坊之孤例，坊上镌刻着建桥时间及功德人姓名等。

墓坊的做法在重庆地区可见两种：一种独立于坟墓之前，有指引作用；一种与坟山条石墓墙结合，当心柱间坊面镌刻墓主人名讳，两侧坊面镌

图6-2-9　九龙坡华严寺内华严洞牌坊（图片来源：萧依山摄）

图6-2-10　九龙坡华严寺内牵引殿牌坊（图片来源：陈蔚摄）

刻墓主生平事迹，这是与其他类型牌坊的一大差异。重庆墓坊曾经分布很广，遍布乡野，目前保存10余座。比较有代表性的有涪陵周煌坟前坊（图6-2-11）、渝北人和王家大坟坟前坊（图6-2-12）、渝北人和吉乐坟前坊、渝北回兴赖家坟坟前坊（图6-2-13）、涪陵莲花坝牌坊（图6-2-14）、重庆市渝北区茨竹镇墓坊（图6-2-15）、云阳平安镇张少卿墓坊（图6-2-16）、长寿道光年古墓坊（图6-2-17）、石柱某墓坊（图6-2-18）、綦江胡氏墓坊等。

寿坊、德政坊、祠庙牌坊和宅第牌坊现存数量相对较少。其中寿坊以建于清道光二十五年（1845年）的璧山何氏百岁坊为代表，其额枋楷题"旌表例赠奉直大夫周绍熙之妻宜人何氏百岁坊"。德政牌坊，是为造福地方的优秀官吏所立，现存较好的

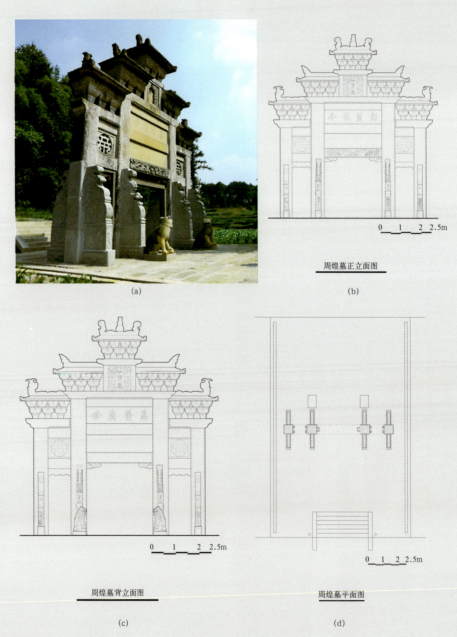

图6-2-11 涪陵周煌坟前坊
(a) 涪陵周煌坟前坊（图片来源：陈世福摄）；(b) 涪陵周煌坟前坊正立面图（图片来源：萧依山绘制）；(c) 涪陵周煌坟前坊背立面图（图片来源：萧依山绘制）；(d) 涪陵周煌坟前坊平面图（图片来源：萧依山绘制）

图6-2-12 渝北人和王家大坟坟前坊（图片来源：李文泽摄）

图6-2-13 渝北回兴赖家坟坟前坊（图片来源：李文泽摄）

图6-2-14 涪陵莲花坝牌坊《冉八爷墓》（图片来源：林丽江摄）

有綦江金土进士坊、南川漱玉摩岩牌坊及题刻、合川太平门石牌坊等。祠庙牌坊主要立于家族祠堂或者各类民间礼制建筑之前，有建于明万历六年（1578年）的綦江虎脑山城隍庙牌坊、明代丰都白家祠堂牌坊、永川周家祠堂牌坊等；宅第牌坊目前仅见一座，为清刘氏宅牌坊，现存璧山。除了这些基本类型之外，重庆现存还有城门牌坊和大量牌坊与建筑结合而成的"随墙牌坊门"。前者主要有合川古

图6-2-15 重庆市渝北区茨竹镇墓坊（图片来源：唐明旭摄）

城牌坊、合川龙市乡牌坊，后者在许多会馆祠庙和宅第建筑中出现，比如渝中区广东会馆牌坊门（图6-2-19）、江津石蟆清源宫牌坊门等（图6-2-20）。

除此之外，重庆地区还保留有以牌坊命名的地名或者村落，比如渝中区大坪的"七牌坊"、北部新区的"新牌坊"。有"牌坊村"地名的区县也不少，比如江津、永川、合川、大足、云阳、潼南、忠县等，除此还有长寿、九龙坡、北碚的"牌坊湾"，璧山的"大牌坊"，合川的"双牌坊"，江津的"四牌坊"，另有重庆巴南百节场也是因其场内百节牌坊而得名。

从现存实物来看，重庆老牌坊基本全为石牌坊，仅存合川三溪寺（又名车山寺）明代砖牌坊采用"砖包土"砌法，而木牌坊已经全部被毁坏。现存石牌坊外形多仿木牌楼，以柱不出头的"三间四柱三楼和三间四柱五楼"做法最为普遍。目前存在的九龙坡区华严寺华严洞牌坊是"一间二柱，柱出头无楼"样式，江北区李家坟牌坊是"一间二柱三楼"样式，"五间六柱五楼"样式也仅见于大足上明牌坊。除此之外，重庆地区还存在一种摩崖石牌坊的做法，即在城镇周边山岩崖壁之上，以高浮雕或者阴线刻形式凿造的石牌坊。牌坊类型主要有节孝牌坊和德政牌坊，如万州冯氏摩崖节孝坊、南川漱玉摩岩德政牌坊和云阳巴阳峡石雕牌坊。

在牌坊建筑平面形式上，现存石牌坊实物均采用常见的"一"字形布局，未见">—<"形。坊顶或为歇山式，或为庑殿式。在建造技术上，由于石料接榫不易，不能如木牌坊以小件拼合，因此石牌坊主体均采用整石打造，斗栱和坊顶部分分件安装就位，务求接榫愈少愈好。每个柱子前后两侧多用高大的抱鼓石固定。牌坊整体造型风格界于南北派之间。从尺度体量上，重庆现存牌坊不及北方，通面阔在5~10米之间，通高在6~12米之间，但多数整体比例匀称，通高与通面阔之比基本在0.75~1.1之间，形态秀美挺拔。在坊面的处理

图6-2-16 云阳平安镇张少卿墓坊（图片来源：王家福摄）

图6-2-17 长寿道光年古墓坊（图片来源：张丽云摄）

上，大量采用文字阴刻以及浅浮雕手法，少用深雕和透雕，保留了更多石材本身的质感；在构件的细节刻画上，以取木牌坊构件的形态意向为主，比如石雕斗栱大多数只取"斗"之意向，或者阴刻斗栱样式，多数并不完全仿木构斗栱形式，形态敦实，与徽派牌坊比较，更多了粗放质朴之风。"三间四柱三楼"牌坊一般当心间上施斗栱三至四朵，两次间各施斗栱二至三朵。"三间四柱五楼"牌坊一般当心间上施斗栱三至五朵，其余各两朵。坊顶有庑殿、歇山两种形式，翼角起翘高扬，仿重庆本地木构翼角形态，屋面刻瓦垄、沟头、滴水，正脊中立宝瓶宝珠，两端脊饰精细，以鱼尾形为主。坊面雕饰更集雕刻、匾联、文辞书法等多种艺术形式于一身。图案题材主要包括蟠龙、翔凤等动植物图案，地方戏文、人物故事、山水图案、卷草云纹、名家

图6-2-18 石柱某墓坊（图片来源：胡斌摄）

题字、对联、功德铭文等。题材丰富布局严整，正面刻表彰人名讳、生平事迹，御批立坊者，正中位置竖匾额书"圣旨"二字，两侧有牌坊奉旨年号、

图6-2-19 渝中区广东会馆牌坊门（图片来源：胡斌摄）

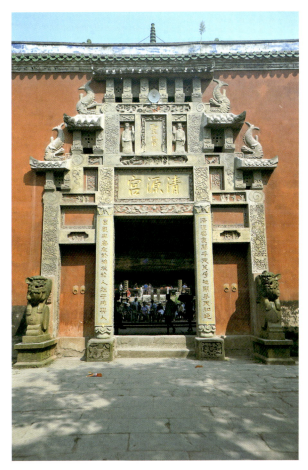

图6-2-20 江津石蟆清源宫牌坊门（图片来源：胡斌摄）

执行者等文字记载。四柱上，一般都有当地官绅名流题写的称颂对联等，既展示出了地方深厚的历史人文底蕴，也具有较高的审美和教育价值。

一、璧山朝元寺牌坊（图6-2-21）

梅江乡朝元村，有明、清石牌坊各一座。石牌坊距县城15公里，距梅江乡场2.5公里。石牌坊建于朝元寺遗址。其中明代石牌坊始建于宋，明代重修。原建筑有内外山门两道，戏楼一座，庙坝两个，殿堂四座及配殿侧厅等房屋百余间。璧山风景名胜之一的"八角灵龟"在此寺山门内，现尚存。该寺庙明朝末年毁坏，清代重修，后又毁。

明代头道石牌坊建于朝元寺山门之前，坐北朝南，方位南偏东30°。石牌坊当心间宽2.6米，高2.78米，次间宽1.22米，石柱横切面48厘米见方，为排架式。四柱落地，无侧脚。当心间门额下施二象鼻雀替，次间门额下施带状纹雀替。当心间匾额刻浅浮雕线刻"欣国太平"四字，坊额上书"大明万历癸巳年（1593年）孟冬吉旦立"字样，阑额上承石质仿斗栱6朵，次间施斗栱各2朵。双重檐歇山式屋顶，四柱三间三楼，通高6米，通宽5.16米。

前后面施鼓镜式，下承书箱式护脚石，为红砂石质。坊上雕刻精美，有"仙鹿"、"双狮"、"吉祥云纹"、"二龙戏珠"等图案24幅。八架夹杆石雕有狮象等，现已风化严重，在四根石柱上刻有对联，已风化不全。

明代石牌坊在建筑上保留仿斗栱样式，其石雕简练刚劲，师承了宋代风格，又体现了与清代石牌坊不同的构筑方法。其高龛相近的布局及莲花座抬梁的造型，使朝元寺头道石牌坊显得古朴、厚重、稳沉。

头道牌坊和二道牌坊相距25米，在之间有石门一道，为整石挖刻而成，石门上刻有对联一副，其上联为"双峰对峙拱朝元"，下联为"两水潆洄环楚音"，横批为"禹法归宗"。

二道牌坊在距明代石牌坊15米处。二道牌坊通高11.7米，通宽6.35米，为双重檐歇山式屋顶，四柱落地，三开间五楼，顶端不出头。石坊抬梁、额枋、楼龛上雕刻有众多浮雕，刻饰着造型各异的戏曲人物、牧童农夫、大肚弥勒佛像、十八顽童、龙头鱼尾兽、虫草花卉、二龙抢宝、双狮绣球、八仙过海和楼台亭阁等图案52幅，内容丰富，形象生动，寓意深邃。题额为"嘉庆四年"（1799年）。正中楷题"人天化育"、"邑庠江苏川书"，背面楷题"经国福刚"、"本邑增广生江苏川书"，楼龛刻有修建北坊的记事序文。坊下施四矩形柱础，柱础尺寸为262厘米×98厘米×657厘米。当心间门额下施两镂空卷草雀替，次间门额下施稍小镂空卷草雀替。次间由额上方各嵌一幅深浮雕山水人物。当心间由额上雕深浮雕密集戏曲人物造像60多尊，其雕法纯熟，画面精巧。当心间下阑额配"二龙抢宝"和"双凤呈祥"图案。三重檐歇山式屋顶，共12个石雕翼角，每边各蹲3个鳌鱼形鸱吻。次间柱下各承一仿木斗栱。正脊正中置镂空寿字宝顶，有两个鳌鱼形鸱吻。当心间正中前后面各嵌一盘龙镂空竖式匾额，上书"圣旨"二字。8个护脚石，高至次间门额以下，低至矩形柱础以上，施8个动物，当心间为青狮，左为雌狮，右为雄狮，雌狮下有两小

图6-2-21 朝元寺中牌坊（图片来源：郭昌禄摄）

图6-2-22 璧山何氏百岁坊
(a) 璧山何氏百岁坊（图片来源：萧依山摄）；(b) 璧山何氏百岁坊（图片来源：萧依山摄）；(c) 璧山何氏百岁坊立面图（图片来源：萧依山绘制）；(d) 璧山何氏百岁坊平面图（图片来源：萧依山绘制）

狮，雄狮下有一锈球，各饰飘带云纹，次间护脚石各施一白象，各领两小象。后面当心间有一麒麟，次间各施一青狮，爪下饰蝙蝠。石坊为穿斗排架式，檐下处理为卷棚，柱头横切面59厘米见方，为坚硬的黄砂石质。二道牌坊建于清道光二十五年（1845年），是县内保存最完好的石坊。该坊带有"百岁牌坊"和"贞节牌坊"的双重建筑结构，在市内实属罕见。其结构紧凑精密，雕刻繁复细腻，显示了高超的智慧和匠心。该石坊从建筑艺术上、显示的社会结构和伦理上、宗教和民俗文化的发掘上都有较高的历史研究价值。

2000年，被公布为重庆市级文物保护单位。

二、璧山何氏百岁坊（图6-2-22）

位于重庆市璧山县来凤镇石安村二组，坐东北向西南，坐落在古成渝驿道上，共三道牌坊，现存为第二道，其余两道已毁。清道光二十五年（1845年）为了纪念奉直大夫周绍熙之妻何氏百岁而立的贞寿牌坊，属于纪念性牌坊。至今已达150余年，但保存较为完整。

图6-2-23 北碚滩口节孝牌坊（图片来源：萧依山摄）

何氏百岁坊属石质坊木结构，石质坚硬，不易风化。这座牌坊高大雄伟，通高11米，宽8米，重檐庑殿式屋顶，石质仿木结构，寿字火焰宝珠顶，鱼龙鸱尾，五楼四柱三间。中门高4.62米，侧门高3.18米，前后夹杆石高2.56米，重檐庑殿中脊筑寿字火焰宝珠顶，鱼龙飞吻，八架夹杆石均以精美图雕狮、白象、麒麟作饰，中楼两柱前后柱面凿八仙之图雕八尊（已毁两尊），栩栩如生，形态优美。正面正中为"贞寿之门"横匾，额枋楷题"旌表例赠奉宜大夫周绍熙之妻何氏百岁坊"。底楼正面刻何氏百岁坊序，反面正中为"升平人瑞"横匾，下面为周绍熙历任官司职。额枋等处刻有神话故事等深浮雕20幅，其内容丰富，有八仙过海、人物戏剧等，其造型庄严华丽，石刻技艺高超，堪称精美。

2000年，被公布为重庆市级文物保护单位。

三、北碚滩口节孝牌坊（图6-2-23）

位于重庆北碚区水土镇大地村，是节孝牌坊，建于清光绪十三年（1887年），属于重庆市市级文物保护单位，因其建造精美，造型独特，被誉为"川东第一牌坊"。该牌坊高15米，宽11.45米，厚4.8米，为四柱三间五楼歇山顶石牌坊，坐北面南。仿木结构，以青石雕造而成。造型独特，气势恢宏，制造精美。牌坊细节设计匠心独运，雕刻极其精美。底层立柱前后均用青石夹板固定柱基，夹板雕镌蟠龙或卷草纹等图案；正反两面最顶层正中为"圣旨"匾额，周围为浮雕卷云图案，左右饰以人物浮雕；其下的横梁上雕有三幅古代"节孝"故事片断，人物雕刻细腻、生动。正门上方的"节孝"匾额左右也有浮雕人物，与两旁短柱上的花木石雕呼应和谐。不仅如此，牌坊楹联内容深厚，书法水准上乘，在重庆地区较为罕见。

四、荣昌罗汉寺牌坊（图6-2-24）

位于荣昌县清升镇罗汉寺村五社，属寺庙牌坊。罗汉寺牌坊始建于明代万历十九年（1591年），

图6-2-24 荣昌罗汉寺牌坊（图片来源：李虎摄）

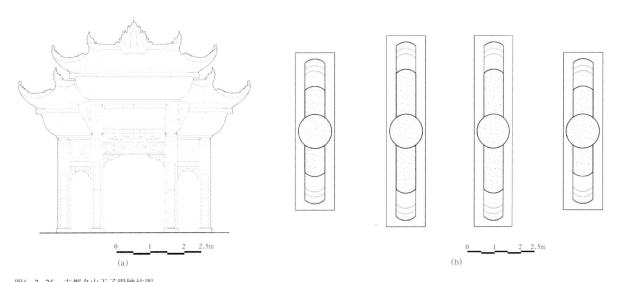

图6-2-25 丰都名山天子殿牌坊图
(a) 丰都名山天子殿牌坊正立面图（图片来源：萧依山绘制）；(b) 丰都名山天子殿牌坊平面图（图片来源：萧依山绘制）

石质仿木结构，三间四柱，重檐歇山顶，正楼题款上书"西来第一禅林"，顶部檐下九斗，两侧次间圆形浮雕为麒麟。

目前，为重庆市级文物保护单位。

五、丰都名山天子殿牌坊（图6-2-25）

位于重庆丰都县城名山顶端，坐西向东，为天子殿第一个主体建筑。该牌坊为木石结构，通高10.5米，三间四柱重檐庑殿顶，正面横书"天子殿"三字，背面书"幽都"二字。顶部为轩棚结构，中堆、塑像及建筑构件工艺精湛。

第三节 塔

塔源于古印度的"窣堵波"，原本是埋葬佛祖释迦牟尼火化后留下的舍利的一种佛教建筑，汉代时随佛教传入中国，后来与中国本土楼阁建筑相结合演变为中国塔。塔依其建筑形态主要分为楼阁式塔、密檐式塔、喇嘛塔、金刚宝座塔及单层塔等。其中楼阁式塔和单层塔分布比较广，其他类型则有比较明显的地域性。根据塔的功能来看，主要分为佛塔和风水塔。其中佛塔在全国基本上都有分布，风水塔则主要分布在南方地区，北方地区相对较少。除此之外，还有其他类型的塔的存在，比如宋代开始兴建的古人专门用来焚烧字纸的字库塔，也主要分布在南方，尤其集中在四川、重庆地区，贵州、湖北也有少量。[⑧]

重庆造塔的历史与佛教在重庆地区的传播和发展有直接关系。目前的考古调查成果已经证明，重庆地区属于我国较早流行和信奉佛教的地区之一。从重庆万州糟房沟墓群发现的长江流域最早的纪年佛像——汉代佛像以及巴蜀地区画像砖、摇钱树佛像等都说明至迟在东汉晚期，佛教在巴蜀各地已经相当普及。四川什邡出土的东汉画像砖中的佛塔图案"虽然较北魏云冈石窟第七窟浮雕佛塔形象较为原始，但已经具备中国楼阁式佛塔的造型"。[⑨]目前，重庆本地尚无汉代佛塔形象可考，文献记载中可见最早的塔是唐代涪陵阿育王塔。唐代南山律宗释道宣所撰《律相感通传》中记载："育王于上起塔，在山顶，神藏于石中。塔是白玉所作，其神见在。郭下寺塔，育王所立。"唐宋时期正是巴蜀地区佛教兴盛，石刻造像、佛寺和佛塔的建造都走向繁荣的重要时期。通过分析唐宋留存下来的石窟、石刻中塔的形象和不多的宋代古塔实物，可见在建筑形态上，这一时期密檐塔和楼阁式塔的数量最多。其中，在时间发展顺序上，"早期石窟石刻及摩崖造像，佛

图6-3-1 大足宝顶山大佛湾倒塔（图片来源：《重庆古塔》）

图6-3-2 万州区"关口字库塔"（图片来源：樊治军摄）

教主题鲜明，宗教气息浓重。这些石窟石刻内雕凿的塔多以密檐塔为主。中晚期的石窟石刻中严肃的佛教场景逐渐被淡化，一些鲜活的民俗生活气息进入石刻中，这些石窟石刻中的塔多以楼阁式为主。"⑩佛教寺院中真实的塔与其他建筑的关系，由于目前仅存孤塔，尚无法考证，比照四川新都宝光寺"前塔后殿，塔踞中心"的总体布局，这一时期，塔无疑在佛教建筑中居于重要的地位。佛塔在建造艺术和技术上，也达到了极高水平。重庆现存宋塔19座，它们中间有确切纪年的最早的几座塔均为南宋绍兴年间所建，分别是荣昌河包报恩塔、凉坪白塔、北碚塔坪寺石塔和大足多宝塔，均为重庆古塔中的精品（图6-3-1）。

元代，由于朝廷崇尚喇嘛教，佛教一度停滞。到了明代，重庆地区佛教复兴，尤其在明代成化、正德、万历、天启、崇祯年间大兴寺庙。明代以后，各地州县为改善本地风水、震慑妖孽或振兴本地文风，兴起了又一次的筑塔高潮，这种塔统称为"文峰塔、风水塔"。它们中的一部分结合了佛塔，也称"浮图"，更多是承袭佛塔的建筑形态，又有所发展。据重庆县志，明清两代，重庆城镇、场镇几乎都有修造文峰塔的记载，逐渐形成一城一塔、一城双塔，甚至多塔的景观。它们主要分为两类："镇水"之用的风水塔，又称洄澜塔。重庆地区江河众多，发生水灾水患的频率高，沿江河城镇普遍造塔镇守。还有不少文峰塔，虽无"洄澜"之名，但据当地县志史料记载，为镇水之用，如万州洄澜塔、长寿文峰塔等。第二类是振兴文风的风水塔，本地称文星塔、文风塔、文笔塔等。塔身装饰上，多有题字曰"魁星点斗"、"三元开泰"等，如梁平文峰塔、丰都培元塔等。文峰塔的选址会充分考虑风水补全的意图，同时也要显眼醒目，好提示人们向学之意和作为城镇标志性景观的作用。因此，古塔多位于江河河道转弯及多条江河并流之山巅高敞处，即风水中的"水口要冲"。久而久之，亦成为进出城镇的路标和指示。沿江城镇更是如此，比如在重庆主城区长江南岸一线，就曾有黄桷垭文峰塔、龙门浩鹅卵石塔和南岸觉林寺报恩塔三座古塔矗立的盛景，它们被喻为镇住长江水龙龙头、龙身和龙尾的三座宝塔。同时，在长江对岸还有江北塔子山文峰塔与黄桷垭文峰塔隔江遥相对峙，锁住长江出重庆城的水口位置。据统计，目前，仅长江、嘉陵江主河道两岸还有古塔16座，多为风水塔。在江中行船，远远就能够看到，至今仍是沿江城镇最引人注目的道道风景。

除文峰塔外，明清巴蜀地区塔的类型还有字库塔、纪念塔、报恩塔、墓塔（俗称"和尚塔"）以及川江上有助航标志功用的宝塔等。其中字库塔为收贮焚烧字纸所用，其习俗可追溯至唐代。清代，重庆各地大量修造，选址于官府衙门、书院、庙宇等附近。重庆现存字库塔62座，均建于清代，如万州关口字库塔（图6-3-2）、开县白云寺字库塔、巴南区四桥字库塔、宝峰塔（图6-3-3）等。纪念塔和报恩塔也是佛教信仰世俗化的一种表现。重庆地区至今留存两处为报答母恩而修建的报恩塔，即大足北山报恩塔（多宝塔）和南岸觉林寺报恩塔（图6-3-4）。

在川江中还有一类塔，并非出于宗教或风水要求而建，它们在过去有助航行或者发求救信号的功用。如云阳老城东约3公里处的长江左岸宝塔乡，江边岩石上有一尊咸丰四年（1854年）凿刻的浮雕宝塔。据载，此处为川江著名险滩，因北岸崖石伸延江中，大水时水流十分紊乱，行船极险，凿刻宝塔标识有助于航行，便有"水浸宝塔脚，下舟休要错；水淹宝塔顶，十船九个损"的行船谚语。这个摩崖石刻浮雕宝塔，是川江上一个重要的航行标志。此外，川江沿岸每隔约3公里还曾有过一种小白塔，几个一组排成一排，称作烟墩、烟塔。清朝中后期的中部地区常出现战乱，遇到险情，人们在塔内燃烧木刨花、树枝，一时青烟四起，以示告急，请求救援。清代末期，这种烟塔基本上已全部毁损。

根据重庆市第三次全国文物普查实地调查结果统计，全境现存古塔共计227座，另有6座仅存塔基的残塔，2处明确的古塔遗址。年代跨度从南宋延续至民国，分布在全市33个区县。比较集中的是渝西和渝东北，分别有古塔90座和84座。除此之外，主城区有21座，渝东南片区32座。古塔中明代塔14座，清代塔181座，约占总量的80%。

重庆地区古塔，在建筑形态、结构选材、施工工艺等方面都具有明显的时代特征和地域特点，主要包括形制发展和变化上的时间滞后性，选材和工艺的地方性，形态风格的混合性和发展后期表现出

图6-3-3　巴南安澜宝峰塔（图片来源：刘芸摄）

图6-3-4　晚清重庆南岸觉林寺报恩塔（图片来源：重庆老照片）

来的比较强的世俗化趋向。根据文献、现存实物和考古发现来看，早期中国塔的平面形状主要有方形、圆形等，唐以后演化出六边形、八边形。目前所知，重庆地区唐宋时期古塔，现存仅有大足北山

图6-3-5 奉节双塔
(a) 文峰塔（图片来源：吴亚伟摄）；(b) 耀夔塔（图片来源：彭世良摄）

图6-3-6 合川文峰塔（图片来源：周兵摄影）

报恩塔为八角形平面，其他均为方形平面。从明代开始，大中型的塔大量采用正六边形和正八边形，正四边形逐渐消失，圆形平面仅存特例大足文峰塔，修建于清同治十二年（1873年），在全国也不多见。平面形状发展的时间差，反映出本地区更长久地保持着古制，这与地区的相对封闭环境有关。

从建塔所用材料来看，重庆古塔主要有石塔、砖塔。其中取材本地的石塔居绝对多数，共计203座，代表性石塔有荣昌河包报恩塔、北碚塔坪寺石塔以及梁平文峰塔。砖塔以砖石混合、砖木混合塔为主，纯粹的砖塔很少，目前存世23座，多为文峰塔和字库塔，尤以文峰塔为甚。代表建筑有大足多宝塔、长寿文峰塔、奉节文峰塔（图6-3-5）、合川文峰塔（图6-3-6）、梁平天香塔等。另存惟一一座金属塔——北碚塔坪寺铁塔，其他材质的塔，如木塔、土砖塔、琉璃塔等未存实物。[11]建塔所用石材主要采用本地产红砂石、麻石等，因石质比较细密，便于雕刻，故不少石塔上有大量仿木构件浮雕和精美雕饰。

从古塔建筑形态上看，楼阁式塔占主流。由于采用砖石材料，有些可以登临，大部分是实心塔。

它们在外形上都表现出对木构楼阁式塔的模仿，其中南宋时期的两座石塔：荣昌河包报恩塔和北碚塔坪寺石塔的外形对木楼阁的模仿最为精细，在红砂石塔身上雕刻出门、窗、立柱、额枋和斗栱，至今鲜明可辨。每层塔檐均刻出瓦件，翼角起翘较高，有重庆本土特色。不过塔身施平坐栏杆者少见，目前仅存重庆南岸觉林寺报恩塔是施真平坐的大型塔。砖石塔由于塔身砖砌，雕刻不易，故每层塔身比较朴素，仿木构件基本省略，塔檐多数以砖层层叠涩而成。最具代表性的是大足多宝塔。密檐塔存世较少，比较有代表性的是明代大足大佛寺实心石塔。基台之上为八边形的须弥座塔基，束腰浮雕花卉，上下枭及枋分别为仰、覆莲瓣，仰莲之上是石刻山花蕉叶。须弥座上是塔的主体部分，平面八角形，五层。清代以后，塔的形态日趋多样，小型墓塔表现出多种宗教功能性塔形在形态上的"复合性"，比如结合了喇嘛塔塔肚和楼阁式塔身的永川塔院寺明代石塔，融合了喇嘛塔、五轮塔和楼阁式塔形式特点的荣昌经堂村清代斜塔，融合了藏传佛教的喇嘛塔和西洋建筑风格的渝中菩提金刚塔以及忠县灵塔等（图6-3-7）。相比较佛塔，文峰塔在建筑形态上更加自由，比如大足文峰塔建于清同治年间，为清代少有的圆形平面密檐式石塔。同时，文峰塔在审美上也出现了地方化特点和浓郁的世俗特色，"白塔"的大量出现就是典型表现之一。重庆各地的清代所造文峰塔作为地方标志性景观，选址依风水堪舆之说，更有临江锁水口的意义，为令其清爽醒目，又为减少风化作用对砖石塔体的影响，时人喜欢将砖石塔身表面通体刷白，局部施彩绘，多数不施彩绘，只留层层塔檐和塔刹保持本色，民间多称之为白塔，比如万州洄澜塔（图6-3-8）、南川西城文峰塔（图6-3-9）、奉节耀奎塔、黔江文峰塔（图6-3-10）、涪陵白塔等。除色彩上的变化，通过数据比较重庆现存古塔的外轮廓线和层高，清代文峰塔塔身的收分值和自下而上层高的递减，都普遍呈现出比明代以前的佛塔更加强烈地变化，宋塔端正柔和的面貌逐渐消退，塔身线

图6-3-7 忠县灵塔（图片来源：彭世良摄）

图6-3-8 万州洄澜塔(前塔)、文峰塔(后塔)（图片来源：彭世良摄）

条趋于硬朗，整体显得更加细高，而塔刹、塔檐等细节处理更趋简化，比如梁平天香塔、梁平文峰塔、北碚复兴白塔和巴南石河塔等。

从内部结构来看，重庆地区现存空心古塔主要采用了"空筒式结构、壁内上折式结构、穿心式结构以及混合式结构"。[12]其中，空筒式结构有些是因为塔内原有木质楼梯、楼板被损毁而形成空筒，如奉节文峰塔；有些是因为本来设计并未考虑人的登临，纯粹是当初建造如此，如奉节风水塔。壁内折上式结构采用者最多，一般在塔腔中心设塔室，塔身内壁和塔室外壁之间设梯道，随塔身平面盘旋折上，塔梯以砖石质为主，整体结构稳固，如南岸觉林寺报恩塔。穿心式结构是宋、辽砖塔常使用的结构方式，重庆大足多宝塔是重庆古塔中全塔使用这种结构方式的孤例。混合结构常见下部壁内折上式，上部采用空筒式的，主要因为空间的收束和减轻重量的考虑，如南岸黄桷垭文峰塔等。

一、荣昌河包报恩寺塔（图6-3-11）

位于重庆市荣昌县河包镇白塔山上，又名白塔，原本是报恩寺（又名白塔寺）建筑群的重要组成部分。

该塔建于南宋绍兴年间（1131~1162年），为红砂石砌筑，平面四边形，塔基为素面双层正方形，九层，外部为八层空心楼阁式石塔，正北向，通高16米。塔身逐层内收，四面或开窗，或设方形或环形龛，龛内有残存佛像。底层四角浮雕盘龙柱，檐下施一斗三升斗栱5朵，往上各层檐下也存一斗三升斗栱若干。二层以上各层每面开一龛，或拱形或方形，内刻佛像或塔铭。每层转角施圆柱，柱头处雕刻出柱头铺作，柱身素面，柱与枋相交处施雀替，柱枋间见榫卯结构。每层塔檐外挑较短，檐下雕刻仿木斗栱，均为一斗三升，做法与底层东、西、北三面斗栱相同。塔内方形空心柱贯顶，石阶盘旋可临七层。建塔所用石材，切割规整，垒砌严丝合缝。塔刹已毁，塔身有损毁。塔身背面东

图6-3-9 南川西城文峰塔（图片来源：陈蔚摄）

图6-3-10 黔江文峰塔（已垮塌）（图片来源：彭世良摄）

图6-3-11 荣昌河包报恩塔（图片来源：韩涛摄）

图6-3-12 北碚塔坪寺石塔（图片来源：萧依山摄）

侧镶嵌一通清代道光十七年（1837年）六月所立"荣足严禁"碑，碑文内容证实了当时塔寺地处荣昌县和大足县交界的事实。该塔对研究宋代的石塔及雕刻艺术有宝贵的价值，是巴蜀地区罕见的纯石砌筑的仿木楼阁的佛塔[14]，为南宋石塔"建筑标本"。

2000年，被公布为重庆市级文物保护单位。

二、北碚塔坪寺石塔（图6-3-12）

位于重庆市北碚区静观镇塔坪寺，建于南宋乾道丁亥年（1167年）。2000年公布为重庆市市级文物保护单位。

该塔为石结构空心塔，平面为正方形，七层，外观形制为仿木结构楼阁式，兼具部分密檐式塔的特点。塔通高14.4米，不设基台，底层变成6.2米。该塔主体以砂石砌筑，表面抹灰，并施灰塑、彩绘装饰。第一层南面开券门，门两侧各开一龛，其余三面均开佛龛，其中东、西面佛龛为尖拱顶，北面为券顶。塔门和佛龛两旁均有对联，四个转角处也有对联，大部分因风化而辨识不清。一层檐下雕刻出简洁的一斗三升的斗栱，每面三朵，其中栱的表面被雕刻成卷云状，四个角柱上各旋转角铺作一朵。斗栱上方雕刻出挑檐枋、桁等仿木构件。塔檐雕刻出筒瓦、板瓦、瓦当、滴水等构件，四个转角处檐角外挑，并以青花瓷片装饰，下方悬挂塔铃。塔檐之上有示意性平坐栏杆。塔身二层以上各层装饰大同小异，最显著的差异在于每层塔门的形制，其中二、三、四层分别为券门、尖拱形门和圭形门，且第三层塔门外饰精致的灰塑门楼，别具特色，这一层也是全塔灰塑最精彩的部分。塔内空间狭小，仅可容一人上下，每一层塔室内都供奉佛像。塔顶为葫芦状宝珠塔刹，给人以端庄、稳重之感。

此塔享有"朝天文笔插空稳，拔地楼阁依势牢"的赞誉。登上顶级临窗远眺，有"举头红日三宝近，放眼平原万象低"之慨。每当朝霞初上夕阳斜照，更是蔚为壮观。塔解及塔顶悬钟，日暮一杵钟声悠悠扬扬，让人置身"塔影悬清汉，钟声度白云"的景色之中。

三、大足多宝塔（图6-3-13）

多宝塔，又名北塔、白塔，位于重庆市大足区龙岗村。该塔于南宋绍兴十七年（1147年）动工，绍兴二十五年（1155年）建成。

该塔为砖石混合楼阁式塔，平面八边形，塔身直接建于岩石上，无塔基，底层边长3.8米，通高33米，外观12层，内7层。底层塔门面南，塔门西侧有题记："大宋丁卯，赵瓦造。"假定塔门方向为正南向，外壁其余各面的装饰内容基本呈对称形式分布，其中正北、东、西三壁凿有一佛龛，且北龛为拱形龛，内刻释迦佛坐像，其左右壁各刻"建塔专库"、"丁卯岁题"等字样，东西两龛均为圭形龛，东龛塑文殊菩萨骑狮像，西龛则塑普贤菩萨乘象像。三龛两旁各设一浅龛，内为浮雕人物或花卉。外转角处设石质角柱，柱上蟠龙缠绕，顶托莲花，上方刻一力士，力士头顶莲花，各力士表情不一，却极其生动。

各层塔檐均以石砌，其中奇数层（不含第十一层）塔檐采用斗栱和叠涩出檐结合，除第三层斗栱出三跳，其余均出一跳，第十一层塔檐用砖叠涩而出，下方砌出两层菱角牙子，偶数层全部叠涩出檐。塔身外壁各层装饰也和奇偶数有关，凡偶数层，除去圭角形门洞或龛外，均不施其他装饰，奇数层则在窗和龛之外另设浅龛。每层开门位置随塔梯盘旋而有变化，除底层外，其余各层南北壁奇数层开拱形龛，内塑佛像，偶数层开圭形门洞，非常规律。东西两壁每层的门洞或佛龛均为圭形，其中单数层为佛龛，双数层为门洞。

塔内首层辟塔室，二层以上塔壁与塔心之间做内廊，塔梯由内廊起斜穿塔心，形成所谓的"穿心式结构"，每层塔梯心方位不同，这种内部结构形式在全国现存古塔中比较少见。塔内回廊两壁有三十六龛造像，属善财五十三参图像，为全塔造像之精华。

多宝塔是重庆古塔中的精品，具有极高的文物价值，1999年同宝顶山、北山、南山、石门山、石篆山摩崖造像一并被列入世界文化遗产名录。

四、南岸觉林寺报恩塔（图6-3-14）

位于南岸莲花山下的觉林寺中。2000年，被重庆市人民政府公布为直辖市第一批市级文物保护单位。建于清代乾隆二十二年（1757年），由月江禅师及其弟子善明所建，后寺毁，仅存山门及报恩塔。

报恩塔为楼阁式九级空心砖塔，平面八边形，底三层为条石筑成，余为砖砌。通高45米，底边周

图6-3-13 大足多宝塔（图片来源：《重庆古塔》）

图6-3-14 觉林寺报恩塔（图片来源：秦富强摄）

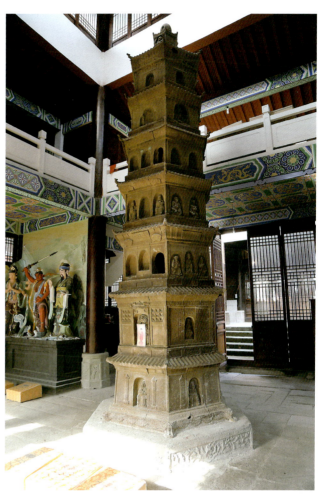

图6-3-15 北碚塔坪寺铁塔（图片来源：萧依山摄）

长45.6米。塔身底三层用条石砌筑，除第七、八层四面开门外，每层仅开一洞。塔檐为石砌，出檐较短，素面，每层檐子之上施石质平坐层，环绕塔身一周，可环绕行走，这是重庆地区惟一施真平坐的大型塔。塔顶为砖砌𰃃顶，其上设金属葫芦宝瓶塔刹。塔逐级叠缩，层层上收。塔内外九层，第一至六层和第九层中心室设佛龛，新雕有佛像7尊，第七、第八层四面均开门，层间设石梯相通，各层均开门、窗，由左盘旋而上直达顶层。据记载，塔内有木梯可攀爬，每层都镌刻佛像，洞开小窗，可以纵目远眺。塔门额镌"人天进步"四字，两旁有李星曜题联："才立脚根地步，已参顶上工夫"石刻。塔身外墙分别刻有"轮相悬华、涂林崇胜、上出云霄、玄之又玄、扶摇霄汉、飘朔尚在、现身三界、更进一层空色相"，皆清乾隆至光绪年间所刻碑碣。

目前，该塔为重庆市级文物保护单位。

五、北碚塔坪寺铁塔（图6-3-15）

位于重庆市北碚区静观镇塔坪寺内，距离北碚城区25千米。此塔立于寺后殿内，七级六角，为清嘉庆年间普湛法师重修塔坪寺时所铸。铁塔采用分段铸造的方式，外观为仿楼阁式，通高6.38米，底层边长0.87米。塔基为石砌，平面为六边形，六面均雕刻有花草纹。第一层塔身六角各铸一卧狮，头部上仰45°。塔身造像数量多，包含儒、道、释三

图6-3-16 梁平文峰塔（图片来源：《重庆古塔》）

家，由造像形态和题记可以清晰辨明。第一层除北门外，每面均开一龛，内铸佛像，其余各层则是正南面及相邻东西面开龛塑像。据寺庙僧人介绍，原来所有造像表面都涂了一层金，现在已经不存在了。除造像外，塔身第二、三层还铸刻出仿木构件，第二层的佛龛龛顶外部铸刻门楼，两旁则铸刻出雕花门窗的样式，第三层檐下刻出天花、匾额等构件，工艺精湛。每层塔檐均刻出瓦件，翼角微翘，悬挂小钟。塔檐上方示意性地铸刻出平坐。塔顶以六角亭阁式小塔作刹座，正面铸一尊大肚弥勒佛，其上铸仰莲宝珠塔刹。塔身铭文集中在第一、二层，前者为"古刹命位文"，后者为塔坪寺及石塔建造始末及寺庙建置沿革。

2000年，塔坪寺铁塔与塔坪寺石塔、塔坪寺一道被公布为重庆市级文物保护单位。

六 梁平文峰塔（图6-3-16）

位于重庆市梁平县城西乡城西村，距离县城约3公里。该塔始建于清道光年间（1830年），初名文风塔，光绪年间进行维修，竣工后更名为文峰塔。

该塔为石结构楼阁式塔，平面为八边形，共11层，通高35.68米，是仅次于福建泉州开元寺石塔的全国第二高石塔。塔基用条石砌筑，边长5米。塔身由青石砌成，底层边长4.71米，西北面开拱形塔门，门两侧镌刻草书"灵秀文明"四字。全塔除第十、第十一层未开塔门外，每层均开一扇塔门，其中奇数层的塔门开在西北面，偶数层塔门则开在西北面相邻的右侧第二面，错落有致。第十层东面阳刻斗大的"文峰"二字。塔内早期供有菩萨、佛像，后来楼板、木梯尽毁，内部遂成空筒状。2008年修复后，沿塔壁复建了八层回旋木梯，直至塔顶，供游人登高观光，并于塔室中央竖立塔心柱。塔刹为宝瓶刹，较粗壮，瓶颈及瓶底处装饰覆莲。

2000年，被公布为重庆市级文物保护单位。

七、渝中区菩提金刚塔（图6-3-17）

位于重庆市渝中区观音岩金刚塔巷6号前，为石构建筑，通高26.73米。该塔造型独特，融合了藏传佛教的喇嘛塔和西洋建筑风格。塔身建在一个方形塔基之上，基座高2.3米。塔身分为三层，其中第一、二层平面为正方形，第三层平面为圆形。第一层塔身边长7.5米，四面阴刻汉、藏两种文字的《佛说阿弥陀佛》和《往生咒》等。四角各立一根柱，柱身外侧阴刻篆体大字，分别为"尊胜庄严"、"大清净幢"、"成就菩提"和"犹如金刚"。因为立柱的原因，转角做成内凹的弧形。第二层塔身下部向内各叠涩四重，上部向内叠涩二重，形成须弥座式，北面横书"菩提金刚塔"五个字，其他各面用藏文书写。再上继续向内叠涩四重后是喇嘛塔的覆钵，覆钵北面开一拱形龛，龛内供奉一尊菩萨。覆钵之上是塔脖子，又称"十三天"，其表面以各色碎瓷片镶嵌，两侧有翼形装饰图案。十三天顶端是宝盖，再上是宝瓶。

此塔地处枇杷山腰，毗邻七星岗，这里在民国以前曾是乱坟岗，人称"棺山坡"。1929年初，在通远门外的七星岗迁坟，挖出无数尸骨。民间传言迁坟行动扰了七星岗的宁静，冒犯了神灵，时常传出闹鬼的传闻（重庆老民谣中尚有"七星岗闹鬼"一说）。其时恰逢康藏一批高僧来汉地弘扬藏传佛教，与之取得联系后在其建议和指导下修建了菩提金刚塔，以超度亡灵、镇邪，为生者消灾避难、永得安宁。塔成之后，邀请师从多杰格西的佛学家张心若撰写菩提金刚塔碑文。1931年2月16日，多杰格西为菩提金刚塔装经开光、诵经祈祷。相传此后七星岗再无闹鬼之事，确实起到了"护民安舍"的作用。

八、荣昌经堂村斜塔（图6-3-18）

位于重庆市荣昌县河包镇经堂村白塔山，距离荣昌县城17千米。该塔建于清代，形制较特殊，融合了喇嘛塔、五轮塔和楼阁式塔的形式特点，塔高9.5米。塔梯分为基台、塔基、塔身、塔檐、塔刹五部分。基台为方形，素面须弥座，南侧局部塌落，地宫埋于其中，是珍藏高僧舍利等物所在。塔基为八角形须弥座，束腰部分有雕饰，上枭饰以仰莲瓣纹，下枋、下枭以及上枋均为素面。塔基之上是圆形塔肚，塔肚和塔基之间饰以兽面纹仰、覆盆。塔肚之上亦是一尊浮雕坐佛，佛身后有背光。亭身方木构件雕刻细致精美，刻出了圆柱、柱间枋

图6-3-17 重庆菩提金刚塔（图片来源：彭世良摄）

图6-3-18 荣昌经堂村斜塔（图片来源：韩涛摄）

木、斗栱、椽子等构件。首重檐顶上饰三重仰莲，莲瓣之上置三重类似喇嘛塔相轮的构件。二重檐顶上为八边形刹座，之上承托塔刹，刹顶似含苞待放的荷花。

该塔每一层均为一块整石，两层之间连接处均以一定比例的糯米浆拌石灰、沙粘接，非常坚固。据附近居民回忆，该塔从若干年前已向南倾斜，倾斜度约为30°。专家勘察后认为塔身倾斜是因为塔基土质有差异，一边疏松，一边坚硬，导致石塔向一边倾斜。至于斜而不倒的原因，可能与该塔的建筑材料有一定关系。

九、万州洄澜塔（图6-3-19）

位于重庆市万州区陈家坝街道长江南岸南山右麓的南山公园内，原名旧宝塔，原址位于原万县市五桥区肉联厂院内，因地处三峡水库淹没区内，搬迁至现址。1999年，洄澜塔被公布为万县市文物保护单位（市县级）。2010年，重庆市人民政府公布其为第二批市级文物保护单位。

该塔始建于清乾隆五十五年（1790年），为砖石结构，九级楼阁式镇水塔，通高32米，平面为正六边形。塔基为素面六边形，边长4.35米，高1.15米，面江的一边分布有踏道四级。第一至第三层塔身以条石砌筑，第四至九层则为青砖所砌。底层塔门开于塔身背面，为拱券门，门两侧石壁上镶嵌石碑，上刻浮雕祥兽图案。与之相邻的西北面镶嵌石碑，刻有铭文，因风化严重而大部分不可辨读。二层以上每一层塔门位置随塔梯旋转而错落有致。塔檐以石料叠涩出檐，外挑较短，翼角上翘，表面刻画鸱吻。塔顶以一座三层六角攒尖小铁塔作塔刹。

十、大足宝顶山大佛湾第6号、第20号浮雕舍利宝塔（图6-3-20～图6-3-21）

大足宝顶山除了佛塔建筑外，尚有为数不少的佛塔造像，大佛湾第6号、第20号舍利塔即为其中之二。1961年，国务院公布宝顶山摩崖造像为第一批全国重点文物保护单位。1999年，宝顶山摩崖石刻被列入世界文化遗产名录。

大佛湾第6号浮雕塔位于大足宝顶山大佛湾摩崖石刻区，平面为四边形，五级，仿楼阁式。第二层塔檐下方书塔匾"舍利宝塔"。塔身施彩，每一层正立面两转角以角柱支撑塔檐，柱础表面饰仰莲，第二层的柱子柱身为亚腰形，第三层的为宝瓶形，第四层的为亚腰形，第五层的为直棱柱形。塔檐雕刻精美，刻出瓦垄、瓦当、滴水，瓦当刻坐佛共计八尊，檐下刻出卷棚、枋等仿木构件。第二、第三层塔身三面及第四、五层的正面各开一圆龛，内刻坐佛一尊。

第20号舍利宝塔，高2.8米，平面为四边形，三级，仿楼阁式。塔前立行者像，高1.45米，身穿袈裟，左手持经卷，右手执说法印，作

图6-3-19　万州洄澜塔（图片来源：《重庆古塔》）

图6-3-20 大足宝顶山大佛湾佛塔造像（图片来源：杨明摄）

说教状。此像具有宝顶山石窟创建人赵智凤像的特征。其像左右竖刻偈语："天堂也广，地狱也阔，不信佛言，且奈心苦；吾道苦中求乐，众生乐中求苦。"塔第二级刻《华严经》，第三级竖刻偈语："假使热铁轮，于我顶上旋，终不以此苦，退失菩提心。"

第四节 墓葬

一、崖葬：悬棺葬、崖穴葬、崖洞葬

崖葬是指将殓尸棺木高置于临江面海、依山傍水的悬崖峭壁之上的一种丧葬形式。世界上的崖葬主要分布在亚洲东部及太平洋南岛一带。在中国范围内，主要分布在四川、重庆、福建、湖北、湖南、贵州、台湾等地区。一般认为崖葬是百越、百濮系统古代少数民族的独特葬俗，其意义在于趋

图6-3-21 大足北山五代浮雕经幢（图片来源：杨嵩林摄）

吉、避湿和尽孝之意。重庆地区崖葬风俗古已有之，而且渐为后人道。《水经注》载："江之左岸，绝崖壁立数百丈，飞鸟所不能栖。有一火烬，插在崖间，远见可长数尺。父老传言，昔洪水之时，人薄（泊）舟崖侧，以余烬插之岩侧，至今犹存，故先后相承，谓之插灶也。"古人不知，"插灶"即为悬棺的误认。有关记载在唐代进一步被明确，唐《天平御览》卷五五九记载："《神怪志》曰：（唐将军）王果经三峡，见石壁有物悬之如棺。使取之，乃一棺也，发之骸骨有焉。"宋代诗人苏轼过三峡也有诗云：忽惊巫峡尾，岩腹有穿圹，仰望天苍苍，石室开南向……铁楣横半空，俯瞰不计丈。古人谁架构？下有不测浪，石窦见天，瓦棺悲古葬。[14]类似记载历代不绝。经过考古界的发掘证实，重庆地区早在东周时期已经有船棺葬、土坑葬、崖葬三大类丧葬方式。[15]目前，重庆地区仍然是国内崖葬遗存保留最多的地区之一。

重庆地区崖葬遗存的地理分布，主要有以下特点：①春秋、战国至东汉时期崖葬遗存主要分布在长江三峡地区奉节、巫山等地；六朝以后，主要分布在龙床河流域丰都、石柱地区以及乌江流域的彭水、黔江，酉水流域的酉阳、秀山等地区。[16]三峡地区以悬棺葬、崖棺葬为主，渝东南地区以崖棺葬、崖穴葬等为主。②根据目前的考古发现，三峡地区悬棺葬墓的地理分布："峡江主流的悬棺相对稀少，而峡江两岸支流之悬棺葬则星罗棋布、鳞次栉比，形成了以峡江主流为中心发展的点网状板块。"[17]这一特点的形成，也从侧面反映出了这一时期三峡地区人口聚居和聚落分布状况。

按照崖葬形式的不同，重庆地区的崖葬分为悬棺葬、崖棺葬、崖穴墓、崖洞墓等多种形式。

悬棺葬基本利用天然岩石理层、竖直罅隙和洞穴来置放棺木，并以木桩、铁桩等支撑棺木，晚期以人工开凿孔洞安置木桩和上置棺木。[18]悬棺葬盛行于春秋、战国时期，主要分布在三峡地区奉节、巫山、巫溪等地区，悬棺所处位置大都选择在面临江河的高陡崖壁上。比如长江三峡中的崖葬多是在高出江面100米以上的地方，最高的可达700米左右（巫山错开峡棺木阡、天子庙）；大宁河沿岸的崖葬的高度比长江三峡中崖葬的高度要稍微低一些，但是也多在高出江面30～100米左右的地方。在放置棺木的方式上，重庆三峡地区比较多的是利用横纵向岩缝水平搁置或者竖向叠放棺木。以奉节瞿塘峡、巫山风箱峡、巫溪龙门峡和巴雾峡、滴翠峡等地发现的14处悬棺葬墓群为例，主要有三种放置形式：一是把棺木直接置于层石里面，即崖缝内，呈横向排列；二是把棺木置于山崖罅隙中，由于罅隙呈纵向，就在罅隙两侧开凿方孔，插进横木桩以支撑重叠置放的棺木，多者十余具，少者一两具；三是将多具棺木直接放于天然洞穴内。地处大宁河支流东溪河畔，巫溪县檀木乡三墩村荆竹坝悬棺葬属于第一种悬棺葬。悬棺葬所在的山崖高200～300米，山崖坐北朝南，崖壁走向由东到西。棺木分布在山崖与河道平行的天然岩石缝隙中，首尾相接，共有25具，存放棺木的缝隙距河面高80～90米。棺木用整木挖凿而成，棺盖、棺身用子母口，分大小两种，长2～2.7米，高0.4～0.8米。部分棺内发现有西汉青铜带钩、手镯及木剑等遗物。属于第二种悬棺葬的是奉节瞿塘峡、巫山风箱峡悬棺葬，其棺木被重叠置于岩隙中的木桩上，棺木也用一段整木挖凿而成，大的长2.1米，宽0.5～0.58米，小的长1.85米，宽0.4～0.44米。较宽的一端做成带方孔的耳，可能下葬时用来系绳。出土西汉铜带钩、柳叶剑、环、权、半两钱、木制剑鞘等遗物。这种形式的悬棺葬一直延续到宋代，在彭水县龙洋乡大田村发现的宋代悬棺葬，距地表高约175米，木棺置于天然岩缝中，部分露出缝外。棺木长约2米，棺木下横置圆木一根。在风箱峡还有一些竖向小岩缝，发现在岩缝底部不用横木支撑而是垫砌石块，将两具棺木重叠放于其上，棺木的一端露在岩缝之外。属于第三种悬棺葬的是奉节瞿塘峡盔甲洞。该洞距水面高约70～80米，洞内有棺木数具，1959年曾出土青铜柳叶剑两件和一些人骨。据分析，这些集中分布在重庆三峡地区峡谷峭壁上，入葬方式比较统一，出土随葬品也多是战国晚期至西汉时期的青铜柳叶剑等遗物，其墓主人可能是一支战国至西汉时期活动在三峡峡谷的少数民族。[19]另外，也有利用天然狭长的平台型岩墩安置棺木的做法，比如巫山县三峡错开峡中一处叫作棺木阡的崖壁上，有一个多面体柱状的凸起的岩墩平台上原有10具木棺，其中有8具顺着崖壁相互重叠放置，另有2具平放在平台上。乌江流域的悬棺主要集中在彭水县和黔江县。彭山县境内乌江及其支流的悬棺葬分布颇广。据实地调查，彭水县高谷区、城郊黄荆、岩东犀角岩、麻油滩等地尚保留多处悬棺葬遗迹。黔江县悬棺葬主要分布在黔江河畔和阿蓬江流域。在酉阳县西南，距县城约30公里的双河区乌江支流小河两岸分布有悬棺葬遗迹。酉水流域的悬棺葬主要分布在秀山县石堤区和酉阳县西酬区后溪公社的酉水沿岸。

崖棺葬是指在面河临水崖壁之上以人工窟龛或天然洞穴安置棺木的葬俗。其中较早的是以天然洞穴为主，较晚的是以人工窟龛为主。[20]有纵穴式和横穴式两种形式，分布范围主要在长江三峡、龙河流域、沅水流域以及乌江流域。比如在巫溪南门湾、凤凰山的崖壁上，人工向崖壁内开凿出洞穴，用于安放木棺的崖棺葬就比较密集。乌江流域的崖棺葬墓均分布在彭水境内的乌江及支流两岸。如彭水郁江悬棺葬墓群，在一个天然洞穴内发现三具长方形木棺，分别置于天然洞口处，棺下是砾碎石混凝土砌成的棺台，在同一具木棺内出土三个头骨，随葬品有宋代银手镯、釉陶碟、铁锅、丝绸残片。无论崖穴墓或崖洞墓，均属二次葬，时代为宋。古代沅水、酉水等地是五溪蛮的主要活动地区，文献记载该地区仡佬族有崖葬的习俗，仡佬是僚的不同种。依此推测，重庆崖穴墓的族属可能是唐宋以后来自五溪地区的"仡佬"或"僚人"。

二、崖墓

崖墓，《中国大百科全书·考古卷》中有如下描述："在山崖或岩层中开凿洞穴为墓室的墓葬形式。"在重庆，人们习惯称之为"蛮子洞"。崖墓在东汉时流行于四川地区，究其缘由，在于这一时期大量的中原汉族不断南迁，与巴蜀地区土著融合共存，繁衍生息，带来了中原葬俗与土著葬俗的一种融合。四川和重庆地区的崖墓就是当时土著的悬棺、船棺墓葬习俗与汉人的土坑、砖石等椁墓葬形式相结合，演变而成的一种新型的"岩椁"墓葬形式。崖墓既有悬棺依附岩壁的因素，又有习仿土坑、砖石木椁墓的成分。巴蜀地区修造崖墓之风自汉代延续至魏晋南北朝时期，至南朝中期偏晚阶段（齐梁时期）基本终止。它的广泛盛行使之成为地方历史上一种独具特点的汉族墓葬形式。目前重庆崖墓群和川中北地区、川东南地区崖墓群共同构成我国崖墓遗存的主体。仅重庆地区现存崖墓数量就多达几千座，比较有代表性的有西汉奉节"营盘包、赵家湾、宝塔坪、三台崖墓"，东汉南川太平镇"雷劈石崖墓"，蜀汉忠县"涂井等地崖墓"，西汉中晚期至南朝"仙人洞崖墓"，永川东汉至六朝时期的崖墓群等，并且随着考古发掘成果的不断推出，这个数字还在增加。

墓与崖葬最大的差别在于，崖葬最注重的是将棺木放置在悬崖峭壁之上，"不入土，不入水，不入鸟兽口腹"[21]，棺木部分或者整体暴露在外，即使利用洞穴放置棺木，也无墓门。崖墓是利用人工开凿的墓穴安葬死者，崖墓内部空间和装饰布置会仿照死者生前的住宅居室建造，因此墓穴一定是封闭的，有墓门。崖墓基本上是古代汉人或者汉化程度较高的少数民族使用的墓葬形式，而崖葬是古代南方少数民族使用的葬俗。

重庆崖墓多开凿在江河两岸面水背山的峭壁和山坡上，主要分布在长江、大宁河、乌江、綦江及其支流沿岸各地。长江流域主要散布在长寿、涪陵、丰都、忠县、万县、云阳、奉节；大宁河流域主要散布在巫溪、巫山；还有龙河流域的石柱、乌江流域的涪陵、綦江流域的綦江等地。崖墓的构造方式主要是在山坡岩体处向内开凿纵列式平底墓道、墓门，继而向内开凿甬道、墓室及其他附属设施。崖墓结构布局和随葬物品等均与同一时期中原汉族仿造死者生前宅第居室的砖室墓基本相同，反映出两汉时期人们"视死如生"的厚葬观，也反映出本地崖墓构造很可能是受到当时中原汉族墓制、习俗的影响而产生的因地制宜的结果。崖墓的繁简差异很大，繁者构连数室，简者一室一棺。四川地区的崖墓根据平面特征及规模可主要分为三大类：单室墓、重室墓和前堂后穴墓。其中重庆崖墓以形制简单的单室墓为主，其他两类实例较少。在分布上，还呈现出聚集成组的状况，反映出当时聚族而葬的盛行和共同的择址观。

重庆崖墓"单室墓"指仅有一个墓室的做法。一般墓室为长宽之比小于2的长方形、方形或横长方形。墓室深为3~5米，宽1.5~2米，高约1.7米，墓顶有平顶、拱顶和人字坡顶多种做法。此外还有在单室墓一侧或两侧设耳室的，亦作置棺之用。有的单室墓还在墓壁上凿出壁龛和灶台，代表性崖墓主要包括：江津凤场乡石坎村南石坎崖墓群、南川太平场镇河沙村西东汉时期雷劈石崖墓群、江津区柏林镇青晏村东汉时期长沟崖墓群、綦江区中锋镇鸳鸯村东汉时期柏树林崖墓群、大足区邮亭镇双墙村东汉时期双墙崖墓群等。除了墓室形式和内部布置都仿尘世的住宅外，入口处的墓门多仿宅门的木构造在石崖上雕出二至三层门楣，墓门外壁上刻鸟兽等浅浮雕图案，后壁有浮雕鱼及线刻的门阙、鱼、人物、女娲像、马等图案，从这些可以了解到汉代木构建筑的概貌，是研究东汉时期社会生活的重要资料。

另外，据1987年全国的文物普查统计，永川境内也有规模数量极多的崖墓群，相对集中的有：胜利路街道冰槽村100座、潮水村80座、学堂坡村125座、中山路街道瓦子村110座等，总计近千座。它们都是开凿在石质相对疏松的岩壁或斜坡上，横竖、上下呈不规则排列。墓室为方形或长方形，长、宽在2~3米之间，多为覆斗顶、穹窿顶均有，空间高度在1.5~2.5米之间。墓门分单层和多层，宽、高在1~1.3米左右。建造在斜坡上的墓室，一般都有狭长墓道，长短因地形决定，稍宽于墓门；开凿在绝壁上的墓室，大多无墓道，有多层门楣，最多可达四层。室内四壁多为素面，少有"人字、叶脉、棱形、斜线"等有规则的凿痕纹饰。

2013年，巫溪战国至汉代的荆竹坝岩棺群、丰都汇南墓群被公布为全国重点文物保护单位。

注释

① 覃英练等．巴蜀汉阙分类比较研究初探．科技创新导报，2010；25．

② 李大地，邹后曦，曾艳．重庆市忠县乌杨阙的初步认识．四川文物，2012（4）．

③ 李锋．重庆忠县邓家沱石阙的初步认识．文物，2007（1）．

④ 重庆市文化局，重庆市博物馆．四川汉代石阙．北京：文物出版社，1992：38-39．

⑤《中国营造学社会刊》第四卷第一期"牌楼算例"

⑥《中国营造学社会刊》第四卷第一期"牌楼算例"

⑦ 重庆市文化局，重庆市博物馆．重庆文物总目．1996；重庆市第三次文物普查领导小组办公室．重庆文物总目续编．2008．

⑧ 重庆市文化遗产研究院，重庆文化遗产保护中心．重庆古塔．科学出版社，2013：9．

⑨ 谢志成．四川汉代画像砖上的佛塔图像．四川文物，1987（4）：62-64．

⑩ 张墨青．巴蜀古塔建筑特色研究．重庆大学硕士学位论文，2009：20-21．

⑪ 重庆市文化遗产研究院，重庆文化遗产保护中心．重庆古塔．科学出版社．2013：14．

⑫ 重庆市文化遗产研究院，重庆文化遗产保护中心．重庆古塔．北京：科学出版社，2013：116．

⑬ 张墨青. 巴蜀古塔建筑特色研究. 重庆大学, 2009.
⑭ 苏轼《出峡》
⑮ 重庆考古60年
⑯ 王和平. 川东南崖葬调查记略.
⑰ 三峡悬棺未解之谜. 天涯论坛http://bbs.tianya.cn/post-water-1002241-1.shtml
⑱ 王豫. 重庆丰都和石柱县崖棺葬调查与研究.
⑲ 重庆市文化遗产研究院. 重庆地区的悬棺葬墓和崖棺葬墓. 重庆考古网http://www.cqkaogu.com
⑳ 王豫. 重庆丰都和石柱县崖棺葬调查与研究.
㉑ 林向. 三峡考古琐记. 四川文物, 2003 (03): 43-48.

重庆古建筑

第七章 古桥、古栈道及古代产业性建筑

重庆古桥、古栈道、古盐道及古代产业性建筑分布图

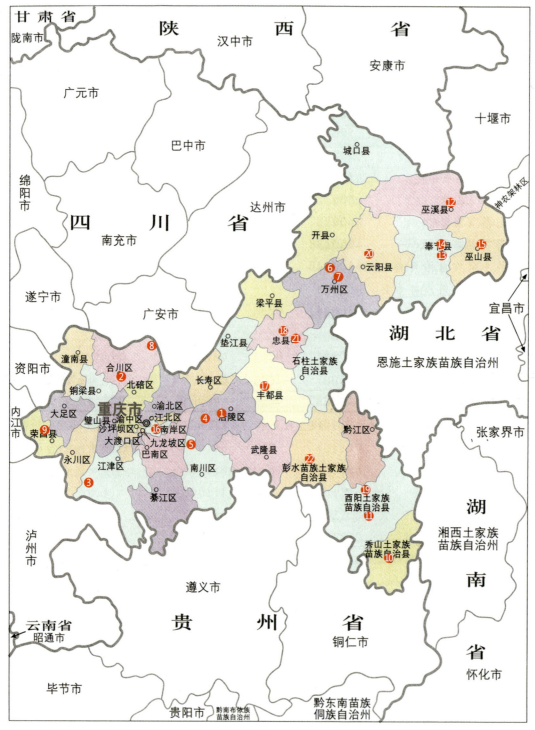

注：该分布图依据重庆市第三次全国文物普查成果绘制

（地图引自：中华人民共和国民政部编. 中华人民共和国行政区划简册2014. 北京：中国地图出版社，2014. ）

- ❶ 碑记桥
- ❷ 岩溪桥
- ❸ 利济桥
- ❹ 龙门桥
- ❺ 太平廊桥
- ❻ 陆安桥
- ❼ 普济桥
- ❽ 双槐镇五星廊桥
- ❾ 大荣桥
- ❿ 溪口天生桥
- ⓫ 酉阳清泉古镇廊桥
- ⓬ 巫溪凤凰桥
- ⓭ 瞿塘峡孟良梯栈道
- ⓮ 瞿塘峡北栈道
- ⓯ 大宁河栈道
- ⓰ 庙岗窑址
- ⓱ 石柱县冶锌遗址群
- ⓲ 忠县洋渡镇冶锌遗址群
- ⓳ 酉阳县钟多镇冶锌遗址群
- ⓴ 云阳县云安盐场
- ㉑ 忠县中坝盐场
- ㉒ 彭水郁山中井坝盐场

第一节　古桥、古栈道

唐代诗人李白诗云"蜀道难，难于上青天"，巴蜀地区周边高山高原环绕，峡谷沟壑纵横的自然环境的确使本地区古代交通的发展十分缓慢，也使其具有了地方性的特征。在历代交通线路的建设上，自先秦始，巴蜀地区就与周边地区形成了一定的水陆通道。史载："武王伐纣，蜀亦从行"，"武王伐纣，实得巴蜀之师"，说明早在商周时期，巴蜀就与中原、西北有交通联系。至战国时，巴蜀地区对外交通已经比较通畅。《战国策·秦策》载："栈道千里，通于蜀汉。"汉帝国向四方开疆拓土，巴蜀地区道路建设更趋发达，基本上形成了后代交通干线的雏形。①重庆地区主要利用发达的水系，通过水陆道路网的建设从东部沟通了湖广、黔滇地区。除长江及其支流的水运外，陆路交通网的建设还受到行政区划、邮驿、贸易等多方面影响。纵观历史，历代从重庆通湖广的水陆道路就有三峡水道、瞿塘巫峡纤道、湖广路驿道、宜昌大路等。三峡水道起自夔州（今奉节），经瞿塘峡、巴峡、巫峡，终于湖北宜昌，其间600多公里，船行"朝发白帝，暮至江陵"。伴航道而设的瞿塘巫峡纤道修筑在长江三峡两岸，山高万仞，水落千丈，无山径可通，为蜀道难中之最。到明清时期，随着三峡航运需求更趋频繁，又有明代四川参政吴彦华开辟三峡水路供纤夫拉船上行的路线，清代夔州知府汪鉴集资继续凿修，终修成从白帝城起至巫山县，再至湖北交界处鳊鱼溪，既供逆水行舟作拉纤用，又可供轿马通行的通道。自唐代就有湖广路驿道自西安东南行到湖北襄樊，经宜昌至夔州、万州、忠县、涪陵而达彭水。而宜昌大路是清代修建的官马大道，从成都经三台、南充、万县，再沿长江过云阳、奉节，达湖北宜昌，可沿江东下达汉口、怀宁、南京。重庆连接贵州的主要通道当数綦江大路，它是清代官马大道巴县大路的支路，从巴县经綦江，达贵州的桐梓、遵义而接贵阳大路。②在这些交通路线上，本地先民逢山开路，遇水搭桥，在条件极为艰难的绝壁悬崖畔，利用各种方式实现着区域与外部世界的沟通。古道不仅是本地区与周边地区保持交流的重要纽带，沿古道形成的交易市场和商旅集散地、食宿点，也逐渐成为各地移民商贾聚居的集镇，促进了重庆地区古代城镇的发展。

一、古桥

重庆地区多山多江河，自古以来先民们就在生产活动中受到自然赐予的"天生桥"和"大风吹倒树干，巧落在溪上，做成圆木独梁桥"的启示，开始搭建简易的木便桥和跳墩桥。在数千年的发展史中，更是因地制宜，就地取材，用土、木、石、砖、藤、铁等建筑材料，建造了数量庞大、类型众多、构造新颖的桥梁。据《中国文物地图集·重庆分册》及《重庆古桥地图》统计，重庆现存各类古桥还在800座以上③，时间跨度从北宋延续至民国，其中绝大部分为清代古桥。它们以独特的技巧，浓郁的地方特色，较高的艺术价值和重要的历史价值著称，重庆亦被誉为"中国桥都"。

现存石桥中，年代最为久远的是建于北宋时期的荣昌施济古桥，至今已有上千年的历史。此拱桥长110.5米，七孔，每孔跨11米，石板铺面，清代即有"川东保障"之称。与之难分伯仲的，还有涪陵马武镇的碑记桥，单孔净跨14米，建于南宋绍熙年间，至今仍保存完好。两桥均为重庆市文物保护单位。此外，在这些古石拱桥中，还有两座奈何桥和"三无桥"特别值得一提。两座奈何桥，是指除了多数重庆人熟知的丰都名山明代奈何桥外，还有璧山县茅莱山上一座建于南宋，至今保存完好的四孔石拱奈何桥。"三无桥"是原位于巫山县培石乡的三座石拱古桥——"无夺桥"、"无伐桥"和"无暴桥"，三桥均建成于清光绪十五年（1890年），究其得名，"无夺指不夺农时、少征劳役，无暴指有功不显耀，无伐指有德行不自夸"，均为警示为官者要重视民生，多为民做好事。

由于重庆多山多水的自然环境，大自然的风化现象多，作用强，就造就了很多天生的石桥奇景，即"天生桥"。它是指由于大自然作用使岩石侵蚀、风化形成的拱形或梁式的天然石桥。重庆天生桥具有数目多、分布广、造型奇特等特征，主要分布在渝东南、渝东北一带山区，已发现的天生桥达几十处，其中最著名的是位于涪陵南乌江支流上的"天生三桥"。它们是由距今一亿多年的"燕山运动"所形成的，彼此依次排列，相距约200米。天生桥对古人修建石拱桥、石梁桥有着重要的启迪作用，成为重庆古代石桥的雏形。受此影响，重庆古桥因地制宜，利用天然岩崖构筑古桥也成为地区造桥技艺中的一大特点，比如涪陵青羊"神仙桥"就巧妙利用河中岩石，构型成妙趣天成的双拱石桥。

目前，重庆留存下来的人工修筑的古桥类型主要有跳蹬桥、梁桥、拱桥、索桥以及各式廊桥等。这些古桥中，以石梁桥、石拱桥最为常见，在重庆各地乡间时常都见到。此外，乌江上游、渝东南地区以廊桥著称，渝东北则多索桥。与我国其他地区的古桥相比较，重庆古桥整体朴实无华，较少装饰，只在桥墩基座或者桥头等处雕刻龙首，增添气势。在桥两端往往立牌坊或者石碑，提示桥名或者记载修桥事由。

（一）堤梁桥

堤梁桥是桥的雏形，重庆民间俗称跳蹬桥、"过水梁"。它是早期先民在天然桥的启示下，用砾石或条石在水中筑起石磴，而形成的一种简易石桥。跳蹬桥无桥面，只在水浅平缓的溪流和河床上，用若干条石，每隔约30～40厘米铺设一蹬，恰好行人一步跨过。跳蹬桥虽造型简单，但坚固耐用，且建造维护耗费少，在重庆农村极为普遍，如忠县黄金镇跳蹬桥、重庆涪陵跳蹬桥等（图7-1-1）。

（二）石梁桥

由于木平梁桥不易保存，目前重庆保存的梁桥基本为石梁桥。它们通常用天然石块砌成墩台，其上架厚石板为梁。现存代表性石梁桥有荣昌路孔古镇大荣桥（图7-1-2）、江津四面山古桥、梁平福禄镇古桥、重庆曾家吴家大桥和南岸双河老桥等。

图7-1-1 忠县大跳蹬桥（图片来源：彭世良摄）

图7-1-2 路孔古镇大荣桥（图片来源：吴浩宇摄）

（三）石拱桥

它是重庆古代桥梁的主要类型。根据考古和文献考证，重庆的石拱桥至迟出现在东汉时期，距今有近2000年的历史。史料记载中，明以前的著名石拱桥有北碚洛阳桥、云阳张飞庙桥、涪陵碑记桥和丰都奈何桥等。现存清代石拱桥较多，代表性的有

图7-1-3 万州陆安桥
(a) 1946年的万州陆安桥（图片来源：《LIFE》）；(b) 万州陆安桥（图片来源：彭世良摄）

涪陵龙门桥万州陆安桥（图7-1-3）、普济桥（图7-1-4）、江津利济桥（图7-1-5）、合川岩溪桥、铜梁金瓯桥、云阳县南溪镇盐述先桥（始建于清同治九年，后民国十五年重建）（图7-1-6）、南川龙济桥（图7-1-7）、重庆茅溪偃月桥（图7-1-8）、巫山无暴桥（图7-1-9）、南川正阳桥（图7-1-10）、南川万安桥（图7-1-11）、万州万安桥（图7-1-12）、万善桥（图7-1-13）和五间桥等（图7-1-14、图7-1-15）。根据拱券形态不同，石拱桥大致可分为圆弧拱、半圆拱、尖拱、椭圆拱等。

（四）索桥和浮桥

索桥，又称绳桥、吊桥、悬索桥，是一种以绳、藤、竹索、铁索为主要承重结构的桥梁，常建于悬岩陡壁、急流滩险的河谷上，在不设中墩、一跨飞渡的大跨桥中常用。据记载，长江上首建索桥的是北周大将陆腾，天和五年（公元570年），他在西陵峡南岸修筑堡垒安蜀城时在江面横拉起粗绳，编结茅草铺成索桥，方便从北岸运送军粮。后为陈朝名将章昭达以船割断绳索，陷北周士兵于粮绝之境。《蜀水经》记有为抵御明朝军队，大夏明玉珍命人凿壁引绳而构的飞（索）桥。重庆现存古索桥有巫溪宁厂索桥、彭水羊头铺索桥、忠县铁蜡桥、云阳天成桥等。除索桥外，三峡地区历史上曾有不少修造浮桥的记载，最早记载的拦江铁索是三国时期吴国，为抵挡司马炎的进攻，曾在三峡西陵峡中设置拦江铁索和在江中暗置铁锥。瞿塘峡口因险隘易守，历代在这里设置拦江浮桥和铁索，防御外敌侵入的情况屡见不鲜，唐武德二年（公元619年）建三钩镇浮桥；后唐同光三年（公元925年），前蜀大将张武建拦江铁索和夔门浮桥拦截南平国国王的舟舰等。

（五）风雨廊桥

风雨廊桥，又称风雨桥、凉桥、屋桥、亭桥、瓦桥等，是一种在木桥面上立柱构顶，形成长廊式桥身的桥梁。重庆古廊桥大多建在古驿道（官道）上或商贸繁华的场镇附近，为了过往行人方便歇脚和躲避风雨，后来逐渐将交通、商贸、休闲诸功能融于一体，是附近村民们茶余饭后消遣、夏季纳凉和土特产买卖的好去处。同时，廊桥造型优美，构成了村畔河中独特的风景。重庆古廊桥较多，至今尚存几十座。具代表性的有合川五星廊桥（图7-1-16）、南川太平廊桥（也称为板板桥）（图7-1-17）、河图廊桥、秀山溪口天生桥（图7-1-18）、客寨桥、丰都西南包鸾镇"人民运动桥"、忠县两河廊桥（图7-1-19）、南川陡溪桥（图7-1-20）、南川高寿桥（又称三河廊桥）（图7-1-21）、南川金佛山南坡廊

图7-1-4 普济桥（图片来源：胡斌摄）

图7-1-5 江津利济桥（图片来源：彭世良摄）

图7-1-6 云阳县南溪镇盐述先桥（图片来源：魏宏毅摄）

图7-1-7 南川龙济桥（图片来源：苏小渝摄）

图7-1-8 重庆茅溪偃月桥（图片来源：郭真明摄）

图7-1-9 巫山无暴桥（图片来源：彭世良摄）

图7-1-10 南川正阳桥（图片来源：苏小渝摄）

图7-1-11 南川万安桥（图片来源：苏小渝摄）

图7-1-12 万州万安桥（图片来源：王树生摄）

图7-1-13 万善桥（图片来源：王树生摄）

图7-1-14 万州五间桥（图片来源：王树生摄）

图7-1-15 涪陵青羊镇古驿道古桥（图片来源：谭科摄）

图7-1-16 合川五星廊桥（图片来源：李益品摄）

桥、南川鸣玉镇靖安桥（又名盐巴桥）（图7-1-22）、南川鱼泉乡廊桥（图7-1-23）、綦江区石角镇木金桥（图7-1-24）、巫溪凤凰桥等。廊桥按受力结构的不同主要分为石拱廊桥、木梁廊桥和撑架式木廊桥三大类，现存古廊桥多属第一类，它们是用块石砌筑桥拱，以石板砌筑桥面，在石拱桥上建造桥屋，代表性的有横跨四川重庆两地界的合川五星廊桥、南川太平廊桥、河图廊桥、秀山溪口天生桥和客寨

图7-1-17 南川板板桥（亦称南川太平廊桥）（图片来源：苏小渝摄）

(a)

(b)

图7-1-18 秀山溪口天生桥（图片来源：程从信摄）

图7-1-19 忠县两河廊桥（图片来源：李剑波摄影）

图7-1-20 陡溪桥全貌（图片来源：陈砚摄）

图7-1-21 南川高寿桥（又称三河廊桥）（图片来源：陈砚摄）

图7-1-22 南川鸣玉镇靖安桥（又名盐巴桥）（图片来源：苏小渝摄）

图7-1-23 南川鱼泉乡廊桥（图片来源：苏小渝摄）

图7-1-24 綦江区石角镇木金桥（图片来源：张健摄）

桥等。在渝东南土家族聚居区的山野中还散布着一些木梁式和撑架式木廊桥，其中酉阳清泉镇回龙桥就采用了斜撑木拱桥形式（图7-1-25）。从造型来看，重庆古廊桥较素朴，廊屋主要采用悬山顶和硬山顶，少数歇山顶，或带披檐，层次丰富。硬山顶者两端以封火墙收头，上题桥名。廊屋结构基本为穿斗式木屋架，屋身多开敞，廊道两侧除立柱和类似美人靠一类护栏外没有其他空间围合物，视野无遮拦，可观河景。廊屋内有些还设有神龛香案，为古镇"把风水"。

二、古栈道

栈道，又名阁道、栈阁、复道等，是指在山间陡峭石壁上凿孔、架木、铺板而成的架空通道。途

图7-1-25 酉阳清泉镇回龙廊桥（图片来源：彭世良摄）

中有较宽阔平坦处，每隔相当里程筑一阁亭，可供行人歇息。我国古代栈道主要分布于秦巴山区道路险峻之处，在西南及其他地区，也有一定分布。

先秦时期，巴蜀地区的栈道构筑技术已经比较成熟。主要有两种形式：一种是绝壁上支木为梁的道路，故谓之"千梁无柱"。《昭化县志》载："白水岸有栈桥故迹10余所，皆石凿圆孔，以立横梁，其孔深二三尺，广一二尺，每孔相去不及一丈，布受木板。"另一种为《水经注·沔水》所载："其阁一头入腹，其一头立柱于水中。"推测其建造时间约起自商周，以后历代均有修筑。秦汉统一中国后，为畅通政令、加强与西南的联系与交往，中央政府更是大量修筑道路，开辟栈道，设立驿站。其中重庆三峡地区的栈道在战国修建的基础上得以拓展延伸，使"栈阁北来连陇蜀"，巴蜀的经济与文化也得以穿岷山，越秦岭，迤逦北上，徜徉于三秦大地。隋唐时期，随着峡江水运的发展，地区交通在东西峡路贯通的基础上，南北走向的支流作用得到了更好的发挥，支流栈道的里程超过了前代的任何时期，可谓干支水陆并举。如此，东西横向、南北纵向的交通体系完全建立，三峡交通网络基本完备。

这一时期，栈道的修筑除了交通发展的需要，还在促进地区特色经济产业发展方面起到了重要作用。以三峡大宁河栈道为例，修建最初就是为了引盐泉制盐，《宁县志》记载："石孔乃秦汉新凿，以用竹筧引盐泉到大昌熬制。"后来随着经济的发展和运输的需求，人们利用"引泉栈道"铺设木板为人行栈道，遂成为行人、运输、引路的多功能栈道。而在沟通滇黔、川陕水陆交通网络的建设过程中，栈道都起到了沟通衔接的作用。宋代，随着中国政治经济中心渐南，北方古蜀道的栈道多被损毁，而沿峡江主干道普遍修筑栈道，以便纤夫和过客。"川滇川黔交通梗塞，川陕交通受军事上制约，峡路横贯东西，成为四川与中央政府惟一通途。"据《大宁县志》记载，北宋太祖就曾利用大宁河栈道作为平蜀征战之道。明清以后，峡江水运空前发展，鉴于三峡地区地质环境的特点，这一时期，采用石砭道和凹槽式石栈道做法的"纤道"的开凿比较普遍。如明成化年间在瞿塘峡上开凿纤道；万历十年修筑奉节鬼门关一带的陆路；清康熙十三年和乾隆十三年，在荆门山上开凿与整修纤路；光绪十五年，夔州知府汪鉴组织民众在前人开凿古道的基础上，在瞿塘和巫峡间开了一百九十五里的纤道，使"成五六尺宽平坦路，纤轿可并行其中"。

现存重庆古栈道分布于长江三峡、嘉陵江、乌江和大宁河一带，主要有瞿塘峡栈道，包括孟良梯栈道、偷水孔栈道、瞿塘栈道、巫峡栈道、西陵峡栈道和大宁河栈道等。从现存古栈道遗址来看，规模最大的是大宁河古栈道，它向北一直延伸至陕南，重庆境内共存80余公里。其早期木结构遗物今已不在，仅见数千方形栈孔。

三、古桥和古栈道典例

（一）涪陵龙门桥和碑记桥

龙门桥位于涪陵蔺市镇西，跨长江支流黎乡溪上。桥长174米，宽8.7米，高27米，主跨3×26.9米，拱高14.8米。桥上石雕精美，工艺精湛，尤以镂空石龙为最。龙门桥为纵联三孔无铰实肩平面式。桥面原有高7米的石牌坊3座。桥墩皆建于硬质砂岩石滩上，桥墩条石共16层。拱券共2层，第二层出现凸线。石栏下近桥面之处共开63个40厘米×30厘米的泄水孔，间隔4.8~5.3米不等。桥东雕有雄狮一对，桥西雕有石象一双，桥栏外有龙、蟾蜍和净瓶等石雕。中洞拱顶桥面有回音石，呈圆形，直径2.5米。

碑记桥位于涪陵区马武镇碑记关村，横跨东流溪。桥长31.5米，宽5.3米，高7.7米，跨径9.9米，拱高6.6米，石板桥面，桥栏杆由素面石板砌成，栏高0.32米，厚0.35米。该桥始建于宋光宗绍熙五年，系重庆地区已发现的历史最久、规模最大的石桥之一，仅次于荣昌施济桥。

（二）万州陆安桥

陆安桥位于万州区，横跨苎溪河，为圆弧形人行石拱桥。桥长55米，桥宽9.4米，单孔，净跨32米，建于清同治五年。陆安桥建造时利用裸露岩基就地起拱，用红砂石砌成，并用糯米、石灰、砂浆粘砌。拱圈成半圆形，两端建石梯，为现存重庆最大跨径石拱桥。

（三）合川双槐镇五星廊桥

五星桥位于合川双槐镇石泉村，修建于清道光七年（1827年），石木结构。桥长（含引桥）68米，宽6米，廊屋高约5米。桥上有小青瓦悬山顶穿斗木结构廊屋建筑，十七柱十六开间。桥下6个石桥墩，形成连续五拱桥洞，每孔净跨高度8.8米，桥墩宽3米，自河底至桥面由20轮方石砌成。此桥一半属于重庆合川，另一半属于四川华蓥市，为川渝之"界桥"。在桥的南北两头曾建有五庙、三牌坊，目前仅存位于桥北码头的清华寺古庙。五星桥以前曾是岳池、广安、华蓥等川东地区人们步行去合川、下重庆的必经之路。如今，仍然为合川县渭溪、双槐、黄土等乡镇的群众去庆华镇赶集的必经之道。

（四）酉阳清泉古镇廊桥（回龙桥）

清泉古廊桥位于乌江边的清泉镇，始建于清同治十年（1871年），全木结构不着一颗铁钉。桥长32米、宽4米，廊屋高约5米。桥身十柱九开间，廊屋梁架之上彩绘八卦、祥云、飞龙、彩凤等祥瑞图案，书以"福"、"囍"等字样。桥身两侧设横木，可供行人小憩，边上设直棂木栏以护安全。廊桥两端用五花封火砖墙收头，中央各开一圆形拱门供行人出入。桥下25米跨度的斜撑木栱，横跨两岸悬岩，左右各以六根杉木向心呈45°角支撑，并层层形成拱形，其上横放杉木作桥梁，梁上铺木板为桥面。整体结构受力清晰，构件主次明确，至今保存完好。桥下溪旁，凿有一座巨形石磨（直径约2米）并引龙凼沟之水作为动力。另外，在距离廊桥不远处原来还有一座古牌坊。据史料记载，牌坊系明代大盐商"饶百万"所建，高30多米，宽10多米，后被毁。

（五）巫溪凤凰桥

凤凰桥位于巫溪凤凰镇大宁河支流上，建于清道光十五年。桥长47米，主跨为三孔，宽2.27米，高约6米。凤凰桥为石墩木梁木廊结构，三跨连续梁，桥面为木板，廊面覆盖小青瓦。中间有两个条形六边形桥墩，刀棱墩尖，起着分水作用，以减少河水对它的冲击，均由条石砌成。墩高3.5米，最大对角线长8.5米。

（六）三峡古栈道

三峡地区著名的栈道遗迹主要有瞿塘峡孟良梯栈道、瞿塘峡北栈道和大宁河栈道等处，全长约五六十公里。瞿塘峡段从奉节县草堂河口东岸起，至巫山县大溪对岸的状元堆山，长约10公里；巫峡段从巫山县对岸起，至川鄂两省交界处的青莲溪止，长30公里；其余则零星分布在西陵峡中。栈道形式主要有木栈道和凹槽式石栈道两种。其中瞿塘峡北栈道主要为石槽道，道宽1米，最宽处不超过2米，栈道包括道路、石桥、铁链、石栏等，高出江面数十米。孟良梯栈道和大宁河栈道主要为木栈道。

瞿塘峡北栈道位于瞿塘峡北岸峡口崖壁。栈道连接了瞿塘峡口与白果背两地，全长1250米，开凿于清代道光三年（1388年），栈道上方刻有清人所刻"开辟奇功"，"天梯津梁"八个大字。

瞿塘峡孟良梯栈道位于瞿塘峡口内约1公里处的南岸，西距奉节老城约5公里。是南宋末年为抗元斗争需要而凿通的瞿塘峡到阳日城的交通栈道。峭壁悬崖上现存61个石孔，孔距1～3米不等。与一般的水平分布栈道不同，孟良梯栈道呈"之"字形排列向崖壁上方延伸，是特殊的坡地攀崖栈道。栈道从东侧石壁底部自下而上开凿，向西上攀至55米高绝壁处中断。依其方向分为六段：第一段斜向西上，经七栈孔而达宽3～8米，长20多米的石台东端，此石台一面依绝壁，三面凌空；今台上西侧有一仿古建筑，在台上高1.5米处石壁出现栈孔，以约37°的斜度向西斜上，此为第二段，共有栈孔十一孔；第三段栈孔由前段第九孔处转而向东侧斜上开凿，这一方向共十五孔，坡度约37°；之后，栈孔复行转折，以大约35°的斜坡斜向西上十二孔，此为第四段；之后开始向西凿孔，为第五段；向西共七孔，相接者为第六段，又开始向西向上斜行十五孔，中断于绝壁之上。最后这一段十五孔坡度约为45°。此处共存大小栈孔六十六孔，石孔皆保存完好。石栈孔孔口大部分为正方形，少数为竖长方形，开凿的方正规范。从下部栈孔测量情况看，大孔边长26厘米，深34厘米；小孔边长17.7～18厘米，深27厘米。④总体来看，栈孔分布范围东西宽约50米，上下高度与宽度相近，为55米左右。今栈道木结构除中部一孔发现半截残桩，下部数孔存有现代安装的木桩外，其余已经不存，唯栈孔保存较好。⑤

大宁河栈道为典型的无柱式栈道，是目前发现的我国现存最大规模的古代栈道遗迹。主要集中在巫山县大宁河龙门峡东口，至巫溪县大宁厂之间276华里的两岸悬崖峭壁上。现存有栈道孔6983个。石孔约六寸见方（约合30厘米×30厘米，是秦汉时期栈道孔的标准尺寸），深三尺多，孔距五尺。枯水季节离河面高约15米。纵观栈道全程，它以大宁盐场为源头，从宁厂古镇起，至后溪河口转而进大宁河后，分别沿大宁河南下、北上，分成南北两段。

北上段从宁厂古镇沿大宁河北上，转西溪河及主要支流东溪河而西进，至湖北竹溪县羊角洞、陕西镇平县大河乡母猪洞。小榆河和重庆城口县东安乡亢河一带，栈道连接山路，纵横交错，不下千里，形成了一个庞大的栈道网。北上段栈道石孔的排列高低、孔距远近、孔径大小和孔眼浅深都各不相同，与南下段石孔的整齐划一形成了鲜明的对照。将这些栈道与周边各条山路进行联系发现，它们与山路连成了网络，形成了这一地区古代四通八达的山地交通格局，扩大了宁厂古镇的盐业运销，增进了与周边地区的物资交流和经济交往。

栈道南段由宁厂镇至巫山县的龙门峡口，从栈道石孔位置的水平和排列情况来看，它们与引卤直接相关。从南下段栈道孔排列的状况看，石孔的位置是在一条直线上，犹如用水平仪测量过的一般。但从全程考察，它是按一定的坡度在逐渐下降。宁厂古镇栈道石孔起点位置的海拔高度在237米左右，末端的龙门峡口处，石孔位置的海拔高度只有140米左右，全程80公里，自然落差97米，降幅为1.21‰，所以，在小范围内看，几乎是水平的，且中途没有高低起伏，这正是古时引卤之必需。这也恰印证了大宁河栈道起源于"以竹引泉"的推测。明崇祯元年，明代官军在巫山大昌大宁河沿岸设立了13个隘口，用以防备起义军。后来张献忠起义军在征战中将栈道付之一炬。

2013年，奉节瞿塘峡摩崖石刻被公布为全国重点文物保护单位。

第二节 古代产业建筑

一、古盐业生产遗址

几千年来，盐业作为渝东地区的一个重要产业，不仅具有悠久的盐业开发史，而且对地区古代政区建制、官吏设置、城镇形成、宗教文化发展以及建筑类型的丰富都有深刻影响。⑥数量繁多的古盐业文化遗产，其中包括古盐井、古盐业生产遗迹与遗址、古盐业栈道、古盐道等。其中古盐业生产建筑遗存主要包括人们用于晒卤制盐或熬卤制盐的陶容器、卤水槽以及由灶门、火膛、烟囱、卤水池组成的盐灶等。

综合史料，古盐业文化遗产的分布主要集中在三峡地区的以下三个区域："一是以忠县、云阳为中心的瞿塘峡以东长江髓骨地带；二是以巫溪宁厂盐泉为中心的大宁河流域；三是以彭水郁山为中心的川鄂湘交界地带。"⑦近十年来，三峡地区发现的汉代以来的著名古盐场就有10余处，盐井400余眼，分布在巫溪、城口、云阳、奉节、忠县、开县、彭水、武隆等地。其中巫溪县宁厂盐场（图7-2-1）除自然盐泉"白鹿盐泉"外，在大宁河两岸还分布有盐泉13眼；城口县明通盐场有盐井16眼，均分布在前河上游沿岸，其中斑鸠井最为出名；云阳县有盐井195眼，其中185眼井都分布在长江北岸的流经云安镇境内的汤溪河沿岸，著名的盐井有白兔井和浣泉井，在长江南岸的故陵还有长滩井；奉节县原有盐泉10余眼，最著名的是白盐碛盐泉；忠县原有盐井96眼，现存41眼，主要分布在涂井河、干井沟沿岸；开县温泉镇有盐井20眼，位于长江北岸支流彭溪河上游，著名的盐井有码头井和玉泉井；彭水县郁山盐场诸井均分布于郁江支流中井河、后灶河沿岸，著名盐井有鸡鸣井、飞水井等；武隆县巷口镇盐场有白马井。⑧除古盐场建筑遗存外，与盐业经济相关的建筑遗存还有重庆各地用于成盐运输的

图7-2-1 宁厂盐泉及周边古文化遗址分布示意图（图片来源：萧依山绘制）

图7-2-2 宁厂盐场遗址（图片来源：邹怀阳摄）

古盐道、古栈道遗址。比如现存巫溪双溪乡风洞子古道就是一条用石板铺成的通往陕西汉中、湖北竹溪一带的运盐古道；还有渝黔之间的"盐茶古道"，道路由重庆南岸海棠溪经黄桷古道、黄桷垭、老厂、鹿角、古剑进入綦江境内，再途经马垭、鱼梁、柑子垭、幺塘等驿站，最后从綦江东溪镇进入贵州境内；还有大宁河峡谷西岸的运盐栈道遗址等。

（一）云阳县云安盐场

主要包括白兔井（又名大井）和浣泉井（又名小井），它们是四川盆地内年代最早的盐井。白兔井口石砌呈八边形，直径3米，深57米。井壁为木石结构，即外层用条石砌成，内壁以木构成多边形井圈。浣泉井口为正十二边形，边长0.67米，对角距3.5米，深约40米，井壁镶木枋。此类人工井还是利用的盐泉，只是为了防止夏季洪水的影响，砌成的盐井口都高出河面数米。近年来对云安盐场遗址进行过数次发掘，主要发现是宋代遗存，有盐井、水池、水沟（用于输送盐卤的通道）、水槽、灶、烟道、房基、踏道、天井、排水系统等遗迹。出土有宋代青白瓷碗、盏、碟、陶执壶、柱础、台基、瓦当、滴水等遗物。

（二）忠县中坝盐场

忠县干井镇中坝盐场尚存几处汉代盐井遗迹，其中一眼盐井用石板砌成半圆形井台，井口高出河床约5米。在中坝遗址中发现的汉代龙窑，可能是战国时代龙窑式盐灶的延续，而置于灶上的容器已由原来的陶釜变成了铁锅。忠县另一处著名盐场是位于汝溪河畔的涂井镇盐场，有古盐井17眼，以官井规模最大、延续时间最长而著称。

（三）彭水郁山中井坝盐场

郁山盐场最早开发于王莽天凤五年（公元18年），凿有鸡鸣井，系大口井，口径长2米，宽2米。该井直到1980年才停。经过考古发掘，中井坝盐业遗址是我国迄今为止发现的保存最为完好的一处制盐作坊遗址，已经发掘的包括各类盐业相关遗迹36座，其中有12座盐灶、5座蓄卤池、2座黄泥加工坑等。遗迹保存完整，相关配套设施保存齐全。

发现的盐灶、蓄卤池、黄泥加工坑、各类沟槽等生产设施，基本完整地反映了古代制盐生产的全过程。特别是遗址内发现的盐灶，是目前发现的结构最为清晰、规模最大、数量最多的古代盐灶群，包括盐灶共12座，这些盐灶分布密集，两两相邻，排列有序，根据灶体结构的不同可分为两类：一类由火膛、火道以及烟道组成。火膛呈马蹄状，两壁及底面为红烧土，其前部正中有卵石砌筑的出渣坑；火道与火膛相连，呈长条形，其两壁和底用夹小石子的黄色黏土筑成，内壁为红烧土。有些在火道后部还铺有吸卤水用的红色土球；烟道位于火道的尾部，由石块拱券成弧形顶，前后开通。另一类由火膛、火道、甑子以及沟槽、灰坑等相关附属设施组成。火膛呈马蹄形，两壁内侧垒砌有成行的土球，前部有卵石砌筑的出渣坑，后部用土球垒砌成圆弧状，中间留有空缺与火道相连；火道为长条形，两壁为红烧土，其内侧垒砌有成行的土球；甑子略呈半圆形，火道与甑子间有一道土球垒砌的隔墙，周壁为红烧土，其内满布土球；部分盐灶在甑子后部设置方形坑，另外一些盐灶隔墙顶部有沟槽类遗迹。⑨

二、古冶炼业生产遗址

重庆古代采矿与冶炼业发展很早。在找寻盐脉的过程中，巴人也逐渐掌握了丹砂矿的分布与开采工艺。丹砂不仅可作颜料或涂料，也有重要的药用价值。《神农本草经》中就将其列为上品之药，既可外用，又可内服。同时，热丹砂还可以提炼出水银，为道教丹鼎派炼丹术的必需物品，又称"不死神药"，所以开采者众。《史记·货殖列传》所记秦始皇筑"怀情台"之主人就是当时依靠丹砂矿开采与提炼而富甲天下的巴寡妇清。矿产的开采促进了冶炼业的起步，使重庆成为中国早期冶炼工业的重要发源地之一，经过历代累积，冶炼工业遗址、遗迹非常丰富，其类型包括炼铁、炼锌、炼铜、制硝等。

伴随着明代以后，重庆对锌矿的开采和冶炼技术的发展，炼锌业日益发达，至今被发现的炼锌遗址的分布比较广，数量居全国前列。目前全国36处炼锌遗址，重庆就占20余处，主要分布在丰都、石柱、酉阳、忠县等地。其中，丰都高家镇的明代炼锌窑炉为中国最早的炼锌炉；位于忠县洋渡镇的临江二队冶炼遗址，是迄今为止三峡地区发掘的规模最大、保存最完好、结构最清晰的明代冶锌遗址。对于复原明代炼锌炉的形制、了解炼锌工艺流程、研究炼炉形制的历史发展变化等提供了宝贵的实物资料。结合《天工开物》中所记载的冶炼程序，明代炼锌工艺的场景终于得以被再现还原。通过考察，明代冶炼遗址已经有功能分区和成群分组布置的做法。单个冶炼场主要由工作区、生活区和废弃堆积区三部分构成。工作区由炼炉、堆煤坑、堆矿坑、蓄水池等系列设施构成；生活区是作坊工人起居生活的场所，同时也是产品的存放地；废弃堆积区是倾倒煤渣、残破反应罐等冶炼废弃物和生活垃圾的场所。遗址往往位于临江低地或冲沟，便于运输、用水、倾倒废弃物等。炼炉的设计基本成熟。炼炉平面呈长条形，由炉床、窑室两部分组成。炉床多建于生土上，床面上用条形砖砌置墩砖，个别可见墩砖上横向的过桥砖，墩砖与过桥砖共同构成炉栅；窑室呈马槽形，两端墙体用土坯或砖直接在炉床上垒砌，两侧墙体建在炉栅上，用条形砖错缝平砌，结构颇为精巧。⑳

2013年，重庆冶锌遗址群被公布为全国重点文物保护单位。

三、古制陶遗址

石器时代的考古遗址中，窑址就是重要组成部分，作为关系人们生活的必需品，民间制瓷、制陶行业和作坊一直不绝。其中，瓷器以重庆涂山窑系为代表。涂山窑系创烧于北宋末，南宋时极为兴盛，至元代渐趋衰亡，是古代中国西南地区较有代表性的仿建窑系民间瓷窑。涂山窑系窑址在重庆境内广有分布，主要有以南岸黄桷垭涂山窑址群为中心分布的巴南清溪、荣昌瓷窑里、合川炉堆子、涪陵蔺市等数处规模较大的涂山窑系窑场。

南岸涂山窑系列窑址位于重庆长江南岸华蓥山余脉与涂山之间的宽谷地带，长达十几公里的范围内，沿江分布着酱园、锯木湾、小湾、桃子林、王庄、涂山湖、庙子岗等16处瓷窑遗址。

荣昌陶瓷业自古有之，历史十分悠久。早在两千年前的汉代，荣昌安富就出现了以陶俑为代表的汉陶。宋代时达到前所未有的兴盛，刘家拱桥、罗汉坟、甘河沟一带造窑烧陶业十分兴旺。至清代，有大小十数处名窑，如中兴窑、磨子窑、万利窑、万兴窑、崇兴窑等。目前考古发现的古代窑场遗址，主要有宋代石朝门古窑遗址以及明清龙窑遗址6处，阶梯窑、平窑遗址18处。其中的夏兴古窑位于荣昌县安富街道垭口村鸦屿山瓦子河畔，是目前荣昌县保存得最为完整的清代古窑遗址。

第三节 水下题刻

千古三峡，创造了璀璨的巴渝文化。在三峡大抢救的众多文物中，有一类与江水涨落息息相关的石刻文物，即枯水位石刻和洪水位石刻。古代宋至明清，先民将此类石刻概纳入"金石"范畴。近几十年人们俗称的"水文石刻"，主要是通过其石刻上的枯水位和洪水位标记和文字记录，掌握长江上水位变化的水文科学规律。但是就枯水位和洪水石刻的价值来看，远非局限于水文科学价值的范畴，涉及水文、气象、航运、农业、水利、历史、地理、文学、民俗、政治、社会经济、文物考古和艺术各个学科领域。此类石刻对于证史、补史、续史，对于长江上游文学艺术和传统民俗文化的研究与利用，对于巴渝地区社会经济与历史地理的研究，对于地方科学技术的研究与利用，都产生了不可替代的巨大作用。因此，这类石刻除了水文价值外，还具有重要的历史价值、文学艺术价值、人文科学和自然科学价值，即文物价值。鉴于本文所涉及的枯水位石刻由于千百年来地理状况变迁，泥沙淤积，河床提高，多年难露神秘的面目，如灵石题刻已大半个世纪不见真容，加之三峡工程水位提高，故名为"水下题刻"。

一、涪陵白鹤梁

在涪陵城北离岸近百米的长江之中，有长约1600米，宽约15米的一道石梁，自西向东伸展，与江流平行，呈一字形。平时，石梁隐伏江水之中，不能得见，惟遇江水特别枯落，才浮现于水面。白鹤梁上有题刻165段，其中唐代1段、宋代98段、元代5段、明代16段、清代24段、近代14段，年代不详的7段。石梁上，刻有石鱼14尾，分别为线雕、浮雕、立体雕，大小不等，形态各异。其中线雕双鲤始刻于唐，重镌于清，用双鱼眼，作为古代枯水位标志，与现今长江水位零点相近。自唐广德元年（公元763年）以来，至20世纪初，1200多年间，共记录了72个年份的枯水情况，如宋绍兴十年（1140年）水位最低，水去鱼下十尺，梁上有石刻记录。将这些资料加以整理，可得出千余年长江上游最低水位表。这对于发展我国的水利和航运事业有极重要的价值，故白鹤梁有"古代水文站"之称。

唐刻石鱼，因年代久远，江水冲蚀，已模糊不清。现存二鲤，名有三十六鳞，一嘬芝草，一含莲花，乃清代涪州牧萧星拱命石工所刻，并有题记："涪江石鱼镌于波底，现则岁丰……因岁久剥落，形质模糊，几不可问，遂命石工刻而新之……"石鱼现则岁丰，这是历代当地群众观测结论。涪陵白鹤梁石鱼题刻，5年或10年才现出一次。1953年、1963年、1973年，石鱼复出，是岁皆大稔。这说明"石鱼出水兆丰年"有一定道理，因长江水位高低与气候变化、雨量多少紧密相关，而气候、雨量又同农事丰歉密不可分。除石鱼之外，多为历代骚人墨客留下的诗文，以宋代为最多，约100段左右；元、明、清次之。其中有姓名可考者三百多人。除北宋著名文学家、书法家黄庭坚"元符庚辰涪翁来"的题字外，还有朱昂、吴革、刘甲、庞恭孙、晁公溯、王士禛等人的诗文题刻。这些诗文随地刻成，纵横交错，具有较高的文学、艺术价值。从书法艺术上讲，题记多出自历代书法名家手笔，颜、柳、苏、黄，楷、草、隶、篆，各体皆备，从文学价值上讲，不少诗文具有很高的思想、艺术水平。明涪州太守黄寿题诗："时乎鸾凤见，石没亦是丰；时乎鸱鹗见，石出亦是凶。"用辩证观点，表达了石鱼出没和丰凶年的不同见解，用对比手法，提出了为官的仁暴乃丰凶根本的见解。明人严某在题刻中道："石鱼随出没，民安即是丰"，表现了安定民心的真知灼见。梁上的这些银钩铁画、琼章玉句，隐没江波之中，历千百载而不磨灭，实乃世界之稀有，亦为国内所少见，故涪陵白鹤梁又有"水下碑林"之誉。

石梁之名白鹤，是因昔日江岸林木丰茂，白鹤群集梁上。另有一传说，相传北魏时期，尔朱通微不愿与篡夺皇位的族兄尔朱荣同流合污，弃家学道。道成，号尔朱真人，炼丹售市，被合川太守差人抛进江中，顺江而下至涪陵白鹤梁，遇一渔人举网得之，击磬方醒，二人遂为至交。某日，尔朱真人取丹与其畅饮，醉后乘白鹤而去，白鹤梁以此得名。

1988年，白鹤梁题刻被公布为全国重点文物保护单位。2003年初，按照"无压力容器"方式，实施白鹤梁石鱼题刻原址水下保护工程。

二、渝中区灵石题刻

位于重庆朝天门沙嘴外，长江与嘉陵江交汇处，是一片由沙嘴伸向长江江心的斜面水下岩石，冬春水位极低下时隐约可见。因岩石上有晋代义熙三年（公元107年）题刻"灵石社日记"，所以民间俗称为"丰年碑"，又叫义熙碑、灵石碑、丰年石。民国时期以来保留的丰年巷就以此取名，靠长江一侧两江交汇处。清乾隆王尔鉴《巴县志》记载："在朝天门汉江水底石盘上，碑形天成，见则年丰。一名雍熙碑、一名灵石。汉、晋以来，均有石刻，水涸极乃见。"《巴县志》记载了清康熙二十三年（1684年）、康熙四十八年（1709年）、乾隆五年（1740年）灵石三次露出水面的情况。乾隆五年以后，迄今未有见到"灵石"复出的文献记载。

"灵石题记"是四川四大水文石刻之一。据记载，有"汉光武灵石题记"、"晋义熙灵石社日记"、"唐张萱灵石碑"、"宋晁公武题记"、"明屈直德半年题记"等15幅石刻题记，是已知长江上游时代最早，水位最枯下的水文碑记。东汉光武帝刘秀时（公元25～57年）即有题刻，但是东汉题刻早已磨灭不存，只是在唐宋人的题刻中有所提及。据目前所知，灵石上以唐人题刻为最多，共11段，题刻人大都是渝州刺史，如张萱、王升、郭英千、张武、牟崇厚、任超、杨冕等。除张武、郭英干二人外，其余五人皆不见于史传。《全唐文》中记载了部分灵石题刻文字，并从题刻人简介中可大略知道张武曾在夔门用锁江铁链封"锁"瞿塘峡。《五代史》说后唐张武是今合川人，他大破高季兴于夔州，功升镇武军节度使，并曾经立锁江铁柱于两岸，做铁绳横跨江中，谓之"锁峡"。重庆灵石题刻内容除了记录"石出年丰"外，较之白鹤梁题刻更多地记录一些历史事件。如任超的"灵龟王碑"中关于唐建中四年全国诏诸道共同讨伐杀唐朝老臣、著名书法家颜真卿"不匡之徒"——唐叛将李希烈的记录，这个"诸道"，就包括任超灵石题刻中的"本道节度使仆射李公"（即李叔明，任剑南东川节度使）。可以知道，巴蜀之地的军队是取水路东出夔门赶赴河南征讨李希烈。清人题刻有王清远、龙为霖等人的灵石诗。

上述历代题刻，在《全唐文》、《宝刻丛编》、《复斋碑目》、《巴县志》中可查阅。由于河床逐年增高，自民国四年（1915年）后，灵石至今未曾出水，今人尚不知灵石神秘的真实面目。三峡工程成库后，水位升高，灵石水下题刻已成千古之谜。

三、云阳龙脊石

靠近长江南岸，为一条长长的水下石梁，与云阳老县城隔水相望，在张飞庙原址下游不远处，龙脊石又叫龙潜石、龙脊滩、鳌脊滩。

云阳龙脊石东西长约350米，南北宽约8～16米，冬春季节水位低下时就会露出水面。当它露出水面时，就像一条巨龙潜游于江中，而脊背露在水上。据民间传说，古时候五皇大帝派大禹来云阳惩治兴风作浪的恶龙，恶龙死后化成巨石伏于云阳城外江水之下。题刻镌于江中突起的石梁上，分布面积约5000平方米，题刻面积3500平方米。清人的一则题刻中提到"唐宋犹余字"，说明至迟在唐代已有人在此题刻了。今天，唐代题刻已不存。据文博、水文考古工作者调查统计，龙脊石上的历代题刻，自宋代元祐三年（1088年）至清末，共有170段（包括年代不详的）。题刻的内容，有记游题名，有歌功颂德，也有抒发心中怨怒、抨击时政的。南宋初蜀中学者冯时行的一段题刻就是歌颂国泰民安的；而明朝崇祯庚午年（1630年）某武科举子的题诗，则是抨击时政的："天造江心一片石，往来何故多留题？愿将洗净贪污胆，压碎奸臣骨似泥。"

龙脊石是云阳县的"八景"之一，名为"龙川夜涛"。每当月夜人静时，涛拍龙脊，其声哀婉，引人入胜。石上有清光绪二十八年（1902年）夏云青所书"云安八景沧海一龙"八个大字。很早以来，龙脊石出水后，就会成为当地官民郊游的好场所，并在石上留下了大量诗文题刻。宋代政和丁酉年（1117年）王霭的题记写道："郡守每岁人日，率同僚游龙脊滩，与民同乐，乃行春之故事。"《云阳县志》载，古俗以每春上巳日（农历每月上旬的巳日称为"上巳"），邦君士女，挈舟往游。他们或携酒饮宴，或吟诗作赋，并在石上镌刻题记。

《蜀中名胜记》引民谣曰："龙床如拭，济舟必吉；龙床仿佛，济舟必没。"旧方志中也说："舟人视其盈缩以为进止。"20世纪70年代中期，文博、水文考古工作者对龙脊石历代题刻的水位高程作过多次勘察、测量，统计出在平均枯水年水位以下的题刻有68段，其中宋代30段，元代1段，明代24段，清代13段。又按历年平均水位以下的题刻下沿高程获得53处枯水年份的水文资料。它为今天的长江水利规划工作提供了重要的科学依据。因此，龙脊石也和涪陵白鹤梁一样，是一座水下的"古代水文站"。现已由文物部门原地保护，并复制在磐石城下，供游人参观。

四、丰都龙床石

在丰都县城南水门子外，原长航码头对面的江心。龙床石，又被称作龙床堆、龙船石、笔架山。它是一条长形的水下磐石，长约28米，宽约13米。与峡区其他几处枯水石刻群不同的是，龙床石的石面较为平坦，像一张大石床卧于江心，所以叫"龙床"。《丰都县志》记载："江流击石，汹涌湍激，传为蛟龙栖息之窟。"这种民间传说与云阳龙脊石的传说是非常相似的。明朝四川巡按使卢雍在游罢龙床石后，写了一首五言绝句："神龙久化去，水底石床平。月冷江空阔，风声作雨声。"清朝云南楚雄府知府郎承诜也有一首咏龙床石的诗："夜夜滩声作雨声，风经磨洗石床平。日来更觉风涛险，一卧沧江总不惊。"这两首诗都提到的"雨声"，与龙床石组成的江上夜景，就是旧时丰都的八景之一——龙床夜雨。

龙床石就被当地民众视为吉祥之地。每当"莺花二月天，箫鼓木兰船"的初春来临，丰都百姓就会到龙床石上采进行一项民俗活动——拜龙床。他们在龙床石上烧香祈祷，盼五谷丰登、家人平安等。最重要的事项是带男孩子来拜龙床。在封建社会，"望子成龙"是为人父母的普遍愿望，而到龙床石上来拜一拜，就会沾上龙的吉气，今后或许能大富大贵。龙床石上有一则晚清的题刻写道："乙未年二月二十口日，信士冯廷相同缘陈（氏）为孩男二童寄名长春、口口"。又有一则清同治七年的题刻写道："信士安淮同结陈氏所生双男李海万、海元，大石菩萨为子石生祈保长命富贵，无灾无难。"

龙床石较灵石、白鹤梁、龙脊石的规模都小，约有72段题刻。目前所知最早的题刻是南宋绍兴年间的，另外还有南宋端平年间和元大德年间的题刻以及明清、洪宪、民国题刻等。幅面大小不一，大者近1.5平方米，小者0.6×2.5平方米。字体多行楷，多阴刻。保存较好的有"龙床春观"、"龙床堆"、"石槎"等大字题刻。石刻水位最低处的文字有两段，一段是"天下文章莫大于是"，一段是"阁乾坤之大笔，写江汉之雄才"，这些题刻书法艺术价值较高，是难得的石刻艺术品。

五、巴南迎春石

在重庆市巴南区麻柳镇长江边，靠近南岸，与对岸渝北区的洛碛镇隔水相望。迎春石有3处，顺江而下，依次为上迎春石、中迎春石、下迎春石。上、下两石相距300余米。迎春石露出水面时，冬季即将过去，春天即将来临，所以当地有"石出迎春"之说。上、下两石较高，易于露出水面，而中迎春石要等水位更枯下时才肯显露芳姿。上石长约19米，宽约8米；下石长约27米，宽约13米，自宋代起，就有文人在石上镌刻题记。据不完全统计，至晚清，上、下两石上共有题刻10多段，字数多者百余，少者二三十字，然而大多漫泐不辨文字，较清晰的有宋代冯时行、明代谢政、王应熊等人的题刻。与重庆灵石的"石出兆丰年"和涪陵白鹤梁的"鱼出兆丰年"的内容有所不同，巴县迎春石题刻中反映了"修禊"这一古老的民俗活动。禊，即祓祭，是一种驱邪、消除不祥的祭祀活动，一般在春秋两季于水滨举行。晋代大书法家王羲之在《兰亭诗序》中就说过："暮春之初，会于会稽山阴之兰亭，修禊事也。"上迎春石有一段冯时行的题记写道："乐碛（洛碛）大江中有石洲，烟水摇荡，云山杳霭，全似江南道士矶。可以泛舟流觞，修山阴故事。"这里说的"山阴故事"就是修禊，冯时行题记的时间是绍兴十八年"三月"。冯时行是宋代四川的著名人物，字当可，号缙云，璧山人，据说曾中过状元，官奉节、丹棱知县。冯时行好游历，仅峡区6处枯水题刻群中，就有4处（另外3处是灵石、石鱼、龙脊石）有他的题记。明末崇祯十年（1637年），巴县名人、进士王应熊也来到迎春石。他留下了两段题记，其中第一段记曰："春石，余别号也，义取此洲矣。王应熊非熊甫识。"史料中可知王应熊字非熊，号春石。但作为名人，在石刻文字中专门写一条自己别号的来历是少有的。

六、江津莲花石

位于江津市几江镇东门外长江航道北侧江水中。莲花石上枯水位题记最早的见民国本《江津县志》名胜莲花石条目，有"宋乾道中石刻数行镌于江崖壁"，又据明代《重庆府志·江津县》详载："挑灯石即莲花石，在县北江水中不常见。见则人以占丰年。乾道辛卯正月十九日，天水赵宜之陪王到李希仲太原王直夫同寺首座珍况来游，饮不至醉。翌日晚再陪希仲王屋李孝友书此，以纪岁月云。"明代曹学佺著《蜀中名胜记》江津县"碑目"条目中也有同样记载。因其没于北壁深水处，1987年3月这次枯水位期间未发现此项题刻，因此也无实录拓片。

莲花石，原名挑灯石，与36块礁石交错组成，状如莲花而得名。它常年没于水下，仅在江水特枯年份的早春时节露出水面。《通志》有"石不常见，见则年丰"之说，即寓此意。1987年3月中旬，江水枯落，是50年来最低的一次水位，莲花石露出水面达800多平方米。文物工作者两次上莲花石清刷所有题词处的泥沙，并一一拓片留存，经过整理，成为莲花石上枯水位题记完整翔实的记录资料。分别在11块礁石上的题记共38处，诗词47首。这些题记，除5处是仅记年份和题刻者姓名外，余均为诗词题刻。计有五言律诗两首，七言律诗五首，五言绝句3首，七言绝句36首，词1首。各题记均为阴刻，无纹饰，但多数有长方形边框。字体有楷、行、草和隶书，不少题记的书法艺术堪称上品。从题记的年代看，上自宋乾道年间，下至民国二十六年（1937年），其中以清代题刻较多。所有诗词题刻都是有感而发，耐人品读。内容大致可分为三类：一是咏叹莲花石的奇特风姿；二是"石现兆丰年"的祝颂；三是和韵明代女士谢秋芳在莲花石殉情前的绝命诗。花石枯水位题记是长江上游最重要的历史枯水题刻之一。石上的题记至少为我们提供了宋明至今800余年的长江枯水，为气象、水文、水利、航运等的研究提供了可靠的实物资料。

石上明代题记有三处：一是"洪武二十五年闰十二月三十日"的年代题记，无姓名及诗文；二是莲花石中心位置的题记，长2.5米，宽1米，字径0.08米，字距0.04米。由于江水冲刷剥蚀，石面呈鳞状，因而字迹残缺难辨，上排隐然有"春晴口出春雨则口没则岁平口出则岁熟"等字样，下排则为"嘉靖四十六年正月口日"年代题记和"刻石"："吾问江心石为何号碧莲承先府聿口若口几千年明大夫曹邦化读工部少川公诗"等字迹，据《江津县志》载，曹邦化为"明宁州刺史"。另有一题记有"……五年丙午正月初八日县尹饶顾魏同……杨藩伯陈宪长杨封君梁庠生游此"等字样，经查证，应认定为明嘉靖二十五年丙午（1546年）。此后在莲花石上的清代题刻，多有年份和题刻者姓名，而且均题有诗词，其中除雍正初年山人苗济，光绪乙酉年栖清主人源口两首诗刻外，其余都是道光癸未年（1823年）三月的诗刻。民国时期以民国四年乙卯（1915年）正月的枯水位时间较长，诗刻有5处；民国二十六年丁丑年（1937年）有2处题刻，一处有诗，一处只有年份和姓名，却未题诗。

莲花石上的诗词有较高的艺术价值，其作者有官有民，有文人工匠，有墨客妓女。其内容有感而发，耐人品读。其书法艺术亦佳，字体有楷隶行草，或工稳凝重，或豪放洒脱，且多为本籍书法家墨迹，刻工技术也颇值称道。由于莲花石暴露时间较少，加之美丽的传说，诗书刻石俱佳，具有较高的科学、艺术、观赏价值，因而蜚声巴渝。2000年，公布为重庆市文物保护单位。

注释

① 蓝勇. 四川古代交通路线史. 西南大学出版社，989；2.
② 陆文熙. 四川古代道路及其历史作用. 西昌学院学报（社科版），2007（03）.
③ 这些古桥中，已经有12座被列为市级文物保护单位。它们是万州区的陆安桥和普济桥、涪陵区的碑记桥和龙门桥、江津区的利济桥、合川区的岩溪桥和五星桥、南川区的太平廊桥、荣昌县的大荣桥、云阳县的述先桥、

秀山县的溪口天生桥和客寨桥。

④ 重庆市文物局．三峡古栈道．北京：文物出版社，2006：82-84．

⑤ 重庆市文物局．三峡古栈道．北京：文物出版社，2006：82．

⑥ 邓显皇．重庆古代盐业对文化的影响．渝州大学学报，1999（2）．

⑦ 李小波．三峡地区古代盐业经济的兴衰及其原因．盐业史研究，2004（1）：40．

⑧ 王玉．重庆市盐业遗存．重庆三峡博物馆．

⑨ 白九江．重庆市文化遗产研究院．

⑩ 白九江．重庆市文化遗产研究院．

重みの古建築

第八章 营建技术与建房习俗

重庆地区古代建筑营建技术的发展受到了本地区自然环境条件和历史文化条件的多重影响与制约。在已知的先秦考古成果中，三峡地区已经出现了"缚架楼居，牵萝珠茅"的早期干阑式建筑向吊脚楼演变的营建方式。商周以后，巴人西迁带动当时较为先进的荆楚、吴越建筑文化向西部传播[①]，秦汉以前重庆地区建筑技术的特点基本属于南方体系。秦汉一统后，确立了主流文化，流布四方，重庆地区建筑技术的发展逐渐受到中原体系的影响。至唐宋，重要殿堂建筑的营建方法与技术与中原主流建筑技术体系的发展保持基本一致。宋以后，随着国家政治经济中心的"东移南迁"，大型营建活动和官方建筑技术的发展开始受到新的因素影响，重庆地区建筑活动和技术的发展进入到一个"延续与地方改良"相结合的阶段，一些被中原其他地区放弃的技术措施被保留下来，而且出现了独具地区特色的改良做法。明清时期，尤其是清代以后，伴随大规模的移民和地区经济、技术水平的大幅提升，区域开发得到迅速增长，重庆地区建筑技术的发展也呈现出新的面貌，在吸收融合移民所带来的湖广、江西、福建以及秦陇地区民间建筑技艺的基础上，结合本地区自然环境特点，地区建筑技术逐渐成熟，形成了具有地方特色的建筑技术体系，呈现出"古今融合，古风遗意；南北融合，兼收并蓄；官式与民间结合，规范化与灵活性并重"等特征。

第一节　山地建筑接地技术

重庆地区地貌多丘陵山地而少平原，可用建筑基底面积较少，合理处理地形高差，争取更大的使用空间，保护生态环境，同时营造出丰富的建筑形态与空间层次是重庆山地建筑最重要的技术成就。通过长期经验积累，民间逐渐总结出"重庆山地建筑接地十八法"（图8-1-1）。[②]

一、台、挑、吊

台，即筑台。在中国传统建筑行为中作为人

台	筑台	
挑	悬挑	
吊	吊脚	
坡	坡厢	
拖	拖厢	
梭	梭厢	
跨	跨越	
架	架空	
靠	上爬、下跌	
错	错开	
分	分化	
联	联通	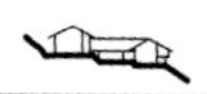

图8-1-1　重庆山地建筑接地方法图示（图片来源：重庆大学建筑城规学院项目组）

工造物的建筑与基地（代表大地）的关系一向都被认真地对待。"台"表达了建筑与基地的关系，它是人工物与自然直接对话的中介物。《诗经·大雅·灵台》说道："经始灵台，经之营之。"此时还没有关于台上建筑的描写，至甲骨文、金文所见"高"字，才有台上建屋的象形。也就是先民对于台及筑台的兴趣其实早于作为建筑"下分"的台基。除却从山岳崇拜角度解释的关于台产生的可能性，筑台的意义还在于在广袤大自然中建立了特殊的人工标记，一种有意义的场所。通过筑台不仅表达出了人们对基地的认识和控制能力，也代表了人对自然地貌特征的基本处理态度和技巧。建筑组群构成中，台基还起到"组织空间、调度空间和突出空间重点的作用"。[③]平原地区这些作用主要体现于增强重要单体所需要的隆重感，营造主建筑前方富有表现力的"次空间"，但总体来讲，除了重要的皇家宫殿、礼制坛庙类建筑运用这样的手法，普通建筑筑台的作用是有限的，远不及"上分"屋顶的表现力。

重庆地区由于复杂的地形地貌条件，建筑与

自然环境的关系处理变得更加直接，筑台是本地先民采用的最简便的一种地形处理手法。通过或填或挖，将坡地平整化，在陡坡区创造出局部的平地小环境，然后在平整的台地上布置建筑，成为不同类型建筑物都采取的基本接地手法。虽然通过高差的分解处理，使每层平台上的建筑形态接近于平地区，但是，在分层筑台过程中，台的变化会强烈地影响到建筑整体形态和空间，其组织空间、调度空间和突出空间重点的作用显著。依照最经济原则，在尽可能少改造地形的基础上，结合不同的坡度，重庆山地建筑筑台的手法各有差异，主要有"取平补齐"，集中性处理高差，院落内分段处理高差，建筑内部和院落同时处理高差以及由建筑内部处理高差等五大类手法（图8-1-2～图8-1-4）。

挑，即悬挑，是利用挑楼、挑廊、挑阳台、挑楼梯等来争取建筑空间，扩大使用面积的处理手法。重庆地区传统建筑采用的捆绑结构、穿斗结构中，常用的竹、木等材料重量轻，受弯性能良好，利用悬挑的方法可以充分发挥材料的抗弯抗剪的力学性能。在悬崖、陡坡等局促地形采用悬挑，"占天不占地"，具有很好的节地性；滨水地区建筑常以挑楼或挑阳台悬挑于水面之上，不仅获得了良好的景观和空间，而且也有利于楼面通风，改善小气候。由于常用的穿斗木构架较为纤细，出挑的跨度受到一定限制，因此人们又创造出层层出挑的方式，楼层自下而上面积逐步扩大，人们居于"危屋"，却能怡然自处（图8-1-5、图8-1-6）。

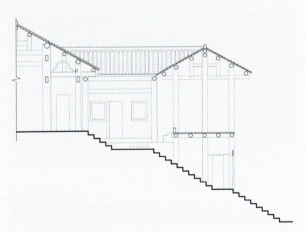

图8-1-2 "筑台"（图片来源：作者绘制）

图8-1-3 重庆山地分台合院（图片来源：重庆大学建筑城规学院项目组）

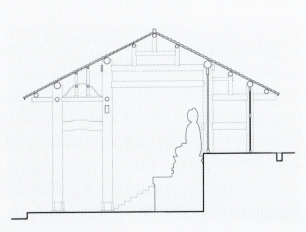

图8-1-4 建筑内部"分筑台"（图片来源：作者绘制）

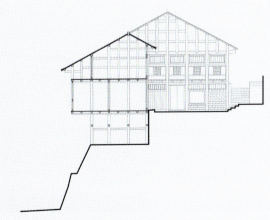

图8-1-5 "悬挑"（图片来源：作者绘制）

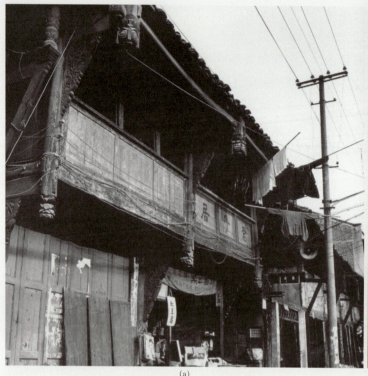

图8-1-6 悬挑处理
(a) 场镇店宅民居二层悬挑处理（图片来源：李忠摄）；(b) 沿江民居二层悬挑处理（图片来源：姜卉摄）

  吊，即吊脚，是指建筑物的一部分搁在下吊的脚柱上，使建筑底部局部凌空的一种处理手法。在重庆地区陡坡地段、临坎峭壁或者临江两岸，常见利用木柱下探获得支撑的房屋，看似纤细的几根木柱，其上可达四五层，这类房屋又称吊脚楼。

  由于与架空一样，吊脚楼与地面的接触部分减少到只有几个点，因此避免了建筑与山地地形之间的矛盾，建筑后仍可以保持原有的自然地貌和绿化环境，同时可以避免破坏地层结构的稳定性而产生如滑坡、崩塌之类的工程事故。再者，由于脚柱的高、位置度可以随意调整，采用架空和吊脚处理，适应的坡度范围较广，因此在山地区使用相当广泛。

  对于吊脚下部的空间，在乡村地区或可作杂贮、畜栏之用，在城镇中往往完全架空，形成上下房屋"重屋累居"之势。尤其临江吊脚楼，一为适应水位的变化，二为底部通风，只见成排长短不一的吊脚柱高悬，是自巴人时代就有的逐水而居居住习俗的真实写照。此外，吊脚常与筑台、悬挑手法相结合，以争取更多的空间（图8-1-7、图8-1-8）。

图8-1-7 "吊脚"（图片来源：作者绘制）

二、坡、拖、梭

坡，即坡厢。也就是位于坡地上的厢房结合地形的处理方法。在三合院或四合院布置于缓坡地段时，垂直于等高线的厢房做成"天平地不平"的形式，称为"坡厢"。"天平"指坡厢处于同一屋顶下，"地不平"指坡厢地坪标高处理不同。一种情况是指厢房室内地坪按间分台，以台阶联系，另一种情况是室内地坪同一标高，而外部院坝地坪顺坡斜下，厢房台基不等高（图8-1-9）。

拖，即拖厢。合院中较长的厢房可以分为几段顺坡筑台，一间一台或几间一台，每段屋顶和地坪都不同标高，有的层层下拖若干间。也可以各间地坪标高相同，而每段屋顶高度逐级低下，这种"牛喝水"拖法也称为拖厢（图8-1-10）。

梭，即梭厢。将屋面拉得很长叫"梭檐"，带梭檐的厢房则称"梭厢"。一般较长的厢房常做长短檐，前檐高而短后檐低而长，且随分台顺坡将屋面梭下。有的厢房也可以沿垂直等高线方向做单坡顶，随分间筑台屋面顺坡而下，屋面为整体，屋面下的室内高差不等。梭的手法还可用于正房或偏厦。正房进深较大，有时也做成长短檐，后檐可梭下几近人高。偏厦的单坡顶同样可以随坡分台成梭檐。如中山古镇沿街剖面，临河方向做梭厢垂直与

图8-1-8 依附于崖壁的吊脚楼（图片来源：罗亮摄）

等高线层层梭下（图8-1-11~图8-1-13）。

三、转、跨、架

转，即围转。在地形较复杂的地段，特别是在盘山坡道的拐弯处布置房屋，常呈不规则扇形，以

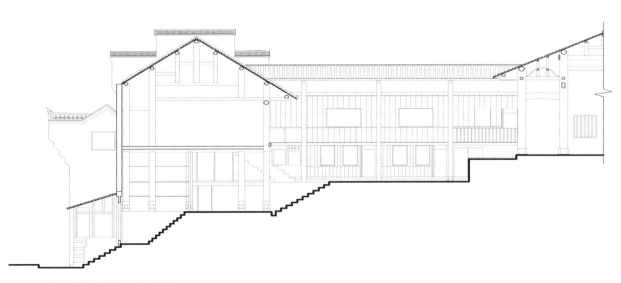

图8-1-9 "坡厢"（图片来源：作者绘制）

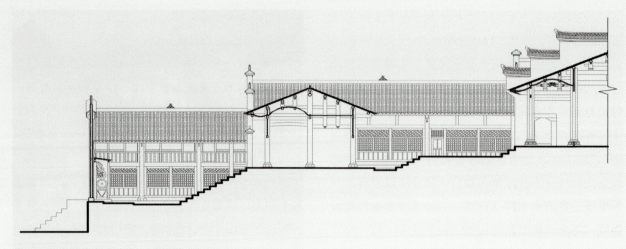

图8-1-10 "拖厢"（图片来源：作者绘制）

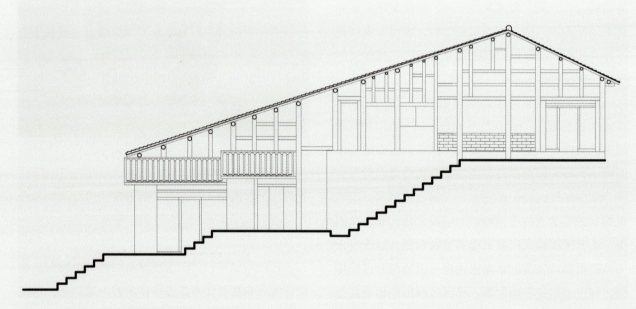

图8-1-11 "梭厢"（图片来源：作者绘制）

图8-1-12 渝东民居中的"梭厢"实例（图片来源：李忠摄）

图8-1-13 江津中山镇民居中"梭厢"实例（图片来源：李忠摄）

围绕转变的方式分台建造，而不是简单地垂直或平行等高线布置。这是山地营建特别灵活别致的处理手法。

跨，即跨越。在地形有下凹或水面、溪涧等不宜做地基之处，或在过往道路的上空争取空间建房，则可采取跨越方式，将房屋横跨其上，如枕河的茶楼、跨溪的磨坊、临街的过街楼等。

架，即架空。此种方式与吊脚相似，区别在于架空是将建筑物全部搁在脚柱上，为全干阑建筑的遗风。重庆地区采用全架空的建筑比较少，即使从结构角度木构架采用了底层架空处理，在空间上也会以砖石墙围合作为储存杂物、喂养牲畜空间。

四、靠、跌、爬

"靠、跌、爬"为附崖建筑的几种不同表现形态。附崖是指重庆山地区附贴崖壁，以崖体为重要结构支撑，因地制宜、发展建筑的特殊处理手法。附崖建筑充分利用几乎不能建设的高山悬崖地段和空间，充分反映出先民建造的智慧和勇气。附崖建筑常见的有"（上）爬"和"（下）跌"两种方式，上爬式附崖建筑位于上崖下街地段，建筑物依附崖壁，逐层上爬，由底层入内。下跌式附崖建筑位于上街下坎地带，建筑物高出地面一至三层，附贴崖壁下掉一至三层。靠，即靠山。尤指一些楼阁类建筑紧贴山体崖壁，而成摩崖建筑形态。建筑横枋插入崖体嵌牢，房屋及楼面略微内倾，或层层内敛，整幢建筑似乎靠在崖壁上，是重庆山地区"以小博大"建筑手法的技术体现。

五、退、让、钻

退，即后退。山地房屋基地窄小且不规则，多有山崖巨石陡坎阻挡，布置房屋不求规整，不求紧迫，而是因势赋形，随宜而治，宜方则方，宜曲则曲，宜进则进，宜退则退，不过分改造地形原状。所谓"后退一步天地宽"，"以歪就歪"，即对环境条件采取灵活变通的处理。前有陡崖可退后留出院坝，后有高坡可退出一段空间以策安全。有些大型宅院也不追求完整对称方正，尤其后部及两侧多随地形条件呈较自由的进退处理。

让，即让出。有的基址台地本可全部用于建房，但有名木大树或山石水面，房屋布置则有意让其保留，反而成为居住环境一大特色。有时为多种生活功能的综合考虑，也可主动让出一部分空间，不全为房屋所占用，如让出边角零星小台地作为生活小院或半户外厨灶场地。在一些场镇房屋布置密集的地段，房屋互让，交错穿插，形成变化十分丰富的邻里环境空间。有的房屋讲求不"犯冲"的风水关系，实际上也反映了一种为求得环境和谐的避让原则。

钻，即钻进。利用岩洞空间建房，或将其作为生活居住环境的一部分，与房屋空间结合使用，犹如"别有洞天"。例如丰都乌羊村罗宅，整栋房屋由一个高约12米，进深5～6米的岩洞改造而成。房屋除了正立面的墙面为木构，其余三面墙直接利用岩壁。房屋底层用岩石垒砌，用来养牲口。另外一种"钻入"手法则是因台地较高，房屋前长台阶设置的巧妙处理就是将其直接伸入房屋内部空间再沿梯道而上，形成十分特别的入口形式。

六、错、分、联

错，即错开。为适应各种不规则的地形，房屋布置及组合关系在平面上可前后左右错开，在竖向空间上可高低上下错开。有时台地边界不齐，房屋以错开手法随曲合方，或以方补缺。

分，即分化。房屋可随地形条件和环境空间状况，化整为零，化大为小，以分散机动的手法使平面自如伸缩，小体量组合更为灵活。在竖向空间处理上，可分层入口，可设天桥、坡道、台阶、楼梯等，以多种方式化解垂直交通难题。

联，即联通。采用各种生动活泼、因地制宜的联系方式，使庞大复杂的多重院落和建筑相互沟通，连成一片。如联通建筑群各部分的外檐廊，场镇中的过街楼等。

第二节 大木构架地方技术

一、抬梁式

宋《营造法式》中记载的木构架基本类型主要包括"柱梁作、殿阁式、厅堂式以及楼阁式"[④]，此后，各朝代在木构架的做法上各有发展，但基本沿袭以上分类方式。明清时期，官式建筑主要采用带斗栱的大木大式做法"厅堂式"和无斗栱的大木小式做法"柱梁作"。但是单就木构架与檩、梁枋本身的结构逻辑关系而言，两者属同一种类型，它们也可以合称为抬梁式。清代重庆地区建筑由于规模、空间尺度等方面的需要，重要殿堂木构架多采用抬梁式，本地称之为抬担式列子或梁架式列子[⑤]，但是与《营造法式》、《清式营造则例》所载抬梁式屋架具体做法比较，有着较大的差别和地方性特征。

（一）基本特征

重庆地区抬梁式屋架有自己的特点。一般不用中柱，常在相距五檩的前后金柱或檐柱上横以过担（架梁或抬担），用来承托上部的檩挂枋（檩）。重要建筑多用五架和七架，而民居一般不超过五架，极少数用七架。其中七架梁（称为"一过担"）一般不直接承重；五架梁（"二过担"）两头扣入金柱卯口内，二过担上短柱承担三架梁；三架梁（"三过担"）上立中柱（称为"中爪童"），其上承担脊檩挂（脊檩和随檩枋的统称）（图8-2-1、图8-2-2）。

（二）"混合式"构架

重庆地区抬梁式结构普遍吸取了民居穿斗式结构的优点和技术特点，两者组合而成混合式，成为了使用最普遍的结构形式。具体做法有三种：一是根据建筑形式及功能需要，将两种构架形式在同一建筑的不同榀屋架上使用；二是在同一榀屋架的不同部位组合使用；三是前两者的混合（图8-2-3、图8-2-4）。

第一种做法，抬梁式木构架用在看厅和正殿、后殿的明、次间，满足了宽敞空间的要求，便于观演、会客、祭祀等活动的功能需要；山墙位置仍采用穿斗式木构架，增加建筑整体刚度，发挥穿斗构架的优势（图8-2-5）。

第二种做法，主要是出于空间需要和节约材料双重考虑，比如为了避免中柱落地，常在相距五檩的前后金柱间设置"抬梁式"，用来承托上部的檩及短柱，所谓"堂屋有中柱，厅房无中柱"正是这种写照。而前廊和后廊仍用挑枋连接檐柱和金柱。这样的做法还有利于挑枋直接出挑支撑挑檐檩，加强檐部出挑的力度，使出檐尺寸可达1米以上。这样的做法的综合优势是显而易见的，它既具有空间

图8-2-1 重庆地区"抬梁式"屋架实例（a）（图片来源：陈蔚摄）

图8-2-2 重庆地区"抬梁式"屋架实例（b）（图片来源：陈蔚摄）

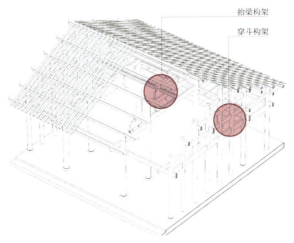

图8-2-3 "混合式"屋架的表现形式（a）（图片来源：《巴蜀建筑史》）

图8-2-4 "混合式"屋架的表现形式（b）（图片来源：陈蔚摄）

开敞、室内少柱、结构整体性好、承载力强的优点，也具备用材、用工经济，制度灵活的特点，同时它也是适宜于重庆地区木材的材料特性和施工环境条件以及工匠建造习惯的普遍性成熟技术。

还有一种也可以被称为"混合式"屋架的做法就是出现在清代后期的"砖木混合承重式"。随着清代中期以后木材的匮乏，制砖技术的成熟，砖石墙体开始在本地区普及，由柱间填充围护材料向承重墙方向发展，出现了砖木混合承重的做法。有的中间采用木梁架，两山木构架直接被砖墙体代替，有的后墙直接承重，省去后檐柱，比如重庆湖广会馆禹王宫侧殿。

除此之外，建筑木梁架组织方式与《营造法式》所录木构架类型比较起来更加自由多样，几乎没有固定模式。还出现了同榀屋架步架宽窄不统一的做法，与闽粤地区的"步步进"⑥做法比较接近，即愈近脊檩处步架愈小。

（三）节点设计

与北方官式柱承梁头，梁头承檩做法不同，重庆地区基本做法是柱直接承檩，梁头插入檩下一定距离的卯口内，类似于穿斗构架做法。

在节点设计上常规作为区分抬梁式和穿斗式最重要的细部问题在重庆地区界线并不明确，这也是一种技术地方化的结果。从受力合理和整体结构稳定性的角度考虑，显然后者更加优越（图8-2-6）。

图8-2-5 "混合式"屋架山墙柱柱落地做法（图片来源：陈蔚摄）

与官式檩三件做法不同，重庆地区檩与随檩枋（称为挂）之间并没有檩垫板这个层次。与官式做法不同，它的随檩枋也要贯穿立柱，直接承重，而且檩与挂都用圆料，很少用圆檩方挂，或者方檩方挂。挂的上段向上弯曲，所以它两端入柱的地方，不与圆檩接触，这样可以避免柱头开口过长显得脆弱。同时为了加强柱与檩及随檩枋之间结构强度，在柱顶端会在檩之两侧伸出类似雀替功能作用的小斗栱作为辅助性支撑，大有汉代"一斗三升"做法遗风，与清代南方民居的做法也比较接近。

另外，重庆地区建筑建造时，在木材选择方面往往根据不同树种木材的性能合理搭配。一般使用

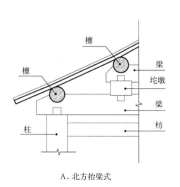 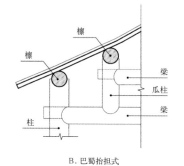 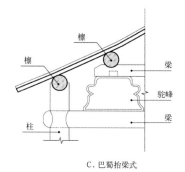

图8-2-6 "抬梁式"屋架节点设计（图片来源：《巴蜀建筑史》）

质地密实、"宁断不弯"的柏树做柱，用"宁弯不断"的松树做梁、枋等，用质地细腻、容易加工的杉树做檩和椽。建筑的木质构件普遍还要通过特殊火烤、水泡等繁杂程序的防腐防潮处理，并以土漆饰面，能取得很好的防潮防腐效果。

二、穿斗式

穿斗式构架，是指以柱头直接置檩，上下多组纵向穿枋、横向挂欠连接立柱，共同构成稳定屋架的做法。由于它在适应山地地形、就地取材等方面具有很强的灵活性和经济性，是重庆地区民居建筑普遍采用的结构形式。为了改善室内空间，同时考虑到节约材料，在"柱柱落地"这种基本形式的基础上，逐步发展出利用穿枋支承短柱，以供承檩，"隔柱落地"、"隔多柱落地"等不同的木构架形式，做法丰富灵活。汉族地区和土家族、苗族等少数民族地区穿斗排架的做法不尽相同，汉族地区普通民居比较常用的有三柱四骑、四柱三骑、四柱四骑等（图8-2-7）。重庆地区穿斗构架的主要构成要素有：柱、穿枋、欠子、檩挂。柱和穿枋形成进深的排架，檩、挂和欠子是在面阔方向上联系各排架的构件，使得各排架相互穿连拉靠，形成一个整体框架（图8-2-8、图8-2-9）。

（一）柱

分为落地柱和非落地柱（短柱）两种。一般情况下，重庆地区的穿斗式木构架的落地柱比非落

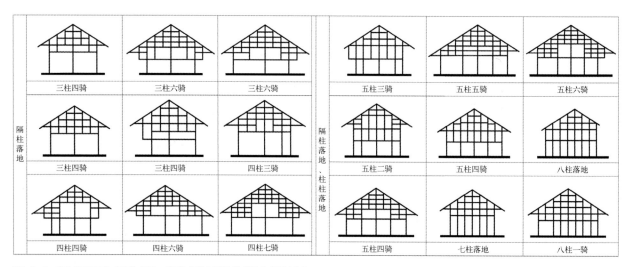

图8-2-7 穿斗构架图表（图片来源：《巴渝传统干栏建筑营造特色研究》）

地的直径要大。落地柱直径一般在20～25厘米左右，而非落地柱的直径一般在20厘米左右。民居建筑的檩间距为900～1200毫米，重要殿堂建筑檩的间距为1200～1350毫米左右。相比于北方抬梁式构架，穿斗构架的柱子形体纤细，细长比可达1∶30以上。⑦

（二）穿枋

穿枋，又称"穿"，是在进深方向联系柱子的重要构件。穿枋穿过柱子，把柱子联结成一排架子，作为承重的屋架。穿枋的多少看房架的大小而定，常见"三檩三柱一穿"、"五檩五柱二穿"、"十一檩十一柱五穿"等不同构架。根据檩柱的数量而定，也便于装木板壁和夹泥，也可出檐变为挑枋承托檐端。穿枋有穿连全部柱子的，也有只穿连大部或一部分柱子的。考虑到榫卯切口不宜损害柱的整体刚度，穿枋的断面高而窄，一般的尺寸为高150～200毫米，厚30～70毫米左右。柱枋之间安装轻薄的木镶板墙或竹编夹壁墙。

（三）节点处理

檩和随檩枋（称为挂）往往平行而且贴在一起，民间俗称"双檩"，檩子的主要作用是承椽子，挂则是起稳固穿斗列子的作用。与抬梁式构架不同之处是穿斗构架的檩子直接搁在柱顶之上，而不是像抬梁式那样搁在梁头之上。

（四）欠子

欠子是在面阔方向起牵连作用的构件。它和穿枋一起，起着拉连穿斗列子的作用，使穿斗构架纵向更为稳定。欠子有天欠、楼欠、地欠之分。天欠用在柱的上端起拉牵作用，楼欠用在柱中端，以承载楼板设置阁楼之用，地欠则是在使用地楼板时才用。

（五）连磉与地脚枋

穿斗式木柱柱脚下一般少见单个柱础做法，而以连续通长石条承托，叫作连磉，连磉高约一尺宽或六七寸不等。在连磉的上面的柱脚下，贯穿一条叫地脚枋，地脚枋高约四五寸。⑧

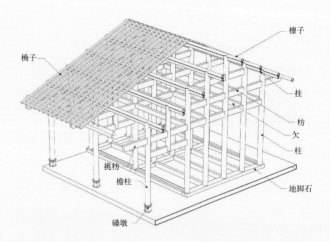

图8-2-8 穿斗构架构成要素（图片来源：《巴蜀建筑史》）

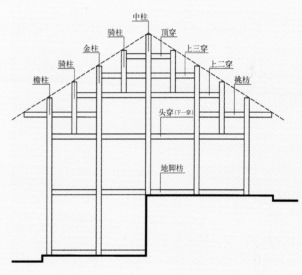

图8-2-9 穿斗构架（图片来源：《巴渝传统干阑建筑营造特色研究》）

第三节 屋顶组合方式与屋面做法

一、屋顶组合方式

重庆地区建筑屋顶形式多样，除普遍采用的双坡悬山屋顶，还常见带高大封火墙的硬山屋顶、歇山屋顶、卷棚顶以及单坡屋顶。受到地形条件制约，房屋密集的城镇民居屋顶的处理更是灵活机动，建筑屋顶彼此间交叉错落，连接成片，形成了山地城镇丰富的第五立面。在这些看似随意的变化中，可以归纳出以下几种山地建筑屋顶组合方式，主要包括"平齐、趴、骑、穿、迭、勾、错、扭、围"等⑨，其次还有"抱厅"等特色做法。

（一）平齐相交

是指两个屋面高度相等或进深相等的情况下的一种屋面组合模式，此时屋面或是檐口几乎齐平，或是屋脊的高度或者檐口屋脊高度都相同（图8-3-1）。

（二）趴

一个屋面在体量、高度、进深上都要比另外一个屋面大的情况下，为了使两个屋面在视觉上的差异不至于太大，将体量小的屋面趴在体量大的屋面之上，这样体量小的屋面和檐口都要比体量大的屋面高，但是屋脊会矮些（图8-3-2）。

（三）骑

当两个屋面在体量、高度、进深等方面的差距不是很大，但通常是希望将一个屋面作为主屋面，另一个作为厢房屋面时，主屋面的屋顶骑在两厢屋面上以突出其中心地位，主屋面的屋面檐口和屋脊都要比两厢屋面的高（图8-3-3）。

（四）穿

两屋面相交时，一屋面的屋脊比另一屋面低，这时就可直接穿过这一屋面的一侧坡面，并且从另一侧坡面穿出来。这种形式在立面造型上极具特色（图8-3-4）。

（五）迭

建筑群有时依山而建，顺着蹬高的道路两面排开，此时，上面一级的屋檐往往叠在下面一级的屋檐之上，依次往上发展，此种形式的屋面组合极富有韵律感，类似拖厢的做法（图8-3-5）。

（六）勾

勾即"勾连搭"，指两个建筑前后相接，前面一个建筑的后檐口搭在后面一个建筑的前檐口，在两个檐口处形成一天沟，此种屋面形式往往能为下面的平面争取一个较大的空间，但天沟的防水需要很重视。这样的做法可以加长房屋的进深，但是却不用将屋面高度升得过高（图8-3-6）。

（七）错

传统的场镇中，建筑常常顺着街道排布，此时，屋面紧挨着屋面，为使整个建筑形式不至于单调化，往往是要将相邻两个屋面错开，使形式活泼一些（图8-3-7）。

（八）扭

传统建筑的两个屋面相交，大多数情况是垂直相交，但也有少数情况是一个屋面扭动过一个角度之后再与另一个屋面相交，两个屋面的夹角不再是90°。这种情况往往是因为道路方向改变等外界因素变化致使一个屋面不得不扭转一个角度（图8-3-8）。

（九）围

当一屋面的高度较高时，其檐口的高度都要比

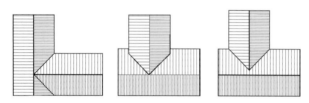

图8-3-1 平齐相交式屋面组合（图片来源：《川渝地区民居营造技术研究》）

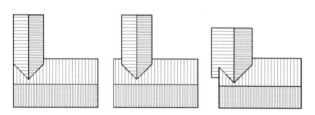

图8-3-2 "趴"的几种典型屋顶相交组合式样（图片来源：《川渝地区民居营造技术研究》）

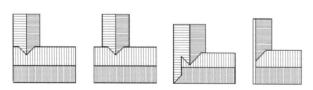

图8-3-3 "骑"的集中典型屋顶相交组合式样（图片来源：《川渝地区民居营造技术研究》）

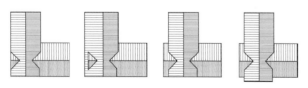

图8-3-4 "穿"的几种典型屋顶相交组合式样（图片来源：《川渝地区民居营造技术研究》）

下面一个屋面的屋脊要高，此时往往采用围的做法，即将下面的屋檐围住或半围住上面屋檐下的墙体，形成一围脊，此种情况通常用于多层建筑和单层建筑组合时（图8-3-9）。

（十）抱厅

抱厅是指在天井、院落上空加屋盖的做法，重庆地区抱厅大致有两种形制。第一种，在天井上方做一高出四周的屋面（一般是两坡屋顶，也有四坡屋顶），屋面覆盖整个天井并利用相对四周屋面高出的距离采光、通风。此类型适合较小的天井院落。它们又被称为"凉厅子"、"气楼"或者"旱天井"（图8-3-10）。第二种，工字形抱厅。在大的院落上方局部覆盖两坡屋面，连接前后厅堂，如此构成工字形平面。此类型适合大、中型院落（图8-3-11）。⑩

二、屋面坡度地方取法

举屋之法，在《考工记》中就有"葺屋三分，瓦屋四分"的记载，各个朝代根据所处地区降雨量、风量的大小，屋面材料排水能力的差异，建筑

图8-3-5　"爬"的屋顶组合（图片来源：陈蔚摄）

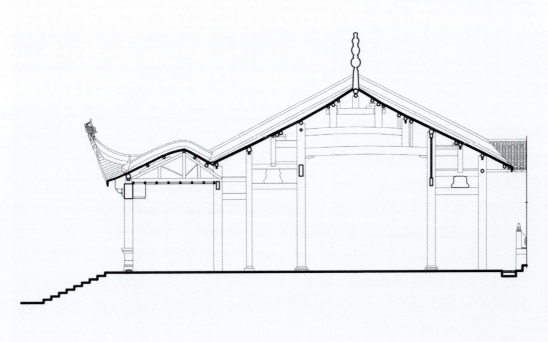

图8-3-6　华严寺天王殿"勾连搭"屋面（图片来源：作者绘制）

图8-3-7 "错"的屋顶组合方式（图片来源：陈蔚摄）

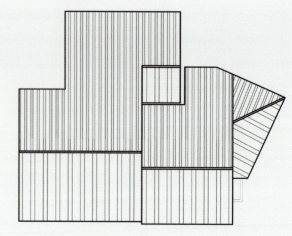

图8-3-8 屋顶的扭动相交（图片来源：《川渝地区民居营造技术研究》）

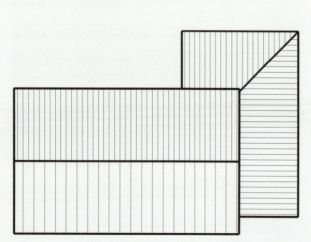

图8-3-9 "围"的屋顶组合形式（图片来源：《川渝地区民居营造技术研究》）

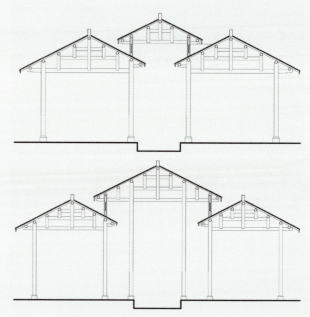

图8-3-10 抱厅类型一（图片来源：《川渝地区民居营造技术研究》）

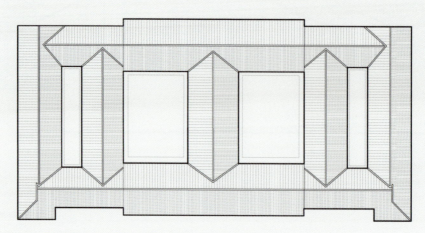

图8-3-11 抱厅类型二（图片来源：《川渝地区民居营造技术研究》）

物进深大小以及审美的需要对屋面举折的具体方式和屋面坡度进行调整，宋《营造法式》和清《工程做法则例》中都有关于"举折"的规定。总体来讲，明清以后屋面举高数值增大，建筑坡度增陡。除此之外，各个地区还有其他确定屋面坡度的方式。比较获得的数据和结合民间建造经验，重庆地区建筑的屋面坡度确立主要有两种方式。

（一）无"举折"的做法

根据目前掌握的大量测绘资料总结发现，重庆地区建筑屋面少见举折处理，屋面坡度的确定主要遵照重庆民居建筑做法。重庆当地匠人将建筑屋面的坡度叫做"几分水"。如果是一分水，就是建筑的檐檩到脊檩的水平距离每十尺举高一尺，如果举高四尺就是四分水，以此类推。各地的坡度也不相同，重庆地区民居屋面坡度多在四分水（坡度约合22°）和五分水（坡度约合27°）之间。这种做法使屋面成一直线和斜面，而不是按照举折之制出现的折线以及屋面的"反宇向阳"，但是这种做法施工简单，排水效果好，非常实用。

建筑屋面坡度在不同的建筑类型上也不完全相同，比如观演类建筑，如戏楼、看厅，为保证观演效果，在不同程度加高了屋顶坡度。比如重庆湖广会馆齐安公所戏楼，其屋面坡度达七分水（约达35°），屋面瓦的固定要用泥灰及瓦钉作固定技术处理（图8-3-12）。究其原因，除了审美的趣味，更重要的是戏台正上方为了聚拢声音而设置的层层叠进式藻井需要建筑顶部的空间，加大屋面坡度可以获得。另外一个细节是，一般正房前檐柱较后檐柱高二至三寸，或是前檐步架较后檐步架略微缩短；另外将两山的屋架较中间的屋架升高二寸多，房右山的高度不能超过左山的高度，右耳房的高度不能超过左耳房的高度，所谓"青龙直可高万丈，莫使白虎能抬头"。

（二）重庆地区"举折"做法——"折水"和"提脊"

除了以上做法，在重庆地方工匠中还一直沿用着一种简化的举折技术，称之为"折水"。它是重庆地方工匠对比较繁复的"折屋"之法的简化。根据屋面坡度的不同分为"对半水"、"六折水"、"七折水"、"对折水"等，有时为加大屋面陡峻程度，还在此法上另用"提脊"的方式（图8-3-13）。

以进深八架椽为例，对半水的做法是：檐檩与脊檩之间的水平心间距为L，步架均分，定脊檩举高为H=1/2L；檐檩与脊檩上皮之间连直线，中金檩上皮高则折下H/10；檐檩、脊檩与已定位的中金檩上皮各连直线，可以算出上金檩和下金檩各折

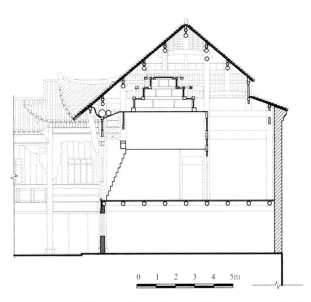

图8-3-12 重庆湖广会馆齐安公所戏楼（图片来源：重庆大学城规学院测绘组）

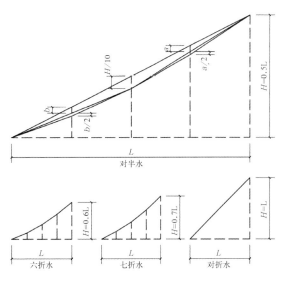

图8-3-13 折水（图片来源：作者绘制）

下距离a和b，然后各加折a/2，b/2。其所得屋面折线与按《法式》折屋之制所得折线相比，大致相同。在实际情况中，上金檩与下金檩折数可以调整，只要做出屋面折曲效果即可，一般是下金檩加大折数，使檐口平缓舒展。六折水、七折水是脊檩举高为0.6L，0.7L，各檩折数做法同对半水，其中七折水屋面折线与用《法式》所获折线非常接近，这两种折屋方式可能是由对半水衍化而来，对明清屋面变陡规律的适应。对折水是举高与L相同，常用于攒尖顶建筑，如钟鼓楼。"提脊"则是在"折水"的基础上将正脊提高，以加大屋面的坡度，提高的尺寸视具体情况而定。在清《则例》中有"实举"、"加举"、"缩举"之说，允许针对具体情况有所增减。

三、屋面做法

（一）瓦屋面

重庆地区建筑屋面做法迥异于北方地区。民居中常见"冷摊瓦"做法。主要特征是，无木望板和苦背层，直接将仰瓦放置于椽条之间，将盖瓦盖在两仰瓦的缝隙上。究其原因，除了经济和施工、维修便利方面的考虑，更重要的是这种做法适应了重庆地区潮湿闷热、多雨少风的气候特点，有利于建筑散热与通风。由于椽条（重庆称"桷子"）之上没有望板和苦背的阻挡，再加上室内多采用彻上露明造，瓦与瓦之间的结合部有许多气孔，且分布均匀，因此就将室内的大量热气从这些气孔之中排出，形成一个气流的对流循环，对于建筑的通风、除湿、避热都很有好处。同时，这种构造减轻了建筑，尤其是屋顶部分的重量，和穿斗构架小巧的梁架结构和轻薄的墙面做法结合起来，既减轻结构压力，建筑风格也轻巧自然。这种做法应该至迟在宋代已经在南方地区产生，宋周去非《岭外代答》："广西诸郡富家大室，覆之以瓦，不施栈版，惟敷瓦于椽间，仰视其瓦，徒取其不藏鼠，日光穿漏，不以为厌也……原其所以然，盖其地暖，意在通风。"⑪虽然他不是直接描述西南地区的情况，但是基本与重庆的情况类似。

与普通民居比较简单的做法相比，公共建筑中瓦屋面的构造做法比较考究。工匠会在桷子上先铺一层小青瓦底瓦（又称"望瓦"），底瓦相互对接而不搭接，用石灰砌缝，铺成一个平整的底面，兼作望板，这一点与闽粤地区的做法类似。但是未见闽粤地区采用满铺桷椽，兼作望板的做法。瓦底部或者保持素色，或者施以白灰，从室内仰望屋顶，十分平整素雅，衬托出屋架结构。在底瓦之上，顺沟铺仰瓦，"搭七露三"是普遍做法（有的"压六露四"，可节约用瓦量），其上覆以小青瓦或者素筒瓦；少数地方也可见到类似琉璃瓦"剪边"做法，板瓦屋面，筒瓦作边（图8-3-14）。

除了少数建筑有琉璃瓦做法，寺观祠庙类建筑屋顶多见素筒瓦作盖瓦，只有辅助性用房或者一些场镇小型公共建筑用小青瓦。用筒瓦作盖瓦的方法是在椽上先置底瓦（用仰板瓦摆平铺底，或不置底瓦）然后在底瓦上铺仰板瓦。瓦垄上用灰泥铺筒瓦，这样，瓦垄与椽数一致，并且在檐端椽头上钉封檐板，宽大整齐，不露椽头，这是地道的南方做法。重庆地区建筑几乎全用这种较为正式的形制。此外，瓦顶在檐口处的收头处理也体现出了官式建筑和地方民居做法的双重影响。筒瓦屋面的收头有两种：一种是比较正式的"有勾滴"，即有筒瓦勾头和板瓦滴水，勾头、滴水还装饰有各种吉祥图案

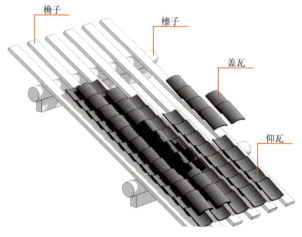

图8-3-14 瓦屋面的做法（图片来源：《巴蜀建筑史》）

图8-3-15 传统墙体排水洞做法（图片来源：胡斌摄）

和文字。另一种"有滴无勾"，即有滴水而无瓦当的做法，只是将檐口处筒瓦的端头用白灰堵上，刷上油彩。这就是典型的重庆地方做法，叫"火圈子（火连圈）"。[12]小青瓦屋面基本就是民居才采用的，它的收头有两种。一种是有完整的小青瓦勾滴，同样施以装饰。一种是将檐口盖瓦稍稍仰起，下面填充一块楔形白灰泥与盖瓦结合，外端面在盖瓦沿抹成扇形，素雅大方。

另外值得关注的还有建筑屋面排水的处理。普通民居双坡顶基本采用自然无组织排水，屋顶组合复杂的大中型建筑，出现了有组织排水方式。一是组织排水，雨水汇聚于地面庭院里的暗沟后排出建筑；二是天沟排水，组合屋顶中对于无法自然排出的雨水，在天沟两端设置（一般贴柱或者贴墙）垂直排水陶管，管子接地下排水系统排出室内；在高大封火墙与屋顶交接的位置，一般并不设置天沟排水，而是在山墙上墙体与瓦沟相接处凿开一排排水洞，使瓦沟雨水直接排出墙外，这也是地方的独特做法。比较简单实用，惟一不好的是容易污染和浸泡墙体（图8-3-15）。

重庆地区小青瓦屋面的椽子呈扁平状，本地称其为桷子[13]，其尺寸的制定基本上都是按照当地约定俗成的做法来做。一般建筑的椽条宽度在100毫米左右，而厚度在30毫米左右。椽子的间距多为250毫米（椽子的中线距），其形状相对于北方的方形或圆形的椽子来说，略显单薄，所以也叫桷板。桷子之间留的空当约120毫米，工匠流传有"三寸桷子四寸沟"的口诀。工匠的做法也比较简单，将几个常用的尺寸刻在了钉锤上，在钉椽条的时候直接在钉锤上比刻度而不用丈量，此法极为快捷与准确。瓦的尺寸往往根据椽径来确定："选择近似尺寸的规格，宜大不宜小。"⑭根据实测总结，重庆地区建筑筒瓦尺寸110毫米，板瓦尺寸180毫米左右，接近于《中国古建筑瓦石营法》中记载的2号，基本符合规制。

（二）草屋面

重庆地区乡村里建筑用草屋顶的也很多。草屋顶的构造极为简易，而且要比瓦屋面经济很多。其做法大致如下：首先将竹竿（或木条）用竹筋绑扎，纵横排列形成网架，竹竿相距约30厘米；其后将其网架固定在横向排列的檩子上，草屋顶的檩子一般较细；然后将捆扎好的稻草从下至上地平铺，上层压住下层，首尾相叠，连接处用竹篾捆紧以防滑落；如此重复将稻草铺至屋脊，在屋脊处加铺稻草，沿脊的方向用竹杆压紧，再用稻草扎成束（称为"毛狗"）压紧；最后将屋檐修剪整齐。由于草屋顶容易腐坏，所以一般几年就需全部更换一次（图8-3-16）。

第四节　歇山地方做法

重庆地区主要寺观祠庙建筑的重要殿堂多用歇山屋顶，其技术做法多样，主要有"收山位置有于山里一间屋架梁柱上做歇山"、"收山分位于尽间和梢间间广二分之一处使用顺梁和递角梁做歇山"、"利用左右廊做歇山和利用山墙加披檐做歇山"等多种方式。

一、悬山加侧披檐的做法

这种做法最具重庆地区地方技术风格特点，即"古制遗存和灵活自由"相结合。基本方式是直接在双坡悬山屋顶两侧山墙一定高度外加披檐，与悬山屋顶的檐口交接围合形成四坡屋面，整个屋面不举折，仅在四角端部位置直接发戗形成高高的翼角起翘。考察历史遗留下来的早期歇山屋顶，以上做法应该属于歇山屋顶构造技术发展初期形态的地方遗存。

重庆地区这种基本做法还演变出多种形态。①披檐下不落柱。这种方式广泛运用于一些等级不高的民居建筑，重要建筑群的厢房、配殿位置，既技术简便、造价低廉同时保证了艺术效果。悬山檩头钉博风板，无山花板，直接见山墙穿斗柱枋。②披檐下落柱。这种技术在清中期以前的重要殿堂中可见使用，由于披檐屋面悬挑过长，结构无法支撑，就

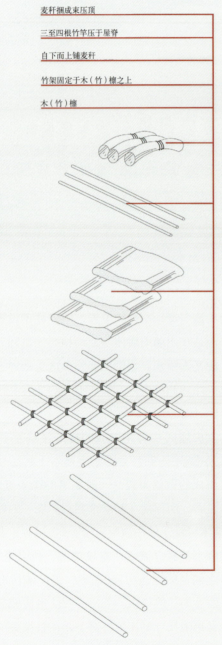

图8-3-16　重庆乡村农宅草屋面做法示意（图片来源：作者绘制）

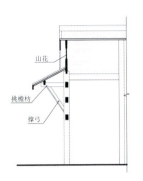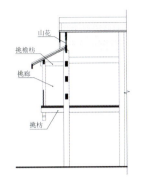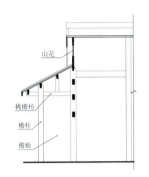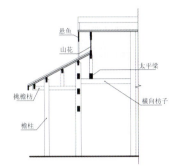

图8-4-1 悬山加侧披檐的几种做法（图片来源：《巴蜀建筑史》）

在披檐下增加排柱，在平面柱网上表现出外廊，但观察结构，它与主体梁架结构是完全脱开的，而且由于屋脊没有收山，表现出正脊比较长，檐口没有升起，仅在角部起翘，山面三角形部位面积比较大，一般也不做山花板，直接可见山墙穿斗柱枋。目前留存的建筑中 有梁平双桂堂文殊殿较为典型。③翼角不起翘或者起翘不高。在整体风格上更加硬朗质朴。④两侧有外廊的建筑会利用外廊这一有利条件，直接在相当于七架梁位置的山墙穿斗梁架上置枋木以承山椽尾；山花板直接钉在前后金山柱、老金山柱及山柱上，从外观看形成双步廊的收山（图8-4-1）。

二、利用山里一间屋架的做法

在前一种做法的基础上，还有另一种不用踩步金梁，直接利用山里一间屋架做歇山的做法。即直接利用屋架上之平梁承托对应山面椽尾，檩头悬出，在其上钉博风板；于山椽上立草架柱子然后钉山花板；山花板较博风板收入。整体形象表现出歇山正脊较短，山花收入大，风格接近于唐宋之制，重庆地区清中期以前修建的寺庙道观可以偶尔找到这种做法，并不多见，但是重庆地区建筑戏楼却常见这种做法（图8-4-2）。

三、利用顺梁和递角梁的做法

这种做法指收山位于正面尽间某个位置，用顺梁法做歇山顶，或者顺梁和递角梁并用。一般收山分位即在正面尽间和梢间的中线分位，于顺梁上立蜀柱、十字栱托山檐下平槫。檩上承山椽尾，且在其上再抬蜀柱、平梁，功用犹如清制中踩步金梁。各檩端头悬出，上钉博风板。山花板内凹，钉在草架柱的外侧。山檐屋面嵌入博风板后。还有比较少见的做法是：顺梁上用驼峰架双步梁以承托山檐下金檩，在前后双步梁的中部立童柱（清称为交金橔）支撑踩步金梁，自山檐正心桁分位向内收入两步架的距离。踩步金梁以上的结构与中部五架梁上同，用于承托前后檐出挑的檩枋。山面檩枋悬挑至山檐下金檩中线分位，上钉山花板，山花板外皮钉博风板（图8-4-3）。

总体来看，重庆地区歇山屋顶地方做法有两点好处：一是利用山墙穿斗构架的有利条件，取代用

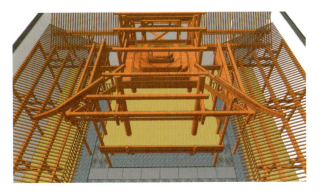

图8-4-2 綦江南华宫戏楼翼角构造示意（图片来源：重庆大学建筑城规学院项目组）

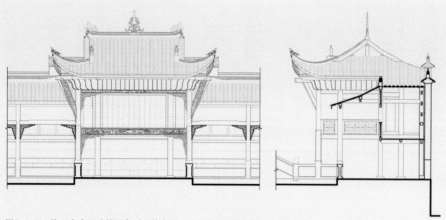

图8-4-3 陈万宝庄园戏楼翼角（图片来源：重庆大学建筑城规学院项目组）

料大而且复杂的顺梁或递角梁，精简结构，节约材料；二是充分发挥了山墙穿斗构架抗风能力强、结构整体性好的优点，使两山承受风力的能力大大增强。即使与《营造法式》和《清工部工程做法则例》所载接近的做法，在造型形态上，重庆地区建筑歇山屋顶的收山均较大，尤其是"在山里一间的柱梁上做歇山"更是古风犹存，几乎和唐代中原地区做法一致，表现出了建筑技术上的滞后性和工匠在处理具体情况时的灵活性。

四、歇山翼角做法

重庆地区歇山屋顶的翼角起翘不似北方建筑之平缓，而是具有江南建筑翼角造型的特点，起翘高，曲线优美，喜欢装饰戏曲人物、卷草纹样。尤其是大门、戏楼的屋顶，翼角层叠成为建筑造型的重点。具体到建筑技术层面，重庆大部分地区的建筑，无论规模大小、建造年代早晚，基本采用的都是重庆本土发展出来的"爪把子、爪、虾须及平行布椽"的翼角独特做法，它被称为"爪角"（图8-4-4～图8-4-6）。

比较北方官式和江南地区两种主流做法，重庆本土的翼角技术特点主要体现在两个方面：

（一）手法简练，部件少而实用。

在顶层纵向和横向挑檐檩相交成十字交口，沿45°安装老角梁（川东地区称"爪把子"、"龙头木"），爪把子头仅露出檩外少许，后尾则压在两金檩交点之下。老角梁其上安仔角梁（川东地区称"爪"、"大刀木"），它或者由几块枋木拼成巨大的爪形构件，或者由整块实木切削而成，高高翘起，尖角弧度依照翼角起翘的高度与形态而定。通过榫卯或者铁箍绑扎的方式将老角梁和仔角梁连接在一起（如果采用榫卯插接，在老角梁和仔角梁之间还要加扁担木，但是没有类似江南地区的菱角木等；

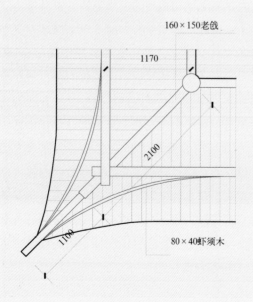

图8-4-4 重庆地区歇山翼角做法示意（图片来源：作者绘制）

图8-4-5 重庆地区歇山翼角正立面（图片来源：作者绘制）

图8-4-6 重庆地区歇山翼角（图片来源：影胡斌摄）

如果采用铁箍绑扎，连扁担木也没有，处理更加简单，类似北方官式建筑的变形）。仔角梁两侧用重庆地区建筑翼角之独特构件"虾须木"支撑，保持构件稳定。虾须木为曲线性圆木，直径约三四寸，一头连着仔角梁，一头钉在挑檐檩外皮上（起钉位置与翼角起翘点基本一致），三者形成一个稳定的三角形，中间填以垫板。

（二）翼角起翘部分的椽子与正身部分椽子平行排列至端部。

并没有采用明清北方官式建筑中翼角椽子渐次变更方向，呈放射状直到末一根椽头与老角梁头紧贴的做法。这一点成为了明确区分重庆地区与国内其他地区翼角做法的又一重要特点。使翼角部分凹曲面得以形成和平行椽的支托主要依靠的就是椽子下面的"虾须木"。这种做法在我国汉唐时期比较普遍，目前保留遗物北齐定兴石柱上的转角出椽即为平行，椽子断面扁方形，永靖炳灵寺石窟某塔柱的转角出椽形式也是如此。明清以后国内其他地区已经没有如此做的，但是在重庆地区却是非常普遍的做法。

到了清代后期，这种本土特色的翼角处理方式也并没有随外来技术的引入而衰弱，反而在民间继续大量应用。究其原因，应该在于用虾须木支撑飞椽的做法，较好地解决了翼角和前后檐塌陷问题；平行布椽的处理方式较之扇形布椽更加简便合理，便于材料加工和施工操作。

第五节　檐部做法

一、挑檐

明清以后，重庆地区木建筑技术发展的一个重要趋势就是简化和明晰木结构建造逻辑，建筑构造和受力关系更加简明，一些复杂的技术做法逐步被取消，其中就包括斗栱的结构功能被减弱，这带来了建筑前后檐部处理的很大变化，深远的"挑枋出檐"的做法变得普遍而丰富。其原理是用一种悬臂构件来解决屋檐出挑的问题，即以长短不等的挑枋穿过檐柱，承托挑檐檩及屋面重量。重庆地区传统建筑前后挑檐的形态和方式非常多样，主要包括单挑、双挑及三挑三大类（图8-5-1）。为增加挑枋的承载力，在挑枋与檐柱之间往往有各式斜撑。深远的出檐一是出于防雨防晒功能的考虑，还有就是形成深广的檐下"灰空间"，与场镇街道连成一体，成为城镇居民半公共的交往生活空间。

"单挑出檐"指一根挑枋承挑屋檐，屋面出檐宽度约一个步架。由于单挑出檐深度并不太大，再加上挑枋下面多安装斜撑（重庆叫"撑弓"）辅助受力，稳定性好，建筑中使用最多。

按照挑枋受力状况，单挑出檐分为硬挑和软挑

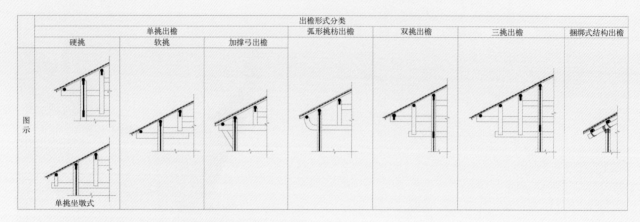

图8-5-1 重庆地区挑檐做法示意（图片来源：作者绘制）

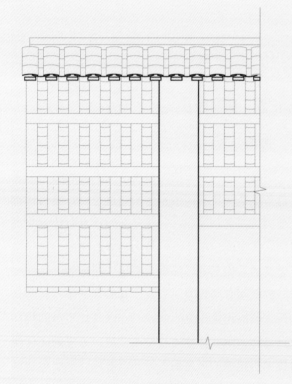

图8-5-2 檩条出山（图片来源：作者绘制）

两种。"硬挑"是以一根穿枋穿过前后柱的柱心，然后直接伸出以承挑檐檩，也称为"挑穿"。"软挑"是挑枋只穿过檐柱柱心，以前端承挑檐檩，后尾则压以梁枋。为了提高枋、檩构件衔接处的稳定性，在挑檐檩与挑枋之间加瓜柱，坐于挑枋之上，称为坐墩。挑头上的瓜柱包过挑头而下垂的叫做吊墩。为加强装饰效果，坐墩或者吊墩下端常刻为花篮、莲花或瓜形，重庆称之为"吊瓜"，它与斜撑（本地称"撑弓"）、雀替及额枋等一起，丰富了稍显单薄的建筑檐部造型。撑弓有"棒棒撑（圆木）"及"板板撑（扁宽长条形木）"之分，可做精细的雕刻及彩画，圆木多被施以透雕，主题有人物、风景等。扁宽木，多装饰几何纹样。撑弓两端用榫眼及铁钉与挑枋、檐柱固定。

"双挑出檐"即是用两层出挑，挑出两步架，有双挑坐墩、双挑吊墩等做法。双挑出檐最大深度可达2米余。还有一个重要之处在于，各地城镇民居挑檐做法不尽相同，各自有一定的特色和规律，可以作为区别某个地区建筑技术风格的重要特征。

有时为了获得更为深远的出檐，在双挑出檐下再加一步挑枋，形成比较少见的"三挑出檐"，出挑长度可达3米余。有的一层坐墩与二层挑枋之间距离太远，则施加撑弓。

重庆地区传统建筑不仅前后檐出檐深远，两面的出山（出际）也较大（汉族建筑比土家族、苗族建筑小），目的是利于山墙面的防雨防潮。具体做法和尺度大约是："将檩子到两山头出挑，铺设4到8条桷子，上面再铺瓦。在最外边的桷子和檩子头上钉博风板，用以封檐和防止雨水侵蚀檩子。"⑮（图8-5-2）

二、披檐

除了屋面的直接出檐，为了遮避风雨、防晒等功用，对高大的建筑或楼房，常在屋身中段或者楼

图8-5-3 某重庆民居山墙侧披檐（图片来源：胡斌摄）

层分段处附加短小的出檐，本地又称"披檐、腰檐、眉檐"等。其做法多数由檐柱、山墙柱软挑而出，因而挑出宽度一般在一个步架左右（图8-5-3）。

三、轩廊和轩棚

重庆地区建筑因保持通风、减少自重等需要，室内多数采用"彻上明造"，暴露梁架。在主要建筑前檐廊（进深达二至三个步架）或者比较讲究的建筑前后外檐部，经常施以曲线和色彩非常优美的"轩廊和轩棚"，形成类似卷棚的天花造型，以起到突出和美化的作用。

轩棚的具体做法是先用极薄的分板做成"卷叶子"（类似"弓"形曲线），钉在"卷桷子"上（椽子的本地称谓）。"卷桷子"用一二寸宽的桷子做成卷形，它的距离约略同桷子，轩棚的宽度可以上下伸曲随意。因其桷子的形状还可分为"鹤颈轩、菱角轩、船篷轩"等。为进一步突出富丽精美

图8-5-4 前檐廊"轩廊"（图片来源：胡斌摄）

的效果，轩棚下面的短柱多采用雕饰丰富的驼峰、小斗等造型；在色彩上，板面刷白漆或红漆，卷桷子刷深褐色或黑漆，两者对比鲜明，十分醒目（图8-5-4）。

此外，为了获得丰富的艺术效果，还出现了不少装饰美化梁架构件的做法。比较简单的就在建筑

正殿正梁下施以彩绘描画，更加盛行的处理方式是将室内几榀梁架中的短柱由造型多样、雕刻精美的驼峰代替。室内同榀屋架上下梁枋之间原来为了缩短跨度而采用的雀替，被形式更加华丽精巧的造型代替，类似划分室内空间才采用的罩的做法。这些做法在主要殿堂里使用得非常频繁。

第六节 墙的做法

一、竹编夹壁墙

竹编夹壁墙的使用历史已经很长，在巴蜀地区出土的汉代画像砖中穿斗屋架之间的墙体已经可以推断采用了类似夹骨泥墙的做法。在重庆地区，这种墙体又被简称为夹壁墙。由于主要材料竹子、草筋及黏土等不仅容易获取，造价低廉，施工简易，而且轻薄的墙体具有良好的透气效果，很好地适应了本地温暖潮湿的环境，所以竹编夹壁墙的做法被各种类型的建筑采用，尤其在穿斗式民居建筑中使用更加普遍。

其具体做法是，在每榀穿斗屋架柱枋之间放置编好的1～2层竹篾网作为壁体的承力骨架，竹篾卡在周围的枋或柱子上；然后在壁体内外糊上黄泥浆，泥里拌入稻草筋、谷壳、发丝、糯米浆等作拉接纤维，它们与竹篾网结合在一起，形成整体。待泥稍干后，抹平磨光，反复操作多次，使墙体达到一定的厚度和坚实度。清代中后期喜欢在黄泥表面再用白石灰罩面、压光，以保护墙体。这样，整个墙体厚约一寸多。此外，当夹壁墙用于山墙面时，还常用木条作镶边，一则可以起加固作用，同时又可取得一定的装饰效果。在某些民居中也可以看到更简单的竹编墙做法，即不施泥浆的竹编墙，其透气、透光性更好，同时又具有墙的围合作用（图8-6-1、图8-6-2）。由于竹编夹壁墙不耐潮蚀，有些讲究的房屋会在容易被雨水溅湿的墙裙部位采用砖石材料砌筑，这时夹壁墙作为墙体的上半段，与其他材料共同组成墙身。

二、木镶板墙

木镶板墙较之夹壁墙更为考究，成本也比夹壁墙高，因此在重要公共建筑和城镇大型民居或者林区民居中使用较多。其具体做法是由木立枋与穿枋形成枋框，作为骨架，然后将加工好的木板镶嵌在方框内，木板的厚度一般为30毫米，比较考究的做法会在木板相接处做榫口，使得木板的连接更为紧密。为了保护木板不受侵蚀，通常在木板表面作多遍油饰（图8-6-3）。

三、封火墙

明清以后，出于防火、防匪等考虑，重要公共建筑、城镇民居以及散落乡村的庄园民居常采用高大的砖墙围护。在房屋密集的城镇中，封火山墙更是被广泛应用。受各方移民文化的影响，重庆地区封火墙的形态复合多样，定式较少。比较常见阶梯

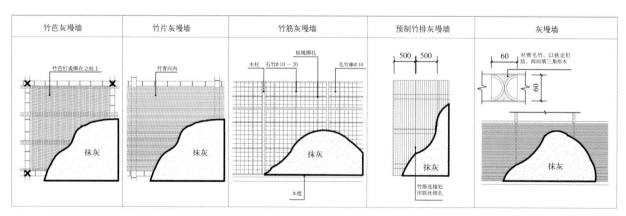

图8-6-1 竹编夹壁墙构造示意

形三花山墙、五花山墙，弧形山墙和复合形山墙等诸多样式（图8-6-4、图8-6-5）。

墙体分为"墙基、墙身、墙檐"三部分。墙基多用青条石砌筑而成，墙基高度依照地形条件变化，高约300~1000毫米左右。墙身的砌筑方式有实砌墙和空斗墙两种类型。实砌墙有"全丁、全顺、一顺一丁、两平一侧、三丁一顺"等。对高大的封火山墙，为了减轻自重，也为了节省材料，常用空斗墙。砌筑空斗墙的砖，本地人称之为"盒子砖"。它是由南方移民带来重庆地区的，与重庆地区本土的土坯砖比较，盒子砖用黏土烧制，砖色青灰，其强度、耐磨、耐火性能等方面都较土坯砖大为提高。此砖的长宽虽与重庆地区土坯砖差不多，但是厚度比重庆本地砖薄了近一半。其规格尺寸约在200毫米×140毫米×25毫米、240毫米×115毫米×53毫米和240毫米×160毫米×30毫米左右。不同地区不同时期也不完全统一，这也反映出技术引进过程中的变化。空斗墙的基本做法通常为将砖立摆，中间空心，用碎砖石或黏土填心。具体砌法有多种，包括"高矮斗、马槽斗、盒盒斗"等（图8-6-6）。

墙檐是整个封火山墙细节处理最讲究的地方。首先，封火墙墙体与墙檐的结合部一般会使用弥缝抹灰，做出宽约350毫米光滑的白色横条带，讲究的还做成彩绘装饰，题材多以祥禽瑞鸟、富贵花饰和传统的图案符号为主。为形成墙檐出挑，一般采取砖叠涩挑出的方式，其形式有"叠直檐、半混檐、棱角檐"等多种，上覆以小青瓦或者筒瓦（也有的地方喜欢直接在砖面上抹出一道高高的灰塑面）。

封火墙墀头的做法大致分一次出挑和两次出挑两种。出挑的做法也有两种：一种为用砖出挑，出挑长度一般不超过一块砖的长度；二为用木板出挑，将木板砌筑在出挑的墙体下面，大部分埋于墙内，小部分出挑支承上部墙体。木板与墙等宽，也可选窄条，不外露出来，出挑的距离较大。出挑时可平挑或斜挑，斜挑挑面还可抹成弧形。

封火墙脊头的做法：可以在墙脊端头砌一块凿成斜角的砖或是直接砌筑一块带花边形的青砖，稍

图8-6-2 竹编夹壁墙做法（图片来源：陈蔚摄）

图8-6-3 木镶板墙（图片来源：胡斌摄）

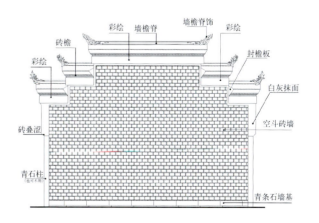

图8-6-4 封火山墙基本构成（图片来源：《川渝地区民居营造技术研究》）

微出挑一点；或是在脊头处用瓦或砖垫高，其上砌竖立小青瓦成各种纹样向上高高翘起；还有泥塑的脊头，泥塑的题材很多，有花草类，也有游龙、飞凤及其他吉祥物。一般都是藏入铁丝为骨，层层加

图8-6-5 重庆地区封火墙样式（图片来源：陈蔚摄）

厚灰泥而成。铁丝直径大小不一，约一分至三分，骨架之下还伸出一段支脚，以便插入脊顶之内有效固定。

由于空斗砖墙的整体承载能力较差，高大的封火山墙与主要木构架采用脱开的立贴式做法，封火墙主要作为外围护墙体不承重。为了稳定墙身，在封火墙和建筑木梁架结构之间产生了一个特殊构件蚂蝗攀（又称"蚂蝗钉"）。这种稳定墙身的办法，是在墙身上部用铁栓、蚂蝗攀分别攀贴在墙上，穿进墙内拉接在贴墙的木构架上，使高大的山墙与木构架紧密相连，收到木构架稳定墙身的良好效果。视不同情况，一柱之上采用一到两个拉铁构件，拉铁多为铁质，也有木质的（图8-6-7）。

四、夯土版筑墙和土坯砖墙

重庆地区乡村民居中常见土墙做法，主要有夯土版筑和土坯砖砌筑两种方式。其中，夯土墙技术历史悠久，商周时期已经有版筑城墙的记载。巴蜀地区夯筑土墙的工具主要为木夹板，其他还有墙杵、撮箕、铲子等（图8-6-8）。材料一般采用黏土或灰土（土与石灰的比例为6∶4），某些地区夯土墙也有采用石灰、沙子、鹅卵石混合形成的三合土来夯筑，密布的鹅卵石可以有效地增加墙体负载能力。夯土墙在夯筑过程中通常要加入竹筋进行加固，竹筋可以平行放置，也可以"做成八字筋的形式，相互套接"（川东南地区）。[16]在每版夯土墙中，平列竹筋三层，每层铺竹筋两道或置八字筋两个。夯筑时，每版长度约2米，高度不过40厘米，要分三次夯筑完成，每次夯筑完成之后在上面放置一层竹筋。上下夯版要错缝布置，而且要等下层干透后方能夯筑上层。夯土墙的厚度一般在370~400毫米之间，底部通常为砖石基础，以避免潮气侵蚀。为了防止风雨的侵蚀，夯土墙的外侧可以用草泥或白灰抹面，面层厚度可达5毫米（图8-6-9、图8-6-10）。[17]

从夯土墙到砌筑的土坯墙，是建筑材料的一大革新，可以说，它为砖的出现做了准备。土坯最早出现在汉代，当时称为土墼。"敦煌等处汉代土墼的亭障遗物是很多的，西安也有西汉的土墼墙遗物，可见墼是很早、很普遍的建筑材料，而且相当耐久，它就是未烧的日晒砖或土坯。"⑱重庆地区用于砌筑墙体的土坯砖采用的是自然的水湿坯，具体做法是选择平坦潮湿的田地，用铁锹挖出土坯块。挖制土坯前，要预先保养坯地，就是在稻田里放水之后，保留稻根，待泥土到半干时，用石碾压实压

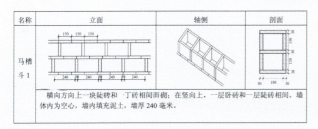

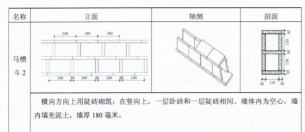

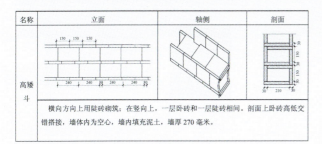

图8-6-7 蚂蝗攀（图片来源：陈蔚摄）

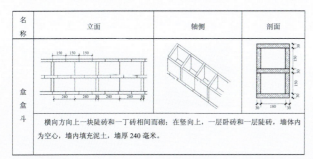

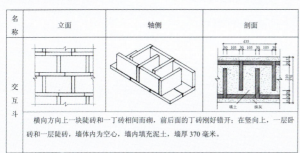

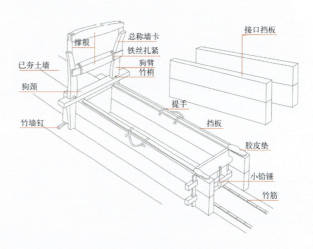

图8-6-6 空斗砖墙的几种砌法（图片来源：《川渝地区民居营造技术研究》）

图8-6-8 版筑墙的木夹板工具（图片来源：《中国民居》）

图8-6-9 涪陵大顺乡夯土民居碉楼（图片来源：胡斌摄）

图8-6-10 夯土墙细节（图片来源：胡斌摄）

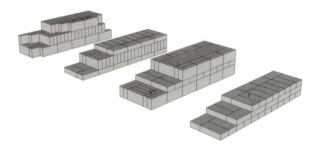

图8-6-11 土坯砖砌筑方式（图片来源：作者绘制）

平，其中的稻根成为天然的骨材，然后用铲刀按土坯的尺寸划分若干小块（通常比砖略大），再用铲刀挖起，将土块翻出后晒干，并将土块移至屋檐下放置，待到次年完全干燥后方可使用。土坯砖筑墙的技术要求较之夯土墙要低，而且也更为灵活，通过不同的砌筑方法可以砌出不同形式的墙体。在土坯墙在砌筑时以泥浆作为胶粘剂，在砌筑墙体时有的还要在泥浆层中加入草筋，以提高墙体的强度。土坯墙的墙面一般也要用灰泥抹面，以防止雨水的侵蚀（图8-6-11、图8-6-12）。⑲

图8-6-12 石柱土坯砖墙民居（图片来源：胡斌摄）

由于是手工制作，用处各异，所以品类较多，规格上参差不齐。另外，土墙怕水，不耐冲淋，土墙体下一般都有砖石墙基，同时建筑周围也特别注意排水。由于土墙自重较重，不便开较大的窗洞，所以整体比较封闭，一些建筑下半段墙体采用土筑墙，与屋面相接的上半段则采用夹壁墙，便于开窗通风，也形成底部厚重敦实，顶部轻巧灵动的建筑风格特征。[20]

五、石墙

重庆山区多石，根据形态和加工方式的不同，有毛石、卵石、条石、石板等。石材质地坚硬，抗压耐磨且有防潮和防渗的特点，所以本地通常将石材用于有耐磨、防潮需求的特殊部位，如铺地、基础、墙裙、台阶、柱础等（图8-6-13）。有些建筑还以石柱代替木柱，使整体结构更为经久耐用。在石材较多的地方，民居中也将各种石料作为一种墙体材料。石墙的主要砌法有几种：乱石砌筑，也称虎皮石墙，厚度500～600毫米不等，视高度而定，通常用石灰浆灌砌，开窗洞时多需借助木制过梁；毛石墙，利用石材天然的形状通过垫托、咬砌、搭插等技术干砌而成；卵石墙，多为干砌的技法筑成，卵石的规格要统一，通常底部的卵石较大，上部的较小；最为考究的是条石墙，石料加工较为精准，多修整为统一截面的矩形条石，长短不一，通常为错缝干砌，开窗洞则多用长条石作为过梁。除了砌筑墙体，也有将石块加工成薄石板直接竖置作为墙体的，这种墙体通常与木梁架相结合，作为夹皮墙的下半段（图8-6-14）。

六、墙基

基础是中国传统建筑非常重要的部分，对于整个建筑的稳定性有着至关重要的作用。中国人在长期的建筑实践中对于基础的营建积累了很宝贵的经

图8-6-13 巫溪宁厂镇石墙民居（图片来源：李忠摄）

验，在宋代李诫编撰的《营造法式》以及清代的《工程做法则例》中都对基础的具体做法进行了详细的规定，而在大量的民间建筑中，虽没有什么强制的规定，但大致也有一定的规律可循。

中国传统建筑采用的是柱网式的框架体系，和现代建筑的结构体系几乎完全一样，所以两者的建筑基础也有很相似的地方。大致可分为两种形式，一种是槽形基础，一种是满堂基础。槽形基础即是按照建筑的柱网按纵横方向开挖槽沟，槽沟内铺灰土、码磉墩、砌拦土，以此作为整个建筑的基础。满堂基础是将建筑的基地全部作为基础进行铺砌，下面置灰土，上面铺石材，基础的整体性强，防潮好，但造价也很高。

（一）线形基础

为了节约材料、人力，线形基础是运用最广泛的一种做法。先在建筑物柱网纵横方向开挖槽沟，川渝地区槽沟的宽度一般为墙宽的2倍，与《工程做法则例》中规定相同。沟槽开挖的深度，普通的墙基开挖约三尺深，两层楼高的墙需开挖四五尺深。然后再在沟槽内加灰土，或者是沿建筑物柱网纵横方向铺青条石，一般为墙宽的两倍左右。[21]

灰土一般使用的是传统建筑常用的三合土，三合土各地方的做法不一，有的用石灰加黏土加河沙，有的用石灰加黏土加渣土（如煤渣），有的用石灰加黏土加细小的鹅卵石。沟槽内的灰土为分层捣筑，一般每层先虚铺20～25厘米，捣实后约为15厘米厚，然后每层叠加，直到离地面约一尺的高度为止。灰土的做法如下：先将沟槽底部的素土夯实；配置三合土，将生石灰泼水后过筛，再将黏土、渣土或卵石过筛，然后按体积比进行拌合；将拌合好的灰土在槽内虚铺20～25厘米，然后找平夯实后再找平；用水泼在夯实的灰土之上，这叫"落水"，目的是让未熟化的生石灰完全的熟化，水一定要吃透；再在灰土的表面撒渣土，使表面的稀土变得干舒一些；最后再进夯实找平。

以上为一层灰土的做法，每层灰土都应该按照这种顺序进行夯筑。当灰土夯筑到离地面约一尺高度时，上面如果为墙体，就可以做石勒脚，如果为独立的柱，则用磉墩。重庆地区盛产青石，石勒脚一般用青石砌筑，宽度同墙厚，高度为二尺，留在地下一尺，露出地面一尺。值得注意的是重庆地区喜欢用"连磉石"，将柱直接落在露出地面约15厘米高的勒脚石上（图8-6-14）。

（二）面式基础做法

面式基础的做法较之线式基础要复杂一些，造价更高，川渝地区的面式基础做法同北方官式建筑严格意义上的面式做法又有所差别，即先按线形基础的做法在柱网的纵横方向上开挖沟槽，沟槽内分层填实灰土进行夯实，直到离地面约一尺的高度，沟槽与沟槽之间同样要进行开挖，但开挖的深度不必同沟槽的深度一样，同样也要进行分层夯实，直到离室内地坪约30厘米的地方为止。然后再在上面铺一层青条石（图8-6-15）。

（三）桩基

在遇到建筑下面的基础较软或是有地下水的时候，一般要使用桩基。桩基是用长约四至八尺的柏木下面套上锥形的铁套构成。木桩的布法主要有梅花桩、莲三桩、排桩、马牙桩等，墙体之下一般用排桩和马牙桩，柱顶石之下一般用梅花桩和莲三桩。待桩基打入沟槽的底部之后，上面的做法如同线式基础。㉒

第七节 传统建房习俗

经过长期的积淀，重庆各地民间形成了约定俗成的建房仪式与风俗，赋予了传统建筑营造活动各种颇富意味的有趣规制与说法，极富文化寓意，也是地区传统建筑文化中非物质遗产的重要组成部分。

一、"丈八八制度"

为了方便木建筑构件的加工与工匠修筑，在长期的建造活动中，本地工匠通过总结一定的模数和尺寸来符合木材的特性并适合人的尺度，同时人们还赋予其文化寓意，以求吉祥安顺。重庆地区老匠师在修筑房屋时，都保留着一种"丈八八"营造制度。所谓"丈八八"，就是以"八"为尾数的十进位制模数，控制房屋的整体尺度，如高度与进深等，其中最重要的是控制中柱的高度，即建筑的中柱高度尺寸尾数必为八，故中柱全高（从居住面起算至脊檩下皮）定为一丈六八，一丈七八，最高达二丈二八，而最吉祥的尺寸为一丈八八，故有"丈八八"之称。在土家族、苗族等少数民族的传统民居建筑中，中柱更被赋予某种神圣吉祥的意义。比如渝东南苗族民居里常用的标准便是"五柱丈八八式"，但凡有条件的，都按此约定俗成的营造规范修葺房屋。民间迷恋"八"这个数字背后的缘由，可能与八卦说有关，亦可能是根据人体尺度而来，更多地还是一些吉祥寓意。如一丈七八尺作，一丈八八，取"屋高逢八，万载发达"之意；进深逢八，

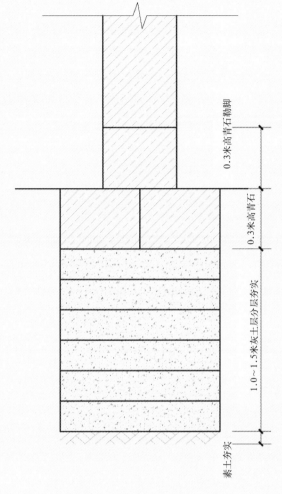

图8-6-14 线性基础做法（图片来源：《川渝地区民居营造技术研究》）

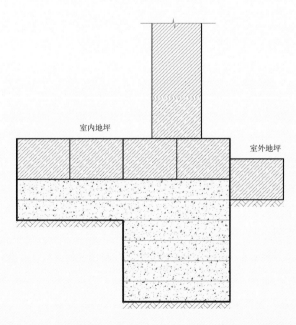

图8-6-15 面式基础做法（图片来源：《川渝地区民居营造技术研究》）

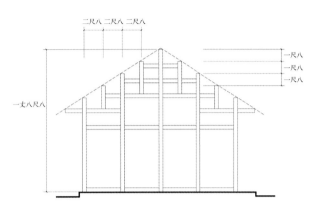

图8-7-1 "丈八八制度"示意图（图片来源：作者绘制）

如二丈七八，二丈八八，"进深逢八，家家发"；开间尺寸逢八，如一丈七八，一丈八八，"开间逢八，阳光满家"等，都是取其吉祥之意（图8-7-1）。㉓

二、上梁习俗

传统建筑多为木构，修建房屋在民间是极重要的大事，因而房屋基本构架搭建完成时，就会举行一个隆重的仪式——上梁仪式，就是将木构房屋最重要的"梁"安放在已经搭建好的屋架上。这里的"梁"，实际上是指房屋中间，通常是堂屋正中的上方，脊檩下方的"挂"，是重点装饰的部位。通常是在选定好的时辰，将事先选好并已加工上漆的优质木梁，正中处凿一小洞，放进谷穗、金、银、笔墨，喻示屋主日后发富发贵，后代知书达理。梁上挂象征吉祥的红布，上书"紫微高照"或"大吉大利"四个大字，祈求安居，寓意吉祥。在上梁时，亲戚朋友要鸣放鞭炮以示祝贺，掌墨师傅亦亲自参与各种礼节，相当隆重。

在重庆苗族地区"上梁"以及相关建房习俗更加复杂。首先，大梁（他们称为"担梁"）须在立房子的头天才去山上砍伐。砍倒后剔去树枝时，下面要垫些树枝，不使担梁接地；抬到工地时，不论多远，不能歇气，只可换人抬；抬到工地后，放在木马上，也不准着地；砍下的木渣不能烧，由主人弄去埋在干净处。晚上，由掌墨师亲手加工、彩画，写上建房的年月日等，然后藏起来。曾有人将事先所做的担梁换掉，意在使木匠在上梁时，因尺寸不合而丢脸，给主人带来不吉利，但掌墨师早有准备，在上梁时，不用别人换来的那一根，却用自己另做的一根，令其徒弟在上梁时故弄玄虚，说："师傅，担梁这一头短了两寸，怎么办？"师傅说："不要紧，我使个法子，你扯嘛，扯长两寸就是了。"于是师傅作使法状，徒弟作拉扯状，居然将担梁安上去了，不差一丝一毫。在立房子当天清晨，主人要在天亮前请木匠吃"鲁班饭"（丰盛的宴席），先设香案祭鲁班，要献上一只公鸡。在起列时，掌墨师手持斧头，立在堂屋左列中柱前，大声说"福事"（吉祥话），然后，随着一声"起"，拉柱列的亲友们便一齐使力拉事先用"金带"（用竹麻做成）捆好的柱头，柱子一下子便立了起来，然后用木棒撑住，第二列柱起时，再上担梁等。大梁落定，开始"搭梁"仪式，即掌墨师在梁上把事先准备的"搭梁粑"（用米做成，有大有小）从梁上撒下，主人则跪在地上牵开长衫的衣兜接住，其余的让亲友们来抢。最后，亲友们开始"搭梁"，即将贴有对联的贺幛挂在梁上，以示庆祝。接着再按从左到右的顺序，一列一列地立起来，有的深宅大院，整个仪式过程要3~5天。㉔

注释

① 三峡柳林溪以及三家沱遗址中发掘出的大量春秋时期的板瓦和筒瓦碎片，其形制花纹与江陵楚都纪南城遗址中出土的基本一致。

② 李先逵. 重庆民居. 北京：中国建筑工业出版社，2009.

③ 侯幼彬. 中国建筑美学. 北京：中国建筑工业出版社，2009：28.

④ 潘谷西，何建中.《营造法式》解读. 南京：东南大学出版社，2005：21.

⑤ 川渝地区将房屋排架称为"列子"。

⑥ 曹春平. 闽南传统建筑屋顶做法. 建筑史. 北京：清

华大学出版社，2006：90．

⑦ 张新明．巴蜀建筑史——元明清时期．重庆大学硕士学位论文，2010．

⑧ 刘致平．中国居住建筑简史[M]．北京：中国建筑工业出版社，2000：274．

⑨ 曾宇．川渝地区民居营造技术研究．重庆大学硕士学位论文，2006．

⑩ 曾宇．川渝地区民居营造技术研究．重庆大学硕士学位论文，2006．

⑪ （唐）柳宗元《增广注释音辨唐柳先生集》卷十七，四部丛刊初编本．

⑫ 四川省建设工程造价管理总站．四川省仿古建筑及园林工程预算定额解释．1994：499．

⑬ 《辞海》解释："桷，方的椽子。"

⑭ 刘大可．中国古建筑瓦石营法．北京：中国建筑工业出版社，1993．

⑮ 吴樱．巴蜀传统建筑地域特色研究．重庆大学硕士学位论文，2007．

⑯ 曾竟钊等．川东南地区民居典型夯土墙体探讨[J]．成都：四川建筑科学研究，2008（10）：182-184．

⑰ 张新明．巴蜀建筑史——元明清时期．重庆大学硕士学位论文，2010．

⑱ 刘致平．中国建筑类型及结构[M]．北京：中国建筑工业出版社，2000：100．

⑲ 张新明．巴蜀建筑史——元明清时期．重庆大学硕士学位论文，2010．

⑳ 吴樱．巴蜀传统建筑地域特色研究．重庆大学硕士学位论文，2007．

㉑ 陈丽莉，候颖．川东巴渝地区民居营造技术浅析．

㉒ 曾宇．川渝地区民居营造技术研究．重庆大学硕士学位论文．2006．

㉓ 吴樱．巴蜀传统建筑地域特色研究．重庆大学硕士学位论文，2007．

㉔ 彭水苗族土家族自治县民族宗教事务委员会．彭水苗族土家族自治县民族宗教志．重庆：重庆出版社，2003．

重庆古建筑

第九章 建筑装饰

重庆古建筑虽少繁琐的附加装饰，在一些重要部位，装饰仍然是整个建筑中最出彩的地方。就其装饰风格和工艺技术而言，以精巧秀丽为特点，深受南方地区影响，同时形成了重庆本地建筑装饰特色，"在表现手法上把浪漫和质朴很好地融为一体，古拙而不失灵秀，粗犷而有韵致，格调恬淡，风格简洁，不仅生动地反映了本地区人民趋吉避害、祈福消灾的良好愿望，而且观者能从中感受到古雅的情趣和悠远的意蕴"（图9-0-1～图9-0-6）。

从建筑装饰手法和材料上划分，重庆古建筑装饰主要包括木作装饰、砖石装饰以及彩绘装饰等几大类。其中，门窗、隔扇、罩、挂落等小木作工艺十分考究。仅是窗户类型就有木棂窗、风窗、提窗、开启窗等多种，花格变化各异，常见有豆腐块、冬瓜圈、三条线、乱劈柴（冰纹）、回纹、万字纹、球纹等约40种（图9-0-7～图9-0-10）。通过不同疏密的排列，变化多样，做工细腻，脉络明晰。一些重要建筑其室内木质构件上均能见到精美的雕饰，如堂屋外廊下的檐枋、撑栱、栏板、雀替和飞罩，屋内的隔扇、门窗与梁枋等，根据这些对象的不同功能，有的采用浅浮雕或深浮雕，有的则采用镂空雕或圆雕，造型生动，手法古朴（图9-0-11～图9-0-19）。

另一种常见的雕刻是石雕，从寺观、祠庙到庄园民宅都可以见到许多石材构件以及这些构件上精美的石雕。因为川渝地区岩石主要以侏罗、白垩系的红色砂岩为主，夹砂质泥岩和泥岩组成，适合作为建筑材料并且进行雕刻。再加上本地有开凿石窟造像的悠久历史和卓越成果，传统石雕工艺技艺精湛，工匠技艺多有传承且流派很多，比如大足、安岳、乐山等石刻之乡，工匠家传已逾十代者有之。他们在本地建造行业中占据着重要地位，从而使重庆古建筑中石雕的数量和技艺水平很高（图9-0-20～图9-0-21）。

不仅手法精湛、技艺高超，重庆古建筑装饰受到多方移民工匠的影响，从装饰题材和技艺做法等方面也有一些地方特色。以石雕装饰为例，一是，喜欢用瑞兽形态的柱础，比如重庆梁平双桂堂大雄宝殿前檐柱分别以狮、象和麒麟作为柱础，其上承整石檐柱。在刘致平先生考察四川地区民居建筑的时候就曾注意到这种特点，并提出这属于汉代留存下来的较古做法。其次，柱础（磉墩）的形态也体现了地方特色。重庆民居中流行盘磉做法，即在磉石上面带六方或圆形平盘一层，川渝地区早期的盘磉多是方形有两个柱径大小，上部的平盘有柱径十

图9-0-1 翼角装饰（图片来源：陈蔚摄）

图9-0-2 正脊装饰（图片来源：陈蔚摄）

图9-0-3 撑栱装饰1（图片来源：陈蔚摄）

图9-0-4 撑栱装饰2（图片来源：陈蔚摄）

图9-0-5 撑栱装饰3（图片来源：陈蔚摄）

图9-0-6 门楣石雕（图片来源：陈蔚摄）

图9-0-8 木门1（图片来源：陈蔚摄）

图9-0-7 木窗（图片来源：陈蔚摄）

图9-0-9 木门2（图片来源：陈蔚摄）

图9-0-10 木门3（图片来源：陈蔚摄）

图9-0-11 驼峰装饰（图片来源：陈蔚摄）

图9-0-12 如意斗拱装饰（图片来源：陈蔚摄）

图9-0-13 梁枋装饰1（图片来源：陈蔚摄）

图9-0-14 梁枋装饰2（图片来源：陈蔚摄）

图9-0-15 梁枋装饰3（图片来源：陈蔚摄）

图9-0-16 梁枋装饰4（图片来源：陈蔚摄）

图9-0-17 挑尖梁头装饰（图片来源：陈蔚摄）

图9-0-18 窗下墙木雕1（图片来源：陈蔚摄）

图9-0-19 窗下墙木雕2（图片来源：陈蔚摄）

图9-0-20 正脊装饰（图片来源：陈蔚摄）

图9-0-21 檐下装饰（图片来源：陈蔚摄）

分之三四的高度，清代中期以后盘磉外露部分愈来愈高，乃至高过柱径，演变成鼓形磉墩，在川渝地区广泛使用，而且磉墩"础肚上不喜施用雕刻只保留素石形态"。①也有一说，川渝地区保持的鼓形磉墩做法本身就是较古的做法。无论渊源如何，此类磉墩和国内其他地区确实有所不同，国内其他地区的特点普遍表现为早期采用圆柱形和圆鼓形的柱础比较多，在清中期形式开始变化，首先尺寸加高，道光以后，圆鼓形柱础已渐消失，代之而起的是下半部已有明显内缩的形式，到晚期，形式变化更加丰富，础肚上多施以雕刻。在移民会馆建筑中，本地区传统做法和国内其他地区的特色都不同程度地被表现出来。比如川主庙、禹王宫多采用鼓形磉墩，表现出本土的典型特征；南华宫柱础多借鉴上部带盘磉的做法，下部与广东地区做法关联性更强，装饰效果更强。

从建筑装饰题材上，主要包括以下几大类：

（一）祈福纳祥、神灵崇拜的题材

主要反映新移民趋吉避凶、追求平安祥和生活的文化心理，包括几何纹样、神仙人物、祥禽瑞兽、花卉植物、吉庆文字及器物六大类。

建筑中常使用的几何纹样类有：锦纹、万字纹、角背纹、钱纹、拐子龙纹、冰裂纹、回字纹、步步锦纹、菱形纹等，分别代表辟邪祥瑞、福寿吉祥、深远绵长、万福万寿不断头之意。人物、动植物图案类主要指一些被赋予吉祥寓意和伦理道德观念的人物、动植物等。神仙人物有福禄寿三星、道教的八仙、佛教的罗汉等；动物有龙凤、狮、鹿、羊、猴、麒麟、松鼠、仙鹤、喜鹊、鸳鸯、蝙蝠等；植物有石榴、葡萄、松、竹、葵果、莲蓬、柑橘、仙桃等；花卉有菊、梅、兰、牡丹、荷花等；吉庆文字及器物类有福、禄、寿、喜字，博古架和博古架上的玉器花瓶②以及琴棋书画等。还有一类就是神仙使用的法器，常见"八宝"和"暗八仙"图案。八宝为佛教中的八种法器，组合并不固定，宝珠、宝钱、方胜、菱镜、玉磬、卷书、犀角、艾叶较常见，也有由如意、珊瑚、元宝、祥云、拂尘、灵芝、银锭、画轴组合的八宝图案。暗八仙指道教中八位神仙使用的法器。

（二）反映忠义思想，歌颂美好情感的题材

重庆古建筑喜欢采用宣扬孝道的二十四孝图，歌颂忠义思想的《三国演义》、《水浒传》、《西游记》《封神榜》等古典名著以及历史故事等作为装饰题材，如渝北龙兴禹王宫中的《纪信替主》（忠）、《失代州》（孝）、《王宝钏》（节）、《韩琪杀庙》（义）等。相比较前者多以正史历史人物和故事作为主题而言，这部分内容多取材于地方戏曲、民间传说里面的情节和人物，以贴近生活的普通人的故事折射现实社会和境遇，同时反映新移民的生活理想和精神追求。题材中既有鞭挞邪恶，歌颂正义与善良的作品，如《贺后骂殿》、《黄泉会》等，也有歌颂美好爱情的戏曲故事，如《翠香记》、《琴房送灯》等。除此之外，一些普通民众喜爱的喜剧、谐剧故事，如川剧折子戏《赶潘》、《辨琴》、《王母献寿》、《八仙过海》、《三击掌》、《文王访贤》、《荆轲刺秦》《收烂龙》等，也广受欢迎。根据目前资料统计，明清流行于川渝地区的重要戏曲剧目约上千个，几乎都可以在建筑装饰中找到其身影。

（三）反映山水城镇风貌的题材

除了反映社会道德规范和价值观念的题材外，古建筑装饰中也有不少充满自然淳朴气息，直接取材移民的日常生活场面，反映城镇景观和风物的地方特色题材。由于会馆建筑文化整体的俚俗性，这些在生活中常常见到的内容很容易就被民间工匠信手拈来，加工创造成生动的画面。比如重庆龙兴禹王宫戏楼和齐安公所戏楼台口栏板上也有不少描绘清代重庆城镇沿江商贾来往贸易热闹场面的浮雕。画面上青山环绕绿水恰是重庆山水城市的缩影，若隐若现的城墙、寨堡、风水塔气势雄伟，与穿斗民居连成一片，足见当年城镇格局已具规模。江上行船、挑夫和城镇街道建筑一起更构成了一幅幅重庆城镇民俗生活的真实画面。

除了装饰题材所体现出来的地区特色，在融合了各个地区技术手法的基础上，一些四川地区独特的装饰工艺和技法开始出现。比如建筑屋脊装饰做法地方化特色较强，一般由三部分组成：一是背座。通常用片瓦、线砖砌成，呈喇叭形坐于中梁之上，作为屋脊的基础，基高约占屋脊的三成。二是脊身。通常用线砖砌成或用脊筒瓦安砌，也有用嵌瓷手法处理的。中为空心，外表多分段成凸堂和凹堂状，是屋脊造型的重要组成部分，一般用灰泥塑成云纹者多，其高约占屋脊的三成。三是脊帽。用砖、瓦砌成，往上逐步收缩呈帽状，其高约占屋脊的三成。在屋脊细节装饰上除了龙、鱼、瑞兽的形态，还喜用神仙、戏曲人物、花草纹样等来代替。类似情况在木作雕饰也有所体现，比如清代官式建筑常将梁枋端做成桃形（桃尖梁）、云形（麻叶头）、拳形（霸王拳），拱端则有菊花头、三岔头、三幅云等形状。在四川地区会馆建筑里，这部分花样很多也比较自由，常常雕成各种植物和龙、象等兽头形，如自贡贡井南华宫龙形老角梁，重庆齐安公所"凤踩龙"圆雕借助动态的造型使如翼斯飞的形态衬托得更加丰满。

在建筑装饰图案符号化过程中，还有一种重要变化是将已经程式化了的吉庆图案根据建筑构件的特定装饰区、材质、制作工艺特点进行地方化、专门化变形处理。它们的出现一是受到移民工匠各地做法影响后文化融合的产物，二是通过不同的组配，对固定意义的重新定义和补充，比如四川民间对龙凤题材所作的地方变形。虽然有僭越制度之嫌，建筑装饰中还是大量运用龙凤图案，之所以如此大胆，是因为龙的形象经过了变形，俗称草龙、鱼龙，它可以逃过礼制规则的约束。另外，会馆中有两处龙凤呈祥图案尤其有讲究。重庆齐安公所戏楼翼角下"凤踩龙"题材，根据建造时间推算却是影射当时慈禧垂帘听政之时局政治之作。

注释

① 四川省建设工程造价管理总站. 四川省仿古建筑及园林工程预算定额解释. 1994.
② 宋宣和时王黼奉敕编著《博古图》，著录皇家所藏商代至唐代的铜器，后人便将有铜玉等古器物的图案称为博古图。博古的装饰表达了主人对高度文明生活的一种追求。

重庆古建筑地点及年代索引

名称	类型	地点	建成年代（变化情况）	材料结构	规模	文保等级
龙骨坡遗址	古遗址	巫山县	更新世	土石	占地面积700平方米	第4批全国重点文物保护单位
钓鱼城遗址	古遗址	合川区	宋、元	石材	重点勘探面积30000平方米	第4批全国重点文物保护单位
高家镇遗址	古遗址	丰都县	旧石器时代	土石	1997年已勘探面积650平方米	第5批全国重点文物保护单位
天生城遗址	古遗址	万州区	南宋至清	石材	总面积400亩	第7批全国重点文物保护单位
老鼓楼衙署遗址	古遗址	渝中区	南宋至清	夯土包砖	已发掘面积共12640平方米	第7批全国重点文物保护单位
重庆冶锌遗址群	古遗址	丰都县 石柱县	明清	土石	集中分布面积约10平方公里	第7批全国重点文物保护单位
荆竹坝岩棺群	古墓葬	巫溪县	战国至汉	木材	现存岩棺棺木24具	第7批全国重点文物保护单位
汇南墓群	古墓葬	丰都县	汉至六朝	土石	分布范围约3.5万平方米，至今发掘面积1.6万平方米	第7批全国重点文物保护单位
张桓侯庙	古建筑	云阳县	清	石木	现存建筑面积1400平方米	第5批全国重点文物保护单位
石宝寨	古建筑	忠县	明清	木材	占地5000平方米	第5批全国重点文物保护单位
丁房阙—无名阙	古建筑	忠县	东汉	石材	总高5.66米，双阙相距2.46米，左右二阙形制不一	第5批全国重点文物保护单位
白帝城	古建筑	奉节县	明清	石木	白帝城遗址总面积约280万平方米	第6批全国重点文物保护单位
重庆湖广会馆	古建筑	渝中区	清	石木	占地面积8561平方米	第6批全国重点文物保护单位
独柏寺正殿	古建筑	潼南县	元	木材	包括屋前的石阶沿在内，一共130平方米	第7批全国重点文物保护单位
重庆古城墙	古建筑	渝中区	明	石结构	现存17段，共长约3191米	第7批全国重点文物保护单位

续表

名称	类型	地点	建成年代（变化情况）	材料结构	规模	文保等级
彭氏宗祠	古建筑	云阳县	清	石木结构	占地面积3500平方米	第7批全国重点文物保护单位
双桂堂	古建筑	梁平县	清	石木结构	占地面积7万多平方米	第7批全国重点文物保护单位
北山摩崖造像	石窟寺及石刻	大足区	唐宋	石材	开凿于长300多米、高7米的崖壁上	第1批全国重点文物保护单位
宝顶山摩崖造像	石窟寺及石刻	大足区	宋	石材	共有石刻13处，造像数以万计	第1批全国重点文物保护单位
白鹤梁题刻	石窟寺及石刻	涪陵区	唐至清	石材	长约1600米，宽16米	第3批全国重点文物保护单位
潼南大佛寺摩崖造像	石窟寺及石刻	潼南县	隋至清	石材	崖壁凿雕释迦牟尼坐像高达27米	第6批全国重点文物保护单位
涞滩二佛寺摩崖造像	石窟寺及石刻	合川区	宋	石材	高12.6米，手掌宽2.13米，足趾共宽1.47米	第6批全国重点文物保护单位
石门大佛寺摩崖造像	石窟寺及石刻	江津区	宋至元	石材	大佛寺总建筑面积720平方米，寺内石刻观音造像高13.5米	第7批全国重点文物保护单位
瞿塘峡摩崖石刻	石窟寺及石刻	奉节县	南宋至民国	石材	面积达千余米的大青石布满了自宋至近代的碑刻共12幅	第7批全国重点文物保护单位
弹子石摩崖造像	石窟寺及石刻	南岸区	元至清	石材	佛龛高13.75米，宽10.45米，深2.55米	第7批全国重点文物保护单位
烟墩堡遗址	古遗址	丰都县	旧石器	土石	发掘面积917.82平方米	第1批重庆市级文物保护单位
玉溪遗址	古遗址	丰都县高家镇川祖路居委柏林组	新石器	土石	考古勘探面积5000平方米，发掘面910平方米	第1批重庆市级文物保护单位
大溪遗址	古遗址	巫山县大溪乡大溪村三社	新石器	土石	总发掘面积达570平方米	第1批重庆市级文物保护单位
甘井口遗址群	古遗址	忠县忠州镇红星村、郑公村长江北岸	新石器至汉	土石	总发掘面积达2000平方米	重庆市级文物保护单位
中坝遗址	古遗址	忠县忠州镇南溪村四社	新石器至汉	土石	总面积约5万平方米	重庆市级文物保护单位
李家坝遗址	古遗址	云阳县高阳镇青树村	商周至汉	土石	总发掘面积达1450平方米	重庆市级文物保护单位

续表

名称	类型	地点	建成年代（变化情况）	材料结构	规模	文保等级
双堰塘遗址	古遗址	巫山县大昌镇兴隆村五、六社	商周至汉	土石	面积约10万平方米	重庆市级文物保护单位
涂山窑遗址	古遗址	南岸区黄桷垭新力村西北	宋	土石	占地面积700平方米	重庆市级文物保护单位
盐井沟古生物化石遗址	古遗址	万州区新田镇高家村	中更新世晚期	土石	发掘出第四纪大型古生物化石群	第2批重庆市级文物保护单位
马王场遗址	古遗址	大渡口区马王场及桃花溪流域	旧石器	土石	遗址采集石器共69件，其中48件采自地层	第1批重庆市级文物保护单位
笔山坝遗址	古遗址	西阳县大溪镇山坝村五组	新石器至商周	土石	遗址面积约600平方米	重庆市级文物保护单位
猴清庙遗址	古遗址	合川区铜溪镇纱帽村	新石器至宋	土石	遗址面积约2.6万平方米	重庆市级文物保护单位
武陵遗址群	古遗址	万州区武陵镇	新石器至宋	土石	总面积约6万平方米	重庆市级文物保护单位
熨斗坝遗址	古遗址	彭水自治县保家镇三江村五组	商周			重庆市级文物保护单位
徐家坝遗址	古遗址	彭水自治县郁庆江南村三组	商周	土石	发现3座墓葬和房屋基址4座	重庆市级文物保护单位
蔺市遗址	古遗址	涪陵区蔺市镇凤阳村四组	商周	土石	总发掘面积达2900平方米	重庆市级文物保护单位
土坎遗址	古遗址	武隆县土坎镇关滩村田坝小组	商周至汉	土石	总发掘面积达2800平方米	重庆市级文物保护单位
石沱遗址	古遗址	涪陵区石沱镇团结社区三组	商周至明	土石	遗址面积在10万平方米左右	重庆市级文物保护单位
夔州古城遗址	古遗址	奉节县永安镇	战国至清	土石	发现大量宋、元、明、清时期街道、房屋遗址，清理发掘战国至唐墓葬120余座	重庆市级文物保护单位
余家坝遗址	古遗址	开县渠口镇钦云村十二组	战国、汉	土石	5550平方米范围内共有50多座古代墓群	重庆市级文物保护单位
巫山古城遗址	古遗址	巫山县巫峡镇龙门大桥至红石梁	汉至清	土石	2011年在巫山古城遗址发现5座汉代墓葬	重庆市级文物保护单位
旧县坪窑址	古遗址	云阳县青龙街道	汉至唐	土石	考古发掘面积2.1万平方米	重庆市级文物保护单位

续表

名称	类型	地点	建成年代（变化情况）	材料结构	规模	文保等级
江北嘴遗址	古遗址	江北区江北城	蜀汉	石材	经修复，古城墙达100米	重庆市级文物保护单位
瓷窑里遗址	古遗址	荣昌县安富街道办事处通安村13社	宋	土石	发掘面积400平方米	第2批重庆市级文物保护单位
炉堆子遗址	古遗址	合川区盐井街道办事处塘坝村	宋至明	土石	窑窟绵延几十米	重庆市级文物保护单位
庙岗窑址	古遗址	南岸区黄桷垭街道	宋至明			重庆市级文物保护单位
天赐城	古遗址	巫山县龙溪镇天城村一社	南宋	土石	尚存大石碑崖刻等三处遗迹	重庆市级文物保护单位
重庆冶锌遗址群	古遗址	忠县洋渡镇 酉阳县钟多镇小坝村青沙沱	明、清	土石	遗址东西长约150米，埋藏面积1万多平方米	重庆市级文物保护单位
后溪土司遗址	古遗址	酉阳县后溪镇后溪村二社	明、清	土石	占地2585平方米	重庆市级文物保护单位
小田溪墓群	古墓葬	涪陵区白涛街道办事处小田溪村一、二、三组	战国	土石	面积8万平方米	重庆市级文物保护单位
巴蔓子墓	古墓葬	渝中区中山一路莲花池渝海大厦负2层	战国至清	石材	面积约20平方米	重庆市级文物保护单位
石坎崖墓群	古墓葬	江津区柏林镇双凤村三社	东汉	石材	南北长100米、高5～10米的砂岩壁上分布着5座墓	重庆市级文物保护单位
雷劈石崖墓群	古墓葬	南川区太平场镇河沙村	东汉	石材	高约30米的崖壁上分布着大大小小数十个方形崖墓	重庆市级文物保护单位
双墙崖墓群	古墓葬	大足区邮亭镇双墙村二组	东汉	石材	共14座墓室，墓室平面多在10平方米以内，高在1.5~2米之间	重庆市级文物保护单位
柏树林崖墓群	古墓葬	綦江区中峰镇鸳鸯村	东汉	石材		重庆市级文物保护单位
七拱嘴崖墓群	古墓葬	綦江区文龙街道亭和村	东汉	石材		重庆市级文物保护单位
长沟崖墓群	古墓葬	江津区柏林镇青晏村四社	东汉	石材		重庆市级文物保护单位

续表

名称	类型	地点	建成年代（变化情况）	材料结构	规模	文保等级
南屏墓群	古墓葬	合川区南津街道下南村	东汉	土石	分布着二十几处高出地面2～3米左右的大小土丘	重庆市级文物保护单位
长孙无忌墓	古墓葬	武隆县江口镇蔡家村	唐	土石	高5米，直径长30米	重庆市级文物保护单位
沙坝子墓	古墓葬	荣昌县昌元街道许溪社区九组	宋	石材	长5.4米，宽2.8米，高3.9米	重庆市级文物保护单位
高洞子墓群	古墓葬	永川区板桥镇高洞子村洞子社	南宋	石材	崖墓群共有3座墓葬	重庆市级文物保护单位
清溪苗王墓	古墓葬	秀山土家族苗族自治县清溪场镇东林居委会大坟堡居民组	明	石材	原墓高10米，墓顶直径9.7米，底部周长76米	重庆市级文物保护单位
明玉珍睿陵	古墓葬	江北区江北城街道江北城社区工作站重庆中央商务区中央公园	元、明	石材	墓坑呈前浅后深状，前壁高2米，后壁高3.2米	重庆市级文物保护单位
秦良玉陵园	古墓葬	石柱县三河镇鸭桩村三组	清	土石	占地20多公顷	重庆市级文物保护单位
故陵墓群	古墓葬	云阳县故陵镇故陵村	战国			重庆市级文物保护单位
江口汉墓群	古墓葬	武隆县江口镇蔡家村瓦子坪小组	汉			重庆市级文物保护单位
狮子包墓群	古墓葬	丰都县兴义镇水天坪村三社	汉			重庆市级文物保护单位
北岩墓群	古墓葬	涪陵区江北街道点易社区三、四、五组	汉	土石	目前共发现92座墓葬	重庆市级文物保护单位
翠屏山崖墓群	古墓葬	忠县东溪镇居委村二组	汉	石材	发现并清理出东汉至南朝时期崖墓41座	重庆市级文物保护单位
大堡梁子墓群	古墓葬	涪陵区南沱镇石佛村三社	汉至六朝			重庆市级文物保护单位
龙河崖墓群	古墓葬	丰都县江池镇、龙河镇、石柱县内龙河主流及支流沿岸石崖上	唐至清	石材	石柱境内龙河两岸的岩棺就有130多处，1000多穴	重庆市级文物保护单位
蹇氏家族墓地	古墓葬	渝北区大竹林街道五云村	明	土石	占地约200余亩	重庆市级文物保护单位
周煌墓	古墓葬	涪陵区大顺乡明家社区二组	清	土石	占地面积近100亩	重庆市级文物保护单位

续表

名称	类型	地点	建成年代（变化情况）	材料结构	规模	文保等级
官陵墓群	古墓葬	黔江区濯水镇蒲花居委十三组	清	土石	坡上现存墓葬10座、石马1尊，占地1000多平方米	重庆市级文物保护单位
盘溪无名阙	古建筑	江北区石马河街道玉带山社区石门合作社香炉湾内	汉	石材	左侧阙损毁，现存部分高80厘米	重庆市级文物保护单位
碑记桥	古建筑	涪陵区马武镇碑记关村一组	宋	石材	南北走向，长31.5米，宽5.5米，高7.7米，跨径9.9米，拱高6.6米	重庆市级文物保护单位
岩溪桥	古建筑	合川区钓鱼城街道办事处太平门社区丝厂附近	宋	石材		重庆市级文物保护单位
河包报恩寺塔	古建筑	荣昌县河包镇白塔社区	宋	石材	报恩寺塔塔身高17.9米	重庆市级文物保护单位
龙崖城	古建筑	南川区三泉镇马嘴村	南宋、元	石材	遗址面积4.75平方公里	重庆市级文物保护单位
磐石城	古建筑	云阳县双江街道梨园社区	南宋、元	石材	磐石城四面绝壁，垂直高30~50米，上面平夷，总面积约3.5公顷	重庆市级文物保护单位
多功城	古建筑	渝北区鸳鸯镇花朝村	南宋、元	石材	多功城城墙长约500米，厚达3.7米，有6米高	重庆市级文物保护单位
塔坪寺塔	古建筑	北碚区静观镇塔坪村	宋、清	石材、铁	石塔通高14.4米，底边长6.2米，铁塔高6.38米，底层边长0.87米	重庆市级文物保护单位
净果寺	古建筑	合川区古楼镇净果寺	明	木材	原占地面积4000平方米，现占地面积3000多平方米	重庆市级文物保护单位
龙兴寺正殿	古建筑	潼南县小渡镇代场村六社代长坝北面丘堡	明	木材	建筑面积248.40平方米	重庆市级文物保护单位
宝轮寺正殿	古建筑	沙坪坝区磁器口白岩山	明	木材	占地面积400平方米	重庆市级文物保护单位
铜梁武庙	古建筑	铜梁县巴川街道办事处正街社区民主路2号	明			重庆市级文物保护单位
朝元寺牌坊	古建筑	璧山县大兴镇朝元村二社	明	石材	通高6米，面阔5.5米	重庆市级文物保护单位
东华观藏经楼	古建筑	渝中区凯旋路	明			第1批重庆市级文物保护单位

续表

名称	类型	地点	建成年代（变化情况）	材料结构	规模	文保等级
江公享堂	古建筑	江津区几江街道办事处四牌坊社区第四居民小组奎星广场	明、清	砖、石、木	复合四合院布局，三进两厢	重庆市级文物保护单位
宝城寺	古建筑	荣昌县昌元街道玉屏社区宝城路	明、清	木材	占地约2500平方米	重庆市级文物保护单位
铁佛寺	古建筑	铜梁县东城街道办事处铁佛村社区	明、清			重庆市级文物保护单位
板桥寺	古建筑	合川区铜溪镇板桥村一社	明、清	木材	占地面积4500平方米，建筑面积1700平方米	重庆市级文物保护单位
温泉寺	古建筑	北碚区北温泉街道北泉村北温泉公园内	明、清	石木	建筑面3106.2平方米	重庆市级文物保护单位
梁平文峰塔	古建筑	梁平县文峰社区原松竹9组现清都村	明	石材	塔高35.68米	重庆市级文物保护单位
大成殿	古建筑	璧山县璧城街道中山北路	清			重庆市级文物保护单位
利济桥	古建筑	江津区朱杨镇板桥社区	清	石材	桥长84米，宽8.8米，高13.2米	重庆市级文物保护单位
涂山寺	古建筑	南岸区黄桷垭镇真武山15号	清	木材	占地1万多平方米	重庆市级文物保护单位
合川文峰塔	古建筑	合川区南津街办事处白塔街64号	清	石材	基台高70厘米，平面呈六边形，每边长1米，通高62.2米，塔的底层每面宽4.05米，高5.23米	重庆市级文物保护单位
黄桷垭文峰塔	古建筑	南岸区黄桷垭镇文峰山	清	石材	塔通高22.74米，建筑面积435.55平方米，占地面积246.53平方米	重庆市级文物保护单位
塔子山文峰塔	古建筑	江北区寸滩街道溉澜溪社区塔山村	清	石材	塔高26.6米	重庆市级文物保护单位
觉林寺报恩塔	古建筑	南岸区下浩觉林寺街95号	清			重庆市级文物保护单位
华岩寺	古建筑	九龙坡A区华岩镇中梁山街道康苑社区华岩寺	清	砖木	占地面积16万平方米，建筑面积1.6万平方米	重庆市级文物保护单位
何氏百岁坊	古建筑	璧山县青杠街道安乐村	清	石材	高11.7米，宽6.35米	重庆市级文物保护单位

续表

名称	类型	地点	建成年代（变化情况）	材料结构	规模	文保等级
凉坪白塔	古建筑	荣昌县观胜镇凉坪社区十三社	宋	石材	高15.6米	重庆市级文物保护单位
复兴寺	古建筑	沙坪坝区虎溪镇复兴寺村	明			重庆市级文物保护单位
飞来峰薰阁	古建筑	酉阳县桃花源镇桃花源中路	明	石木	建筑面积176.12平方米，占地面积640平方米	重庆市级文物保护单位
普泽寺大雄宝殿	古建筑	南川区东城街道办事处皂桷井居委	明	木材	建筑面积313平方米，占地2160平方米	重庆市级文物保护单位
罗汉寺牌坊	古建筑	荣昌县清升镇罗汉寺村5社	明	石材		重庆市级文物保护单位
罗汉寺牌坊	古建筑	忠县洋渡镇上祠村1社	明、清			重庆市级文物保护单位
庆福寺大殿	古建筑	合川区南津街街道办事处鹤林巷8号合川区文物管理所内	明、清	木材		重庆市级文物保护单位
名山古建筑群	古建筑	丰都县名山镇鹿鸣寺居委七组	明、清	石木	建筑面积1.5万平方米	重庆市级文物保护单位
小官山古建筑群	古建筑	丰都县名山街道名山路居委双桂组	明、清	石木	建筑群总占地面积就有2万多平方米	重庆市级文物保护单位
悟惑寺	古建筑	丰都县兴义镇泥巴溪村三社	明、清	砖石木	占地2653平方米，建筑面积1644平方米	重庆市级文物保护单位
依斗门及城墙	古建筑	奉节县白帝城风景区管理委员会	明、清	石材	城门石多达1.1万立方米	重庆市级文物保护单位
长寿桓侯宫	古建筑	长寿区凤城街道复元村詹家沱长江左岸	明、清	砖石木		重庆市级文物保护单位
滩口牌坊	古建筑	北碚区水土镇大地村	清	石材	占地60平方米，高15米，宽11.45米，厚4.8米	重庆市级文物保护单位
走马古建筑群	古建筑	九龙坡区走马镇	清			重庆市级文物保护单位
阳和山庄	古建筑	奉节县吐祥镇阳河村一组	清			重庆市级文物保护单位
文峰塔	古建筑	奉节县永乐镇丰收村七社	清	石材	共5层，通高25米	重庆市级文物保护单位

续表

名称	类型	地点	建成年代（变化情况）	材料结构	规模	文保等级
太极亭	古建筑	奉节县白帝城风景区管理委员会兴家村一组	清			重庆市级文物保护单位
邱家榨菜作坊	古建筑	涪陵区崇义街道红光社区五组	清			重庆市级文物保护单位
陈万宝庄园	古建筑	涪陵区青羊镇安镇社区三组	清	砖石木	建筑面积达10万平方米	重庆市级文物保护单位
龙门桥	古建筑	涪陵区蔺市镇梨香溪与长江的交汇处	清	石材	长174米，宽8.7米	重庆市级文物保护单位
养心亭	古建筑	合川区钓鱼城街道办事处佛耳村	清	石木	通高17.4米	重庆市级文物保护单位
奎星阁	古建筑	江津区几江街道办事处四牌坊社区第四居民小组奎星广场	清	石木		重庆市级文物保护单位
真武客家会馆群	古建筑	江津区支坪街道办事处真武场社区灵官祠组	清			重庆市级文物保护单位
石蟆清源宫	古建筑	江津区石蟆镇石蟆社区七组	清	石木	占地1700多平方米	重庆市级文物保护单位
会龙庄	古建筑	江津区柏林镇双凤村二社	清	石木	庄园总占地面20468平方米	重庆市级文物保护单位
廷重祠	古建筑	江津区塘河镇五燕村	清	石木	占地4.5亩，建筑面积2000平方米	重庆市级文物保护单位
石龙门庄园	古建筑	江津区塘河镇石龙村二社	清	石木	占地面积13200平方米，建筑面积7300平方米	重庆市级文物保护单位
太平廊桥	古建筑	南川区太平场镇桥头居委2组	清	石木	长30.6米，宽5.7米，距河床6米	重庆市级文物保护单位
银杏堂	古建筑	石柱县河嘴乡银杏村	清	砖石木	占地8200平方米	重庆市级文物保护单位
西河川主庙	古建筑	铜梁县西河镇川主街70号	清			重庆市级文物保护单位
安居古建筑群	古建筑	铜梁县安居镇安居街道	清	砖石木	占地面积13.2平方公里	重庆市级文物保护单位
双江禹王宫	古建筑	潼南县双江镇正街43号双江小学内	清	砖木	占地12216平方米，建筑面积2556平方米	重庆市级文物保护单位

续表

名称	类型	地点	建成年代（变化情况）	材料结构	规模	文保等级
陆安桥	古建筑	万州区甘宁镇天宫社区青龙瀑布下方	清	石材	桥长41米、宽9米、高17米、跨度32.4米	重庆市级文物保护单位
普济桥	古建筑	万州区罗田镇天生社区一组	清	石材	高20米，长18米，宽8米	重庆市级文物保护单位
谭家寨楼	古建筑	万州区分水镇八角村二组	清	石材	占地面积380平方米	重庆市级文物保护单位
泂澜塔	古建筑	万州区陈家坝街道办事处南山公园内	清	砖石	塔体通高32米	重庆市级文物保护单位
司南祠	古建筑	万州区太安镇凤凰社区五组	清			重庆市级文物保护单位
良公祠	古建筑	万州区长岭镇凉水村二组	清	砖木	占地2460平方米，建筑面积2000余平方米	重庆市级文物保护单位
龚滩古建筑群	古建筑	酉阳县龚滩镇新华社区	清			重庆市级文物保护单位
龙潭万寿宫	古建筑	酉阳县龙潭镇永胜下街98号	清	石木	建筑面积2400平方米	重庆市级文物保护单位
后溪古建筑群	古建筑	酉阳县后溪镇长潭村二组	清			重庆市级文物保护单位
石堤卷洞门	古建筑	秀山土家族苗族自治县石堤镇石堤居委会下码头居民组卷洞门	清			重庆市级文物保护单位
龙兴古建筑群	古建筑	渝北区龙兴镇老街	清	砖石木	占地103.68平方千米	重庆市级文物保护单位
东溪古建筑群	古建筑	綦江区东溪镇朝阳街	清			重庆市级文物保护单位
谢家大院	古建筑	渝中区太华楼二巷2号	清	石木	建筑面积2000余平方米	重庆市级文物保护单位
状元府	古建筑	渝中区桂花园12号	清			重庆市级文物保护单位
青龙古建筑群	古建筑	云阳县青龙街道	清			重庆市级文物保护单位
草圭堂	古建筑	黔江区阿蓬江镇大坪村四组草圭塘	清	石木	占地50余亩	重庆市级文物保护单位
五星桥	古建筑	合川区双槐镇石泉村	清	石木	长60米、宽6米、高5米，桥面近400平方米	重庆市级文物保护单位

续表

名称	类型	地点	建成年代（变化情况）	材料结构	规模	文保等级
永和寺	古建筑	酉阳县万木乡柜木村八组	清	砖石木	占地1000多平方米	重庆市级文物保护单位
大坝祠堂	古建筑	酉阳县南腰界乡大坝村五组	清	砖石木		重庆市级文物保护单位
尹子祠	古建筑	南川区西城街道办事处东方红居委	清	石木	总占地面积2000平方米	重庆市级文物保护单位
大荣桥	古建筑	荣昌县路孔镇大荣寨社区	清	石材	全长116米，宽1.8米	重庆市级文物保护单位
四望山寺古建筑	古建筑	永川区朱沱镇四望山村四望八社	清	石木	占地约1300平方米	重庆市级文物保护单位
福禄天香塔	古建筑	梁平县福禄镇田塔村东北500米	清	石材	高9层，计20余米	重庆市级文物保护单位
何氏宗祠	古建筑	北碚区水土镇屋基村15组7号	清			重庆市级文物保护单位
林家祠堂	古建筑	璧山县丁家街道办杨寺村1社	清	砖石木	林氏宗祠占地1000余平方米	重庆市级文物保护单位
溪口天生桥	古建筑	秀山土家族苗族自治县溪口镇五龙居委会中街居民组	清	石木	长55.65米，宽7.35米，高4.35米，总跨55米	重庆市级文物保护单位
龙溪古建筑群	古建筑	巫山县龙溪镇场镇居委	清至民国			重庆市级文物保护单位
西沱云梯街民居建筑群	古建筑	石柱县西沱镇云梯街	清至民国	砖石木	云梯街全长860.6米，宽约2~6米，89个平台，692步石阶梯	重庆市级文物保护单位
灰千岩崖画	石窟寺及石刻	江津区四面山镇洪洞村九社	汉以前	石材	灰千岩摩崖壁画102米，高30米	重庆市级文物保护单位
临江岩崖造像	石窟寺及石刻	忠县忠州镇十字社区临江路18号	唐	石材	共有5个龛窟,33尊造像	重庆市级文物保护单位
尖子山摩崖造像	石窟寺及石刻	大足区铁山镇建角村一组	唐至宋			重庆市级文物保护单位
五硐岩摩崖造像	石窟寺及石刻	潼南县新胜镇桅杆村五社五硐岩西面陡岩	唐至清			重庆市级文物保护单位
舒成岩摩崖造像	石窟寺及石刻	大足区中敖镇大屋村二组	宋			重庆市级文物保护单位

续表

名称	类型	地点	建成年代（变化情况）	材料结构	规模	文保等级
妙高山摩崖造像	石窟寺及石刻	大足区季家镇曙光村二组	宋	石材	共有造像12窟	重庆市级文物保护单位
西山碑	石窟寺及石刻	万州区太白街道办事处高笋塘	宋	石材	高1米，宽2.6米	重庆市级文物保护单位
罗汉寺古佛摩崖造像	石窟寺及石刻	渝中区小什字罗汉寺内	宋			重庆市级文物保护单位
莲花石题刻	石窟寺及石刻	江津区几江街道办事处东门社区1组长江航道北侧江水中	宋至清			重庆市级文物保护单位
朝源观音道教造像	石窟寺及石刻	江津区四面山镇洪洞村朝源观经济合作社	明			重庆市级文物保护单位
大足千佛岩崖造像	石窟寺及石刻	大足区三驱镇千佛村三组	明			重庆市级文物保护单位
马龙山摩崖造像	石窟寺及石刻	潼南县卧佛镇独田村三社与马龙村五社之间的马龙山南面陡坡	明	石材	共有大小造像14龛，700余尊	重庆市级文物保护单位
太白岩石刻群	石窟寺及石刻	万州区太白街道办事处太白岩社区	东晋至明	石材	现有摩崖石刻52余处，分布在长460米、宽30米的崖壁上	重庆市级文物保护单位

参考文献

[1] 周勇．重庆通史．重庆：重庆出版社，2002．

[2] 重庆市文物局．巴渝记忆 重庆文脉（重庆市第三次全国文物普查）．重庆：重庆出版社，2014．

[3] 《重庆历史地图集》编纂委员会．重庆历史地图集（第一卷）．北京：中国地图出版社，2013．

[4] 国家文物局主编．中国文物地图集·重庆分册．北京：文物出版社，2010．

[5] 杨芳灿．四川通志．成都：巴蜀书社，1984．

[6] 陈世松 贾大泉．四川通史．成都：四川人民出版社，2010．

[7] （晋）常璩撰．华阳国志．济南：齐鲁书社，2010．

[8] （明）曹学佺．蜀中名胜记．上海：商务印书馆，1939．

[9] 四川大学历史系合编．清代乾嘉道巴县档案选编（上）．成都：四川大学出版社，1989．

[10] 重庆市地方志纂委员会．重庆市志．成都：四川大学出版社，1992．

[11] 重庆市巴南区地方志编纂委员会．重庆市地方志系列丛书（巴县志）．重庆：重庆出版社，2002．

[12] 向楚主编．巴县志选注．重庆：重庆出版社，1989．

[13] 市中区地方志办公室．市中区志．重庆：西南师范学院出版社，1993．

[14] 重庆图书馆地方文献室藏．重庆府志九卷．重庆乡土志．（乾隆）巴县志十七卷．（同治）巴县志四卷．巴县乡土志一卷．（道光）江北厅志八卷首一卷．（光绪）重修长寿县志十卷．（道光）綦江县志十二卷首一卷．（光绪）永川县志十卷首一卷．（嘉庆）大足县志八卷．（光绪）铜梁县志十六卷首一卷．（光绪）合州志十六卷首一卷．潼南县志六卷首一卷．（同治）璧山县志十卷首一卷末一卷．（光绪）江津县志十二卷附志存一卷．（同治）荣昌县志二十二卷．（同治）重修涪州志十六卷首一卷典礼备要八卷义勇汇编一卷．（光绪）垫江县志十卷．三峡通志五卷等．

[15] 刘豫川．重庆文物总录．重庆：西南大学出版社，1996．

[16] 重庆市建委，建管局．重庆建筑志．重庆：重庆大学出版社，1997．

[17] 董其详．巴史新考续编．重庆：重庆出版社，1993．

[18] 重庆市博物馆．巴渝文化丛书．重庆：重庆出版社，2004．

[19] 张兴国．川东南丘陵地区传统场镇研究．重庆建筑工程学院硕士论文．

[20] 李先逵．四川民居．北京：中国建筑工程出版社，2009．

[21] 四川省勘察设计协会编．四川民居．成都：四川人民出版社．

[22] 季富政．巴蜀城镇与民居．成都：西南交通大学出版社，2000．

[23] 蓝勇．西南历史文化地理．重庆：西南大学出版社，1997．

[24] 徐中舒．论巴蜀文化．成都：四川人民出版社，1982．

[25] 尤中．中国西南民族史．昆明：云南人民出版社，1985．

[26] 徐文彬等．四川汉代石阙．北京：文物出版社，1992．

[27] 张良皋．匠学七说．北京：中国建筑工业出版社，2002．

[28] 彭伯通．重庆题咏录．重庆：重庆出版社，1997．

[29] 王笛．跨出封闭的世界——长江上游区域社会研究1644-1911．北京：中华书局，2001．

[30] 陈瀛涛．近代重庆城市史．四川大学出版社，1991．

[31] 吴涛．巴渝历史名镇．重庆：重庆出版社，2004．

[32] 何智亚．四川古镇．重庆：重庆出版社，2009．

[33] 何智亚．重庆老城．重庆：重庆出版社，2010．

[34] 童登金等．名人与大足石刻．四川美术出版社，1998．

[35] 梁思成．清式营造则例．北京：中国建筑工业出版社，1987．

[36] 刘敦桢主编．中国古代建筑史．北京：中国建筑工业出版社，1987．

[37] 刘致平．中国建筑类型及结构．北京：中国建筑

工业出版社，2000．

[38] 宿白．中国古建筑考古．北京：文物出版社，2009．

[39] 杨铭等．三峡史话．北京：中华书局，1997．

[40] 三峡工程库区文物保护规划组．长江三峡工程四川省淹没及移民1995迁建区文物古迹保护规划分县报告．

[41] 重庆市文化遗产研究院重庆文化遗产保护中心．重庆古塔．北京：科学出版社，2013．

[42] 彭伯通．重庆地名趣谈．重庆：重庆出版社，2001．

[43] 郭郎溪．新修铜梁县志．铜梁县地方志办公室印，1992．

[44] 各区县（市）文管部门．文物保护单位基础资料（内部印）．2002．

[45] 许熠辉．历史·现状·未来——重庆中心城市演变发展与规划研究．重庆大学博士学位论文．

[46] 冯棣．巴蜀摩崖建筑文化环境研究．重庆大学博士学位论文．2010．

[47] 郭璇．巴蜀摩崖佛寺研究．重庆大学硕士学位论文．2001．

[48] 曾宇．川渝地区民居营造技术研究．重庆大学硕士论文．2006．

[49] 张新民．巴蜀建筑史（元明清）．重庆大学硕士学位论文．2010．

[50] 董奇．巴蜀建筑史（秦汉）．重庆大学硕士学位论文．2010．

[51] 赵慧敏．巴蜀建筑史（唐宋）．重庆大学硕士学位论文．2010．

[52] 吴樱．巴蜀传统建筑地域特色研究．重庆大学硕士学位论文．2007．

[53] 陈渊．巴渝地区合院民居及其防御特色研究．重庆大学硕士学位论文．2010．

[54] 周亮．渝东南土家族民居及其传统技术研究．重庆大学硕士学位论文．2005．

[55] 王日根．中国会馆史．北京：中国出版集团东方出版中心，2007．

[56] 谭红主编．巴蜀移民史．成都：四川出版集团，2006．

[57] 王雪梅 彭若木．四川会馆．成都：四川出版集团巴蜀书社，2009．

[58] 赵逵．川盐古道 文化线路视野中的聚落与建筑．南京：东南大学出版社，2008．

[59] 冯俊杰．山西神庙剧场考．北京：中华书局，2006．

[60] [日]伊东忠太．中国古建筑装饰．北京：中国建筑工业出版社，2006．

[61] （澳）Michael A. Hogg，（英）Dominic Abrams．社会认同过程．高明华译．北京：中国人民大学出版社，2011．

[62] （美）威廉．A．哈维兰．文化人类学．上海：上海社会科学院出版社，2006．

[63] （英）迈克·克朗．文化地理学．杨淑华等译．南京：南京大学出版社，2003．

后记

重庆是一座充满神秘魅力和独特文化气质的历史名城，寄居于此多年，虽然早已习惯于每日爬坡上坎的生活，但是与它悠远的历史与文化还是心存隔膜。与它深入接触的机缘，自本书的编写才真正到来。在历史中抽丝剥茧的过程，既是一种学术的修炼，也使我辈重庆新移民逐渐找到了自己的身份认同。

本书汇集了重庆大学建筑城规学院建筑历史研究所师生三十余年田野调查、古建筑测绘相关研究所得以及重庆市第三次全国文物普查的成果，是首部对重庆地区古代建筑发展史以及文物遗存进行全面阐述与汇总的研究性论著。由陈蔚负责主持全部章节的编写和审定，书中吸收采纳了前辈学者辜其一先生、张兴国先生及其研究团队、李先逵先生及其研究团队、杨嵩林先生、文物局吴涛先生、文化学者何智亚先生等的重要研究成果和学术思想，整理并选择展示了多年以来重庆大学师生、重庆市文物局完成的重要古建筑测绘图纸以及调查研究资料等，在此对所有研究者，尤其是张兴国先生带领下的博硕研究团队表示深切感谢。由于文中所涉及史料、图文信息非常庞杂，编者在此对文中难免存在的成果来源注释不够翔实的问题，谨请各位师长、朋友见谅，将严肃修正。书中有关重庆古建筑近影的照片资料多数取材于重庆联创机构"首届重庆古建筑摄影大赛"参赛和获奖摄影者照片资料，他们都是重庆本土文化的热爱者和辛勤传播者，由于时间仓促，多数并未得谋面，谨在此遥致以诚挚的感谢。另外，在此对向本书出版提供支持的重庆历史文化名城专门学术委员会、重庆联创设计机构、重庆"老街群"、《旁观者》杂志社等表示衷心感谢。

回头来看本书的编写过程，最惊讶于自己的胆大，如果再次选择，我可能退避三舍。重庆几百万年的人类发展史，几千年的人地关系史和城镇建筑发展史，在这样的篇幅、写作时间以及人力物力的基础条件下，实在是一个非常大的难题。因此，本书的推出实为抛砖引玉之举，希望后来者或可从中得到启发和力量的支持，在发掘、弘扬巴渝本土建筑文化的工作中继续前行。

陈蔚
2015年11月于重庆大学

作者简介

陈蔚

胡斌

（1972.11— ），女，重庆大学建筑城规学院建筑历史研究所副所长，教授，工学博士。主要研究方向为中外建筑历史与理论、历史文化遗产保护。出版学术专著两部，发表研究论文三十余篇，主持参与文物建筑保护修复设计十余项。主要成果包括《中国建筑遗产保护理论与方法》、《城市历史性建筑保护性开发项目的建设程序初探》、《建筑遗产保护中的前期调查与评估策略》、《木结构建筑遗产价值综合评价方法研究》、重庆湖广会馆古建筑群保护修复设计、重庆开县刘伯承元帅故居保护规划等，完成国家自然科学基金（青年基金）资助课题"川藏茶马古道文化线路上的传统聚落与建筑研究"等。

（1972.11— ），重庆大学建筑城规学院建筑历史研究所教师，博士研究生。主要研究方向为中国古代建筑历史与理论、西南地区传统建筑保护修复。出版学术专著一部，发表研究论文十余篇，主持参与文物建筑保护修复设计、历史城镇、村落与街区保护规划设计三十余项目。主要成果包括重庆忠县博物馆建筑设计、重庆长寿博物馆建筑设计、《四川洛带客家传统聚落与建筑研究》、《文化传播视野下清代四川古建筑营造技术》、《重庆綦江东溪古镇移民会馆保护修复设计》等。